BIBLIOTHEK

DES

DEUTSCHEN HISTORISCHEN INSTITUTS IN ROM

---

BAND XL

# DIE ZEREMONIENBÜCHER DER RÖMISCHEN KURIE IM MITTELALTER

VON

BERNHARD SCHIMMELPFENNIG

MAX NIEMEYER VERLAG TÜBINGEN

1973

Als Habilitationsschrift auf Empfehlung des Fachbereichs „Geschichtswissenschaften“
der Freien Universität Berlin gedruckt mit Unterstützung der Deutschen Forschungsgemeinschaft

ISBN 3-484-80060-7


Satz und Druck: Buchdruckerei Eugen Göbel, Tübingen
Einband von Heinr. Koch, Tübingen

# INHALT



## DIE GESCHICHTE DER KURIALEN ZEREMONIENBÜCHER IM MITTELALTER

## TEXTE

# VERZEICHNIS DER RUBRIZELLEN

## A. Die Sammlung des Codex Avignon 1706

## B. Die Sammlung des Bindo Fesulani

## C. Ein Zeremonienbuch aus der Zeit Benedikts XIII.

## D. Texte aus dem Pontifikale des Giovanni Barozzi

## Anhang

# EINLEITUNG

Eine für die Geschichte des mittelalterlichen Papsttums interessante Frage ist die nach der Stellung des Papstes gegenüber den anderen Gliedern der Christenheit, danach also, wie sich das Papsttum in der Welt darstellte und in welchem Bezugssystem es sich und die übrigen Potenzen der damaligen Welt sah. Anschaulich wurde dieses Verhältnis im Zeremoniell durch die Auswahl und Fixierung von Zeichen, Formeln, Gesten, Handlungsabläufen und Rangfolgen, die es demnach zu erforschen gilt, will man eine Antwort auf die gestellte Frage erhalten. Nun ist die Fragestellung nicht neu, und daher gibt es auch schon Teilantworten, besonders hinsichtlich der Zeichen, zum Teil auch der Formeln. Die Gesten, Handlungen und Präzedenzen jedoch sind – abgesehen von den Akten der Wahl und Krönung des Papstes – kaum untersucht. Und es ist bisher weitgehend unerforscht, wie stark sich etwa die stadtrömische Erneuerungsbewegung, die gregorianischen Reformen und die durch sie bedingte Herausbildung und Internationalisierung der Kurie im Zeremoniell spiegelten, und inwieweit die Übersiedlung der Kurie nach Avignon auch das Zeremoniell beeinflußte. Schließlich ist zu fragen, ob die Zeremonien lediglich Macht und Einfluß des Papstes und seines Hofes zur Schau stellten oder ob sie auch rechtlichen Charakter besitzen konnten.

Für die Untersuchung dieser Fragen existiert – zumindest aus dem späten Mittelalter – eine Fülle von Quellen, die es ermöglichen, einer Beantwortung nahezukommen. Zum Teil sind diese Quellen schon ediert und auch Gegenstand der Forschung, allerdings vorwiegend für Liturgiehistoriker. Um nun den gestellten Fragen nachgehen zu können, bedarf es einer möglichst umfassenden Kenntnis der noch erhaltenen Quellen, die aber nur unter der Voraussetzung möglich ist, daß die Texte durch Editionen der Forschung zugänglich gemacht und Alter und Herkunft der einzelnen Texte geklärt sind. Beidem soll der vorliegende Band dienen: zum einen durch die Edition bisher noch ungedruckter Quellen – infolge dieser Ausgabe sind jetzt alle bisher bekanntgewordenen Sammlungen zum päpstlichen Zeremoniell im Mittelalter gedruckt –, zum anderen durch die Analyse von Alter und Inhalt aller noch erhaltenen kurialen Zeremonienbücher des 12. bis 15. Jahrhunderts.

Bei dieser Analyse sind nicht nur formale Kriterien – wie die Prüfung von Textentlehnungen aus älteren Kompilationen oder deren Umwandlung, die

Frage nach dem Gebrauch bestimmter Formeln u. ä. – anzuwenden, sondern es sind vor allem auch die Angaben in den Texten zu berücksichtigen, die sich auf Personen oder auf Politik, Recht und Verfassung, Verwaltung und soziale Zustände einer bestimmten Zeit beziehen. Allerdings wird der Leser bald feststellen, daß trotz dieses methodischen Ansatzes Vokabeln wie „könnte", „dürfte", „scheint", „vielleicht", „wohl", „wahrscheinlich" etc. sehr häufig benutzt werden. Darin wird die große Unsicherheit bei der Untersuchung dieser Quellengattung sichtbar, da nur wenige Texte datiert oder durch innere Kriterien eindeutig zu datieren sind – äußere Kriterien wie paläographische Merkmale u. a. helfen nur selten weiter, weil die Handschriften gewöhnlich jünger sind als die Texte, die sie enthalten. Doch muß der Versuch gewagt werden, so annähernd wie möglich die Entstehungszeit der Texte zu bestimmen; die Zeit ihrer Geltung hingegen ist bei einer künftigen Auswertung der Quellen von Fall zu Fall zu untersuchen.

Ergänzt wird die Analyse durch die im zweiten Teil edierten Texte. Die erste Sammlung, von der bisher nur einzelne Teile an verschiedenen Stellen publiziert sind, gibt ein anschauliches Bild von der Umwandlung des vorwiegend stadtrömisch geprägten Zeremoniells des 12. und 13. Jahrhunderts zu dem auf den päpstlichen Palast in Avignon zugeschnittenen des 14. Jahrhunderts. Während sie vornehmlich die Pflichten der höheren Kurialen, vor allem der Kardinäle, schildert, wird in der zweiten, bislang unedierten Sammlung, deren Texte die Bedeutung des Palastes als des Zentrums des päpstlichen Hofstaates und Zeremoniells deutlich werden lassen, mehr Aufmerksamkeit den niedrigeren Offizialen (Kaplänen, Sängern etc.) geschenkt. Ähnlich verhält es sich bei der dritten, gleichfalls bisher unedierten Sammlung, die Benedikts XIII. Wanderjahre widerspiegelt und zugleich ein Beispiel für das Weiterleben avignonesischer Sammlungen im Rom der Renaissance ist. Die vierte, ebenfalls bis jetzt unedierte Sammlung schließlich gibt Aufschluß über Zeremonien zur Zeit Nikolaus' V., der in letzter Zeit wiederholt als Hüter der Tradition in Liturgie und Zeremoniell vor dem unter seinen Nachfolgern erfolgten Umschwung herausgestellt worden ist. Die im Anhang edierten Texte entsprechen Teilen der vier Sammlungen oder tragen dazu bei, die Überlieferung älterer Zeremonienbücher besser zu erkennen.

Die hier veröffentlichte Arbeit wurde im Winter 1970/71 vom Rat des Fachbereichs „Geschichtswissenschaften" der Freien Universität Berlin als Habilitationsschrift akzeptiert und für den Druck nur geringfügig von mir verändert.

Angeregt, das päpstliche Zeremoniell zu erforschen, hat mich Professor Reinhard Elze; seiner Hilfe und Kritik verdanke ich mehr, als durch die Zitierung seiner Schriften in den Anmerkungen deutlich wird. Mit Hilfe eines zweijährigen Auslandsstipendiums der Deutschen Forschungsgemeinschaft konnte ich von 1964 bis 1966 italienische, französische und spanische Bibliotheken besuchen. In den folgenden Jahren untersuchte ich weitere Handschriften mit finanzieller Unterstützung der Freien Universität Berlin. Am längsten studierte ich in der Biblioteca Apostolica Vaticana, wo mir der viel zu früh verstorbene Don Paolo Künzle, sooft er konnte, half. Anregung und Belehrung erhielt ich in Gesprächen mit anderen Wahlrömern, vor allem mit Professor Anneliese Maier, Pater Dr. Marc Dykmans SJ. und Dr. Hermann Diener. Gastrecht gewährte mir während meiner Aufenthalte in Rom der Direktor des Deutschen Historischen Institutes, Professor Gerd Tellenbach, der mich schon 1966 zu einer ersten kritischen Sichtung meiner „Ergebnisse" veranlaßte und meine Arbeit in die Schriftenreihe des Institutes aufnahm. Ferner danke ich den Vorständen der besuchten Bibliotheken und Archive und allen nicht mit Namen angeführten Gesprächspartnern herzlich für ihre Hilfe beim Zustandekommen dieses Bandes.

B. S.

# DIE GESCHICHTE
# DER KURIALEN ZEREMONIENBÜCHER
# IM MITTELALTER

Die folgenden Ausführungen sollen zum einen die Einordnung der vier im zweiten Teil edierten Sammlungen in die Geschichte des päpstlichen Zeremoniells erleichtern, zum anderen die Entwicklung des literarischen Genos des „kurialen Zeremonienbuches“ zu erkennen helfen, bis es dann im Caeremoniale Romanum des Agostino Patrizi und des Johannes Burckard seine für Jahrhunderte gültige Ausgestaltung erlangte.

Der Versuch, diese Entwicklung darzustellen, ist nicht ganz neu. Als erster unternahm ihn J. Kösters in seinen „Studien zu Mabillons Römischen Ordines“.[1] Da er sich aber, wie schon der Titel angibt, auf die von J. Mabillon[2] edierten Ordines Romani beschränkte und nur in geringem Maße handschriftliches Material berücksichtigte, außerdem oft der Versuchung erlag, Archetypen der einzelnen Ordines zu entdecken, befriedigt seine Arbeit nicht völlig. Schon vor ihm hatte sich F. Ehrle[3] mit der Textgeschichte der Zeremonienbücher befaßt. Doch widmete er sich ausschließlich dem 14. Jahrhundert; außerdem blieb seine Studie unvollendet. Zuletzt schickte J. Nabuco[4] seiner Edition einer Handschrift des Ordo Romanus XIV (OR XIV) einen Überblick über die Perioden des päpstlichen Zeremoniells und eine zwar wortreiche, aber nicht sehr tiefschürfende Untersuchung des OR XIV und des Zeremoniells während und nach dem Pontifikat Nikolaus' V. voraus. In liturgischen Handbüchern und Einführungen, wie z. B. in der von C. Vogel,[5] sind die Zeremonienbücher so gut wie gar nicht berücksichtigt. Zum Teil ist diese Vernachlässigung wohl darauf zurückzuführen, daß die Texte überwiegend in älteren Drucken oder nur in Handschriften überliefert sind.

---

[1] J. Kösters, Studien zu Mabillons römischen Ordines (Phil. Diss. Freiburg/Br.), Münster 1905.

[2] J. Mabillon–M. Germain, Museum Italicum 2, Paris 1689, S. 3–554, zitiert nach J. P. Migne PL 78, Sp. 957–1368.

[3] F. Ehrle, Zur Geschichte des pästlichen Hofceremoniells im 14. Jh. (ALKG 5), 1889, S. 565–602.

[4] J. Nabuco–F. Tamburini, Le cérémonial apostolique avant Innocent VIII, Rom 1966, S. 11*–43*.

[5] C. Vogel, Introduction au sources de l'histoire du culte chrétien au moyen âge, Spoleto 1966, S. 178f.; vgl. z. B. auch L. Eisenhofer, Handbuch der katholischen Liturgik 1, Freiburg/Br. ²1941, S. 110.

In der Geschichte der kurialen Zeremonienbücher sind vier Perioden zu unterscheiden:

Die erste, die das Stadium vor der eigentlichen Entstehung der Zeremonienbücher darstellt, umfaßt das 8. bis 10. Jahrhundert und ist durch die von M. Andrieu[6] edierten Ordines Romani charakterisiert. Diese wurden schon seit dem frühen 9. Jahrhundert in Sammlungen tradiert und um 950 zu einem Teil in das in Mainz kompilierte *Pontificale Romano-Germanicum*[7] aufgenommen. Da sie jedoch im Laufe der Tradierung dieses Pontifikale weitgehend eliminiert wurden, besitzen nur wenige Ordines Bedeutung für die Textgeschichte der Zeremonienbücher.

Der Beginn der zweiten Periode ist spätestens mit dem frühen 11. Jahrhundert anzusetzen, das Ende mit dem Pontifikat Bonifaz' VIII. In dieser Periode liegen die Anfänge der kurialen Zeremonienbücher, da seit der Mitte des 12. Jahrhunderts Texte zu verschiedenen zeremoniellen Anlässen zusammengestellt wurden. Geprägt sind die Texte vom stadtrömischen Stationsgottesdienst, obwohl die Päpste des 12. und 13. Jahrhunderts meist außerhalb Roms residierten.

Die dritte Periode setzt mit der Etablierung des päpstlichen Hofes in Avignon ein und reicht bis zur Beendigung des Großen Schismas unter Martin V. In dieser Zeit konzentriert sich das Zeremoniell immer mehr auf den päpstlichen Palast. Nur wenige Zeremonien finden in einer außerhalb des Palastes gelegenen Kirche statt. Daher ist dieses Zeremoniell weniger öffentlich als das bisherige, obwohl – und das erscheint zunächst paradox – der Aufbau der *christianitas* mehr als bisher ins Zeremoniell einbezogen wird.

Diese Tendenz verstärkt sich noch in der vierten Periode, in der das auf Avignon zugeschnittene Zeremoniell in Rom adaptiert und zeitgemäß, d. h. pompöser, variiert wird. Dies zeigt sich in dem unter Innozenz VIII. durch die damaligen Zeremonienmeister Agostino Patrizi und Johannes Burckard verfaßten Zeremonienbuch, das zugleich auch zum erstenmal alle kurialen Zeremonien beschreibt und für die folgenden viereinhalb Jahrhunderte maßgebend blieb. Erst seit dem II. Vatikanum wird das Zeremoniell vorsichtig reformiert und vereinfacht.

Weil die erste Periode für unser Thema relativ bedeutungslos ist und außerdem von M. Andrieu hinreichend analysiert wurde, beschränke ich mich darauf, die Zeugnisse für die zweite bis vierte Periode zu untersuchen, die folgende Quellen umfassen:

1. die Sammlungen des 12. Jahrhunderts: Texte im *Liber politicus* des

---

[6] M. Andrieu, Les Ordines Romani du Haut Moyen Age 1–5, Löwen 1931–1961. Zu den Ordines vgl. auch C. Vogel, Introduction, S. 101–181.

[7] C. Vogel–R. Elze, Le pontifical romano-germanique du dixième siècle 1–2, Città del Vaticano 1963. Vgl. auch C. Vogel, Introduction, S. 182–203.

Kanonikers Benedikt von St. Peter, eine Baseler Kompilation, ein Londoner Fragment zur Wahl und Weihe des Papstes, Texte aus den *Gesta*[8] *pauperis scolaris* des Kardinals Albinus und eine ähnliche Zusammenstellung im *Liber censuum* des Cencius camerarius;

2. die Quellen zur Liturgie der päpstlichen Kapelle im 13. Jahrhundert: das Ordinarium und das Missale dieser Kapelle;

3. verschiedene Ordines aus der zweiten Hälfte des 13. Jahrhunderts: ein Zeremonienbuch aus dieser Zeit, das vor allem auf die Meßliturgie eingeht, den Ordo Romanus XIII Gregors X. und einen Ordo zur Papstkrönung aus der Zeit Bonifaz' VIII.;

4. eine Kompilation aus der Mitte des 14. Jahrhunderts (Avignon 1706) und den Komplex des Ordo Romanus XIV;

5. Kompilationen aus der Zeit des Großen Schismas: das Zeremonienbuch des Bindo Fesulani, den Ordo Romanus XV des Petrus Amelii, Ordines zur Papstkrönung, die Sammlung des François de Conzié und ein Zeremonienbuch aus der Zeit Benedikts XIII.;

6. Texte zur päpstlichen Liturgie des 15. Jahrhunderts vor Agostino Patrizi: die Ausführungen des Guido de Busco, verschiedene Texte zum Konzilszeremoniell, Glossen und Anhänge in Handschriften des Ordo Romanus XIV, verschiedene Bearbeitungen des Pontifikale des Durandus;

7. Sammlungen des späten 15. und frühen 16. Jahrhunderts: das *Caeremoniale Romanum* des Agostino Patrizi und des Johannes Burckard mit den dazugehörenden Vorarbeiten, die Diarien seit Johannes Burckard und kleinere Sammlungen. Auf die Texte dieser Gruppe gehe ich nur kurz ein, da sie einer eigenen, ausführlichen Untersuchung bedürfen und über Patrizis Caeremoniale schon seit 1958 eine Studie angekündigt ist.[9]

---

[8] F. Fenicchia (Diz. biogr. degli Italiani 2, 1960, S. 11f.) korrigiert *Gesta* zu *Digesta*, wodurch der Charakter der Sammlung genauer bezeichnet wird.

[9] Vgl. Anm. 854.

# I.

## SAMMLUNGEN DES 12. JAHRHUNDERTS

Mehr noch als bei späteren Kompilationen päpstlichen Zeremoniells besteht bei den Sammlungen des 12. Jahrhunderts die Schwierigkeit, die Zeit zu fixieren, für welche die in ihnen beschriebenen Riten zutreffen, denn das Datum der Entstehung einer Sammlung gibt lediglich den Terminus ante quem für die Abfassung der einzelnen Bestandteile der Texte an.

Als älteste Sammlung gilt der Liber politicus des Kanonikers Benedikt. Zuerst als Ordo Romanus XI von Mabillon ediert,[10] sind nun die liturgischen Texte mit den übrigen Teilen des Werkes in der Ausgabe des Liber censuum enthalten.[11] Seit dieser Edition sind keine neuen Handschriften aus dem Mittelalter bekanntgeworden; lediglich die Zahl der Abschriften aus dem 16. und 17. Jahrhundert ließe sich vermehren.[12] Als Zeit für die Kompilierung kamen bisher die Jahre 1140 bis 1143 in Betracht. Der Titel weist das Werk als einen *liber censuum* aus,[13] der jedoch außerdem noch zahlreiche Texte historisch-antiquarischen, rechtlichen und liturgischen Charakters enthält. Wenn auch nur die liturgischen Texte für unser Thema von Interesse sind, so muß dennoch die Frage erörtert werden, ob all das, was die Edition von Fabre und Duchesne als Texte des Liber politicus enthält, von Benedikt stammt.

Als These stelle ich auf, daß lediglich der liturgische Teil, den schon Mabillon als Ordo Romanus XI ediert hatte, auf Benedikt zurückzuführen ist. Folgende Erwägungen sprechen für diese These: In der Widmung an seinen Auftraggeber, den Kardinalpriester Guido de Castello, schreibt Benedikt, er habe den Auftrag, *super peticionem ecclesiastici ordinis tocius anni, et precipue apostolice dignitatis et tocius curie..., qualiter Deo favente domnus apostolicus cum curia sua et tota Romana ecclesia in precipuis sollempnitatibus et cotidianis officiis valeat se regere*,[14] zu schreiben. Trotz seiner geringen

[10] J. Mabillon–M. Germain, Museum Italicum 2, S. 118–153, zitiert nach Migne PL 78, Sp. 1026–1054.

[11] P. Fabre–L. Duchesne, Le Liber censuum de l'église romaine Bd. 2, Paris 1910, S. 141–159, künftig: LC...

[12] Zum Beispiel: codd. Vat. lat. 11801, f. 1–9 und 12253, f. 1–56; Arch. S. Pietro cod. H. 79, f. 287–324 und Florenz, Bibl. Naz., cod. Magl. XXX 237, f. 1–42.

[13] Vgl. dazu bes. P. Fabre, Le Polyptyque du chanoine Benoit, Lille 1889, S. 4f. und ders., Etude sur le liber censuum de l'église romaine, Paris 1892, S. 8ff., bes. 13–15.

[14] LC 2, S. 141 a, Z. 18–25.

Kenntnisse habe er aufgezeichnet, *quod de dignitate Romani pontificis et presbiterorum cardinalium ac diaconorum ceterorumque ordinum curie necnon et de ecclesiastico officio tocius anni per multa temporum spatia vidi et a sapientibus curie audivi et quod alii doctores ecclesie in suis scriptis reliquerunt.*[15]

Bevor ich die Zitate interpretiere, seien kurz Auftraggeber und Autor charakterisiert. Guido de Castello[16] stammte aus der Toskana und war seit 1128 Kardinal. Er gehörte zur Partei Innozenz' II. und war mit dessen Kanzler Haimerich befreundet. 1140 weilte er als Legat in Frankreich. Nach dem Tode des Papstes wurde er am 26. September 1143 zu dessen Nachfolger gewählt und regierte als Cölestin II. bis zu seinem Tode am 8. März 1144 die römische Kirche. – Benedikt[17] bezeichnet sich in der Widmung als Kanoniker von St. Peter und als *Romane ecclesie cantor.* Der Titel eines Sängers der römischen Kirche entzieht sich einer eindeutigen Definition. Ihn einen der vier cantores der Petersbasilika zu nennen,[18] verbietet die klare Scheidung zwischen dieser und der römischen Kirche. Eher ist anzunehmen, daß sich während der Wanderjahre Innozenz' II. und seiner Vorgänger an der Kurie ein Sängerkolleg als Ersatz für die in Rom gebliebene *schola cantorum* herausgebildet hat, zu dem Benedikt gehörte. Träfe diese Deutung zu, dann müßte Benedikt mit Innozenz II. und der Kurie vorwiegend außerhalb Roms sich aufgehalten haben. Andererseits läßt der Passus *quod ... per multa temporum spatia vidi*[19] darauf schließen, daß Benedikt die römischen Verhältnisse gut kannte, also wohl schon vor dem Schisma von 1130 in Rom gelebt hat, vielleicht sogar aus Rom stammte. Wann er starb, ist nicht bekannt.

Den Anlaß zur Beauftragung Benedikts bot wohl der Aufenthalt Guidos an der Kurie nach der Rückkehr von der französischen Legation. Da die Aussichten auf ein längeres Verbleiben der Kurie in Rom 1140 gut waren,[20] wollte Guido als Mitglied des Kardinalkollegs wohl über die liturgischen Gewohnheiten bei päpstlichen Gottesdiensten in Rom informiert werden. Um eine diesbezügliche Unterweisungsschrift bat er den ihm vielleicht schon aus früheren Jahren bekannten Benedikt, der als Sänger an der Kurie und auf Grund seiner römischen Kenntnisse hierfür geeignet erschien. Die ungefähre

[15] LC 2, S. 141 b, Z. 8–13.

[16] Vgl. bes. F. X. Seppelt, Geschichte der Päpste 3, München 1956, S. 187; F. J. Schmale, Studien zum Schisma des Jahres 1130, Köln–Graz 1961, S. 55f., und B. Zenker, Die Mitglieder des Kardinalkollegiums von 1130 bis 1159 (Phil. Diss.), Würzburg 1964, S. 83f.

[17] LC 2, S. 141 a, Z. 5–7; vgl. auch den Artikel von Mario da Bergamo in Diz. biogr. degli Italiani 8 (1966), S. 316f.

[18] So L. Duchesne in LC 2, S. 159 Anm. 1.

[19] Wie Anm. 15.

[20] Vgl. z. B. F. X. Seppelt, a.a.O., S. 185f.

Formulierung des Auftrages und damit zugleich auch eine Zusammenfassung des Inhaltes seiner Schrift gibt Benedikt in der Widmung wieder. In dieser nennt er nichts, was über den Inhalt des Ordo Romanus XI hinausgeht, denn in dessen Kapiteln sind die Feste und liturgischen Zeiten des Kirchenjahres beschrieben, soweit sie für den Papst und die Kurie von Bedeutung waren. Das Schema der Abhandlung entspricht dem Verlauf des Kirchenjahres und war durch liturgische Bücher wie Sakramentarien, verschiedene Ordines Romani etc. vorgegeben.[21] Da Benedikt für einzelne Tage Besonderheiten der Peterskirche, zu deren Kanonikern er ja zählte, erwähnt,[22] hat er verschiedene Vorlagen benutzt. Von diesen dürften die der Peterskirche für seine Zeit, also die erste Hälfte des 12. Jahrhunderts, aktuell gewesen sein. Dagegen enthielten die das Zeremoniell des päpstlichen Hofes beschreibenden Vorlagen ältere Teile, da verschiedene Angaben mehr den Verhältnissen des späten 10. und des 11. Jahrhunderts als denen des 12. Jahrhunderts entsprachen.[23] Doch zeigt der Gebrauch von Begriffen wie *curia,*[24] der Einbau der Funktionen der drei Kardinalsgruppen[25] und die Nennung Innozenz' II.,[26] daß Benedikt die vorgegebenen Texte zum Teil verändert und wohl auch erweitert hat, soweit nicht diese selbst schon die Aktualisierungen enthielten.

Bisher wurden folgende Texte dem Benedikt zugeschrieben, die ich nach der Gegenüberstellung in der Einleitung zum Liber censuum zitiere:[27]

| „MSS. ROMAINS | MS. DE CAMBRAI |
|---|---|
| Ordo. | Alb. 1, 2. |
| Alb. 1, 2. | Catalogue. |
| Catalogue. | Alb. 3, 4. |
| Alb. 3, 4. | Mirabilia. |
| Fètes populaires. | Extraits de Deusdedit. |
| Mirabilia. | Ordo. |
| | Fètes populaires.“ |

---

21 Vgl. die entsprechenden Kapitel in C. Vogel, Introduction.

22 Vgl. S. J. P. van Dijk und J. H. Walker, The Origins of the Modern Roman Liturgy, London 1960, S. 77, 105f. und 126 Anm. 3 und LC 1, S. 105; außerdem LC 2, S. 159f. Anm. 3.

23 Vgl. R. Elze, Das „Sacrum Palatium Lateranense“ im 10. und 11. Jh. (Studi Gregoriani 4), 1952, S. 51f.

24 So z. B. LC 2, S. 141 a, 144 b etc. Vgl. auch die Verwendung des Begriffes im gleichzeitigen Lateranordo: L. Fischer (Ed.), Bernhardi cardinalis et Lateranensis ecclesiae prioris Ordo officiorum ecclesiae Lateranensis, München/Freising 1916, S. 30, 43, 47, 48, 62 u. ö. Die Herausbildung der Kurie beschreibt immer noch am besten K. Jordan, Die Entstehung der römischen Kurie, Sonderausgabe Darmstadt 1962.

25 LC 2, S. 145 a–146 a und öfter.

26 LC 2, S. 145 b, 146 b und 153 a.

27 LC 1, Paris 1889–1905, S. 34 a.

Wie der Vergleich zeigt, enthalten sowohl die römischen Handschriften (cod. Vallic. F 73 und cod. Vat. lat. 5348) als auch der cod. 554 der Bibliothèque municipale von Cambrai die gleichen Texte, zu denen in der letzteren Handschrift noch Auszüge *Ex Pontificali Romano,* die schon in der Kanonessammlung des Deusdedit und später auch in den Sammlungen des Albinus und Cencius stehen,[28] hinzukommen. Jedoch stimmt die Reihenfolge nicht in allen drei Handschriften überein. Ohne Zweifel gehören die Texte 1–4 aus Buch X des Albinus[29] und die dazwischen stehende Papstchronik[30] zusammen. Es ist anzunehmen, daß sie schon in der Vorlage zusammenstanden. Dagegen differieren Zahl und Reihenfolge der übrigen Stücke in der Handschrift von Cambrai von denen in beiden römischen Handschriften. Die Widmung steht in der Handschrift von Cambrai direkt vor dem Ordo; einen Titel besitzt dieser Codex nicht. Hingegen enthalten die römischen Handschriften mit geringen Varianten den für alle ihre Bestandteile geltenden Titel: *Benedicti beati Petri canonici liber politicus ad Guidonem de Castello tunc cardinalem sancti Marci, postmodum factus est Celestinus secundus.*[31] Dabei ist zu bedenken, daß zwar die Handschrift von Cambrai noch aus dem 12., die römischen Codices jedoch erst aus dem 15. Jahrhundert stammen.[32]

Wir müssen also fragen, seit wann dem Benedikt ein Liber politicus zugeschrieben wird. Einen Anhalt, diese Zuweisung noch für das 12. Jahrhundert anzunehmen, bietet die Sammlung des Kardinals Albinus. Ihr Buch X beginnt mit der Überschrift: *Incipiunt excerpta Politici a presbitero Benedicto compositi de ordinibus Romanis et dignitatibus urbis et sacri palatii.*[33] Um 1189 wurde demnach Benedikt schon als Autor eines Liber politicus angesehen. Bisher galt Albinus als derjenige, welcher den Liber politicus exzerpierte. Doch halte ich das aus folgenden Erwägungen für unwahrscheinlich. In dem Katalog der Bibliothek Bonifaz' VIII. von 1295 werden unter den liturgischen Büchern folgende Titel aufgeführt:[34]

„306. It. unus lib. qui intitulatur *Excertum* (excerptum) *de ordine Romano.* Per. 199.

307. It. quidam quaternus, qui intitulatur *Excerta pollitici a presbitero Benedicto compositi de ordinibus Romanis et dignitatibus urbis et sacri palacii.*

308. It. quidam quaternus, in quo est electio, introniçatio, coronatio et alia, que summi pontifices certis diebus facere debent.

---

[28] V. Wolf von Glanvell, Die Kanonessammlung des Kardinals Deusdedit 1, Paderborn 1905 (Nachdruck Aalen 1967), Buch III Kap. 184–186, 188–289, und Buch IV, Kap. 1, 246–266 und 420–427, S. 348–401 und 532–541; LC 1, Kap. LXXI–LXXIII, S. 345–357. Die beste vergleichende Übersicht gibt V. Wolf von Glanvell, a.a.O., S. XXXV–XLIV.

[29] LC 2, S. 90a–91b. [30] LC 2, S. 165a–169b. [31] LC 2, S. 141.

[32] LC 1, S. 32b–33b. [33] LC 2, S. 90a.

[34] Zitiert nach der neuesten Ausgabe von A. Pelzer, Addenda et emendanda ad F. Ehrle Historiae Bibl. Rom. Pont... tomum I, Città del Vaticano 1947, S. 18f. und 20.

309. It. quidam quaternus de tribus cartis, in quo est, *quomodo summus pontifex eligi debet, et sive eligatur in urbe seu electus et consecratus, vel electus et non consecratus ad urbem accedat, quid faciendum sit...*

333. It. (Cencii camerarii) lib., qui intitulatur *Ex Romano pontificali* in quo sunt possessiones et loca Romane ecclesie subiecta et distinctio provinciarum et *ordo Romanus de consuetudinibus et observanciis et precipuis solemnitatibus* et transcriptum privilegii Constantini et multa alia privilegia et pacta. Per. 284."

Wie die hinzugesetzten Siglen zeigen, sollen die Nummern 306 und 333 auch im Katalog der Perusiner Katalogs-Rezension von 1311 aufgeführt sein.[35] Eine Handschrift des Liber politicus selbst wird nicht genannt. Eine solche steht erst im Katalog der Bibliothek Urbans V. von 1369:[36]

„2057. Item parvus liber vocatus *Politicus* ad Guidonem de Castello, coopertus pergameno sine postibus, qui incipit in secundo folio: *nobis*, et finit in penultimo folio: *in palacio*."

Aus den Angaben der Kataloge geht hervor, daß noch am Ende des 13. Jahrhunderts verschiedene kleinere Sammlungen liturgischen Inhalts, die – wie sich zeigen wird – ins 12. Jahrhundert verweisen, zur päpstlichen Bibliothek gehörten. Betrachten wir die Angaben zu den einzelnen Nummern. Die Nummer 306 nennt ein Buch, das den Titel *Excertum de ordine Romano* trug. Die Bezeichnung *ordo* steht für ein Werk mit liturgischen Anweisungen und trifft demzufolge für viele Texte zu. Dennoch ist Alter und Charakter des *ordo* genauer zu bestimmen. Der Katalog von 1311 bezeichnet es als *parvum librum de antiqua litera et subtili*; der Schreiber bzw. der die Angaben diktierende Kleriker empfand also die Schrift nicht als die zu seiner Zeit übliche. Es dürfte sich demnach um eine vorgotische Schrift gehandelt haben. Andererseits schließt die Bezeichnung *liber parvus* und die Aufführung verschiedener Pontifikalien an anderen Stellen der Kataloge von 1295[37] und 1311[38] die Identifikation des *ordo* mit einer Handschrift des Pontificale Romano-Germanicum aus. Möglicherweise ist der *liber parvus* mit dem von Honorius Augustodunensis[39] oder dem Autor der Compilatio I[40] zitierten *Ordo Romanus* identisch.

---

[35] F. Ehrle, Historia Bibliothecae Romanorum Pontificum tum Bonifatianae tum Avenionensis tom. I, Rom 1890, S. 48 und 59.

[36] Ebda., S. 432.

[37] A. Pelzer, a.a.O., S. 17, Nr. 274.

[38] F. Ehrle, a.a.O., S. 43f., Nr. 161 und 45, Nr. 172.

[39] Honorius Augustodunensis, Gemma animae, lib. IV cap. 117 *Excerptum de Romano ordine*: Migne PL 172, Sp. 732–736.

[40] E. Friedberg, Quinque compilationes antiquae, Leipzig 1882, S. 6f.: 1, 15, 2; 1, 17, 1 und 1, 19, 1 (+2) = X. 1, 23, 1; 1, 25, 1 und 1, 27, 1: E. Friedberg, Corpus iuris canonici 2, Nachdr. Graz 1955, Sp. 149f. und 155.

Das unter der Nummer 307 genannte Buch trägt den gleichen Titel wie der Beginn von Buch X des Albinus.[41] Da es ein Quatern war, kann nur ein Teil der Sammlung gemeint sein. Wahrscheinlich umfaßte der Auszug die Kapitel 1 bis 28 des 10. Buches des Albinus,[42] d. h. die Angaben über die Festkrönungen des Papstes (Nr. 1), über die Stationstage von St. Peter (Nr. 2), die Angaben über den Einzug eines neuordinierten Kardinals in seine Kirche (Nr. 3), die Papstlaudes (Nr. 4) und die Mirabilia (Nr. 5–28). Die Liste der Kardinalskirchen (Nr. 29) dürfte nicht mehr dazugehört haben, da sie in keiner Handschrift des Liber politicus vorkommt.

Der als Nummer 308 zitierte Quatern beschrieb die Wahl, Inthronisation und Krönung des Papstes und wahrscheinlich die päpstliche Liturgie während des Kirchenjahres. Da ausdrücklich die Inthronisation genannt ist, die in den Papstweihordines des Albinus und Cencius[43] fehlt, dürfte der Quatern dem Baseler Ordo[44] oder dem Ordo Romanus XIII Gregors X.[45] geähnelt haben. Ersteres halte ich für wahrscheinlicher, weil die Handschrift zwischen Texten des 12. Jahrhunderts aufgeführt ist und der Hinweis auf Gregor X. fehlt.

Der Quatern der Nummer 309 umfaßte nur drei Doppelblätter und enthielt gleichfalls einen Ordo zur Wahl und Weihe eines Papstes. Der Titel *Quomodo … faciendum sit* entspricht fast wörtlich dem entsprechenden Ordo des Cencius;[46] bei Cencius fehlt *debet* hinter *eligi,* im Katalog fehlt *postmodum* hinter *faciendum.*

Das unter der Nummer 333 genannte Buch soll, wie der eingeklammerte Zusatz des Herausgebers zeigt, der Liber censuum des Cencius camerarius sein. Ich halte diese Zuschreibung aus folgenden Gründen für unwahrscheinlich: Unter dem Titel *Ex Romano Pontificali* sind in der Kanonessammlung des Deusdedit, in der Handschrift 554 aus Cambrai und im 10. Buch des Albinus (darauf basierend auch bei Cencius) bestimmte Papstprivilegien – die Anzahl wechselt – aufgezeichnet, wobei die Handschriften des Deusdedit einen anderen Überlieferungsstrang darstellen als die übrigen Handschriften.[47] Der auch zu dieser Nummer gehörende *Ordo Romanus* stimmt im Titel fast Wort für Wort mit dem Kapitel 26 des 11. Buches des Albinus überein,[48] dieses hat nur statt *observantiis et precipuis: observantiis Romane ecclesie in precipuis.* Deshalb ist anzunehmen, daß die genannte Handschrift eine der Vorlagen des Albinus war. – Der Hinweis des Herausgebers auf die Nummer 284 des

---

41 LC 2, S. 90.

42 LC 2, S. 90 a–92 a.

43 LC 2, S. 124 a und LC 1, S. 312 b.

44 B. Schimmelpfennig, Ein bisher unbekannter Text zur Wahl, Konsekration und Krönung des Papstes im 12. Jh. (AHPont 6), 1968, S. 45f., 49 und 60–70, bes. S. 65.

45 Migne PL 78, bes. Sp. 1113 D.

46 LC 1, Kap. LVIII, S. 311 b.

47 Vgl. die Angaben zu Anm. 28.

48 LC 2, S. 128 a–133 a.

Perusiner Katalogs ist irrig, weil die dort genannte Handschrift[49] zum Teil anderen Inhaltes ist.

Der unter der Nummer 2057 im Katalog von 1369 genannte *liber politicus* war, wie der Hinweis auf Guido de Castello zeigt, ein Exemplar des Werkes des Benedikt. Da es vorher nicht in den Bibliothekskatalogen aufgeführt ist, könnte es bis ins 14. Jahrhundert zur Handbibliothek des Kämmerers gehört haben.

Bevor ich nun auf Grund der Katalogsangaben und der bisher gemachten Bemerkungen die Entwicklungsgeschichte des Werkes des Benedikt und seiner Nachfolger zu skizzieren versuche, seien noch die anderen Texte zur päpstlichen Liturgie des 12. Jahrhunderts genannt. Weil in den verschiedenen Sammlungen zum großen Teil die gleichen Texte enthalten sind, halte ich es für sinnvoll, die einzelnen Texte nach ihrem Bestand in den Kompilationen zu untersuchen.

Als erste Textgruppe bieten sich Nr. 1 bis 4 des 10. Buches des Albinus an. Mit einer Papstchronik gekoppelt, sind die Texte schon in den drei mittelalterlichen Handschriften des Benedikt enthalten,[50] ohne diese Chronik stehen sie bei Albinus[51] und in der Baseler Handschrift.[52] Während der Textbestand in den einzelnen Handschriften kaum voneinander differiert, ist die Reihenfolge der Texte verschieden. Nr. 1 und 2 stehen auch in der Beschreibung der Petersbasilika des Petrus Mallius.[53] Seit wann die vier Texte gemeinsam überliefert wurden, kann nicht genau festgestellt werden. Bei den Laudes der Nr. 4 ist in den Handschriften des Liber politicus *(N.)* und wohl auch bei Albinus (*H.*, verschrieben statt *N.* oder für *Hadriano*?) kein bestimmter Papst genannt, während in der Baseler Handschrift einem Papst Lucius (Lucius II.: 1144–1145, Lucius III.: 1181–1185) gehuldigt wird. Vom Inhalt her gehören zu diesen vier Nummern noch Listen von Stationskirchen in der Baseler Handschrift[54] und bei Petrus Mallius[55] und Verzeichnisse der Kardinalskirchen in der Baseler Handschrift,[56] bei Petrus Mallius,[57] bei Albinus[58] und eine ähnliche Liste in der *Descriptio Lateranensis ecclesiae*.[59]

---

[49] F. Ehrle, a.a.O., S. 59.

[50] Vgl. LC 1, S. 32 b–34 a.

[51] LC 2, S. 90 a–91 b.

[52] B. Schimmelpfennig, a.a.O., S. 46f.: cod. Basel Univ.-Bibl. D. IV. 4, f. 26rb –26 vb.

[53] Petrus Mallius, Descriptio basilicae Vaticanae: R. Valentini–G. Zucchetti, Codice topografico della città di Roma 3, Rom 1946, S. 433–436, Nr. 54–56, künftig: Cod. topogr. III, S....

[54] f. 27 ra–27 vb, vgl. B. Schimmelpfennig, a.a.O., S. 47 f.

[55] Cod. topogr. III, S. 439–442.

[56] f. 20 rb–20 vb, vgl. B. Schimmelpfennig, a.a.O., S. 45.

[57] Cod. topogr. III, S. 437f.

[58] LC 2, S. 92 a/b, Nr. 29.

[59] Cod. topogr. III, S. 360–362.

Die päpstliche Liturgie während des Kirchenjahres ist außer bei Benedikt auch noch in der Baseler Handschrift,[60] bei Albinus[61] und bei Cencius[62] geschildert. Das Schema ist bei allen vier Texten gleich, doch differieren sie wesentlich im Inhalt. Von daher sind sie in zwei Überlieferungsgruppen zu unterteilen: die erste umfaßt den Ordo des Benedikt und den der Baseler Handschrift. Beide entsprechen sich nicht nur im Inhalt, sondern meist auch im Wortlaut; doch ist der Baseler Text wesentlich kürzer als der des Benedikt. Im ersteren wird in den Laudes der 3. Weihnachtsmesse und am Ostersonntag einem Papst Gregor[63] – wahrscheinlich Gregor IX. –, zu anderen Gelegenheiten wie bei Benedikt Innozenz II.[64] gehuldigt. Einige Stellen im Baseler Text gehen über den des Benedikt hinaus.[65] Ob der Baseler Text eine geraffte und aktualisierte Fassung des Textes des Benedikt ist oder ob beide Versionen mittelbar auf die gleiche Vorlage zurückgehen, kann meines Erachtens nicht zweifelsfrei entschieden werden. – Die zweite Überlieferungsgruppe umfaßt die Versionen des Albinus und des Cencius. Die Anzahl der in beiden Texten beschriebenen Feste ist geringer als in denen der ersten Gruppe, dafür sind die Beschreibungen bei Albinus und Cencius oft detaillierter. Anfänge von Formeln werden seltener als in den Texten der ersten Gruppe gegeben. Im Text des Cencius macht sich sein Interesse für Belange der apostolischen Kammer bemerkbar.[66] Analog zur ersten Gruppe ist eine Abhängigkeit des Cencius von Albinus weder zu bejahen noch zu verneinen. Papstnamen kommen bei beiden nicht vor.

Abweichend von Benedikt enthalten die Sammlungen der Baseler Handschrift,[67] des Albinus[68] und des Cencius[69] einen Ordo zur Wahl, Konsekration und Krönung des Papstes. Ein entsprechender Text findet sich auch noch in einer Londoner Handschrift.[70] Alle vier Versionen sind im Inhalt und Wortlaut sehr voneinander verschieden. Doch ist aus dem allen vier Texten gemeinsamen Anfang und verschiedenen mehr oder weniger wörtlichen Übereinstimmungen[71] zu schließen, daß sie alle vier mittelbar auf eine gemeinsame

[60] f. 29 ra–31 rb, unten, S. 371 ff. ediert als Anhang I; vgl. B. Schimmelpfennig, a.a.O., S. 49f.

[61] LC 2, S. 128 a–133 a, Nr. 26.

[62] LC 1, S. 290 a–311 b, Kap. LVII.

[63] Vgl. Anh. I *6* und *19*, unten, S. 372 und 374.

[64] Vgl. Anh. I *6*, unten, S. 372, und LC 2, S. 145 b, Nr. 19, 146 b, Nr. 22 und 153 a, Nr. 47.

[65] Vgl. die Bemerkungen zum Anh. I und B. Schimmelpfennig, a.a.O., S. 49f.

[66] So z. B. die ausführlichen Listen der Presbyterien-Empfänger: LC 1, Kap. LVII 39–68, S. 299 b–310 a.

[67] B. Schimmelpfennig, a.a.O., S. 60–70.

[68] LC 2, S. 123 a–125 a, Nr. 3.

[69] LC 1, Kap. LVIII, S. 311 b–313 b.

[70] B. Schimmelpfennig, Ein Fragment zur Wahl, Konsekration und Krönung des Papstes im 12. Jh. (AHPont 8), 1970, S. 323–331.

[71] Vgl. dazu B. Schimmelpfennig, Ein bisher unbekannter Text, S. 53–57 und ders., Ein Fragment, S. 323–331, und die Textanmerkungen in beiden Veröffentlichungen.

Vorlage zurückgehen. Eine direkte Abhängigkeit der vier Texte untereinander ist jedoch auszuschließen, weil die Entsprechungen zwischen ihnen wechseln. Auch die Anciennität ist nicht eindeutig zu fixieren. Einen Terminus post quem gibt in allen vier Texten die bei der Wahl ausschlaggebende *maior pars*;[72] daß sie im Londoner Text fehlt, ist wohl lediglich auf dessen fragmentarischen Zustand zurückzuführen. Doch ist dieser durch das dritte Laterankonzil gesetzte Zeitpunkt nicht dahin auszulegen, daß die Vorlage der vier Texte nach 1179 geschrieben wurde, sondern daß in den verschiedenen Vorlagen der Texte der Wortlaut auf Grund der Dekretale *Licet de vitanda*[73] verändert wurde.

Als letztes sind noch der von Albinus und Cencius überlieferte Kaiserkrönungsordo „Cencius I"[74] und der nur in der Originalhandschrift des Cencius enthaltene Kaiserkrönungsordo „Cencius II"[75] zu nennen. Beide Ordines sind älter als die sie tradierenden Sammlungen.

Nach dieser kurzen Analyse der Bestandteile der verschiedenen Sammlungen gilt es nun, ihre Entstehung und zeitliche Folge darzustellen und damit zugleich auch die bisherigen Beobachtungen zusammenzufassen.

Die älteste uns bekannte Sammlung ist die des Kanonikers Benedikt. Zwischen 1140 und 1143 kompilierte er für seinen Auftraggeber, den Kardinalpriester Guido de Castello, eine Beschreibung des päpstlichen Zeremoniells während des Kirchenjahres. Für die Kompilation stützte er sich auf liturgische Bücher der Peterskirche (Antiphonarien etc.) und ältere Ordines mit päpstlichem Zeremoniell, die zum Teil der Verfassung und Liturgie des päpstlichen Hofes im 10. und 11. Jahrhundert entsprachen. Ob auf Benedikt auch die Aufzeichnung der vier ersten Texte des 10. Buches des Albinus, der *Mirabilia* und der stadtrömischen Feste (Jahresanfang, Karneval, *Laudes Cornomannie*) zurückgeht, kann nicht eindeutig geklärt werden. Zwar verrät er in seinem Ordo große Lokalkenntnisse und damit Affinitäten zu den *Mirabilia*,[76] doch sind die genannten Texte nicht in der Einleitung aufgeführt. Hinzukommt,

---

[72] Vgl. B. Schimmelpfennig, Ein bisher unbekannter Text, S. 53f. und ders., Ein Fragment, S. 324f.

[73] X. 1, 6, 6: E. Friedberg, Corpus iuris canonici 2, Sp. 51.

[74] R. Elze (Ed.), Ordines coronationis imperialis (MG. Font. iur. Germ. ant. IX), Hannover 1960, S. 22–25 Ordo X und ders., Die Ordines für die Weihe und Krönung des Kaisers und der Kaiserin im MA (Ungedr. Habilschrift), Bonn 1958, S. 14–16.

[75] R. Elze (Ed.), Ordines coron. imp., S. 35–47 Ordo XIV; dazu ders., Die Ordines für die Weihe, S. 17–19 und 70–100 und ders., Der Liber censuum des Cencius (cod. Vat. lat. 8486) von 1192–1228 (Bull. dell'„Arch. Paleogr. ital." N. S. 2/3) 1956/57, bes. S. 265 bis 270.

[76] Vgl. z. B. die Beschreibung der Prozession am Weihnachtsmorgen: LC 2, S. 145a Nr. 16 und Cod. topogr. III, S. 211f.; dazu auch LC 1, S. 105f. Es ist jedoch nicht zu klären, ob die topographischen Angaben von Benedikt oder aus seiner Vorlage stammen.

daß in der Handschrift von Cambrai die Einleitung ausschließlich dem Ordo zugeordnet und die Reihenfolge und Zusammenstellung der Texte in den drei Handschriften des Benedikt sehr unterschiedlich ist. Andererseits setzt die Anfertigung von Exzerpten aus dem sogenannten *Liber politicus* vor Albinus voraus, daß Benedikts Handschrift oder eine Kopie relativ bald nach der Abfassung des Ordo durch die oben genannten Texte erweitert wurde, wobei zwischen Nummer 2 und 3 des Albinus noch eine zur Zeit Innozenz' II. erweiterte Papstchronik[77] stand. Wahrscheinlich wurde diese Handschrift dann nachträglich auf Grund ihres heterogenen Inhaltes als Liber politicus bezeichnet; diese Bezeichnung wurde dann als Titelersatz auf den Einband oder auf das erste Blatt der Handschrift geschrieben.[78] Dieser Liber politicus wurde zwischen 1143 und 1189 exzerpiert – allerdings nur ein Teil der Nachträge, nämlich die Nummern 1 bis 28 des 10. Buches des Albinus –, wahrscheinlich von einem Kurialen, möglicherweise von einem päpstlichen Kaplan. Wohl noch im 12. Jahrhundert wurden diese Exzerpte mit anderen Quaternen und Auszügen liturgischen Inhalts zusammengestellt und von verschiedenen Sammlern benutzt, von denen uns Albinus und Cencius mit Namen bekannt sind. Jener schrieb die im Katalog von 1295 unter den Nummern 307 und 333 genannten Hefte aus, dieser den unter der Nummer 309 aufgeführten Quatern. Zu diesen beiden Sammlern müssen noch mindestens der Vorläufer der Baseler Sammlung, der eventuell den Ordo des Benedikt und vielleicht den 1295 unter der Nummer 308 katalogisierten Quatern benutzte, und der Kompilator des in London fragmentarisch erhaltenen Papstwahlordo hinzugerechnet werden.

Nicht nur die zum Teil erheblichen Unterschiede in den Versionen des in seinen Ursprüngen unbekannten Papstwahlordo und des Ordo zum Kirchenjahr, sondern auch die Aufnahme von Texten in andere Sammlungen (Petrus Mallius), der „Export" von Texten noch im 12. Jahrhundert (Handschriften von Cambrai und London) und nicht nur auszugsweise (Benedikt, Sammlung von Basel etc.), sondern zum Teil auch vollständige Übernahmen von Texten des 10. und 11. Jahrhunderts (ältere und jüngere Richterliste,[79] Kaiserkrönungsordo „Cencius I") und des frühen 12. Jahrhunderts (singuläre Tra-

[77] LC 2, S. 165a–169b. Auf Grund der Angaben zum Pontifikat Innozenz' II. wurde die Chronik als wichtigster Anhalt zur Datierung des Liber politicus angesehen, vgl. z. B. J. Kösters, Studien, S. 49. Da es aber m. E. unsicher ist, ob die Chronik von Benedikt stammt, fällt dieses Datierungskriterium weg.

[78] Darauf deuten die Angaben im Katalog von 1369 (oben S. 10) und Ausdrücke wie *liber camere qui vocatur politicus*: z. B. Migne PL 78, Sp. 1111B = PRC, App. I 53, S. 536.

[79] Vgl. R. Elze, Das „Sacrum Palatium Lateranense", S. 29–33 und 50–53, und P. E. Schramm, Studien zu frühmittelalterlichen Aufzeichnungen über Staat u. Verfassung (ZRG GA 49), 1929, bes. S. 198–232.

dierung des Kaiserkrönungsordo „Cencius II") lassen vermuten, daß das Abschreiben und damit zugleich auch das Verändern von Ordines eine häufig geübte Tätigkeit von Kurialen war. Dies ist auch nicht sonderlich überraschend, da jeder Kuriale an den Riten teilzunehmen hatte und das Informationsbedürfnis demzufolge relativ groß war. Hinzukommt, daß schon um die Mitte des 12. Jahrhunderts die Kurie auch die Liturgie an den römischen Hauptkirchen zu beeinflussen begann[80] und daher auch an diesen ein Interesse an schriftlichen Fixierungen des kurialen Zeremoniells bestand. Die Ordines für offizielle oder auch nur offiziöse Texte zu halten, dürfte in den meisten Fällen verfehlt sein. Schon Benedikts Ordo zeigt, daß es sich um Privatarbeiten handelte. Schließlich gab es auch noch keinen Offizialen, der die Funktionen der späteren Zeremonienmeister ausgeübt hätte.[81] Es ist daher erklärlich, daß zum Beispiel kaum einer der Ordines zur Wahl und Weihe des Papstes oder zur Kaiserkrönung mit irgendeiner Beschreibung eines tatsächlich stattgefundenen derartigen Aktes übereinstimmt, wenn auch anzunehmen ist, daß einzelne Kompilatoren von Zeitereignissen beeinflußt waren. Erst seit dem Ende des 12. Jahrhunderts, als einzelne Texte in wohl als offiziell angesehene Werke wie den Liber censuum des Cencius aufgenommen wurden, änderte sich zum Teil der Charakter der Texte. Daher konnte der Liber politicus, der wohl zur Handbibliothek des Kämmerers im 13. Jahrhundert gehörte – ob es das Original oder eine Kopie war, ist nicht zu ergründen –, als Basis bei der Zahlung von Presbyterien[82] und natürlich auch als Vorlage für andere Ordines[83] dienen, bis er dann in Avignon der päpstlichen Bibliothek einverleibt wurde.

---

[80] Vgl. z. B. L. Fischer (Ed.), Bernhardi... Ordo officiorum ecclesiae Lateranensis, S. 132, Z. 2–5, Nr. 263. Zur Stellung der Lateranbasilika zur Kurie vgl. S. J. P. van Dijk–J. H. Walker, The Origins of the Modern Roman Liturgy, S. 85f., wo diese Stelle nicht berücksichtigt und daher die Analyse ungenau ist.

[81] Zur Entwicklung dieses Amtes vgl. B. Schimmelpfennig, Die Organisation der päpstlichen Kapelle in Avignon (QFIAB 50), 1970, S. 80–111.

[82] So PRC, Kap. XIII B 55, S. 379 und die dem entsprechenden Stellen: Migne PL 78, Sp. 1111 B = PRC App. I 53, S. 536; Migne PL 78, Sp. 1144 D und J. Kösters, Studien, Beilage 3, S. 98.

[83] Vgl. z. B. im OR XIV: Migne PL 78, Sp. 1183 C und 1184 A (Weihnachtslaudes), 1194 D (Prozession am Stephanstag); im OR XV: Migne PL 78, Sp. 1278 D (nach OR XIV, Sp. 1183 C), 1279 D (nach OR XIV, Sp. 1184 A), 1279 D (nach OR XIV, Sp. 1184 A?), 1280 C (nach OR XIV, Sp. 1184 A, mit Betonung der Ungültigkeit der älteren Angaben), 1281 A (zweimal), 1292 C (Aschermittwoch, Zitierung des Liber politicus nicht im OR XIV). – Im OR XV Kap. 143 (Migne PL 78, Sp. 1350 D) wird auf die *forma* bei der Spendung von Sterbesakramenten verwiesen, *quae est in Polyptycho.* Doch enthalten weder der Liber politicus noch der Liber censuum eine derartige Beschreibung. Ob der Verweis auf einen Irrtum des Kompilators zurückgeht oder ob ein nicht mehr erhaltener Liber politicus gemeint war, ist unklar.

## II.

# KOMPILATIONEN DES 13. JAHRHUNDERTS

### 1. Die liturgischen Bücher der päpstlichen Kapelle

Den bisher behandelten Texten sind keine eindeutigen Hinweise auf Aussehen und Zusammensetzung der zur Durchführung der päpstlichen Gottesdienste dienenden Bücher zu entnehmen. Wir wissen deshalb nicht, was für liturgische Bücher (Ordinarien, Sakramentarien, Missalien etc.) die päpstlichen Kapläne und die für die richtige Durchführung der Riten Verantwortlichen besaßen. Erst für den Pontifikat Innozenz' III. sind wir besser unterrichtet. Dieser Papst reformierte den Gottesdienst, indem er *officium ecclesiasticum in melius correxit et ordinavit et de suo addidit et de alieno dempsit.*[84] Zwar ist diese Liturgiereform aus den bisher bekanntgewordenen liturgischen Handschriften und auch aus der eben zitierten Notiz des immerhin zwei Generationen jüngeren Salimbene nicht völlig zu erkennen, doch gibt eine Handschrift aus der zweiten Hälfte des 14. Jahrhunderts zumindest Aufschlüsse über Änderungen der Liturgie der päpstlichen Kapelle.

Es handelt sich um eine 1365 in Castel Durante, dem heutigen Urbania, auf Betreiben des Kardinallegaten Gil Albornoz angefertigte Abschrift des Ordinarium der päpstlichen Kapelle,[85] das bis zur Entdeckung dieser Handschrift nur aus vereinzelten Hinweisen wie dem des Radulph de Rivo[86] bekannt war. Die Vorlage der Kopie, die zahlreiche Notizen zu Ereignissen unter den Päpsten Gregor IX., Innozenz IV., Urban IV. und Bonifaz VIII. enthält,[87] ist zeitlich schwer zu fixieren. Außer den durch die Nennung der Päpste zu datierenden Nachträgen gibt es weitere,[88] die nur durch Vergleich mit liturgischen Quellen des 13. Jahrhunderts als wahrscheinlich nach Innozenz III. entstanden anzunehmen sind. Sie alle stehen innerhalb des Textes

---

[84] Salimbene, Cronica ad annum 1215: MG. SS. XXXII, S. 31.

[85] Vgl. dazu bes. M. Andrieu, L'ordinaire de la chapelle papale et le cardinal Jacques Gaëtani Stefaneschi (EL 49), 1935, S. 230–260 und S. J. P. van Dijk–J. H. Walker, The Origins of the Modern Roman Liturgy, bes. S. 95–112. Es ist der Codex Paris BN, ms. lat. 4162 A.

[86] Vgl. unten, Anm. 104.

[87] Vgl. M. Andrieu, L'ordinaire, S. 239 und 242–246.

[88] Vgl. die in beiden folgenden Anmerkungen genannten Arbeiten von Andrieu und van Dijk.

der Abschrift, und es ist möglich, daß sie auch in der Vorlage nicht mehr auf dem Rand geschrieben waren, so daß diese ebenfalls im 14. Jahrhundert entstanden sein müßte.

Wie schon eben angedeutet, gibt es vergleichbare Texte aus dem 13. Jahrhundert. Diese existieren in den folgenden Gruppen:

a. in den Zeugnissen für die Liturgie der Franziskaner, da für diese die Gewohnheiten der päpstlichen Kurie als vorbildlich galten;

b. in Handschriften mit Meßliturgie, die durch die Riten der Kurie beeinflußt ist;

c. außerdem für die Liturgie der drei letzten Tage der Karwoche in den römischen Pontifikalien.

Alle drei Überlieferungsgruppen sind schon wiederholt, vor allem durch Andrieu[89] und Van Dijk,[90] untersucht worden, ohne daß sich bisher ein halbwegs klares Bild von der päpstlichen Liturgie unter Innozenz III. und unter dessen Nachfolgern ergab. Abgesehen von der noch immer lückenhaften Überlieferung war diese Unklarheit in der Sichtweise der beiden genannten, miteinander rivalisierenden Forscher begründet. Sie gingen zu sehr von modernen Verhältnissen aus und postulierten von daher „authentische" Texte für die päpstliche Liturgie. Dabei ist bis zum Ende des 15. Jahrhunderts immer wieder zu beobachten, daß die Riten, vor allem die Abläufe, nur in geringem Maße eindeutig fixiert waren. Es ist daher auch nicht zulässig, aus nichtkurialen Quellen – sofern diese nicht ausdrücklich kuriale Zustände beschreiben – die Liturgie der Kurie zu rekonstruieren.[91]

a. Aus der ersten Gruppe sind das „Brevier des hl. Franz" und das „Brevier der hl. Klara" für unser Thema besonders wichtig.[92] Sie wurden zwischen 1215 und 1220 bzw. zwischen 1231 und 1234 außerhalb der Kurie unter

---

[89] M. Andrieu, Le missel de la chapelle papale à la fin du XIII^e siècle (Studi e testi 38), Rom 1924, S. 348–376; ders., L'ordinaire, passim; ders., L'authenticité du „Missel de la chapelle papale" (Scriptorium 9), 1955, S. 3–34; ders., PRC, S. 87–89, 301–308, 319 f. und 541–578 (App. II).

[90] S. J. P. van Dijk, Three Manuscripts of a Liturgical Reform by John Cajetan Orsini (Nicholas III) (Scriptorium 6), 1952, S. 213–242; ders., The Legend of „The Missal of the Papal Chapel" (SE 6), 1956, S. 76–142; ders., The Authentic Missal of the Papal Chapel (Scriptorium 14), 1960, S. 257–314; ders.–J. H. Walker, The Origins, passim.

[91] Daß auch heute noch Divergenzen zwischen von der römischen Kurie angeordneten liturgischen Texten und deren Reproduktionen in den Bistümern vorkommen, zeigt die 2. Lesung zum 2. Sonntag nach Erscheinung in der seit dem Advent 1969 für die Gesamtkirche verbindlichen Leseordnung, wo in der für die deutschsprachigen Gebiete gültigen Übersetzung der Lesung (1 Kor. 6, 13c–15a und 17–20) der zweite Teil (Vers 17–20) ohne Angabe von Gründen weggelassen ist.

[92] S. J. P. van Dijk–J. H. Walker, The Origins, S. 129–144 mit weiteren Literaturangaben.

Heranziehung verschiedener Vorlagen, so auch eines dem Ordinarium ähnlichen Textes, kompiliert. Soweit sich also die Anweisungen in den beiden Handschriften mit denen in der Kopie des Ordinarium decken, kann der Wortlaut zumindest für die Zeit zwischen 1215 und 1230 rekonstruiert werden. Auf weitere Parallel-Überlieferungen aus dem Bereich der Franziskaner geht Van Dijk ausführlich ein,[93] so daß ich auf ihn verweisen kann. Doch ist kritisch zu ihm anzumerken, daß er auf Grund von Veränderungen des Textbestandes in Büchern der Franziskaner zu schnell auch Veränderungen der kurialen Bücher – und zwar vom Papst autorisierte Veränderungen! – postuliert. Deshalb halte ich die Rekonstruktion des Breviers und des Missale Honorius' III.[94] solange für unbewiesen, wie kuriale Quellen dazu gänzlich fehlen.

b. Die Zeugnisse der zweiten Gruppe bestehen vor allem aus vier Handschriften, von denen jeweils zwei zusammengehören: zwei wohl aus dem Skriptorium von Sta. Maria Maggiore stammende Missalien,[95] zu deren Vorlagen ein vielleicht noch in die erste Hälfte des 13. Jahrhunderts zu datierendes Missale der päpstlichen Kapelle zählte, und zwei Teilsakramentarien,[96] die gleichfalls stadtrömische Gewohnheiten wiedergeben, vielleicht auf eine Liturgiereform unter dem Kardinal Giovanni Gaetano Orsini (später Nikolaus III.) zurückgehen und wie die beiden Missale-Handschriften Details der päpstlichen Liturgie enthalten. Doch beschränken sich die auf Gepflogenheiten der päpstlichen Kapelle bezüglichen Einzelheiten in den beiden Missalien vor allem auf die drei letzten Tage der Karwoche, obwohl beide Handschriften den vielversprechenden Titel tragen: *missale continuum secundum ordinem cappelle domini pape, qui veracissimus est.*[97] – Der Begriff *ordo* ist hierbei wohl synonym mit *usus* oder *consuetudo* gebraucht. – Hingegen beschreiben in den beiden Sakramentarien alle Kapitel, die auf die wichtigen Tage im Kirchenjahr eingehen, Gewohnheiten der Kurie.[98]

Vielleicht noch aus der Zeit Innozenz' III. selbst stammt ein Sakramentar,

---

[93] Ebda., S. 113–128 und S. 179–397; S. J. P. van Dijk, Sources of the Modern Roman Liturgy 1, Leiden 1963, S. 40–146.

[94] S. J. P. van Dijk–J. H. Walker, The Origins, S. 145–176.

[95] Ebda., bes. S. 156–176; S. J. P. van Dijk, The Authentic Missal, S. 257–314, bes. S. 269–284. Es sind die Handschriften Rom, Arch. di Stato, ms. Arch. ant. Ssmo. Salv. 1001 und Vatikan, Arch. S. Maria Maggiore, ms. BB. II. 15.

[96] S. J. P. van Dijk–J. H. Walker, The Origins, bes. S. 158–176; S. J. P. van Dijk, Three Manuscripts, bes. S. 233f. und 237–242; M. Andrieu, Le missel, bes. S. 352–374; J. Brinktrine, Consuetudines liturgicae in functionibus anni ecclesiastici papalibus observandae e sacramentario codicis Vat. Ottobon. 356, Münster 1935. Es sind die Handschriften Ottobon. lat. 356 und Avignon Bibl. mun., cod. 100.

[97] S. J. P. van Dijk, The Authentic Missal, S. 269 und 282.

[98] Vgl. dazu bes. M. Andrieu, Le missel, S. 361–374, und J. Brinktrine, a.a.O., passim.

das ehedem der Kirche San Lorenzo fuori le mura gehörte und sich jetzt in Madrid befindet.[99] Es enthält Einträge zu den Wahl- und Todestagen der Päpste von Alexander III. († 1181) bis Cölestin III. († 1198),[100] so daß es selbst oder seine Vorlage in die Zeit um 1200 zu datieren ist. Einige Texte, insbesondere die zum Gründonnerstag, Karfreitag, Karsamstag und Mariä Lichtmeß,[101] ähneln den Fassungen im Ordinarium und in den Missalien oder Sakramentarien. Eventuell spiegelt die Textfassung dieser Handschrift den Zustand der entsprechenden Texte der päpstlichen Kapelle vor der Reform Innozenz' III. wider.

Für die Erforschung des päpstlichen Zeremoniells der folgenden Jahrhunderte sind die beiden oben genannten Teilsakramentarien gemeinsam mit dem Ordinarium ungleich wichtiger als die übrigen Handschriften. Vor allem der Codex 100 der Bibliothèque municipale in Avignon ist für die Analyse der avignonesischen Sammlungen bedeutend. Ich gehe daher auf ihn noch etwas genauer ein, sobald ich kurz die dritte Gruppe und anschließend Entstehung und Charakter des Ordinarium soweit wie nötig behandelt habe.

c. Ähnlich wie die beiden Missalien enthalten die verschiedenen Fassungen des PRC auf die kurialen Gewohnheiten bezogene Texte zum Gründonnerstag, Karfreitag und Karsamstag.[102] Dabei entspricht vor allem die Textfassung der „recension longue" der des Ordinarium und ist wohl von diesem beeinflußt.

*

Wie Van Dijk überzeugend nachwies, ist der *Ordo romane ecclesie curie quem consuevimus observare temporibus Innocentii pape et aliorum pontificum,*[103] der wohl mit dem von Radulph de Rivo[104] genannten *ordinarium a tempore Innocentii tercii recollectum* übereinstimmt, zwischen 1213 und 1216 entstanden.[105] Die *recollectio* bestand in der Veränderung eines schon älteren

99 Madrid Bibl. Nac., ms. 730. Vgl. J. Janini–J. Serrano, Manuscritos liturgicos de la Biblioteca Nacional, Madrid 1969, S. 43–47, Nr. 35, J. Janini, El sacramentario papal a principios del siglo XIII (Anales del Seminario de Valencia I 2), 1961, S. 323–348, und O. Bragança, A oraçao „Deus ineffabilis potentie" (Theologica 1), Braga 1966, S. 411–425.

100 J. Janini–J. Serrano, a.a.O., S. 45.

101 Ebda., S. 46f., J. Janini, El sacramentario, S. 337–348 (Edition der Texte zum Gründonnerstag, Karfreitag und Karsamstag), und O. Bragança, a.a.O., S. 415 (Edition des Textes zu Lichtmeß).

102 PRC, S. 87–89, 301–308, 319f., 455–479 (Kap. XLII–XLIV) und 541–578 (App. II).

103 So lautet der Titel der Handschrift Paris BN, ms. lat. 4162 A: M. Andrieu, L'ordinaire, S. 234.

104 L. C. Mohlberg, Radulph de Rivo, der letzte Vertreter der altrömischen Liturgie 2: Texte, Münster 1915, S. 125, Z. 7f.

105 Vgl. bes. S. J. P. van Dijk–J. H. Walker, The Origins, S. 99 und 110.

Ordinarium der Kapelle.[106] Wie dieses aussah und inwieweit es den oben behandelten Ordines des 12. Jahrhunderts entsprach, ist wegen der fehlenden Quellen nicht zu erkennen. Da bislang noch keine Ausgabe des Ordinarium publiziert ist, könnnen dessen Vorlagen nur unvollkommen erkannt werden. Doch ist anzunehmen, daß zu ihnen neben einem älteren Ordinarium auch der Liber politicus gehörte, sofern er nicht schon in der Vorlage exzerpiert war.[107] Der Liber politicus diente bei der Zahlung der Presbyterien als Berechnungsgrundlage;[108] außerdem wird auf ihn jeweils bei den Papstlaudes verwiesen.[109] Daß der Liber politicus auch bei Texten, in denen er nicht ausdrücklich genannt ist, als Vorlage diente,[110] kann meines Erachtens nicht schlüssig bewiesen werden, da genauso gut auch der jeweilige Text des Liber politicus und der des Ordinarium auf die gleiche Vorlage, nämlich ein liturgisches Buch der Kapelle, zurückgehen können.

Neben diesem Ordinarium, das auf Messe und Horen in gleicher Weise einging, existierte noch ein speziell die Meßliturgie enthaltendes Sakramentar oder Missale, dessen Anweisungen wahrscheinlich denen des Ordinarium und eventuell verschiedenen Texten in der Madrilener Handschrift weitgehend entsprachen. Als Gebrauchshandschriften waren Ordinarium wie Missale – beide dürften in mehreren Exemplaren vorhanden gewesen sein – häufig Veränderungen unterworfen. Diese lassen sich, wenn auch nur zum Teil, an der Textüberlieferung in den oben unter a) genannten Handschriften ablesen, deren Kompilatoren jedoch oftmals die auf die Kurie bezogenen Texte wegließen oder zumindest stark kürzten, damit diese besser mit ihren Intentionen übereinstimmten.

Von den bisher genannten Handschriften gleicht der Codex 100 aus Avignon am meisten dem Ordinarium. Weil die Handschrift ausführlich von Andrieu[111] beschrieben ist, gehe ich nur auf Ursprung und Entstehungszeit ein, da beides trotz der Überlegungen Andrieus und Van Dijks[112] noch nicht hinreichend deutlich geworden ist. Die Handschrift fußt auf einem stadtrömischen Teilsakramentar, das zwar kuriale Zustände beschrieb, jedoch nicht für

---

[106] Ebda., S. 104–112. Vgl. auch das oben, S. 17, angeführte Zitat aus der Chronik des Salimbene.

[107] Vgl. S. J. P. van Dijk–J. H. Walker, The Origins, S. 105f. Der dort und auch schon in S. J. P. van Dijk, The Legend, S. 99, für die Franciscan Studies angekündigte Aufsatz (The Ordinal of Innocent III and the Ordines Romani XI and XII of Mabillon) ist bisher nicht erschienen.

[108] Vgl. die Angaben in Anm. 82. [109] J. Brinktrine, Consuetudines, S. 11f. und 38.

[110] So S. J. P. van Dijk–J. H. Walker, The Origins, S. 105f.

[111] M. Andrieu, Le missel, S. 361–374. Vgl. auch L.-H. Labande, Les Manuscrits de la Bibliothèque d'Avignon provenants de la librairie des papes du XIV$^{e}$ siècle (Bull. hist. et philol.), 1894 (1895), S. 152–155.

[112] Vgl. die in Anm. 89 und 90 aufgeführte Literatur.

den Gebrauch an der Kurie bestimmt war.[113] Die Vorlage war zur Zeit Gregors X. im Besitz eines Kurialen und diente wohl unter Bonifaz VIII. dem Schreiber der Avignoneser Handschrift als Vorlage. Diese Handschrift war mit ihrem Besitzer unter Benedikt XI. in Perugia und unter Clemens V. in Avignon. Dort gelangte sie in die Kathedralbibliothek und schließlich in das Musée Calvet. Für diese Vermutungen gibt es folgende Anhaltspunkte: Auf f. 76v bezieht sich eine Marginalie zur Rubrik vom Karfreitag auf ein Vorkommnis unter Bonifaz VIII. und träfe demnach für einen oder mehrere Karfreitage der Jahre 1295 bis 1303 zu.[114] Die Schrift ist eine andere als die des Schreibers der Handschrift. Für die Zeit Bonifaz' VIII. als Abfassungszeit des Codex spricht auch die geringe Wertung der Franziskanerheiligen im Kalendar.[115] Dagegen gleicht der Hand des Schreibers die Schrift einer auf einen Papst Gregor bezogenen Notiz (f. 87r), mit dem wohl Gregor X. gemeint war.[116] Diese Notiz dürfte also schon in der Vorlage gestanden haben. Im Kalendar der Handschrift wird zum 12. Mai nach den römischen Heiligen Nereus, Achilleus und Pankratius der hl. Crispolitus genannt,[117] der als Patron von Bettona (westlich von Assisi) im Gebiet von Assisi und Perugia verehrt wurde, wo sich Benedikt XI. vor seinem Tode (7. 7. 1304) aufhielt. Es könnte daher sein, daß der Name des Heiligen während des Aufenthaltes des Papstes in Perugia angefügt wurde. Eine andere Möglichkeit wäre die, daß der Schreiber oder Auftraggeber der Handschrift aus dem Gebiet von Assisi/Perugia stammte. Auf die Zeit Clemens' V. weisen die im Kalendar nachgetragenen Feste des hl. Bertrand von Comminges „dont les restes furent solennellement reconnus, en 1309, par le pape Clement V"[118] und des von demselben Papst 1313 heiliggesprochenen Cölestin V.[119] Nicht nur der auf Bonifaz VIII. bezogene Hinweis, sondern auch andere Randnotizen[120] waren vornehmlich für Mitglieder der Kapelle von Interesse; ich nehme deshalb mit Andrieu an, daß die Handschrift im Besitz eines Kaplans war. Da schon um 1300 die beiden Kapellkleriker für die Herrichtung des Altares, der Gewänder etc. und für die liturgischen Bücher, vielleicht auch schon für den Ablauf der Riten zuständig waren[121] und die beiden in Frage kommenden

---

[113] So nach meiner Ansicht richtig gesehen von S. J. P. van Dijk, Three Manuscripts, passim, und ebenso The Legend, passim.

[114] Vgl. bes. M. Andrieu, L'authenticité, S. 23, und ders., Le missel, S. 353.

[115] Vgl. S. J. P. van Dijk–J. H. Walker, The Origins, S. 148, und S. J. P. van Dijk, Three Manuscripts, S. 226.

[116] M. Andrieu, L'authenticité, S. 24, und ders., Le missel, S. 353.

[117] S. J. P. van Dijk, The Legend, S. 123f.

[118] M. Andrieu, Le missel, S. 351.

[119] Ebda., S. 351f. Vgl. auch unten, S. 48f.

[120] M. Andrieu, L'authenticité, S. 24–28.

[121] B. Schimmelpfennig, Die Organisation der päpstlichen Kapelle in Avignon, S. 85ff.

Kleriker sowohl unter Bonifaz VIII. als auch unter Clemens V. ihre Funktionen wahrnahmen,[122] stammen die Einträge vielleicht von ihnen oder nach 1310 von ihren Nachfolgern.[123]

## 2. Ein Zeremonienbuch aus der zweiten Hälfte des 13. Jahrhunderts

Im Pontifikale des frühen 13. Jahrhunderts wird im Ordo der Priesterweihe[124] ein *Ordinarium de officio misse* genannt, das in der „recension longue" auch noch im Ordo der Bischofsweihe[125] vorkommt. Möglich, daß dieses Ordinarium aus der Zeit Innozenz' III. stammt. Doch ist es irrig, Bruchstücke dieses Textes in mehreren Handschriften des späten 13. und frühen 14. Jahrhunderts zu vermuten.[126] Vielmehr gehören diese zwei verschiedenen Gruppen an. Die erste umfaßt, soweit mir bekannt, sechs Handschriften, in denen verschiedene Texte zur Meßfeier, jedoch nicht nur zu der des Papstes, enthalten sind. Die zweite Gruppe ist bisher nur durch eine Handschrift repräsentiert, die zum Überlieferungskomplex von Mabillons Ordo Romanus XIII gehört. Beide Gruppen sind im Folgenden zu beschreiben. Kümmern wir uns zuerst um die sechs Handschriften mit Texten zum Meßzeremoniell.

Zum Schluß des Kapitels 139 in der von Gattico edierten Fassung des Ordo Romanus XIV heißt es:[127] *Cetere solempnitates, que fiunt, dum celebratur coram papa, per ipsum dominum papam vel per alios domino pape, in antiquo libro ordinato super ceremonias continentur infra rubricam, que incipit De missis, que celebrantur coram papa.* Ein Kapitel mit dieser Überschrift gibt es in keiner bisher edierten Zeremoniellsammlung, die um 1350 als *antiquus liber* bezeichnet werden konnte. Es steht jedoch in fünf von den sechs oben angeführten Handschriften mit der gleichlautenden Überschrift. Alle sechs sind Kombinationen von Zeremoniell- und Pontifikaltexten.[128] Eine Handschrift,

---

[122] Es sind dies der von 1278 bis 1309 genannte Matheus und der von 1299 bis 1310 genannte Giffredus: B. Schimmelpfennig, a.a.O., S. 87 mit Anm. 34–39.

[123] Seit 1310 bzw. 1313 fungierten bis zum Pontifikatsende Johannes' XXII. Thomas de Eugubio und Raimundus de Porta: B. Schimmelpfennig, a.a.O., S. 89 mit Anm. 43–48.

[124] PRC, Kap. X 36, S. 350, Z. 11f.

[125] Ebda., Kap. XI 37, Var. 1 und 3, S. 366, Z. 23f. und 27f.

[126] So S. J. P. van Dijk–J. H. Walker, The Origins, S. 294 mit Anm. 3 und 4.

[127] G. B. Gattico, Acta selecta caeremonialia Sanctae Romanae Ecclesiae 1, Rom 1753, S. 152a = J. Nabuco–F. Tamburini, Kap. 104, S. 169.

[128] Es sind die Handschriften Baltimore, Walters Art Gallery W 156 (= B), Paris, Ste.-Geneviève 1248 (= G), Madrid Bibl. Nac. 749 (= M), Paris BN, ms. lat. 981 (= P), Vat. Regin. lat. 280 (= R), und Toulouse, Bibl. mun. 67 (= T); nicht berücksichtigt sind Paris BN ms. lat. 12581, eine Abschrift von R, und Vat. lat. 4741, f. 1r–12r (Ende 14. Jh.), mit einer späten und veränderten Fassung der Kapitel II, IV, VII und IX. Zu den Handschriften vgl. auch die Angaben im Handschriftenverzeichnis, S. 393, und den Nachtrag auf S. 449f.

die nur die Zeremonielltexte enthielte, kenne ich nicht. Doch wird eine Trennung zwischen den beiden Textgruppen dadurch erleichtert, daß in einer Handschrift am Schluß des ersten Teils noch ein *Explicit*[129] aus der Vorlage übernommen ist. Hinzukommt, daß der Bestand an Zeremonielltexten in allen sechs Handschriften fast völlig übereinstimmt, während die Pontifikaltexte in den Handschriften voneinander differieren und in einzelnen Handschriften außerdem noch andere Texte überliefert sind. Da alle Zeremonielltexte, wenn auch teilweise verändert, in die von Mabillon edierte Version des Ordo Romanus XIV übernommen wurden, gebe ich in der folgenden Übersicht die entsprechenden Kapitelnummern und die Spalten des von Migne veranlaßten Abdrucks wieder. Die Reihenfolge entspricht der in den genannten sechs Handschriften. Die römischen Ziffern habe ich zur besseren Verdeutlichung der für die Handschriften typischen Kapiteleinteilung den Texten vorgesetzt.

I. *Ordo sancte romane ecclesie, qualiter romanus pontifex apud basilicam sancti Petri debeat celebrare. – Sciendum est, quod romano pontifici missarum sollempnia celebranti ... peracto videlicet ministerio suo.*

OR XIV, Kap. 47, Sp. 1147 C–1153 A (Titel: *De ministerio episcopi vel presbiteri cardinalis servientis pape Missarum solemnia celebranti in officio capellani rubrica.*) = Na-Ta, Kap. 48, S. 45–50 (Titel: *Qualiter serviri solet et debet Romano Pontifici missarum sollemnia celebranti.*) = Gattico, Kap. 1, S. 9 a–10 b, verändert (Titel: *De officio Episcopi vel Presbyteri ministrantis Papae Missarum sollempnia celebranti.*) und der Anfang des Textes (bis: *servitium videatur*) auch ebda., Kap. 48 und 49, S. 51 b (ursprünglich ohne Titel).

Handschriften: B, f. 1 r–6 r (Titel wie unter I angegeben, mit dem Zusatz: *secundum consuetudinem ecclesie romane.*); G fehlt; M fehlt; P, f. 1 r–4 v; R, f. 1 r–7 r (Titel: *De ministerio ...*, wie OR XIV, Sp. 1147 C); T, f. 1 r–3 r (ab: *altare et astantibus:* OR XIV, Sp. 1149 A), es fehlt das erste Blatt.

II. *De hiis, que observanda sunt circa ministerium, quando episcopus cardinalis missarum sollempnia celebrat.*

Unter dieser Überschrift sind als ein einziges Kapitel, ohne Zwischentitel, folgende sechs Kapitel des OR XIV aufgeschrieben:

1. *Quando episcopus cardinalis missarum sollemnia celebraturus est in ecclesia aliqua, clerici eius, quibus capelle cura committitur ... sint coloris tempori congruentis.*

OR XIV, Kap. 48, Sp. 1153 A–1154 B (Titel wie angegeben, doch mit dem Zusatz: *et quos ministros debet habere; et de vestimentis seu ornamentis pontificis et ipsorum*) = Na-Ta, Kap. 49, S. 51 f.

Handschriften: B, f. 6 r–7 r; G, f. 1 r–1 v (Anfang fehlt); M, f. 1 r–1 v; P, f. 4 v–5 v (im Titel fehlt: *missarum sollemnia*); R, f. 7 r–8 v; T, f. 3 r–4 r.

---

[129] Vgl. das Ende von Kap. X in cod. T, unten S. 27.

2. a) *Circa quod sciendum est, quod sancta romana ecclesia ... pro uno reputant.*
OR XIV, Kap. 49 Teil 1, Sp. 1154 B = Na-Ta, Kap. 50 Teil 1, S. 52 (beide Editionen mit dem Titel: *De diversitate colorum, quibus Romana ecclesia in sacris vestibus diversis temporibus uti solet*).
Handschriften: B, f. 7 r (wie P); G, f. 1 v; M, f. 1 v; P, f. 5 v *(Circa quidem sciendum...)*; R, f. 8 v; T, f. 4 r.

b) *Colore albo utitur a vesperis ... de ipsis octavis agitur.*
OR XIV, Kap. 49 Teil 2, Sp. 1154 B–D = Na-Ta, Kap. 50 Teil 2, S. 52 (ohne Titel) = Gattico, Kap. 112 Teil 1, S. 119 a/b (Titel: *De colore albo*).
Handschriften: B, f. 7 r–7 v; G, f. 1 r–2 r; M, f. 1 v; P, f. 5 r; R, f. 8 v–9 r; T, f. 4 r.

3. *Rubeo colore utitur a vigilia ... de ipsis octavis agitur.*
OR XIV, Kap. 50, Sp. 1154 D–1155 A = Na-Ta, Kap. 51, S. 53 = Gattico, Kap. 112 Teil 2, S. 120 a (alle Editionen mit dem Titel: *De colore rubeo*).
Handschriften: B, f. 7 v; G, f. 2 r (es fehlen die letzten fünf Wörter, statt dessen: *que octavas habent*); M, f. 1 v–2 r; P, f. 5 v; R, f. 9 r; T, f. 4 r–4 v.

4. *Colore viridi utitur inter octavam ... quando dominicale festum agitur.*
OR XIV, Kap. 51, Sp. 1155 A = Na-Ta, Kap. 52, S. 53 = Gattico, Kap. 112 Teil 3, S. 120 a (jeweils mit dem Titel: *De colore viridi*).
Handschriften: B, f. 7 v; G, f. 2 r; M, f. 2 r; P, f. 5 v; R, f. 9 r; T, f. 4 v.

5. *Colore violaceo utitur a prima dominica ... quando extra dominicam occurrit.*
OR XIV, Kap. 52, Sp. 1155 A–C = Na-Ta, Kap. 53, S. 53 f. = Gattico, Kap. 112 Teil 4, S. 120 a/b (jeweils mit dem Titel: *De colore violaceo*; nur in OR XIV folgt auf den Text noch der Zusatz: *Item in festo Purificationis beatae Mariae in receptione candelarum in processione*).
Handschriften: B, f. 7 v–8 r; G, f. 2 r–2 v; M, f. 2 r (mit dem Zusatz: *Item in die Purificationis beate Marie ad processionem tantum*, wie die Version der Sammlung D im cod. Vat. lat. 1145); P, f. 5 v–6 r; R, f. 9 r–9 v; T, f. 4 v.

6. a) *Colore nigro utitur feria sexta ... est inconveniens.*
OR XIV, Kap. 53 Teil 1, Sp. 1155 C = Na-Ta, Kap. 54, S. 54 = Gattico, Kap. 112 Teil 5, S. 120 b (jeweils mit dem Titel: *De colore nigro*).
Handschriften: B, f. 8 r; G, f. 2 v; M, f. 2 r; P, f. 6 r (letztes Wort verbessert zu: *conveniens*); R, f. 9 v; T, f. 4 v.

b) *Cum ergo predicti clerici ... donec ipsam faciant reportari.*
OR XIV, Kap. 53 Teil 2, Sp. 1155 C–1170 C = Na-Ta, Kap. 55, S. 54–70.
Handschriften: B, f. 8 r–22 v; G, f. 2 v–15 r; M, f. 2 r–12 r; P, f. 16 r–16 v; R, f. 9 v bis 25 v; T, f. 4 v–14 r.

III. *De usu planetarum diaconi et subdiaconi. – Circa premissa sciendum est, quod quando diaconus et subdiaconus ... dalmatica et tunicella.*
OR XIV, Kap. 54, Sp. 1170 C–1171 A = Na-Ta, Kap. 56, S. 70.
Handschriften: B, f. 22 v–23 r; G, f. 15 v; M, f. 12 r; P, f. 16 r–16 v; R, f. 25 v–26 r; T, f. 14 r–14 v.

IV. *De officio capellani, qui debet servire de mitra. – Sciendum est etiam, quod in precipuis festis ... clerici induti cottis.*

OR XIV, Kap. 55, Sp. 1171 A–1172 A = Na-Ta, Kap. 57, S. 71.

Handschriften: B, f. 23 r–23 v; G, f. 15 v—16 v; M, f. 12 r–12 v; P, 16 v–17 r; R, f. 26 r–27 r; T, f. 14 v–15 r.

V. *De communione eorum, qui ordinantur. – Preter premissa notandum est quod, si pontifex ... et communicantibus porrigere.*

OR XIV, Kap. 56, Sp. 1172 A–C = Na-Ta, Kap. 58, S. 72.

Handschriften: B, f. 23 v–24 r; G, f. 16 v–17 r; M, f. 13 r; P, f. 17 r–17 v; R, f. 27 r (statt *Preter premissa: Preterea*); T, f. 15 r–15 v.

VI. *De communione episcoporum, qui consecrantur, et abbatum, qui benedicuntur. – Preterea si pontifex aliquem vel aliquos ... sumere de sanguine.*

OR XIV, Kap. 57, Sp. 1172 C–1173 B = Na-Ta, Kap. 59, S. 72 f.

Handschriften: B, f. 24 r–24 v; G, f. 17 r–17 v; M, f. 13 r–13 v; P, f. 17 v–18 r; R, f. 27 v–28 r; T, f. 15 v.

VII. *De missis defunctorum. – Ceterum quando pontifex sollempniter celebrat pro defunctis ... sicut in aliis missis.*

OR XIV, Kap. 59, Sp. 1173 B/C = Na-Ta, Kap. 60, S. 73.

Handschriften: B, f. 24 v–25 r; G, f. 17 v; M, f. 13 v; P, f. 18 r; R, f. 28 r; T, f. 15 v bis 16 r.

VIII. *De missis, que celebrantur coram papa. – Preterea si episcopus cardinalis celebret in presentia pape ... et dat benedictionem.*

OR XIV, Kap. 60, Sp. 1173 C–1174 D (Titel: *Si episcopus cardinalis celebret in praesentia papae*) = Na-Ta, Kap. 61, S. 74 f. (in beiden Editionen differiert das Ende des Textes von dem der meisten Handschriften).

Handschriften: B, f. 25 r–26 r; G fehlt; M, f. 13 v–14 v (mit anderem Ende: *postea rediens ad sedem suam, exuit se et cetera,* ungefähr wie in der Sammlung D des cod. Vat. lat. 1145); P, f. 18 r–19 r; R, f. 28 r–29 r; T, f. 16 r–16 v.

IX. *De missis, que celebrantur coram cardinali in capella eius per capellanum ipsius. – Hec sunt, que specialiter observari consueverunt in missa, quando in presentia cardinalis celebratur in capella eius. Sacerdote siquidem induto sacris vestibus ... cum festinatione dicuntur.*

OR XIV, Kap. 61, Sp. 1174 D–1176 D = Na-Ta, Kap. 62, S. 75–77 = Gattico, Kap. 85, S. 91 b–93 b.

Handschriften: B, f. 26 r–28 r; G, f. 17 v–19 v; M fehlt; P, f. 19 r–20 v; R, f. 29 r bis 31 r; T, f. 16 v–18 r.

X. *De ministerio presbiteri cardinalis assistentis summo pontifici, cum coram ei celebratur missa in capella vel in aula summi pontificis, rubrica.*

Analog zum Text II sind unter dieser Überschrift als ein einziger, durchlaufender Text folgende vier Kapitel des OR XIV aufgeführt:

1. *In primis assistens ei a dextro latere ... in manibus pape modo predicto.*

OR XIV, Kap. 62, Sp. 1177 A–1179 C = Na-Ta, Kap. 63, S. 78–80 (im Titel fehlt in den Editionen jeweils: *summi pontificis, rubrica*).

Handschriften: B, f. 28 r–30 v; G fehlt; M fehlt; P, f. 20 v–22 r; R, f. 31 v–34 r; T, f. 18 v–19 v.

2. *Ex premissis patet, quod presbiter cardinalis ... papa dixerit Benedicat etc.*

OR XIV, Kap. 62 bis, Sp. 1179 C/D (Titel: *Quotiens et quando accipitur mitra de capite papae, dum celebrat*) = Na-Ta, Kap. 64, S. 81.

Handschriften: B, f. 30 v; G fehlt; M fehlt; P, f. 22 r–22 v; R, f. 34 r; T, f. 19 v.

3. *Item patet ex premissis, quod presbiter cardinalis ... alii astantes.*

OR XIV, Kap. 63, Sp. 1179 D–1180 A (Titel: *De incensatione papae in Missa*) = Na-Ta, Kap. 65, S. 81.

Handschriften: B, f. 30 v–31 r; G fehlt; M fehlt; P, f. 22 v; R, f. 34 r; T, f. 19 v.

4. *Primo episcopus vel presbiter cardinalis, qui assistit domino pape in nocte natalis domini ... et prosequitur missam ordine suo.*

OR XIV, Kap. 68, Sp. 1183 A/B (Titel: *Qualiter agitur in Matutinis et Missa in nocte Natalis Domini coram papa, rubrica*) = Na-Ta, Kap. 66, S. 81–82.

Handschriften: B, f. 31 r; G fehlt; M fehlt; P, f. 22 v; R, f. 34 r–34 v; T, f. 19 v–20 r (auf das Kapitel folgt in T: *Explicit iste liber et cetera*).

Mit diesem Text endet das Caeremoniale, wie aus verschiedenen Anzeichen hervorgeht: die darauf folgenden Texte stammen aus Pontifikalien; in der Tolosaner Handschrift ist noch der Beginn des *Explicit* der Vorlage überliefert, die demnach lediglich die Zeremonielltexte enthielt; im Codex R sind der Rest von f. 34v und f. 35r unbeschrieben; der Anfang der Pontifikaltexte, der mit keiner der von Andrieu edierten Handschriften des PRC übereinstimmt, hat in den Codices B, G, M und T die feierliche Form: *In nomine domini Amen. Hec rubrica sive ordo est, qualiter et quo tempore episcopi debent facere ordines secundum ordinem et consuetudinem curie romane* – nach einer Schilderung der bischöflichen Rechte folgen die Weihe-Ordines –. In den beiden anderen Handschriften P und R steht der gleiche Text, er beginnt jedoch erst mit *Qualiter et quo tempore.*[130]

Weil die älteren der sechs Handschriften aus dem frühen 14. Jahrhundert stammen,[131] zumindest eine von ihnen in Italien geschrieben wurde[132] und in zwei Handschriften die Peterskirche als Ort der Papstmesse vorgesehen ist,[133] dürfte die Kombination von Zeremoniell- und Pontifikaltexten spätestens um

[130] B, f. 31 v–36 v, G, f. 19 v–24 r, M, f. 19 r–21 r, P, f. 22 v–26 v, R, f. 37 r–43 r, T, f. 45 r –47 v.

[131] Vgl. die S. 393 genannten Werke zu den Handschriften B, M, R und T.

[132] Codex M, Teil 1 (bis f. 28 v) von Giacomo da Veroli.

[133] Vgl. die Handschriften B und P zu Kap. I, oben S. 24.

1300 erfolgt sein. Das Caeremoniale für sich wäre also ein Produkt aus der zweiten Hälfte des 13. Jahrhunderts. Doch können wir uns mit dieser Feststellung nicht zufriedengeben, da mehrere Redaktionsstufen anzunehmen sind, und zwar aus folgenden Gründen: In den Handschriften G und M fehlt das Kapitel I, wobei aus einem Hinweis in M hervorgeht, daß zumindest in dieser Handschrift das Kapitel schon bei der Konzipierung nicht bekannt oder berücksichtigt war.[134] Desgleichen fehlen in G die Kapitel VIII und X und in M die Kapitel IX und X. Unter der Voraussetzung, daß die Kapitel I und VIII bis X später hinzugekommen sind, bleiben als Kern der ursprünglichen Sammlung die Kapitel II bis VII übrig. Diese bilden in Inhalt und Stil eine Einheit: Nachdem zuerst die Aufgaben der *clerici capelle curam habentes* und die Liturgie des Pontifikalamtes beschrieben sind (Kap. II 1 und 6 b) – die Abschnitte II 2 bis 6 a wurden, wie gleich zu zeigen sein wird, nachträglich eingegliedert –, folgen die Schilderung der übrigen Funktionsträger (Kap. III und IV) und Handlungen eines Bischofs bei bestimmten Anlässen (Kap. V bis VII). Stilistisch wird der Zusammenhang durch die Formulierung der Anfänge der Kapitel III bis VII deutlich. Aus dieser Formulierung heraus ist aber auch schon zu vermuten, daß ursprünglich nur das Kapitel II (ohne die Teile II 2 bis 6 a) existierte. Verstärkt wird diese Vermutung dadurch, daß die Abschnitte II 2 bis 6 a selbst keine Überschriften tragen und der Abschnitt 6 b inhaltlich und stilistisch an den Abschnitt 1 anschließt. Ohne die Texte zu den Farben wurde das Kapitel II in verschiedenen Handschriften einer Sonderfassung des PGD überliefert.[135] Andererseits stehen die Texte über die Farben (Kap. II 2 b bis 6 a) in größtenteils wörtlicher Übereinstimmung an der entsprechenden Stelle (lib. III cap. 27) in denselben Handschriften[136] und ähnlich auch in einer aus Südfrankreich stammenden Pontifikalhandschrift.[137] Daraus ist meines Erachtens zu folgern, daß die Teile II 1 und 6 b bzw. II 2 b bis 6 a ursprünglich selbständige, nicht miteinander verbundene Texte waren. Als sie aus einsichtigen Gründen zusammengefügt wurden, setzte der Kompilator die Farben-Texte an die inhaltlich entsprechende Stelle und verfaßte als Verbindungstext den Abschnitt II 2 a. Weil dieser ähnlich beginnt wie das Kapitel III, ist es möglich, daß der Einschub

---

[134] M, f. 21 r: J. Janini–J. Serrano, Manuscritos liturgicos, S. 53.

[135] S. z. B. in den Handschriften Metz, Bibl. mun. 47, f. 129 r–139 r, Paris BN 734, f. 112 r –122 r und Vat. lat. 4744, f. 70 r–75 v; vgl. PGD, S. 148, 177 und 246.

[136] Metz 47, f. 151 r–151 v, Paris 734, f. 134 v–135 r und Vat. lat. 4744, f. 83 r–83 v: PGD, S. 656–659, bes. die Varianten zu Abs. 1 und 5.

[137] Aix-en-Provence, Bibl. mun. 13, f. 212 r–212 v: PGD, ebda., Varianten zu allen fünf Absätzen. Eine ähnliche Version wurde im 14. Jahrhundert im cod. 100 der Bibl. mun. in Avignon (f. 270 v–271 v) nachgetragen: L.-H. Labande, Les Manuscrits, S. 155, und M. Andrieu, Le missel, S. 374.

der Farben-Texte und das Angliedern der Kapitel III bis VII durch denselben Kompilator erfolgte.

Für eine Datierung der Farben-Texte fehlen Möglichkeiten zum Vergleich, denn die Farbenkanones Innozenz' III.[138] und des Durandus im Rationale,[139] wo der Text Innozenz' III weitgehend übernommen ist, weichen in Stil und Inhalt von unseren Texten ab. Doch sind diese – zumindest in der Fassung des Einschubes – in die Zeit nach dem Bekanntwerden des Rationale (seit ca. 1286[140]) zu datieren, denn der letzte Satz der Farben-Texte *Sciendum tamen est ... inconveniens* ist abhängig von einem Satz im Rationale:[141] *Violaceo autem colore uti in diebus, quibus est usus nigri coloris, non est inconveniens.* Ich nehme deshalb an, daß die Kompilation der Kapitel II bis VII erst im letzten Jahrzehnt des 13. Jahrhunderts vorgenommen wurde. Wahrscheinlich hielt sich der Kompilator an der Kurie auf, weil die sechs Kapitel auf einen Kardinalbischof als Zelebranten zugeschnitten sind und außerhalb der Kurie die Farbenkanones bis 1300 nur in geringem Maße ausgebildet waren.[142] An der Kurie fanden die Texte schnell Anklang und wurden für verschiedene Interessenten kopiert, wobei noch andere, vorwiegend auf den Papstgottesdienst bezogene Texte hinzugefügt wurden: die Kapitel I und VIII bis X.

Von diesen vier Kapiteln dürfte das erste, das ursprünglich für den Papstgottesdienst in St. Peter bestimmt war, schon vor der Eingliederung bekannt gewesen sein. Jedenfalls macht es weder im Stil noch im Inhalt den Eindruck, als sei es ad hoc für das Caeremoniale entstanden. Doch ist es wie die übrigen drei Kapitel auf einen Kardinalbischof oder -priester bezogen. – Dagegen weist das Kapitel VIII durch sein Anfangswort *Preterea* auf die vorhergehenden Texte. Da in diesem Kapitel Pflichten des Kardinalbischofs beschrieben sind, auf den auch die Kapitel II bis VII bezogen waren, ist dieser Verweis logisch. Der Text stammt wohl vom gleichen Kompilator wie die Kapitel II 2 a und III bis VII. – Das Kapitel IX beschreibt den Meßritus in der Kapelle eines beliebigen Kardinals, ist also nicht speziell auf einen Kardinalbischof zugeschnitten und eine auf die Verhältnisse einer Kardinalskapelle übertragene Fassung des in Kapitel VIII beschriebenen Sachverhaltes. – Die vier Teile des Kapitels X sind wie das Kapitel VIII auf die vor dem Papst gefeierte Messe

---

[138] Innozenz III., De sacro altaris mysterio, lib. I cap. 65: Migne PL 217, Sp. 799–802.

[139] G. Durandus, Rationale divinorum officiorum, lib. III cap. 18, Lyon 1565, f. 54ra–55ra.

[140] Vgl. PGD, S. 5 und 11.

[141] G. Durandus, Rationale, lib. III cap. 18 § 9, f. 55ra und OR XIV Kap. 53, Sp. 1155 C; vgl. auch unten S. 71f.

[142] Vgl. J. A. Jungmann, Missarum sollemnia 1, Wien [5]1962, S. 148, und J. Braun, Die liturgische Gewandung im Occident und Orient, Freiburg/Br. 1907 (Nachdr. Darmstadt 1964), S. 729f. und 732–734.

bezogen und schildern, analog zu Kapitel I, die Funktionen des assistierenden Kardinalpriesters oder auch (Teil 4) Kardinalbischofs. Auch dieser Text kann, wie die Kapitel I und IX, älter als die gesamte Kompilation sein.

Der Initiator der Gesamtkompilation dürfte einer der Kardinalbischöfe oder -priester bzw. einer ihrer Familiaren gewesen sein, da alle Kapitel Funktionen dieser Kardinäle und ihrer Helfer beschreiben. Pflichten der Kardinaldiakone sind nicht berücksichtigt. Die Zeit der Abfassung ist ungefähr mit dem Pontifikat Bonifaz' VIII. anzusetzen. Vielleicht noch unter diesem Papst wurde das Caeremoniale mit Pontifikaltexten kombiniert, denn diese Kombination existiert auch in Abschriften, die in Italien entstanden und daher auf Kopien basieren, die vor der Übersiedlung der Kurie nach Avignon geschrieben sein dürften. Kompliziert wird die Überlieferungsgeschichte durch die unterschiedliche Anzahl der Texte in beiden Teilen. Keine Handschrift entspricht in Gänze einer anderen, so daß es unsinnig wäre, ein auch nur vages Stemma herstellen zu wollen. Einige der Handschriften oder ihre Vorlagen entstanden in Avignon, was aus Veränderungen im ersten Kapitel (der Text ist nicht mehr auf St. Peter bezogen) und in bestimmten Zusätzen deutlich wird. Um die Mitte des 14. Jahrhunderts diente eine (oder mehrere) dieser geänderten Handschriften den Kompilatoren der drei Versionen des OR XIV als eine von mehreren Vorlagen.[143]

## 3. Der Ordo Romanus XIII Gregors X.

Die Handschriften des OR XIII sind in drei Gruppen zu gliedern: die erste wird nur durch eine einzige Handschrift, den Codex der Bibliothèque de l'Arsenal 526, repräsentiert; die zweite besteht aus den Handschriften Paris BN ms. lat. 937 und Rom Vat. lat. 5747, die dritte aus allen Handschriften von Gatticos Version des OR XIV.[144] Bei der Analyse dieser drei Gruppen stellt sich von selbst die Frage nach dem Umfang des Ordo.[145]

Als sein Urheber wird gewöhnlich Gregor X. genannt, da auf ihn als Initiator im Prolog des Ordo hingewiesen wird:[146] ... *sanctissimus pater et communis dominus, dominus noster Gregorius papa decimus, qui olim, in diaconatus ordine constitutus, electus extitit ad eiusdem pontificatus apicem digni-*

[143] Vgl. dazu unten, S. 71f.

[144] Vgl. dazu die Handschriftenbeschreibung, S. 394, 409 und 412ff.

[145] Vgl. dazu unten, S. 34. Von den Editionen enthalten Migne PL 78, Sp. 1105 A–1122 A und G. B. Gattico, Acta selecta 1, Kap. 80 und 81, S. 72b–85a: Papstweihordo und Proprium de tempore; M. Andrieu, PRC, App. I, S. 525–541: Papstweihordo. Diesen Ordo zitiere ich im Folgenden nach Andrieu, das Proprium nach Mabillon und Gattico.

[146] PRC, App. I 2, S. 525, Z. 15 – S. 526, Z. 3.

*tatis, volens per ea que circa ipsum acta sunt, dubitationes huiusmodi* (d. h. zum Verfahren bei Wahl und Weihe des Papstes) *amputare, ad cautelam presentium et memoriam futurorum hec que secuntur in scriptis fecit redigi et brevis stili officio exarari.* Des weiteren wird der Name des Papstes bei der Erklärung der *bulla dimidia* als der des *electus* erwähnt.[147] Auf Grund dieser beiden Zitate ist es eindeutig, daß Gregor X. den Auftrag zur Kompilation eines Ordo, der jedoch lediglich das Verfahren bei der Wahl und Weihe eines neuen Papstes regeln sollte, einem oder mehreren Kurialen erteilte. Da bei der Beschreibung der Papstwahl nicht auf die Dekretale *Ubi maius periculum*[148] von 1274 eingegangen wird, wurde bisher angenommen, daß der Ordo vor ihrer Promulgierung, vielleicht noch 1272/73 in Italien, kompiliert wurde.[149] Diese Annahme kann richtig sein; doch ist sie nicht eindeutig zu beweisen, denn im Ordo wird nicht so sehr, trotz der Begründung im Prolog, die Wahl geschildert, sondern die Vorgänge, die ihr folgen. Dekretale und Ordo ergänzen sich also. Und wie in der Dekretale möglichst alle Eventualitäten berücksichtigt sein sollten, so auch im Ordo. Deshalb werden die Weihen eines Papstes, der noch nicht Priester oder Bischof ist, ebenso behandelt wie die Prozeduren, falls die Wahl oder auch die Weihe außerhalb Roms stattfanden. Da diese Vielfalt von möglichen Gegebenheiten selbst über die des Ordo des Cencius[150] hinausgeht und für die einzelnen Teilordines verschiedene Vorlagen herangezogen wurden, ist es erklärlich, weshalb der Ordo Gregors X. nicht so homogen ist wie die früheren Ordines. Hinzukommt, daß der Kompilator wohl ein französischer Kurialer[151] und daher mit römischen Verhältnissen nicht sonderlich vertraut war.

Die Vorlagen des Ordo sind nicht eindeutig zu bestimmen. Schon Andrieu[152] hat nachgewiesen, daß zwar verschiedene Teile mit denen des betreffenden Kapitels in der „recension longue" des PRC, mit dem Ordo des Cencius und mit Kapiteln des OR XIV zum Teil wörtlich, ansonsten inhaltlich übereinstimmen, daß aber eine direkte Abhängigkeit zwischen den vier Texten nicht schlüssig aufzuzeigen ist. Er kam deshalb zu der Annahme, daß der Ordo Gregors X. ebenso wie der des PRC von Ordines, die aus dem 13. Jahrhundert stammen, abhängt, die ihrerseits auf den Ordo des Cencius zurückgehen, wobei zwischen den Ordines und dem Text Gregors X. noch ein Ordinarium zu postulieren sei. Von diesem, wie auch von Gregors Ordo und dem PRC

---

147 PRC, App. I 8, S. 527, Z. 24.

148 VI. 1, 6, 3: E. Friedberg, Corpus iuris canonici 2, Sp. 946–949.

149 So z. B. A. Stroick, Zum Zeremoniale Gregors X. (HJb 55), 1935, S. 305; PRC, S. 278 u. 287; L. Gatto, Il pontificato di Gregorio X (1271–1276), Rom 1959, S. 61.

150 Vgl. dazu oben, S. 6ff.

151 Darauf weist der Gebrauch französischer Ausdrücke, wie z. B. *tabellio* statt *scriniarius*, hin: PRC, App. I 51, S. 535, Z. 27.

152 PRC, S. 287f.

wiederum sollen die entsprechenden Kapitel des OR XIV abhängen. Ob dieses Schema in seiner einprägsamen Einfachheit stimmt, erscheint mir zweifelhaft, denn wir sahen schon bei den Texten des 12. Jahrhunderts,[153] daß an der Kurie weitaus mehr voneinander verschiedene Texte im Umlauf waren, als von Andrieu und anderen bisher angenommen wurde. Auch hier läßt sich aber erst dann größere Gewißheit erlangen, wenn mehr Quellen als bisher aus dem 13. Jahrhundert bekanntgeworden sind.

So hat Andrieu zum Beispiel einen Ordo in seiner Übersicht über die Entwicklung der Ordines nicht berücksichtigt, obwohl er ihn selbst edierte.[154] Dieser Text stammt aus der Zeit um 1300 und hat einen mit den stadtrömischen Verhältnissen wohlvertrauten Kurialen zum Autor. Für die Zeit Bonifaz' VIII. als wahrscheinliche Entstehungszeit sprechen verschiedene Eigenheiten des Ordo: Dieser beginnt mit den Worten *Coronandus summus pontifex descendens de palatio venit ad medium ecclesie...*; der Erwählte residierte demnach im Vatikanpalast und zog von dort zur Peterskirche herab, um sich krönen zu lassen, und die Krönung wurde vom Autor als der wichtigste Akt angesehen, wie das erste Wort zeigt. Dazu paßt die im Vergleich mit den anderen Ordines detailliertere Beschreibung der Tiara als *corona rotunda et acuta.*[155] Bei der Lateranbasilika werden die *porte nove non complete* genannt;[156] die den Papst empfangenden Kleriker akklamieren einem *Dompnus B.*[157] Zu den Vorlagen, vor allem für den *possesso* und das anschließende Papstmahl, muß ein den Ordines des 12. Jahrhunderts ähnlicher Text gehört haben, denn viele Einzelheiten – besonders der Absätze 17, 23 und 24, 26, 28 und 29[158] – entsprechen mehr den Ordines des 12. als denen des 13. Jahrhunderts; die sonst üblichen Hinweise auf den Liber politicus fehlen, desgleichen die Bezeichnung *Sancta sanctorum* für die Laurentiuskapelle des Lateranpalastes[159] und der Eid des Senators. Dafür reitet der Stadtpräfekt, den die Texte des 13. Jahrhunderts nicht mehr nennen, in der Nähe des Papstes.[160] Statt eines *serviens* trägt ein Subdiakon den Schirm über dem Papst;[161] die *bandonarii* sind durch *cursores* ersetzt,[162] und das Ablegen der grünen Gewänder nach der Messe in St. Peter[163] deutet auf einen festen Farbenkanon, was beides auf das 13. Jahrhundert hinweist. Der Ordo ist demnach ein Konglomerat von teils für das 12., teils für das 13. Jahrhundert typischen Wendungen und Gewohnheiten, wie es durch die von Andrieu behandelten Ordines nicht zu erkennen war, und zugleich ein Zeugnis für die

---

153 Vgl. oben, S. 6ff.
154 PGD, App. I, S. 665–669.
155 Ebda., Abs. 16, S. 667, Z. 7f.
156 Ebda., Abs. 20, S. 667, Z. 35.
157 Ebda., Abs. 22, S. 668, Z. 10f.
158 Ebda., S. 667 und 668f.
159 Ebda., Abs. 26, S. 668, Z. 37 – S. 669, Z. 1: *intrat basilicam sancti Laurentii, in qua...*
160 Ebda., Abs. 17, S. 667, Z. 20–22.
161 Ebda., Abs. 17, S. 667, Z. 20.
162 Ebda., Abs. 17, S. 667, Z. 11.
163 Ebda., Abs. 15, S. 666, Z. 36.

Tradierung von Ordines aus der Zeit vor Cencius an der Kurie bis ca. 1300. Und daß die Kenntnis dieser Texte auch weiterhin Kurialen möglich war, bezeugt die Überlieferung des Ordo in der schon oben behandelten Handschrift aus Toulouse[164] und in einer für einen Bischof von Autun geschriebenen Kopie des PGD, die während des Schismas dem Bischof von Avignon und Kanonisten Gilles Bellemère gehörte.[165]

Wie oben gezeigt, geht der Papstweihtext des OR XIII auf Gregor X. zurück. Es fragt sich nun, ob noch andere Texte zu dem von Gregor veranlaßten Ordo gehörten. Der Prolog nennt keine anderen Anlässe, doch enthalten alle Handschriften noch weitere Texte, zu denen mit folgendem Satz übergeleitet wird:[166] *Hiis omnibus, que circa dominum papam fieri debent, taliter sub brevitate transcursis, qualiter dominus papa se habere debeat in ecclesia vel extra, breviter videamus.* Ohne weitere Überschrift folgt nun die Beschreibung des Proprium de tempore vom Advent bis zur Zeit nach Pfingsten,[167] wobei vor allem die Aufgaben der den Papst umgebenden Kapläne, die Anzahl und Art der Gesänge und Orationen und die liturgischen Farben geschildert werden. Vereinzelt sind längere Erklärungen bestimmter Vorgänge eingestreut.[168] Als Normalfall gilt der Aufenthalt der Kurie außerhalb Roms;[169] hier und da werden den römischen Gewohnheiten solche der gallikanischen Kirche gegenübergestellt.[170] An einigen Stellen sind erstaunliche Kenntnisse römischer Kirchen festzustellen.[171] Zur weiteren Instruktion wird häufig auf das Ordinarium der päpstlichen Kapelle verwiesen.[172]

Mit diesem Text endet der Ordo in den Handschriften der zweiten und dritten Überlieferungsgruppe – und damit auch in den bisherigen Editionen –,

---

[164] Vgl. oben, S. 23ff.

[165] Es ist der Codex 11 der Bibl. de l'Université in Lyon, vgl. PGD, S. 137, und unten, S. 435. Zu Gilles Bellemère siehe außer PGD, S. 124: A. Coville, Recherches sur quelques écrivains des XIV^e^ et XV^e^ siècles, Paris 1935, S. 58–128, und ders., La vie intellectuelle dans les domaines d'Anjou-Provence de 1380 à 1435, Paris 1941, S. 189–196, und H. Gilles, La vie et les œuvres de Gilles Bellemère (Bibl Chart 124), 1966, S. 36–136 und 382–431.

[166] PRC, S. 50 = Migne PL 78, Sp. 1114 A = G. B. Gattico, S. 79 b, Kap. 81.

[167] Migne PL 78, Sp. 1114 B–1122 A, Nr. 12–27 = G. B. Gattico, S. 79 b–85 a, Kap. 81.

[168] Zum Beispiel die Erklärung der *processus generales*: Migne PL 78, Sp. 1118 B–D, Nr. 22 = G. B. Gattico, S. 82 b–83 a.

[169] So wird z. T. ausdrücklich gesagt: *Si vero papa est Romae* u. ä., z. B.: Migne PL 78, Sp. 1115 D, Nr. 15 = G. B. Gattico, S. 81 a.

[170] Zum Beispiel Migne PL 78, Sp. 1117 D = G. B. Gattico, S. 82 b.

[171] So wird in St. Peter außer dem Hochaltar und dem Altar der Confessio der der Apostelfürsten genannt: Migne PL 78, Sp. 1120 A, Nr. 25 = G. B. Gattico, S. 84 a (zum Altar vgl. M. Cerrati, T. Alpharani..., S. 35f., Nr. 9).

[172] So z. B. Migne PL 78, Sp. 1116 B, Nr. 16 (= G. B. Gattico, S. 81 a); Sp. 1117 B, Nr. 20 (= G. B. Gattico, S. 82 a) u. ö.

nicht so aber in der die erste Gruppe repräsentierenden Handschrift. In ihr schließt sich eine im gleichen Stil abgefaßte und methodisch gleichartige Schilderung des Proprium sanctorum vom Fest des hl. Andreas (30. 11.) bis zu dem des hl. Clemens (23. 11.) an.[173] Anfangs sind die einzelnen Tage durch Darüberschreiben der Heiligennamen deutlicher hervorgehoben, doch unterbleibt dies bald.[174] Abgeschlossen wird der Teil wiederum durch eine Überleitung zum nächsten Text:[175] *Dicto de officiis, dicendum est de obsequiis que circa dominum papam fiunt.* Der Text über die *obsequia* behandelt das eigentliche Zeremoniell: den Wochendienst der Kardinäle,[176] die vor dem Papst[177] oder von ihm selbst[178] zelebrierten Messen und die an bestimmten Tagen üblichen Riten, z. B. die Markusprozession.[179] Daß mit diesem Text die Vorlage, und damit Gregors Ordo, endete, zeigt eine Notiz im Proprium sanctorum, die auf die Markusprozession verweist:[180] *... et fit letania eo modo, ut inferius in fine libri dicitur, ubi incipit „summo mane"*. Der entsprechende Text steht auf f. 107va–108vb.

Die Vorlage der Handschrift enthielt demzufolge einen Ordo zur Wahl und Weihe eines neuen Papstes und eine Beschreibung der päpstlichen Gewohnheiten während des Kirchenjahres, die sich in das Proprium de tempore, das Proprium sanctorum und in ein Zeremonienbuch für die wichtigsten Tage gliederte. Alle Texte weisen auf den gleichen Autor, so daß ich annehme, daß Gregor X. zwar lediglich die Fixierung der bei der Wahl und Weihe eines Papstes üblichen Riten veranlaßte, daß aber der mit dieser Aufgabe betraute Kuriale daran anschließend – vielleicht von sich aus, vielleicht auch auf Aufforderung des Papstes oder der Kapläne hin – die anderen Texte aufschrieb, wobei er sich vor allem auf das Ordinarium der Kapelle stützte. Er war wohl ein Franzose, scheint aber römische Lokalkenntnisse besessen zu haben.

Sein Caeremoniale wurde an der Kurie abgeschrieben. Doch muß schon bald nach der Vollendung des Originals, vielleicht noch unter Gregor X.,[181] eine Kopie hergestellt worden sein, die lediglich den Ordo zur Wahl und Weihe und das Proprium de tempore enthielt, oder von der – falls sie ursprünglich vollständig gewesen war – die anderen beiden Teile (zusammen etwa ein Quatern) verlorengegangen sind. Dieses Fragment war und blieb

[173] Arsenal 526, f. 100ra–102va: A. Stroick, a.a.O., S. 308f. und PRC, S. 50.
[174] A. Stroick, a.a.O., S. 309.
[175] Arsenal 526, f. 102va: A. Stroick, a.a.O., S. 309, und PRC, S. 50.
[176] Arsenal 526, f. 102vb.
[177] Ebda., f. 103ra–104vb.
[178] Ebda., f. 104vb–107va.
[179] Ebda., f. 107va–108rb. Vgl. zu diesen Teilen auch A. Stroick, a.a.O., S. 309.
[180] Arsenal 526, f. 101rb.
[181] In den von Andrieu kollationierten Handschriften der zweiten Überlieferungsgruppe heißt es von Gregor X. im Abs. 2 (S. 527, Z. 15): *dominus noster*.

im Besitz von Kurialen – möglicherweise gehörte es zum Inventar der päpstlichen Kapelle –, wurde im 14. Jahrhundert kopiert und in den Handschriften der zweiten und dritten Gruppe tradiert und in dieser Form von Mabillon und Gattico ediert. Der vollständige Text überlebte, soweit bisher bekannt, nur in einer Handschrift, die noch im 13. Jahrhundert, aber wohl nach Gregors X. Tod,[182] entstanden war. Ihr Auftraggeber interessierte sich augenscheinlich für stadtrömische und kuriale Details, denn auf das Caeremoniale folgen Ordines zur Weihe von Papst und Kaiser aus einer Pontifikalhandschrift, eine Liste der römischen Stationskirchen, ein Bericht über ein wohl unter Alexander IV. geschehenes Wunder an der *Cathedra Petri*, eine Liste der Kirchen Roms und eine Version der *Mirabilia urbis Rome*.[183] Weil dieser Codex schon bald außerhalb der Kurie aufbewahrt wurde,[184] fand er an der Kurie keinen Kopisten und blieb daher ohne Einfluß auf die weitere Textgeschichte. Auch das Original des Ordo dürfte schon seit dem Ende des 13. Jahrhunderts nicht mehr an der Kurie aufbewahrt worden sein – sofern es überhaupt noch existierte –, da ausschließlich die fragmentarische Fassung des Ordo an der Kurie bekannt war und abgeschrieben wurde.

---

182 An der in der vorigen Anmerkung genannten Stelle fehlt im cod. Arsenal 526 – wie auch in den Handschriften der dritten Gruppe – das Wort *noster*.

183 Vgl. dazu die Handschriftenbeschreibung im PRC, S. 50f., und Cod. topogr. III, S. 203–205 u. 271–290.

184 Er gehörte spätestens im 15. Jahrhundert dem Stift St. Viktor in Paris: PRC, S. 49, und A. Stroick, a.a.O., S. 306.

## III.

## ZEREMONIELLSAMMLUNGEN AUS DER MITTE DES 14. JAHRHUNDERTS

Mit der Etablierung der Kurie in Avignon beginnt wie für die Entwicklung der kurialen Verfassung und Verwaltung,[185] so auch für die Ausbildung des Zeremoniells eine neue, für die folgenden Jahrhunderte ausschlaggebende Periode. Im Gegensatz zu den vergangenen zwei Jahrhunderten residierten die Päpste zumindest etwa sechzig Jahre lang in ein und derselben Stadt.[186] Und wie der größte Teil der kurialen Offizialen im päpstlichen Palast konzentriert war, so vollzogen sich auch mehr als bisher die päpstlichen Zeremonien in diesem Palast. Zwar waren auch schon die früheren Papstpaläste, vor allem der des Lateran, Schauplätze höfischen Zeremoniells gewesen. Doch hatten die dort vornehmlich in den päpstlichen Kapellen und durch die Kapläne vollzogenen Riten[187] mehr privaten Charakter, während die Liturgie der wichtigen Sonntage und Feste und der außergewöhnlichen Abläufe – wie etwa der Weihe des neuen Papstes – in der stadtrömischen Öffentlichkeit, d. h. in den Patriarchal- und Stationskirchen oder im Verlauf der durch die Stadt führenden Prozessionen, gefeiert wurde. Dadurch war die Teilnahme nicht nur der Kurie und der Klerisei, sondern auch der sonstigen Stadtbevölkerung ermöglicht. Und auch während der Aufenthalte der Päpste außerhalb Roms schien – soweit es die Quellen erkennen lassen[188] – die Öffentlichkeit der Riten gewährleistet gewesen zu sein.

Der Umschwung zugunsten des Palastzeremoniells vollzog sich nicht schlagartig, etwa im Jahr 1309. Clemens V. residierte ähnlich wie seine Vorgänger in verschiedenen Kastellen und Palästen,[189] nur daß diese jenseits

---

185 Vgl. dazu B. Guillemain, La cour pontificale d'Avignon (1309–1376), Paris 1962, bes. S. 277–440, und K. A. Fink im Handbuch der Kirchengeschichte III 2, hrsg. v. H. Jedin, Freiburg/Br. 1968, S. 413–425.

186 Vgl. die in der vorigen Anmerkung genannte Literatur. Rechnet man Clemens VII. und Benedikt XIII. hinzu, so residierten Päpste 90 Jahre (bis zur Flucht Benedikts XIII.) in Avignon.

187 Vgl. dazu besonders das oben, S. 17ff., genannte Ordinarium der Kapelle.

188 Das zeigen für das 12. Jahrhundert z. B. die Papstviten im Liber pontificalis 2, ed. L. Duchesne, Paris 1955, S. 376–446 (zu Kalixt II., Innozenz II., Eugen III., Alexander III. u. a.).

189 So in Carpentras, Poitiers, Vienne, Roquemaure und natürlich auch in Avignon. Sein Itinerar wird ersichtlich aus dem Regestum Clementis papae V ex Vaticanis archetypis, Rom 1885–1892.

der Alpen lagen, was auch für andere Pontifikate des 12. und 13. Jahrhunderts weitgehend zutraf.[190] Johannes XXII. bevorzugte schon Avignon, doch war diese Vorliebe mit durch seine frühere Tätigkeit als Bischof von Avignon[191] zu erklären. Er bewohnte den Bischofspalast,[192] unterhielt an verschiedenen Kirchen der Stadt Kapläne[193] und vollzog die Riten wohl noch vornehmlich in der Kathedrale und in anderen Kirchen, also außerhalb des Palastes.[194] Eine stärkere Konzentrierung des Zeremoniells setzte wohl erst unter Benedikt XII. ein. Dieser reorganisierte das Personal der liturgischen Funktionsträger.[195] An Stelle des Bischofspalastes ließ er einen neuen Palast errichten, der den Funktionen des päpstlichen Hofes mehr entsprach.[196] Das Schema für die Anordnung der wichtigsten Räume war zwar durch ältere Paläste vorgegeben,[197] doch zeigt der nach Süden verlängerte Anbau mit *tinellum, consistorium,* dem Kapellen- und dem Wohnturm, daß die überkommene Bauform des ungefähren Quadrates nicht mehr ausreichte. Wie schon der Lateranpalast, enthielt der Palast Benedikts mehrere Kapellen,[198] doch waren deren Funktionen in beiden Palästen verschieden. Während im Lateranpalast die Laurentiuskapelle als päpstliche Privatkapelle[199] und die wohl mehr für die Gottesdienste der Kapläne bestimmte Nikolauskapelle[200] nur für einen kleinen Teilnehmerkreis gedacht waren, gab es jetzt den Unterschied zwischen *capella parva* und *capella magna.*[201] Beide Begriffe bezeichneten mehr die Funktionen als die Lokalitäten. Unter der *capella parva* wurde der Privatgottesdienst des Papstes verstanden, unter der *capella magna* die Liturgie der großen Feste und sonstigen Begebenheiten. Die *capella magna* trat also an die

---

190 So etwa bei den in der vorletzten Anmerkung genannten Päpsten.

191 Von 1310 bis 1313: K. Eubel, Hierarchia catholica 1, Münster [2]1913, S. 123.

192 S. Gagnière, Le palais des papes d'Avignon, Caisse nationale des monuments historiques 1965, S. 15f.

193 K. H. Schäfer, Die Ausgaben der apostolischen Kammer unter Johannes XXII., Paderborn 1911, S. 277, 674, 683, 695, 787, 793f., 801.

194 So fanden Kanonisationen z. B. im Dom statt: K. H. Schäfer, a.a.O., S. 277, 398, 407, 709; vgl. auch die Kapitel XI a und b, unten S. 47f. und 164ff.

195 B. Schimmelpfennig, Die Organisation der päpstlichen Kapelle, S. 91ff.

196 S. Gagnière, a.a.O., S. 16–64.

197 So z. B. durch den von Nikolaus III. vergrößerten Vatikanpalast (D. Redig de Campos, I palazzi Vaticani, Bologna 1967, S. 25–33) und durch das Kastell in Montefiascone, über das es leider noch keine fundierte Abhandlung gibt.

198 Es sind die übereinander gelegenen Kapellen der hll. Johannes und Martial und die südlich der Kathedrale gelegene große Kapelle, S. Gagnière, a.a.O., S. 43f., 48f. und 51f.

199 H. Grisar, Die römische Kapelle Sancta sanctorum und ihr Schatz, Freiburg/Br. 1908, S. 11–24, und S. J. P. van Dijk–J. H. Walker, The Origins, S. 91–93.

200 S. J. P. van Dijk–J. H. Walker, a.a.O., S. 93f.

201 B. Schimmelpfennig, Die Organisation, S. 93 u. ö.

Stelle der in den römischen Patriarchal- und Stationskirchen gefeierten Riten. Von dieser Funktionstrennung her ist es zu verstehen, daß die *capella magna* eher zu lokalisieren ist als die *capella parva*. Wegen der großen Teilnehmerzahl und des größeren Pompes kam für die *capella magna* nur die von Benedikt XII. zur Palastkapelle erweiterte ehemalige Gemeindekirche des avignonesischen Episcopium in Betracht,[202] die später durch die von Clemens VI. errichtete, prächtigere Kapelle abgelöst wurde.[203] Hingegen konnten die Funktionen der *capella parva* in jeder der Palastkapellen, natürlich auch in der großen, durchgeführt werden. Allerdings kam wohl im Normalfall nur eine in der Nähe der päpstlichen Privatgemächer gelegene Kapelle in Frage.[204]

Ob die große Kapelle durch neue liturgische Bedürfnisse bedingt war oder ob sich diese aus dem Vorhandensein einer solchen Kapelle entwickelten, ist nicht zu erkennen. Das Ergebnis dieser Entwicklung war jedoch, daß spätestens seit Clemens VI., als die von seinem Vorgänger begonnenen Bauten vollendet waren, auch die auf eine größere Öffentlichkeit ausgerichteten Zeremonien – wie die mit Prozessionen verbundenen Riten an Mariä Lichtmeß, am Aschermittwoch, Palmsonntag und in der Karwoche – innerhalb des Palastes vollzogen wurden,[205] so daß an ihnen außer dem Papst und seinem Hofstaat nur noch die übrigen Kurialen, an der Kurie weilende Prälaten und ausgewählte Laien, z. B. weltliche Fürsten oder deren Vertreter, teilnahmen und die Öffentlichkeit repräsentierten. Soweit Volk zugegen war, stand es auf der *platea*, also seit den Bauten Clemens' VI. auf dem großen Palasthof. Um es wenigstens an den am meisten für eine größere Teilnehmerzahl bestimmten Riten zu beteiligen, gab es im Palast ein Fenster, von dem aus an Lichtmeß die Kerzen und am Palmsonntag Palm- bzw. Olivenzweige verteilt oder gesegnet wurden und wo der betreffende Kardinal nach den Gottesdiensten den Ablaß verkündete, weshalb das Fenster den Beinamen „Indulgenzfenster" erhielt.[206]

Außerhalb des Palastes vollzogene Zeremonien gab es nur selten. Am augenfälligsten waren von diesen die jeweils in und vor der Dominikanerkirche als der größten Kirche der Stadt durchgeführte Benediktion und Krönung eines neuen Papstes mit dem sich anschließenden, auf dem Vorplatz

---

202 S. Gagnière, a.a.O., S. 16 und 51f. Vielleicht hatte schon Johannes XXII. diese dem hl. Stephan geweihte Kirche als Kapelle benutzt; vgl. auch Colombe, La chapelle pontificale „du nord" annexée à la métropole (Au palais des Papes d'Avignon 17), Paris 1918.

203 S. Gagnière, a.a.O., S. 92–96.

204 So wohl die Martialskapelle und später die Michaelskapelle: S. Gagnière, a.a.O., S. 48f. und 31f.

205 Vgl. dazu besonders die zu den einzelnen Festen gehörenden Kapitel in G. B. Gattico, Acta selecta 1, S. 9ff.

206 S. Gagnière, a.a.O., S. 88 und 91.

arrangierten Krönungsmahl[207] und etwaige Kirchenweihen[208] oder Königskrönungen.[209] Ein Volksschauspiel war es auch jeweils, wenn sich der Papst nach Villeneuve[210] oder in seine Sommerresidenz[211] begab, wenn Fürsten, Gesandte u. a. empfangen wurden[212] oder wenn der mit der Goldenen Rose Beschenkte[213] oder ein neugeweihter Bischof oder Abt[214] zu seinem Domizil ritt. Doch abgesehen von den zuerst genannten Weihen verweisen diese zeremoniellen Abläufe schon mehr auf die später in Rom und anderswo weiterentwickelte, mit Pomp ausgestattete Repräsentation eines Souveräns und spiegeln nicht mehr die im 12. und 13. Jahrhundert zumindest noch intendierte Verbundenheit von Bischof und Volk in der Liturgie wider.

Es ist natürlich, daß sich die neue Ausrichtung des Zeremoniells auch in den liturgischen Büchern, vor allem seit der Jahrhundertmitte, niederschlug; verständlich auch, daß die zeitlich älteren Sammlungen den Umschwung noch nicht so stark erkennen lassen wie die jüngeren. Um die Texte auf die neuen Gegebenheiten hin zu aktualisieren, war es jedoch nicht immer nötig, jeweils neue Texte zu entwerfen oder den Wortlaut umzuformulieren, sondern es genügte auch schon, einem vorgegebenen Text eine neue Überschrift voranzustellen und dadurch dem für die Durchführung der Riten Verantwortlichen anzudeuten, in welcher Richtung der Text anzupassen sei. Ein Beispiel dafür ist die Titeländerung des Kapitels I des oben analysierten Caeremoniale des späten 13. Jahrhunderts in aus dem 14. Jahrhundert stammenden Handschriften.[215]

## 1. Die Sammlung des Codex Avignon 1706 (Sammlung A)

Die im folgenden zu besprechenden Sammlungen entstanden alle ungefähr in der Mitte des 14. Jahrhunderts. Größtenteils gehören sie zum Komplex des Ordo Romanus XIV. Doch gibt es eine Sammlung, die zwar – wie ich zu

[207] Vgl. K. H. Schäfer, Die Ausgaben der apostolischen Kammer unter Benedikt XII., Klemens VI. und Innocenz VI. (1335–1362), Paderborn 1914, S. 184–191.

[208] Vgl. z. B. J. Girard, Evocation du vieil Avignon, Paris 1958, S. 240 (St.-Agricol), S. 326f. (St.-Didier) und S. 334f. (Cölestinerkirche).

[209] So die Krönung Roberts des Weisen 1309 durch Clemens V. (Kapitel XVI a–e, unten S. 51f. und 180ff.) und die Krönung Ludwigs I. von Anjou 1382 durch Clemens VII. (PGD, App. II, S. 669–676).

[210] So vor allem Innozenz VI., vgl. (auch zur folgenden Anmerkung) besonders G. B. Gattico, Acta selecta 1, Kap. 143, S. 154–156b, und J. Girard, a.a.O., S. 58–60.

[211] Seit Johannes XXII. Chateauneuf-du-Pape und Pont-de-Sorgues.

[212] Vgl. z. B. Kap. XXVIII, unten S. 206ff.

[213] Vgl. z. B. Kap. LII und CI, unten S. 260f. und 302, und E. Cornides, Rose und Schwert im päpstlichen Zeremoniell, Wien 1967, S. 50–52.

[214] Vgl. Kap. CXXVIII, unten, S. 324ff.

[215] Vgl. oben, S. 24.

zeigen versuchen werde – dem gleichen Milieu wie die verschiedenen Rezensionen des OR XIV[216] entstammt, deren Inhalt aber von dem dieser Rezensionen stark abweicht. Es ist die in diesem Band zum ersten Male vollständig edierte Handschrift 1706 der Bibliothèque municipale in Avignon. Als Ende des vorigen Jahrhunderts F. Ehrle die Handschrift entdeckte und feststellte, daß sie zahlreiche, ungeordnet aufgezeichnete Nachrichten zum päpstlichen Zeremoniell enthielt, von denen einige mit Teilen des OR XIV übereinstimmten und von denen eine mit dem Namen des Kardinals Jacobus Gaietani Stefaneschi endete, den er und viele andere für den Autor des OR XIV hielten, glaubte er, dessen Konzept zu diesem Ordo gefunden zu haben.[217] Nachdem er selbst aus der Handschrift Texte zum Konzil von Vienne und zum Tode Benedikts XI. publiziert hatte,[218] edierten andere Forscher in der Folgezeit weitere Texte,[219] ohne daß die Handschrift, die weiterhin den meisten als Konzept Stefaneschis galt, insgesamt herausgegeben wurde. Wohl ein Grund dafür war, daß sie nicht vollständig erhalten ist und einige Texte zahlreiche Abschreibefehler aufweisen.

Wie die Inhaltsübersicht[220] zeigt, sind die Texte meist ohne erkennbare Anordnung aufgeschrieben. Lediglich die von Hand A geschriebenen Texte können in vier Teile untergliedert werden: Auf Texte zum Konzil von Vienne (bis f. 8r), denen ich auch – wie schon E. Müller – die Texte zur Karwoche hinzurechne, folgen Texte zum Tode Benedikts XI. und zur Ernennung und Weihe von Prälaten (bis f. 11v), Texte zu Kanonisationen (bis f. 15v) und Texte zur Krönung und zum Tode von Königen (bis f. 20v). Schon die von Hand B auf fast genau so vielen Seiten geschriebenen Texte (bis f. 38v) sind weitaus ungeordneter, doch gibt es auch unter ihnen noch zusammenhängende Teile (Kap. XXXVIIa–XXIII, f. 26v–37v). Sehr viel kürzer sind die Eintragungen der Hände C bis G, auch bestehen sie zum Teil aus Wiederholungen von schon durch Hand A oder B aufgeschriebenen Texten. Die Handschrift wurde also von einem Kompilator begonnen, der bemüht war, möglichst viel Material zu ihn interessierenden Themen (Konzil, Kanonisationen, Krönungen, Prälatenpromotionen) halbwegs geordnet zu sammeln, und

---

216 Vgl. unten, S. 94.

217 F. Ehrle, Zur Geschichte des päpstlichen Hofceremoniells, S. 565–602.

218 Ebda., S. 574–587.

219 Es sind dies in zeitlicher Reihenfolge: L.-H. Labande, Le cérémonial romain de Jacques Cajétan (Bibl. Chart. 54), 1893, S. 45–74; G. Mollat, Miscellanea Avenionensia I (MélArchH 44), 1927, S. 1–5; E. Müller, Das Konzil von Vienne 1311–1312, Münster 1934, S. 671–679; M. Andrieu, PGD App. II, S. 669–677; W. Ullmann, The Curial Exequies for Edward I and Edward III (JEclH 6), App. (A), S. 33–35. Kleinere Stücke sind auch ediert in E. Baluze–G. Mollat, Vitae paparum Avenionensium 2, Paris 1928, S. 49, 114, 150, 152, 171, 213, 229.

220 Vgl. die Handschriftenbeschreibung, S. 395ff.

wurde von anderen Schreibern mit verschiedenartigen Texten gefüllt. Als Vorlagen dienten wohl voneinander unabhängige Zettel oder Hefte liturgischen Inhalts. Darauf weist zum Beispiel die bei Texten ähnlichen Inhalts unterschiedliche Orthographie[221] oder das Fehlen von Verweisen.[222] Zum Teil lassen sich die Vorlagen näher bestimmen.

Widmen wir uns zuerst den von Hand A aufgezeichneten Texten als dem mutmaßlichen Kern der Sammlung. Das erste Kapitel[223] ist nur in dieser Handschrift überliefert. Es beschreibt die Pflichten des die Passion vortragenden Kardinaldiakons, ist also vielleicht für einen diese Funktion ausübenden Kardinal verfaßt. Der Überschrift zufolge wird vornehmlich des Palmsonntags gedacht, außerdem aber auch der Abweichungen am Karfreitag. Der Farbenkanon steht für den Kompilator schon fest; am Ende des ersten Absatzes wird der *modus antiquus curie romane* genannt, dem der zweite Absatz entspricht, der vielleicht auf dem Ordinarium der Kapelle basiert. Da keine lokalrömischen Eigenheiten genannt sind, stammt der Text wahrscheinlich aus dem späten 13. oder frühen 14. Jahrhundert. Der von anderer Hand nachgetragene Verweis im sechsten Absatz bezieht sich wohl auf die im ersten Absatz geschilderten Einzelheiten, nicht aber auf einen anderen Text. Dem siebten Absatz zufolge hatte der betreffende Kardinal (oder alle Kardinäle?) ein eigenes Missale bei sich.

Auch das zweite Kapitel[224] ist für nichtrömische Verhältnisse konzipiert. Es beschreibt die Verlesung der *processus generales* am Gründonnerstag und entspricht fast wortwörtlich Teilen des Kap. 92 des OR XIV.[225] Doch dürfte dessen Fassung später als die der avignonesischen Handschrift zu datieren sein, da im OR XIV dem ursprünglichen Beginn des Textes *(Feria quinta ...)* ein Absatz über die Termine der Verlesung der *processus* vorangestellt ist und Absätze über die auf die Verlesung folgenden Riten nach Schluß des Textes folgen. Da andererseits die Ausführungen über die *processus* im Ordo Gregors X.[226] weniger ausführlich und prägnant sind, dürfte das zweite Kapitel ungefähr der gleichen Zeit entstammen wie das erste.

Das dritte Kapitel[227] schildert in drei Teilen die Riten bei der Kommunion am Gründonnerstag (Abs. 1–5), die Weihe und Verehrung der Öle (Abs. 6–9) und das am Schluß des Gottesdienstes durchzuführende Mandatum, die Spendung des Presbyterium und das anschließende Papstmahl (Abs. 10–14). Der Text des Kapitels entspricht fast in Gänze dem Wortlaut einer Sonderversion

---

221 Kap. XXXVII a bis XXXIX, unten, S. 218ff.

222 Kap. XII a und b, unten, S. 167ff.

223 Unten, S. 148f. 224 Unten, S. 149f.

225 Migne PL 78, Sp. 1211 B–1213 B = Na-Ta, Kap. 74, S. 100–102.

226 Migne PL 78, Nr. 22, Sp. 1117 D–1118 A = Gattico, Kap. 81, S. 82 b.

227 Unten, S. 150ff.

des OR XIV;[228] doch dürfte diese jünger sein, da ihr Text in drei Kapitel mit eigenen Überschriften unterteilt ist und im letzten Absatz der Text nach *sufficiant* abbricht. Die von Mabillon edierte Version des OR XIV[229] enthält nur die Absätze 10, 11 und den Beginn von Absatz 12, also den Text zum Mandatum, mit der bezeichnenden Überschrift: *Item de mandato et aliis supradictis, papa non existente in Urbe.* Das Kapitel ist nur als Zusatz zu früheren Kapiteln[230] gedacht, die auf stadtrömische Verhältnisse bezogen sind. Daß der Kompilator den ganzen Text gekannt hat und die übrigen Teile wegließ, weil ihnen andere von ihm übernommene Texte entsprachen, zeigt sein letzter Satz: *De benedictione olei infirmorum et olei exorcizati et consecratione chrismatis dictum est supra in officio praefatae feriae quintae Coenae Domini.*[231] Da der Passus *De benedictione – chrismatis* wörtlich der Überschrift des Kapitels 72 der anderen Version[232] (d.h. in unserer Edition: Abs. 6–9) entspricht, hat der Kompilator wohl die Textfassung dieser Version benutzt. Da – wie schon erwähnt – das Kapitel auf außerrömische Verhältnisse zugeschnitten ist und in den Absätzen 6 und 7 auf das Ordinarium verwiesen wird, dürfte auch dieser Text im späten 13. oder frühen 14. Jahrhundert entstanden sein.

Der ursprüngliche Text des vierten Kapitels[233] (Abs. 1–8) beschreibt die Liturgie am Karsamstag, wenn der Papst nicht selbst zelebriert; der Gottesdienst findet entgegen sonstiger Gewohnheit in der Kapelle des Papstes statt, nicht in der jeweiligen Hauptkirche oder Kathedrale. Verwiesen wird mehrmals auf das Ordinarium oder Missale der Kapelle (Abs. 2 und 4). Von späterer Hand wird der Fall genannt, wenn der Papst selbst zelebriert (Abs. 9) und eventuell Taufen durchführt (Abs. 10), wobei als Ort eine nichtbischöfliche Kirche gedacht ist und zweimal auf das Ordinarium verwiesen wird. Der Text ist in keiner anderen bekannten Handschrift überliefert, er dürfte aber ungefähr der gleichen Zeit zuzuweisen sein wie die ersten drei Kapitel.

Alle vier Kapitel entsprechen nicht den Texten des Ordinarium und den mit diesem verwandten Sammlungen, so daß es wahrscheinlich ist, daß der Sammler der Texte – ob er auch der Kompilator war, kann nicht bewiesen werden, – sie als Ergänzung des ihm bekannten und wohl auch von ihm benutzten Ordinarium zusammenstellte. Ich neige dazu, diese Zusammenstellung in die Zeit des Konzils von Vienne, also in das Frühjahr 1312, zu datieren.

---

228 Na-Ta, Kap. 71–73, S. 97–100.

229 Kap. 91: Migne PL 78, Sp. 1210 D–1211 A.

230 Kap. 83–90: ebda., Sp. 1204 C–1210 C.

231 Vgl. Kap. 83 (ebda., Sp. 1204 C–1207 B), das dem Ordinarium oder Missale der Kapelle entlehnt ist: M. Andrieu, Le missel, S. 366f.

232 Na-Ta, S. 98f.

233 Unten, S. 152f.

Der anschließende Text[234] behandelt schon nicht mehr Meßliturgie, sondern ist für die zweite Session des Konzils entworfen und daher zusammen mit den anderen Konzilstexten zu betrachten. Diese sind in zwei Gruppen zu unterteilen: die erste Textgruppe enthält Entwürfe für die einzelnen Sessionen, die Texte der zweiten Gruppe schildern den wirklichen Verlauf der Sitzungen. Von den vier Texten der ersten Gruppe sind zwei voneinander unabhängige Einzeltexte (Kap. V und VIa), während die beiden anderen (Kap. VI b und VIII) wohl den gleichen Verfasser haben. Das Kapitel V[235] regelt allgemein die Sitzordnung auf einem Generalkonzil und ist nicht aus Anlaß des Konzils von Vienne entstanden. Lediglich der zweite Teil von Absatz 5 *(sed quia vicecancellarius – cardinalibus)*, ein Einschub in Absatz 10 *(puta magister hospitalis)* und der zweite Teil von Absatz 11 *(Sed quia – sedebit Antiochenus)* beziehen sich auf das Konzil von Vienne und dürften vom Vortag der Konzilseröffnung, dem 15. 10. 1311, datieren, da der Patriarch von Antiochien an diesem Tage ernannt worden war,[236] das Futur im Absatz 11 *(erunt, sedebit)* aber auf die Zeit vor der Konzilseröffnung weist. Das folgende Kapitel VIa[237] ist für die erste Sitzung entworfen; als Vorlage diente ein Pontifikale, auf das im Text verwiesen wird. Der Text entstand wahrscheinlich kurz vor der Konzilseröffnung. Das Kapitel VIb[238] ist gleichen Inhalts, nur ist sein Wortlaut kürzer als der des ersten Entwurfs. Fast Wort für Wort stimmt mit dem Kapitel VIb das Kapitel VIII[239] überein, in dem der Verlauf der zweiten Konzilssitzung geregelt wird. Lediglich die Gebetstexte sind andere. Für die dritte Sitzung fehlt ein solcher Entwurf. Wahrscheinlich hielt man ihn nicht für nötig, da die Texte der ersten und zweiten Sitzung genügten und nur die Gebetstexte geändert werden mußten. Als Entstehungszeit für das Kapitel VIb kommen ebenfalls die Tage vor der Konzilseröffnung in Frage. Beide Entwürfe für die erste Session gehen wohl auf eine gleiche Vorlage zurück, bzw. entstammen dem gleichen Milieu. Als Autoren kämen am ehesten die beiden Kapellkleriker in Betracht. Der eine der beiden hat dann seinen Entwurf für die zweite Sitzung entsprechend modifiziert.

Die drei Texte der zweiten Gruppe[240] beschreiben den tatsächlichen Verlauf der Sitzung und tragen daher den Titel *rubrica facta*. Sie dürften jeweils relativ bald nach der jeweiligen Sitzung entstanden sein. Zum Teil erwecken sie den Eindruck, als seien sie lediglich Abschriften von während der Sitzungen gemachten Notizen.[241] Als Autoren kommen wieder die beiden Kapell-

[234] Kap. VIII, unten S. 159f.
[235] Unten, S. 153f.
[236] Vgl. E. Müller, Das Konzil von Vienne, S. 84f.
[237] Unten, S. 154ff.
[238] Unten, S. 156ff.
[239] Unten, S. 159f.
[240] Kap. VII, IX und X, unten, S. 158 und 160ff.
[241] So z. B. Kap. VII 12, unten, S. 158.

kleriker in Betracht, von denen der eine auch an den Entwurf zur ersten Sitzung eine auf alle drei Sitzungen zurückblickende Notiz angehängt hat.[242] Ob diese drei Rubriken oder auch die Entwürfe nach dem Vorbild der *Ordinatio* des 2. Lyoner Konzils angefertigt wurden,[243] ist meines Erachtens nicht zu klären, da es zwischen den Texten zu beiden Konzilien zwar inhaltliche, aber keine wörtlichen Übereinstimmungen gibt. Der Stil der *rubrice facte* ist weitaus dürftiger als der der *Ordinatio,* was gegen eine Interdependenz spricht. Ebenso unmöglich ist es festzustellen, ob die Texte zum Konzil dem 1343 zur päpstlichen Bibliothek gehörenden *liber papireus continens agenda in concilio Viennensi*[244] oder einer ähnlichen Handschrift entnommen sind oder ob sie – was ich für wahrscheinlicher halte – aus einer Materialsammlung der Kapellkleriker stammen.

Das Wichtigste an den Texten zum Konzil von Vienne ist, daß bei keinem anderen mittelalterlichen Konzil ein Vergleich der Ordines als der theoretischen Entwürfe mit gleichwertigen Beschreibungen der stattgehabten Sitzungen möglich ist.

Das in der Handschrift folgende Kapitel XVIII[245] über den Tod Benedikts XI. ist die älteste Aufzeichnung dieser Art und stammt wahrscheinlich von einem Kardinal.[246] Der Wortlaut ist teilweise entstellt.[247] Doch kann er nicht verbessert werden, da keine andere Handschrift den Text enthält.

Das Kapitel XXVI[248] ist zum Teil eine Überarbeitung des Bischofsweihordo im PRC.[249] Die Entstehungszeit ist nicht genau auszumachen, doch dürfte sie vor 1328 anzusetzen sein, da in diesem Jahr der Ordo angewandt wurde und diesbezügliche Marginalien erhielt. Die Kompilation scheint verschiedentlich überarbeitet worden zu sein, da als Konsekranden zum Teil nur Kardinalpriester (Abs. 1–3), später aber auch (Abs. 5 und 12) Nichtkardinäle genannt sind. Außerdem distanziert sich ein Kompilator oder Glossator vom Text durch Wendungen wie *licet interdum contrarium fiat* (Schluß von Absatz 5), *sicut interdum vidi* (Abs. 9 Mitte) und *prout hodie servatur* (Abs. 23 Mitte). Ungewiß ist, ob der letzte Absatz anzeigt, daß der Text unvollständig ist, oder ob er nur auf die entsprechenden Stellen im Pontifikale verweist. Zumindest der Autor der Marginalien und Einschübe, vielleicht aber auch der Kompilator des ursprünglichen Textes, dürfte unter den Kapellklerikern zu suchen sein.

---

242 Kap. VI a 9, unten, S. 157.

243 Vgl. A. Franchi, Il concilio II di Lione 1274, Rom 1965, S. 27 mit Anm. 7.

244 F. Ehrle, Historia bibliothecae I, S. 263, Nr. 21; vgl. E. Müller, Das Konzil von Vienne, S. 57.

245 Unten, S. 188.

246 Vgl. das *nobis* im Absatz 4, unten, S. 188.

247 Vgl. z. B. Abs. 5, 6 und 8, unten, S. 188.

248 Unten, S. 197ff.

249 Kap. XI, S. 351–368.

Im folgenden Kapitel XXIV[250] sind verschiedene bei der Vergabe von Konsistorialpfründen übliche Formeln wiedergegeben, die mir sonst nicht bekannt sind. Lediglich die im OR XIV[251] bei der Ernennung von Kardinälen gesprochenen Formeln sind den hier abgedruckten ähnlich. Seit wann diese Formeln in Gebrauch waren, ist daher nicht zu bestimmen. Die im vierten Absatz genannte Transferierung auf den Stuhl von Ravenna kann sich auf verschiedene Bischöfe des 13. und frühen 14. Jahrhunderts beziehen.[252] Unklar ist auch, auf welchen Bischof sich die Initiale *F* im letzten Absatz bezieht. Der Wortlaut zumindest dieses Absatzes scheint entstellt zu sein.

Die im Kapitel XXV[253] enthaltene Aufzeichnung über die Einkünfte des Kämmerers, der Kammerkleriker und der *servientes* bzw. *mappularii* bei den Weihen von Bischöfen oder Äbten stammt, wie Absatz 1 angibt, aus einem *liber super ordinatione familie*. Da jedoch der Text nirgendwo sonst überliefert ist, scheint es unmöglich, den *liber* genauer zu bestimmen. Doch trügt glücklicherweise diesmal der erste Eindruck, denn nach der Aufzeichnung folgt ein Auszug über die *servientes*, der demselben *liber* entstammt (Abs. 8). Dieser Absatz stimmt jedoch Wort für Wort mit dem Beginn des den *servientes* gewidmeten Abschnittes in Hallers Liste A überein,[254] hat aber eine bessere Lesart (*candele* statt *candelas*). Da gerade der Beginn von Hallers Liste mit den Texten zum Kämmerer etc. unvollständig ist,[255] nehme ich an, daß die Absätze 2 und 7 des Kapitels aus dem verlorenen Teil von Hallers Liste stammen. Diese hätte demnach im 14. Jahrhundert den Titel *liber super ordinatione familie* getragen. Da andererseits der letzte Abschnitt in der ebenfalls von Haller edierten Aufzeichnung über die Konsekrationsabgaben[256] zumindest inhaltlich mit Absatz 6 und 7 zum Teil übereinstimmt, kann die Aufzeichnung gleichfalls auf dem *liber* fußen. – Welches Buch jedoch unter dem im Absatz 9 genannten *liber censualis antiquus* zu verstehen ist, weiß ich nicht, da in den Texten des Liber politicus, des Albinus oder Cencius[257] ein derartiger Text fehlt.

Aus welcher Zeit stammt nun der genannte *liber super ordinatione familie*? Haller[258] datierte den Text in die Jahre 1305–1307 und verstand ihn als

250 Unten, S. 194f.

251 Kap. 116: Migne PL 78, Sp. 1259D, 1260B/C und vor allem 1261B.

252 Vgl. K. Eubel, Hierarchia catholica 1, S. 415.

253 Unten, S. 196f.

254 J. Haller, Zwei Aufzeichnungen über die Beamten der Curie im 13. und 14. Jahrhundert (QFIAB 1), 1898, S. 24 (künftig zitiert: HaA).

255 Ebda., S. 8.

256 J. Haller, Die Verteilung der Servitia minuta (QFIAB 1), 1898, S. 288 (künftig: HaS).

257 Vgl. zu den Sammlungen oben, S. 6ff.

258 HaA, S. 5f.

Grundlage für die Zahlungen an der Kurie während der ersten Jahre Clemens' V., da im Text Bonifaz VIII. und Benedikt XI. genannt sind, andererseits aber die Kammerrechnungen der Jahre 1307–1309 auf anderen Gegebenheiten beruhten als die von ihm edierte Liste. Diese Datierung halte ich aus folgenden Erwägungen heraus für falsch: Wie Haller selbst feststellte,[259] stimmen die Zahlenangaben der Liste weitgehend mit einer anderen Liste von 1278 überein.[260] Hallers Liste setzt den Aufenthalt der Kurie außerhalb Roms als normal voraus, da die stadtrömischen Offizialen und Korporationen als abwesend genannt sind.[261] An den Stellen, wo Bonifaz VIII. und Benedikt XI. genannt sind, geschieht dies, um unter diesen Päpsten eingeführte Zahlungen von dem Normalfall abzuheben.[262] Daraus geht hervor, daß diese Nennungen spätere Zusätze sind, was auch nicht verwundert, da die Liste der Kammer als Gebrauchstext diente. Erst eine Abschrift der mit diesen Nachträgen versehenen Liste stammt aus der Zeit Clemens' V. oder aus einem späteren Pontifikat, nicht jedoch der Text selbst. Dieser entstand vielmehr vor dem Pontifikat Bonifaz' VIII. Einen Anhalt zur genaueren Datierung bietet das am Schluß[263] stehende Verzeichnis der Feste, an denen eine bestimmte Anzahl von Armen in der *elemosina* verpflegt wurde. Das Kalendar ist stadtrömisch und enthält keinen Heiligen der Bettelorden, jedoch den von Alexander III. kanonisierten Thomas von Canterbury. Es muß jedoch aus der Zeit nach Alexander IV. stammen, da an dem Gedenktag der verstorbenen Päpste und Kardinäle (5. Sept.) 200 Arme gespeist werden sollten. Diese Bestimmung wurde von Alexander IV. erlassen.[264] Da nun die Zahl als normal vorausgesetzt wird, ist kaum anzunehmen, daß sie ein späterer Zusatz ist oder die Liste noch aus der Zeit dieses Papstes selbst stammt, weil dieser sonst genannt wäre. Der Text dürfte demnach zwischen 1261 und 1294 entstanden sein, und zwar auf älteren Aufzeichnungen basierend, wie etwa der Hinweis auf die stadtrömischen Ämter zeigt. Außer den durch die Nennungen Bonifaz' VIII. und Benedikts XI. als Nachträge erkennbaren Textteilen dürften auch verschiedene Abschnitte über einzelne Ämter später hinzugekommen sein, denn wie schon Haller feststellte, ist die Liste nach den verschiedenen

---

259 Ebda., S. 5.

260 Ediert von F. Baethgen, Quellen und Untersuchungen zur Geschichte der päpstlichen Hof- und Finanzverwaltung unter Bonifaz VIII. (QFIAB 20), 1929, S. 195–206.

261 HaA, S. 28. Es sind die *mapularii, cantores,* der *castellanus abbacie ad pontem,* die *hostiarii ad Sancta sanctorum* und die griechischen Mönche von Grottaferrata.

262 Bonifaz VIII.: HaA, S. 13 Z. 3, 26 Z. 18 und 30 Z. 3ff.; Benedikt XI.: HaA, S. 20 Z. 4, 26 Z. 18 und 29.

263 HaA, S. 29–31.

264 OR XIV, Kap. 100: Migne PL 78, Sp. 1225D–1226B = Gattico, Kap. 120, S. 125a/b = Raynald, Annales ecclesiastici XV, Nachtrag zu Bd. XIV z. J. 1261 (aus Vat. lat. 4737). Vgl. zu dieser Bestimmung auch S. J. P. van Dijk, The Legend, S. 126–130.

Funktionsbereichen gegliedert, doch finden sich zwischen den einzelnen Teilen Abschnitte, die vom Inhalt her an andere Stellen gehörten. Die in ihnen behandelten Ämter sind alle erst für die zweite Hälfte des 13. Jahrhunderts genauer fixierbar, auch wenn ihre Ursprünge zum Teil auf frühere Zeiten zurückgehen.[265] Die Texte sind also erst nach der Fertigstellung der älteren Teile hinzugekommen. Daraus, daß diese nachgetragenen Abschnitte jeweils am Schluß einzelner Funktionsbereiche stehen, ist vielleicht zu schließen, daß in dem ursprünglichen *liber* jeder Bereich mit einer neuen Seite bzw. einem neuen Blatt begann und daher Raum für Nachträge zur Verfügung stand. Als Folgerung aus diesen Überlegungen zu Hallers Liste ergibt sich, daß die Bestimmungen des Kapitels XXV für die zweite Hälfte des 13. Jahrhunderts zutreffen.

Die in der Handschrift folgenden Kapitel XIa bis XIIb[266] behandeln die Kanonisation der Heiligen Thomas von Cantelupe (Kap. XIa), Ludwig von Toulouse (Kap. XIb) und Cölestin V. (Kap. XIIa und b). Sie geben keine allgemeinen Normen wieder, sondern schildern Einzelfälle. Da der an erster Stelle aufgeschriebene Text den chronologisch letzten Prozeß behandelt (1320) und an mehreren Stellen auf die Heiligsprechung Ludwigs verwiesen wird, nehme ich an, daß der Sammler die Texte der beiden früheren Prozesse hinzufügte, um mehr Details zu erfahren. Von wem der Hinweis auf die *bona forma* (Abs. 1) des Kapitels XIa stammt – ob von dem Sammler der Kanonisationstexte oder einem späteren Besitzer – ist nicht zu klären.[267] Jedenfalls stand der Hinweis schon in der Sammlung, als der Text vom Schreiber A in die hier zu besprechende Handschrift übertragen wurde. Alle vier Texte ergeben zusammen ein sehr aufschlußreiches Bild über die Vorgänge vor (Kap. XIa–XIIa) und während (Kap. XIIb) einer Kanonisation. Eine allgemein verbindliche Regelung der Heiligsprechung scheint der Sammler der vier Texte – dessen Tätigkeit wir wohl für die Zeit zwischen 1320 und 1323 anzunehmen haben, da er auf die Kanonisation des Thomas von Aquin (1323) nicht mehr eingeht, – nicht gekannt zu haben. Die Texte dürften von verschiedenen Autoren stammen.

Der erste Text[268] hat wohl einen Bischof oder Kardinal zum Verfasser, da

---

[265] Es sind folgende Ämter: (HaA, S. 16f.:) *marescalcus iusticie* und *iudex appellacionum;* (S. 21f.:) *clericus capelle, hostiarius capellanie, advocati camere, procurator fisci* und *mercatores camere;* (S. 26:) *abreviatores, clerici capelle interioris, medici, lavendoria, penitenciarii* und *carratarii.* Zu den einzelnen Ämtern vgl. bes. B. Rusch, Die Behörden und Hofbeamten der päpstlichen Kurie des 13. Jahrhunderts, Königsberg 1926, passim; B. Guillemain, La cour pontificale d'Avignon, Paris 1962, passim, und B. Schimmelpfennig, Die Organisation der päpstlichen Kapelle in Avignon, S. 83ff.

[266] Unten, S. 164ff.

[267] Vgl. dazu auch unten S. 49 (Schluß der Analyse der Kanonisationstexte).

[268] Kap. XI a, unten, S. 164ff.

dieser im 6. Absatz über eine von ihm gehaltene Predigt berichtet. Da außer ihm an diesem Tag nur noch der Kardinal Pietro Colonna predigte, gehörte der Autor vielleicht auch zu den Kardinälen. Der Text erweckt den Eindruck, als seien seine Abschnitte jeweils an den betreffenden Tagen aufgeschrieben worden.[269]

Als ausführlichere Vorlage diente ihm die Rubrik zur drei Jahre vorher erfolgten Heiligsprechung Ludwigs von Toulouse. In dieser Rubrik scheint vor allem die Heiligsprechung selbst und die darauffolgende Messe behandelt gewesen zu sein, da in den entsprechenden Absätzen 13 und 14 besonders häufig auf die Rubrik verwiesen wird. Außer in den Absätzen 13 und 14 wird die Heiligsprechung des Bischofs Ludwig noch im Absatz 8 erwähnt, doch fehlt dort der Hinweis auf die entsprechende *rubrica*. Es heißt vielmehr: *secundum quod factum fuit in canonizatione sancti Lodovici*. Der entsprechende Text scheint demnach nicht zur *rubrica* gehört zu haben. Da nun aber die Abschnitte des Kapitels XIb die dem Absatz 8 kongruenten Handlungen beschreiben, dürften sie nicht aus der *rubrica* stammen und aus diesem Grund dem Kapitel XIa angefügt worden sein. Hingegen setzte der Autor von Kapitel XIa die *rubrica* als so bekannt voraus, daß er auf ihre Wiedergabe verzichtete. Ihr Inhalt wird durch die Hinweise in den Absätzen 13 und 14 genügend angedeutet, um den diesen Hinweisen entsprechenden Text ausfindig machen zu können. Die Entsprechungen auf alle Hinweise stehen im Kapitel 111 des OR XIV,[270] in dem noch dazu ein Bischof als der Kanonisierte genannt ist. Nun könnte natürlich eingewandt werden, daß es viele heiliggesprochene Bischöfe im 13. und 14. Jahrhundert gab. Glücklicherweise ist jedoch in mehreren Handschriften[271] des OR XIV der Name noch überliefert: der Heilige heißt *Lodovicus*. Daher glaube ich, daß die Identität der *rubrica* mit dem Kapitel 111 des OR XIV mit großer Wahrscheinlichkeit anzunehmen ist.

Im Kapitel XIIa[272] berichtet ein anonymer Autor dem Papst über die bis zum Zeitpunkt des Berichtes (ca. Ende April 1313) seit ca. 1306 vorgenommenen Untersuchungen und stattgefundenen Verhandlungen über die Kanonisation Cölestins V. Dadurch werden die Kapitel XIa und b vortrefflich ergänzt. Der Autor muß über Prozeßunterlagen verfügt haben, da er im 1. Absatz die in der Beauftragung der beiden Inquisitoren verwandte Klausel zitiert. Vielleicht besaß er auch einen Ordo der Kanonisation, da er im 3. Absatz auf den *mos consuetus* verweist. Zum Schluß schlägt er dem Papst den

---

[269] Vgl. z. B. den Beginn von Abs. 6, S. 164.

[270] Migne PL 78, Sp. 1249 C–1250 C. Vgl. auch unten, S. 81.

[271] Paris BN, ms. lat. 937, f. 105 v; Vat. lat. 5747, f. 108 v; Borg. lat. 390, f. 62 r; Barb. lat. 750, f. 74 v etc. Vgl. auch unten, S. 409ff.

[272] Unten, S. 167ff.

Modus bei der Heiligsprechung vor. Ob der Autor zu den Kardinälen gehörte oder einer der Kapellkleriker war, geht aus dem Text nicht hervor. Für letzteres spricht, daß der Text im Bereich der Kapelle in mehrfacher Ausfertigung existierte und daher noch ein zweites Mal in die Handschrift eingetragen wurde.

Das Kapitel über die Heiligsprechung Cölestins[273] schildert zuerst, wie auch die Kapitel XIa und XIb, das der Kanonisation vorausgehende Konsistorium und dann diese selbst. Im Text wird an keiner Stelle auf den Bericht im Kap. XIIa verwiesen. Es ist daher anzunehmen, daß der Autor des Kap. XIIb den Bericht nicht kannte. Da sich am Schluß des Textes Jacobus Gaietani Stefaneschi als der bei der Kanonisation zur Rechten des Papstes assistierende Diakon nennt und manche Einzelheiten des Textes im *Opus metricum* des Kardinals wiederkehren,[274] könnte das Kapitel von diesem stammen. Ebenso möglich ist es auch, daß der Kardinal in den Besitz des Textes gelangte und die Angabe über seine Funktion nachtrug.

Sinn der Sammlung der vier Texte war es vielleicht, als Vorlagen für die Konzipierung einer Norm für Kanonisationen zu dienen, eventuell aus Anlaß der Vorbereitungen der Kanonisation Thomas' von Aquin, so daß sich daraus auch der Hinweis im 1. Absatz des Kapitels XIa erklärte. Das Ergebnis der Arbeiten war dann möglicherweise das Kap. 115 des OR XIV.[275]

Die drei Krönungsordines, die in der Handschrift folgen, hängen mit den sizilianischen Königen Karl II. und Robert dem Weisen zusammen. Der erste von ihnen[276] ist nicht vollständig erhalten, sondern bricht mitten in einer Formel ab. Wahrscheinlich waren in der Vorlage die den Rest enthaltenden Seiten nicht mehr vorhanden oder unleserlich. Der Text ähnelt sehr stark dem Königskrönungsordo im Pontifikale des Durandus,[277] doch stimmt er mit keiner der von Andrieu berücksichtigten Handschriften völlig überein. Das kann natürlich an der Überlieferung der Pontifikalien oder an Andrieus Auswahlprinzipien liegen. Ebenso möglich ist es aber auch, daß der Ordo und Durandus auf der gleichen Vorlage beruhen und sich daraus die Differenzen erklären. Träfe dies zu, dann wäre die Kompilation aus einem Kaiserkrönungsordo und dem sogenannten Ordo von Arles[278] schon vor Durandus entstanden und dieser hätte sie mit geringen Varianten in sein Pontifikale aufgenommen. Zur besseren Klärung der Abhängigkeiten tragen die beiden dem Ordo voran-

---

[273] Kap. XII b, unten, S. 170ff.

[274] Vgl. z. B. Abs. 7 und 21 (S. 171 und 173) mit Vers 75–82 des 2. Buches von *De canonizatione*: F. X. Seppelt, Monumenta Coelestiniana, Paderborn 1921, S. 129.

[275] Migne PL 78, Sp. 1254 D–1259 B.

[276] Kap. XIV b, unten, S. 174ff.

[277] PGD, lib. I cap. XXVI, S. 436–446.

[278] Vgl. Andrieus Ausführungen in PGD, S. 318–320.

gestellten Bemerkungen[279] bei. Aus ihnen geht hervor, daß der Ordo aus den *libri Gallicorum* stammt, die den *rubrice ecclesie romane* gegenübergestellt sind. Wäre mit den *libri Gallicorum* das Pontifikale des Durandus gemeint, dann müßte dieser eigentlich genannt sein, da er zur Zeit Clemens' V. an der Kurie wohl noch in Erinnerung war. Ich neige dazu, unter diesen *libri* lokalfranzösische Pontifikalien zu verstehen, die deshalb auch – wie der zweite Hinweis erklärt – eigene Ordines für die Krönung der französischen Könige enthielten. Wie der Verweis auf den Aufenthalt der Kurie in Avignon zeigt, befand sich diese zur Zeit der Abfassung der Bemerkungen nicht dort. Da die Zeit Urbans V. zu spät ist, andererseits aber in mehreren Absätzen die Initiale *R* für den König steht,[280] was auf Robert den Weisen deutet, kommt am ehesten die Zeit zwischen 1309 und 1316 in Betracht. Da jedoch zur Krönung Roberts ein Königskrönungsordo nicht vorhanden war,[281] muß die Kopie einige Zeit nach 1309 entstanden sein, möglicherweise während oder nach dem Konzil von Vienne, als viele französische Prälaten mit den Kurialen in Kontakt standen.

Der Ordo zur Krönung Karls II.[282] basiert auf einem Kaiserkrönungsordo, der in einem Ordinarium bzw. Pontifikale stand. Der Autor war ein Kurialer, jedoch kein Kardinal, denn nicht alles fand die Billigung des Papstes und der Kardinäle, weshalb der Ordo nicht als Vorlage bei späteren Krönungen dienen durfte.[283] Ob der Autor Kapellkleriker war, ist mir unklar, da ich nicht weiß, ob die Kompetenzen des Kapellklerikers 1289 schon soweit reichten. Den maßgebenden Kaiserkrönungsordo zu finden, fällt nicht leicht. Zwar entspricht der Text in den meisten Absätzen dem Ordo XVII,[284] doch weicht er an anderen Stellen von diesem ab.[285] Entweder benutzte der Autor noch einen anderen Ordo oder seine Vorlage war ein bisher unbekannter Ordo, der eine Kombination des Ordo XVII mit anderen Textteilen enthielt. Im Jahr 1309 war der Text in Avignon unbekannt.[286] Doch hatte derjenige, der ihn irgendwann später abschrieb, an der Krönung Karls II. teilgenommen, die Eintragung kann also nicht allzu lange nach 1309 erfolgt sein, vielleicht ebenfalls während des Konzils von Vienne oder sonst unter Clemens V., als ein Teil

---

279 Kap. XIV a, unten, S. 174.

280 Abs. 7, 8, 11 und 14, unten, S. 175ff.

281 Vgl. Kap. XV 19, unten, S. 180, und OR XIV, Kap. 106: Migne PL 78, Sp. 1245 B/C.

282 Kap. XV, unten, S. 178ff.

283 Vgl. Kap. XV 18, unten, S. 180.

284 R. Elze, Ordines coronationis imperialis, S. 61–69. Bisher ist nur eine einzige Pontifikalhandschrift (Vat. lat. 1156, 14. Jh.) bekannt, die diesen Ordo enthält; sonst existiert er nur in päpstlichen Bullen. Die entsprechenden Stellen sind im Kommentar zum Kapitel XV angegeben.

285 Vgl. Absatz 6, 9 und 12, unten, S. 178ff.

286 Vgl. Abs. 19, unten, S. 180.

der päpstlichen Bibliothek nach Avignon transportiert wurde.[287] Wer der Kopist oder sein Auftraggeber war, ist nicht festzustellen. Allein von den Kardinälen kommen mehrere in Frage,[288] daneben aber auch eine wahrscheinlich große Anzahl italienischer Kurialer, so z. B. der Kapellkleriker Matheus, der von 1278 bis ca. 1309/10 nachzuweisen ist.[289]

Auch der für die Krönung Roberts des Weisen entworfene Ordo[290] basiert auf einem Kaiserkrönungsordo, wahrscheinlich auf dem Ordo XIX.[291] – Handschriften mit diesem Ordo, die wohl aus Avignon stammen, sind noch erhalten.[292] – Der Text ist auch in den verschiedenen Versionen des OR XIV überliefert;[293] dort ist der auf die Entstehung eingehende Vorspann länger, jedoch die Gliederung des Textes in fünf Abschnitte weggelassen. Der Text der Avignoneser Handschrift scheint wegen dieser Gliederung, die ja dann in den die Königin betreffenden Teilen wiederkehrt und eigentlich erst deren auch im OR XIV beibehaltene Gliederung einsichtig macht, die ursprüngliche Version zu bieten. Doch kann die Version des OR XIV gleichfalls auf das Jahr 1309 zurückkehren, da – wie der im OR XIV überlieferte Vorspann erklärt – Clemens V. eine Kardinalskommission mit der Kompilation des Ordo beauftragte und es daher möglich ist, daß die beiden Versionen von den Konzepten verschiedener Kommissionsmitglieder abhängen; falls die Kapellkleriker als Sachverständige von den Kardinälen an der Arbeit beteiligt wurden, können die beiden Fassungen auch von den beiden Klerikern stammen. Welchen Charakter der *liber* hatte, in den der Papst den von ihm gebilligten Ordo eintragen ließ[294] – ob er ein Pontifikale war, von dem dann eventuell die Handschrift des François de Conzié abhing,[295] oder schon eine Art Zeremonienbuch –, kann nicht ergründet werden.

[287] Vgl. F. Ehrle, Historia bibliothecae I, S. 12f. Daß spätestens um 1320 auch auswärtige Prälaten Ordines benutzten, die zur päpstlichen Bibliothek in Avignon gehörten, zeigt der für Alfons XI. verfaßte Krönungsordo des Bischofs Ramón von Coimbra, in dem ein *libro de la camara del papa* zitiert wird: C. Sanchez-Albornoz, Un ceremonial inédito de coronación de los reyes de Castilla, S. 753. Ob dieser *libro* ein Exemplar des Liber censuum war oder lediglich aus der päpstlichen Kammer (= Schatz oder Bibliothek) stammte, ist nicht eindeutig zu klären.

[288] So z. B. Napoleon Orsini, Jacobus Gaietani Stefaneschi, Pietro Colonna, vgl. K. Eubel, Hierarchia catholica 1, S. 11f.

[289] Vgl. B. Schimmelpfennig, Die Organisation der päpstlichen Kapelle, S. 87 mit Anm. 33–35.

[290] Kap. XVI a–e, unten, S. 180ff.

[291] R. Elze, Ordines, S. 88–102.

[292] So die Codices Paris, Arsenal 333, Vat. lat. 4748 I bzw. dessen Vorlage und Paris BN ms. lat. 959; vgl. PRC, S. 43, 168 und 62f.

[293] OR XIV, Kap. 107–110: Migne PL 78, Sp. 1245C–1249C = Na-Ta, Kap. 113–116, S. 186–190 = Gattico, Kap. 124–126, S. 134a–137b.

[294] Vgl. Kap. XV 19, unten, S. 180.

[295] Cod. Chartres Bibl. mun. 508: PGD, App. II, S. 669–677 mit den entsprechenden Varianten.

Bemerkenswert an dem Ganzen ist vor allem die Einsetzung der Kommission durch den Papst, was sich bei keinem anderen Ordo nachweisen läßt. Vielleicht erfolgte sie in Erinnerung an die wenig glückliche Kompilation anläßlich der Krönung Karls II. Die Arbeitsweise der Kommissionsmitglieder ist für die Herstellung eines liturgischen Textes aufschlußreich, denn obwohl der Ordo für einen singulären Akt abgefaßt wurde, übernahm man aus der Vorlage Einzelheiten, von denen klar war, daß sie für diesen Akt nicht zutrafen.[296] Und obwohl die Kommission keinen Königskrönungsordo vor sich hatte, müssen Details bekannt gewesen sein, die zwar bei der Krönung französischer oder sizilianischer Könige, nicht aber bei einer Kaiserkrönung angewandt wurden und daher nicht in der Vorlage standen.[297] Unter Clemens VII. wurde der Ordo für die Krönung Ludwigs I. von Anjou (30. 3. 1382) umgearbeitet und in dieser Version bis ins 15. Jahrhundert tradiert.[298]

Das in der Handschrift folgende Kapitel XVII[299] beschreibt die von Clemens V. und seinen Kardinälen Ende Juli 1307 in Poitiers für Eduard I. von England gehaltenen Exequien. Der Text ist ein Augenzeugenbericht und entstand wahrscheinlich sogleich im Anschluß an das Ereignis. Der Autor verrät viele Detailkenntnisse, und es ist daher anzunehmen, daß auch dieser Text von einem der Kapellkleriker stammt und so in die Sammlung gelangte. Da der Text sofort auf die Krönungsordines folgt, stand er wohl auch in der Vorlage bei diesen.

Mit diesem Text endet der von der Hand A aufgeschriebene Teil der Handschrift. Wie ich schon andeutete,[300] glaube ich, daß der Schreiber den Inhalt von vier verschiedenen Heften abschrieb – die Existenz derartiger Hefte (*libelli* oder *quaterni*) liturgischen Inhalts an der Kurie hatte ich ja schon für das 12. Jahrhundert aufgezeigt –.[301] Möglicherweise waren die vier *libelli* schon vor dieser Kopie in einer Handschrift vereinigt und wurden dann als Ganzes vom Schreiber A abgeschrieben. Als Entstehungszeit für eine derartige Sammlung kämen die Jahre zwischen 1320 und 1328 in Betracht, da der jüngste datierbare Text über ein Ereignis des Jahres 1320 berichtet,[302] andererseits die Angaben zu 1328 nachträglich auf den Rand von Kapitel XXVI eingetragen wurden, wie es noch die erhaltene Abschrift zeigt.[303]

---

296 So der Passus zur *confessio beati Petri* in Kap. XVI a 4, unten, S. 181, weshalb zur Aktualisierung des Passus *seu cum hic pervenerit ante altare* eingefügt wurde.

297 So etwa die verschiedenen zu salbenden Körperteile in Kap. XVI a 6, unten, S. 182; vgl. dazu auch Kap. XV 7, unten, S. 179.

298 Vgl. die Angaben unten, S. 399.

299 Unten, S. 186ff.; zur Datierung vgl. W. Ullmann, The Curial Exequies for Edward I and Eduard III, S. 30f.

300 Oben, S. 41.

301 Vgl. oben, S. 9ff.

302 Kap. XI a, vgl. oben, S. 47.

303 Kap. XXVI, vgl. oben, S. 44.

Doch ist es genauso möglich, daß die vier verschiedenen *libelli* erst vom Schreiber A vereinigt wurden. Dann käme als Terminus post quem das Jahr 1328 in Betracht, wie aus den Zusätzen zum Kapitel XXVI hervorgeht.

*

Aus der gleichen Zeit stammt das erste von der Hand B aufgezeichnete Kapitel.[304] Es beschreibt die Weihe des Kardinaldiakons Bernard de Garves[305] zum Kardinalpriester am 7. 3. 1327 und basiert zum Teil auf dem entsprechenden Kapitel des PRC.[306] Der Kompilator des Textes hat mehrere Pontifikalien benutzt oder zumindest gekannt. Dies geht aus dem Absatz 6 hervor, in dem er zwei unterschiedliche Textgruppen miteinander vergleicht und sich dann für die eine Tradition entscheidet. Wenigstens zwei dieser Handschriften sind vielleicht noch erhalten: es sind von den durch Andrieu benutzten Handschriften der cod. Vat. lat. 1155, mit dem eine Lesart des Absatzes 3 sich deckt, und der cod. Vat. lat. 4748 I, mit dem eine Variante im Absatz 16 übereinstimmt.[307] Gegen diese Identifizierung läßt sich natürlich einwenden, daß Andrieu nur wenige Handschriften berücksichtigt hat und sehr viele Pontifikalien des 13. und 14. Jahrhunderts verlorengegangen sind. Aus diesen Erwägungen heraus konstatiere ich auch lediglich die Möglichkeit, nicht mehr. Da jedoch beide Handschriften von der Kurie stammen, die eine von ihnen sogar in dem Besitz eines Kurialen war, auf den zwei von der Hand B aufgeschriebene Texte zurückgehen,[308] glaube ich, genug Anlaß für meine Vermutung zu besitzen. Das Kapitel bietet zahlreiche, für die Aktualisierung älterer Texte wichtige Hinweise, so etwa im Absatz 30, in dem deutlich wird, wie die von mir angedeutete[309] Konzentrierung des Zeremoniells auf den Palast das Verhältnis zur Öffentlichkeit veränderte.

Das in der Handschrift folgende Kapitel[310] ist der das Meßoffizium behandelnde Teil der *Ordinationes divini officii* des Franziskanergenerals Haymo von Faversham,[311] allerdings mit einigen Varianten, die in den von S. J. P. van Dijk für seine Edition des Textes herangezogenen Handschriften nicht vorkommen. Beachtenswert ist, daß unser Codex die einzige liturgische Handschrift ist, die den Text enthält, und daß ihn sonst nur nichtliturgische

---

304 Kap. XXVII, unten, S. 201ff.

305 Vgl. zu diesem K. Eubel, Hierarchia catholica 1, S. 14, und G. Mollat in DictHG 8, Paris 1935, Sp. 664f.

306 PRC, Kap. 12ff., S. 341–351.

307 Zu den beiden Handschriften vgl. PRC, S. 147 und 168.

308 Es ist Uguicio Borromeo, vgl. unten, S. 57 zu Kap. XL und XLI.

309 Vgl. oben, S. 36ff.

310 Kap. XLIII, unten, S. 242ff.

311 S. J. P. van Dijk, Sources of the Modern Roman Liturgy 2, S. 352–358, Nr. 60–89.

Handschriften überliefert haben.[312] Die einzige Erklärung, weshalb der Text, der keinerlei für das päpstliche Zeremoniell typische Details enthält, in dieser Handschrift steht, findet sich meines Erachtens darin, daß er zum vorigen Kapitel gehört und für den neugeweihten Kardinalpriester bestimmt war, so daß er mit dessen Weiheordo gleichfalls in diese Handschrift übernommen wurde. Franziskaner war der Kardinal selbst allerdings nicht, vielleicht aber einer seiner Familiaren.

Das Kap. XXXIII[313] bietet die ersten vier Abschnitte von Mabillons OR XII[314] dar, doch ist der Text über die Presbyterien verstümmelt. Da der Schreiber in der Handschrift für die ausgelassenen Teile 12 Zeilen freiließ, war seine Vorlage vollständig, doch für ihn nicht lesbar. Nach dieser Lücke folgt der Absatz über die Adventssonntage. Dieser Absatz gehört nicht zum ursprünglichen Bestand des Ordo. Soweit ihn die älteren Handschriften des Liber censuum enthalten, steht er in ihnen auf dem Rand.[315] Daraus ist es auch zu erklären, weshalb er – im Gegensatz zu Mabillons Edition – in der Avignoneser Handschrift erst am Schluß des Auszugs aus dem Ordo steht. Als Vorlage diente der cod. Florenz Ricc. 228, der schon unter Clemens V. nach Avignon gebracht worden war[316] – von den übrigen erhaltenen Cencius-Handschriften, soweit sie schon um 1300 existierten, steht der Absatz nur noch im Codex des Vatikanischen Archivs Arm. XV 1, doch war diese Handschrift in Rom geblieben –.[317] Weil aber die Florentiner Handschrift gut zu lesen ist, muß der Auszug schon in einer Kopie dieser Handschrift existiert haben und von dort durch den Schreiber B in die Avignoneser Handschrift übertragen worden sein. Weshalb ausgerechnet dieser Text kopiert wurde – vielleicht ebenfalls für Bernard de Garves wegen des Presbyterium –, ist nicht festzustellen.

Das folgende Kapitel[318] ist eine Überarbeitung des Textes zum Karsamstag in dem Ordinarium und Missale der päpstlichen Kapelle.[319] Aus dem Fehlen der Passagen im ersten Absatz, welche die Lateranbasilika betreffen, ist zu schließen, daß der Text für den Aufenthalt der Kurie außerhalb Roms bestimmt war; doch blieb im Absatz 6 der *subdiaconus grecus* stehen. Der Text des Kapitels stimmt zum Teil nur mit dem Ordinarium,[320] zum Teil nur mit

---

312 Ders., Sources 1, S. 107 Anm. 4, und S. J. P. van Dijk–J. H. Walker, The Origins, S. 319 Anm. 2.

313 Unten, S. 210ff.

314 LC 1, S. 290a–292a.

315 Ebda., S. 291a, Variante a.

316 P. Fabre, Etude sur le Liber censuum, S. 209f.

317 Ebda., S. 214f.

318 Kap. XXXIV, unten, S. 213f.

319 PRC, App. II (III), S. 564–578.

320 So steht der Passus *sicut – habetur* im Abs. 4 nur im PRC, App. II (III) 6, S. 565a, Z. 36f.; der Passus des Abs. 6 *et alio – evangelio* steht nur im PRC, App. II (III) 7, S. 566a, Z. 16f.; die Passagen zu den beiden *diaconi* im Absatz 6 folgen PRC, App. II (III) 9, S. 567a, Z. 1–4.

dem Missale[321] der Kapelle überein. Der Kompilator scheint demnach beide Fassungen benutzt zu haben. Die Übereinstimmung mit den Vorlagen reicht bis zum Ende von Absatz 6.[322] Der Absatz 8 ist eine freie Überarbeitung von Teilen des Absatzes 31 im Ordinarium bzw. Missale.[323] Zwischen Absatz 6 und 8 steht ein Text, der nicht im Ordinarium oder Missale zu finden ist. Dafür stimmt er zum großen Teil Wort für Wort mit einer Stelle im Rationale des Durandus überein.[324] Da im Rationale der Text logisch an die vorausgehenden Sätze über den Farbenkanon während der Fastenzeit anschließt, glaube ich, daß der Absatz 7 aus dem Rationale stammt und nicht umgekehrt. Stimmt meine Annahme, dann kann das Kapitel erst nach ca. 1286 kompiliert worden sein.[325] Da jedoch im Absatz 6 die Funktion des griechischen Subdiakons vorgesehen ist und im Absatz 7 im Gegensatz zu Durandus mehrere *subdiaconi (latinus* und *grecus)* genannt sind, muß der Text schon vor 1305 existiert haben. Er wurde dann auch in zwei Versionen des OR XIV übernommen,[326] allerdings ohne den Absatz 8.

Die im folgenden Kapitel[327] gemachten Bemerkungen zum Tod Clemens' V.[328] und zum Beginn des Konklave in Carpentras[329] stammen von einem Augenzeugen des Konklave. Der Text ist unvollständig, wie der Beginn des letzten Absatzes und die 5 freien Zeilen nach dem Text andeuten. Der Autor ist nicht klar zu ermitteln. Er kann ein Notar gewesen sein, der von der Sitzung, die dem Konklavebeginn vorausging, ein Protokoll anfertigte und in der Sitzung gewisse Texte zur Papstwahl verlas. Er kann aber auch ein Kardinal gewesen sein, der das Wahlverfahren kannte. In diesem Falle war vielleicht Jacobus Gaietani Stefaneschi der Autor, der im Konklave von 1334 Texte zum Wahlverfahren vortrug,[330] zu denen auch das Kapitel XX gehörte, dessen Titel in der Passage *alia singula que in electione romani pontificis observantur* des Absatzes 4 anklingt. Doch halte ich diese Identifizierung für unwahrscheinlich, denn der Autor des Textes unterschied im Absatz 3 und 4 zwischen dem, was er selbst verlas *(scribens dixerat* bzw. *addidit scribens)*, und dem, was sonst noch – wohl von anderen – verlesen wurde

[321] Im Absatz 6 stimmt der Passus *eo vero complente* nur mit PRC, App. II (III) 9, S. 566 b Z. 28, überein.

[322] Im PRC reicht dieser Text bis zum Absatz 9, S. 567 a, Z. 5.

[323] PRC, App. II (III) 31, S. 576f.

[324] G. Durandus, Rationale divinorum officiorum, lib. III cap. 18 § 9, f. 55 ra. Vgl. auch oben, S. 29.

[325] Vgl. PGD, S. 5.

[326] OR XIV, Kap. 94: Migne PL 78, Sp. 1218A–1219B und Na-Ta, S. 102f., Kap. 75.

[327] Kap. XIX, unten, S. 188f.

[328] Der Papst starb am 20. 4. 1314.

[329] Das Konklave begann in Carpentras im Mai 1314: J. Asal, Die Wahl Johanns XXII., Berlin–Leipzig 1910, S. 3ff.

[330] Vgl. dazu den Bericht des Petrus Bertrandi, unten, S. 67f.

*(Item lecta fuerunt).* Dabei interpretierte er das, was nicht von ihm verlesen wurde *(alia singula...)*, durch einen Zusatz dahin, daß es nur soweit gelten solle, wie es dem gesunden Menschenverstand entspräche und mit den Gewohnheiten übereinstimme. Die *alia singula* scheinen also neuartig gewesen zu sein und der *scribens* ein Anhänger der Tradition. Stimmt diese Unterscheidung, dann ist es auch verständlich, daß er als Hörer für *singularia*: *alia singula* schrieb. Doch dürfte auch in diesem Fall der *scribens* ein Kardinal gewesen sein – und zwar ein älterer –, da er sonst wohl kaum derartig entschieden gegen die von einem anderen Kardinal verlesenen Bestimmungen gesprochen haben könnte.

Die folgenden zehn Kapitel[331] behandeln alle die Funktion bestimmter Geistlicher beim Papstgottesdienst und sind vielleicht vom Schreiber B geschlossen aus einer Vorlage abgeschrieben worden. Von ihnen wiederum dürften zumindest die Kapitel XXXVII a–c und XXXVIII a–b noch früher zusammengehört haben, während das Kapitel XXXIX, das vom Inhalt her dazugehört, später hinzukam und deshalb erst nach den Kapiteln XLII und XL–XLI eingetragen wurde. Doch sind die fünf Einzeltexte der Kapitel XXXVII und XXXVIII verschiedenen Ursprungs, was sich noch in der Orthographie zeigt und was auch logisch ist, da sonst ein Text genügt hätte. Wie alt die Texte sind und von wem sie stammen, läßt sich nicht bestimmen. Doch ist wenigstens das Kapitel XXXVIII b stadtrömischen Ursprungs, da die Stationsgottesdienste vorausgesetzt sind und deshalb verschiedene Positionen des Diakons am Beispiel von St. Peter und St. Paul erörtert werden.[332] Das inhaltlich zu diesen fünf Texten passende Kapitel XXXIX beschreibt, wie drei aus der Vorlage übernommene Randnotizen angeben,[333] die Papstmesse unter Bonifaz VIII., dürfte also um 1300 entstanden sein. Daher sind im Text auch stadtrömische Gegebenheiten erwähnt.[334] Der Hinweis in Absatz 31 bezieht sich wohl auf ein Pergamentblatt der Vorlage. Dieser und die folgenden drei Absätze waren in der Vorlage vielleicht nachgetragen.

Das Kapitel über die Patriarchen[335] ist auch in den Versionen des OR XIV überliefert, doch sagt das nichts über sein Alter aus. Stadtrömische Verhältnisse sind nicht erwähnt, dafür aber die Möglichkeit eines Generalkonzils.[336] Da unter den Patriarchen wegen der Sitzordnung wohl nur die östlichen verstanden wurden,[337] die seit der Errichtung der Paläologenherrschaft im Westen weilten, halte ich es für möglich, daß der Text ungefähr zur Zeit Gregors X. oder Clemens' V. entstanden ist. Der Autor war vielleicht ein Kapellkleriker.

---

331 Kap. XXXVII a–c, XXXVIII a–b, XLII, XL, XLI, XXXIX und XXIII.

332 Abs. 3 und 20, unten, S. 225 u. 229.

333 Zu den Absätzen 21, 22 und 29 unten, S. 233ff.

334 Abs. 10, 19 und 24, unten, S. 231ff.

335 Kap. XLII, unten, S. 241f.

336 Abs. 2.

337 Vgl. Kap. V 8 und 11, unten, S. 154.

Die beiden folgenden Kapitel[338] über die Aufgaben des Subdiakons während eines Papstgottesdienstes stammen aus dem Besitz des Uguicio Borromeo aus Vercelli, der unter Nikolaus IV. päpstlicher Subdiakon und 1304 Bischof von Novara geworden war und 1329 starb.[339] Zwischen 1304 und 1329 übergab Uguicio einem Interessenten zwei Papierblätter mit dem Text der beiden Kapitel. Doch kann er nicht selbst der Autor gewesen sein, da die Texte auch unabhängig von ihm tradiert wurden, was die Wiederholung des Kapitels XL durch eine andere Hand auf f. 43r–44v anzeigt. Wie der Ausdruck *dominus* im Absatz 1 von Kap. XL andeutet, war der Petent – vielleicht ein Kapellkleriker – wohl niedriger gestellt als Uguicio. Den Kardinal Jacobus Gaietani Stefaneschi in diesem Petenten zu vermuten, wäre irrig, da beide ungefähr zur gleichen Zeit Subdiakone geworden waren[340] und daher gleich viel Erfahrung besessen haben dürften. Hinzukommt, daß Stefaneschi 1304 schon Kardinal war. Wann die beiden Kapitel entstanden, ist unsicher. Lediglich der Terminus ante quem steht mit dem Jahr 1304 fest, da Uguicio als Bischof kaum noch an der Funktion des Subdiakons interessiert gewesen sein dürfte. Wahrscheinlich entstanden die Texte in der zweiten Hälfte des 13. Jahrhunderts, da im Absatz 11 von Kapitel XLI die recension longue des PRC[341] als bekannt vorausgesetzt wird.

Der in der Handschrift folgende Text[342] ist ein Ausschnitt aus einem Papstweihordo. Stilistisch weist der Anfang des Textes darauf hin, daß ihm andere Passagen vorausgingen. Der Text ist stadtrömischen Ursprungs; daher ist die *eminens sedes* – wohl von St. Peter[343] – ebenso erwähnt wie der Vortrag des Evangeliums in griechischer Sprache und die *scola cantorum*. Doch ist der Text in keinem anderen Papstweihordo des 12. bis 14. Jahrhunderts auch nur in annähernd gleichem Wortlaut überliefert und daher nicht zu ergänzen. Lediglich die Avignoneser Handschrift selbst enthält eine zweite Wiedergabe des Textes,[344] die zeigt, daß er wohl schon längere Zeit nur als Fragment bekannt war. Diese zweite Abschrift enthält anschließend noch zwei Passagen aus dem Papstweihordo des Cencius,[345] die in der Vorlage schwer zu lesen gewesen sein müssen und daher nur verstümmelt kopiert wurden. Interessant ist bei der zweiten Abschrift auch die Marginalie mit dem Hinweis auf das

---

338 Kap. XL und XLI, unten, S. 236ff.

339 Vgl. K. Eubel, Hierarchia catholica 1, S. 372; F. Ehrle, Zur Geschichte des päpstlichen Hofceremoniells, S. 570 Anm. 4; P. Herde, Audientia litterarum contradictarum 1, Tübingen 1970, S. 77 Nr. 13.

340 Vgl. J. Hösl, Kardinal Jacobus Gaietani Stefaneschi, Berlin 1908, S. 14.

341 Es sind die Kapitel XIII B und XLII, S. 370–380 und 455–464.

342 Kap. XXIII, unten, S. 194.

343 Vgl. dazu z. B. PRC, App. I 38 und 92, S. 533 und 540.

344 Auf f. 42 v.

345 Abs. 5 und 6: LC 1, Kap. LVIII 83 und 85, S. 313 a, Z. 3–17 und 313 a/b.

Jahr 1352, falls die Konjektur stimmt. Da die Marginalie vom gleichen Schreiber stammt und also wohl schon in der Vorlage stand, muß der Text auf f. 42v nach 1352 eingetragen worden sein.

Das Kapitel XXVIII[346] regelt den Empfang von Kurienbesuchern durch die Kardinäle. Wie der Beginn von Absatz 6 zeigt, kannte der Kompilator ältere Texte zu diesem Thema. Aus der Nennung Karls II. von Sizilien im Absatz 10 ist zu folgern, daß der Text in seiner jetzigen Gestalt aus den zwei Jahrzehnten zwischen 1289 und 1309 stammt. Doch ist wahrscheinlich, daß der größte Teil des Textes noch älter ist, da der Karl II. betreffende Satz ursprünglich eine Marginalie gewesen zu sein scheint, die dann in einer späteren Abschrift in den Text eingegliedert wurde. Eine andere Fassung des Textes ist von der Hand G in die Handschrift eingetragen worden.[347] In dieser Fassung fehlt der größte Teil der Absätze 7 bis 11 und damit auch der Hinweis auf Karl II., in den übrigen Absätzen differiert die Reihenfolge der Passagen zum Teil von der in der anderen Version. Möglicherweise bietet diese zweite Fassung die ursprüngliche Textform. Wie dem auch sei, erstaunlich ist, daß der Text nicht in den OR XIV aufgenommen wurde und dort auch kein anderer Text dieses Inhaltes steht, obwohl in Avignon zahlreiche Fürsten und Gesandte zu empfangen waren. Erst in die Ende des 14. Jahrhunderts kompilierten Sammlungen des François de Conzié[348] und des Petrus Amelii[349] sind wieder Texte ähnlichen Inhaltes aufgenommen worden. – Der Autor bzw. die verschiedenen Bearbeiter des Textes sind wohl unter den Kardinälen zu vermuten, da vor allem deren Aufgaben behandelt sind.

Der letzte Eintrag von Hand B[350] enthält die Prüfung von zwei Zeugenberichten über Wunder des toten Cölestin V. Die Herkunft des Textes ist nicht genau zu bestimmen: eine summarische und unkritische Wiedergabe der beiden Berichte enthält eine Handschrift aus Neapel,[351] die also eher auf diesen Texten basiert als diese auf der Handschrift. Auch die Sammlung der beiden von Clemens V. beauftragten Inquisitoren[352] scheidet als Vorlage aus, da zwar in ihr als 197. Bericht der des Gualterius de Pectorano gestanden hat, doch an 145. Stelle nicht die Vernehmung der Philippa de Palena – diese ist nirgendwo genannt –, sondern die des Franciscus Paulus de Palena aufgeführt war. Leider sind beide Nummern in der fragmentarischen Sammlung nicht mehr erhalten. Gegen die Annahme, daß diese Sammlung die beiden

346 Unten, S. 206ff.

347 Auf f. 47rf.

348 G. B. Gattico, Acta selecta 1, S. 256a–260b, Kap. 42. Vgl. auch unten, S. 120ff.

349 OR XV, Kap. 152 und 167: Migne PL 78, Sp. 1359B und 1367A–1368B. Vgl. auch unten, S. 107ff.

350 Kap. XIII, unten, S. 174.

351 Ediert: AA. SS. Maii tom. 4, S. 432b, Nr. 39.

352 F. X. Seppelt, Monumenta Coelestiniana, S. L–LXIV und 211–334.

hier zu besprechenden Texte enthielt, spricht auch, daß der Stil der Vernehmungsprotokolle sehr von dem in den beiden Berichten des Kapitels XIII abweicht. Daher halte ich es für wahrscheinlicher, daß die beiden Berichte einer gestrafften und überarbeiteten Zusammenfassung der Inquisitorenprotokolle und ähnlicher Akten entnommen sind, die der mit der Prüfung der Akten betrauten Prälatenkommission zur Verfügung gestellt wurde.[353] Ein ähnliches Verfahren ist ja auch vom Konzil von Vienne her bekannt.[354] – In der Avignoneser Handschrift wurden die Berichte vielleicht zur Verdeutlichung der Kapitel XII a und b[355] eingetragen.

Fassen wir die Beobachtungen zu den von Hand B aufgezeichneten Texten zusammen: Der Terminus post quem für das Wirken des Schreibers ist das Jahr 1327, da in diesem Jahr der im Kapitel XXVII enthaltene Ordo angewandt wurde; am ehesten kommt die Jahrhundertmitte in Betracht. Die Zeit genauer zu bestimmen, ist nicht möglich. Wahrscheinlich dienten ihm kleinere Sammlungen[356] als Vorlagen, die schon zum Inventar der Kapelle gehörten. Sein Interesse galt vor allem der päpstlichen Meßliturgie.

*

Von der Hand C wurden nur die Kapitel XX und XXI[357] in die Handschrift eingetragen. Beide Texte geben Anleitungen zur Papstwahl, das erste zum Verfahren des *scrutinium*, das zweite zu dem des Kompromisses. Das erstere war möglicherweise zu Beginn des Konklave nach dem Tode Clemens' V. den Kardinälen vorgelesen worden.[358] Da ich bei der Analyse des OR XIV näher auf die Texte eingehe,[359] kann ich an dieser Stelle darauf verzichten. Doch sei angemerkt, daß ursprünglich noch das erste Kapitel des OR XIV[360] in der Handschrift eingetragen gewesen sein kann, da es gewöhnlich mit den beiden anderen Texten tradiert wurde und da – wie aus dem folgenden Kapitel hervorgeht – an dieser Stelle ehemals noch ein Blatt in der Handschrift vorhanden gewesen sein muß.

Die folgenden vier Kapitel[361] wurden von der Hand D in die Handschrift eingetragen. Da das erste unvollständig ist, muß die Handschrift ursprünglich ein Blatt mehr besessen haben, auf dem der erste Teil des Kapitels XXIX mit den Pflichten der *buticularii*, vielleicht aber auch noch andere Texte über

---

353 Vgl. Kap. XII a 3 und 4, unten, S. 168.
354 Vgl. E. Müller, Das Konzil von Vienne, S. 99–121 u. ö.
355 Vgl. oben, S. 47ff., und unten, S. 167ff.
356 Vgl. oben, S. 56 mit Anm. 331.
357 Unten, S. 190f.
358 Vgl. Kap. XIX 4, unten, S. 189; vgl. oben, S. 55f.
359 Siehe unten, S. 67f.
360 Migne PL 78, Sp. 1121f. = Na-Ta, Kap. 9, S. 14 = G. B. Gattico, Acta selecta 1, Kap. 113, S. 120b–121a. Vgl. unten, S. 68.
361 Kap. XXIX–XXXII, unten, S. 208ff.

Offizialen, geschrieben waren, eventuell auch das eben erwähnte erste Kapitel des OR XIV. Die Reihenfolge der Kapitel XXIX bis XXXI ist die gleiche wie in Hallers Liste A.[362] Jedoch differieren die Texte in beiden Sammlungen erheblich voneinander, so daß die drei Kapitel aus einer anderen Sammlung stammen müssen. Aber auch diese Sammlung muß in der zweiten Hälfte des 13. Jahrhunderts entstanden sein, da noch die Besoldung der Offizialen durch Naturalien vorgesehen ist. Auch weisen die in den Texten genannten Münzen – sofern ihre Identifizierung mit *marabotini* und *bononienses* stimmt – in diese Zeit.[363] Hinzukommt, daß sich der *scriptor buticularie* und der *portitor aque* erst seit der zweiten Jahrhunderthälfte nachweisen lassen.[364] In der Gehaltsliste von 1278[365] stehen sogar – im Gegensatz zu Hallers Liste – alle vier Offizialen in der gleichen Reihenfolge wie in der Avignoneser Handschrift. Am bedeutendsten ist von den vier Texten der über den *scriptor*, da über dessen Funktion Hallers Liste weitaus weniger berichtet. Weshalb die vier Kapitel in die Handschrift eingetragen wurden – sie enthalten keine zeremoniellen Details –, ist mir unklar.

Von der Hand E wurden je ein Text zur Wahl[366] und Weihe[367] eines Papstes in die Handschrift eingetragen, von denen der zweite eine Wiederholung des Kapitels XXIII ist, jedoch erweitert durch zwei fragmentarisch kopierte Exzerpte aus dem Ordo des Cencius. Eine ebenfalls kopierte Marginalie zum zweiten Text weist – sofern die Konjektur stimmt – auf das Jahr 1352, in dem Innozenz VI. am 18. Dezember gewählt und am 30. Dezember benediziert und gekrönt wurde. Der Schreiber E war demzufolge nach diesem Jahr tätig. Doch sind beide Texte schon vorher entstanden. Für den Ausschnitt aus dem Weiheordo habe ich das schon ausgeführt;[368] das Alter des ersten Textes gilt es nun zumindest ungefähr zu bestimmen. Das Kapitel enthält Änderungen der 1274 von Gregor X. in Lyon erlassenen Wahlkonstitution *Ubi maius periculum*.[369] Im Text wird außer dieser Dekretale noch Alexanders III. Bestimmung *Licet de vitanda*[370] genannt; dagegen fehlt jeglicher Hinweis auf die Dekretale Clemens' V. *Ne romani*.[371] Daraus folgere ich, daß der Text in die Zeit nach 1274 und vor ca. 1312/14 – die Entstehungszeit von *Ne romani*

---

[362] J. Haller, Zwei Aufzeichnungen (HaA), S. 18f.

[363] Vgl. K. H. Schäfer, Die Ausgaben der apostolischen Kammer unter Johann XXII., S. 64* und 78*–80*.

[364] Vgl. B. Rusch, Die Behörden und Hofbeamten, S. 121f.

[365] F. Baethgen, Quellen und Untersuchungen, S. 196b.

[366] Kap. XXII, unten, S. 191ff.

[367] Kap. XXIII, unten, S. 194; vgl. oben, S. 57f.

[368] Vgl. oben, S. 57f.

[369] VI. 1, 6, 3: E. Friedberg, Corpus iuris canonici 2, Sp. 946–949.

[370] X. 1, 6, 6: E. Friedberg, a.a.O. 2, Sp. 51.

[371] Cle. 1, 3, 2: E. Friedberg, a.a.O. 2, Sp. 1135f.

ist umstritten[372] – zu datieren ist. Da Hadrian V., Johann XXI. und Nikolaus IV. Gregors X. Bestimmungen aufgehoben hatten, Cölestin V. hingegen die Konstitution wieder in Kraft setzte und diese außerdem zur Zeit der Änderungen als *antiqua* galt, kommen am ehesten die Pontifikate Bonifaz' VIII. und Clemens' V. in Betracht. Da mir aus der Zeit Bonifaz' VIII. keinerlei Bestimmungen über die Papstwahl bekannt sind, halte ich es für wahrscheinlich, daß der Text aus der Zeit Clemens' V. stammt. Weil aber dessen Dekretale ebenso wie die den Kardinälen noch mehr entgegenkommenden Bestimmungen Clemens' VI.[373] zur Zahl der den Kardinälen gestatteten Begleiter von dem betreffenden Abschnitt des Textes[374] zu Ungunsten der Kardinäle differieren, halte ich das Kapitel für die Abschrift eines Konsistorialprotokolls, das die Beratungen über Forderungen der Kardinäle festhielt. Daß der Text um 1352 tradiert wurde, weist vielleicht darauf hin, daß vor und nach der Wahl Innozenz' VI. nicht nur über die von diesem zuerst angenommene, dann aber verurteilte Wahlkapitulation,[375] sondern auch über Änderungen der Papstwahl verhandelt wurde, wobei der Text des „Protokolls" den Kardinälen vielleicht Argumente liefern sollte.

Vom Schreiber F, der ebenfalls nach 1352 tätig gewesen sein muß, wurden zwei Kapitel,[376] welche die vor dem Papst an Festtagen bzw. Werktagen zelebrierten Messen behandeln, in die Handschrift eingetragen. Beide Texte gehören wohl zusammen, denn sie wurden auch beide in eine Sonderversion des OR XIV übernommen,[377] und zwar in der gleichen Reihenfolge. In beiden Fassungen ist der Wortlaut schon verderbt, was für eine frühere Entstehungszeit spricht. Dazu paßt auch, daß im Kapitel XXXVI (ähnlich wie im Kapitel XXXVIII b) die Institution der Stationsgottesdienste als existent vorausgesetzt wird.[378] Beide Texte dürften demnach in Rom, wahrscheinlich in der 2. Hälfte des 13. Jahrhunderts, entstanden sein. Zwischen beide Texte hat der Schreiber eine Version des größeren Teils von Kap. XL eingeschoben,[379] wohl weil es ebenfalls Meßliturgie schildert.

---

372 Vgl. z. B. E. Müller, Das Konzil von Vienne, S. 642–644.

373 *Licet in constitutione:* Magnum Bullarium Romanum III 2, ed. C. Coquelines, Rom 1741, S. 313 Nr. 15.

374 Kap. XXII 4, unten, S. 192.

375 Vgl. z. B. J. Lulvès, Die Machtbestrebungen des Kardinalats bis zur Aufstellung der ersten päpstlichen Wahlkapitulationen (QFIAB 13), 1910, S. 94–102; ders., Päpstliche Wahlkapitulationen. Ein Beitrag zur Entwicklungsgeschichte des Kardinalats (QFIAB 12), 1909, S. 212–214, und W. Ullmann, The Legal Validity of the Papal Electoral Pacts (Ephem. Iuris Canonici 12), 1956, S. 6–9.

376 Kap. XXXV und XXXVI, unten, S. 214ff.

377 Vgl. unten, S. 405, und die Analyse des OR XIV, unten, S. 73.

378 Abs. 8 und 9, unten, S. 217f.

379 Unten, S. 405; vgl. auch oben, S. 57.

Von der Hand G wurden lediglich schon von anderen Schreibern eingetragene Texte in die Handschrift geschrieben,[380] doch weisen diese Wiederholungen einen zum Teil veränderten Wortlaut auf. Trotzdem fragt man sich, weshalb die Texte noch einmal abgeschrieben wurden. Zum besseren Gebrauch der Handschrift wurde diese nach Beendigung der Einträge, als schon das Blatt zwischen f. 39 und 40 fehlte, nicht nur foliiert, sondern ihre Kapitel erhielten auch zahlreiche neue Überschriften und Verweise auf Kapitel ähnlichen Inhaltes.[381] Doch ist es fraglich, ob die Handschrift in der Folgezeit wirklich benutzt wurde, da es von ihr keine Abschriften gibt und ungefähr gleichzeitig besser geordnete Zeremoniell-Sammlungen entstanden: die verschiedenen Fassungen des OR XIV. Bedeutung erlangte die Handschrift erst Jahrhunderte später für die Historiker, da in ihr viele zu bestimmten Anlässen entstandene Ordines enthalten sind, die in den übrigen Sammlungen fehlen, so daß wir durch diese Texte über manche Vorgänge im kurialen Zeremoniell, aber auch in der Verwaltung der Kurie – nicht nur in Avignon, sondern auch in der 2. Hälfte des 13. Jahrhunderts – oft wirklichkeitsgetreuer informiert werden als durch die entsprechenden Texte anderer Sammlungen, sofern sie in diesen überhaupt existieren. Auf Entstehungszeit und Initiatoren der Sammlung gehe ich nach der Analyse des OR XIV ein.[382]

## 2. Die Versionen des Ordo Romanus XIV

Von den Quellen zum avignonesischen Zeremoniell ist der Ordo Romanus XIV seit Jahrhunderten der bekannteste Text. Er existiert in verschiedenen Fassungen, die in drei Gruppen gegliedert werden können. Jede Gruppe ist durch eine Edition[383] zugänglich gemacht. Doch basieren zwei der Ausgaben – die Mabillons und die von Nabuco und Tamburini – auf späten Handschriften, die lediglich Sonderversionen der jeweiligen Gruppen repräsentieren. Nur Gattico hat seine Edition auf der Basis der ältesten und weiterer Handschriften eingerichtet. Außerdem publizierte er in Anmerkungen und Nachträgen Texte aus jüngeren Handschriften. Wenn auch in seinem Apparat die Lesarten z. T. verwechselt sind und der Text nicht immer den Wortlaut der Haupthandschrift bietet, ohne daß dies im Apparat kenntlich gemacht ist, so entspricht doch nur seine nun auch schon 200 Jahre alte Ausgabe weitgehend

---

[380] Kap. XII a, XLII, XXVIII und XXXIX; vgl. zu ihnen oben, S. 48, 56, 58.

[381] Vgl. unten, S. 394f.

[382] Siehe unten, S. 90ff.

[383] Mabillons Version zitiert nach: Migne PL 78, Sp. 1121D–1274B; Version Na-Ta: J. Nabuco–F. Tamburini, Le cérémonial apostolique avant Innocent VIII, S. 9–210; Gatticos Version: G. B. Gattico, Acta selecta caeremonialia 1, S. 9–156.

dem Textbestand der von den Handschriften repräsentierten Gruppe. Außerdem berichtigte er durch den Abdruck von Texten aus Handschriften, die zu der von Mabillons Edition bekanntgemachten Gruppe gehören, die durch diese Edition verursachte einseitige Kenntnis nur einer Gruppe. Im Folgenden werde ich versuchen, den Textbestand der Gruppen, ihre Entstehungsgeschichte und das Alter ihrer Bestandteile zu beschreiben. Da keine modernen Ansprüchen genügende Ausgabe der Texte existiert, muß dieses Unterfangen fragmentarisch und sein Ergebnis vorläufig sein. Für meine Untersuchungen habe ich fast nur Handschriften des 14. und 15. Jahrhunderts herangezogen, Handschriften der folgenden Jahrhunderte sind im Handschriftenverzeichnis genannt. Eine Ausnahme macht lediglich eine Handschrift aus der Biblioteca Vallicelliana, da sie auf einer wohl nicht mehr erhaltenen Handschrift des 15. Jahrhunderts basiert. Die drei Gruppen habe ich nach ihren Editionen bezeichnet, wobei zwei den Namen der Herausgeber tragen, die dritte jedoch den Titel „OR XIV" nach ihrer Einordnung in Mabillons Edition der Ordines Romani erhalten hat.

Zuerst gliedere ich die Handschriften nach den entsprechenden Gruppen, die ich zugleich durch Angaben über die Reihenfolge der Kapitel und den jeweiligen Titel der Sammlung, der meist am Beginn des Inhaltsverzeichnisses steht, kurz charakterisiere. Die Kapitelzahlen entsprechen – soweit nicht anders angegeben – den jeweiligen Editionen. Bei Mabillons Ausgabe sind auch dann nur die Kapitelzahlen angegeben, wenn in diesen Kapiteln einzelne Abschnitte zum OR XV gehören. Bei Gatticos Edition geben die mit Seitenzahlen versehenen Kapitel die auf S. 157ff. veröffentlichten Nachträge an. Im übrigen verweise ich auf die Editionen-Konkordanz. Auf die Überlieferungsgeschichte der Handschriften gehe ich nach der Textanalyse ein.

Die drei Gruppen werden durch folgende Handschriften und deren Kapitelfolge repräsentiert:

I. Frühe Fassung (= Na-Ta, Kapitelzählung nach dieser Edition)
  1. Ursprüngliche Rezension
    a) A 1 = Mailand Bibl. Ambros., cod. A 207 inf.
       9 (auf Vorblatt), 1–8, 10–67, 84, 87–88, 68, 89, 69–70, 90–91, 93 (Abs. 1–4), 94, 71–83, 98–99, 101–110.
    b) A 2 = Valencia Bibl. Univ., cod. 592
       9 (auf Vorblatt), 1–8, 10–94 (Schluß wie Na-Ta, S. 136).
    c) A 3 = Vat. lat. 4733
       9 (auf Vorblatt), 1–8, 10–83, 63–65 (also doppelt), OR XIV 64, 90–92, 94–95, 97 (Abs. 1), 96, 97 (Abs. 2 ff.), 79, OR XIV 100.
  2. Erweiterte Rezension
    a) B 1 = Urbin. lat. 469
       wie Na-Ta.

b) B 2 = Rossian. lat. 719
9, 1–8, 10–72, 93, 73, 76 (Abs. 1 u. 4), 74, 94, 75, 95–96, 78–83, 98–99, 101–122, 125.

II. Hauptfassung (= OR XIV, Kapitelzählung nach dieser Edition)

1. Frühe Rezension
C 1 = Paris BN, ms. lat. 936
1. Teil: Ga 133–143, OR XIV 45–46, 24–44.
2. Teil (Hauptteil): 1–73, 75, 77–79, 81–111, Ga 127, 116–117.

2. Rezension aus der Zeit von ca. 1348–1370
a) D 1 = Vat. lat. 4734
1–73, 75, 77–79, 81–111, Ga 127 (dahinter Rest der Seite leer), 116–117, Ga 133–143.
b) D 2 = Rom Bibl. Aless., cod. 65
1–73, 75, 77–79, 81–111, Ga 127, 116–117, Konzilsordo von 1408.
c) D 3 = Vat. lat. 4732
1–23, 25, 24, 26–73, 75, 77–79, 81–111, Ga 127 (danach 1 Blatt leer), 116–117, Konzilsordo von 1408.
d) D 4 = Vat. lat. 12348
wie D 3, nach Ga 127: *Finis etc.*

3. Fassung Mabillons
a) E 1 = Paris BN, ms. lat. 937
Teil 1: OR XIII (Hand 5)
Teil 2: 1–111 (Hand 1), 112–113 (Teil 1) (Hand 2), 113 (Teil 2) (Hand 3), 114–118 (Hand 4), *Ad honorem dei ... dei evangelia* (Hand 6), *Quando summi pontifices ... prelati* (Hand 8).
b) E 2 = Vat. lat. 5747
wie E 1, nur ohne den Text von Hand 8.

4. Wohl nach 1400 erweiterte Fassung
a) F 1 = Escorial, cod. Q. II. 8
1–73, 75, 77–79, 81–111, Ga 127, 116–117, Ga 133–143.
b) F 2 = Paris BN, ms. lat. 12578
wie F 1, danach Ga S. 274a–278b (Kardinalshaushalt).
c) F 3 = Borg. lat. 390
wie F 2.
d) F 4 = Vat. lat. 4731
wie F 2.
e) F 5 = Barb. lat. 750
wie F 2, vorher und nachher Konklaveordnungen u. a.
f) F 6 = Turin BN, cod. F.V. 14
wie F 5, mit weiteren Nachträgen.

III. Fassung aus der 2. Hälfte des 14. Jahrhunderts (= Gattico, S. 9–156, die Kapitel sind nach dieser Edition gezählt)

1. Redaktion vor 1370

G 1 = Vat. lat. 4737

1–118, von 119 nur Titel, 120–143; von anderer Hand: 119.

2. Redaktion aus der Zeit Gregors XI., doch mit Zusätzen aus der Zeit Benedikts XIII.

2a. aus der Zeit Martins V. bzw. Eugens IV.

a) H 1 = Venedig Bibl. Marc., cod. Lat. III. 14

1–51, Ga S. 160a/b Kap. 3, 52–118, 120–143, Ga S. 157a–167b Kap. 1–2 und 4–8.

b) H 2 = Vat. lat. 4735

wie H 1.

2b. aus der Mitte des 15. Jahrhunderts, frühere Fassung

a) J 1 = Rom Bibl. Corsin., cod. 41 E 22

wie H 1, *Explicit* des Bruno Johannes von Deventer.

b) J 2 = London Brit. Mus., Add. ms. 40157

wie J 1.

c) J 3 = Rom Bibl. Vallic., cod. T 54

wie J 1, doch unvollständig.

2c. aus der Mitte des 15. Jahrhunderts, spätere Fassung

a) K 1 = Borg. lat. 409

wie J 1, aber vor dem *Explicit* des Johannes ein anderes *Explicit*: *Et sic est finis libri ceremoniarum romane curie*; Kap. 119 nachgetragen.

b) K 2 = Vat. lat. 1151

wie H 1, mit *Explicit*: *Et sic ... curie.*

c) K 3 = Turin BN, cod. E. III. 9

wie H 1, mit Nachträgen und Ga S. 274a–278b (Kardinalshaushalt).

d) K 4 = Urbin. lat. 470

wie K 3.

Wie ich schon erwähnte, kann die Gruppenzugehörigkeit der Handschriften noch durch ihre Titel bzw. die Anfänge ihrer Inhaltsverzeichnisse erkannt werden. Abgesehen von D 4, F 6 und J 1–3 besitzen alle Handschriften Inhaltsverzeichnisse:

1. *Incipit tabula in subsequentem ordinationem:*

A 1–3, B 1–2.

2. *Incipit tabula subsequentis libri:*

C 1.

3. *Istum librum fecit scribi cum diligentia reverendissimus dominus cardinalis ...* (verschiedene Namen, als ältester: Petrus Rogerii = Gregor XI.). *In quo quidem libro ea que sequuntur per ordinem continentur:*

D 1, D 2 (etwas verändert), D 3 (etwas verändert).

4. *Incipit tabula rubricarum istius ordinarii secundum folia huius voluminis assignata:*
   E 1–2, F 1–4 (in F 4 fehlt *assignata*).
5. *Tabula contentorum in hoc libello:*
   F 5.
6. *Incipit tabula capitulorum cerimonialium domini pape:*
   H 1–2.
7. *Rubrice libri ceremoniarum romane curie:*
   K 1–4.

In der Handschrift G 1 beginnt das Inhaltsverzeichnis ohne einen Vorspann; die Handschrift J 2 hat zwar kein Inhaltsverzeichnis, doch ist dem Textbeginn vorangestellt: *Incipit liber ceremonialis.*

Aus dem Vergleich der Titel ist noch besser als aus dem Vergleich der Reihenfolge eine Zusammengehörigkeit der Handschriften zu erkennen, vor allem die der Handschriften A 1 bis B 2 und E 1 bis F 4. Hingegen zeigt die verschiedenartige Reihenfolge der Kapitel, daß die Handschriften nach einer Art Baukastensystem zusammengesetzt sind, in dem die einzelnen „Bauelemente“ teils aus nur einem Kapitel, teils aber aus größeren Kapitelgruppen bestehen. Daher gilt es, zuerst diese Elemente zu erkennen. Um diese besser unterscheiden zu können, habe ich sie durch Buchstaben (a–dd) gekennzeichnet.

Der erste große Kapitelkomplex umfaßt Texte zur Wahl und Weihe eines Papstes. Nur in die Gattico-Gruppe (Kap. 80f.) wurde Gregors X. Ordo Romanus XIII aufgenommen; außerdem ist er in den Handschriften E 1 und 2 des OR XIV den anderen Zeremonielltexten vorangestellt. Von diesem Ordo gesehen, lassen sich fünf Textelemente unterscheiden, die alle in den drei Versionen enthalten sind oder deren Kompilatoren zumindest bekannt waren:

a. OR XIV 10–23 = Na-Ta 10–24.
b. OR XIV 8 u. 9 = Na-Ta 7 u. 8 = Ga 117 und 118.
c. OR XIV 1–4 = Na-Ta 9, 1–6 = Ga 113–116.
d. OR XIV 24–44 = Na-Ta 25–45 = Ga 88–110.
e. OR XIV 45–46 = Na-Ta 46–47 = Ga 86–87.

Die Kapitel sind im Folgenden gewöhnlich nach der Zählung Mabillons zitiert.

a. Die erste Kapitelgruppe schildert die Wahl eines Papstes außerhalb Roms, seine Weihe bzw. Benediktion in St. Peter und den anschließenden *possesso.* Möglicherweise waren die Wahltexte (Kap. 10–11) ursprünglich von dem übrigen Text getrennt, nicht nur weil die Wahl außerhalb Roms stattfindet, sondern auch weil der Erwählte noch nicht Bischof ist, während in den übrigen Kapiteln der Erwählte schon Bischof ist. Doch müssen beide Texte schon vor 1272/73 vereinigt worden sein, weil sie der Kompilator des Ordo Gregors X. – wie schon Andrieu annahm[384] – exzerpierte. Da andererseits die Dekretale Alexanders III.[385] befolgt wird, dürfte der Ordo erst im 13. Jahrhundert entstanden sein. Auch wenn der Ordo nur in zwei Versionen des Ordo Romanus XIV aufgenommen wurde, so kannte ihn doch auch der Kompilator der Gattico-Version. Nach einem noch in den älteren Handschriften überlieferten Vermerk[386] ließ er den Text aus, da dessen Inhalt schon in dem vorher aufgeschriebenen Ordo Gregors X. enthalten war. Wohl auf Grund dieses Vermerkes wurde zumindest der Beginn des Textes in zwei Handschriften von späteren Schreibern nachgetragen, jedoch erst in der 2. Hälfte des 15. Jahrhunderts.[387]

b. Die Texte der zweiten und dritten Kapitelgruppe gehören vom Inhalt her zusammen, da sie die Arten der Wahl schildern, doch dürften sie verschiedenen Ursprungs sein. Die beiden Kapitel der ersteren Gruppe beschreiben den Wahlmodus *per scrutinium* und den *per compromissum*. Auf die Wahl eines bestimmten Papstes lassen sie sich nicht datieren. Ihr Autor dürfte ein Jurist gewesen sein, wie nicht nur aus dem Wortlaut des Textes, sondern auch aus den Verweisen auf Dekretalen und Glossen hervorgeht. Da jedoch lediglich die Dekretalen Gregors IX.[388] und deren Glossa ordinaria[389] benutzt sind, datiere ich die Kapitel in die Zeit vor der Publizierung des Liber sextus und der Klementinen. So wie der Text des Kapitels über die Kompromißwahl in den Zeremoniellsammlungen vorliegt, ist er unvollständig, denn die am Schluß des Textes angeführte Frage nach der Abwählbarkeit der *compromissarii* wird nicht beantwortet. Hier hilft eine Stelle im Apparat des Petrus Bertrandi zum Liber sextus weiter.[390] Bei der Erklärung von Gregors X. Papstwahldekretale führt er zum besseren Verständnis vier Texte an: die ersten drei standen auf einem ihm vom Kardinal Stefaneschi geliehenen Blatt *(cedula)* und waren von diesem im Konklave des Jahres 1334 verlesen worden, der vierte Text war die Mitteilung der erfolgten Wahl durch die

---

384 PRC, S. 284–288.

385 *Licet de vitanda* (X. 1, 6, 6: E. Friedberg, Corpus iuris canonici 2, Sp. 51) fixierte die Zweidrittelmehrheit.

386 Vgl. G. B. Gattico, S. 124b, Anm. 20 zu Kap. 119.

387 Cod. Vat. lat. 4737 (G 1), f. 115rf. und Borg. lat. 409 (K 1), f. 77v.

388 Vgl. in OR XIV, Kap. 8 (Migne PL 78, Sp. 1125B) die Nennung von *Quia propter*: X. 1, 6, 42: E. Friedberg, a.a.O., Sp. 88f.

389 Vgl. den in Anm. 391 zitierten ursprünglichen Schluß von OR XIV, Kap. 10, der nur noch im Apparat des Petrus Bertrandi erhalten ist.

390 Petrus Bertrandi, Apparatus super Libro Sexto et Clementinis zu *Ubi maius periculum* (VI. 1, 6, 3), von mir benutzt im cod. 737, f. 32vb–35ra der Bibliothèque municipale in Reims (15. Jh.).

Wähler an Clemens V. Die drei von Stefaneschi verlesenen Texte waren die Kapitel 1, 8 und 9 des OR XIV in der Reihenfolge, wie sie noch in der Handschrift B 1 bewahrt ist. In dieser von Bertrandi kopierten Fassung ist die Frage durch den Hinweis auf die Glossa ordinaria zur Dekretale *In causis*[391] beantwortet. Der Wortlaut des von Stefaneschi verlesenen Textes dürfte also dem Original entsprochen haben. Doch muß die Antwort auf die Frage in einem anderen Exemplar des Textes, das zum Kapelleninventar gehörte, schon früh gefehlt haben, da sie in keiner Version des OR XIV und auch nicht in der Sammlung A, in der die beiden Kapitel ja auch stehen, erhalten ist.[392] Der Text der Sammlung A entspricht sonst der Version des von Stefaneschi verlesenen Textes und endet daher mit der Frage.

Dagegen enthalten alle Versionen des OR XIV einen Nachtrag, in dem betont wird, daß der Text rechtlich unverbindlich ist. Die Handschriften E 1 bis F 6 enthalten einen weiteren Zusatz – der deshalb nur von Mabillon ediert wurde –, in dem die Verlesung des Textes in einem Konklave bei Abwesenheit des Kardinalbischofs von Tusculum genannt wird. Dieser Hinweis bezieht sich wohl auf einen Tag zu Beginn des Konklave von Carpentras, denn – wie Johannes Andreae (nach ihm auch Gilles Bellemère) berichtet[393] – war der damalige Kardinalbischof von Tusculum, Bérenger Frédol sen., als Großpönitentiar nicht im Konklave. Dieser Bericht darf jedoch nicht dahingehend interpretiert werden, daß der Kardinal überhaupt nicht an der Papstwahl teilnahm[394] – dem widerspricht z. B. das Kapitel XIX der Sammlung A –, sondern daß er der Dringlichkeit seiner Amtsgeschäfte entsprechend das eine Mal im Konklave zugegen war, ein anderes Mal aber fehlte. Stimmt die Beziehung des Zusatzes auf das Konklave von Carpentras, dann wurden die Kapitel 8 und 9 des OR XIV sowohl in diesem Konklave als auch in dem von 1334 verlesen, vielleicht beide Male von Stefaneschi. Die Textfassung der Handschriften E 1 bis F 6 geht wohl auf das Exemplar eines Konklaveteilnehmers von 1314 zurück, der – wie der Autor des Kapitels XIX der Sammlung A – über die Intervention eines Teilnehmers berichtet, nur sind die Personen der Berichtenden verschieden.

---

[391] Reims Bibl. mun., cod. 737, f. 34va: Hinweis auf *In causis* (X. 1, 6, 30: E. Friedberg, a.a.O., Sp. 74–76); vgl. Decretales domini Gregorii IX cum glossis, Paris 1601, Sp. 156–159.

[392] Vgl. oben, S. 59.

[393] Johannes Andreae (Glossa ordinaria zu den Klementinen), zu *Ne romani* (Cle. 1, 3, 2: E. Friedberg, a.a.O., Sp. 1135f.): Liber Sextus decretalium ... cum suis glossis, Lyon 1584, (Clementinarum lib. I) Sp. 29 zum Wort *Maiorem;* vgl. auch J. Asal, Die Wahl Johanns XXII., S. 9f. Anm. 23, und E. Baluze–G. Mollat, Vitae paparum Avenionensium 2, S. 114.

[394] Vgl. J. Asal, a.a.O., S. 9f.

c. Die Texte der dritten Gruppe enthalten Namen von Kandidaten und Wählern. Daher erscheint es auf den ersten Blick, als seien sie genau zu datieren. Doch trügt zum Teil der Eindruck. Die meisten Namen sind nur durch Initialen wiedergegeben, von denen einige auf keinen Kardinal der Zeit zwischen 1304 und 1334 zutreffen.[395] Soweit die Initialen des ersten Kapitels zu identifizieren sind – sie betreffen die Kardinäle Leonardus Patrassus, Petrus Hispanus, Nicolaus de Francavilla und Landulphus de Brancatiis[396] –, kann jedoch dieser Text nur für den 6. August 1304 oder 6. Mai 1305 zutreffen. Die beiden Tagesdaten ergeben sich aus dem im Text genannten *dies Jovis sexta dies mensis talis,* die Einengung auf das Konklave von 1304/05 folgt daraus, daß einige der genannten Kardinäle 1314 schon nicht mehr lebten. Die drei anderen Kapitel beziehen sich – wie sich aus den Namen ergibt – auf das Konklave von 1314/16;[397] doch ist der Anfang des vierten Kapitels von dem Konklave von 1304/05 beeinflußt, da der dreimal genannte Matteo Rosso Orsini schon 1305 gestorben war;[398] der als Auswärtiger genannte Bischof Pampanianus kam wohl nur 1314/16 in Frage, als er in Avignon weilte, aber nicht mehr Vizekanzler war.[399] Von wem die vier Kapitel stammen, ist ungewiß. Das erste hat vielleicht Stefaneschi überliefert, da es dieser 1334 im Konklave vorlas und dem Petrus Bertrandi gab. Doch ist die Autorenfrage bei den drei anderen Kapiteln völlig offen, da sie auf Material fußen, das zumindest jedem Kardinal zugänglich war, und im vierten Kapitel außer Stefaneschi auch noch andere Kardinäle in der Ichform genannt sind und diese Nennungen sowieso nur Zitate von Wahlzetteln sind.

d. In den Kapiteln der vierten Textgruppe werden die Feierlichkeiten bei der Krönung Johannes' XXII. am 5. September 1316 in Lyon geschildert.[400] Anhaltspunkte für die Datierung bieten die Nennungen der Kathedrale St. Jean, der Kirche St. Nizier, des Dominikanerkonventes und der Quartiere des Kardinals Piertro Colonna und des Elekten von Viterbo[401] und das Fehlen des Bischofs von Porto, da dieser gerade zum Papst gewählt war.[402] Die Kapitel schließen also im Inhalt an die auf die Wahl desselben Papstes bezogenen Kapitel an. Doch sind sie anderen Ursprungs. Während die drei

---

395 So in OR XIV, Kap. 1 (Migne PL 78, Sp. 1121D/1122D): *G.* oder *T. Hostiensis.*

396 Vgl. zu diesen K. Eubel, Hierarchia catholica 1, S. 35 (Leonardus), 13 und 38 (Petrus), 14 und 42 (Nicolaus) und 12 und 49 (Landulphus).

397 Vgl. J. Asal, a.a.O., S. 76f.

398 Vgl. K. Eubel, a.a.O., S. 8.

399 Vgl. G. Briacca, Papiniano della Rovere (Contrib. dell'Ist. di stor. med. 1), Mailand 1968, S. 60–128, bes. S. 120f.

400 OR XIV, Kap. 24–44: Migne PL 78, Sp. 1133D–1139D.

401 OR XIV, Kap. 24 und 39 bis 41: a.a.O., Sp. 1133D und 1138A/B.

402 G. B. Gattico, Kap. 91, S. 100a.

Wahlkapitel Material von schon erfolgten Wahlhandlungen verwenden, sind die Krönungstexte für die Zukunft abgefaßt, nicht als nachträglicher Bericht. Daher sind auch weder der damalige französische Regent, der spätere Philipp V., noch die mit ihm bei der Krönung anwesenden Verwandten und anderen Adligen genannt.[403] Der Ordo wurde auch unabhängig von den Zeremoniellsammlungen tradiert, darum ist er im ersten Teil der Handschrift C 1 aufgezeichnet. Sein Kompilator verwandte vor allem zwei Vorlagen: den schon oben unter a) analysierten Papstweihordo, der für die Kapitel 24–41 (bis zum Segen) exzerpiert und variiert wurde, und fünf Kapitel zum Gründonnerstag, die als Grundlage für die Beschreibung des Papstmahles dienten.[404] Die Veränderungen der beiden Vorlagen bestehen vor allem darin, daß deren auf stadtrömische Verhältnisse bezogenen Details auf die Lyoneser Gegebenheiten hin variiert wurden. Außerdem sind Amtsbezeichnungen aktualisiert, so ist z. B. der Seneschall durch den Justizmarschall ersetzt.

e. Die beiden zu dieser Gruppe gehörenden Kapitel sind verschiedenen Ursprungs. Das erste beschreibt die Konsekration bzw. Benediktion eines neuen Papstes und ist eine Kopie des Papstweihordo der längeren Rezension des PRC und des anschließenden Benediktionstextes – der jedoch in Gatticos Version fehlt –, also der von Andrieu edierten Kapitel XIII B und XIV.[405] Der Wortlaut deckt sich mit keiner der von Andrieu benutzten Handschriften; dem Text noch am nächsten stehen die Handschriften Paris BN 1219 und 17336,[406] doch dürfte der Text auf einer Handschrift des 13. Jahrhunderts basieren, wogegen diese beiden Handschriften jüngeren Datums sind.

Das zweite Kapitel beschreibt die Funktion der wichtigsten an der Krönungsprozession beteiligten Personen und Personengruppen. Der Text geht von der Krönung des Papstes außerhalb Roms aus. Daher fehlen alle stadtrömischen Ämter, lediglich die beiden Mönche von Grottaferrata sind als mögliche Teilnehmer genannt, doch mit dem bezeichnenden Zusatz: *dummodo curia sit in tali loco, quod de ipso monte* (bzw. *monasterio*) *possint haberi.* Sämtliche Amtsbezeichnungen wurden aktualisiert. Daher sind die *iudices, scriniarii, advocati, prefecti navales* etc., die in den meisten Texten bis ins späte 15. Jahrhundert genannt sind, weggefallen. Da der Text immer als Anhang zu den beiden Kapiteln des Pontifikale tradiert ist, war er wahrscheinlich als zeitgemäße Ergänzung zu den beiden Kapiteln gedacht, und zwar für den, der die Verantwortung für die Durchführung der Prozession trug. Ob dies noch der Prior der Kardinaldiakone war oder vielleicht schon

403 J. Asal, a.a.O., S. 79f.
404 OR XIV, Kap. 85–89: a.a.O., Sp. 1207D–1210A.
405 PRC, S. 370–382.
406 Vgl. die betreffenden Varianten und Andrieus Angaben in PRC, S. 82–87 und 104–112.

der Kapellkleriker, ist nicht auszumachen. Als Entstehungszeit des Textes kommt das letzte Viertel des 13. Jahrhunderts in Betracht. Terminus ante quem ist der Pontifikat Clemens' V., weil die Möglichkeit der Krönung in der Nähe Roms bedacht ist. Terminus post quem ist der Pontifikat Gregors X., denn im Text wird die Existenz von Griechen an der Kurie als möglich angenommen, was auf die Zeit nach dem 2. Konzil von Lyon weist. In die Zeit seit Nikolaus III. weist auch die Nennung verschiedener Ämter, die in der im Text vorausgesetzten Form erst seit diesem Papst erwähnt sind.[407] Seine große Bedeutung – nicht nur für das Krönungszeremoniell, sondern auch für die kuriale Verwaltungsgeschichte, für die er bisher nie herangezogen wurde, – erhält der Text durch die schon genannte Aktualisierung und durch die damit zusammenhängende Erwähnung von Einzelheiten bei bestimmten Offizialen, wie etwa den Thesauraren, die sonst in keinem liturgischen oder anderen Text des 13. und 14. Jahrhunderts enthalten sind.

Ordnen wir die verschiedenen Textgruppen zur Papstwahl und -krönung chronologisch, so ergibt sich folgendes Bild:

| | |
|---|---|
| 1. Hälfte 13. Jh. | OR XIV 45 = Na-Ta 46 = Ga 86 |
| ca. Mitte 13. Jh. | OR XIV 10–23 = Na-Ta 10–24 |
| ca. 2. Hälfte 13. Jh. | OR XIV 8 und 9 = Na-Ta 7 und 8 = Ga 117 und 118 |
| ca. 1272/74 | OR XIII = Ga 80 |
| ca. 1276/1300 | OR XIV 46 = Na-Ta 47 = Ga 87 |
| 1305 | OR XIV 1 = Na-Ta 9 = Ga 113 |
| 1305/1316 | OR XIV 2–4 = Na-Ta 1–6 = Ga 114–116 |
| 1316 | OR XIV 24–44 = Na-Ta 25–45 = Ga 88–110. |

*

Den zweiten Kapitelkomplex bilden die verschiedenen Textgruppen zur Liturgie der Papstmesse und der Messe von Kardinälen und damit verbundene Texte. Zu diesem Komplex gehören folgende Kapitelgruppen:

f. OR XIV 47–63 und 68 = Na-Ta 46–66; z. T. auch Ga 1, 85 und 112.
g. OR XIV 98–99 und 101–103 = Na-Ta 78–82; z. T. auch Ga 82–84.
h. OR XIV 112–113.
i. OR XIV 100 und 114/115 = Ga 120 und 58/59.
k. Na-Ta 101–110 = Ga 133–143.
l. Ga 111.

f. Die erste Kapitelgruppe besteht aus den Teilen des oben von mir behandelten Zeremonienbuches aus der 2. Hälfte des 13. Jahrhunderts.[408] Des-

[407] Vgl. die Angaben zu den *penitentiarii, cursores, marescallus marescalle, servientes albi et nigri, thesaurarii* in B. Rusch, Die Behörden und Hofbeamten, passim.
[408] Vgl. oben, S. 23ff.

sen Bestand ist vollständig in die Versionen Mabillons und Nabucos und Tamburinis übernommen, nur ist in der ersten Version das letzte Kapitel wegen seines Inhalts in die übrigen das Weihnachtsfest betreffenden Texte eingegliedert worden. Dagegen enthält Gatticos Version nur drei Teile des Zeremonienbuches, die dazu noch an drei verschiedenen Stellen untergekommen sind und zum Teil auch einen anderen Wortlaut als das Zeremonienbuch und die beiden anderen Versionen aufweisen. Es ist deshalb anzunehmen, daß die drei Texte nicht dem Zeremonienbuch selbst, sondern eigenständigen Traditionen entstammen. Daß jedoch zumindest der Autor einer der Vorlagen von Gatticos Version oder deren Redaktor selbst das Zeremonienbuch kannte, beweist der von mir schon bei der Analyse des Zeremonienbuches zitierte Verweis.

g. Die Texte der zweiten Gruppe sind nicht so einheitlichen Charakters wie die der ersten. Doch wäre es unpassend, bei der Analyse der einzelnen Elemente des OR XIV allzu schematisch zu verfahren. Die Texte nennen in zwei parallel aufgebauten Kapiteln die Tage, an denen der Papst selbst zelebriert und predigt und die konsistoriumfreien Tage; von diesen Kapiteln erhielt das erste unter Johannes XXII. einen Zusatz. Diesen Texten folgt noch je ein Kapitel über die Ernennung von Prälaten im Konsistorium und über die Ordinierung eines Kardinaldiakons. Alle fünf Kapitel sind zumindest in den Versionen Mabillons und Nabucos und Tamburinis in der gleichen Reihenfolge überliefert, nur ist im OR XIV noch ein auf eine Bestimmung Alexanders IV. zurückgehendes Kapitel eingeschoben,[409] das aber als Einzeltext tradiert wurde, wie seine Plazierung in Gatticos Version zeigt. In Gatticos Version fehlen die beiden letzten Kapitel, obwohl das Kapitel über die Prälaten zum Konsistorium gehört und auch noch andere Details über die Abhaltung von öffentlichen Konsistorien enthält. Daß die vier Texte außer dem über die Weihe eines Kardinaldiakons schon vor der Kompilation der verschiedenen Fassungen des OR XIV zusammen tradiert wurden, zeigt der in der Handschrift Toulouse 67 enthaltene *liber consistoriorum*.[410] In diesem stehen diese Texte mit ungefähr dem gleichen Wortlaut, jedoch ohne den Zusatz aus der Zeit Johannes' XXII. Durch eine andere Textfolge in den beiden Konsistoriumtexten wird deren Zusammenhang noch deutlicher. Doch zeigt diese veränderte Reihenfolge auch, daß der Text in verschiedenen Überarbeitungen kopiert wurde. Daher kommt es, daß das Kalendar der Tolosaner Fassung von dem der Version des OR XIV abweicht. Das Kalendar ist in allen Fassungen stadtrömisch; die besondere Betonung des Festes des hl. Franziskus – des einzigen in den alten Fassungen genannten Minoriten –

[409] OR XIV, Kap. 100; a.a.O., Sp. 1225D–1226B.

[410] Ediert von C. Douais, Liber consistoriorum (XIII^e siècle), 1894, S. 498–512.

verweist die Entstehung des Textes in die Zeit zwischen dessen Heiligsprechung (1228) und dem Pontifikat Bonifaz' VIII.[411] – Bezeichnend ist auch, daß in den älteren Handschriften das Fronleichnamsfest und der Dreifaltigkeitssonntag fehlen. Doch dürfte die allen Fassungen, auch der Tolosaner, gemeinsame Textvorlage aus der Zeit Clemens' V. stammen, denn in der Liste der konsistoriumfreien Tage wird zwischen dem 11. und 18. November das Gedächtnis der Weihe und Krönung des derzeitigen (*praesidentis*, bei Douais verlesen zu *precedentis*) Papstes erwähnt, was nur auf Clemens V. zutrifft, der am 14. November 1305 gekrönt worden war. Während die Tolosaner Handschrift diesen Textbestand wiedergibt, ist der in den drei Versionen des OR XIV mit einer auf Weisung Johannes' XXII. durchgeführten Änderung einer noch in der Tolosaner Handschrift erhaltenen Bestimmung zu dem schon genannten Gedächtnistag – diesmal jedoch im Kapitel über die vom Papst einzuhaltenden Meßtage – ergänzt. Da diese Ergänzung in allen drei Versionen gleichlautet, dürften alle drei auf dieselbe Vorlage, zumindest mittelbar, zurückgehen.

Der den vier Kapiteln angehängte Text über die Weihe zum Kardinaldiakon ist nicht mehr bei Gattico überliefert, dürfte also erst nach der Ergänzung des ersten Kapitels, also wohl nach ca. 1320, vielleicht auch noch später – jedoch vor dem Entstehen der beiden Versionen –, den anderen vier Texten angehängt worden sein. Der Ordo ist eine sehr freie Bearbeitung des betreffenden Textes im PRC[412] und vielleicht anläßlich der Weihe des am 17./18. Dezember 1316 zum Kardinaldiakon kreierten Giovanni Gaetani Orsini entstanden,[413] da in den Handschriften des OR XIV für den zu Weihenden die Initiale *J* vermerkt ist,[414] die in Na-Ta zum Namen *Johannes* verdeutlicht ist. Da zwischen Gregor IX. und Gregor XI. kein Subdiakon außer dem Gaetani Kardinaldiakon wurde, kommt nur dieser in Betracht, sofern die Initialen und der Name richtig überliefert sind.

h. Lediglich in den Handschriften E 1 und E 2 sind die von Mabillon edierten Kapitel 112 und 113 überliefert. Außer in diesen beiden Handschriften stehen sie nur noch in der Sammlung A. Wie ich bei dieser schon ausführte,[415] ist der Wortlaut der Kapitel in keiner Handschrift vollständig, so daß sie vielleicht deshalb nicht in die übrigen Versionen des OR XIV aufgenommen wurden. Die Texte sind stadtrömischen Ursprungs und wahrscheinlich in der 2. Hälfte des 13. Jahrhunderts verfaßt worden.

---

411 Unter Bonifaz VIII. wurde die Verehrung von Franziskanerheiligen unterdrückt: S. J. P. van Dijk – J. H. Walker, The Origins of the Modern Roman Liturgy, S. 148.

412 PRC, Kap. X 1–11, S. 337–341.

413 K. Eubel, a.a.O., S. 15.

414 OR XIV, Kap. 103 (a.a.O., Sp. 1233B–1235A) = Na-Ta, Kap. 82 (S. 118–120).

415 Vgl. oben, S. 61.

i. Die beiden ersten Kapitel dieser Gruppe gehören lediglich vom Inhalt her zusammen, da sie dem Gedächtnis der Toten gewidmet sind. Das erste enthält eine Bestimmung Alexanders IV. und scheint dem Stil zufolge den Wortlaut der Anordnung genau wiederzugeben.[416] In der OR XIV-Version wurde sie – ursprünglich vielleicht als Randeintrag – wohl als Ergänzung zu der schon erwähnten Bestimmung Johannes' XXII. eingetragen und trennt daher in Mabillons Druck die zusammengehörenden Texte. In Gatticos Version hingegen steht sie nach einigen Papstwahlkapiteln und vor einem Konzilordo, ist also einwandfrei als einzeln überlieferter Text zu erkennen. Auch sonst läßt sich das Kapitel als einzeln überlieferter Text nachweisen, so z. B. im Codex Toulouse 67.[417] – Das andere Kapitel beschreibt die vor dem Papst gehaltenen Totenmessen. Von der OR XIV-Version überliefern es nur die Handschriften E 1 und E 2, von Gatticos Version enthalten es alle Handschriften, doch mit zum Teil verändertem Wortlaut, so daß nur die Handschrift G 1 mit E 1 und E 2 übereinstimmt. Gekoppelt ist der Text in den Handschriften beider Versionen mit einem Kanonisationsordo, der wahrscheinlich eine Überarbeitung der Kapitel XI a bis XII b der Sammlung A darstellt.[418] Auch bei diesem Text stimmen lediglich die Handschriften E 1, E 2 und G 1 miteinander überein, während die übrigen Handschriften von Gatticos Version einen teilweise veränderten Wortlaut aufweisen. Beide Texte stammen vielleicht von einem Kapellkleriker aus der Zeit Johannes' XXII.

k. Fehlen die zuletzt behandelten Texte in der Version Na-Ta, so die nun zu analysierenden in der Version Mabillons, jedoch nur in deren ursprünglicher Fassung; die Handschriften D 1 und F 1 bis F 6 enthalten gleichfalls die Texte, ebenso die Handschrift C 1 im ersten Teil. Auch diese Kapitel behandeln nicht ausschließlich Meßliturgie, doch sind sie zusammen überliefert und deshalb auch gemeinsam zu behandeln. Die ersten Kapitel beschreiben die Dienste des dem Papst assistierenden Kardinaldiakons während des Kirchenjahres und enthalten als Anhang die sieben Bußpsalmen. Der Inhalt der Kapitel ähnelt dem der Kapitel XXXVII bis XXXIX der Sammlung A,[419] ist jedoch noch detaillierter als diese. Darauf folgen Texte über vor dem Papst zelebrierte Hochämter und vor ihm gesungene Vespern und über die Dienste der Kardinaldiakone insgesamt beim Papst. Diesen jeweils auf Messe und Vesper bezogenen Texten folgen ein Text über die Aufstellung der Patriarchen in Gottes-

---

416 OR XIV, Kap. 100: a.a.O., Sp. 1225D–1226B; vgl. auch S. J. P. van Dijk, The Legend, S. 126–130.

417 Toulouse Bibl. mun., cod. 67, f. 56vf.; vgl. PRC, S. 217.

418 OR XIV, Kap. 115 (a.a.O., Sp. 1254D–1259B) = Gattico, Kap. 59, S. 55a–58b; vgl. auch oben, S. 47ff.

419 Vgl. oben, S. 56.

diensten und bei Konzilien und zwei Texte für den Fall, daß der Papst ausreitet oder auf Reisen ist.

Die Texte zur Messe und Vesper basieren auf älteren Vorlagen – so wird einmal auf das Zeremonienbuch aus der 2. Hälfte des 13. Jahrhunderts verwiesen –.[420] In den meisten Handschriften der Gattico-Version sind die Texte in einer längeren Fassung überliefert, in der noch stadtrömische Details verarbeitet sind.[421] Dies zeigt, daß auch noch in Avignon zwei verschiedene Fassungen tradiert wurden. Nach den minutiösen Detailbeschreibungen zu urteilen, dürfte der Kompilator der jüngeren Fassung ein Kapellkleriker gewesen sein. Seine Tätigkeit ist in die Jahre zwischen 1335 und 1342 zu datieren. Für diese zeitliche Fixierung spricht einerseits die häufige Erwähnung der *capellani et cantores capelle* – gewöhnlich nur *cantores* genannt –, deren Institution erst von Benedikt XII. 1334/35 geschaffen wurde,[422] andererseits die Berufung auf eine mündliche Auskunft des 1342 verstorbenen Kardinals Napoleon Orsini, der bei der Abfassung des Textes noch lebte.[423] Als Kapellkleriker und Autor der Texte käme dann nur Johannes de Seduno in Frage.[424]

Der Text über die Patriarchen wurde – wie die Sammlung A zeigt – auch als Einzeltext überliefert. Wie ich schon andeutete,[425] ist er wahrscheinlich zur Zeit des 2. Konzils von Lyon oder des Konzils von Vienne entstanden. – Die beiden Reisetexte gehen wohl auf die 2. Hälfte des 13. Jahrhunderts zurück, dafür spricht die Veränderbarkeit des Aufenthaltes der Kurie, doch wurden sie wohl in Avignon überarbeitet. Diese Überarbeitung zeigt sich in den Synonymen für kuriale Ämter[426] und dürfte von einem französischsprachigen Kurialen, vielleicht ebenfalls von Johannes de Seduno, herrühren.

l. Das nur in Gatticos Version überlieferte Kapitel 111 beschreibt sehr ausführlich eine vom Papst zelebrierte Messe, nicht nur die Dienste des assistierenden Kardinaldiakons, wie die Überschrift angibt. Der Text stammt ebenfalls aus der 2. Hälfte des 13. Jahrhunderts; daher ist offengelassen, ob der Papst in einer Kirche oder Kapelle zelebriert, so daß demzufolge auch die Beschaffenheit des Altares und der Charakter des Ortes, wo der Papst seine Gewänder ablegt, nicht näher definiert werden konnten. Hinzukommt, daß

---

420 Vgl. oben, S. 23 mit Anm. 127.

421 Vgl. z. B. Gattico, Kap. 133, S. 146b, Z. 15ff.

422 B. Schimmelpfennig, Die Organisation der päpstlichen Kapelle in Avignon, S. 91ff.

423 Na-Ta, Kap. 104, S. 168 = Gattico, Kap. 139, S. 151b, Z. 19f. Napoleon Orsini starb 1342, vgl. K. Eubel, a.a.O., S. 11.

424 Er fungierte von 1335 bis 1361, vgl. B. Schimmelpfennig, Die Organisation, S. 94f. mit Anm. 88 und 94.

425 Vgl. oben, S. 56f.

426 So z. B. Gattico, S. 155a, Z. 19–23 (= Na-Ta, S. 175): *correrii vero alias dicti cursores* und *servientes vero armorum alias dicti masserii.*

die Aufgaben der Kapellkleriker noch von Akoluthen wahrgenommen werden. Doch wurde der Text im 14. Jahrhundert – vielleicht anläßlich seiner Eingliederung in Gatticos Version – etwas überarbeitet, wie der Hinweis auf die *moderna tempora* zeigt, die wohl mit der Zeit seit Johannes XXII. gleichzusetzen sind.[427]

*

Zum dritten Kapitelkomplex gehören die Texte zur Feier des Kirchenjahres, die sich in vier Gruppen gliedern:

m. OR XIV 65–67, 69–70, 73, 75, 77, 79, 81–84, 93–97 = Na-Ta 69, 84–94, 76 (Abs. 1–2), 75, 95–97.
n. OR XIV 68, 71–72, 78, 85–90, 91–92 = Na-Ta 66–68, 70, 76 (Abs. 3–7) – 77, 73–74.
o. Na-Ta 71–72.
p. Ga 2–57 und S. 160a/b, Kap. 3.

m. Die erste Gruppe umfaßt die Texte, die dem Ordinarium oder Missale der päpstlichen Kapelle entnommen sind, also auf das frühe 13. Jahrhundert zurückgehen, und nur den avignonesischen Verhältnissen zum Teil angepaßt wurden.[428] Die Kapitel behandeln vor allem die Weihnachts- und Fastenzeit und die Osterwoche. Sie müssen vor der Entstehung der beiden Versionen des OR XIV den Vorlagen entnommen und in einer Sammlung vereinigt worden sein, da sie in den beiden Versionen zwar den gleichen Wortlaut haben, aber in unterschiedlicher Reihenfolge aufgezeichnet sind. Wahrscheinlich entspricht die Reihenfolge in der Version Na-Ta weitgehend der als Vorlage dienenden Sammlung, während in der Version Mabillons die Kapitel mit denen der zweiten, gleich zu behandelnden Textgruppe dem Inhalt gemäß vermengt wurden. Daß auch in der Version Na-Ta drei Texte (Kap. 69, 76, Abs. 1–2 und 75) an anderer Stelle stehen, kann dadurch begründet sein, daß diese als Einzeltexte überliefert wurden, so daß einer von ihnen (Kap. 75 = OR XIV 94) auch in die Sammlung A aufgenommen wurde.[429] Doch müssen wir uns hüten, uns die Überlieferung der Texte zu schematisch und nach Grüppchen geordnet vorzustellen. Jeder der Kompilatoren konnte die älteren Sammlungen einsehen. Und daß gerade von fünf Handschriften der Version Na-Ta keine einer anderen in der Reihenfolge der Kapitel völlig gleicht – am ehesten entsprechen sich noch die Handschriften A 2 und B 1 –, zeigt, wie frei die Kompilatoren oder Schreiber mit den einzelnen Texten jonglierten.

---

427 Vgl. Gattico, S. 155a, Z. 7f. = Na-Ta, S. 175.
428 Vgl. M. Dykmans, Mabillon et les interpolations, S. 330, und M. Andrieu, Le missel de la chapelle papale, bes. S. 369f.
429 Kap. XXXIV, vgl. oben, S. 54f.

n. Ähnlich regellos sind die Kapitel der zweiten Textgruppe in den Handschriften der Version Na-Ta tradiert, während sie in der Fassung Mabillons wieder nach ihrem Inhalt geordnet sind. Die ersten drei Texte behandeln Matutin und 1. Messe des Weihnachtsfestes, die zweite Messe und die Messe am Stephanstag. Sie enthalten überwiegend Gebetstexte. Der Text zum Stephanstag ist in Mabillons Version unter Hinweis auf das vorhergehende Kapitel zum gleichen Fest gekürzt. An keiner Stelle werden stadtrömische Einzelheiten genannt; ob der Papst in einer Kirche oder einer Palastkapelle zelebriert, ist nicht angegeben. Da aber auch jegliche Hinweise auf Avignoneser Gewohnheiten fehlen, datiere ich die Texte mit Vorbehalten in die zweite Hälfte des 13. Jahrhunderts. Eine mit dem Text vom Kapitel 71 des OR XIV vergleichbare Meßbeschreibung enthält der wohl aus der Zeit Clemens' V. stammende Codex Cambridge Fitzw. Mus. Mc Clean 51.[430] – Auch das folgende Kapitel zu Mariä Lichtmeß dürfte aus der gleichen Zeit stammen, denn zum Schluß des auf keinen bestimmten Ort bezogenen Textes werden die Besonderheiten für den Fall genannt, daß der Papst in Rom weilt. – Hingegen ist der folgende Text zum Mandatum und zum Papstmahl stadtrömisch und schließt stilistisch an die vorhergehenden Auszüge aus dem Ordinarium oder Missale der päpstlichen Kapelle an. Es ist daher möglich, daß er in Rom als Ergänzung zu diesen beiden Sammlungen im Kreis der Kapläne konzipiert wurde, wahrscheinlich vor 1267, wie ein Hinweis auf Karl I. von Anjou zeigt.[431] Für den Ordo zur Krönung Johannes' XXII. wurde er zur Beschreibung des Papstmahls als Vorlage herangezogen.[432] – Im sich anschließenden Kapitel zum Papstmahl stehen überwiegend Gebetsformeln. Es ist daher schlecht zu datieren. Es gehört vielleicht der gleichen Zeit wie der vorhergehende Text an und sollte ihn ergänzen, wie ein Hinweis im vorhergehenden Kapitel anzeigt.[432a]

Die beiden letzten Kapitel der Gruppe sind außerhalb Roms entstanden, wie zum Beispiel die Überschrift zum ersteren in Mabillons Fassung anzeigt, wobei dieses zum Teil wörtlich dem betreffenden Teil des Ordinarium bzw. Missale der Kapelle entspricht, also vielleicht eine Überarbeitung davon ist. Im zweiten Kapitel wurde der ursprüngliche Text mit einem Vorspann versehen, der auf die drei Tage im Jahr hinweist, an denen die *processus generales* stattfanden. Ohne diesen Vorspann stehen beide Texte auch in der Sammlung A,[433] sie wurden also gesondert überliefert. Darauf weist auch die Ver-

---

430 Auf f. 1r–28r; vgl. S. J. P. van Dijk, Three Manuscripts, S. 235.

431 OR XIV, Kap. 88 (a.a.O., Sp. 1209B/C); vgl. auch Kap. LXI der Sammlung des Bindo Fesulani, unten, S. 268.

432 Vgl. oben, S. 70 mit Anm. 404.

432a OR XIV, Kap. 79 (a.a.O., Sp. 1209D): *redduntur gratie, ut infra sequitur.*

433 Kap. II, vgl. oben, S. 41.

änderung des ersteren Textes in Mabillons Fassung, wo der Schluß ausgelassen ist, da er schon in vorher aufgezeichneten Texten stand. Das Kapitel wurde also in eine schon bestehende Sammlung, die überwiegend aus den Exzerpten des Ordinarium bzw. Missale der Kapelle bestand, nachträglich eingegliedert. Beide Texte sind außerrömischen Ursprungs aus der Zeit vor der Etablierung der Kurie in Avignon.

o. Die beiden Kapitel dieser Gruppe behandeln die Kommunion und die Weihen der Öle am Gründonnerstag. Außer in der Version Na-Ta sind sie auch in der Sammlung A enthalten;[434] doch hat das zweite Kapitel in Na-Ta noch einen Nachtrag zur Verehrung der Öle unter Berufung auf das PRC.[435] Sowohl in der Sammlung A als auch in Na-Ta sind die beiden Texte in Verbindung mit einem Text zum *Mandatum* und einem anderen zu den *processus generales* überliefert.[436] Alle vier Texte gehörten demnach schon vor der Konzipierung der beiden Sammlungen zusammen. Da sie für außerrömische Verhältnisse gedacht sind, stammen sie wohl aus dem späten 13. Jahrhundert und wurden vielleicht, wie ich schon andeutete,[437] zur Zeit des Konzils von Vienne zusammengestellt.

p. Während die Texte der drei bisher behandelten Gruppen überwiegend aus dem 13. Jahrhundert stammen, entstanden Gatticos Kapitel 2 bis 57 und ein dazugehörendes Kapitel aus dem Nachtrag in Avignon, wahrscheinlich unter Clemens VI. Die 57 Kapitel schildern überwiegend die wichtigen Tage im Kirchenjahr von Mariä Lichtmeß bis Epiphanie. Weshalb der Kompilator gerade mit Lichtmeß – und nicht, wie üblich, mit Advent oder Weihnachten – begann, ist nicht ersichtlich. Für die wichtigen Tage – wie Lichtmeß, Aschermittwoch, Karwoche und Ostern – stützte er sich auf ältere Texte, die zum Teil aus dem Ordinarium oder Missale der Kapelle stammten und alle in den beiden anderen Versionen enthalten sind.[438] Dabei berief er sich oft auf den Kardinal Stefaneschi, besonders wenn dessen Schilderung von der eigenen abwich.[439] Doch sind die exzerpierten Texte jedesmal aktualisiert. Demzufolge finden die Gottesdienste in der Kapelle statt, die wohl schon die von Clemens VI. erbaute ist; in Prozessionen zieht der Papst von der *camera* oder dem *tinellum magnum* zur *capella*;[440] Segen und Ablaß werden vom Indul-

---

434 Kap. III, vgl. oben, S. 41f.

435 Na-Ta, Kap. 72, S. 99. Der Hinweis bezieht sich auf PRC, Kap. XLII 19–28, S. 461 –463.

436 Zur Sammlung A vgl. oben, S. 41f.

437 Vgl. oben, S. 41f.

438 Vgl. oben, S. 76 mit Anm. 428, und bei Gattico die Kapitel 2, 6, 10, 12f., 16, 18, 25–28 (nach dem Missale der Kapelle) bzw. 17, 19–24 (nach anderen Texten).

439 Vgl. die Zusammenstellung in M. Dykmans, Mabillon et les interpolations, S. 331f.

440 Vgl. z.B. Gattico, Kap. 4 (S. 14b), 13 (S. 21a/b), 27 (S. 36a), 29 (S. 39b) u. ö.

genzfenster aus gespendet, von dort werden auch die Kerzen an Lichtmeß und die Zweige am Palmsonntag ausgeteilt.[441] Stadtrömische Funktionsträger sind durch avignonesische ersetzt;[442] erst in Avignon geschaffene Offizialen, wie die *capellani capelle,* sind genannt.[443] Für die wichtigen Feste wird die Anwesenheit eines Königs vorausgesetzt, einmal sogar als stattgefunden beschrieben.[444] Außer der Beschreibung der Handlungen an den jeweiligen Tagen gilt das Interesse des Kompilators vor allem der Frage, ob ein Kardinalbischof oder ein Kardinalpriester dem Papst an dem betreffenden Tag assistiert und was er zu tun hat.[445] Die letzten Kapitel sind – wie schon manche eingeschobenen Texte – Schilderungen aktueller Ereignisse, vornehmlich aus dem Pontifikat Clemens' VI.[446]

Damit sind wir bei der Frage nach dem Alter der Sammlung. Auf die Zeit nach Johannes XXII. weisen Einzelheiten wie der mehrmalige Hinweis auf das Beten des Psalmes *Letatus sum* nach dem *Pater noster*[447] und der Text zum Dreifaltigkeitsfest.[448] Wie schon erwähnt, ist die Existenz des *tinellum magnum,* der *capella magna* und des Indulgenzfensters zur *platea magna* hin in den Texten ebenso vorausgesetzt wie die Funktion der *capellani capelle* und der *clerici vel servitores capelle.* Weisen diese Gegebenheiten schon auf die Zeit Clemens' VI., so wird die Datierung durch häufige Nennungen des Papstes und von bestimmten Ereignissen aus den Jahren 1346, 1350/51 und 1352 auf das Ende seines Pontifikates eingeengt.[449] Aus dem Pontifikat seines Nachfolgers stammen lediglich zwei als Nachträge erkennbare Texte zu den Jahren 1355 und 1356.[450] Da auch bei den drei im Text enthaltenen Papstlisten Clemens VI. als letzter Papst genannt ist, bzw. der Autor von Zuständen unter diesem Papst ausgeht,[451] halte ich es für gerechtfertigt, die Entstehung der Textgruppe in die letzte Zeit Clemens' VI. zu datieren. Da jedoch schon die älteste erhaltene Handschrift die beiden Nachträge zu den Jahren 1355 und 1356 in den ursprünglichen Text eingegliedert enthält, andererseits aber

---

[441] Vgl. Gattico, Kap. 4 (S. 14b), 13 (S. 21b), 27 (S. 36a), 29 (S. 39b), 31 (S. 42b).

[442] So z. B. Kap. 16 (S. 24a): *mansionarii seu clerici capelle,* oder Kap. 28, S. 37a/b: *acoliti seu clerici capelle*; vgl. auch die folgende Anmerkung.

[443] *Capellani* oder *cantores capelle:* Kap. 7 (S. 16b), 8 (S. 17b), 10 (S. 18b), 13 (S. 21b), 27 (S. 36b), 33 (S. 43b), 35 (S. 44b) u. ö.

[444] Vgl. Kap. 2 (S. 13a), 6 (S. 15b), 11 (S. 19b), 13 (S. 21b) u. ö.; König anwesend: Kap. 31 (S. 42a): Peter IV. von Aragon, Weihnachten 1355.

[445] So z. B. Kap. 2 (S. 14a), 8 (S. 17b), 26 (S. 35b), 29 (S. 37b), 38 (S. 45b), 39–41 (S. 46a) und 52 (S. 52a/b).

[446] Die Zeit Clemens' VI. ist beschrieben in den Kapiteln 4 (S. 14b), 6 (S. 16a), 8 (S. 17a), 9 (S. 17b), 12 (S. 20b), 24 (S. 30b), 25 (S. 34a), 33 (S. 43b), 35 (S. 44b), 43 (S. 49b), 44–46 (S. 50a–51a), 51–53 (S. 52a–53b).

[447] Kap. 10 (S. 19a), 42 (S. 47a).

[448] Kap. 37 (S. 45b).

[449] Vgl. die in Anm. 446 gemachten Angaben.

[450] Kap. 5 (S. 14b) und 31 (S. 42a).

[451] Kap. 24 (S. 30b), 25 (S. 34a), 35 (S. 44b).

in dieser Handschrift im Gegensatz zu den späteren Handschriften Gregor XI. noch nicht Papst ist, muß die überlieferte Fassung der Kapitel in die Zeit zwischen 1356 und 1370 datiert werden.

*

Als vierten Kapitelkomplex behandele ich die Texte, die sich nicht in die bisher analysierten Komplexe eingliedern ließen. Zum Teil sind diese Texte einzeln, zum Teil aber auch als Textgruppen überliefert.

q. OR XIV 104 = Na-Ta 83 = Ga 121.
r. OR XIV 105–110 = Na-Ta 111–116 = Ga 122–126.
s. OR XIV 111 = Na-Ta 117.
t. OR XIV 116–117 = Na-Ta 98–99 = Ga 60–70.
u. OR XIV 118 = Ga 71–79.
v. Na-Ta 118 = Ga 127.
w. Ga 80–81 = OR XIII.
x. Ga 128–132.

q. Der angeblich für ein Generalkonzil bestimmte Konzilsordo ist eine verkürzte und veränderte Fassung des von Pozzi[452] edierten, frühmittelalterlichen Ordo für eine Provinzialsynode und gleicht im Wortlaut am ehesten dem in den pseudo-isidorischen Dekretalen überlieferten Ordo.[453] Wann die Fassung entstand – in Pontifikalhandschriften sind laut Andrieu ähnliche Texte nur im 12. Jahrhundert enthalten[454] – und seit wann der Text dem neuen Titel gemäß für ein Generalkonzil bestimmt war, läßt sich nicht genau ermitteln. Da jedoch spätestens seit dem 2. Konzil von Lyon der Text des PRC[455] benutzt wurde und das Weihealter bei der Sitzordnung keine Rolle mehr spielte,[456] dürfte die Fassung in das 12. oder frühe 13. Jahrhundert zu datieren sein. Vielleicht wurde der Text für das 1. Konzil von Lyon umgearbeitet, da die meisten Handschriften Gatticos eine Glosse zu 1245 enthalten[457] und der Ordo auch zum Teil in Verbindung mit den *Breves notae* überliefert wurde.[458]

r. Die Texte dieser Gruppe beschreiben die Krönung eines Kaisers und einer Kaiserin und die eines Königs und einer Königin. Der Text zur Kaiser-

---

452 G. P. Pozzi, Il „De modo celebrandi Concilium" nel manoscritto Vat. Lat. 5748, Città del Vaticano 1965, S. 29–78.

453 P. Hinschius, Decretales Pseudo-Isidorianae, Leipzig 1863, S. 22–24.

454 Vgl. PR XII, S. 26, 53, 67.

455 Vgl. A. Franchi, Il concilio II di Lione (1274), S. 71 mit Anm. 2 u. ö.

456 Ebda., S. 70, Z. 48–52; vgl. auch in der Sammlung A Kap. VII 2, unten, S. 158.

457 Gattico, Kap. 121, S. 128 Anm. 14; vgl. unten, S. 87.

458 Vgl. zu diesen St. Kuttner, L'Édition Romaine des Conciles Généraux, Rom 1940, S. 21–40, und A. Franchi, a.a.O., S. 25–52.

krönung basiert auf einer Handschrift des PRC, die den Kaiserkrönungsordo XVIII mit ziemlich vielen Textverderbnissen enthielt.[459] – Der Königskrönungsordo ist eine etwas veränderte Fassung des auch in der Sammlung A überlieferten Ordo, der 1309 anläßlich der Krönung Roberts des Weisen unter Zugrundelegung des Kaiserkrönungsordo XIX von einer Kardinalskommission kompiliert worden war. Die Entstehungsgeschichte des Ordo ist in einem Vorspann zum Text geschildert.[460]

s. Diesen beiden Ordines schließt sich in den Fassungen Mabillons und Nabucos und Tamburinis ein Kanonisationsordo an. Da der Heilige ein Bischof war, der Ludwig hieß, ist dieser Text – wie ich schon andeutete[461] – wahrscheinlich die bei der Kanonisation des Thomas von Cantelupe mehrmals zitierte *rubrica sancti Lodovici*. Ersetzt wurde die Rubrik durch einen wohl unter Johannes XXII. auf der Basis mehrerer Kanonisationen kompilierten Ordo, der in den Versionen Mabillons und Gatticos tradiert ist.[462]

t. Die Kapitel dieser Gruppe behandeln die Kreation von Kardinälen. Sie sind als ein Ganzes konzipiert, wie der Vorspann des ersten Textes zeigt. Im Lauf der Tradierung wurden die einzelnen Abschnitte mit Überschriften versehen, wobei auch die meisten Handschriften der Version Mabillons die gleiche Gliederung wie die Handschriften der beiden anderen Versionen besitzen. Die Texte entstanden auf der Basis einer älteren *norma*[463] wahrscheinlich im letzten Viertel des 13. Jahrhunderts. Für diese Datierung spricht einerseits, daß der Aufenthalt der Kurie variabel ist, und andererseits die Erwähnung von Offizialen, die unter diesem Titel erst seit Nikolaus III. bekannt sind, wie die *domicelli pape* und die *auditores palatii*.[464] In Avignon wurden die Texte mit Zusätzen versehen, die sich auf Ernennungen in den Jahren 1338/39 bis 1350 beziehen.[465] Mit diesen Zusätzen war der Text Grundlage für alle drei Versionen und ist in dieser Fassung noch in den Handschriften der Version Na-Ta und auch in den meisten von Mabillons Version überliefert. Eine zweite Fassung entstand durch die Eingliederung weiterer Zusätze für die Zeit Johan-

---

459 Vgl. R. Elze, Ordines coronationis imperialis, S. 71.

460 OR XIV, Ende von Kap. 106 (Sp. 1245B/C) = Na-Ta, Kap. 113 (S. 186); in Gatticos Version (Kap. 124, S. 134 Anm. 14) erst in Handschriften der Gruppen J und K. Zum Text vgl. auch oben, S. 51f.

461 Vgl. oben, S. 48.

462 OR XIV, Kap. 115 (Sp. 1254D–1259B) = Gattico, Kap. 59 (S. 55a–58b), vgl. oben, S. 49.

463 Vgl. OR XIV, Kap. 116, Sp. 1264B.

464 B. Rusch, Die Behörden und Hofbeamten, S. 97 und 47.

465 OR XIV, Kap. 116 (Sp. 1265A/B): Kardinalskreation vom 18. 12. 1338 bzw. 16. 1. 1339; ebda., Kap. 117 (Sp. 1269A/B): Kreationen zu 1348–1350; vgl. zu beiden K. Eubel, a.a.O., S. 17f.

nes' XXII. bis Innozenz' VI., die noch in der Handschrift G 1 enthalten sind und deren späteste sich auf den Tod Innozenz' VI. bezieht,[466] während die Handschriften E 1 und E 2 und H 1 bis K 4 noch zwei weitere Zusätze zu den Jahren 1353 und 1356 tradiert haben.[467] Die älteste erhaltene Fassung dürfte also auf die Jahre 1350/52, die mittlere auf die Jahre 1362/70 und die jüngste auf die Jahre nach 1370 (Gregor XI. ist – wie oben gezeigt[468] – schon Papst) zurückgehen.

u. Auf diese Texte folgt in allen Handschriften von Gatticos Version und in den Handschriften E 1 und E 2 ein analoger Text über die Ernennung von Kardinallegaten und Nuntien. Der Zusammenhang mit den vorigen Texten wird durch einen Verweis deutlich.[469] Die Entstehung des Textes dürfte ebenfalls in das späte 13. Jahrhundert zu datieren sein, da der Aufenthaltsort der Kurie gleichermaßen variabel ist. Ein Hinweis auf die Teilung der *servitia communia* in zwei Hälften weist die Entstehung in die Zeit nach der Konstitution *Coelestis altitudo* Nikolaus' IV. vom 18. Juli 1289;[470] ein anderer Satz deckt sich mit einer Bemerkung des Durandus in seinem Pontifikale.[471] Auch dieser Text wurde unter Clemens VI. mit drei Zusätzen versehen, von denen sich der eine auf den 21. 8. 1346, ein anderer auf Zustände unter Clemens V. bis Clemens VI. und ein dritter auf das Jahr 1343 bezieht.[472] Jedoch kann der Text nicht gemeinsam mit den vorhergehenden überliefert worden sein, da er in den meisten Handschriften von Mabillons Version fehlt.

v. In den Handschriften von Gatticos Version und in einigen der beiden anderen Versionen (B 1, B 2, C 1, D 1 – D 4 und F 1 – F 6) ist der Text des für verstorbene Päpste oder Kardinäle bestimmten Totenamtes enthalten. Er basiert wahrscheinlich auf dem Kapitel LII des PRC.[473] Da er auch in der Handschrift Toulouse 67 – desgleichen in der Pontifikalhandschrift Lyon 566 –

---

[466] OR XIV, Kap. 117 (Sp. 1267C, Z. 36–1268A, Z. 11); der Passus bezieht sich auf Johannes XXII. bis Innozenz VI. und fehlt in der Version Na-Ta und in den älteren Handschriften von Mabillons Version. Daß der Passus nach 1362 entstand, zeigt der Zusatz Sp. 1268A, Z. 8f.: *qui postea fuit papa Innocentius VI.*

[467] OR XIV, Kap. 117 (Sp. 1268A/B, Z. 11–20) zu 1353 und 1356, vgl. K. Eubel, a.a.O., S. 18.

[468] Gattico, Kap. 45 (S. 50b); vgl. oben, S. 79f.

[469] OR XIV, Kap. 118 (Sp. 1271A/B, Z. 15f.): *iuxta modum servatum in creationibus novorum cardinalium* (= Kap. 116).

[470] OR XIV, Kap. 118 (Sp. 1273B, Z. 21); *Coelestis altitudo* ist ediert im Bullarium Magnum III 2, ed. Coquelines, S. 52f., Nr. 3.

[471] OR XIV, Kap. 118 (Sp. 1273A, Z. 13f.); vgl. PGD, lib. III cap. XIII 1, S. 627, Z. 10f.

[472] OR XIV, Kap. 118, Sp. 1271C, 1272C und 1274A. Zum Jahr 1343 vgl. G. Mollat, Les papes d'Avignon, S. 446.

[473] PRC, S. 505–513.

überliefert ist,[474] dürfte er schon in der 2. Hälfte des 13. Jahrhunderts kompiliert worden sein. Hinweise auf stadtrömische, außerrömische oder avignonesische Verhältnisse enthält er nicht.

w. In zwei Kapiteln enthält die Ausgabe Gatticos den Ordo Romanus XIII, also die Kapitel, die bisher von dem Ordo Gregors X. publiziert sind.[475] Außer in den Handschriften von Gatticos Version steht der Text auch in den Handschriften E 1 und E 2 vor dem OR XIV. Der Wortlaut ist in den Handschriften unverändert.

x. In der Version Gatticos folgen auf den Text zum Totenamt fünf Auszüge aus den Texten zur Kardinalkreation, die wohl in dieser Zusammenstellung – sie entspricht nicht der in der Fassung t – als Einzeltexte überliefert wurden.

*

Die Handschriften der drei Versionen waren Gebrauchshandschriften. Daher verwundert es nicht, daß sie nicht nur Glossen und Einschübe, sondern auch – zum Teil längere – Nachträge enthalten. Diese sollen im Folgenden analysiert werden, sofern sie für die Geschichte des Zeremoniells von Belang sind.

y. Na-Ta 100, 119–129 und Glossen.
z. Ga, S. 157a–167b, Kap. 1–2 und 4–8 und Glossen.
aa. D 1 u. a.: *Breves notae.*
bb. D 2–D 4: Konzilsordo von 1408.
cc. F 5 und F 6: Konklaveordnungen u. a.
dd. Ga, S. 274a–278b: Kardinalshaushalt.

y. Die im Folgenden behandelten Texte stehen in der Handschrift B 1 und größtenteils auch in B 2. Der erste von ihnen schildert die Überreichung des Kardinalshutes an Pierre d'Ailly am 16. 10. 1412 in Pont-St.-Esprit.[476] Der Text ist im Anschluß an die Kapitel zur Kardinalskreation aufgezeichnet und war in der ursprünglichen Handschrift wohl ein Nachtrag. Auf den mutmaßlichen Autor werde ich bei der Analyse der gesamten Version eingehen.[477] – Während der eben beschriebene Text ein Einschub ist, sind die folgenden dem Schluß der Handschrift angehängt. Die ersten fünf gehen auf die Sedisvakanz und Papstwahl ein. Das erste von ihnen fixiert die Pflichten des Priors der Kardinaldiakone nach der Papstwahl und während der Krönung. Der Text

474 Toulouse Bibl. mun., cod. 67, f. 45r–47v und Lyon Bibl. mun., cod. 566, f. 99r–106r, vgl. PRC, S. 215 und 33.
475 Gattico, Kap. 80–81, S. 72b–85a; vgl. oben, S. 30ff.
476 Na-Ta, Kap. 100, S. 154f.; vgl. dazu M. Dykmans, Le cérémonial de Nicolas V, S. 371–373.
477 Vgl. unten, S. 96.

ist insofern wichtig, da er als zeitlich ältester eine vom Prior gesprochene Formel beim Aufsetzen der Tiara enthält. Wie alt der Text ist, kann nicht eindeutig bestimmt werden. Da er jedoch in Verbindung mit Texten aus der Mitte des 14. Jahrhunderts überliefert ist, stammt er vielleicht auch aus dieser Zeit. Im folgenden Kapitel steht die für die Kardinäle günstige Papstwahlkonstitution Clemens' VI. von 1350.[478] Auf das Dekret folgen sonst nirgendwo überlieferte Beschlüsse der Kardinäle zur Durchführung der Skrutinien im Konklave von 1352 und anschließend ein Meßoffizium für die Zeit der Sedisvakanz. Als letzter der fünf Texte ist ein Auszug aus den schon oben unter b) behandelten Bestimmungen zum Skrutinium aufgezeichnet.

Die nächsten fünf Kapitel stammen aus der Obödienz Clemens' VII. und Benedikts XIII. Das erste enthält die Formeln für den feierlichen Papstsegen. Zusammen mit dem ersten Teil des folgenden Kapitels, der die am 3.9.1377 in Anagni zelebrierten Exequien für Eduard III. beschreibt, steht der Text als Nachtrag in der unten edierten Sammlung B,[479] in die jedoch die beiden Texte von zwei verschiedenen Schreibern eingetragen wurden. Wahrscheinlich gehen die Eintragungen in beiden Handschriften auf die gleiche Quelle, nämlich die „Dossiers" der Kapellkleriker, zurück. Während jedoch in der Sammlung B lediglich die Exequien von 1377 geschildert sind, folgt ihnen in Na-Ta eine Rubrik, in der betont wird, daß nur für die Souveräne, die der richtigen Obödienz angehörten, Exequien gehalten werden. Diese Regelung wird anschließend durch Beispiele aus den Pontifikaten Clemens' VII. und Benedikts XIII. – das letzte zum 23.1.1408 – illustriert. Im folgenden Kapitel wird die Segnung von vier Fahnen am 13.11.1407 für einen Feldzug des Königs von Kastilien gegen den Herrscher von Granada beschrieben[480] und anschließend sind die in der betreffenden Messe gebeteten Orationen aufgeschrieben. Der gleichen Zeit, den Jahren 1406 und 1407, gilt der darauffolgende Text, der die Promotion von Magistern der Theologie und Doktoren der Jurisprudenz beschreibt. – Daß das folgende Kapitel mit den bei der Pallienverleihung üblichen Formeln auch aus der Zeit des Schismas stammt, wage ich zu bezweifeln, da keinerlei Bezug auf die Wahrung der Obödienz zu entdecken ist. Möglicherweise sind die Formeln, auch wenn sie älter sind, erst in der Zeit Nikolaus' V. oder seiner Nachfolger eingetragen worden, analog zu den entsprechenden Einträgen in der Handschrift der Sammlung C.[481]

Außer diesen eingeschobenen oder angehängten längeren Kapiteln enthält die Handschrift zahlreiche Glossen, die jedoch nicht alle der gleichen Zeit und damit auch nicht nur einem Autor zuzuweisen sind. Widmen wir uns zuerst

[478] Na-Ta, Kap. 120, S. 199.

[479] Kap. LXXV u. LXXVII, unten, S. 288ff.

[480] Na-Ta, Kap. 126, S. 205f.

[481] Cod. Vat. lat. 4727, f. 55r–57r; vgl. unten, S. 130 und 431f.

den datierten Einträgen: einer bezieht sich auf eine Bestimmung Clemens' VII. zum Lichtmeßtag 1393, die im fast gleichen Wortlaut als Glosse in der Sammlung B steht;[482] drei beziehen sich auf das Jahr 1406.[483] Weitere Glossen nennen Vorgänge in den Jahren 1448, 1449, 1452 und 1455 und stammen von dem Zeremonialkleriker Petrus Burgensis;[484] ein letzter Eintrag gilt dem Jahr 1472 und geht auf den Zeremonialkleriker Dominicus Nicolai de Galeria[485] zurück. Alle diese datierten wie auch die undatierten Marginalien standen schon in der Vorlage von B 1 und sind von dort auf den Rand von B 1 übertragen worden. Die meisten undatierten Einträge[486] gehen wohl gleichfalls auf die Zeit Nikolaus' V. zurück, da in ihnen die älteren Texte als veraltet oder unzutreffend bezeichnet werden. Jedoch dürften zumindest drei Marginalien noch aus der avignonesischen Obödienz stammen, da in ihnen auf Avignon oder auf die Päpste Clemens VII. und Benedikt XIII. Bezug genommen wird.[487] Interessant ist von ihnen besonders ein Zusatz zum Kapitel 125,[488] in dem eine bei den Exequien von 1377 ausgeführte Bestimmung als für die Zeit Benedikts XIII. nicht zutreffend bezeichnet wird; der Glossator beruft sich darauf, daß er die Abweichung mit eigenen Augen gesehen hat. Da diese Notiz auf dem Rand steht, das Kapitel aber noch Exequien vom 23. 1. 1408 beschreibt und der Besitzer der Handschrift seit 1408/09 wahrscheinlich – wie ich weiter unten zu zeigen versuche[489] – nicht mehr an der Kurie Benedikts XIII. weilte, dürften Haupteintrag wie auch Glosse noch im Jahr 1408 geschrieben worden sein. Auf die Autoren der Glossen und damit auch auf Initiator und Besitzer der Handschrift und ihrer Vorlage gehe ich bei der abschließenden Analyse der ganzen Version ein.

2. Außer der Handschrift G 1 enthalten alle Handschriften von Gatticos Version sieben Texte, die wohl unter Benedikt XIII. verfaßt wurden. Da jedoch keine der Handschriften aus dieser Zeit stammt, sind die Texte nicht fehlerfrei überliefert; am deutlichsten wird dies im Kapitel 1, wo statt *Bene-*

---

482 Kap. L 1a, unten, S. 258.

483 Zu Na-Ta, Kap. 98 und 99 (S. 149 Anm. n, 153 Anm. d, 154 Anm. f.).

484 Zu Na-Ta, Kap. 70, 78 und 102 (S. 95 Anm. a, 108 Anm. b, 162 Anm. b). Vgl. zu ihm M. Dykmans, Le cérémonial, S. 374–378, und F. Wasner, Tor der Geschichte, S. 123–129.

485 Zu Na-Ta, Kap. 70 (S. 95 Anm. a). Dominicus war von 1458 bis 1464 und von 1467 bis 1471 *clericus (= campanarius) capelle* und seit dem 2. 5. 1471 bis 1480 *clericus cerimoniarum*; vgl. die Angaben in den Bänden Camerale I 834–847 im Römischen Staatsarchiv.

486 Zu den Kapiteln 61, 70, 74, 98, 105, 109 und 110 (S. 75 Anm. c u. d, 96f. Anm. c–f, 100–102 Anm. b–i, 148 Anm. l, 170 Anm. a–c, 174 Anm. c, 175 Anm. a, 176 Anm. d/e).

487 Zu den Kapiteln 80, 108 und 125 (S. 115 Anm. c, 172 Anm. b, 204 Anm. c).

488 Na-Ta, S. 204 Anm. c.

489 Siehe S. 96.

*dicti tertii decimi: Benedicti tertii Betucii* und ähnlich geschrieben ist. Dieses Kapitel schildert die Weihe der wächsernen Osterlämmer und bezieht sich auf Bräuche der Jahre 1394 bis 1407, da in ihm als Subdiakon Guillelmus Bie genannt wird, der im Sommer 1407 gestorben ist.[490] Da dieser ein eigenes Haus – und nicht wie in Avignon ein Zimmer im Papstpalast – bewohnt, dürfte der Text für die Zeit der Wanderungen in den Jahren 1403 bis 1407 gegolten haben. Das Kapitel ist auch wichtig für die Tradierung der Version, da die in ihm enthaltene Bekanntmachung zur Lammweihe jeweils aktualisiert ist und daher den Namen des bei der Entstehung der Handschrift oder deren Vorlage regierenden Papstes anführt.[491] Am Schluß des Textes steht das von einem avignonesischen Papst verfaßte Gedicht zur Weihe der Lämmer, das auch anderweitig überliefert ist.[492]

Die im folgenden Kapitel enthaltenen Absolutionsformeln wurden wohl auch unter Benedikt XIII. aufgezeichnet, da der Text davor und die darauffolgenden Texte in diese Zeit zu datieren sind. – Der als Kapitel 3 gedruckte Text gehört in den Hauptteil der Version und ist daher schon an entsprechender Stelle behandelt worden.[493]

Der im vierten Kapitel gedruckte Ordo zur Pallienverleihung wurde angewandt, als Thomas de Collioure als Prokurator des am 15.6.1407 zum Erzbischof von Tarragona ernannten Petrus Zagarriga[494] das Pallium erbat und erhielt. Interessant sind die am Schluß genannten, dem Subdiakon zu entrichtenden Palliengebühren.[495] – Der folgende Text beschreibt Einzug und Behandlung König Karls III. von Navarra durch Benedikt XIII. 1408 in Perpignan und das anschließende Kapitel einen entsprechenden Text für den Empfang Ferdinands von Aragon am 8. November 1412 in Tortosa.[496] Während jedoch der ältere Text ein Entwurf für den noch bevorstehenden Empfang ist, schildert der zweite Text rückblickend die einzelnen Handlungen. Am Schluß des jüngeren Textes steht in den Handschriften als *Explicit*: *Do gloriam altissimo* (bzw. *deo*). Ob es jedoch als Schluß der Vorlage oder nur des einen Textes zu interpretieren ist, bleibt offen; ich neige mehr zur zweiten Deutung. Dem Text schließt sich eine Bulle Honorius' III. mit der Schilderung

---

[490] Vgl. M.-J. Tits-Dieuaide, Lettres de Benoît XIII (Analecta Vaticano-Belgica 19), 1960, Nr. 543 (13. 9. 1407), S. 206.

[491] So nennen die Handschriften H. 1, J 1–3 und K 1–3 Martin V., H 2 aber Eugen IV.

[492] Zum Gedicht *Balsamus et munda* vgl. M. Dykmans, Mabillon et les interpolations, S. 328 mit Anm. 30.

[493] Vgl. oben, S. 78ff.

[494] Der Text ist von Gattico nicht vollständig ediert. Zu Petrus Zagarriga vgl. K. Eubel, a.a.O., S. 283 und 479.

[495] Vgl. dazu die entsprechenden Angaben in den drei noch erhaltenen Bänden Servitia minuta des Vatikanischen Archivs, die von Martin V. bis Nikolaus V. reichen.

[496] Vgl. dazu Kap. CXXX, unten, S. 330ff. und 431.

der Krönung Peters II. von Aragon durch Innozenz III. am 10. 11. 1204 in Rom an.[497]

Die drei letzten Texte beschreiben die Präzedenzen bei einer Papstprozession und einem Papstmahl und die Reihenfolge der Kurialen, wenn der Papst eine Stadt verläßt oder sie betritt. Alle drei Texte sind nicht datiert. Doch dürften sie gleichfalls noch in die Zeit Benedikts XIII. zurückreichen, da sie in allen Handschriften von H 1 bis K 4 stehen, obwohl deren Vorlagen zu unterschiedlichen Zeiten nach Rom gelangt sein müssen.[498] Mit diesen Texten endeten die Handschriften von Gatticos Version bis zur Mitte des 15. Jahrhunderts, wie ich unten zeigen werde.[499]

Außer diesen Nachträgen enthalten die Handschriften H 1 bis K 4 noch zahlreiche Glossen unterschiedlichen Alters. Die älteste Notiz bezieht sich auf das 1. Konzil von Lyon und wurde schon im Zusammenhang mit dem Konzilsordo genannt.[500] Sie wurde wahrscheinlich seit der Mitte des 13. Jahrhunderts gemeinsam mit diesem überliefert. Alle Handschriften, auch G 1, enthalten in den Texten zur Kardinalskreation eine Notiz zum Jahr 1362, die beweist, daß Gatticos Fassung erst nach 1362 entstanden ist.[501]

Die meisten Marginalien beziehen sich auf die Zeit Benedikts XIII.;[502] die als jüngste zu datierende stammt von 1410, doch zeigen Ortsnennungen wie die von Tortosa und Peñiscola, daß von den undatierten einige noch nach 1410 eingetragen wurden.[503] Interessant ist eine Notiz, deren Autor einen mündlichen Bericht Benedikts XIII. über die Transferierung des Kardinals Johannes de Cros auf das Kardinalbistum Palestrina durch Gregor XI. am 24. 9. 1376 referiert und dadurch zeigt, daß die am Zeremoniell interessierten Kleriker auch vom Papst Informationen erhielten.[504]

Vereinzelte Glossen betreffen die Zeit Martins V.[505] und Eugens IV.,[506] doch nahmen sie erst wieder unter Nikolaus V. stärker zu.[507] Die letzten

---

497 Vgl. auch P. E. Schramm, Die Krönung im Aragonesischen Königreich (Kaiser, Könige u. Päpste IV 1), Stuttgart 1970, S. 355–357 u. 367, und B. Palacios Martín, La bula de Inocencio III y la coronación de los reyes de Aragón (Hispania 29), Madrid 1970, S. 485–504.

498 Vgl. unten, S. 98ff. 499 S. 100.

500 Gattico, Kap. 121, S. 128 Anm. 14; vgl. oben S. 80.

501 Gattico, Kap. 63, S. 65 Anm. 12.

502 Gattico, Kap. 12, 25, 31, 37, 43, 69, 85, 116 und 118 (S. 20 Anm. 16, 34 Anm. 5, 35 Anm. 9, 42 Anm. 20, 45 Anm. 19 u. 21, 48 Anm. 27, 68 Anm. 30, 91 Anm. 40, 122 Anm. 3, 124 Anm. 4).

503 Gattico, Kap. 12, 25, 37 (S. 20 Anm. 16, 35 Anm. 9, 45 Anm. 19).

504 Gattico, Kap. 69 (S. 68 Anm. 30).

505 Gattico, Kap. 25 (S. 34 Anm. 5).

506 Gattico, Kap. 29 und 111 (S. 39 Anm. 18, 112 Anm. 22).

507 Gattico, Kap. 29, 37, 42, 43, 53, 59, 82 (S. 39 Anm. 5, 45 Anm. 13 u. 16, 46 Anm. 8 u. 14, 47 Anm. 27, 52 Anm. 18, 58 Anm. 10, 85 Anm. 42).

datierbaren Notizen stammen aus der Zeit Pauls II.[508] Vor allem durch die Überlieferung dieser Glossen lassen sich die einzelnen Überlieferungsstränge unterscheiden. Daher gehe ich weiter unten noch einmal auf sie ein.[509]

aa. Zwei Handschriften von Mabillons Version, die Handschriften C 1 und D 1, enthalten nach dem Text des Zeremonienbuches die zwei sogenannten *Breves notae* zum 1. und 2. Konzil von Lyon.[510] Diese wurden wohl noch im 14. Jahrhundert den Handschriften bzw. deren Vorlagen eingegliedert.

bb. Die Handschriften D 2 bis D 4 enthalten als Anhang zu den Zeremonielltexten einen Bericht über die Eröffnungssitzung des Konzils von Perpignan vom 15. 11. 1408.[511]

cc. Die für die Überlieferung der jüngeren, weiter unten behandelten Zeremonienbücher wichtigsten Zusätze stehen in den Handschriften F 5 und F 6. Beide Handschriften gehen wohl auf eine Vorlage aus der Zeit Martins V. zurück[512] und enthalten aus dieser Zeit Nachträge zur Wahl und Krönung des Papstes und zur Weihnachtsmatutin. Die Texte zur Papstwahl bestehen aus dem auch im Ordo Romanus XV überlieferten Konklavetext[513] – jedoch mit interessanten Varianten –, aus der Wahlkonstitution Clemens' VI.,[514] aus Konklavebestimmungen von 1417[515] und aus einem Bericht zu den Wahlen von 1404 und 1406.[516] Über die Papstkrönung handelt ein zwar kurzer, doch sehr instruktiver Text,[517] der ähnlich wie der von Kösters edierte Ordo die Verbrennung des Wergbüschels nennt.[518] Der Text zur Weihnachtsmatutin schließlich stimmt fast Wort für Wort mit dem entsprechenden Kapitel in der Sammlung B überein.[519] Auf die Texte gehe ich bei der Analyse der Sammlung B bzw. des Ordo Romanus XV ein.[520]

---

508 Gattico, Kap. 2 und 6 (S. 12 Anm. 2, 15 Anm. 4). Außerdem wird einmal Kalixt III. genannt: Kap. 142 (S. 154 Anm. 4).

509 Vgl. unten, S. 98ff.

510 Paris 936 (C 1), f. 198v–207v und Vat. lat. 4734 (D 1), f. 80r–84v; vgl. St. Kuttner, L'Edition, S. 22–24, und A. Franchi, Il concilio II, S. 42–44.

511 Aless. 65 (D 2), f. 77v–80v, Vat. lat. 4732 (D 3), f. 68r–70r, Vat. lat. 12348 (D 4), f. 105r–108v.

512 Der jüngste Text (Barb. lat. 750, f. 96r–97r, Turin F. V. 14, f. 95v–96v) stammt aus dem Jahr 1417; in Barb. lat. 750, f. 1r ist der hl. Martin dargestellt.

513 Vgl. unten, S. 110f.

514 Vgl. Na-Ta, Kap. 120 (S. 199).

515 Vgl. Anm. 512 und Mansi, Collectio conciliorum 27, Sp. 1165ff.

516 Vgl. dazu die Angaben in H. Finke, Eine Papstchronik des XV. Jahrh.s (RQ 4), 1890, S. 359–361.

517 Vgl. Anh. II, unten, S. 376f.

518 J. Kösters, Studien, Beilage 3, S. 93.

519 Kap. XLIX, unten, S. 256ff.

520 Vgl. unten, S. 104f. und 110f.

dd. Außer diesen Nachträgen überliefern die beiden Handschriften einen Text zum Kardinalshaushalt,[521] der auch noch in den Handschriften D 4, F 2 bis F 4, H 1 und K 3 enthalten ist. Nach zwei Vermerken in der Handschrift D 4 und in einer anderen, auf der gleichen Vorlage basierenden Handschrift[522] soll der Text von dem Protonotar und Zeremonienmeister Antonius Rebioli stammen.[523] Doch ist diese Zuschreibung aus mehreren Gründen unwahrscheinlich: Die Verfasserschaft Rebiolis wird in keiner der anderen Handschriften genannt, obwohl diese älter sind und einen vollständigeren Text bieten als D4. Die in dem sehr aufschlußreichen Text erwähnten Ämter lassen sich – soweit es sich um Kleriker handelt – schon in den Supplikenrotuli des späten 14. Jahrhunderts nachweisen.[524] Selbst in den ältesten Handschriften enthält der Absatz über die *cantores* einen Hinweis auf die Gegenwart,[525] in der andere Gewohnheiten galten als zur Zeit der Abfassung des Textes. Außerdem ist in keiner Handschrift das Kapitel über den *camerarius* von dem über den *auditor* getrennt, sondern dieses geht in jenes nahtlos, ohne Überschrift oder Absatz, über.[526] Hinzukommt, daß in den Handschriften F 5 und F 6 der Text vor den Konklavebestimmungen von 1417 steht, also in der Vorlage früher als diese Bestimmungen aufgezeichnet worden war. Da aber diese Vorlage wohl aus der Zeit Martins V. stammt, dürfte der Text zum Kardinalshaushalt selbst – wie die schon erwähnte Glosse zum Sängerkapitel zeigt – vor 1417 entstanden sein. Mehr kann jedoch meines Erachtens nicht über die Entstehungszeit gesagt werden. Der Autor gehörte wahrscheinlich zur Familie eines Kardinals.

*

Ziehen wir das Fazit aus der Analyse der einzelnen Kapitel, so ergibt sich für die einzelnen Versionen folgende Zusammensetzung.

In den fünf Handschriften der Fassung Na-Ta ist die Reihenfolge der Kapitel zum Teil recht verworren; doch läßt sich erkennen, daß sie alle ungefähr bis zum Kapitel 97 den gleichen Bestand haben. Falls es überhaupt einen Archetyp dieser Version gegeben hat oder eine dementsprechende Zettelsammlung – letzteres würde die unterschiedliche Reihenfolge erklären –, so bestand diese Sammlung wahrscheinlich aus den 97 Kapiteln. Diesen wurden wohl noch im 14. Jahrhundert in verschiedenen Kopien der Sammlung meh-

---

521 Gattico, S. 274a–278b.

522 Cod. Vat. lat. 12285; vgl. unten, S. 135f. und 438f.

523 Vgl. M. Dykmans, Mabillon et les interpolations, S. 341, F. Wasner, Tor der Geschichte, S. 129–136 und unten, S. 100.

524 Vgl. z. B. die Rotuli in Reg. Suppl. 47, 83 und 100.

525 Gattico, Abs. 6, S. 276b (Text zu den *cantores*): *sed hodie non fiet.*

526 Ebda., Abs. 1, S. 274b, Beginn des Kapitels zum *camerarius*: *Debet tamen camerarius ...*

rere Texte angefügt: zum einen die Bestimmung Alexanders IV. (OR XIV 100) wie in A 3, zum anderen die Gruppen t und k wie in A 1 und in der ursprünglichen Vorlage von B 1 und B 2. Diese letztere erhielt außerdem noch – wohl unter Benedikt XIII. und Johannes XXIII. – Zusätze und Nachträge (r, s, v, y), die in unterschiedlich starkem Maße in die Handschriften B 1 und B 2 übernommen wurden, wobei vielleicht zwischen dieser Vorlage und den beiden Handschriften B 1 und B 2 noch eine Zwischenhandschrift (Petrus Burgensis?) anzunehmen ist. Der Inhalt der ursprünglichen Sammlung galt der Papstwahl und -krönung, der Meßliturgie und den Gewohnheiten während des Kirchenjahres.

Ungefähr des gleichen Inhalts war auch die ursprüngliche Fassung von Mabillons Version. Wie sich aus dem Vergleich der verschiedenen Handschriftengruppen ergibt, reichte sie bis zu Mabillons Kapitel 111. In diesem Umfang ist sie noch in der Handschrift E 1 (Hand 1) erhalten. Sehr unterschiedlich sind die später den einzelnen Kopien angefügten Texte, doch lassen sich dabei zwei Hauptgruppen unterscheiden: die erste enthielt noch die Gruppen v und t, zum Teil auch noch k – es sind die Handschriften C 1, D 1–4 und F 1–6 –, die zweite die Gruppen k, i (Teil 2), t und u – es sind die Handschriften E 1 und E 2, denen außerdem noch der Ordo Gregors X. (Gruppe w) vorangestellt wurde. – Einige Handschriften erhielten noch Zusätze im 15. Jahrhundert (bb, cc und dd).

Sehr verschieden von den bisherigen Versionen ist die Gatticos. Ihr Hauptteil besteht aus den 57 Kapiteln zum Kirchenjahr (Gruppe p), die zugleich im Gegensatz zu den Texten der beiden anderen Versionen ziemlich eindeutig zu datieren sind, und zwar in die Spätzeit Clemens' VI. Diesem Komplex wurden in der Folgezeit, wahrscheinlich unter Innozenz VI., Texte unterschiedlichen Charakters beigefügt (bis zu Gatticos Kapitel 143). Da alle Handschriften dieser Version noch einen Hinweis auf den Tod Innozenz' VI. enthalten, andererseits aber die Handschrift G 1 bzw. deren Vorlage vor der Wahl Gregors XI. geschrieben sein muß, ist die Fassung zwischen 1362 und 1370 zu datieren. Möglicherweise war sie nur in einer einzigen Handschrift enthalten, die vielleicht schon um 1352/53 geschrieben war und die Innozenz VI. betreffenden Texte als Marginalien enthielt. In diesem Falle wäre die Entstehung der ursprünglichen Fassung in die Mitte des 14. Jahrhunderts zu datieren.

Ungefähr in der gleichen Zeit müssen auch die ursprünglichen Fassungen der beiden anderen Versionen entstanden sein. Viel älter als Gatticos älteste Fassung können sie nicht sein, da eine von ihnen sonst als Vorlage für die Kapitel zur Wahl und Krönung des Papstes benutzt worden wäre, die in Gatticos Version sehr verstreut eingegliedert sind. Doch müssen die in den beiden anderen Versionen überlieferten Kapitel zum Kirchenjahr (Gruppe m und n) zumindest als Zettelsammlung, vielleicht aber auch schon als Handschrift, bestanden haben, da sie von dem Kompilator der Gruppe p, des ältesten Teils von Gatticos Version, in der kombinierten Fassung des OR XIV als Vorlage benutzt wurden. Diese Vorlage wurde von dem Kompilator von p dem Kardinal Jacobus Gaietani Stefaneschi zugeschrieben.[527] Es ist demnach anzunehmen, daß eine Handschrift, die zumindest die Gruppen m und n enthielt, dem Kardinal gehört hatte, vielleicht auch auf seine Veranlassung hin kompiliert worden war. Welche Bestandteile enthielt nun diese Handschrift Stefaneschis und wer waren die Initiatoren der drei Versionen?

Wie schon erwähnt, zitiert der Kompilator der Gruppe p mehrmals den Kardinal, vor allem um seine Ausführungen von dessen Texten abzuheben. Später wurde der Kardinal auch noch in der Sammlung B[528] und im Ordo Romanus XV[529] zitiert, doch gehen die Texte gewöhnlich auf die Gruppe p zurück. Allerdings muß die Handschrift Stefaneschis bis zur Zeit Martins V. angesehen gewesen sein, da ihr bis zu dieser Zeit ein ziemlicher Wert beigemessen wurde: Im Jahre 1411 wurden die in Avignon verbliebenen Bücher der päpstlichen Bibliothek in einem Katalog aufgezeichnet. Unter der Nummer 233[530] heißt es darin: *Item liber Serimoniarum* (erg.: *ordinatus per*) *dominos Neapolitanum et Jacobum Gagri diaconos cardinales copertus pelle viridi et incipit in secundo folio „infrascripta" et finit in penultimo „oracio"*. Dieses Zitat stimmt fast wörtlich überein mit einer Stelle aus einem Brief Martins V. an seinen Kämmerer François de Conzié, der auch den Katalog von 1411 hatte aufstellen lassen, vom 21. Dezember 1418,[531] in dem es heißt: *item librum Serimoniarum ordinatum per dominos Neapolitanum et Jacobum Gagri diaconos cardinales, copertum pelle viridi, incipientem in secundo folio „Infrascripta" et finientem in penultimo „Omnino"*. Das Wort *omnino* ist dabei wohl verlesen aus *oracio* oder umgekehrt. In dem Brief bestätigt Martin V. dem Kämmerer den Empfang einiger aus Avignon abgesandter Handschriften und erlaubt ihm, die Handschriften, welche dieser 1415 Johannes XXIII. nach Konstanz geschickt hatte, für sich zu behalten.[532] Unter diesen Handschriften befand sich auch das Zeremonienbuch. Es ist wahrscheinlich, daß beide Zitate auf eine gemeinsame Quelle, nämlich den

[527] Vgl. die Liste in M. Dykmans, Mabillon et les interpolations, S. 331f.

[528] Kap. LIII 1, LVI 5, LVII 2, LXIV 1 u. 19/20, LXVI 8; dem entsprechen im OR XV die Kapitel 53, 68, 69, 75, 77, 78, bei Gattico Kap. 13, 17, 18, 25, 28; vgl. auch unten, S. 105.

[529] Vgl. die Liste in M. Dykmans, a.a.O., S. 331.

[530] A. Maier, Der Katalog der päpstlichen Bibliothek in Avignon v. J. 1411 (AHPont 1), 1963, S. 134 (von mir nach der Handschrift verändert).

[531] A. Theiner, Codex dipl. dominii temp. S. Sedis 3, Rom 1862, Nr. 161, S. 233 (von mir verbessert nach Reg. Vat. 352, f. 216vf.); vgl. auch A. Maier, a.a.O., S. 134 Anm. 101.

[532] A. Maier, a.a.O., S. 104, interpretiert m. E. die Stelle falsch.

Katalog der gesamten Bibliothek, zurückgehen. Daß die Stelle des Briefes nicht von der des Kataloges von 1411 abhängt, wird dadurch bewiesen, daß die Wörter *ordinatus per* im Katalog von 1411 fehlen, aber zu ergänzen sind. Es dürfte einleuchten, daß *Jacobus Gagri* nur eine Verschreibung von *Jacobus Gaietani* ist. Wer war aber der *dominus Neapolitanus*? Ehrle[533] hielt ihn für Napoleon Orsini, während ihn A. Maier[534] für Annibaldus Gaietani de Ceccano (Erzbischof von Neapel 1326/27),[535] einen Neffen Stefaneschis, in Anspruch nahm. Ehrles Annahme beruhte auf einem Lesefehler (*Neapoleo* statt *Neapolitanus*), während die von A. Maier unwahrscheinlich ist, weil ihr Kandidat nur kurze Zeit Erzbischof von Neapel war, und zwar zu einer Zeit, als Stefaneschi noch lebte[536] und die Handschrift wohl noch selbst besaß, falls diese schon existierte. Zehn Jahre vor Stefaneschis Tod wurde Annibaldus Kardinalbischof von Tusculum; es wäre wahrscheinlicher, daß er diesen Titel – er starb 1350 – in der Handschrift angegeben hätte. Dagegen entstehen keine Schwierigkeiten, wenn man den *dominus Neapolitanus* mit Thomas de Ammanatis identifiziert. Dieser war von 1379 bis 1388 Erzbischof von Neapel, wurde 1385 Kardinalpriester von S. Prassede und starb am 6. Dezember 1396. In Avignon hieß er gewöhnlich *Neapolitanus.*[537] Man dürfte ihn in Avignon noch gekannt haben, als der Katalog verfaßt wurde. Auch deuten die Zitierungen in den Zeremoniellsammlungen an, daß man noch in der 2. Hälfte des 14. Jahrhunderts die Handschrift nur als aus dem Besitz Stefaneschis stammend betrachtete. Wann und von wem sie Ammanati erwarb, entzieht sich unserer Kenntnis.

Sie wurde außer 1411 und 1418 auch noch in anderen Quellen genannt. Der Katalog der *libraria maior* des Papstpalastes von 1407[538] nennt einen *liber Ceremoniarum ordinatus per dominum de Neapolim* (!). Die Zeremoniellsammlung des François de Conzié[539] zitiert einen *liber viridis*, der wohl mit Stefaneschis Handschrift gleichzusetzen ist, aber nicht immer mit den entsprechenden Stellen des OR XIV übereinstimmt. Dieser *liber viridis* wird in der Sammlung von einem *Ceremoniale* unterschieden, dessen Anfangskapitel genannt werden und mit denen von Mabillons Edition identisch sind.[540]

Aus all dem ist meines Erachtens zu folgern, daß das dem Stefaneschi zu-

---

[533] F. Ehrle, Zur Geschichte des päpstlichen Hofceremoniells, S. 373.

[534] A. Maier, a.a.O., S. 134 Anm. 101.

[535] K. Eubel, a.a.O., S. 16 und 360.

[536] Stefaneschi starb 1341, vgl. z. B. die Angaben bei M. Dykmans, Mabillon et les interpolations, S. 317 Anm. 4.

[537] K. Eubel, a.a.O., S. 28.

[538] P. Galindo Romeo, La Biblioteca de Benedicto XIII (Pedro de Luna), Zaragoza 1930, S. 169 Nr. 1170.

[539] Gattico, S. 256a, Z. 36–38; vgl. auch unten, S. 123.

[540] Gattico, S. 243a, Z. 33; vgl. unten, S. 123.

geschriebene Caeremoniale eine einzige Handschrift war, die er für seinen Gebrauch schreiben ließ, die später im Besitz des *dominus Neapolitanus* war und um 1400 in die Papstbibliothek gelangte. Diese Handschrift wurde nach ihrem Besitzer, der wohl zugleich auch ihr Initiator gewesen war, bis in die 2. Hälfte des 14. Jahrhunderts zitiert – spätere derartige Zitate basieren auf älteren Vorlagen –, nach 1400 wurde sie teils nach ihren ehemaligen Besitzern, teils nach ihrem Einband benannt. Dieser *liber viridis* ist seit 1418 verschollen. Sein mutmaßlicher Inhalt ist nur zum Teil zu bestimmen. In Gatticos Version wird er an folgenden Stellen genannt:

Kap. 6 (S. 15a) = OR XIV 79 (= Na-Ta 90)
Kap. 6 (S. 16a) = ebda.
Kap. 10 (S. 18a) = ebda.
Kap. 13 (S. 21a) = OR XIV 82 (= Na-Ta 92)
Kap. 17 (S. 26b) = OR XIV 68 (= Na-Ta 66)
Kap. 18 (S. 27a) = OR XIV 84 (= Na-Ta 76, 1)
Kap. 18 (S. 27 Anm. 9) = ebda.
Kap. 25 (S. 30b) = OR XIV 93 (= Na-Ta 94)
Kap. 25 (S. 34a) = ebda.
Kap. 25 (S. 34b) = ebda.
Kap. 28 (S. 37b) = OR XIV 94 (= Na-Ta 75)
Kap. 43 (S. 47b) = nicht identifiziert.

Außer dem letzten sind alle Zitate auch im Ordo Romanus XV angeführt. Dort wird zusätzlich noch auf OR XIV 67 (=Na-Ta 85) und OR XIV 71 (= Na-Ta 67) verwiesen.[541] Zumindest die Texte zum Kirchenjahr, wie sie durch die Kombination der Gruppen m und n im OR XIV gesammelt sind, scheinen demnach in der Handschrift Stefaneschis gestanden zu haben, und zwar in der gleichen Reihenfolge wie im OR XIV. Da andere Texte dieser beiden Gruppen ebenfalls als Vorlage für Kapitel von Gatticos Version dienten,[542] ohne daß Stefaneschi genannt ist, dürften auch diese zu dessen Handschrift gehört haben. Daß Stefaneschis Handschrift gerade in Gatticos Kapiteln zum Kirchenjahr und in davon abhängenden Texten zitiert wird, erklärt sich daraus, daß zu deren Entstehungszeit (ca. 1340–60) noch keine Version des OR XIV existierte und daher Stefaneschis († 1341) Handschrift die beste und übersichtlichste Zusammenstellung von Texten zum Kirchenjahr bot.

Einen anderen Anhaltspunkt zur Fixierung von Stefaneschis Handschrift bieten deren Nennungen von 1411 und 1418. Beide Male heißt es, daß die Handschrift auf fol. 2r mit dem Wort *infrascripta* begann. Dieses Wort gibt es nur einmal im OR XIV, und zwar als Beginn des Titels zu Kap. 46. Da jedoch dieses Kapitel nur als Anhang des vorhergehenden überliefert wurde,

[541] Vgl. M. Dykmans, Mabillon et les interpolations, S. 331f.
[542] So z. B. Gattico, Kap. 2, 12, 16, 26 und 27.

das sehr lang ist, scheint es zweifelhaft, daß Stefaneschis Handschrift mit dem aus dem PRC stammenden Papstweihordo begann.[543] Daneben gibt es im OR XIV zweimal das Wort *infrascripto*: am Schluß von Kap. 12 und am Schluß von Kap. 25. Unter der Voraussetzung, daß *infrascripta* ein Lesefehler ist, könnte Stefaneschis Handschrift – sofern sie eng beschrieben und von großem Format war – mit dem Kapitel 8 des OR XIV begonnen haben, das er nach dem Zeugnis des Petrus Bertrandi zusammen mit Kapitel 9 im Konklave von 1334 verlesen hatte.[544] Andernfalls könnte die Handschrift mit Kapitel 10 (Beginn von Gruppe a) oder mit Kapitel 24 (Beginn von Gruppe d) begonnen haben. Beide Anfänge wären logisch und von der Größe eines normalen Blattes her möglich. Doch schlüssig beweisen läßt sich keiner der Anfänge. Sofern die beiden Kapitel der Gruppe b zu Stefaneschis Handschrift gehört haben, könnte die Handschrift erst nach 1334 geschrieben worden sein, da die beiden Kapitel dem Petrus Bertrandi auf Zetteln geliehen wurden. Stefaneschi hätte ihm sicherlich die Handschrift gegeben, wenn sie schon existiert hätte.

Jedenfalls dürfte es erwiesen sein, daß keine der drei Versionen des OR XIV selbst in Gänze von Stefaneschi stammt. Wie aus dem Vergleich der drei Fassungen und der Analyse ihrer Texte hervorging, haben die Kompilatoren aller drei Versionen aus dem gleichen Fundus geschöpft. Es ist daher anzunehmen, daß die Autoren dem gleichen Milieu angehörten. Am ehesten sind sie in der Kapelle des Papstes zu vermuten. Diese bestand infolge der Maßnahmen Benedikts XII. und Clemens' VI. zum großen Teil aus neugebildeten Offizialen,[545] die natürlich daran interessiert sein mußten, schriftliche Unterlagen für ihre Funktionen zu besitzen. Demzufolge ist für die Anfangsjahre dieser Offizialen ein intensiveres Sammeln von zeremoniellen Texten als vordem zu vermuten. Als Informationszuträger kamen außer Kardinälen wie Stefaneschi und Napoleon Orsini vor allem die Kapellkleriker in Betracht, deren Tätigkeit außerdem gleichfalls seit dieser Zeit aufgewertet wurde, bis sie seit ca. 1400 als Zeremonialkleriker für alle Zeremonien zuständig waren.[546] Bei der Verschiedenheit der Funktionsträger in der Kapelle – *clerici capelle, clerici capelle intrinsece, confessor* und sein *socius, magister capelle* und *cantores* – ist es verständlich, daß das gleiche Material in verschiedener Weise gesammelt wurde. Zu diesen verschiedenen Sammlungen ist schließlich auch die schon behandelte Sammlung A zu zählen, da auch sie vermutlich zur gleichen Zeit im Bereich der Kapelle entstanden war. Als ungefähre Zeit der Entstehung aller vier Sammlungen kommen die Jahre von ca. 1340 bis ca. 1362 in Betracht.

---

[543] PRC, S. 370–380; vgl. oben, S. 70. [544] Vgl. oben, S. 67f.

[545] B. Schimmelpfennig, Die Organisation der päpstlichen Kapelle in Avignon, S. 95ff.

[546] Ebda., S. 105.

Doch wurden die drei Versionen des OR XIV in späteren Pontifikaten variiert und ausgeweitet, so daß nur wenige Handschriften – wie z. B. E 1 (Hand 1) für Mabillons Fassung und G 1 für Gatticos Fassung – den ursprünglichen Bestand der Version wiedergeben. Wichtig für die Textüberlieferung sind vor allem die Pontifikate Benedikts XIII. und Nikolaus' V. Unter diesen Päpsten wurden die meisten Nachträge und Marginalien in Handschriften der Versionen Na-Ta und Gatticos eingetragen, so daß sich von daher für diese beiden Versionen Handschriftengruppen ergeben. Für Mabillons Version sind die Gruppen nicht so sehr durch datierte als vielmehr durch nicht eindeutig datierbare Nachträge und durch die schon oben angegebene Reihenfolge der Kapitel und die unterschiedlichen Überschriften zu erkennen. Auf Grund der verschiedenen Kriterien werde ich als Abschluß dieses Kapitels die einzelnen Handschriftengruppen zu charakterisieren und zu datieren versuchen.[547]

Die fünf Handschriften der Version Na-Ta sind grob in zwei Gruppen zu gliedern, von denen die der zweiten Gruppe zahlreiche Glossen etc. aus der Zeit des Schismas und Nikolaus' V. enthalten, worauf ich gleich noch eingehen werde. Die drei Handschriften der ersten Gruppe (A 1 – A 3) haben vor allem das Merkmal, daß keine von ihnen derartige Nachträge aufweist. Dagegen ist der Textbestand in den drei Handschriften so sehr verschieden, daß jede von ihnen auf einer anderen Vorlage basieren dürfte. Lediglich die Handschrift A 2 könnte noch aus dem 14. Jahrhundert stammen. Vielleicht kam sie im Besitz eines Kurialen Benedikts XIII. nach Spanien. Die Handschriften A 1 und A 3 entstanden um 1400, A 3 wohl im Auftrage eines französischen Geistlichen. Die letztgenannte Handschrift ist auch eine der seltenen Zeremoniell-Handschriften, in denen Musiknoten vorgesehen waren. Sie dürfte also für den liturgischen Gebrauch bestimmt gewesen sein. Am längsten wurde A 1 benutzt, da in dieser Handschrift noch Glossen des späten 15. Jahrhunderts, so ein Hinweis auf Patrizis Caeremoniale,[548] enthalten sind.

Die Handschriften B 1 und B 2 scheinen zumindest mittelbar auf die gleiche Vorlage, ein von dem Zeremonialkleriker Petrus Burgensis glossiertes Caeremoniale, zurückzugehen. Heute existiert diese Handschrift wohl nicht mehr, doch gehörte sie noch unter Urban VIII. zum Inventar der päpstlichen Sakristei[549] und war vorher im 16. Jahrhundert von Liturgikern wie dem Kardinal

[547] Vgl. dazu die Aufstellungen auf S. 63ff.

[548] Ambros. A 207 inf., f. 83r (zu Gattico, S. 154b, Z. 34 ff.): *nescis quod dicis, quia iste modus totaliter est mutatus, quere in novo libro serimoniarum;* vgl. dazu A. Patrizi, Caeremoniale Romanum, Venedig 1516, lib. I sect. XII cap. 1, f. 50rff.

[549] Vgl. die bibliographische Angabe in F. Contelori, De praefecto Urbis liber, Rom 1631, Bl. IIIr: *Petri Burgensis Caeremoniale in Sacristia Pontificia.* In der heutigen Sagrestia pontificia scheinen keine Handschriften mehr zu existieren.

Sirleti zitiert worden.[550] Kopiert wurde der Codex vielleicht zweimal, zuerst nach 1452. Diese Kopie ist die Handschrift B 2, die als jüngste datierte Glosse eine Bemerkung des Petrus Burgensis zum Jahr 1452 enthält. Dagegen kann B 1 erst nach 1472 geschrieben worden sein, da sich der letzte datierte Eintrag auf das Jahr 1472 bezieht. Da die Handschrift jedoch zur Bibliothek des Herzogs Federico von Urbino gehörte, der erst seit 1474 Herzog war und 1482 starb, dürfte die Handschrift zwischen 1474 und 1482 entstanden sein. Allerdings bin ich mir nicht sicher, daß B 1 und B 2 wirklich von der gleichen Handschrift abhängen, da in B 2 nicht nur die auf die Jahre nach 1452 bezogenen Glossen fehlen, sondern auch andere aus der Zeit des Schismas und das 1412 entstandene Kapitel 100. Außerdem differiert in beiden Kopien die Reihenfolge der Kapitel. Vielleicht hat Petrus Burgensis zwei verschiedene aus der Zeit des Schismas stammende, im Textbestand ähnliche Handschriften benutzt und glossiert. Als Inhaber und Glossatoren der beiden Vorlagen kommen für die Zeit des Schismas am ehesten die jeweiligen Kapell- bzw. Zeremonialkleriker in Frage. Das Fehlen von Glossen, die sich auf die Pontifikatsjahre Benedikts XIII. nach 1408 beziehen, läßt sich am ehesten dadurch erklären, daß die Kleriker zur Pisaner Obödienz übergewechselt waren. Der Inhaber der Vorlage von B 2 war vielleicht Petrus Salteti,[551] der bis 1408 Benedikt XIII. diente, während des Pisaner Konzils mit seinem römischen Kollegen Guido de Busco Erfahrungen austauschte, später von einer Pfründe im Bistum Uzès lebte und daher vielleicht Augenzeuge der Ereignisse von 1412 war, über die er dann berichtete. Den Inhaber der Vorlage von B 1 zu erkennen, ist nicht möglich, da es keine Anhaltspunkte gibt.

Von den Handschriften der Version Mabillons gibt die Handschrift E 1 mit den von der ersten Hand aufgeschriebenen Texten wahrscheinlich den ursprünglichen Bestand dieser Version wieder, da bis zum Kapitel 111 alle Handschriften die gleiche Anzahl von Kapiteln enthalten. Nach diesem Kapitel weisen die Handschriften voneinander verschiedene Texte auf, so daß sich danach eine Gruppierung vornehmen läßt. E 1 selbst enthält noch von mehreren Schreibern nachgetragene Texte, die im 15. Jahrhundert außer dem letzten Text auch sämtlich in den Codex E 2 übernommen wurden. Wahrscheinlich basiert E 2 auf einer Kopie von E 1, die vor dem Eintrag der achten Hand

---

[550] A. Sala, Documenti circa la vita e le gesta di San Carlo Borromeo 2, Mailand 1857, S. 116f. zitiert Na-Ta, Kap. 78, S. 107–109 (das Zitat endet 5 Zeilen vor dem Kapitelende); vgl. auch in Na-Ta die Einleitung, S. 18*f.

[551] Er war von 1369 bis 1394 und von 1403 bis 1409 *clericus capelle* bzw. *clericus cerimoniarum* und besaß unter Martin V. mehrere Pfründen im Bistum Uzès, wo er wahrscheinlich auch ca. 1432 starb; vgl. F. Wasner, Guido de Busco, S. 98f., und z. B. K. H. Schäfer, Ausgaben 3, S. 35 (19. 1. 1369), Collect. 457, f. 258r (5. 10. 1394) und f. 294r (11. 8. 1403), Reg. Suppl. 280, f. 267r–267v (14. 10. 1432), und J. Vincke, Schriftstücke zum Pisaner Konzil, S. 231 (27. 9. 1409).

angefertigt worden war. E 2 wurde Ende des 15. Jahrhunderts mit Nachträgen bereichert, die aus einer Zeremoniellsammlung des französischen Kardinals Guillaume d'Estouteville übernommen sind[552] und größtenteils wörtlich Teilen des Ordo Romanus XV entsprechen. Eine spätere Abschrift von E 2 diente dann Mabillon als Grundlage für seine Edition. Daher kommt es, daß ausgerechnet die im Mittelalter am wenigsten überlieferte Fassung des OR XIV durch die bisher bekannteste und verbreitetste Edition des Ordo die Kenntnis und Erforschung des Zeremoniells im 14. und 15. Jahrhundert am stärksten von allen Zeremoniellsammlungen beeinflußt hat.

Noch vor dem Pontifikat Gregors XI. wurde an das Kapitel 111 Gatticos Kapitel 127 angefügt. Dieser Bestand wird durch ein in D 4 überliefertes *Explicit* und das Freilassen von Seiten in D 1 und D 3 deutlich. Doch wurden wohl gleichfalls noch in Avignon, also vor 1376, die Kapitel 116 und 117 des OR XIV angefügt, da dieser Textbestand sowohl in den noch aus Avignon stammenden Vorlagen von B 1 und B 2 als auch in den in Rom entstandenen Handschriften C 1, D 1 – D 3 und F 1 – F 6 überliefert ist. Zwar stammen auch Gatticos Kapitel 133 bis 143 noch aus Avignon, worauf auch ihre Überlieferung in der Na-Ta-Version hinweist, doch wurden sie nur noch vereinzelt in Handschriften der OR XIV-Fassung eingetragen, so im 15. Jahrhundert in D 1 und F 1 – F 6. In C 1 stehen die Kapitel auch, jedoch von anderer Hand und vor dem Text des OR XIV, zusammen mit zwei anderen Teilen des OR XIV (Kap. 45f. und 24–44). Diese Handschrift ist eine der ältesten und interessantesten der OR XIV-Version. Sofern meine Datierung der drei Schreiberhände zutrifft, sind die Zeremoniell-Texte von Hand 1 und 2 in der 2. Hälfte des 14. Jahrhunderts aufgeschrieben worden, wahrscheinlich in voneinander getrennten *libelli*. Zum Schluß des zweiten *libellus* wurde ein Text über die Feier des Patronatsfestes von S. Giorgio in Velabro aufgezeichnet. Der Text bezog sich auf die ehemaligen Gewohnheiten,[553] als die Kurie noch in Rom weilte, und stammt vielleicht von Stefaneschi, da dieser noch die römischen Gewohnheiten kannte, oder wurde in Avignon für einen neuernannten Kardinal dieser Kirche verfaßt.[554] Nach der Übersiedlung der Kurie von Avignon nach Rom gelangten beide *libelli* in den Besitz eines Kardinals, wurden zusammengebunden und einheitlich in italienischem Stil illuminiert. Außerdem wurden von einer dritten Hand die sogenannten *Breves notae* zum 1. und 2. Konzil von Lyon nachgetragen. Wie Glossen zeigen,

---

[552] Vgl. dazu vor allem M. Dykmans, Mabillon et les interpolations, S. 325–329.

[553] Deshalb ist das Imperfekt am Beginn des Textes (f. 191r) gebraucht: *In festo beati Georgii martiris Rome in vesperis primis ibat cardinalis ad ecclesiam beati Georgii multis prelatis associatus.*

[554] Nach K. Eubel, a.a.O., S. 50, kommen in Betracht die Jahre 1351 (Johannes de Caramagno), 1361 (Guilelmus Bragose) und 1371 (Giacomo Orsini).

wurde die Handschrift bis ins späte 15. Jahrhundert benutzt und gelangte um 1500 in die königliche Bibliothek in Blois. Der Wortlaut der Texte im 1. Teil gleicht vor allem dem der Handschrift G 1, der des Hauptteils dem der Handschriften D 1 – D 4, besonders von D 2.

Die Handschriften der Gruppe D stellen für mich den Normalbestand des OR XIV dar; wenn sie auch alle vier erst aus dem 15. Jahrhundert stammen, so gehen sie doch alle mittelbar auf eine vor 1370 entstandene Vorlage zurück, wie der jeweilige Beginn des Inhaltsverzeichnisses zeigt. Außerdem enthalten drei von ihnen nur einen Nachtrag, den Konzilsordo von 1408. Auch für die Entwicklungsgeschichte der Zeremonienbücher ist die Gruppe wichtig, da die jüngste der vier Handschriften von Patrizi und Burckard benutzt wurde und demzufolge die Autoren des Caeremoniale Romanum beeinflußt haben dürfte. Bis 1408 waren die Vorlagen der Handschriften dieser Gruppe oder einige von ihnen selbst – wie z. B. D 3, vielleicht auch D 2 – im Besitz von Anhängern Benedikts XIII., wovon der Konzilsordo von 1408 in D 2 und D 3 und die Berichte zum Schisma in D 4 zeugen. Ihre Initiatoren und Besitzer waren dem *Incipit* des Inhaltsverzeichnisses zufolge wahrscheinlich Bischöfe oder Kardinäle.

Die jüngste Handschriftengruppe des OR XIV ist die Gruppe F. Alle sechs Codices enthalten Gatticos Kapitel 133–143 und einen längeren Zusatz zu Kapitel 47 (Sp. 1151 A, Z. 7), F 2 bis F 6 außerdem auch den Text über den Kardinalshaushalt. Wahrscheinlich geht dieser Textbestand auf die Zeit vor dem Konstanzer Konzil zurück, wie die weiteren Zusätze in F 5 und F 6 andeuten. Diese letzteren entsprechen weitgehend Texten der Sammlung B und des Ordo Romanus XV, dürften also aus dem späten 14. Jahrhundert stammen; lediglich die Wahltexte zu den Jahren 1404, 1406 und 1417 sind jünger. Der Sammler der Texte war der päpstliche Sekretär Francesco da Montepulciano, der sich selbst zweimal nennt.[554a] Vielleicht war er auch der Initiator der Kombination dieser Texte mit dem OR XIV. Erhalten ist seine Handschrift nicht mehr, sondern nur die in der zweiten Hälfte des 15. Jahrhunderts geschriebenen Kopien F 5 und F 6.

Ähnlich wie für die Handschriften der Version Na-Ta bedeutet das Schisma, insbesondere der Pontifikat Benedikts XIII., auch für die Handschriften von Gatticos Version eine Zäsur in der Überlieferungsgeschichte. Aus der Zeit vor Benedikts Regierung existiert nur noch die Handschrift G 1. Zugleich bietet sie den wahrscheinlich ältesten Textbestand aus den Jahren zwischen 1362 und 1370 und stammt vielleicht selbst noch aus dieser Zeit. Dagegen gehen alle anderen Handschriften auf eine Vorlage aus der Zeit

---

[554a] So in cod. Barb. lat. 750, f. 7v *(mihi F. de Montepoliciano secretario)* und f. 8r *(vidi)*. Vgl. zu ihm z. B. W. von Hofmann, Forschungen zur Gesch. d. kurialen Behörden 1, S. 77 u. 212; 2, S. 106 u. 255.

Gregors XI. zurück, da dieser als derzeit regierender Papst genannt ist. Diese Handschrift oder eine Kopie, die gleichfalls nicht mehr erhalten ist, war unter Benedikt XIII. im Besitz eines seiner Anhänger und wurde von diesem – vielleicht waren es auch mehrere Glossatoren – mit Marginalien und Nachträgen gefüllt. Die letzte datierte Randnotiz bezieht sich auf das Jahr 1410, der letzte Nachtrag auf das Jahr 1412. Der Inhaber der Handschrift gehörte demzufolge noch nach dem Pisaner Konzil zu Benedikts Anhängern. Noch vor der Wahl Martins V., also zwischen 1412 und 1417, wurde die Handschrift zumindest einmal kopiert, da sich seit 1417 zwei Überlieferungsstränge nachweisen lassen. Zu dem einen gehören die Handschriften H 1, J 1–3 und K 1–4, zum anderen lediglich der Codex H 2. In den zuerst genannten Handschriften sind nach einer bis Clemens VI. reichenden Papstreihe Benedikt XIII. und *Martinus V de Columpna* nachgetragen, in H 2 nur Benedikt XIII.;[555] in dem schon genannten Kapitel zur Weihe der Osterlämmer wird als regierender Papst in H 1, J 1–3 und K 1–4 Martin V., in H 2 jedoch Eugen IV. genannt.[556] Diese Papstnennungen sind meines Erachtens derart zu interpretieren, daß der Besitzer der Vorlage für die Handschriften des ersten Stranges von Benedikt XIII. zum Konstanzer Konzil übertrat und nach der Wahl Martins V. dessen Namen an den beiden Stellen eintrug; in dem Zusatz *de Columpna* an der ersten Stelle macht sich der noch nicht völlig vollzogene Gesinnungswechsel bemerkbar. Hingegen scheint der Besitzer der Vorlage von H 2 erst nach Benedikts Tode – in den letzten Jahren Martins V. – die Obödienz gewechselt zu haben, so daß erst der Name Eugens IV. in den Text aufgenommen wurde. Nehmen wir an, daß die beiden Besitzer Zeremonialkleriker waren, die am ehesten an Aktualisierungen der Texte interessiert gewesen sein dürften, so wäre der erste mit Jacobus Raymundi,[557] der andere mit Matheus Petri[558] zu identifizieren. Doch ist diese Gleichsetzung wie so vieles nur eine Hypothese.

Während für den zweiten Überlieferungsstrang nur die Handschrift H 2

---

555 Vgl. Gattico, Kap. 25 (S. 34 Anm. 5).

556 Vgl. ebda., Kap. 1 (S. 158b mit Anm. 6).

557 Jacobus Raymundi war von 1411–1417 Zeremonialkleriker Benedikts XIII., trat 1418 im Gefolge des Kardinals Petrus Fonseca (vgl. K. Eubel, a.a.O., S. 30) zum Konzil von Konstanz über. Über sein weiteres Leben ist mir nichts bekannt. Vgl. zu ihm Reg. Suppl. 104, f. 118v (18. 12. 1411), Reg. Aven. 349, f. 745r (30. 4. 1417) und Reg. Suppl. 112, f. 240v (28. 3. 1418).

558 Matheus Petri war von 1411 bis 1423 Zeremonialkleriker Benedikts XIII., trat nach dessen Tod zu Martin V. über, nannte sich seit 1431 wieder Zeremonialkleriker und fungierte als solcher von 1447 bis zu seinem Tod im Sommer 1450. Vgl. zu ihm Reg. Aven. 339, f. 267vf. (23. 11. 1411), Reg. Suppl. 419, f. 8r–9r (2. 8. 1447 mit Bericht des bisherigen Lebens), Capp. Sist. cod. 703 Nr. 1 (24. 4. 1431) und Röm. Staatsarchiv, Camerale I 830, f. 255v und 831, f. 8v–160v (1447–1450). F. Wasner, Tor der Geschichte, S. 122f. identifiziert ihn irrig mit einem Bretonen.

zeugt, wird der erste durch relativ viele Codices repräsentiert, die wiederum drei Gruppen zuzuordnen sind. Zur ersten Gruppe gehört nur die Handschrift H 1, die wohl noch unter Martin V. geschrieben wurde – wahrscheinlich für dessen Nepoten Prospero Colonna – und keine späteren Eintragungen enthält, dafür jedoch einen auf Benedikt XIII. bezogenen Text, der in keiner anderen Handschrift steht. Zur zweiten Gruppe gehören die Handschriften J 1 – J 3, die vielleicht alle auf eine von Bruno Johannes aus Deventer[559] geschriebene Vorlage zurückgehen, die dem Kurialen und späteren Bischof von Brescia Petrus de Monte[560] gehört hatte. In allen drei Handschriften stehen verschiedene auf Ereignisse unter Eugen IV. und Nikolaus V. bezogene Notizen, die zum Teil Petrus de Monte nennen.[561] Doch stimmen Anzahl und Wortlaut der Notizen nicht in allen drei Kopien überein. Das liegt vielleicht daran, daß sie – oder bei J 3 deren Vorlage – nach und nach unter Nikolaus V. entstanden, als in ihre gemeinsame Vorlage noch Marginalien eingetragen wurden. Der Terminus post quem für alle drei ist das Jahr 1450, in dem Bernardin von Siena heiliggesprochen worden war. Wenig später wurden auch die ältesten Handschriften (K 1 und K 2) der dritten Gruppe geschrieben, in denen zum Teil die gleichen Glossen stehen. Als von den Handschriften J 1 – 3 abzusondernde Überlieferungsgruppe erweisen sich K 1 bis K 4 vor allem durch den zum Teil unterschiedlichen Wortlaut der Texte. Außerdem enthalten K 1, K 3 und K 4 noch spätere Nachträge, die wohl auf den Zeremonialkleriker Antonius Rebioli[562] zurückgehen. Vor allem K 1 ist deshalb für die Überlieferungsgeschichte und für die Vorgeschichte von Patrizis Caeremoniale wichtig. Mit der Gruppe K endet die Tradierung der Versionen des OR XIV; abgelöst wurden die Texte durch das *Caeremoniale modernum* von Patrizi und Burckard. Erst infolge des seit dem Tridentinum erwachenden Interesses an der Liturgiegeschichte wurden wieder neue Kopien angefertigt, bis dann die Editionen Mabillons und Gatticos der Kopistentätigkeit ein Ende setzten.

---

559 Vgl. zu diesem R. Elze, Der Thesaurus Pontificum des Erzbischofs Nicolaus von Zara, Straßburg 1956, S. 148, und T. Kaeppeli, Inventari di libri di San Domenico di Perugia (1430–80), Rom 1962, S. 36.

560 Vgl. zu diesem J. Haller, Piero da Monte, Rom 1941, passim.

561 Vgl. cod. Cors. 41 E 22, f. 45r, 45v, 47v, 50v, 51v, 177v (zu Gattico S. 46a, 46b, 47 Anm. 27, 160a, 52b, 154a).

562 Vgl. cod. Borg. lat. 409, f. 2v, 6v, 7r, 8v, 10v, 16v, 71r, 76rf. (zu Gattico S. 12a, 25b, 30b, 36a, 48b, 162a, 173b–174a). Besonders der letzte Text, von Gattico aus cod. Urbin. lat. 470 abgedruckt, ist interessant, da in Borg. lat. 409, f. 76v statt *me N. presbytero N. diaecesis* (S. 174a, Z. 20f.) steht: *me Antonium Rebioli, clericum ecclesie Tholonensis.*

# IV.

# ZEREMONIENBÜCHER AUS DER ZEIT DES GROSSEN SCHISMAS

Wie oben gezeigt,[563] werden die Feste des Kirchenjahres in Gatticos Version durch Texte beschrieben, die um 1350 entstanden sind. Diese sind älter als die Kompilation selbst und wurden auch noch nach 1362 unabhängig von Gatticos Version bearbeitet und in Zeremoniellsammlungen übernommen: Zeugnis dafür sind die Kompilationen des Bindo da Fiesole und des Petrus Amelii, die es daher als nächstes zu untersuchen gilt.

## 1. Die Sammlung des Bindo Fesulani

Diese Kompilation ist noch in zwei Handschriften, Vat. lat. 4726 (= V) und Florenz, Bibl. Ricc. 471 (= R), erhalten, von denen R auf V basiert.[564] Doch ist V selbst wohl nur eine Reinschrift des Originals, nicht dieses selbst. Widmen wir uns zuerst dem Original und seinem mutmaßlichen Autor, wobei ich davon ausgehe, daß V dem Textbestand des Originals abgesehen von Schreibfehlern entspricht. Die Vorlage von V entstand unter Gregor XI., wahrscheinlich im Jahr 1377. Für diese zeitliche Fixierung sprechen folgende Indizien: In seiner Einleitung[565] schreibt der Autor, er sei in Avignon und in Rom *(Urbe)* an der Kurie gewesen. Im Text zum Karfreitag[566] bezieht er sich auf den Karfreitag des Jahres 1376. Den Text über die Exequien für Eduard III. vom 3. 9. 1377[567] scheint er noch nicht gekannt zu haben. Da Gregor XI. am 17. 1. 1377 in Rom einzog,[568] bleiben die Monate Februar bis August 1377 als Entstehungszeit übrig. Eine noch engere Fixierung ist dadurch möglich, daß der Autor mit dem Pfingstfest beginnt,[569] was recht ungewöhnlich ist. Da der größte Teil der liturgischen Bücher der *capellani commensales*, denn für diese war das Werk gedacht,[570] wohl in Avignon geblieben war, hatte der Autor vielleicht eine Einführung für die neu aufgenommenen Kapläne verfassen

---

[563] Vgl. oben, S. 78ff.

[564] Vgl. die Handschriftenbeschreibung, S. 416ff.

[565] Kap. XLIV 3, unten, S. 246.

[566] Kap. LXIV, unten, S. 270ff. Der Karfreitag fiel 1376 auf den 11. April.

[567] Kap. LXXV, unten, S. 288f.

[568] Vgl. G. Mollat, Les papes d'Avignon, S. 135.

[569] Kap. XLVI, unten, S. 247f.

[570] Kap. XLIV 3, unten, S. 246.

wollen, ausgehend vom Pfingstfest, das 1377 auf den 17. Mai fiel. Noch vor Anfang September des gleichen Jahres wurde die Kompilation von einem damit beauftragten Kopisten ins Reine geschrieben. Diese Reinschrift wäre die Handschrift V. Doch ist diese Datierung nicht mit voller Gewißheit zu beweisen.

Die Reinschrift blieb im Besitz eines der Kapläne, vielleicht des Autors, kam unter Clemens VII. nach Avignon und wurde unter diesem Papst mit Nachträgen versehen,[571] von denen sich einer auf das Jahr 1393 bezieht. Wohl schon im 15. Jahrhundert – vielleicht im Besitz eines von Benedikt XIII. abgefallenen Kurialen oder als Teil der Bibliothek des 1405 verstorbenen Kardinals Pietro Corsini[572] – gelangte die Handschrift nach Rom, denn sie gehörte zum alten Fonds der vatikanischen Bibliothek und trug vor deren Neuordnung durch die Ranaldi in der 2. Hälfte des 16. Jahrhunderts die Signatur 1309.[573] Im Gegensatz zu anderen Handschriften wurde sie von den römischen Liturgiehistorikern des 16. bis 19. Jahrhunderts kaum benutzt; lediglich D. Giorgi verwertete sie für seine Studien zur Meßliturgie.[574] Auch in neueren Untersuchungen wurde sie nur selten berücksichtigt.[575] Dabei ist der Text vor allem deshalb kaum durch einen anderen zu ersetzen, weil in ihm die Umformung der päpstlichen Liturgie zur Palastliturgie noch deutlicher wird als in der Sammlung A und in Gatticos Version des OR XIV.

Nach 1393, aber wohl noch unter Benedikt XIII., entstand die Handschrift R. In ihr steht zu Beginn von Absatz 3 des Prologs an Stelle der in V

---

571 Kap. XLVIII a und L 1a, unten, S. 256ff.

572 Der wahrscheinliche Besitzer der Handschrift war Bindo Fesulani (vgl. die Ausführungen auf S. 103ff.), der lange Zeit *secretarius* und *camerarius* des Kardinals Pietro Corsini war, nach 1394 aber nicht mehr nachzuweisen ist. Falls seine Handschrift nach seinem Tode in den Besitz seines Patrons gekommen war, gelangte sie nach dessen Tod (1405) eventuell mit anderen Büchern Corsinis nach Rom; vgl. dazu A. Maier, Ein Leihregister aus der Bibliothek Benedikts XIII. (RSChIt 20), 1966, S. 314, Nr. 24 und Anm. 20. – Zur Bibliothek Corsinis vgl. auch P. Guidi, Inventari di libri nelle serie dell'Archivio Vaticano (1287–1459), Città del Vaticano 1948, S. 68, Nr. 219, und L. C. Barré, Bibliothèques médiévales inédites d'après les archives du Vatican (MélArchH 53), 1936, S. 353–372, in deren Inventaren jedoch dieses Zeremonienbuch nicht zu finden ist.

573 Vgl. cod. Vat. lat. 7123, f. 177r. Dazu und zur Neuordnung der Bibliothek siehe F. Ehrle, Zur Geschichte der Katalogisierung der Vatikana (HJb 11), 1890, S. 718–727, und P. Petitmengin, Recherches sur l'organisation de la Bibliothèque Vaticane à l'époque des Ranaldi (1547–1645) (MélArchH 75), 1963, S. 561–628.

574 Vgl. die Angaben in der Handschriftenbeschreibung zu Kap. XLVI bis XLVIII, unten, S. 417.

575 So von M. Andrieu, Immixtio et consecratio, Paris 1924, S. 91 (betr. Kap. XLIV und LXIV); E. Cornides, Rose und Schwert, S. 128f. und 137 (zu Kap. XLIX und LII). Zur Handschrift vgl. auch M. Dykmans, Mabillon et les interpolations, S. 341 Abschnitt IV.

existierenden Rasur:[576] *Bindo Fesulani de Florentia.* Ob dieser der Autor war, kann ich nicht schlüssig nachweisen, da mir über ihn keine Nachrichten aus der Zeit vor 1378 bekannt sind. Bei der Wahl Urbans VI. war Bindo als Sekretär des Kardinals Pietro Corsini zugegen;[577] am 5. 11. 1378 ernannte ihn Clemens VII. zum *capellanus commensalis*[578] (Neuernennung oder Bestätigung?) und am 1. 8. 1392 zum Nachfolger des Petrus Boherii im Amt des *acolitus.*[579] Unter Benedikt XIII. blieb Bindo in diesen Positionen,[580] doch kann ich ihn nach 1394 nicht mehr nachweisen. Stimmt meine These über die Entstehungszeit, so kann Bindo nur dann der Autor sein, wenn er schon vor 1378 *capellanus commensalis* war. Das in V später eingetragene *acolitus* wäre in diesem Fall durch die 1392 erfolgte Ernennung Bindos zum *acolitus* zu erklären. Stimmt die These nicht, so kann Bindo den Text nach 1378 in Avignon verfaßt haben, da der Passus *tam in civitate Avinione quam in Urbe* auch in dieser Weise interpretiert werden kann. Eine dritte Deutung wäre die, daß der Text von Petrus Boherii stammt[581] und daß Bindo seinen Namen an die Stelle des Vorgängers eintrug, nachdem er Amt und Buch von diesem übernommen hatte. Dagegen spricht aber, daß das Wort *acolitus* nachgetragen ist, denn Petrus Boherii fungierte schon seit dem 3. 4. 1368 als *acolitus pape*,[582] während der Autor bei der Abfassung des Textes – auf jeden Fall nach 1376 – noch nicht *acolitus* war. Der Nachtrag zu 1393 und der andere von der gleichen Hand geschriebene Zusatz[583] dürften von Bindo stammen, vielleicht auch die übrigen Nachträge. Weshalb Bindos Name in V ausradiert wurde, ist nicht klar. Vielleicht tat es ein romtreuer Kurialer, der von Bindos Eintreten für Clemens VII.[584] wußte und deshalb seinen Namen tilgte, als die Handschrift nach Rom gelangt war. Da jedoch Bindos Name der einzige ist, mit dem der Text sicher in Zusammenhang gebracht werden kann, habe ich das Zeremonienbuch nach ihm benannt.

Bindos Kompilation ist in sehr persönlichem Stil abgefaßt und wirkt in sich geschlossen, da sie lediglich die verschiedenen Formen der Papstgottesdienste[585]

---

[576] Vgl. die Handschriftenbeschreibung zu Kap. XLIV, unten, S. 417.

[577] E. Baluze–G. Mollat, Vitae paparum Avenionensium 2, S. 520.

[578] Vat. Archiv, Collect. 457, f. 83v.

[579] Vat. Archiv, Reg. Aven. 268, f. 608r.

[580] Vat. Archiv, Reg. Aven. 274, f. 527r; Reg. Suppl. 83, f. 8r und 84, f. 63r: alle drei Notizen sind von 1394.

[581] So M. Dykmans, Mabillon et les interpolations, S. 341 Abschnitt IV.

[582] K. H. Schäfer, Ausgaben 3, S. 34.

[583] Wie Anm. 571.

[584] Vgl. z. B. E. Baluze–G. Mollat, a.a.O., S. 520, 562, 616, 738, 743, 804, 806; M. Seidlmayer, Die Anfänge des großen abendländischen Schismas, Münster 1940, S. 217, 222, 265; O. Přerovský, L'elezione di Urbano VI e l'insorgere dello scisma d'occidente, Rom 1960, S. 60.

[585] Kap. XLV–XLVIII und LXXIII–LXXIV, unten, S. 246ff. und 286ff.

im allgemeinen und die Liturgie der wichtigsten Sonntage und Feste[586] im besonderen beschreibt. Von dieser Aufteilung in zwei Gruppen her ist auch die Frage nach den eventuellen Vorlagen zu beantworten. Im Prolog[587] erklärt der Autor seine Absichten und das Ziel seines Werkes, zugleich fügt er ein Inhaltsverzeichnis ein. Vorbild dafür war vielleicht der Prolog des Durandus zu seinem Pontifikale.[588] Die ersten vier Kapitel des Textes handeln von den Papstvespern und den Papstmessen. Dieser Gliederung gemäß haben sie nur zwei Überschriften: die erste für die Vespern,[589] die zweite für die Messen,[590] lediglich im Index sind Zwischentitel vermerkt. Wie die jeweiligen Kapitelanfänge zeigen, schließen sie stilistisch an den Prolog an. Das läßt sich auch beim Text über die liturgischen Farben[591] beobachten. Ich glaube daher, daß auch dieses Kapitel vom Autor des Prologes stammt. Ob er auch das ursprünglich letzte Kapitel[592] über die Dienste des jeweilig dem Papst assistierenden Kardinals verfaßte, ist nicht klar zu erkennen. Ich nehme es an, da der Text sich auf ältere Rubriken bezieht, die zum Teil nur in Gatticos Version oder in damit verwandten, nicht mehr erhaltenen Sammlungen standen;[593] der Text muß demzufolge jünger als diese Rubriken sein. Mit ihm endete ursprünglich das Zeremonienbuch.[594]

In die von ihm selbst stammenden Texte schob der Autor Rubriken ein, die das, was er mehr generalisierend über die Vespern und Messen geschrieben hatte, am Beispiel bestimmter Feste verdeutlichten und aus älteren Sammlungen übernommen waren. Die Rubriken lassen sich wiederum in zwei Gruppen gliedern: zur ersten gehören die Kapitel XLIX bis LXVIII, zur zweiten die Kapitel LXIX bis LXXII. Die Kapitel der ersten Gruppe beschreiben die Riten zu Weihnachten, an Mariä Lichtmeß, am Aschermittwoch, am Sonntag Laetare und in der Karwoche. Ob sie erst der Autor der gesamten Kompilation oder schon ein früherer Kleriker zusammengestellt hat, ist nicht genau zu erkennen. Die Kapitel LIV (ab Abs. 5) bis LXVII entsprechen weitestgehend den jeweiligen Texten in Gatticos Version und im Ordo Romanus XV.[595] Dagegen enthalten die Kapitel XLIX bis LIII nur vage Anklänge an die entsprechenden Texte in Gatticos Version und im OR XV,[596] so daß es ungewiß bleiben muß, ob auch sie der gleichen Vorlage entnommen wurden wie die Kapitel LIV–LXVII. Da jedoch der größte Teil (Abs. 1–6) des Kapi-

---

586 Kap. XLIX–LXXII, unten, S. 256ff.

587 Kap. XLIV, unten, S. 245f.

588 PGD, S. 327–333.

589 Kap. XLV, unten, S. 246f.

590 Kap. XLVI–XLVIII, unten, S. 247ff.

591 Kap. LXXIII, unten, S. 286f.

592 Kap. LXXIV, unten, S. 287f.

593 Vgl. die Angaben im Apparat zu Kap. LXXIV, unten, S. 287ff.

594 Vgl. die Handschriftenbeschreibung, unten, S. 420.

595 Vgl. die entsprechenden Angaben im Apparat zu den Kapiteln, unten, S. 263ff.

596 Vgl. bes. die Angaben im Apparat zu Kap. LIII, unten, S. 261.

tels XLIX auch unabhängig von Bindos Sammlung tradiert wurde,[597] nehme ich an, daß die fünf Kapitel zumindest älter als Bindos Kompilation sind. Vielleicht gehen sie auf die Spätzeit Clemens' VI. zurück, da im Kapitel L die Riten an Mariä Lichtmeß so geschildert sind, wie sie in Gatticos Version als Ausnahme für das Jahr 1348 vermerkt sind,[598] und die räumlichen Gegebenheiten in den anderen vier Kapiteln – soweit erkennbar – denen des Kapitels L entsprechen.

Im Gegensatz zu diesen fünf Kapiteln stimmen, wie ich schon bemerkte, die Kapitel LIV bis LXVII oft wörtlich mit den entsprechenden Texten in Gatticos Version und im OR XV überein. Da jedoch manche Passagen der Kapitel[599] mehr den Texten des OR XV als denen Gatticos entsprechen, halte ich es für wahrscheinlich, daß Bindos Sammlung und der OR XV mittelbar auf der gleichen Vorlage basieren, die ihrerseits auf den gleichen Text wie Gatticos Version zurückgeht. Diese mutmaßliche Vorlage stammt wahrscheinlich aus der Zeit Innozenz' VI. Den wichtigsten Anhalt für diese Datierung bietet die jeweils am Schluß der Kapitel zum Gründonnerstag aufgeführte Papstreihe,[600] durch die bezeugt wird, daß keine Frau in Gegenwart des Papstes speist. Bei Gattico ging die Reihe von Clemens V. bis zu Clemens VI., in Bindos Sammlung ursprünglich bis Urban V. und im OR XV bis Urban VI. Doch ist in den Aufzählungen bei Bindo und im OR XV zu erkennen, daß deren Reihen in der jeweiligen Vorlage mit Innozenz VI. endeten: Bis zu diesem Papst sind die Namen durch *et* verbunden. Dagegen ist der Name Urbans V. bei Bindo durch *necnon* angefügt, während er im OR XV erst nach dem Satz *Nec fuit auditum ... contrarium* angehängt ist. Aus dieser Stellung des Namens Urbans V. ist zugleich auch zu ersehen, daß die Vorlage zumindest zweimal zur Zeit Urbans V. kopiert wurde. Diese beiden Kopien lieferten dann das Material für Bindos Sammlung und für den OR XV. Die Datierung der beiden Kopien in die Zeit Urbans V. wird dadurch noch plausibler, daß sowohl Bindos Sammlung als auch der OR XV über je ein Ereignis aus dem Pontifikat Gregors XI. berichten.[601] Diese beiden Berichte aber sind deutlich als Nachträge zu erkennen. Erst nach der Herausbildung der Überlieferungsstränge entstand das Kapitel LXVIII,[602] weil dessen Inhalt nur vage dem des Kapitels 83 im OR XV gleicht und in Gatticos Version ein entsprechender Text gänzlich fehlt.

Nach meinem Dafürhalten waren die Kapitel XLIX bis LXVIII schon vor

---

597 Im cod. Barb. lat. 750, f. 95vf.

598 Gattico, Kap. 4 (S. 14b).

599 So z. B. Kap. LV 3 = OR XV 64, LX 1 = OR XV 71 Abs. 1, LXIII 5 = OR XV 74.

600 Vgl. den Apparat zu Kap. LXIII, unten, S. 271.

601 Bindo: Kap. LXIV 16, unten, S. 273; OR XV: Migne PL 78, Sp. 1303A u. C, 1315A, 1318A, 1324A, 1335C, 1344B, 1345A, 1349D, 1350B, 1358A.

602 Unten, S. 281f.

der Entstehung von Bindos Sammlung vereinigt und die Kapitel LXIX bis LXXII vermutlich als Ergänzungen dieser zwanzig Kapitel in der Vorlage von Bindos Sammlung nachgetragen. Für diese Vermutung spricht meines Erachtens, daß die Kapitel LXIX und LXX im Prolog nicht gekennzeichnet sind, also von dessen Autor nicht als eigenständige Texte aufgefaßt wurden und daher aus einer anderen Vorlage noch ein zweites Mal abgeschrieben wurden, und daß die Kapitel LXXI und LXXII Ergänzungen zu zwei schon in der Sammlung enthaltenen Texten aufweisen, wobei das Kapitel LXXI analog zum Kapitel LXVIII abgefaßt ist.

Das Fazit der Überlegungen zu den ursprünglichen Bestandteilen der Sammlung B ist meiner Meinung, daß ein Kaplan Gregors XI. – sei es Bindo oder ein anderer – zur Unterweisung seiner Mitkapläne Texte zur Liturgie der Papstvespern und -messen verfaßte und daß er in diese Texte zur Verdeutlichung Kapitel zum Kirchenjahr eingliederte, die er aus einer Vorlage übernahm, die wahrscheinlich aus der Zeit Urbans V. stammte. Aus der Tendenz des Werkes erklärt es sich, daß vor allem die Aufgaben der Kapläne beschrieben sind.

Vom Autor selbst oder einem späteren Besitzer der Handschrift wurden verschiedene Texte in der Handschrift V, der mutmaßlichen Reinschrift des Originals, nachgetragen, als erste die den Kapiteln LXIX und LXX entsprechenden Texte.[603] Diesen folgen drei Kapitel, die während des Großen Schismas auch noch in anderen Handschriften überliefert wurden.[604] Ob die Handschrift V für diese weiteren Codices die Vorlage war oder ob die Nachträge in V zusammen mit den Texten in der Version Na-Ta des OR XIV auf eine gemeinsame Vorlage zurückgehen, sei dahingestellt. Das letzte nachgetragene Kapitel[605] schließlich enthält ein von Bonifaz VIII. stammendes Gebet, das auch noch als Einzeltext in einem Stundenbuch des 15. Jahrhunderts überliefert ist.[606] Besonders interessant ist bei diesem Text der Hinweis auf das Archiv der königlichen Kapelle in Paris.

Außer diesen Nachträgen enthält V noch Glossen und Zusätze verschiedener Schreiber, von denen zwei auf ca. 1393 zu datieren sind.[607] Um 1400 wurden alle Nachträge, Glossen und Zusätze in die Kopie R übernommen. Im 15. Jahrhundert scheint die Sammlung nicht mehr benutzt worden zu sein, da weder V noch R Zusätze enthalten, die in die Zeit nach ca. 1400 weisen.

---

603 Auf f. 52r; vgl. die Handschriftenbeschreibung S. 420.

604 So in Urbin. lat. 469, f. 78v, 66vf. und 78r die Kapitel LXXV–LXXVII, vgl. Na-Ta, Kap. 125, 109 und 124.

605 Kap. LXXVIII, unten, S. 291.

606 Berlin Kupferstichkabinett, cod. 78 B 12; vgl. die Angaben in der Handschriftenbeschreibung S. 421, und im Apparat zu Kap. LXXVIII, unten, S. 291.

607 Kap. XLVIIIa und L 1a, unten, S. 256ff.

## 2. Der Ordo Romanus XV des Petrus Amelii

Ein anderer Ordo, der aus dem späten 14. Jahrhundert stammt und zum großen Teil auf Texten aus der Mitte des Jahrhunderts basiert, ist der von Mabillon edierte Ordo Romanus XV (= OR XV).[608] Da der Text bisher nicht neu ediert wurde, sind wir auf Mabillons fehlerhafte Edition angewiesen. Vollständig ist die Sammlung nur in einer nach 1450 geschriebenen Handschrift der Biblioteca Casanatense in Rom erhalten;[609] Auszüge des Ordo, die aus einer Zeremoniellhandschrift des Kardinals Guillaume d'Estouteville übernommen sind, enthält die Handschrift Vat. lat. 5747 (= E 2) des OR XIV. Auf beide Handschriften werde ich noch weiter unten eingehen. Anders als bei Bindos Zeremonienbuch halte ich es beim OR XV für sinnvoll, erst seinen Inhalt und die eventuellen Vorlagen zu behandeln, um darauf aufbauend die Frage nach der Entstehungszeit und dem wahrscheinlichen Kompilator zu beantworten.

Inhalt und Vorlagen des OR XV sind schon wiederholt – vor allem von G. Mercati, J. Kösters und M. Dykmans – untersucht worden.[610] Auf diesen älteren Arbeiten basieren zu einem großen Teil die folgenden Ausführungen. Die Sammlung besteht aus 167 Kapiteln, die sich in vier Gruppen gliedern: a) die wichtigsten Sonntage und Feste des Kirchenjahres (Kap. 1–100); b) die nach Monaten aufgeteilten Rubriken des Breviers (Kap. 101–142); c) Texte über Krankheit und Tod eines Papstes, über die Exequien und das Konklave (Kap. 143–149); d) Texte, die größtenteils aus der Zeit Bonifaz' IX. stammen (Kap. 150–167).

a. Wie schon Dykmans erkannte,[611] entsprechen viele Kapitel des ersten Teils Texten von Gatticos Version des OR XIV. Da jedoch die von ihm aufgestellte Liste unvollständig und fehlerhaft ist und in ihr Mabillons Version nicht berücksichtigt wurde, führe ich in der folgenden Liste die den Kapiteln des OR XV entsprechenden Kapitel in Mabillons oder Gatticos Version und auch in Bindos Sammlung auf, sofern Interdependenzen zu vermuten sind.

| | |
|---|---|
| OR XV 8: | Gattico 43 (Zusatz: S. 48a, Z. 5–25) |
| OR XV 9: | OR XIV 67 |
| OR XV 10: | OR XIV 69 (Abs. 1) und 70 (Abs. 1) |
| OR XV 12: | OR XIV 70 |
| OR XV 13: | OR XIV 73 |

---

608 Von mir zitiert nach Migne PL 78, Sp. 1273D–1368B.

609 Cod. 607; vgl. die Angaben in der Handschriftenbeschreibung, S. 423.

610 G. Mercati, Appunti per la storia del Breviario Romano nei sec. XIV–XV, tratti dalle „Rubricae Novae", S. 362–394; J. Kösters, Studien, S. 77–86; M. Dykmans, Mabillon et les interpolations, S. 322–333.

611 M. Dykmans, a.a.O., S. 333.

| | |
|---|---|
| OR XV 20–22: | Gattico 2–3, OR XIV 78 |
| OR XV 24–35: | Gattico 6–8 |
| OR XV 36–38: | OR XIV 79 |
| OR XV 40–44: | Gattico 10 |
| OR XV 45: | Gattico 11 |
| OR XV 48: | Gattico 12, OR XIV 81 |
| OR XV 49–51: | Gattico 35 |
| OR XV 53–58: | Gattico 13, Bindo 53 |
| OR XV 60: | Gattico 14 |
| OR XV 65–67: | Gattico 16, Bindo 54–56 |
| OR XV 68: | Gattico 17, Bindo 56 |
| OR XV 69: | Gattico 18, Bindo 57 |
| OR XV 70: | Gattico 19–20, Bindo 58–59 |
| OR XV 71: | Gattico 21–22, Bindo 60–61 |
| OR XV 72: | Gattico 23, Bindo 62 |
| OR XV 73–74: | Gattico 24, Bindo 63 |
| OR XV 75–77: | Gattico 25–26, Bindo 64–65 |
| OR XV 78: | Gattico 27–28, Bindo 66 |
| OR XV 79: | (cf. PGD, lib. I cap. 5ss.) |
| OR XV 80–82: | Gattico 29, Bindo 67 |
| OR XV 83: | Bindo 68 |
| OR XV 84: | Gattico 30 |
| OR XV 85: | Gattico 31 |
| OR XV 88: | Gattico 32 |
| OR XV 89: | Gattico 33 |
| OR XV 90: | Gattico 33 (letzter Abs.) und 34 |
| OR XV 93: | Gattico 36 |
| OR XV 94–95: | Gattico 37 |
| OR XV 96–97: | Gattico 37 (letzter Teil) |
| OR XV 99: | Gattico 38 |

Beginnen wir die Analyse mit den Kapiteln 20 bis 100. Diese beschreiben die Riten von Mariä Lichtmeß bis Fronleichnam. Wie die Liste zeigt, sind viele Kapitel mit entsprechenden Kapiteln in Gatticos Version, zum Teil auch mit denen in Bindos Sammlung verwandt. Doch zeigt sich an verschiedenen Stellen, daß der Wortlaut des OR XV mehr den Passagen in Bindos Zeremonienbuch als denen in Gatticos Version gleicht. Daher gelangte ich schon bei der Untersuchung von Bindos Sammlung[612] zu der Annahme, daß der OR XV und Bindos Text mittelbar auf die gleiche, ungefähr aus der Zeit Innozenz' VI. stammende Vorlage zurückgehen, die wiederum auf einer Sammlung basierte, die auch vom Autor von Gatticos Version des OR XIV als Grundlage benutzt wurde. An verschiedenen Stellen beruft sich der Kom-

[612] Siehe oben, S. 105.

pilator des OR XV auf den Kardinal Stefaneschi.[613] Gewöhnlich stimmen diese Nennungen mit Passagen in Gatticos Version überein. Nur bei zwei Zitaten fehlen die entsprechenden Stellen in Gatticos Text. Doch auch Mabillons Version hilft nur bei einem der beiden Zitate weiter,[614] denn für das zweite fehlt die genaue Entsprechung auch bei diesem.[615] Auf Grund der zwei Zitate die Kenntnis von Stefaneschis Text beim Autor des OR XV anzunehmen, halte ich für unzulässig.[616] An anderen Stellen nämlich, die auf Mabillons Version basieren und auch in Stefaneschis Handschrift gestanden haben dürften, lehnt er die Ausführungen der Vorlage ab, ohne Stefaneschi zu nennen.[617] Deshalb glaube ich, daß der Kompilator die Kenntnis von Stefaneschis Handschrift aus seiner Vorlage übernommen hat, die demzufolge umfangreicher gewesen sein muß als die in Gatticos Version enthaltenen Auszüge.

Außer Stefaneschis Handschrift sind auch noch andere liturgische Bücher im OR XV genannt: das Breviarium Romanum, Missale Romanum, Pontificale Romanum, das Pontifikale und Rationale des Durandus, der Liber politicus und eine *rubrica Clementis VI.*[618] Auf die zuletzt genannte Vorlage werde ich weiter unten eingehen.[619] Die Zitierung der fünf ersten Werke ist für die zweite Hälfte des 14. Jahrhunderts nicht verwunderlich und braucht deshalb nicht untersucht zu werden. Dagegen müssen wir die Nennungen des Liber politicus genauer prüfen. Dieser ist sechsmal genannt; und es ist zu fragen, ob der Autor den Liber selbst benutzt hat oder nur aus der Vorlage kannte. An drei Stellen entsprechen dem OR XV ähnliche Passagen in Mabillons OR XIV, die gleichfalls auf den Liber politicus verweisen.[620] An zwei anderen Stellen entspricht der Passus zwar auch jeweils einem in Mabillons OR XIV, doch nennt nur der OR XV den Liber politicus, der OR XIV aber nicht.[621] Schließlich existiert im OR XV ein Verweis auf den Liber politicus,

613 Vgl. M. Dykmans, a.a.O., S. 331.

614 OR XV, Kap. 9 (Sp. 1278C/D) = OR XIV, Kap. 67 (Sp. 1182A).

615 OR XV, Kap. 85 (Sp. 1331C) stimmt nicht – wie M. Dykmans, S. 331f., meint – mit OR XIV, Kap. 71 (Sp. 1190D) überein.

616 Dieser Ansicht ist auch M. Dykmans, a.a.O., S. 332.

617 So z. B. OR XV, Kap. 12 (Sp. 1280C) und Kap. 22 (Sp. 1268B).

618 *Breviarium Romanum:* Kap. 45 (Sp. 1296A), 69 (Sp. 1312A), 77 (Sp. 1320D); *Pontificale Romanum:* Kap. 20 (Sp. 1282C), 143 (Sp. 1350D), 146 (Sp. 1354C); Durandus, Pontifikale: Kap. 79 (Sp. 1323B), Rationale: Kap. 48 (Sp. 1297D); *Liber politicus:* Kap. 9 (Sp. 1278D), 10 (Sp. 1279D), 12 (Sp. 1280C), 13 (Sp. 1281A), 37 (Sp. 1292C); *rubrica Clementis VI (= extravagans Clementis VI?)*: Kap. 17 (Sp. 1281D), 101 (Sp. 1339D), 104 (Sp. 1341A).

619 Vgl. die Angaben unter b) auf S. 110.

620 OR XV, Kap. 10 (Sp. 1279D) = OR XIV, Kap. 16 oder 31 (Sp. 1129/30 oder 1136 A–C); OR XV, Kap. 12 (Sp. 1280C) = OR XIV, Kap. 70 (Sp. 1184A); OR XV, Kap. 13 (2 mal) (Sp. 1280D–1281A) = OR XIV 73 (Sp. 1194C–1195A).

621 OR XV, Kap. 37 (Sp. 1292C) = OR XIV, Kap. 79 (Sp. 1199C).

in dem betont wird, daß die Stelle aus dem Text Stefaneschis stammt und daß dieser auf dem Liber politicus basiert. An der entsprechenden Stelle im OR XIV fehlt der Verweis auf den Liber politicus.[622] Da spätestens seit der Zeit Urbans V. eine Handschrift des Liber politicus zur päpstlichen Bibliothek gehörte,[623] kann es durchaus sein, daß der Kompilator des OR XV den Liber politicus benutzt hat. Es ist aber ebenso möglich, daß in der Vorlage des OR XV, die zum Teil auf Stefaneschis Handschrift basierte,[624] alle Verweise auf den Liber politicus enthalten und nur nicht völlig in den OR XIV übernommen worden waren.

b. Die meist kurzen Texte der zweiten Gruppe[625] enthalten Anweisungen zum Stundengebet an den wichtigsten Sonntagen und Festen. Da die Kapitel schon ausführlich von G. Mercati[626] untersucht wurden, kann ich mich kurz fassen. Die Texte beginnen erst mit dem 1. Januar. Diese Jahreseinteilung ist für liturgische Texte nicht ungewöhnlich – sie wurde z. B. auch im Kapitel 101 des OR XIV angewandt[627] – und ist dadurch zu erklären, daß die auf Weihnachten folgenden Tage gewöhnlich zusammen mit diesem Fest behandelt wurden. Deshalb enden die Kapitel mit den ersten Tagen im Dezember. Als Jahresanfang ist also der für die Kurie vor Martin V. übliche 25. Dezember zu betrachten.[628]

In den Texten geht der Autor vor allem auf Neuerungen ein, die sich auf Grund einer Bestimmung Clemens' VI. vom 22. 2. 1352 – im OR XV wird sie einmal Extravagante genannt – ergeben.[629] Der Text dieser Bestimmung ist weder im Bullarium Romanum noch in den Registern enthalten, soweit diese publiziert sind. Für die Kapitel benutzte der Kompilator eine Vorlage, die schon auf das Jahr 1352 oder die ersten Jahre Innozenz' VI. zurückgehen dürfte, da ein Kapitel auch in Gatticos Version des OR XIV fast Wort für Wort übernommen ist.[630] Außerdem enthält der Text des OR XV, wie Mercati zeigte,[631] viele Fehler. Dennoch sind die Kapitel für die Überlieferungsgeschichte der Brevierrubriken von großer Bedeutung.

c. Die Kapitel 143 bis 149 der dritten Gruppe[632] beschreiben die vor und

---

622 OR XV, Kap. 9 (Sp. 1278D) = OR XIV, Kap. 67 (Sp. 1182A). In OR XV, Kap. 143 (Sp. 1350D) ist der Liber politicus an einer Stelle genannt, der weder ein Passus im Liber politicus oder Liber censuum noch im OR XIV entspricht.

623 Vgl. oben, S. 10. 624 Vgl. oben, S. 93.

625 Kap. 101–142 (Sp. 1339D–1349C).

626 G. Mercati, Appunti, S. 367–391.

627 Migne PL 78, Sp. 1226B–1232C; vgl. oben, S. 72f.

628 Vgl. dagegen J. Kösters, Studien, S. 83.

629 Vgl. dazu die Angaben von G. Mercati (wie Anm. *626*).

630 Gattico, Kap. 9, S. 17b.

631 Wie Anm. *626*.

632 Migne PL 78, Sp. 1349D–1358C.

nach dem Tode eines Papstes durchzuführenden Maßnahmen und schließlich das Konklave. Sie stammen wahrscheinlich von ein und demselben Autor. Dieser verfaßte seine Texte nicht zu einem besonderen, zeitlich bestimmbaren Anlaß, da offen gelassen ist, ob der Kämmerer Kardinal ist oder nicht.[633] Da jedoch Ämter der römischen Kommune – wie *banderenses, rectores, capita regionum* – genannt sind,[634] viele der genannten kurialen Ämter erst seit der zweiten Hälfte des 14. Jahrhunderts existierten[635] und im Text Gregor XI. und Urban VI. genannt sind,[636] während Bonifaz IX. nur in einer ursprünglich wohl auf dem Rand geschriebenen Notiz vorkommt,[637] dürften die Texte zur Zeit Urbans VI. verfaßt worden sein. Weil aber zumindest das Konklavekapitel auch unabhängig vom OR XV in Handschriften tradiert wurde[638] und diese zum Teil einen anderen Textbestand aufweisen, halte ich es für wahrscheinlich, daß die sieben Kapitel nicht vom Kompilator des OR XV selbst verfaßt, sondern lediglich von ihm überarbeitet sind.

d. Die Texte der letzten Gruppe[639] beziehen sich überwiegend auf Ereignisse unter Bonifaz IX. Lediglich zwei Kapitel könnten älter sein; das eine[640] beschreibt den Empfang von Kardinälen, die an die Kurie zurückkehren, das andere[641] die Exequien für verstorbene Kardinäle. Für eine genauere zeitliche Fixierung fehlen jedoch Anhaltspunkte. Von den auf den Pontifikat Bonifaz' IX. bezogenen Kapiteln nennt das späteste das Jahr 1398.[642] Ab Kapitel 154 sind diese Texte als *Additiones* gekennzeichnet und so von den vorhergehenden Kapiteln getrennt. Doch wird sich unten[643] erweisen, daß die Trennung nicht das Ende des ursprünglichen Bestandes des OR XV angibt.

Als Kompilator des OR XV gilt seit Mabillon Petrus Amelii. Bevor ich auf die Gründe eingehe, die für seine Verfasserschaft sprechen, will ich kurz auf

---

[633] Vgl. z. B. Sp. 1352C, 1353B und 1354C.

[634] *Banderenses:* Sp. 1355A, 1357A, 1358A; *rectores:* Sp. 1355A; *capita regionum:* Sp. 1355A. Zur römischen Verfassung um 1400 vgl. A. Esch, Bonifaz IX. und der Kirchenstaat, Tübingen 1969, S. 215ff.

[635] So z. B. *advocatus pape* bzw. *pauperum* (jeweils Sp. 1355A), *apothecarius* (Sp. 1351B), *barbitonsor* (Sp. 1351B, 1356A), *campanarius* (Sp. 1355A), *cantores capelle* (Sp. 1352B, 1355C), *clerici audientie* (Sp. 1357D), *custos sacre capelle* (Sp. 1355A), *confessor pape* (Sp. 1350A–D, 1354C), *magister aque fallerie* (Sp. 1354D), *referendarii* (Sp. 1354C/D), *scopator camere pape* (Sp. 1355A, zus. mit dem *scopator palatii*).

[636] Gregor XI.: Sp. 1349D und 1350 B; Urban VI.: 1355A, 1357D, 1358A.

[637] Sp. 1349D; ebenso dann wieder nach den Texten auf Sp. 1358C/D.

[638] In cod. Barb. lat. 750, f. 7r–8r und Turin Bibl. Naz., cod. F. V. 14, f. 6v–8r; vgl. oben, S. 88.

[639] Kap. 150–167 (Sp. 1358C–1368B).

[640] Kap. 152 (Sp. 1359B).

[641] Kap. 166 (Sp. 1365A–1367A), mit Zusatz von 1434.

[642] Kap. 165 (Sp. 1364C–1365A).

[643] Vgl. S. 116f.

seine Lebensgeschichte eingehen, die uns besser als die Bindos bekannt ist.[644] Zwischen 1340 und 1350 im Dörfchen Brenac im Bistum Alet geboren, trat Petrus Amelii in den Konvent der Augustinereremiten in Limoux ein. Seine Karriere an der Kurie begann er 1369 als Nachfolger seines Ordensbruders Petrus de Arsenxis[645] im Amt des *socius* des damaligen päpstlichen *confessor* Raimundus de Accono,[646] der dem gleichen Orden angehörte. Als *socius* war Petrus verantwortlich für die Pflege, Instandsetzung und Neuanschaffung von Gegenständen der päpstlichen Kapelle.[647] Zugleich las er unter Gregor XI. als *capellanus capelle* täglich eine Messe im Auftrag des Papstes[648]. Am 5. Juli 1375 wurde er Bischof von Senigaglia[649] und ungefähr zur gleichen Zeit Nachfolger des Raimundus als *confessor* und verfaßte in dieser Funktion einen Katalog der päpstlichen Bibliothek.[650] Auch weiterhin kümmerte er sich um die Kapelle, was sich in seinen Ausgaben für diese während der Rückkehr Gregors XI. nach Rom zeigt.[651] Über diese Rückkehr dichtete er ein *Itinerarium*,[652] das zwar kein großes Kunstwerk ist, jedoch viele Einzelheiten von dieser Reise berichtet. Die Aufgaben eines *confessor* und *sacrista,* dessen Amt sich aus dem des *socius* herausgebildet hatte,[653] versah er unter den Päpsten der römischen Obödienz bis zu seinem Tode im Jahre 1401.[654] Während dieser Zeit wurde er 1387 Patriarch von Grado und 1400 Patriarch von Alexandrien;

---

[644] Vgl. zu ihm auch die Angaben in M. Dykmans, Mabillon et les interpolations, S. 318f. Anm. 9; von der älteren Literatur bes. F. Ehrle, Historia bibliothecae I, S. 735ff., G. Mollat, in Dict. d'hist. et de géogr. eccl. 2 (1914), Sp. 1253f., und R. Ronzy, Le voyage de Grégoire XI ramenant la papauté d'Avignon à Rome (1376–1377). Florenz 1952, bes. S. 12ff.

[645] Zu diesem vgl. K. Eubel, Hierarchia catholica 1, S. 348; F. Ehrle, Historia bibl. I, S. 735; K. H. Schäfer, Ausgaben 3, S. 108, 112, 136, 181, 208, 222, 242f., 248, 319, 324, 330, 482; B. Schimmelpfennig, Die Organisation der päpstlichen Kapelle in Avignon, S. 100 mit Anm. 135.

[646] Zu diesem vgl. J.-M. Vidal, Les comptes de l'évêche de Pamiers sous l'évêque Raymond Dachon (1371–1380), 1899/1900, S. 71–121, 261–300 u. 377–411, und Gallia Christiana Novissima 1, Sp. 371–373 und 5, Sp. 248–251.

[647] K. H. Schäfer, Ausgaben 3, S. 283, 413, 429f., 487f., 560 (für 1370–1374).

[648] Ebda., S. 424, 473f., 475, 571.

[649] K. Eubel, Hierarchia catholica 1, S. 447.

[650] Vielleicht ist es der von F. Ehrle, Historia bibliothecae I, S. 454–574, edierte Katalog; vgl. F. Ehrle, a.a.O., S. 451f., und dagegen A. Maier, Die „Bibliotheca Minor" Benedikts XIII. (Petrus de Luna) (AHPont 3), 1965, S. 141–143.

[651] J. P. Kirsch, Die Rückkehr der Päpste Urban V. und Gregor XI. nach Rom, Paderborn 1898, S. 181, Nr. 76, und S. 226, Nr. 182.

[652] Ediert und ins Französische übersetzt von P. Ronzy, Le voyage, passim.

[653] Vgl. B. Schimmelpfennig, Die Organisation der päpstlichen Kapelle in Avignon, S. 100ff.

[654] Zum Tode des Amelii vgl. den Brief Bonifaz' IX. vom 7. Juni 1401 an seinen Kämmerer in F. Ehrle, Historia bibliothecae I, S. 737 Anm. 866.

außerdem war er von 1394 bis 1399 Administrator der Diözese Oloron und 1400 bis 1401 Administrator des Bistums Dax.[655] Als Patriarch war er im Zeremoniell den Kardinalbischöfen gleichgestellt und fungierte er als Vertreter des Papstes bei der Kanonisation der hl. Birgitta (Oktober 1391) und bei der Verkündigung der *processus generales* am Gründonnerstag.[656]

Petrus Amelii ist oft im OR XV genannt,[657] einige Male sogar in der ersten Person,[658] so daß er als Autor zumindest dieser Texte ausgewiesen ist. In allen Teilen der Sammlung sind auf die Zeit Urbans VI.,[659] einige Male auch auf den Pontifikat Bonifaz' IX.[660] bezogene Bemerkungen eingestreut und die aus Vorlagen übernommenen Texte um Ausführungen über die Aufgaben des *confessor* oder *sacrista* erweitert oder dahingehend geändert.[661] An mehreren Stellen ist der *modus antiquus* den *moderna tempora* gegenübergestellt.[662] Texte, die in Stefaneschis Handschrift und in den Versionen Na-Ta und Mabillons des OR XIV auf Rom bezogen waren und daher vom Autor der Version Gatticos und in deren Vorlage als nicht geltend gekennzeichnet waren, sind nun im OR XV als wieder gültig angesehen und enthalten daher nicht mehr den Verweis auf Stefaneschi.[663] An einigen Stellen enthält der Ordo auch neue Gewohnheiten, die ein wenig günstiges Licht auf die Lebensverhältnisse in der römischen Obödienz werfen, so etwa wenn in der Papstmesse vor der Kommunion Hostie und Wein, beide schon geweiht, vorgekostet werden müssen.[664] Verschiedene Papstreihen zeigen, daß Petrus Amelii Gegebenheiten aus den Pontifikaten Urbans V. bis Urbans VI. in die vorgegebenen Texte einfügte.[665] Und daß er wirklich ein Zeremonienbuch überarbeitet

655 Vgl. K. Eubel, a.a.O., S. 97, 266, 377, 447.

656 OR XV, Kap. 153 (Sp. 1359B–1362D) und Kap. 158 (Sp. 1363B/C).

657 Sp. 1321D, 1324A, 1336B/C, 1344A und B/C, 1349D, 1359C/D, 1361B, 1363C/D, 1364D.

658 Sp. 1321D, 1344B/C, 1349D, 1361B, 1363C.

659 Sp. 1279A, 1282B, 1287A, 1303C, 1305A, 1315A, 1318C, 1319B, 1324A, 1335C/D, 1339B, 1340D–1341C, 1342C/D, 1344A–C, 1347C, 1348C–1349A, 1355A, 1357D, 1358A.

660 Sp. 1293B, 1297D, 1315A, 1332A, 1341D, 1343B, 1349D, 1358C/D, 1359B/C, 1361D –1362D, 1363A–1365A, 1368B.

661 *Confessor:* Sp. 1332D, 1333A, 1339C, 1350A–D, 1354C, 1359C, 1363D; *sacrista:* Sp. 1275C, 1277A/B, 1278C, 1279A, 1283A, 1285C, 1287B–D, 1288C, 1296C, 1300C, 1302D, 1306D, 1307A u. C, 1308A u. D, 1310B, 1311B, 1317D, 1318B, 1319A u. C, 1320C, 1325C, 1326C, 1327D, 1329C, 1332C, 1333B, 1334A, 1336B, 1341B, 1351A u. C, 1355A, 1361A.

662 Sp. 1280C, 1283C, 1286B u. D, 1287A, 1288C, 1294B, 1300A, 1301B *(hodie)*, 1302C *(hodie)*, 1312A, 1317A, 1324A, 1334B, 1335C, 1347B, 1356D.

663 Vgl. z. B. OR XV, Kap. 78 (Sp. 1323A) mit Gattico, Kap. 28 (S. 37a) und Bindo (Sammlung B), Kap. LXVI 8, unten, S. 278.

664 OR XV, Kap. 81 (Sp. 1325D); vgl. auch die Probe von Hostien, Wein und Wasser in Kap. CXXVI, 26, 28 u. 33 der Sammlung C, unten, S. 320ff.

665 Vgl. Kap. 74 (Sp. 1315A = Zusatz im OR XIV, Sp. 1210A/B), 77 (Sp. 1319B), 80 (Sp. 1324A), 90 (Sp. 1335C).

hat, bezeugt noch Jahrzehnte später Guido de Busco, Neffe des Nachfolgers des Amelii und selbst päpstlicher Zeremonialkleriker, wenn er schreibt:[666] *Sciendum, quod Cerimoniale illud, unde copie habentur in curia Romana, fuit correctum vel ampliatum per dominum Petrum patriarcham Gradensem ordinis Augustinensis.* Zugleich geht aus seiner Feststellung hervor, daß das Zeremonienbuch an der Kurie verbreitet gewesen war. Hingegen existieren heutzutage, wie ich schon schrieb, nur noch ein vollständiges Exemplar und ein Fragment des Ordo. Doch geben uns beide Aufschluß über die Zeit, in der Petrus Amelii selbst den Ordo bearbeitete, und über spätere Besitzer und Glossatoren.

Der Codex Casanat. 607 lag zumindest mittelbar der Edition Mabillons zugrunde. Die Einwände von Kösters[667] gegen diese Gleichsetzung sind nicht stichhaltig: Ameliis Name wurde nicht vom Schreiber der Handschrift, sondern später – als der Codex vielleicht schon zur Biblioteca Casanatense gehörte – als Titel hervorgehoben. Die Nachträge stimmen mit den Angaben Mabillons überein, da der Empfang der Griechen zur zweiten *Brevis nota*[668] gehört und der Konzilsordo *Ante solis ortum* wohl gleichfalls zu dieser *nota* gezogen und daher nicht eigens erwähnt wurde. Der Text der Handschrift stimmt weitgehend mit der Edition überein, alle Lücken der Ausgabe finden sich auch in der Handschrift. Die Ausgabe bietet daher den Textbestand dieser Handschrift, abgesehen von Abschreibefehlern. Auch hat der Schreiber der Handschrift, die wahrscheinlich nach 1450 geschrieben wurde, seine Vorlage wohl nicht immer richtig lesen können. Daher darf vor allem bei Personen- und Ortsnamen nicht immer mit jedem einzelnen Buchstaben operiert werden. Die mittelbare oder unmittelbare Vorlage des Codex stammt aus den letzten Jahren Eugens IV. oder dem Pontifikat Nikolaus' V. Für diese Datierung spricht, daß sich der letzte datierte Eintrag innerhalb des Textes auf das Jahr 1434,[669] ein anderer auf den Aufenthalt Eugens IV. in Florenz[670] bezieht. Ein etwas älterer Eintrag nennt das Jahr 1428.[671] Dagegen stand auf dem Rand der Vorlage ein Hinweis auf den Tod Nikolaus' V. (1455) und wurde auch in Casanat. 607 auf den Rand geschrieben.[672]

Als Autor der im Text stehenden Nachträge, der wahrscheinlich auch einzelne ältere Passagen verändert oder erweitert hat, gilt seit langem Petrus Assalbiti,[673] Neffe des Petrus Amelii. Assalbiti stammte aus Limoux und war

---

666 F. Wasner, Guido de Busco, S. 97f.

667 J. Kösters, Studien, S. 77ff.

668 Vgl. St. Kuttner, a.a.O., S. 23.

669 OR XV, Kap. 166 (Sp. 1366Cff.).

670 Ab 1434; vgl. OR XV, Kap. 62 (Sp. 1305C).

671 OR XV, Kap. 131 (Sp. 1345D).

672 Sp. 1350, Anm. a zu Kap. 143.

673 Vgl. zu diesem F. Wasner, Guido de Busco, S. 94 Anm. 7; C. Alonso, Pierre Assalhit (Augustiniana 20), Löwen 1970, S. 107–144, bringt nichts Neues zu Assalbitis Tätigkeit als Sakristan.

wie sein Onkel Augustinereremit. Wohl noch zu dessen Lebzeiten, also unter Bonifaz IX., nach Rom gekommen, diente er unter Guillelmus de Vinea,[674] dem Nachfolger des Amelii, als *capellanus capelle*.[675] Zur Pisaner Obödienz übergetreten, war er unter Johannes XXIII. Bischof von Oloron und verwaltete das Inventar der Kapelle.[676] Martin V. ließ ihm sein Bistum und ernannte ihn zu seinem *sacrista*, daneben auch zum *magister registri supplicationum*.[677] Am 23. 8. 1419 wurde Assalbiti auf den Stuhl von Condom, am 8. 1. 1421 auf den seiner Heimatdiözese Alet transferiert.[678] Im gleichen Jahr ging er als Gesandter *(orator)* des Papstes nach Bologna.[679] Unter Eugen IV. blieb er in seinen Ämtern[680] und fungierte von 1431 bis 1433 als Stellvertreter des Kämmerers.[681] Außerdem war er zumindest 1432 auch *confessor* des Papstes.[682] Gestorben ist er ca. 1443.[683]

Im OR XV nennt sich Assalbiti in der Ichform in einem Zusatz zum Kapitel 85:[684] *Et ita vidi servari ego Petrus episcopus Oloycensis tempore domini Bonifacii IX, Innocentii VI, Gregorii XI, Johannis XXIII et Martini V.* Das Wort *Oloycensis* hat wiederholt Verwirrung gestiftet und Anlaß zu recht verwegenen Mutmaßungen geboten.[685] Doch dürfte kaum daran zu zweifeln sein, daß es verschrieben ist aus *Olorensis*, also auf Assalbiti zutrifft; schließlich hat der Schreiber auch die Ordnungszahlen bei Innozenz VII. und Gregor XII. nicht exakt kopiert. Da sich der Eintrag auf das Osterfest bezieht und Petrus noch Bischof von Oloron ist, dürfte er 1418 oder 1419 geschrieben worden sein. Durch ihn gibt Assalbiti klar zu erkennen, daß er die päpst-

---

674 Ebda., S. 80 Anm. 2; vgl. außerdem z. B. A. Peruzzi, La chiesa Anconitana 1, Ancona 1845, S. 111; L. Leônij, Cronaca dei Vescovi di Todi, Todi 1889, S. 99–101; B. Katterbach, Referendarii utriusque Signaturae a Martino V ad Clementem IX, Città del Vaticano 1931, S. XXXIII; J. Favier, Les finances pontificales, S. 142, 151, 154, 522, 591, 601, 740.

675 F. Wasner, a.a.O., S. 94.

676 Florenz Bibl. Naz., cod. Magl. XIX 79, f. 36v und 88vf. (19./20. 10. und 7. 11. 1413) und XIX 81, f. 124r (22. 4. 1413) u. ö.; Prato, Bibl. Roncion., cod. 335, f. 28r und 66r (12. 4. 1414 u. 6. 4. 1415).

677 K. Eubel, Hierarchia catholica 1, S. 377; Vat. lat. 8502, f. 99r (1. 12. 1417).

678 K. Eubel, a.a.O., S. 202 und 237.

679 Vat. Archiv, Intr. et Ex. 379, f. 134v und 140v (30. 4. u. 31. 5. 1421); Röm. Staatsarchiv, Camerale I 824, f. 185v (14. 5. 1421).

680 Vat. Archiv, Reg. Vat. 372, f. 50r, 50v, 51r, 144v (1431/32); Reg. Suppl. 390, f. 206v (10. 6. 1443).

681 Röm. Staatsarchiv, Camerale I 827, f. 1rf., 49vf. u. ö. (1431/32); Camerale I 1712, f. 82r, 83r, 126v (1431–1433).

682 Vat. Archiv, Reg. Vat. 372, f. 144v (29. 2. 1432).

683 Vat. Archiv, Reg. Suppl. 390, f. 206v (10. 6. 1443); nach F. Ehrle, Historia bibliothecae I, S. 725 starb er 1440.

684 Sp. 1332A.

685 Vgl. bes. J. Kösters, Studien, S. 83 u. 85f.

lichen Zeremonien von Bonifaz IX. bis zu Martin V. miterlebt hat. Mit dieser Reihe stimmt teilweise eine zweite überein,[686] die jedoch lediglich Bonifaz IX. und Johannes XXIII. nennt und betont, daß unter diesen – bekanntlich nicht sehr geistlich gesinnten – Päpsten im Gegensatz zu den Pontifikaten Clemens' V. bis Urbans VI. Frauen in Gegenwart des Papstes speisen durften. In diesem schon mehrmals zitierten Kapitel 74 sind drei Papstreihen aufgeführt: 1. Clemens V. bis Clemens VI., 2. Urban V. bis Urban VI., 3. Bonifaz IX. und Johannes XXIII. Wie schon erklärt, stammt die erste Reihe aus Ameliis Vorlage und die zweite von Amelii selbst.[687] Es ist nun zu fragen, von welchem Zeitpunkt an Assalbiti das Werk seines Onkels fortgeführt hat.

Bei der Beantwortung helfen uns die im Codex Vat. lat. 5747 überlieferten Fragmente aus der Handschrift des Kardinals Estouteville weiter. Das eben genannte Kapitel 74 ist ebenfalls in den Auszügen enthalten;[688] doch fehlt die dritte Papstreihe, der Textbestand des Fragments reicht hier also nur bis Urban VI. Da jedoch an zwei anderen Stellen der Auszüge noch Ereignisse aus dem Pontifikat Bonifaz' IX. zum 24. 3. 1392 und zum 24. 2. 1395 genannt sind,[689] muß die Handschrift des Estouteville oder deren Vorlage zumindest diese Einträge noch enthalten haben. Andererseits fehlten in ihr, wie die Nachträge aus diesem Caeremoniale im Codex Vat. lat. 5747 zeigen,[690] die Kapitel 153 bis 165 und 167 des OR XV, so daß das Kapitel 166 (ohne den Nachtrag zum Jahr 1434) direkt an das Kapitel 152 anschloß. Daher enthielt diese Handschrift nur wenige Bemerkungen zur Zeit Bonifaz IX. Doch darf daraus nicht ohne weiteres gefolgert werden, daß Estoutevilles Handschrift auf das Exemplar Ameliis und der Codex Casanat. 607 auf Assalbitis Handschrift zurückgehen, denn zumindest eines der bei Estouteville fehlenden Kapitel stammt von Amelii: der Bericht über die Kanonisation der hl. Birgitta am 7. 10. 1391.[691] In diesem Kapitel nennt sich Amelii nicht nur in der dritten Person, sondern auch zweimal in der ersten, wobei die letzte Nennung nur auf ihn zutrifft. Auch die übrigen bei Estouteville fehlenden Texte (154–165 und 167) stammen aus der Zeit Bonifaz' IX., der jüngste von 1398,[692] können demzufolge noch von Amelii verfaßt worden sein, der auch mehrmals in ihnen genannt ist.[693] Andererseits sind die Kapitel 154ff. in Casanat. 607 als

[686] OR XV, Kap. 74 (Sp. 1315A).

[687] Siehe oben, S. 112f. mit Anm. 665; vgl. dazu auch den Apparat zu Bindos Kap. LXIII 5, unten, S. 271.

[688] OR XIV, Kap. 89 (Sp. 1210A/B).

[689] OR XIV, Kap. 79 (Sp. 1201A: 1395), Kap. 81 (Sp. 1202C: 1392).

[690] Vgl. J. Kösters, Studien, S. 68; die Angaben von M. Dykmans, Mabillon et les interpolations, S. 335 sind unvollständig.

[691] Kap. 153 (Sp. 1359B–1362D).

[692] Kap. 165 (Sp. 1364C–1365A).

[693] Kap. 158 (Sp. 1363C: *me Gradensis*!), Kap. 159 (Sp. 1363D), Kap. 165 (Sp. 1364D), Kap. 167 (Sp. 1368A).

*Additiones* bezeichnet; in einem früheren Kapitel wird – durch einen ursprünglich auf dem Rand stehenden Verweis – auf sie als *Additiones* verwiesen.[694] Die Kapitel 154 bis 165 und 167 müssen demnach später nachgetragen worden sein.

Aus dem Fehlen oder Vorhandensein dieser verschiedenen Zusätze und Nachträge ist meines Erachtens zu folgern, daß Ameliis Handexemplar noch zu dessen Lebzeiten, aber nach 1395 kopiert worden ist, daß Amelii selbst oder sein Neffe Texte, die wahrscheinlich noch von Amelii auf Zetteln oder in einem Konzept aufgeschrieben waren, in die Handschrift nachtrugen und daß Assalbiti vor allem als *sacrista* Martins V. und Eugens IV. weitere Notizen eintrug. Eine relativ späte und fehlerhafte Abschrift dieses Handexemplars ist der Codex Casanat. 607, der wohl ebenfalls von einem Mitglied der päpstlichen Kapelle benutzt wurde, wie die zahlreichen Randhinweise zeigen, die vor allem Funktionen des *confessor* oder *sacrista* hervorheben.[695] Die zwischen 1395 und 1401 entstandene Kopie oder eine relativ frühe Abschrift dieser Kopie kam im 15. Jahrhundert in den Besitz des Kardinals Guillaume d'Estouteville und wurde, als man sie um ca. 1480 exzerpierte, als *Ceremoniale antiquum* bezeichnet.[696] Daß Estouteville in den Besitz dieser Handschrift gelangte, ist nicht verwunderlich, da er Jahrzehnte lang Kardinalprotektor der Augustinereremiten war.[697]

### 3. Ordines zur Papstkrönung aus der Zeit des Schismas

Als J. Kösters in seiner Dissertation den Ordo Romanus XV untersuchte, glaubte er, daß die Nachträge nicht von Assalbiti, sondern von einem Deutschen namens Petrus Kirten stammten und daß der Ordo unvollständig überliefert und ediert sei, da ein Ordo zur Papstkrönung fehle, auf den im OR XV mehrmals verwiesen werde.[698] Auf die Widerlegung der erstgenannten These verzichte ich, da die Tätigkeit Assalbitis von keinem mehr bestritten wird. Auf die andere These hingegen muß ich kurz eingehen, um anschließend noch erhaltene und nicht in Zeremoniellsammlungen überlieferte Ordines zur Papstkrönung zu untersuchen. Der OR XV enthält an verschiedenen Stellen Verweise auf Texte, die nicht in ihm zu finden sind. Diese Verweise lassen sich in zwei Gruppen gliedern: die Hinweise der ersten Gruppe[699] sind wörtlich

694 Kap. 10 (Sp. 1280A).

695 Vgl. die Handschriftenbeschreibung, S. 423.

696 So z. B. OR XIV, Kap. 70 (Sp. 1184B).

697 Vgl. U. Mariani, Gli Agostiniani e Ludovico il Bavaro a Roma (Arch. della R. Soc. Rom. di Stor. Patr. 51), 1928, S. 317f.

698 J. Kösters, Studien, S. 82–86.

699 So die Nennung des Liber politicus und Stefaneschis, vgl. oben, S. 108f. mit Anm. 613 und Anm. 618.

aus der Vorlage übernommen, die Verweise der zweiten Gruppe[700] stammen von Amelii und beziehen sich auf Texte in den Vorlagen (Pontifikalien, Breviere, Missalien etc.). Zu dieser zweiten Gruppe gehören die Verweise auf die Papstkrönung, da sie sich auf entsprechende Texte im OR XIV beziehen.[701] Dadurch wird auch Kösters' zweite These hinfällig. Doch sind der von ihm auf den OR XV bezogene Krönungsordo und mit diesem in der gleichen Handschrift stehende Notizen zu den Pontifikaten Innozenz' VII. und Gregors XII. auch für sich betrachtet eine Untersuchung wert.

a. In die Staatsbibliothek in Eichstätt sind verschiedene Handschriften gelangt, die sich auf Gegebenheiten der römischen und Pisaner Obödienz beziehen und von einem oder mehreren Kurialen stammen dürften.[702] Am bekanntesten von ihnen ist der einzige noch erhaltene Supplikenregisterband Bonifaz' IX., der wegen seiner Bedeutung durch Tausch vom Vatikanischen Archiv erworben wurde.[703] Zu diesen Handschriften gehört auch der Codex 697 (alt 293).[704] Er besteht aus zumindest zwei ehemals selbständigen Handschriften (A und B), die aber schon Mitte des 15. Jahrhunderts zusammengebunden waren. Während A für unser Thema ohne Belang ist, verdient B unsere Beachtung. Im Anschluß an eine späte Fassung der Chronik Martins von Troppau folgen als Fortsetzung dieser Chronik Biographien der Päpste ab Clemens VI., die von Bonifaz IX. an bis Johannes XXIII. nach eigenem Erleben geschrieben sind. In diesen schon für sich interessanten Biographien[705] verweist der wohl aus Franken stammende Autor[706] auf gleichfalls von ihm verfaßte Zeremonielltexte über Krönung und Tod eines Papstes.[707] Nun stehen einige Lagen später wirklich ein Papstweihordo und Nachrichten über den Tod Innozenz' VII. und die Krönung Gregors XII. und kürzer zum Tode Alexanders V. und zur Krönung Johannes' XXIII.[708] Daß diese Notizen von drei anderen Schreibern zu stammen scheinen als die Chronikfortsetzung, spricht allerdings gegen diese Deutung. Da sich jedoch die Schrift der vier Texte ähnelt, kann es sein, daß die Texte zu verschiedenen Zeiten vom gleichen Schreiber eingetragen wurden. Falls Autor und Schreiber der Hand-

---

700 Vgl. die Angaben in Anm. 618 (ohne den Liber politicus).

701 OR XV, Kap. 10 (Sp. 1279D) = OR XIV, Kap. 16 oder 31 (Sp. 1129/30 oder 1136A–C).

702 So die Handschriften 170 (Alvarus Pelagius, Planctus), 173 und 617 (Decisiones rote), 698 (Wahl Urbans VI. u. a.).

703 Vgl. G. Tellenbach, Repertorium Germanicum 3, 1, S. 6*.

704 Vgl. die Handschriftenbeschreibung, unten, S. 423f.

705 Ediert von H. Finke, Eine Papstchronik des XV. Jahrh.s., S. 347–362.

706 Ebda., S. 342f.

707 Ebda., S. 353.

708 Ediert von J. Kösters, Studien, Beilage 3, S. 92–98, und H. Finke, a.a.O., S. 359–362.

schrift identisch sind – sie müßte dann um 1415 geschrieben worden sein[709] –, war es möglicherweise ein aus Franken stammender und seit Bonifaz IX. an der Kurie weilender Kleriker, der nach dem Eklat Johannes' XXIII. in seine Heimat zurückkehrte und fortan im Bistum Eichstätt lebte. Vielleicht ist auch in seinem Besitz der Supplikenregisterband nach Eichstätt gelangt. Als Autor kommt eventuell Matthias Spengler in Betracht, der am 7. 9. 1402 den ersten Teil der Chronik beendet hatte.[710] Dieser besaß zumindest unter Johannes XXIII. Pfründen in der Diözese Würzburg,[711] also in Franken. Doch läßt sich die Vermutung nicht weiter begründen, da es zu wenig Nachrichten über ihn gibt.

Der Papstweihordo[712] basiert auf dem Kapitel XIII B des PRC.[713] Der Kompilator oder Schreiber scheint seine Vorlage nicht immer verstanden zu haben, da der Text zahlreiche Fehler enthält.[714] Der Kandidat ist schon Bischof und wird daher nur benediziert. In den Benediktionsgebeten und Laudes beginnt der Name mit *A*,[715] was auf Alexander V. deutet. Doch weist dies lediglich auf den ungefähren Zeitpunkt der Kompilation des Ordo hin. Die übrigen Details selbst – sie stehen nicht immer im PRC – sind stadtrömisch. So wird zum Beispiel vorausgesetzt, daß der Papst bei St. Peter residiert und nur zum *possesso* den Lateran betritt.[716] Da diese Gegebenheiten sowohl auf die Zeit um 1400 als auch auf die zweite Hälfte des 13. Jahrhunderts, vor allem seit Nikolaus III., zutreffen können, ist das Alter der Vorlage nicht näher zu bestimmen. Die Namen der Prozessionsteilnehmer sind nicht auf Grund der Verhältnisse um 1400 aktualisiert, bieten also auch kein Datierungskriterium.

Interessanter als dieser Ordo sind die Texte zum Tod Innozenz' VII. und Alexanders V. und zur Wahl und Krönung Gregors XII. und Johannes' XXIII.[717] Vor allem die Schilderung der Wahl und Krönung Gregors XII. enthält einige sonst nicht überlieferte Details zum Zustandekommen von dessen Wahl und – was fürs Zeremoniell wichtiger ist – zum tatsächlichen Ablauf einer Papstkrönung zu Beginn des 15. Jahrhunderts. So wird sehr detailliert der Zug des Papstes zum Hauptaltar von St. Peter beschrieben, ebenso die

---

[709] Es werden keine Ereignisse aus der Zeit nach der Absetzung Johannes' XXIII. berichtet.

[710] So der Vermerk auf f. 151v; vgl. J. Kösters, Studien, S. 86 Anm. 1.

[711] U. Kühne, Repertorium Germanicum 3 (Alexander V., Johannes XXIII., Konstanzer Konzil), Berlin 1935, Sp. 276 (22. 2. 1412–9. 6. 1414).

[712] Ediert von J. Kösters, Studien, Beilage 3, S. 92–98.

[713] PRC, S. 370–380.

[714] So statt *primicerium: pennitrum;* statt *cantu Romano: cancij Romano;* statt *super: superum;* statt *Cencii: Cirithei* (vgl. J. Kösters, Studien, S. 93 Zeile 24, S. 94 Zeile 2, S. 96 Zeile 16).

[715] So J. Kösters, Studien, S. 93f. (Benediktionsgebete und Laudes).

[716] J. Kösters, Studien, S. 98 Schluß: *Et papa revertitur ad palacium suum sancti Petri.*

[717] Ediert von H. Finke, a.a.O., S. 359–362.

dortige Verbrennung des Wergbüschels und die Krönung auf den Stufen der Kirche.[718] Da der Autor mehrmals auf den vorhergehenden Ordo verweist,[719] hat er die Texte wohl als auf konkrete Vorkommnisse eingehende Ergänzungen zu dem mehr theoretischen Ordo verfaßt.

b. Ebenfalls aus der Zeit um 1400 dürfte der nur fragmentarisch in den Handschriften F 5 und F 6 des OR XIV überlieferte Ordo stammen.[720] Als Ergänzung zum Kapitel 14 des OR XIV eingetragen,[721] enthält das Fragment immerhin die sonst nur in der Eichstätter Handschrift überlieferte Verbrennung des Wergbüschels. Interessant dabei ist vor allem der Bericht über die Diskussion darüber, ob das Werg wie bisher am Hauptaltar verbrannt werden soll oder zur besseren Demonstration der Vergänglichkeit aller Herrschaft auf dem Platz vor der Kirche.[722] Wie jedoch Patrizis Caeremoniale zeigt,[723] fand der Akt vorerst auch weiterhin in der Kirche statt.

## 4. Die Sammlung des François de Conzié

War das Zeremonienbuch des Petrus Amelii vorwiegend auf die Belange von *confessor* und *sacrista* des Papstes zugeschnitten, so das im Folgenden zu untersuchende auf die des päpstlichen Kämmerers. Wie ich zu zeigen versuche, geht die Sammlung auf die Initiative des François de Conzié zurück, zum Teil dürfte er die Texte selbst verfaßt haben. Conzié hat die Biographie, die er verdiente, noch nicht erhalten.[724] Er war nicht nur ein versierter, sondern auch ein sehr wendiger und anpassungsfähiger Politiker. Wohl um die Mitte des 14. Jahrhunderts im Bistum Genf geboren, war er sukzessive Bischof von Grenoble und Erzbischof von Arles und Narbonne. Von Clemens VII. 1383 zum Kämmerer ernannt, wechselte er bis zu seinem Tode am 31. 12. 1431 lediglich die Päpste und Obödienzen, nicht aber seine Stellung. Fast ein halbes Jahrhundert lang stand er an der Spitze der Finanzen, der Verwaltung, des Haushaltes und auch der Politik des jeweiligen Papstes: bis 1409 im Dienste der avignonesischen Päpste, dann bis 1415 in dem der Pisaner Päpste, schließlich in dem Martins V. und noch Eugens IV. Zwar residierte er seit dem Ende

---

718 Ebda., S. 359–361. 719 Ebda., S. 361, Z. 32–35.

720 Vgl. Anhang II, unten, S. 376f.

721 Daher zum Schluß des Exzerpts in Barb. lat. 750 der Hinweis auf f. 12 = OR XIV, Kap. 14.

722 Vgl. Anh. II Abs. 2, unten, S. 377; siehe auch die Schilderung des Ulrich von Richental zu 1417: Chronik des Constanzer Concils, ed. M. R. Buck, Tübingen 1882, S. 126.

723 Caeremoniale Romanum (Venedig 1516), f. 14r.

724 Vgl. zu ihm bes. M. Dykmans, D'Avignon à Rome, S. 256ff.; außerdem z. B. J. Favier, Les finances pontificales, S. 42–49 u. ö., N. Valois, La France et le grand schisme d'occident, bes. Bd. 3 u. 4 passim.

des Pisaner Konzils vorwiegend in Avignon, wo er als *vicegerens* den Papst vertrat, doch wußte er auch an der in Deutschland oder Italien weilenden Kurie seine Interessen gewahrt und sich gut vertreten durch den päpstlichen Vizekämmerer, seinen Neffen Louis Aleman, der in Konstanz auch dem Konzil präsidiert hatte. Als Kämmerer[725] leitete Conzié die Kurie auch während einer Sedisvakanz und war auf Reisen der Kurie und bei außergewöhnlichen Ereignissen, wie es ein Konklave oder ein Konzil darstellte, für die Bereitstellung und Ausstattung geeigneter Räumlichkeiten und in gewissem Maße auch – in Konkurrenz zu *confessor, sacrista* und Zeremonialkleriker[726] – für die Durchführung der betreffenden Akte verantwortlich.

Diesen Aufgaben entspricht der Inhalt der im Folgenden zu untersuchenden Sammlung. Vollständig ist sie in zwei Handschriften des 15. Jahrhunderts überliefert, Fragmente existieren außerdem in Abschriften des 17. Jahrhunderts.[727] Da glücklicherweise noch das Original der meisten Texte erhalten ist, gliedere ich die Analyse gemäß dem Bestand dieser Handschrift in fünf Teile:

a) Lage 1 (f. I und 1): Vorblatt (nur zum Teil erhalten) und ein Text zur Verteilung der Weihespolien;[728]

b) Lage 2–4 (f. 2r–36v): Texte zum Tode eines Papstes, zur Sedisvakanz und Wahl und Krönung eines Papstes, außerdem über Status und Pflichten der Kardinäle; das noch zur vierten Lage gehörende f. 37 ist unbeschrieben;[729]

c) Lage 5–7 (f. 38r–63v): Berichte über Benedikts XIII. Reisen in den Jahren 1406 bis 1408;[730]

d) Lage 8 (f. 64r–77v): Ordo zum Einzug eines Papstes in eine Stadt und ein Text zum Papsthaushalt; das noch zur Lage gehörende f. 78 ist unbeschrieben;[731]

e) Lage 9 (f. 79r–84v): Anweisungen zum Konzil von Perpignan.[732]

Die fünf Teile sind von verschiedenen Händen geschrieben.

a. Die nur aus einem Doppelblatt bestehende erste Lage scheint den anderen Lagen relativ spät, vielleicht erst beim Binden, vorgesetzt worden zu sein.

---

[725] Vgl. die im Folgenden behandelten Texte zu Papsttod etc., G. B. Gattico, Acta selecta 1, S. 231ff.

[726] Vgl. zu diesen die Angaben im OR XV und in den Sammlungen B und C.

[727] Die vollständigen Handschriften sind Barb. lat. 2651 (Original) und Vat. lat. 4736; aus dem 17. Jahrhundert stammen die Codices Modena Bibl. Estense cod. α. M. 5, 4 und Ottobon. lat. 1853; vgl. zu ihnen allen die Angaben in der Handschriftenbeschreibung, unten, S. 424f.

[728] G. B. Gattico, a.a.O., S. 262a, Kap. 46.

[729] Ebda., S. 231a–255b, Kap. 1–41.

[730] Muratori, Rer. Ital. SS. III 2, Sp. 777–808.

[731] Ebda., Sp. 808–824, und Gattico, S. 260b–261b und 263a–273b; der erste Text ist neu ediert von M. Dykmans, D'Avignon à Rome, S. 237–243.

[732] Muratori, a.a.O., Sp. 824–829.

Darauf deutet, daß f. I und f. 1v mit Schriftproben (f. I) und späten Eintragungen (f. 1v) bedeckt sind und nur f. 1r einen zusammenhängenden Text enthält. Dieser regelt die Verteilung der Sachwerte, die Bischöfe und Äbte, sofern sie an der Kurie geweiht werden, an den Subdiakon, die Akoluthen und die *servientes armorum,* zum Teil auch an die Kammerkleriker abgeben müssen. Da in dieser Regelung zwar schon Subdiakon und Akoluthen, nicht aber – wie unter Martin V.[733] – Mitglieder der Kapelle berücksichtigt sind, dürfte der Text aus dem Ende des 14. Jahrhunderts stammen und in die Handschrift nachgetragen worden sein.

b. Wohl etwas früher sind die Texte der zweiten bis vierten Lage zu datieren. Dafür spricht, daß die Texte zur Papstwahl auf dem Dekret Clemens' VI. von 1351[734] basieren und Offizialen wie der Subdiakon und die Akoluthen, *capellani commensales* oder *honoris* und *referendarii*[735] als existent vorausgesetzt sind. Andererseits fehlen die Bezeichnungen des *sacrista* und der *clerici cerimoniarum,* die erst um und nach 1400 geprägt wurden.[736] Die im Text enthaltenen Lokalangaben beziehen sich auf Avignon,[737] wenn auch die Möglichkeit eines anderen Aufenthaltsortes der Kurie nicht ausgeschlossen ist,[738] was sich aus den Reisen Urbans V. und Gregors XI. erklärt. In einem Kapitel der zweiten Gruppe, in der Status, Kirchen und Pflichten der Kardinäle beschrieben werden, ist ein Kardinaldiakon Petrus von S. Maria Nova genannt,[739] mit dem Petrus Rogerii, der spätere Gregor XI., gemeint sein dürfte, da nur auf ihn diese Angaben zutreffen. Von dieser Identifizierung her ist es wahrscheinlich, daß die Texte unter Urban V. geschrieben wurden. Möglicherweise bildeten sie ursprünglich den Anhang zu einem Zeremonienbuch, da mehrfach auf *superius* enthaltene Zeremonielltexte verwiesen wird,[740] die in dieser Sammlung jedoch fehlen. Zugleich dienten vielleicht Teile des Zeremonienbuches als Vorlage für einzelne Kapitel der neuen Textsammlung.[741] Da ein Kapitel im Wortlaut auf einem Abschnitt des Ordo Romanus XIII Gregors X. basiert[742] – nur ist Gregor X. durch Clemens V. ersetzt –,

---

733 Vgl. F. Wasner, Guido de Busco, S. 92ff.

734 Es ist vollständig zitiert, jedoch von Gattico nicht abgedruckt (vgl. Gattico, S. 238 Anm. 4). Nach einem Vermerk in Barb. lat. 750, f. 8v besaß Conzié auch bei der Vorbereitung des Konklave von 1417 in Konstanz eine Kopie des Dekretes. Die Bestimmungen Clemens' VI. sind mehrmals bei Gattico, S. 238ff., genannt.

735 Gattico, Kap. 7 (S. 234a).

736 Vgl. B. Schimmelpfennig, Die Organisation der päpstlichen Kapelle in Avignon, S. 105f.

737 Gattico, Kap. 2 (S. 233a), 14 (S. 237b, 238a und b).

738 Vgl. die in der vorigen Anm. genannten Stellen.

739 Gattico, Kap. 30, S. 249a; vgl. K. Eubel, Hierarchia catholica 1, S. 18.

740 So z. B. Gattico, Kap. 22 (S. 242b u. 243a) und 23 (S. 244a).

741 Gattico, Kap. 23 (S. 244a).

742 Ebda., Kap. 26 (S. 246a/b).

diente vielleicht auch eine nach 1300 umgearbeitete und nicht mehr erhaltene Fassung des OR XIII dem Kompilator als Vorlage.

Jedenfalls halte ich es für wahrscheinlich, daß François de Conzié die Texte nicht verfaßt hat, sondern sie aus einer Vorlage abschreiben ließ. Doch hat er sie durchgearbeitet und eigenhändig glossiert. In seinen Glossen beruft er sich auf zwei verschiedene Zeremonienbücher. Das eine enthält ebenso wie das in den Texten selbst erwähnte Buch am Anfang Kapitel über Wahl und Konsekration des Papstes,[743] war demnach wohl eine Handschrift der Version Na-Ta oder Mabillons vom Ordo Romanus XIV. Die andere Zeremoniellhandschrift wird von Conzié als *liber viridis* bezeichnet.[744] Wie ich oben schrieb,[745] besaß die Handschrift Stefaneschis nach Conziés eigenen Angaben einen grünen Einband. Ich glaube deshalb, daß der in der Glosse genannte *liber viridis* Stefaneschis Handschrift war. Stimmt diese Gleichsetzung, so enthielt Stefaneschis Handschrift nicht nur die Texte zum Kirchenjahr und zur Wahl und Weihe eines Papstes, sondern auch die Listen der Tage, an denen der Papst zelebrierte und an denen er kein Konsistorium hielt.[746]

Eine Glosse Conziés läßt sich datieren:[747] sie bezieht sich auf den Besuch Martins I. von Aragon an der Kurie im zweiten Pontifikatsjahr Benedikts XIII. (1395/96). Mit dieser Glosse distanziert sich Conzié von dem Text *(Contrarium fecit servari...)* und deutet damit an, daß der Text vor 1395 verfaßt wurde und nicht von ihm stammt. Eine andere Marginalie auf derselben Seite[748] nennt unter anderen Fürsten auch den Grafen von Savoyen. Da Conzié mit diesem – es war Amadeus VIII., der spätere Gegenpapst Felix V., – vertraut war und ihn nach seiner Ernennung zum Herzog am 19. 2. 1416 auch als solchen tituliert,[749] dürfte auch dieser Zusatz zumindest vor 1416 geschrieben sein.

c. Die Texte der dritten Gruppe schildern so gut wie kein anderer Text vor Johannes Burckards Diarium[750] das tägliche Einerlei am Hofe eines Papstes. Daneben geben sie relativ ausführlich Auskunft über die Schwierigkeiten, in denen sich Benedikt XIII. und sein Hof in den Jahren 1406 bis 1408 befanden. Speziell für das Zeremoniell interessant sind Bemerkungen des Autors über die Zeremonialkleriker und über die Sänger: So nimmt am Gründonnerstag 1406 der Gottesdienst einen falschen Verlauf, weil sich der Zeremonialkleriker – der demnach zu dieser Zeit schon für die Durchführung

[743] So z. B. Gattico, Kap. 22 (S. 242b und 243a).
[744] Gattico, Kap. 42 (S. 256a). [745] Vgl. oben, S. 92.
[746] OR XIV, Kap. 98–101 (Sp. 1222C–1232C).
[747] Gattico, Kap. 42 (S. 258a). [748] Ebda., S. 238a.
[749] M. Dykmans, D'Avignon à Rome, S. 240, Z. 69.
[750] Ed. E. Celani (Rer. Ital. SS. Raccolta XXXII 1–2), Città di Castello 1910–1942.

der Gottesdienste verantwortlich war – geirrt hatte;[751] an Peter und Paul fallen alle feierlichen Gottesdienste aus, weil die Sänger aus Angst vor der Pest geflohen sind.[752] Der Autor unterscheidet streng zwischen den *cantores* einerseits und den *capellani capelle* andererseits, obgleich beide gleichen Ursprungs sind:[753] während die ersten als Künstler engagiert und relativ unabhängig sind, werden die letzteren als „Hauskapläne" des Papstes beschrieben – sie lesen für ihn stille Messen in der Privatkapelle und leisten ihm bei den Mahlzeiten Gesellschaft, sofern er keine besseren Gäste hat.[754]

Der Autor war ein höherer Kurialer, denn er distanzierte sich selbst von den unteren Chargen und bewohnte ein eigenes Haus außerhalb des Palastes.[755] Am ehesten kommt Conzié in Betracht, da oft Ereignisse beschrieben sind, an denen von den Prälaten nur der Kämmerer beteiligt war,[756] Conzié mit eigener Hand einen Text zum Sonntag Laetare 1408 eingetragen[757] und andere Texte korrigiert[758] hat und zum Schluß Unterweisungen des Kämmerers für den Erzbischof von Toledo vom 9. 1. 1409 aufgeschrieben sind,[759] die Streitfragen des Zeremoniells regeln und Conziés Vertrautheit mit derartigen Themen zeigen.

d. Die achte Lage enthält zwei verschiedene Texte. Der erste beschreibt den Einzug des Papstes in eine Stadt. Er kann erst nach 1416 verfaßt worden sein, da im Text der Herzog von Savoyen genannt ist.[760] Diese Nennung spricht auch dafür, daß der Text von Conzié stammt. Es ist aber genauso möglich, daß die Nennung nur ein Zusatz des diktierenden Kämmerers und der Text selbst älter ist. Da jedoch zu den Teilnehmern auch der päpstliche *sacrista* gehört,[761] dürfte der Text jedenfalls erst nach 1400 verfaßt worden sein.

Der folgende Text wurde von einem anderen Schreiber geschrieben und behandelte alle Offizialen, die zum Papsthaushalt gehören, und ihre Pflichten. Sein Autor ist wahrscheinlich Conzié, da dieser den Text verschiedentlich kor-

---

751 Muratori, Rer. Ital SS. III 2, Sp. 778D.

752 Ebda., Sp. 787A u. E.

753 So z. B. ebda., Sp. 782D/E; vgl. zu *cantores* und *capellani capelle* B. Schimmelpfennig, Die Organisation der päpstlichen Kapelle in Avignon, S. 91ff.

754 So z. B. Muratori, Rer. Ital. SS. III 2, Sp. 782C, 784A u. ö.

755 Ebda., Sp. 784A: *Ego etiam comedi in domo mea.*

756 Ebda., Sp. 786E, 789D, 808B–E.

757 Ebda., Sp. 805Aff., in Barb. lat. 2651, f. 63 von Conziés Hand.

758 Von Conziés Hand stammen in Barb. lat. 2651: Muratori, a.a.O., Sp. 788E *(in presencia supranominatorum)*, 790C *(Sermonem vero fecit unus magister in theologia)*, 801C/D (Glosse zu 1410).

759 Ebda., Sp. 805Eff.

760 Wie Anm. 749.

761 M. Dykmans, D'Avignon à Rome, S. 240 Z. 57f.

rigiert[762] und zum Schluß vermerkt hat,[763] daß die *Avisamenta* in Pisa nach der Wahl des – zum Zeitpunkt des Nachtrages schon verstorbenen – Papstes Alexanders V., also 1409, aufgeschrieben worden sind. In der Originalhandschrift ist der Text unvollständig; es fehlt ein Blatt zwischen f. 65 und 66. Auch die Gliederung des Textes ist im Original anders als in der Abschrift Vat. lat. 4736. Während Muratoris Edition den Textbestand des Originals – aber vollständig – wiedergibt, basiert Gattico auf der Abschrift.

e. Die letzte Lage enthält einen für das sogenannte Afterkonzil von Perpignan 1408 konzipierten Text, in dem vor allem die technischen Dinge eindeutiger und ausführlicher als in allen früheren Ordines geregelt sind, der jedoch noch erweitert werden sollte.[764] Von der Hand Conziés stammen Ergänzungen,[765] die sich auf die Konzilien von Pisa und Konstanz beziehen und wahrscheinlich machen, daß auch der für Perpignan bestimmte Text von Conzié verfaßt wurde. Mit dem in den Handschriften D 2 bis D 4 des OR XIV stehenden Konzilsordo von Perpignan[766] stimmt Conziés Text nicht überein.

Während die Originalhandschrift mit diesem Text endet, enthält der Codex Vat. lat. 4736 noch einen Text[767] zum Einzug der Königin Yolante in Avignon 1412, in dem sich Conzié in der 1. Person nennt, und von anderer Hand zwei Texte zur Kardinalskreation,[768] die Einzelheiten zu 1288 und 1304/05 enthalten; außerdem noch einen Nachtrag, der auch als solcher bezeichnet ist, zur Feier von Mariä Lichtmeß im Jahr 1422.[769] Da auch, wie schon erwähnt, der Text zum Papsthaushalt anders als im Original gegliedert ist, dürfte ursprünglich eine Abschrift des Originals, vielleicht eine für den Kämmerer bestimmte Reinschrift, existiert haben, die die bessere Gliederung erhielt und in die die anderen Texte zu 1412 und 1422 eingetragen wurden.

Die Entstehung der Sammlung haben wir uns folgendermaßen zu denken: 1383 Kämmerer des Papstes geworden, sammelte François de Conzié – viel-

---

762 In der Ausgabe von Muratori, a.a.O., Sp. 813E (*Item sciendum quod unus ... Palafrenarie),* 816E–817A *(Missas audire ... audientias dare).*

763 Ebda., Sp. 824B/C *(Scripta Pisis ... Julii).*

764 Ebda., Sp. 829D: *Aliqua Capitula sequi deberent, quae concernunt modum dandi vota, et absolutionem Concilii, quae alias tradentur.*

765 Ebda., Sp. 825B *(Ista scamna ... sufficiebant),* 825D/E *(In concilio Pisano tento anno suprascripto ... ut infra scripsi),* 827A/B *(In concilio Pisano tento anno 1409 ... ad meridiem),* 827C–E *(In concilio Pisano de quo ... regis Francie,* mit Bezug auf Konstanz, 1415); ebenso stammt von Conzié der Vorspann auf Sp. 824C *(Anno domini 1408 ... sequentia).*

766 Vgl. oben, S. 88.

767 Gattico, Kap. 47 (S. 262b).

768 Gattico, Kap. 43 u. 44 (S. 260a); ausführlicher (mit Notizen zu 1288 und 1304/05) in Muratori, a.a.O., Sp. 829D–830B.

769 Muratori, a.a.O., Sp. 800E: *Additamentum.*

leicht anläßlich des Todes Clemens' VII. 1394 – Texte zur Wahl und Krönung des Papstes und über die Pflichten der Kardinäle und glossierte die Texte in den folgenden Jahren. Während der Wanderjahre Benedikts XIII. führte er von 1406 bis 1408 ein Tagebuch. Noch im Dienst desselben Papstes, verfaßte er 1408 Richtlinien für das Konzil von Perpignan, die er nach seinem bald erfolgten Übertritt zur anderen Seite mit Zusätzen zu Pisa und auch zu Konstanz ergänzte. Gleichfalls in Pisa verfaßte er auf Grund seiner Kenntnisse der avignonesischen Kurie eine Beschreibung aller Kurialen, die zum päpstlichen Haushalt gehörten. Schließlich schrieb er, wahrscheinlich in Konstanz, vielleicht für den neugewählten Martin V., einen Ordo zum Einzug des Papstes in eine Stadt. Seine Texte konzipierte er mehr auf Grund seiner Erfahrungen, als auf der Basis von älteren Vorlagen; wenn er ab und zu auf Zeremonienbücher verwies, so meist deshalb, um Texte zu Ereignissen zu nennen, die er selbst nicht berücksichtigt hat. Da die verschiedenen Textgruppen anfangs wohl nur getrennt in einzelnen *libelli* existierten, ließ er sie nach 1416 zusammenbinden. Diese Sammlung, der jetzige Codex Barb. lat. 2651, wurde darauf – vielleicht in seinem Auftrag und als Reinschrift – kopiert. Die Kopie, die auch Nachträge enthielt, ist selbst nicht mehr erhalten. Doch ist ihr Textbestand durch eine auch noch in der ersten Hälfte des 15. Jahrhunderts entstandene Abschrift, den Codex Vat. lat. 4736, überliefert.

Für die weitere Geschichte des Zeremoniells haben Conziés Texte keine Bedeutung, obwohl sie zahlreiche Details zum Konklave, zum Papsthaushalt und zu anderen Themen enthalten, die man in anderen Texten des 14. und frühen 15. Jahrhunderts vergeblich sucht. Lediglich Johannes Burckard scheint die Texte gekannt zu haben.[769a] Erst im 17. Jahrhundert wurden sie aus Interesse an der Historie kopiert und schließlich auch ediert.

## 5. Ein Zeremonienbuch aus der Zeit Benedikts XIII.

Ähnlich wie bei der Sammlung des François de Conzié ist auch in dem Original[770] des jetzt zu untersuchenden Zeremonienbuches der Inhalt nach den verschiedenen Lagen in einzelne Gruppen zu gliedern:

a) auf dem vorderen Umschlagblatt stehen Nachträge zu den auf den Seiten der ersten und zweiten Lage aufgeschriebenen Texten zum Kirchenjahr, sie sind daher mit diesen zusammen zu behandeln;
b) 1. und 2. Lage (f. 2v–25v): Texte zum Kirchenjahr;

769a Vgl. sein Exzerpt im Liber notarum (ed. E. Celani 1, S. 355 Z. 9–23) mit G. B. Gattico, Acta selecta 1, S. 256a Z. 6–14, 257a Z. 44–257b Z. 8 und 258a Z. 34–42.
770 Cod. Vat. lat. 4727; vgl. Handschriftenbeschreibung, unten, S. 426ff.

c) 3. Lage (f. 26r–33v): Liturgie der Papstmesse; die noch zur Lage gehörenden f. 34–37 sind unbeschrieben;

d) 4. Lage (f. 38r–49r): Texte zur Kardinalskreation und zur Weihe eines Bischofs;

e) 5. und 6. Lage (f. 50r–77v): Texte zu Benedikt XIII. aus den Jahren 1412 bis 1415, Texte aus der Zeit Nikolaus' V. und andere, weniger leicht zu datierende Texte.

Die einzelnen Lagen sind von verschiedenen Schreibern beschrieben worden; aber auch innerhalb der Lagen – vor allem der beiden letzten – wechseln die Schreiberhände.

a. und b. Die Texte der ersten Gruppe[771] beginnen mit einem Kapitel über die liturgischen Farben, beschreiben anschließend die wichtigsten Sonntage und Feste des Kirchenjahres von der Weihnachtsvigil bis zu Allerseelen, daran anschließend die Exequien für einen verstorbenen Prälaten und enden mit einem Text für die Gedenktage der Wahl und Krönung eines Papstes. Das Farbenkapitel stimmt weitgehend wörtlich mit den entsprechenden Kapiteln[772] in den Versionen des OR XIV überein. Da der erste Absatz in Gatticos Version fehlt und der vierte Absatz im Wortlaut nur den Handschriften C 1, D 2 und D 3 entspricht, ist anzunehmen, daß der Text aus einer Vorlage übernommen ist, die diesen drei Handschriften ähnelte. Analog zu Mabillons Version des OR XIV[773] beginnen die Texte zum Kirchenjahr mit Weihnachten, doch sind sie weitaus detaillierter und zahlreicher als die Texte Mabillons. Weder Mabillons Version noch die beiden anderen des OR XIV lassen sich als Vorlagen feststellen, ebensowenig die Sammlung Bindos oder die Vorlage des Petrus Amelii. Stefaneschis Handschrift wird nicht genannt. Lediglich Anklänge an ältere Texte – wie z. B. im Kapitel XCVIII zum Aschermittwoch, dessen erster Absatz dem Beginn von Gatticos Kapitel 6[774] entspricht – zeigen an, daß dem Autor ältere Zeremonienbücher nicht unbekannt waren. Da Avignoneser Lokalitäten nicht erwähnt werden und die Zeremonien im Gegensatz zur Avignoneser Periode oft nicht in der Kapelle des Palastes, sondern in einer nicht näher bestimmten Kirche stattfinden,[775] beziehen sich die Texte auf Aufenthalte der Kurie außerhalb Avignons. Weil jedoch andererseits die Namen bestimmter Funktionsträger,[776] einzelne Gebete[777] und

---

[771] Lage 1 und 2: Kap. LXXIX–CXXV, unten, S. 292ff.

[772] OR XIV, Kap. 49–53, Abs. 1 (Sp. 1154B–1155C).

[773] OR XIV, Kap. 66ff. (Sp. 1180Dff.).

[774] Gattico, S. 15a.

[775] Siehe die Wendung *ad ecclesiam* in Kap. LXXXII 1, LXXXV 1, XCVII 2, CXII 1, CXIII 1, CXVI 1: unten, S. 294, 296, 298, 309, 310, 312.

[776] Vgl. z. B. die Nennung der *cantores capelle* (Kap. CXXII 3, unten, S. 314 u. ö.) und des *magister capelle* (Kap. XCVII 8, unten, S. 229 u. ö.).

[777] So der von Johannes XXII. in die Messe eingeführte Psalm *Letatus* in Kap. LXXXIII 3, CX 5, unten, S. 295, 306 u. ö.

Feste[778] für die Zeit vor 1309/1316 noch nicht zutreffen, sind die Texte meines Erachtens für die Wanderjahre Benedikts XIII. seit 1403[779] konzipiert. Gestützt wird diese Datierung dadurch, daß die im letzten Kapitel gegebenen Daten zur Wahl und Krönung eines Papstes nur auf Benedikt XIII. zutreffen. Auf Grund dieser Datierung könnten die Regelungen der Kapitel CII und CIII auf den Gegebenheiten von 1398 basieren.

Ob die Nachträge in Kapitel CXXXV[780] ebenfalls aus der Zeit Benedikts XIII. stammen, ist nicht zweifelsfrei zu erkennen. Die Schrift der verschiedenen Hände macht die Datierung vor 1423 möglich, doch können die Texte auch später eingetragen worden sein.

c. Wie die Texte zum Kirchenjahr trifft auch das Kapitel über die Papstmesse für Aufenthalte des Papstes außerhalb Avignons, also wohl gleichfalls für die Zeit ab 1403 zu. Dafür spricht nicht nur die nicht genauere Bestimmung der Kirche,[781] sondern auch die Nennung von Funktionsträgern wie der *acoliti, clerici capelle, capellani commensales* und *honoris* und anderer.[782] Das Kapitel dürfte um 1405 abgefaßt worden sein, da die Kapellkleriker meist noch als solche, nur einmal aber als *clerici ceremoniarum* bezeichnet werden,[783] wie es seit 1405 üblich war.[784] Der Inhalt des Textes entspricht oft dem der Kapitel XLVI und XLVII aus Bindos Sammlung,[785] ist jedoch von diesen unabhängig. Die Vorlage ist nicht zu ermitteln. Auch in diesem Text werden wie bei Petrus Amelii Hostien und Wein probiert.[786] Die Angst vor Vergiftung herrschte demnach in beiden Obödienzen.

d. Der Text zur Kardinalskreation ist eine überarbeitete Fassung des entsprechenden Kapitels in den drei Versionen des OR XIV;[787] er enthält jedoch Aktualisierungen wie die, daß die *notarii* nun *protonotarii* und die *aula* jetzt *camera consistorii* heißen.[788] Welche Fassung des OR XIV als Vorlage diente, ist nicht zu erkennen.

Wie die Überschrift des folgenden Kapitels zeigt, ist dieses als Anschluß an den vorigen Text konzipiert gewesen. Die Erwähnung der *clerici cerimoniarum* (Abs. 12) und der Hinweis im letzten Absatz auf den Aufenthalt

[778] So der Dreifaltigkeitssonntag: Kap. CXVII, unten, S. 313.

[779] Vgl. dazu S. Puig y Puig, Pedro de Luna, S. 105ff.

[780] Auf dem vorderen Umschlagblatt von Vat. lat. 4727, unten, S. 335f.

[781] Kap. CXXVI 1, unten, S. 316.

[782] So Kap. CXXVI 1, 7, 12, 17, 23, unten, S. 316ff.

[783] *Clerici cerimoniarum:* Kap. CXXVI 24, unten, S. 319.

[784] Vgl. B. Schimmelpfennig, Die Organisation der päpstlichen Kapelle in Avignon, S. 105 mit Anm. 175.

[785] Unten, S. 247ff.

[786] Vgl. Kap. CXXVI 26, 28 u. 33, unten, S. 320ff. und OR XV, Kap. 81 (Sp. 1325D).

[787] OR XIV, Kap. 116 (Sp. 1260D–1263B).

[788] Kap. CXXVII 1, unten, S. 322: *protonotarii,* CXXVII 3, unten, S. 323: *camera consistorii.*

Benedikts XIII. in Genua im Sommer 1405[789] deuten an, daß der Text um 1405 als Ergänzung der Pontifikaltexte[790] entstanden ist. Viel später dürfte er nicht verfaßt worden sein; denn weil der Absatz, der sich auf die Massenweihe von 1405 bezieht, nur ein Beispiel schildern soll, hätte der Autor wohl auch auf die ähnliche Weihe vom Sommer 1408, die Martin de Alpartil erwähnt,[791] hingewiesen, wenn der Text in oder nach dem Jahr 1408 geschrieben worden wäre.

Dieser Umstand und das Fehlen von Nachrichten über das Konzil von Perpignan lassen darauf schließen, daß die 1., 2. und 4. Lage vor dem Sommer 1408 beschrieben waren. Ob zu der Zeit auch schon die 3. Lage zur Handschrift gehörte, ist wegen der ähnlichen Schrift und wegen des Inhaltes, der den der 1. und 2. Lage ergänzt, zu vermuten, doch nicht zu beweisen.

e. Einige Jahre später, als sich der Papst schon überwiegend in Peñiscola aufhielt,[792] wurden die Texte zu den Jahren 1412 bis 1415 auf die ersten Seiten der 5. Lage geschrieben.[793] Da Ferdinand von Antequera zur Zeit der Abfassung der Texte noch zu leben schien,[794] die vier Kapitel aber von einem Schreiber stammen, dürften sie ca. 1415/16 geschrieben worden sein. Ähnliche Texte existieren nur noch in der *Crónica de Juan II.*, zum Teil auch bei Martin de Alpartil,[795] die aber beide nicht so ausführlich auf das Zeremoniell eingehen. Die Berichte dürften von einem Augenzeugen stammen.

Vielleicht wurden auch noch die Kapitel CXXXIII und CXXXIV[796] und die älteren Texte der 6. Lage[797] – außerdem das schon genannte Kapitel CXXXV[798] – zur Zeit Benedikts XIII., also vor 1423, geschrieben. Die beiden zuerst genannten Kapitel entsprechen Texten in Versionen des OR XIV: Kapitel CXXXIII einer nur in den Handschriften C 1 und D 1 bis D 4 überlieferten Fassung des Kapitels 64 von Mabillons Version, Kapitel CXXXIV den Kapiteln 32 und 33 in Gatticos Version.[799] Ob die Texte direkt aus den

---

789 Vgl. dazu die Angaben in der Handschriftenbeschreibung und im Apparat zu Kap. CXXVIII, unten, S. 430 und 329.

790 PRC, Kap. XI (S. 351–368) und PGD, lib. I cap. XIV (S. 374–393).

791 F. Ehrle, Martin de Alpartils Chronica actitatorum temporibus domini Benedicti XIII, Paderborn 1906, S. 168.

792 Vgl. S. Puig y Puig, Pedro de Luna, S. 203ff.

793 Kap. CXXIX–CXXXII, unten, S. 330ff.

794 Kap. CXXIX 1 (unten, S. 330): *serenissimi principis* u. ö.; Kap. CXXX 3 (unten, S. 331): Alfons V. ist noch nicht als sein Nachfolger bezeichnet.

795 Vgl. die Angaben in der Handschriftenbeschreibung und im Apparat zu den Kapiteln, unten, S. 431 und 331ff.

796 Unten, S. 333ff.

797 Kap. CXXXVI und CXXXVII, unten, S. 336f.

798 Unten, S. 335f.; vgl. auch oben, S. 128.

799 Vgl. die Angaben in der Handschriftenbeschreibung und im Apparat zu den beiden Kapiteln, unten, S. 431 und 333ff.

jeweiligen Zeremonienbüchern übernommen wurden oder schon vorher als Auszüge existierten, ist nicht zu ermitteln. Die Kapitel CXXXVI und CXXXVII entsprechen weitgehend dem Kapitel 7 in den aus der Zeit Benedikts XIII. stammenden Nachträgen in Gatticos Version.[800] Auch bei ihnen kann ich nicht ausmachen, ob sie einem derartigen Zeremonienbuch entnommen wurden oder auf der gleichen Vorlage wie der Archetyp dieser Zeremonienbücher basieren.

Die Texte des zweiten Teils[801] wurden, wie die Schrift – humanistische Minuskel und Bastarda des späten 15. Jahrhunderts – und die Nennung Nikolaus' V. zeigen, in und nach der Mitte des 15. Jahrhunderts geschrieben. Sie teilen keine Einzelheiten des kurialen Zeremoniells mit, sondern enthalten aus dem Pontifikat Nikolaus' V. stammende Formeln für die Vereidigung von Bischöfen und Äbten und für die Verleihung von Pallien,[802] außerdem zum Teil bis heute übliche Gebete vor und nach der Messe, vor einer Reise und bei Tisch.

Im Hauptteil der Handschrift, die dem kleinen Format nach zu urteilen als Handbuch konzipiert war, fehlen Texte zur Wahl und Krönung und zum Tode des Papstes, zu Kanonisationen und zum Konzilszeremoniell. Die Autoren oder Schreiber haben demnach nur das, was sie unmittelbar interessierte, aufgezeichnet. Sie sind am ehesten mit den Kapellklerikern gleichzusetzen, die – wie ich schon bei den Versionen des OR XIV schrieb[803] – seit dem frühen 14. Jahrhundert immer mehr Einfluß auf die Durchführung aller Zeremonien gewonnen hatten und deshalb seit 1405 gewöhnlich *clerici cerimoniarum* genannt wurden.[804] Diese Identifizierung erklärt auch die Vielfalt der Schreiberhände, die zahlreichen Marginalien und die Anklänge an ältere Zeremonienbücher, ohne daß diese direkt kopiert wurden. Akzeptiert man die Gleichsetzung, so können einzelne Texte bestimmten Zeremonialklerikern zugewiesen werden:

1. Kapitel CXXVIII dem Jacobus de Prato, der von 1403 bis 1405 als Kapellkleriker nachzuweisen ist.[805] Zwar heißt er in den Kammerbüchern lediglich *clericus capelle* – erst sein Nachfolger Robertus Creque[806] wird in kurialen Quellen *clericus cerimoniarum* tituliert –, doch Martin de Alpartil nennt den Jacobus *clericus cerimoniarum*[807] und im Absatz 12 des Kapitels

---

[800] Vgl. die Angaben in der Handschriftenbeschreibung und im Apparat zu den beiden Kapiteln, unten, S. 432 und 337; dgl. oben, S. 87.

[801] Vat. lat. 4727, f. 55r–77v, Handschriftenbeschreibung, unten, S. 431f.

[802] Vgl. dazu auch Na-Ta, Kap. 129, S. 209f.

[803] Vgl. oben, S. 94.

[804] B. Schimmelpfennig, Die Organisation der päpstlichen Kapelle in Avignon, S. 105 mit Anm. 175; vgl. auch die folgenden Anmerkungen.

[805] Vat. Archiv, Collect. 457, f. 258r und 258v (1403 u. 1405).

[806] Ebda., f. 258v (30. 10. 1405); dgl. Reg. Aven. 331, f. 388r (4. 5. 1408).

[807] F. Ehrle, Martin de Alpartils Chronica, S. 153.

kommt, wie auch im Kapitel CXXVI, der Titel selbst vor.[808] Da Jacobus im Oktober 1405 in Genua an der Pest starb,[809] ist es auch erklärlich, warum er die Massenweihe vom Sommer des Jahres als Beispiel aufführt.

2. Seit dem November 1411 ist Matheus Petri bis zum Tode Benedikts XIII. als Zeremonialkleriker nachzuweisen.[810] Auf ihn oder seinen Kollegen Jacobus Raymundi[811] (1411–1417) dürften die Texte zu den Jahren 1412 bis 1415[812] zurückzuführen sein. Nach dem Tode Benedikts wechselte Matheus zu Martin V. über, nannte sich unter Eugen IV. wieder *clericus cerimoniarum* und ist in dieser Funktion unter Nikolaus V. bis zum Juli 1450 in den Rechnungsbüchern zu finden. Es ist daher wahrscheinlich, daß die Handschrift in seinem Besitz nach Rom kam und daß dort auf seine Veranlassung hin die Formeln auf f. 55r bis 57r eingetragen wurden. Nach seinem Tode im Sommer 1450 verblieb die Handschrift wohl im Besitz seiner Kollegen und Nachfolger.

Wie die etwas veränderten Auszüge im Codex Vat. lat. 12348[813] zeigen, wurde die Handschrift ungefähr zur Zeit des Agostino Patrizi exzerpiert und verändert und war dadurch vielleicht eine der Vorlagen für das neue Caeremoniale. Wann die Originalhandschrift in die Vatikanische Bibliothek gelangte, ist nicht genau festzustellen. Doch gehörte sie schon, wie auch der Codex Vat. lat. 4726, im 16. Jahrhundert zur Bibliothek und trug vor deren Neugliederung durch die Ranaldi die Signatur 1323.[814] In den folgenden Jahrhunderten wurde sie nur selten benutzt.[815] Ihre Zuordnung zu François de Conzié durch M. Dykmans[816] ist wegen der Texte zu den Jahren 1412 bis 1415 unwahrscheinlich, weil der Kämmerer schon 1409 zur Pisaner Seite übergewechselt war.[817]

---

808 Vgl. unten, S. 319 (Kap. CXXVI 24) und 325 (Kap. CXXVIII 12).

809 Wie Anm. 807.

810 Vgl. zu ihm oben, S. 99 mit Anm. 558.

811 Oben, Anm. 557.

812 Kap. CXXIX–CXXXII, unten, S. 330ff.

813 Vgl. die Handschriftenbeschreibung, unten, S. 433. Johannes Burckard zitiert auch zwei Passagen im Liber notarum: ed. E. Celani 1, S. 355 Z. 28–34 = Kap. CXXIX 1 und CXXXII 2, unten, S. 330 und 332.

814 Vat. lat. 7123, f. 177r; vgl. auch Anm. 573.

815 Von D. Giorgi, G. B. Gattico, H. Finke und E. Cornides; vgl. die Angaben in der Handschriftenbeschreibung zu den Kapiteln LXXXII, CI, CXXVI, CXXIX –CXXXII, CXXXVI und CXXXVII, unten, S. 427ff.

816 M. Dykmans, Mabillon et les interpolations, S. 341 Abschnitt VI.

817 Vgl. oben, S. 120f.

# V.

# ZEREMONIELLTEXTE AUS DEM 15. JAHRHUNDERT

Mit dem Schisma endet auch die Konzipierung neuer Zeremoniellsammlungen. Bis zum Ausgang des 15. Jahrhunderts begnügte man sich damit, die älteren Sammlungen auszuweiten und gegebenenfalls durch Glossen und Nachträge den aktuellen Zuständen anzupassen, oder es verfaßten im Zeremoniell erfahrene Kleriker wie Guido de Busco Unterweisungen für weniger erfahrene Kollegen. Andererseits beeinflußte das kuriale Zeremoniell die Gewohnheiten anderer Bischofskirchen, wie sich in Bearbeitungen von Pontifikalien und in Berichten auswärtiger Kleriker zeigt.

## 1. Bearbeitungen von Pontifikalien

Die seit dem 13. Jahrhundert immer stärker anwachsende Zahl von Prälaten, die sich als Offizialen oder als Besucher an der römischen Kurie aufhielten, brachte es mit sich, daß sich das Interesse an für die Kurie spezifischen Riten immer mehr ausbreitete. Daher rührt es, daß nicht nur mehr oder weniger umfangreiche Auszüge aus kurialen Zeremonienbüchern verbreitet wurden – was sich ja schon für das späte 11. und für das 12. Jahrhundert feststellen läßt[818] –, sondern daß auch die Bücher, welche die Prälaten besaßen, nämlich die Pontifikalien, durch derartige Texte erweitert oder auf kurialen Brauch hin umgearbeitet wurden. Vor allem seit dem 14. Jahrhundert lassen sich derartige Erweiterungen und Umarbeitungen feststellen.[819]

Besonders signifikant ist ein Überlieferungsstrang, der sich vom frühen 14. Jahrhundert bis zur Mitte des 15. Jahrhunderts verfolgen läßt. An seinem Anfang stehen zwei Handschriften, die Kombinationen von Zeremoniell- mit Pontifikaltexten enthalten und zu der Gruppe gehören, die – wie ich weiter oben untersuchte[820] – ein Zeremonienbuch aus der zweiten Hälfte des 13. Jahrhunderts tradierte: es sind die Handschriften Toulouse Bibl. mun. 67[821] und

---

[818] Vgl. oben, S. 15.

[819] So etwa die Pontifikaltexte in Oxford cod. Bodl. 901, vgl. S. J. P. van Dijk, Three Manuscripts, S. 241f. Der darin enthaltene Papstweihordo nennt einen Papst Clemens, bietet aber sonst keine interessanten Details.

[820] Siehe oben, S. 23ff.

[821] PRC, S. 210–218.

Madrid Bibl. Nac. 749.[822] Beide Handschriften enthalten im Pontifikalteil sechs Kapitel zum Pontifikalgottesdienst,[823] in denen der Meßablauf und die Pflichten des ministrierenden Priesters, des Diakons und Subdiakons, der Akoluthen und des *thuribularius* beschrieben werden. Einzelne Passagen, die zum Teil von Andrieu ediert sind, verweisen auf die Papstmesse.

Im 14. Jahrhundert wurden die Texte umgearbeitet und in zwei Versionen in verschiedene Handschriften des Pontifikale des Durandus übernommen. In der älteren, etwa um die Mitte des 14. Jahrhunderts entstandenen Fassung sind die Texte auf die Messe eines Kardinals zugeschnitten und in einem Kapitel vereinigt; überliefert ist diese Version anscheinend nur in einer auf die Diözese Autun weisenden Handschrift, die um 1400 im Besitz des Gilles Bellemère war.[824] Die zweite Version ist in relativ vielen Handschriften tradiert, die alle aus der ersten Hälfte des 15. Jahrhunderts stammen.[825] Die Textfassung selbst wurde wahrscheinlich um 1400 kompiliert. In ihr sind die sechs Kapitel als Einzeltexte erhalten und mit Auszügen aus einer Version des OR XIV kombiniert. Die auf die Papstmesse bezogenen Details sind zum Teil weggefallen.

Die letzte Fassung schließlich wurde um 1450 verfaßt und ist im Pontifikale des Giovanni Barozzi überliefert.[826] Während die bisherigen Fassungen nichts Neues gegenüber den entsprechenden Texten der Zeremonienbücher bieten, geben die Texte des Barozzi Aufschluß über die sonst wenig bekannte Meßliturgie zur Zeit Nikolaus' V., denn obwohl sie für die Pontifikalgottesdienste in Bergamo gedacht waren, spiegeln sie detailliert die kuriale Meßliturgie um die Mitte des 15. Jahrhunderts wider. Deshalb habe ich diese Texte und die in derselben Handschrift enthaltene Umarbeitung des Papstweihordo ediert.[827] Besonders die in diesem Ordo enthaltenen Aktualisierungen und das Kapitel über die Zeremonienmeister[828] aus den Meßkapiteln sind durch keinen anderen Text der Zeit zu ersetzen.

Eine ähnliche Folge von Texten zum Pontifikalgottesdienst steht in einem wohl süditalienischen Pontifikale, das vielleicht aus der Zeit Johannes' XXIII. stammt.[829] Auch dieses Pontifikale ist wie das des Barozzi eine Kombination des PGD mit Teilen des PRC. Die Meßtexte betreffen größtenteils die Ge-

---

822 J. Janini–J. Serrano, Manuscritos liturgicos, S. 51–55, Nr. 38.

823 PRC, S. 215–217, und J. Janini–J. Serrano, a.a.O., S. 53f.; vgl. auch unten, S. 434ff.

824 Lyon Bibl. Univ., cod. 11: PGD, S. 136; vgl. auch die Handschriftenbeschreibung, unten, S. 435, und oben, S. 33 mit Anm. 165.

825 Es sind die Codices Metz Bibl. mun. 47, Vat. lat. 4744, Paris BN 734, Cambridge Fitzw. Mus. 28 und Toledo Bibl. cap. 56–23; vgl. die Handschriftenbeschreibung, unten, S. 434ff.

826 Vat. lat. 1145; vgl. PGD, S. 218–234.

827 Kap. CXXXVIII, unten, S. 338ff.

828 Kap. CLI, unten, S. 364.

829 Paris BN, ms. lat. 970; vgl. die Handschriftenbeschreibung, unten, S. 437f.

wohnheiten in einer Kardinalsmesse. Besonders interessant ist wiederum der Text über die für die Meßvorbereitung zuständigen Kleriker, den ich deshalb im Anhang ediert habe.[830]

Der gleichen Überlieferungsgruppe wie die Pontifikalien, in denen die sechs um 1400 entstandenen Meßkapitel enthalten sind, gehörte wohl ein Pontifikale an, das Johannes Vaterlex, Kaplan des Augsburger Bischofs und Kardinals Peter von Schauenberg,[831] um 1450 exzerpierte.[832] In einem Faszikel, der von ihm wohl als Handbuch für den liturgischen Dienst geplant war, schrieb er aus dem 3. Buch des PGD die Kapitel 17, das Farbenkapitel, die Kapitel 28, 29 und 13 bis 15 auf, deren Varianten sich größtenteils mit denen des Codex Metz 47[833] decken. Zwischen die Kapitel 29 und 13 fügte er Texte zur Bischofs- und Papstmesse ein und gliederte diesen beiden Texten einen Bericht über seinen Aufenthalt an der Kurie in den Jahren 1450/51 an, als sein Patron den Kardinalshut in Rom empfing. Seine Schilderung enthält keine Neuigkeiten, ist jedoch als Bericht eines auswärtigen Klerikers über den Gottesdienst zur Zeit Nikolaus' V. interessant.

## 2. Guido de Busco, Petrus Burgensis und Antonius Rebioli

Während die eben genannten Texte mehr für Interessenten bestimmt waren, die gewöhnlich nicht zum Personal der päpstlichen Kapelle, also zu den für die Durchführung der kurialen Zeremonien Verantwortlichen, gehörten, gehen die nun zu untersuchenden Texte überwiegend auf die „Protokollchefs" der Kurie, die Zeremonialkleriker oder Zeremonienmeister, wie sie seit der Mitte des 15. Jahrhunderts oft genannt werden, zurück. Diese hatten seit dem späten 14. Jahrhundert in allen Obödienzen immer mehr die alleinige Verantwortung für die Zeremonien übernommen und den Einfluß der übrigen Chargen – *magister capelle, confessor* und *sacrista* – in diesen Bereichen reduziert.[834] Dies läßt sich aus den schon angeführten Tagebuchnotizen des François de Conzié[835] genauso erkennen wie aus den Angaben eines Zeremonialklerikers selbst, des Guido de Busco.[836]

---

[830] Anhang III, unten, S. 377f.

[831] K. Eubel, Hierarchia catholica 1, S. 117 und 2, S. 8 und 30 Nr. 131, 140, und S. 36 Nr. 289.

[832] Eichstätt, Staatsbibl., cod. 366, f. 81r–93r; vgl. die Handschriftenbeschreibung, unten, S. 438.

[833] Vgl. die Angaben im Apparat zu den Kapiteln im PRC, S. 627ff.

[834] B. Schimmelpfennig, Die Organisation der päpstlichen Kapelle in Avignon, S. 105ff.

[835] Muratori, Rer. Ital. SS. III 2, Sp. 778D, 780B, 783D.

[836] Vgl. zu diesem F. Wasner, Guido de Busco, S. 80–83 und 103f. Die Gleichsetzung Guidos mit Vine ist irrig, da es sich bei diesem um Viva Ludovici de Arnosolis (auch Accorsolis) handelt, der von 1432 bis 1450 *clericus cerimoniarum* und Inhaber der neu

In einem Bericht, den er schon nach seinem Ausscheiden aus dem Amt als Zeremonialkleriker zwischen 1434 und 1438 (Todesjahr) für seine früheren Kollegen bzw. Nachfolger verfaßte,[837] beantwortet er vor allem deren Fragen über die ihnen zustehenden Einkünfte aus Weihen und bestimmten Riten (Kreuzverehrung am Karfreitag u. a.). In diese Unterweisung, die auf seinen fast dreißigjährigen Erfahrungen basierte, flocht er zahlreiche Notizen ein, aus denen die Konkurrenz zwischen den verschiedenen Chargen in der Kapelle und die Bestimmung der verschiedenen Kapellen deutlich werden. Und wenn auch seine Stellungnahme oft polemisch und parteiisch ist, so existiert doch im 15. Jahrhundert kein anderer Text, der so detailliert Aufschluß über die tatsächlichen Zustände innerhalb der Kapelle als Korporation gibt.

Aufschlüsse anderer Art bieten die Glossen und Nachträge in Handschriften der verschiedenen Versionen des OR XIV. Zum Teil stammen diese Zusätze von Kurialen, die nicht zur Kapelle gehörten, wie etwa die Handschriften F 5 und F 6 – die vielleicht auf Francesco da Montepulciano zurückgehen[838] – und J 1 und die davon abhängigen Codices,[839] deren Einträge großenteils von Petrus de Monte verfaßt sind. Seit der Mitte des 15. Jahrhunderts jedoch lassen sich Handschriften nachweisen, deren Zusätze von Zeremonialklerikern geschrieben wurden. Einige der Handschriften sind noch erhalten, so die auf eine Handschrift des Petrus Burgensis zurückgehenden Codices B 1 und B 2[840] und die von Antonius Rebioli glossierte Handschrift K 1 und deren Kopien.[841] Andere Handschriften, die selbst nicht mehr existieren, sind in späteren Texten zitiert und exzerpiert, so daß sich ihr Bestand zumindest in Bruchstücken rekonstruieren läßt. Am wichtigsten von ihnen dürfte ein gleichfalls von Antonius Rebioli stammendes Zeremonienbuch sein, das im späten 15. Jahrhundert und noch im 16. Jahrhundert exzerpiert wurde.[842] Es war eine Handschrift von Mabillons Version und enthielt Nach-

---

eingerichteten Propstei in Cagli war: Röm. Staatsarchiv, Camerale I 1117, f. 201v (24. 3. 1432) und die Angaben in den Bänden 828 bis 831 (1436–1450); vgl. auch G. Buroni, La diocesi di Cagli (Marche), Urbino 1943, S. 626 Anm. 1.

[837] F. Wasner, a.a.O., S. 92–98. Daß Guido schon um 1438 – und nicht erst 1448, wie Wasner annimmt – außerhalb der Kurie gestorben war, bezeugt die Bewerbung um eine seiner Pfründen in Vat. Archiv, Reg. Suppl. 349, f. 225r (23. 5. 1438), dagegen war er am 21. 12. 1437 noch am Leben: Reg. Suppl. 342, f. 182r.

[838] Vgl. oben, S. 98 mit Anm. 554a.

[839] Vgl. oben, S. 100 mit Anm. 560.

[840] Vgl. oben, S. 95f.

[841] Vgl. oben, S. 100 mit Anm. 562.

[842] So in Vat. lat. 12348, f. 73r–75v, 94v–97v, 131r, 140r–142v, 150r–154r, 157r–167v = Vat. lat. 12285, f. 72r–103v; in der letzteren, von Cornelio Firmani stammenden Handschrift ist die Herkunft der Texte aus einem Zeremonienbuch des Guido de Busco und Antonius Rebioli angegeben (f. 72r), was aber auch durch die Nennung der beiden im Text (Kardinalshaushalt bei Rebioli, *Responsiones* bei Guido) verursacht worden sein kann. Vgl. zu einem *Caeremoniale* des Rebioli auch M. Dykmans, Mabillon et les interpolations, S. 341 Abschnitt VII.

träge, deren spätester unter Sixtus IV. abgefaßt wurde und zu denen auch eine Sonderfassung des Kardinalhaushaltes und der Bericht Guido de Buscos gehörten, dessen Text nur in Abschriften dieser Sammlung des Rebioli überliefert ist. Daß die Abschrift des 16. Jahrhunderts nicht auf dem Codex D 4 basiert, sondern daß beide auf die gleiche Vorlage zurückgehen, wird zum Beispiel aus den Varianten zum Bericht des Guido deutlich.

Die Verfasser der Glossen beschränkten sich aber nicht nur darauf, Nachträge und Neufassungen von älteren Texten oder Berichte über aktuelle Ereignisse wie Heiligsprechungen,[843] Herrscherempfänge, Exequien[844] etc. zu verfassen, sondern sie prüften die Gültigkeit der älteren Texte und kritisierten diese, wenn sie ihnen falsche Anweisungen zu enthalten schienen. Vor allem in der zweiten Hälfte des 15. Jahrhunderts nahm diese Kritik zu, wie sich in zahlreichen Randbemerkungen in verschiedenen Handschriften feststellen läßt.[845] – Vielleicht stammen von den jeweiligen Zeremonialklerikern auch Texte, die gleichfalls zu aktuellen Anlässen verfaßt, aber nicht zugleich in Zeremonienbücher aufgenommen wurden, wie etwa die Texte zu den Konzilien von Konstanz und Basel[846] oder wie die erst Ende des 15. Jahrhunderts von Zeremonialklerikern gesammelten Texte zur Kaiserkrönung Friedrichs III.[847]

### 3. Das Caeremoniale des Agostino Patrizi und Johannes Burckard

Am 1. März 1488 schrieb Agostino Patrizi,[848] Bischof von Pienza und Jahrzehnte lang päpstlicher Zeremonienmeister, an Innozenz VIII. einen Brief,[849]

[843] So zu der des Bernardin von Siena (1450) in den Codices J 1–3 und K 1–3 (zu Gattico, Kap. 59) und zu der des hl. Leopold (1485) in Codex E 2, f. 126v–127v (vgl. M. Dykmans, Mabillon et les interpolations, S. 334f.).

[844] Nach Vat. lat. 14585 gleichzeitig und mit z. T. unterschiedlichen Lesarten ediert von M. Dykmans, Le cérémonial de Nicolas V, S. 790–820, und F. Wasner, Tor der Geschichte, S. 140–162.

[845] So z. B. in Ambros. A 207 inf. (cod. A 1), f. 83r zu Gattico, S. 154b, Z. 34ff.: *nescis quod dicis, quia iste modus totaliter est mutatus, quere in novo libro serimoniarum;* vgl. auch die zahlreichen ähnlichen Bemerkungen in den Handschriften J 1–3 und K 1–3, z. T. ediert bei Gattico (z. B. S. 13 Anm. 13, S. 39 Anm. 5 und 6); die „liebenswürdigsten" stehen allerdings nicht bei Gattico, wie z. B.: *Illa, que scribuntur, non sunt de libro et omnia sunt inepta* (zu Gattico, S. 42a, Z. 55f.), oder: *Ista notula non est de libro, sed superaddita per aliquem ignorantem* (zu Gattico, S. 49a, Z. 1ff.), oder: *Ista notula est inepta in materia et verbo nec est de libro* (zu Gattico, S. 50b, Z. 8ff.).

[846] B. Schimmelpfennig, Zum Konzilszeremoniell in Konstanz und Basel, S. 275f.

[847] Wie Anm. 844. Vgl. auch die von F. Wasner edierten Texte zum Legatenzeremoniell: Fifteenth-Century Texts, S. 323–358.

[848] Vgl. M. Dykmans, Mabillon et les interpolations, S. 316f. Anm. 2, und J. Nabuco in Na-Ta, S. 22*–26*.

[849] Ediert von Mabillon (Migne PL 78, Sp. 1399B–1402B und Nachdruck von Patrizis Caeremoniale, Ridgewood 1965, nach f. 143).

in dem er ihm das mit Hilfe des damaligen päpstlichen Zeremoniars Johannes Burckard[850] verfaßte neue Zeremonienbuch dedizierte. Mit diesem Werk,[851] das sämtliche Zeremonien beschrieb, fand nicht nur die Jahrhunderte währende Tradierung und Überarbeitung von Zeremonienbüchern an der Kurie ihren Abschluß, sondern es begann zugleich auch eine neue Periode, in der zwar der Text von Patrizis Opus kaum verändert, aber durch Kommentare und durch die mit Johannes Burckard[852] einsetzenden Diarien der Zeremonienmeister den jeweiligen Gegebenheiten angepaßt wurde. Eine Studie über Patrizis Zeremonienbuch hat deshalb nicht nur den Text selbst zu analysieren und die genannten oder auch nicht genannten Vorlagen und Vorarbeiten zu berücksichtigen, sondern zugleich auch zu prüfen, welche Bedeutung das Buch für die Durchführung der Zeremonien vom 16. bis zum 18. Jahrhundert besaß, inwieweit es durch die Diarien ersetzt wurde, ob diese für die Zeremonienmeister die wichtigste Anleitung waren und wie stark es die Autoren des *Caeremoniale episcoporum* beeinflußte.[853] Eine derartige Untersuchung würde aber den Rahmen meiner Arbeit sprengen. Außerdem ist schon seit Jahren eine Arbeit über Patrizi und sein Caeremoniale von F. Wasner angekündigt,[854] die hoffentlich in Bälde erscheinen wird. Ich beschränke mich deshalb darauf, zum Abschluß meiner Untersuchung kurz einige von Patrizis und Burckards Quellen anzugeben.

Am 4. März 1487 vermerkt Burckard in seinem Diarium,[855] daß ein Kubikular im Auftrag des Papstes ihm und Patrizi *VIII libros ceremoniales antiquos pro instructione nostra et faciliori compositione novi libri ceremonialis* übergeben habe. Genaueres schreibt er nicht; doch vermerkt er an einer anderen Stelle,[856] daß alle damaligen Zeremonienbücher Gewohnheiten der Avignoneser Zeit enthielten. Glücklicherweise sind zumindest noch vier Handschriften mit Vorarbeiten zum neuen Caeremoniale erhalten: die Codices Vat. lat.

---

850 Vgl. zu ihm die Angaben von R. Elze in NDB 3 (1957), S. 34, und J. Nabuco in Na-Ta, S. 26*–28*.

851 Zuerst gedruckt Venedig 1516 (Nachdruck Ridgewood 1965). Ein Verzeichnis der Handschriften enthält M. Dykmans, Mabillon et les interpolations, S. 341f., Abschnitt VIII.

852 Joh. Burckard, Liber notarum, ed. E. Celani (Rer. Ital. SS. Raccolta XXXII 1–2), Città di Castello 1910–1942; zu Burckards Arbeitskonzeption vgl. F. Wasner, Ein unbekannter liturgischer „Libellus" des päpstl. Zeremonienmeisters Johannes Burckard (EL 80), 1966, S. 294–308.

853 Vgl. dazu J. Nabuco, La liturgie papale et les origines du Cérémonial des Evêques (Misc. L. C. Mohlberg 1), 1948, S. 283–300.

854 Seit 1958 (Fifteenth-Century Texts, S. 304 Anm. 45) angekündigt unter dem Titel: Agostino Patrizi und das Caeremoniale Romanum.

855 E. Celani (Ed.), a.a.O. 1, S. 184, Z. 40f.

856 So schreibt er: *antiquitus enim, prout libri nostri, qui fere omnes in Francie partibus sive Avenione fabricati sunt;* vgl. J. Lesellier, Les méfaits du cérémoniaire Jean Burckard (MélArchH 44), 1927, S. 29.

5633, 12343, 12348 und 14585.[857] Außer Mabillons Version des OR XIV, die in Vat. lat. 12348 (= D 4) überliefert ist,[858] enthalten diese Handschriften seit der Mitte des 15. Jahrhunderts entstandene Texte und Exzerpte aus Sammlungen früherer Zeremonienmeister, wie die schon genannte des Antonius Rebioli.[859] Da dieser Jahre lang gemeinsam mit Patrizi für die Einhaltung der Zeremonien sorgte und auch noch Burckard bekannt war,[860] ist anzunehmen, daß zumindest seine Handschriften – so die Handschrift K 1 von Gatticos Version des OR XIV[861] – von Patrizi und Burckard benutzt wurden. Von den aus dem Schisma stammenden Zeremonienbüchern war zunächst die Sammlung C bekannt, wie die Auszüge in Vat. lat. 12348 zeigen.[862] Außerdem scheint Burckard die Sammlungen des François de Conzié[862a] und des Petrus Amelii[862b], nicht jedoch die des Bindo Fesulani gekannt zu haben. Auch außerhalb von Zeremonienbüchern tradierte Texte wurden benutzt, so die Texte zu den Konzilien von Konstanz und Basel.[863] Das Pontifikale des Durandus, das Patrizi und Burckard schon als Grundlage für ihr neues, 1485 gedrucktes Pontifikale[864] gewählt hatten, diente nicht nur als Vorbild für die Dreiteilung des Caeremoniale, sondern wurde auch für die Konzipierung einzelner Texte – wie etwa des Kaiserkrönungsordo,[865] der im Pontifikale von 1485 nicht enthalten war, – herangezogen.

---

[857] Vgl. z. B. J. Nabucos Einleitung in Na-Ta, S. 30*f. mit Anm. 63.

[858] Vgl. oben, S. 64.

[859] Vgl. oben, S. 135.

[860] Vgl. E. Celani, a.a.O. 1, S. 6 Z. 13f., und 2, S. 122 Z. 5f.

[861] Vgl. oben, S. 65, und M. Dykmans, Mabillon et les interpolations, S. 341, Abschnitt VII. Vgl. auch das Exzerpt in Burckards Liber notarum (ed. E. Celani 1, S. 355 Z. 4–8) mit Gattico, S. 163 Z. 29–34.

[862] Siehe die Angaben in der Handschriftenbeschreibung, unten, S. 408f., und oben, S. 131 Anm. 813.

[862a] Vgl. oben, S. 126 Anm. 769a.

[862b] Vgl. das Exzerpt Burckards (E. Celani 1, S. 355 Z. 24–27) mit Migne PL 78, Sp. 1288 C.

[863] Wie Anm. 846.

[864] J. Nabuco in Na-Ta, S. 24*.

[865] Ebda., S. 29*, und R. Elze, Ordines coronationis imperialis, Ordo XXV, S. 152ff.

# SCHLUSS

Zum Abschluß möchte ich das bisher Geschriebene kurz resümieren. Die Texte des 12. Jahrhunderts, deren Vielfalt nur durch wenige erhaltene Texte angedeutet wird, beschränkten sich auf Wahl und Weihe des Papstes, auf die Feier des Kirchenjahres und auf einzelne Ausführungen über die Pflichten der Kardinäle und einiger Kurialen. Sie schilderten also nur die für den Papst als den Bischof und Stadtherren Roms und für seine Umgebung wichtigen Riten. Ergänzt wurden sie zum Teil durch die vor allem in Pontifikalien tradierten Texte, wie die Ordines zu Konzil und Kaiserkrönung. Auch im 13. Jahrhundert wurden lediglich diese Themen in den Sammlungen berücksichtigt. Am wichtigsten waren für die folgende Zeit die liturgischen Bücher der Kapelle, weil deren Liturgie nicht nur an der Kurie, sondern durch Vermittlung der Franziskaner auch außerhalb Geltung erlangte. Neben den bisherigen Sammlungen entstanden seit der Mitte des 13. Jahrhunderts einzelne Texte zu bislang nicht berücksichtigten Themen: zu den Konsistorien und zum Empfang von Kurienbesuchern, zur Krönung von Königen und anderes mehr.

Diese Tendenz verstärkte sich im 14. Jahrhundert, als sich Papst und Kurie in Avignon etablierten. Man verfaßte und sammelte jetzt nicht nur Texte zu den bisherigen Themen, sondern auch zu Heiligsprechungen, zum Tode eines Papstes, zu bestimmten Konzilien, zur Kreierung und Weihe von Kardinälen und zu den einzelnen Funktionsträgern im Papstgottesdienst. Das Sammeln und Überarbeiten oder Neuverfassen von Texten wurde dadurch intensiviert, daß seit Benedikt XII. neue liturgische Funktionsträger wissen mußten, was sie zu tun hatten. Daraus erklären sich Vielfalt und Umfang der Sammlungen, wie sie sich in den Versionen des Ordo Romanus XIV und in der Sammlung A, in den Kompilationen Bindos und Ameliis, in dem Zeremonienbuch aus der Zeit Benedikts XIII. und – in Konkurrenz zu diesen Sammlungen – im Zeremonienbuch des François de Conzié zeigen. Von daher wird auch die seit dem späten 14. Jahrhundert übliche Bezeichnung *liber cerimoniarum* oder *cerimoniale* für diese Bücher verständlich. Infolge der neuen Sammlungen wurden die des 12. und 13. Jahrhunderts uninteressant und daher nicht weiter benutzt.

Da seit dem Ende des 14. Jahrhunderts die Zeremonialkleriker immer ausschließlicher für die Gestaltung und Kontrolle der Zeremonien verantwortlich waren, wurden vorwiegend die von ihnen benutzten und durch Glossen und Nachträge erweiterten Zeremonienbücher an der Kurie tradiert. Weitere Interessenten und Sammler dieser Bücher waren die höheren Kurialen, aus deren Besitz viele der noch erhaltenen Handschriften stammen – und noch mehr lassen sich seit dem späten 14. Jahrhundert in den Nachlässen von Prälaten nachweisen. Im 15. Jahrhundert wurden derartige Zeremonienbücher als Grundlage für Rechtsentscheidungen von Päpsten herangezogen, so etwa in Eugens IV. Dekret vom 26. 10. 1431.[866] Sie konnten demnach offiziellen Charakter besitzen.

Durch die Umformung und pompösere Gestaltung des Zeremoniells im Rom der Renaissance wurden mehr und mehr Texte in den älteren Sammlungen unaktuell und mußten durch neue ersetzt werden. Eine Neufassung und Zusammenstellung aller gültigen Zeremonielltexte wurde immer dringlicher und schließlich unter Innozenz VIII. von den beiden Zeremonienmeistern Agostino Patrizi und Johannes Burckard durchgeführt. Ähnlich wie die Texte des 12. und 13. Jahrhunderts um 1350 wurden nun die Sammlungen des 14. und frühen 15. Jahrhunderts für die Praxis wertlos und fortan nur noch von an der älteren Liturgie interessierten Prälaten und Historikern beachtet. Dadurch aber, daß Patrizi und Burckard zahlreiche Bestimmungen der älteren Zeremonienbücher übernahmen, gelten viele von ihnen indirekt bis heute.

---

[866] Vgl. S. 406.

Exkurs

# VERSUCH EINER CHRONOLOGIE DER ANALYSIERTEN ZEREMONIELLSAMMLUNGEN

Zur besseren Verdeutlichung der Textanalyse stelle ich die Zeremoniellsammlungen in der Reihenfolge ihrer Entstehung zusammen. In dieser Liste wird nur die mehr oder weniger eindeutig anzusetzende Redaktionszeit der Sammlungen angezeigt. Über das Alter ihrer Bestandteile ist dadurch nichts ausgesagt. Nicht aufgenommen sind Pontifikalien (außer der Sammlung D) und Einzeltexte.

| | |
|---|---|
| 1140–1143 | Ordo Romanus XI des Kanonikers Benedikt (vgl. S. 6ff.) |
| 2. H. 12. Jh. | Baseler Ordo (2. Redaktion: um 1230) (vgl. S. 12ff.) |
| | Londoner Fragment (vgl. S. 12ff.) |
| 1189 | Kardinal Albinus: Gesta pauperis scolaris (vgl. S. 12ff.) |
| 1192 | Cencius camerarius: Liber censuum (vgl. S. 12ff.) |
| vor 1216 | Ordinarium der päpstlichen Kapelle (vgl. S. 17ff.) |
| 2. H. 13. Jh. | Missalien mit päpstlicher Liturgie (vgl. S. 19ff.) |
| ca. 1272/76 | Ordo Romanus XIII Gregors X. (vgl. S. 30ff.) |
| Ende 13. Jh. | Zeremonienbuch aus der 2. H. des 13. Jh. (vgl. S. 23ff.) |
| Mitte 14. Jh. | Sammlung des Codex Avignon 1706 (vgl. S. 39ff.) |
| | Die drei Versionen des Ordo Romanus XIV (vgl. S. 62ff.) |
| 1377 | Zeremonienbuch des Bindo Fesulani (vgl. S. 101ff.) |
| ca. 1385/90 | Ordo Romanus XV des Petrus Amelii (vgl. S. 107ff.) |
| ca. 1403/08 | Zeremonienbuch aus der Zeit Benedikts XIII. (vgl. S. 126ff.) |
| ca. 1410/15 | Sammlung des François de Conzié (vgl. S. 120ff.) |
| ca. 1451/55 | Pontifikale des Giovanni Barozzi (vgl. S. 132f.) |
| 1488 | Caeremoniale des Agostino Patrizi und Johannes Burckard (vgl. S. 136ff.) |

# TEXTE

# EINRICHTUNG DER AUSGABE

Der größere Teil der in diesem Band edierten Texte existiert nur in einfacher Überlieferung. Daher mußte ich weitgehend dem Wortlaut der jeweiligen Handschrift folgen. Da die Texte nur selten keine Fehler enthalten und ein großer Teil der Fehler schon aus der Vorlage übernommen sein dürfte, ließ ich sie gewöhnlich im Text stehen und versah sie mit einem in runde Klammern gesetzten Ausrufezeichen (!). Wo es mir sinnvoll und eindeutig erschien, habe ich den Text ergänzt. Diese von mir stammenden Ergänzungen sind durch rechteckige Klammern [ ] gekennzeichnet. Ergänzungen, die schon in den Handschriften stehen, habe ich in spitze Klammern ⟨ ⟩ gesetzt.

Viele Texte gleichen oder ähneln denen anderer Sammlungen. Da jedoch diese gewöhnlich in keiner kritischen Edition vorliegen (z. B. die Versionen des OR XIV) und die in diesem Band edierten Texte daher nicht in den richtigen Überlieferungszusammenhang gestellt werden können, habe ich in den meisten Fällen auf eine Kollation der Texte mit denen anderer Sammlungen verzichtet. Um aber die Beziehungen der hier edierten Texte untereinander und zu anderen Sammlungen kenntlich zu machen, habe ich die zum Schluß des Bandes gedruckte Konkordanz zusammengestellt.

Die hier edierten vier Sammlungen sind mit Großbuchstaben versehen; die Kapitel sind, um das Zitieren zu erleichtern, durch alle vier Sammlungen mit römischen Ziffern durchgezählt und in kurze, mit arabischen Ziffern versehene Absätze unterteilt. Die drei im Anhang edierten Texte sind neu gezählt. Die von mir einigen Kapitel gegebenen Titel sind in rechteckige Klammern [ ] gesetzt. Die Überschriften sind gesperrt, die Rubriken gerade und die Formeln kursiv gedruckt. Mir nötig erscheinende Bemerkungen habe ich in der Handschriftenbeschreibung, in den Notizen zu den einzelnen Kapiteln und in den Analysen im ersten Teil gemacht. Die Fundstellen für Formeln und Stellen aus der Heiligen Schrift sind nach der Vulgata angegeben. Durch Jahreszahlen oder durch historische Namen zu datierende Texte sind in einem eigenen Verzeichnis aufgeführt.

Großgeschrieben sind nur die Orts- und Personennamen. Doch ist das Attribut *romanus* oder *romana* (bei *pontifex, ecclesia* etc.) kleingeschrieben, da es mehr den universalen, als den lokalen Aspekt des Papsttums bezeichnet. Um die Individualität der einzelnen Texte zu bewahren und dadurch auch die

Erkenntnis der Überlieferungszusammenhänge zu erleichtern, habe ich weitgehend auf die Vereinheitlichung der Rechtschreibung verzichtet. Lediglich die Interpunktion, die Schreibung von *u* und *v*, von *e* statt *ae* oder *oe*, und *ti* statt *ci* (z. B. *dispositio*) und von Wörtern, deren Schreibung in dem betreffenden Texte uneinheitlich und für die Überlieferung unwichtig ist (besonders in den Sammlungen B und D, z. B. *assistere* oder *asistere*, *candela* oder *candella*, *Kyrieleison* oder *Kirieleison* oder *Kirieleyson*) wurde vereinheitlicht. Doch blieb die Vielfalt vor allem bei der Sammlung A erhalten, deren Texte auf den verschiedensten Vorlagen basieren. Normalisiert wurde die Schreibung der üblichen liturgischen Abkürzungen (z. B. *ant.* für *antiphona*, *ps.* für *psalmus*, *resp.* für *responsorium* oder *respondet* u. ä., *vers.* für *versus* oder *versiculus* etc.). Zahlen sind ausgeschrieben; nur die Ordnungszahlen von Päpsten, die Jahreszahlen und Geldsummen sind in römischen Ziffern wiedergegeben. Bei zweifelhafter Auflösung von Kürzungen (z. B. *diacon[is]* oder *diacon[ibus]*) habe ich mich nach der sonst in der Handschrift üblichen Schreibgewohnheit gerichtet. Durch Kreuze im Text (z. B. *pa+tris*) wird auf den bei diesen Wörtern üblichen Segen hingewiesen. Die Schlußformeln der Gebete sind so ausführlich wiedergegeben, wie sie in der betreffenden Handschrift stehen.

In den Variantenapparat wurden nur die Lesarten aufgenommen, die mir für die Überlieferungsgeschichte wichtig zu sein scheinen oder die dem Text einen anderen Sinn geben oder ihn erläutern. Außerdem enthält der Apparat im Text vorgenommene Verbesserungen – soweit ich sie nicht, durch spitze Klammern gekennzeichnet ⟨ ⟩, im Text selber abdruckte – und die von anderen Schreibern gemachten Notizen etc. Weil die Hände bei diesen Glossen und Zusätzen, besonders in den Sammlungen B und C, zahlreich sind, aber gewöhnlich zeitlich eng beieinander liegen und zum Teil nur schwer voneinander zu unterscheiden sind, habe ich auf eine nähere Charakterisierung der Hände verzichtet. Die Varianten sind so klar wie möglich durch die üblichen deutschen Abkürzungen gekennzeichnet. Durch spitze Klammern ⟨ ⟩ sind Zusätze bezeichnet. Die rechte eckige Klammer ] steht hinter dem Wort oder der Wortgruppe, auf die sich die Variante bezieht. Diese Klammer fehlt, wenn der Bezug eindeutig ist.

Die in der Edition den Sachanmerkungen vorangestellten Ziffern beziehen sich auf die einzelnen Absätze des jeweiligen Textes.

## VERZEICHNIS DER EDIERTEN HANDSCHRIFTEN

Avignon, Bibliothèque municipale
cod. 1706 (Kapitel I–XLIII)

Basel, Universitätsbibliothek
* cod. D. IV. 4 (Anhang I)

Berlin, Kupferstichkabinett
cod. 78 B 12 (Kapitel LXXVIII)

Florenz, Biblioteca Riccardiana
cod. 471 (Kapitel XLIV–LXXVIII)

Paris, Bibliothèque Nationale
ms. lat. 937 (Kapitel XXXV–XXXVI)
ms. lat. 970 (Anhang III)

Reims, Bibliothèque municipale
* cod. 737 (Kapitel XX–XXI)

Rom, Biblioteca Apostolica Vaticana
cod. Barb. lat. 750 (Kapitel XLIX und Anhang II)
cod. Urbin. lat. 469 (Kapitel LXXV–LXXVII)
cod. Vat. lat. 1145 (Kapitel CXXXVIII–CLIV)
cod. Vat. lat. 4726 (Kapitel XLIV–LXXVIII)
cod. Vat. lat. 4727 (Kapitel LXXIX–CXXXVII)

Turin, Biblioteca Nazionale
cod. F. V. 14 (Kapitel XLIX und Anhang II)

---

* = nur nach Mikrofilm benutzt

## A.

## DIE SAMMLUNG DES CODEX AVIGNON 1706

### I. De dominica in ramis palmarum.

1. Hac die, scilicet dominica in ramis palmarum, si papa celebrat, diaconus cardinalis[a] dicturus passionem, habens planetam violacei coloris plicatam super humerum [sinistrum[b]], ut in quadragesima fit, more consueto osculatur pedem pape. Et reversus[c] ad altare, genuflectit ante illud. Et dicit basse: *Munda cor meum* et [cetera[d]]. Et surgens recipit de altari librum evvangeliorum, deferens ipsum ante pectus[e], ita quod tabula libri, ubi est crucifixus, a populo videri possit. Non petit [tunc[f]] aliam benedictionem a papa. Sed pervento ad partem illam *Altera autem die* etc., vertit se ad papam et stans inclinato capite, non tamen genuflexus, basse petit benedictionem ab eo, dicens: *Iube domine benedicere.* Qua recepta, diaconus facit crucem super librum et sibimet tam in fronte quam in labiis et pectore more consueto. Deinde prosequitur residuum passionis ad modum antiquum curie romane, qui infra in passione notatus est, ut sequitur. Dicta vero tota passione, diaconus osculatur partem prefatam *Altera autem die.*

2. Passio domini absque benedictione et absque *Dominus vobiscum,* sine luminaribus et incenso, absolute incipitur. Nec respondetur: *Gloria tibi domine.* Pervento autem ad partem illam *Altera autem die,* benedictio, ut dictum est, petitur et incensum in turibulo a papa benedictum portatur[a] et due facule accense portantur, sicut consuetum est fieri, ad evvangelium. Et in fine incensatur papa et osculatur librum.

3. Similiter fit in parasceve, si papa celebret, de omnibus predictis cerimoniis et de benedictione petenda et incenso et duabus faculis et aliis, hoc excepto quod hodie est pulpitum coopertum quodam panno serico nigro, in parasceve vero pulpitum est nudum, et excepto quod in parasceve diaconus non vadit ad [osculum[a]] pape nec ante passionem nec post, excepto etiam quod in parasceve erunt[b] facule accense[b], cum dicitur *Post hec autem* etc. Finita passione extinguntur, hodie[c] vero non extinguntur.

4. Aliis vero diebus, quando legitur passio, si papa solempniter celebraret[a], idem debet servari sicut hodie; sed tamen non est consuetum, quod papa aliis diebus celebret solempniter. Et per consequens diaconus cardinalis non[b] dicit passionem.

5. Notandum igitur insuper quod, cum diaconus dixit in passione: *Dimisit spiritum,* statim reverenter genuflectit ad deum, versus librum vel altare. Et sic stabit[a] genuflexus per morulam, quantum posset dicere unum *Pater noster.* Postmodum surgens prosequitur passionem suo modo. Sic etiam facit in parasceve, postquam dixit: *Tradidit spiritum.*

6. Cetera fiunt, sicut dictum est supra in rubrica posita ante passionem in dominica in ramis palmarum.

7. Similia remanent penes cardinalem[a] in missali suo[b].

## II. [De[a] officio ferie] quinte in cena domini.

1. Feria[a] quinta in cena domini ordo, qui sequitur, observatur.

2. Nam dicta per dominum [papam[a]] in camera tertia et sexta sine nota, habens ipse dominus papa stolam ad [collum[b]] more consueto et indutus pluviali rubeo, habente aurifrixium solempne cum[c] pernis, et gestans mitram cum pernis, ministrantibus sibi duobus diaconibus indutis[d] capis suis de lana, ut solitum est hora tertia vel sexta, precedentibus ipsum cruce, diaconibus cardinalibus ac capellanis et aliis, progreditur ad locum solempnem et eminentem paratum ad predicandum et, ut fiant processus, qui fuerint faciendi.

3. Ad locum perveniens sedet in faldistorio et recipit ad reverentiam cardinales et prelatos nondum paratos, licet quandoque parati ad reverentiam veniant, de pressura timentes.

---

**I.** Ms.: A (= Avignon 1706), f. 1r.

1. *Alle Ergänzungen zu diesem Absatz richten sich nach dem Wortlaut von Gattico, Kap. 14, S. 22b.*
   [a] C ⟨*Lücke von ca. 4 Buchstaben*⟩ *A.*
   [b] *fehlt, Lücke von ca. 4 Buchst. A.*
   [c] rev ⟨*Lücke von ca. 4 Buchst.*⟩ *A.*
   [d] *fehlt, Lücke von ca. 3 Buchst. A.*
   [e] p ⟨*Lücke von ca. 3 Buchst.*⟩ *A.*
   [f] *fehlt, Lücke von ca. 3 Buchst. A.*

2. [a] portat *A.*

3. [a] *fehlt, Lücke von ca. 4 Buchst. A.*
   [b] erunt – accense] *die Wörter sind kaum zu erkennen A.*
   [c] hodie – vero] *die Wörter sind kaum zu erkennen A.*

4. [a] celebraret] *ist nur z. T. lesbar A.*
   [b] non dicit] *die Wörter sind kaum zu erkennen A.*

5. [a] stabit] *schwer lesbar A.*

6.–7. *Von Hand A 1.*

7. [a] card. *A.*
   [b] *Unter dem Absatz steht:* III Rubrica. *A. – Bezieht sich der Hinweis auf das folgende Kapitel?*

**II.** Ms.: A, f. 1v–2r.

*Vgl. OR XIV, Kap. 92: Migne PL 78, Sp. 1211C–1212D.*

*Titel. Stammt von Hand H.*
   [a] De –ferie] *fehlt A.*

1. [a] Feria quinta] ⟨*Lücke von ca. 7 Buchst.*⟩ ita *A.*

2. [a] *fehlt, Lücke von ca. 3 Buchst. A.*
   [b] *fehlt, Lücke von ca. 5 Buchst. A.*
   [c] cum pernis] ⟨*Lücke von ca. 3 Buchst.*⟩ nis *A.*
   [d] ⟨*Lücke von ca. 2 Buchst.*⟩ utis *A.*

---

**I.** Vgl. oben, S. 41. – Da f. 1r stark abgegriffen ist, sind nicht mehr alle Wörter zu lesen.

6. Es ist unklar, ob sich der Hinweis auf einen vorhergehenden, nicht mehr erhaltenen Text in der Vorlage oder auf den Teil des Kapitels vor der Passion (= Abs. 1) bezieht und ob dieser Text das zweite Kapitel in der Vorlage war (vgl. Abs. 7, Var. b).

**II.** Vgl. oben, S. 41. – In der Handschrift ist die obere Ecke von f. 1 abgerissen, so daß der Wortlaut der Überschrift und der ersten sechs Zeilen des Kapitels nicht vollständig erhalten ist. – Zu den *processus generales* vgl. bes. E. Göller, Die päpstliche Pönitentiarie I 1, Rom 1907, S. 242–277, bes. S. 246f.

2. *Cum pernis* steht oft statt *cum perlis.*

4. Qua reverentia facta, dominus papa sermocinatur ad populum et breviter, quia multa ea die sunt peragenda, vel committit sermonem alteri, scilicet alicui episcopo vel presbitero cardinali. In sermone potest fieri, si placet, mentio de solempnitate diei et aliquid etiam tangi de processibus faciendis. Si ipse dominus pontifex sermocinetur, ipso predicante omnes sunt parati tam cardinales quam alii prelati in albis, singuli in suo habitu: diaconi in dalmaticis et tunicellis, presbiteri in planetis, episcopi in pluvialibus, capellani in scuccis et cotta seu superpelliceo[a], subdiaconi pape in tunicellis. Si vero aliquis episcopus vel presbiter cardinalis sermocinaretur, ipse predictus debet esse paratus, sed alii cardinales et presbiteri possunt differre recipere paramenta, quousque incipiantur processus vel quousque diaconus cardinalis ipsos incipiat vulgarizare. Sed in omnem eventum duo diaconi, qui ministrant domino pape, et[b] ille diaconus, qui debet vulgarizare processus, et unus episcoporum saltem, qui predicat, possunt recipere paramenta, statim facta reverentia, ut sint magis prompti ad[c] suum ministerium exequendum.

5. Sic igitur iste consuevit esse ordo, ut dominus perveniens ad locum processuum in faldistorio sedeat, eatur ad reverentiam, fiat brevis sermo ad populum per papam vel per aliquem cardinalem, revertatur dominus papa ad sedendum, si predicavit; aliquis capellanus vel plures legat vel unus diaconorum in paramentis albis, tenens mitram in capite, versus populum lectum processum per capellanum saltim in substantia vulgarizet et deinceps, secundo processu lecto, idem diaconus vulgarizet; idem faciat et eodem ordine, si fuerint plures processus.

6. Quibus peractis, dominus papa ascendit pulpitum versus ad populum, duobus diaconibus assistentibus uno a dextris, altero a sinistris et uno episcopo a dextris. Ceteri vero episcopi et presbiteri cardinales, prout locus patitur, stent a dextris et diaconi a sinistris. Ceteri prelati sint a dextris, ut poterunt. Omnes tamen inspiciant populum cum mitris in capite.

7. Tunc dominus papa stans aliquid potest dicere de processibus lectis et expositis, prout sibi placet, scilicet ipsos approbat et rectificat et facit, prout lecti sunt et sicut diaconus exposuerit. Et circa ultimum verborum, habens aliquos tortitios accensos in manu, proicit ipsos dominus papa versus populum ad terram. Hoc idem faciunt singuli cardinales et prelati tenentes tantummodo singuli unum tortitium in manu, nichil dicentes cardinales et prelati. Et cum candele proiciuntur, debent campane ecclesie inordinate pulsari.

8. Et si sint plures processus, in cotta et scucca stantes versus populum, cito intelligibiliter legant processus in notis ad modum, quo leguntur lectiones in ecclesia.

## III. De officio quinte ferie in cena domini.

1. Notandum quod feria quinta in cena domini dominus papa debet duas hostias consecrare: unam sumit ea die, alia servatur pro parasceve.

2. Item eadem die et in die parasceve summus pontifex communicat super altare, non in sede; nec dat partem hostie diacono nec subdiacono, sed communicat solus, sicut faciunt alii sacerdotes.

3. Et ponit ea die, scilicet in cena domini, partem hostie in calice, ut alii sacerdotes faciunt, et sumit pretiosum sanguinem domini nostri Iesu Christi ea die non

cum calamo, sed cum calice. Et totum sanguinem ipse solus sumit et recipit vinum perfusionis. Et cetera facit ipse per se ipsum, stans ad altare.

4. Potest tamen episcopus vel diaconus sibi ministrare vinum et aquam et pelvim, cum manus lavat post communionem.

5. Postquam autem communicaverit, ponit calicem super altare et patenam iuxta eum[a] cum corpore domini reservato, quia feria sexta de ipso sacrificio resumit, et cooperitur utrumque syndone munda.

6. Notandum etiam, quod quinta feria in cena domini et oleum infirmorum benedicitur et crisma conficitur et oleum exorzizatum etiam benedicitur. Sed oleum infirmorum benedicitur a domino papa et ceteris, ut est in ordinario, ipso stante super scabellum iuxta faldistorium suum, facta scilicet elevatione, antequam dominus papa dicat: *Per quem hec omnia.*

7. Qua benedictione peracta, ad altare revertitur et dicit: *Per quem hec omnia* etc. *Agnus dei* dicitur, pax non datur. Crisma vero conficitur et oleum exorzizatum benedicitur. Percepto corpore et sanguine domini nostri Iesu Christi, conficitur siquidem et benedicitur a summo pontifice et ceteris, ut in ordinario continetur, ipso stante iuxta faldistorium suum super scabellum.

8. Qua consecratione et benedictione completis, dominus papa et omnes episcopi et presbiteri cardinales et alii episcopi salutant crisma et oleum exorzizatum, nam oleum infirmorum non salutatur. Et in salutando inclinant capita, dicentes ter quilibet: *Ave sanctum crisma,* et deosculantur ampulam tantum semel. Idem faciant statim post in salutando oleum exorzizatum, ter inclinando capita et ter dicendo: *Ave sanctum oleum* et osculando ampulam olei exorzizati similiter.

9. Predicta fiant hoc modo: nam dominus papa stans super scabellum sine mitra, tenens reverenter manus coniunctas in longum, salutat predicto modo osculando etc. crisma et statim postea ipse idem salutat oleum, ut supra. Ita et ceteri singuli episcopi et presbiteri cardinales et alii episcopi facere debent, stantes circa summum pontificem in locis suis, nam ampule crismatis et olei exorzizati per diaconum et subdiaconum, qui eas tenent, ad ipsos singulos per ordinem deferuntur.

10. Dicta ultima oratione per dominum papam et *Ite missa est* per diaconum et *Sit nomen domini benedictum,* ut moris est, dominus papa indutus omnibus paramentis, sicut celebravit, vadit cum omnibus cardinalibus episcopis, presbiteris et diaconibus secundum ordinem suum ad aliquem locum preparatum, ut mandatum ibi mandetur[a].

---

4. [a] supercilicie *A.*
[b] et] *kaum lesbar A.*
[c] ad suum] *kaum lesbar A.*

**III.** Ms.: A, f. 2r–2v.
*Vgl. zu Abs. 1–9 Na-Ta, Kap. 71–72, S. 97–99 und zu Abs. 10–11 OR XIV, Kap. 91, Sp. 1210D–1211A.*
*Titel. Von Hand H auf dem oberen Rand wiederholt.*
5. [a] *fehlt, Lücke von ca. 3 Buchst. A.*

9. *Auf dem oberen Rand von f. 2v von Hand H:* Prosequitur officium cene domini *A.*
10. [a] mandatum *A.*

---

4. *Scucca* steht häufig für *succa* = Rochett.
8. Vgl. hierzu unten Kap. IX 5, S. 160.

**III.** Vgl. oben, S. 41f.
6. Vgl. PRC, App. II (I) 11–14, S. 546.
7. Vgl. PRC, App. II (I) 19–25, S. 548–550.

11. Residens itaque in faldistorio, deposita planeta et palio et assumpto manto in spatulis, tenens fano in capite et super ipsum mitram, precinctus linteo, quo unus diaconus, qui ei servit, ipsum papam cingit, braceola ad hoc parata habens in brachiis, posita concha[a] per cubicularios ante eum, lavat pedes duodecim subdiaconibus – vel capellanis in defectum ipsorum in succis et cottis –, qui subdiaconi, parati in tunicellis et discalciati, debent in aliquo loco separato expectare. Tunc duo hostiarii vel sargientes accipiunt priorem illorum subdiaconorum et portant ante pontificem et sic de singulis. Summus pontifex cum aqua calida lavat pedes eorum singulariter portatorum et tergit linteo et deosculatur pedes eorum et dat singulis duos solidos denariorum. Interim cantores cantant vesperas et capellani. Pontifex vero dicit orationem: *Respice quesumus domine* sine nota.

12. Hiis peractis, summus pontifex presbiterium largitur, nam veniunt episcopi cardinales, presbiteri et diaconi cardinales et alii prelati, singuli secundum ordinem suum, et genuflectunt coram papa et deposita mitra, quam tenent in manibus, dominus papa singulis dat certam quantitatem pecunie in mitra, et ipsi osculantur genu domini.

13. Hiis peractis, dominus papa sic paratus ad dalmaticam albam inclusive, habens mantum rubeum ad collum, fano in capite et mitram super fano, comedit in mensa. Cardinales vero et ceteri prelati comedunt in aliis mensis, habentes succas et cottas et mitras in capite et mantellum ad collum – de bruneto cardinales seculares, religiosi vero cardinales habeant mantellum sue religionis, ceteri vero prelati habeant etiam mantellos –. Et sic cardinales et prelati ad domos suas revertuntur.

14. Hec breviter de comestione sufficiant, quia longum esset totum scribere.

## **IV.** In sabbato sancto.

1. In sabbato sancto, cum papa in capella audit missam, in celebrando hunc modum observat.

2. Venit cum manto rubeo [et[a]] mitra feriali, facit adorationem altaris sine *Confiteor,* sicut consuevit facere in vesperis aliis, et vadit ad sedendum. Fit benedictio cerei, ipso presente si vult. Cetera servantur, prout est in rubrica, in lectionibus seu prophetiis.

3. Cum dicitur *Flectamus genua*, descendit ad faldistorium et flectit genua, et in *Levate* surgit. Et statim postea, cum oratio dicitur, incumbit faldistorio. Nec debet mitram deponere, licet exuetur quandoque.

4. Et nota, quod non genuflectit in oratione, que sequitur in letania *Nabucodonosor*[a], prout dicit rubrica.

5. In letaniis, que tunc dicuntur, incumbit faldistorio cum mitra.

6. Tunc incipit *Kyrieleison* et in dicendis albis induitur, vadit ad altare et facit *Confiteor.* Et dicitur *Introibo*, ut alias moris est. Et tunc immediate vel, cum incipientur *Kyrieleison*, solemne recipit pluviale rubeum cum aurifrigio de perlis et mitram[a] de perlis. *Alleluia* vero, si velit, sibi annuntiatur. Et ter altius vocem elevando pronuntiat, choro semper sibi respondente, vel sacerdos, qui cantat missam, *Alleluia* pronuntiat ter vocem altius extollendo et choro sibi respondente.

7. In vesperis eiusdem diei sabbati, que dicuntur ante finem misse, primam antiphonam et ultimam papa alta voce pronuntiat. Orationem non dicit, sed sacerdos, qui missam cantavit, et sine *Alleluia.*

8. Debet mantum album non assumere sibi ante diem dominicum in pascate.

9. Si papa celebret, sedet in faldistorio a dextris altaris, ministrantibus sibi diaconibus, et utitur violaceis indumentis, usquequo dicte fuerint prophetie.

10. In baptismo fit sic: ad fontes fiunt letanie circa baptisandos et in cathecizando et in unxione crismate[a] in vertice, et alia per sacerdotem ecclesie, que fuerint facienda. Deinde venit papa processionaliter, letaniam basse dicendo, et facit fontium officium, ut est in ordinario. Et deposita planeta et palio, baptisat baptisandum, ut dicitur in ordinario.

## V. Ordo vero sessionum in concilio generali talis est.

1. Dominus papa in thalamo solempni facto post chorum ecclesie sedet in faldistorio suo cum scabello ad pedes, versa facie ipsius ad navem et portam ecclesie et prelatos, qui stant in navi. Cui domino pape stantes assistunt cubicularii.

2. Diaconi cardinales, omnes induti dalmaticis, sedent in predicto thalamo ad pedes pape super supremo gradu, scilicet ubi ponitur scabellum pape. Et sedent diaconi cardinales[a] super saccas suas. Sacerdos vel episcopus cardinalis ministrans pape, indutus pluviali, sedet inter diaconos a dextris pape immediate post primum diaconum.

3. Si imperator vel rex sit, sedet in predicto thalamo a dextris pape in faldistorio, posito in loco magis depresso, quam sit locus, ubi ponitur faldistorium pape. Et si essent plures reges vel imperatores, unus sederet a dextris pape, alius a sinistris in faldistoriis, ut dictum est.

---

11.[a] Chocha *A.*

**IV.** Ms.: A, f. 3r.

*Titel. Auf dem oberen Rand von Hand H:* De sabbato sancto, *darunter*: require infra in XXV folio (= *Kap. XXXIV*) *A.*

2.[a] *fehlt A.*

4.[a] Nabugonosor *A.*

6.[a] mitra *A.*

9.–10. *Von Hand A 2.*

10.[a] crismat *A.*

**V.** Ms.: A, f. 3v–4r (= A 1), f. 6r–6v (= A 2).

Ed.: E. Müller, Das Konzil von Vienne, S. 671f., Nr. 1.

*Titel. Von Hand H auf dem oberen Rand von f. 3v:* In concilio generali sessiones, *dgl. von f. 4r*: De eodem concilio generali prosequendo gradus et status *A 1. Von anderer Hand auf dem Rand von f. 6r:* De concilio generali, *von Hand H auf f. 6v*: De eodem, in quibus locis et qualiter in capella secundum dignitates et gradus esse debeant *A 2.*

2.[a] *fehlt A 2.*

---

11. *Fano* wird in diesem Text nicht dekliniert.

**IV.** Vgl. oben, S. 42.

2. Vgl. PRC, App. II (III) 8 und 10, S. 566 und 567f.

4. Vgl. PRC, App. II (III) 9, S. 566f.

10. Vgl. PRC, App. II (III) 15–26, S. 569–574.

**V.** Vgl. zu diesem und den folgenden Kapiteln (bis Kap. X) oben, S. 43f.

2. *Sacca* steht wohl gleichfalls für *succa* = Rochett.

4. Aliqui etiam capellani induti superpelliceis et subdiaconus stant in thalamo post cardinales circa dominum papam.

5. Cancellaria – videlicet vicecancellarius, notarii, auditor contradictarum et[a] corrector – in thalamo post diaconos cardinales; sed quia vicecancellarius est presbiter cardinalis, sedet[b] cum aliis[c] presbiteris cardinalibus.

6. Alii principes et magnates, quos dominus papa multum vellet honorare, essent in thalamo, stantes vel sedentes in sedibus factis in circuitu thalami post cardinales.

7. In navi vero ecclesie sic sedere debent, nam sunt illic sedilia in navi ecclesie infra columpnas per totum in circuitu tres gradus habentes:

8. In tertio gradu suppremo trium graduum predictorum sedebunt episcopi cardinales a dextris pape in ordine sue antiquitatis, a sinistris vero pape in eodem superiori gradu tertio sedebunt presbiteri cardinales similiter ordine sue antiquitatis. Post episcopos cardinales et presbiteros cardinales in eodem[a] gradu tertio sedebunt patriarche.

9. Primates, archiepiscopi, episcopi et abbates et alii ecclesiarum prelati [in[a] primo gradu sedebunt[a]], non discrepantes de ordine sessionum, quia dominus ordinavit, quod sine preiudicio ecclesiarum suarum sedere deberent.

10. Et si non sufficiat primus gradus propter multitudinem prelatorum, sedere possent episcopi et abbates et alii ecclesiarum prelati in secundo et etiam in tertio gradu dictorum trium graduum. Ambasciatores[a] vero imperatorum, regum et principum, capitulorum et ecclesiarum procuratores et aliqui honorabiles persone, si que essent, religiosi vel seculares – puta magister hospitalis –, predicatores et minores sedebunt in secundo et[b] in tertio dictorum trium graduum, ita tamen quod non sedeant super episcopos et alios maiores prelatos[a].

11. Patriarche autem quatuor – videlicet Constantinopolitanus, Alexandrinus, Antiochenus et Ierosolimitanus, si essent presentes, – deberent sedere inferius in navi, ex opposito pape in medio navis in quatuor sedibus distinctis eminentibus: scilicet Constantinopolitanus a dextris pape, Alexandrinus a sinistris, Antiochenus a dextris pape scilicet post Constantinopolitanum, Ierosolimitanus vero a sinistris pape scilicet post Alexandrinum. Omnes predicti quatuor patriarche tenent faciem versus papam. Sed quia non sunt presentes nisi duo, due erunt sedes: a dextris pape sedebit super una sede Alexandrinus, a sinistris vero pape super alia sede sedebit Antiochenus.

12. Ant.[a] *Exaudi nos, domine, quoniam benigna est misericordia tua, secundum multitudinem miserationum tuarum respice nos, domine.* Ps. *Salvum me fac, deus, quoniam intraverunt aque usque ad animam meam. Gloria*[b].

## **VIa.** Ordo igitur officii diei sabbati in prima sessione concilii talis erit.

1. Dicta tertia et sexta, quia dies ieiunii est, et parato in choro domino papa omnibus paramentis albi coloris et pallio, precedente cruce et aliis diaconibus cardinalibus ac duobus diaconibus eum conducentibus, ut predictum est, ascendit pulpitum et sedens in faldistorio suo faciat crucem super cardinales, prelatos et concilium, singulis sedentibus in ordine suo, ut predictum est.

2. Tunc capellani cantent ant. *Exaudi nos domine.* Qua finita, dominus papa erigens se dicit sine *Dominus vobiscum*: *Oremus*, diaconus antiquior dicit: *Flectamus*

*genua*, et dominus papa et omnes genuflectant. Antiquior diaconus post primum dicit: *Levate*, dominus papa et omnes surgunt. Tunc dominus papa dicit alta voce orationem: *Omnipotens sempiterne deus* etc., ut est in ordinario.

3. Deinde per unum capellanum cantetur letania minor, domino papa genuflexo incumbente faldistorio ac omnibus cardinalibus, patriarchis et prelatis stantibus genuflexis et sine mitra.

4. Qua finita per eundem capellanum et ceteris respondentibus, dominus papa surgens dicit sine *Dominus vobiscum*: *Oremus*, diaconus, qui dixerat primo *Levate*, dicat: *Flectamus genua*, et dominus papa et omnes genuflectant. Et antiquior post eum diaconus dicat: *Levate*, dominus papa et omnes surgunt. Et dominus papa dicit aliam orationem in tono[a] prime orationis, videlicet: *Da quesumus ecclesie tue omnipotens et misericors deus*, ut est in ordinario. Finita oratione et respondentibus omnibus: *Amen*, sedet summus pontifex, omnes cardinales, patriarche et prelati.

---

5. [a] et corrector] *fehlt A 2.*
[b] sedeat *A 2.*
[c] *auf dem Rand A 2.*
8. [a] eodem ⟨suppremo⟩ *A 2.*
9. [a] in – sedebunt] *fehlt A 1 A 2.*
10. [a] Ambasciatores – prelatos] *auf dem Rand A 1.*
[b] vel *A 2.*
12. [a] *auf dem Rand A 1 A 2.*
[b] Gloria ⟨Require IIII feria in die cinerum⟩ *A 2, dass. auf dem Rand A 1.*

**VI a.** Ms.: A, f. 5r–5v.
Ed.: E. Müller, a.a.O., S. 672–674, Nr. 2.
*Titel. Von Hand H auf dem oberen Rand von f. 5r:* De ordine in die sabbato sancto *A.*
4. [a] toto *A.*

---

5. *Vicecancellarius:* Arnaldus Novelli, Vizekanzler seit 1306/07 (E. Baluze–G. Mollat, Vitae paparum Avenionensium 2, S. 145f.), am 19. 12. 1310 zum Kardinalpriester von S. Prisca ernannt (K. Eubel, Hierarchia catholica 1, S. 14), 1317 gestorben. – Zur Sitzordnung der *cancellaria* vgl. M. Tangl, Die päpstlichen Kanzleiordnungen von 1200–1500, Innsbruck 1894, S. 65 Abs. 4, wo statt der Kardinaldiakone die Kardinalpriester genannt sind.

8. Die *patriarche* sind die beiden westlichen Patriarchen von Grado (= Angelus Or. erem. s. Aug., Patriarch seit dem 15. 10. 1311, gest. 1314: K. Eubel, a.a.O., S. 266, und E. Müller, Das Konzil von Vienne, S. 85) und Aquileja (= Ottobonus Razzi, Patriarch seit dem 29. 4. 1302, gest. 1315: K. Eubel, a.a.O., S. 99). Die östlichen Patriarchen sitzen dem Papst gegenüber, vgl. unten Abs. 11.

9. Vgl. unten Kap. VII 2 und XLII 2, S. 158 und 241; außerdem auch A. Franchi, Il concilio II di Lione, S. 70, Z. 51f.

10. *Magister hospitalis:* Nach E. Müller, a.a.O., S. 73–84 und 663–670 war der Ordensmeister der Johanniter (Foulques de Villaret) weder zum Konzil geladen noch während der Sitzungen anwesend.

11. *Alexandrinus:* Aegidius de Ferrara O. P., am 15. 11. 1311 ernannt, vorher Patriarch von Grado (E. Müller, a.a.O., S. 84f. und K. Eubel, a.a.O., S. 82). Er amtierte bis 1322.
*Antiochenus:* Isnardus Tacconi, am 4. 8. 1311 ernannt, vorher Erzbischof von Theben, gest. 1342 (E. Müller, a.a.O., S. 85 und K. Eubel, a.a.O., S. 93).

**VI a.** Das Konzil tagte am Samstag, dem 16. 10. 1311.

2. *Omnipotens sempiterne deus:* PR XII, Kap. XXXVI 3, S. 255 und PGD, lib. III cap. VI 3, S. 597.

4. *Da quesumus:* Der Wortlaut weicht etwas ab von dem im PR XII, Kap. XXXVI 5, S. 255 und PGD, lib. III cap. VI 5, S. 597.

5. Post hec antiquior diaconus, qui cantaturus est evangelium, genuflexus osculetur pedem pape. Et presbiter cardinalis vel episcopus, qui ministrat, genuflexus, ut moris est, offert domino pape naviculam cum incenso et papa turibulo imponat. Diaconus vero vadit ad altare ibique genuflectens dicit: *Munda cor meum* etc. Recipit evangelium de altari et ponat ante pectus. Ipsum precedat acolitus portans turibulum, post turibulum duo acoliti vel capellani portantes duas faculas accensas, post diaconus cum libro evangeliorum sine mitra, post eum subdiaconus. Et perveniens diaconus ad thalamum, stans ex parte sinistra pape, scilicet in loco decenti post omnes diaconos vel quasi omnes, stans scilicet super primum gradum, ubi alii diaconi tenent pedes, versus facie ad dominum papam inclinet non genuflectens et petat benedictionem, ut moris est, basse. Et data benedictione, cantet evangelium, dicens: *Dominus vobiscum.* Resp. *Et cum spiritu tuo. Sequentia sancti evangelii secundum Lucam.* Resp. *Gloria tibi domine*, signans librum et se, ut moris est, et prosequatur evangelium: *Designavit dominus Iesus alios septuagintaduo*[a] etc. Et circa finem signet se diaconus, ut moris est, et post finem evangelii osculetur principium evangelii. Dicto evangelio, incensatur papa, stans sine mitra, a presbitero cardinali vel episcopo ministrante; defertur a subdiacono evangelium, et papa principium lecti evangelii osculetur. Quibus finitis, revertitur diaconus ad locum suum inter alios diaconos cardinales.

6. Post hec dominus pontifex alta voce incipit ymnum *Veni creator spiritus*, et genuflectit ipse et omnes cardinales et prelati. Et confestim surgit ipse et omnes cardinales et prelati. Totus ymnus ab eo et toto concilio, ipso et omnibus stantibus sine mitra, solempniter decantatur.

7. Quo completo, sedeat in faldistorio suo. Et omnes cardinales, patriarche et prelati in locis suis sedeant. Et reposita mitra, poterit dominus noster sermocinari et dicere, prout dominus ministrabit et sue placuerit sanctitati.

8. Omnibus completis et, si et prout volet, indicta alia sessione, dominus papa surgat. Et sic prima sessio dissolvetur. Ipse vero dominus papa revertatur ad chorum, ubi indutus fuerat paramentis, que ministerio diaconi et subdiaconi, ut moris est, deponat. Et dicat nonam. Qua dicta, conducentibus eum duobus diaconibus cardinalibus, ad cameram revertatur.

9. Notandum quod in tribus sessionibus fuerunt omnes in albis, quamvis in prima sessione[a] in officiis utamur viridibus, in secunda festum annuntiationis, in tertia faciunt festum sancti Iohannis ante portam latinam, quo die[b] in officiis rubeis deberemus uti. Aliqui tamen, qui non poterant, pauci tamen, fuerunt in aliis coloribus.

## **VIb.** Ordo officii diei sabbati, scilicet in prima sessione concilii generalis facti Viennis tempore domini Clementis pape V.

1. Dicta missa, dicitur tertia et sexta et ps.[a] *Quam amabilia.* Calciatur dominus papa sandalibus et lavat manus et paratur in choro omnibus paramentis albis, acsi esset missam celebraturus. Et omnes diaconi et alii cardinales et prelati parentur in albis ob reverentiam beate virginis: diaconi dalmaticis, presbiteri planetis, episcopi

cardinales pluvialibus, patriarche, primates, archiepiscopi, episcopi, abbates et alii ecclesiarum prelati pluvialibus, omnes cum mitris albis simplicibus.

2. Precedit crux et omnes diaconi. Conducitur tamen a duobus diaconibus. Ascendit pulpitum. Sedet in faldistorio. Omnes sedent. Facit crucem super cardinales, prelatos et concilium.

3. Capellani, papa sedente, cantent ant. *Exaudi nos domine.* Qua finita, dicat papa: *Oremus*, diaconus: *Flectamus genua*, alius diaconus: *Levate.* Dominus papa dicit orationem: *Omnipotens sempiterne deus* etc.

4. Deinde per unum capellanum vel subdiaconum cantetur letania minor, papa genuflexo ac incumbente faldistorio sine mitra et omnibus stantibus genuflexis et sine mitra.

5. Finita letania, dominus papa surgens dicit: *Oremus*, diaconus, qui dixerat *Levate*, dicit: *Flectamus genua*, sequens diaconus dicit: *Levate.* Et dominus papa dicit aliam orationem: *Da quesumus ecclesie tue omnipotens et misericors deus* etc. Resp. *Amen.* Quo dicto, sedet summus pontifex, omnes cardinales, patriarche et prelati.

6. Post hec diaconus cantaturus evangelium osculatur pedem pape. Presbiter cardinalis, qui debet esse indutus pluviali, vel episcopus ministret incensum; per papam ponatur in turibulo.

7. Diaconus vero vadat ad altare, genuflectat, dicens: *Munda* etc., recipit evangelium, ponit ante pectus. Ipsum precedit turribulum, due facule accense, post diaconus cum libro ante pectus sine mitra, post eum subdiaconus. Et perveniens ad locum evangelii petit benedictionem. Qua data, cantet evangelium secundum Lucam: *Designavit dominus* etc. Et in fine signet se et osculetur principium, ut moris est. Post evangelium incensatur papa, stans sine mitra, a presbitero vel episcopo ministrante, et papa osculatur principium evvangelii. Quibus finitis, revertitur diaconus ad locum suum inter alios diaconos cardinales.

8. Post hec dominus papa, stans erectus, incipit ymnum *Veni creator spiritus*, et genuflectit ipse et omnes, et confestim surgit ipse et omnes. Et totus ymnus ab eo et toto concilio, ipso et omnibus stantibus sine mitra, solempniter decantatur.

9. Quo completo, sedet in faldistorio suo, et omnes cardinales et prelati in locis suis sedeant. Et imposita mitra, dominus papa sermocinatur et dicit, prout dominus ministrabit et sue placuerit sanctitati.

10. Omnibus completis, indicit dominus papa aliam sessionem, si et prout vult. Post surgit. Et sic prima sessio dissolvetur.

---

5.[a] LXI[os] *A.*
9.[a] *fehlt, Lücke von ca. 7 Buchst. A.*
[b] die ⟨*Lücke von ca. 4 Buchst.*⟩ *A.*

**VI b.** Ms.: A, f. 5v–6r.
Ed.: E. Müller, a.a.O., S. 674f., Nr. 2.
*Titel. Von Hand H auf dem Rand:* De ordine officii in die sabbato sancto dicta missa *A.*

1.[a] psalmi *A.*

---

5. *Designavit dominus Iesus* (Lc 10, 1): Vgl. PRG, 2, Kap. LXXX 23, S. 281, PGD, lib. III cap. VI 15, S. 599 und A. Franchi, a.a.O., S. 72, Z. 72f. Zur ekklesiologischen Deutung dieser Perikope im 14./15. Jh. vgl. Y. M.-J. Congar, Note sur le destin, S. 124f. u. 128.

11. Ipse vero dominus papa revertitur ad chorum ibique paramenta deponit, dicens nonam. Qua dicta, conducentibus eum duobus diaconibus cardinalibus, ad cameram revertatur.

## VII. Rubrica facta de sessionibus tribus concilii Viennensis.

1. Et continentur, que acta fuerunt in tribus sessionibus concilii Viennensis. Sed loca prelatorum erant in navi ecclesie per totum et erant tres gradus in circuitu. Sedes patriarcharum, que[a] erant in medio navis infra columpnas, habebant istos gradus. Thalamus vero, qui erat post chorum eminens versus prelatos, sic erat: nam super thalamo erant duo gradus non multum alti quasi in medio thalami, ita quod sufficeret pro sede pape, et diaconi in summo sedebant, versa facie ad papam.

2. Ravennas locutus est respondens pape, quod sine preiudicio sedium sederent omnes, qui erant consessi[a].

3. Dedit indulgentiam viginti annorum prelatis et viginti quadragenas et voluit, quod cardinales essent participes, et voluit, quod procuratores capitulorum de [approbatione[a]] consilii haberent viginti annos etc.

4. Dominus Nicholaus presbiter cardinalis [servivit[a]] ut presbiter de libro cum pluviali, licet primo [indutus[b] erat] planeta.

5. Thema pape: *In consilio iustorum et congregatione, magna et opera domini exquisita in omnes voluntates eius.*

6. Pro thema (!):
Circa factum templariorum.
Factum terre sancte.
Reformatio morum et libertates ecclesie.

7. Non[a] indixit determinate [secundam[b]] sessionem. Dixit, quod de regnis archiepiscopi eligerentur et alii prelati, cum quibus posset tractari de facto templariorum. Commisit domino Nicolao et[c] Neapoleoni, dicendo[c], ut audirent[d] petitiones illorum[a].

8. Reverentia facta fuit per diaconum in capella sine *Sit nomen.*

9. Hodie in prima sessione paratus fuit dominus in quadam capella, quia ibi erat paratum faldistorium et [...[a]].

10. Camerarius pape, scilicet episcopus Pictavensis, de mandato pape fuit in thalamo et sedit cum notariis pape in sedibus post diaconos cardinales ad dexteram pape nec habuit pluviale, quia papa noluit, sed indutus fuit capa clausa lanea, et notarii similiter.

11. Delfinus stetit rectus prope papam, set aliqui pape servientes et nobiles, non multi, fuerunt in thalamo.

12. Quid de reverentia?
Quid de *Sit nomen*?
Quid de orationibus, ad quam partem?
Orationes[a] dixit papa versus faciem ad navim ecclesie et ad prelatos[b]. Et in letania procubuit faldistorio, versam tenens faciem ad prelatos, et in *Flectamus genua* similiter. Diaconus cantavit evangelium dominus Neapoleo ad [sinistram[c]] pape, versus facie ad oppositum[a].

**VIII.** Ordo officii die lune proximo post octavas pasche in festo annuntiationis, scilicet in secunda sessione concilii generalis.

1. Dicta missa, dicitur tertia et sexta, si placet, et ps. *Quam amabilia.* Calciatur dominus papa sandalibus et lavat manus et paratur in choro omnibus paramentis albis, acsi esset missam celebraturus, et pallio. Et omnes diaconi et alii cardinales et prelati parantur in albis ob reverentiam beate virginis: diaconi dalmaticis, presbiteri planetis, episcopi cardinales pluvialibus, patriarche, primates, archiepiscopi, episcopi, abbates et alii ecclesiarum prelati pluvialibus, omnes cum mitris albis simplicibus.

2. Precedit crux et omnes diaconi. Conducitur tamen dominus papa a duobus diaconibus. Ascendit pulpitum. Sedet in faldistorio. Omnes sedent. Facit crucem super cardinales et prelatos et concilium.

3. Capellani, papa sedente, cantent ant. *Exaudi nos domine.* Qua finita, dicat dominus papa: *Oremus,* diaconus: *Flectamus genua,* alter diaconus: *Levate.* Dominus papa dicit orationem: *Mentibus nostris quesumus* etc.

4. Deinde per unum capellanum vel subdiaconum cantetur letania minor, papa genuflexo ac incumbente faldistorio sine mitra, et omnibus stantibus genuflexis et sine mitra.

5. Finita letania, dominus papa surgens dicit: *Oremus,* diaconus, qui dixerat *Levate,* dicit: *Flectamus genua,* sequens diaconus dicit: *Levate.* Et dominus papa dicit aliam orationem: *Deus qui nos iustitiam* etc. Resp. *Amen.* Quo dicto, sedet summus pontifex, omnes cardinales, patriarche et prelati.

6. Post hec diaconus cantaturus evangelium osculatur pedem domini pape. Pres-

---

**VII.** Ms.: A, f. 6v–7r.
Ed.: F. Ehrle, Zur Geschichte des päpstlichen Hofceremoniells, S. 574–576; E. Müller, a.a.O., S. 675, Nr. 2.
1. [a] *über der Zeile geschrieben A.*
2. [a] confessi *A.*
3. [a] *fehlt, Lücke von ca. 6 Buchst. A.*
4. [a] *fehlt, Lücke von ca. 7 Buchst. A.*
[b] indutus erat] *fehlt, Lücke von ca. 6 Buchst. A.*
7. [a] Non – illorum] *auf dem Rand A.*
[b] *fehlt, Lücke von ca. 5 Buchst. A.*
[c] et – dicendo] Neapoleo et dicendo *A.*
[d] audiret *A.*
9. [a] *Lücke von ca. 24 Buchst. A.*
12. [a] Orationes – oppositum] *auf dem Rand A.*
[b] prelatos ⟨p̄t prelatos⟩ *A.*
[c] *fehlt, Lücke von ca. 6 Buchst., ergänzt nach Kap. VI a, Abs. 5.*

**VIII.** Ms.: A, f. 3r–3v.
Ed.: E. Müller, a.a.O., S. 675f., Nr. 3.

**VII.** Das Kapitel schildert den tatsächlichen Ablauf der 1. Session am 16. 10. 1311.
2. *Ravennas:* Raynaldus Concoreggi, 9. 11. 1303–1321 (gest.): K. Eubel, a.a.O., S. 415; vgl. auch Kap. V 9, oben S. 154.
4. Nicolaus de Freauville O. P., Prior der Kardinalpriester, kreiert am 15. 12. 1305, gest. 1323: K. Eubel, a.a.O., S. 14.
7. *Neapoleo:* Neapoleo Orsini, kreiert am 16. 5. 1288, gest. 1342: K. Eubel, a.a.O., S. 11.
10. *Camerarius:* Arnaldus de Auxio, Bischof von Poitiers (4. 11. 1306–1314): K. Eubel, a.a.O., S. 399.
11. *Delfinus:* Johann II., Graf der Dauphiné (1308–1318).

**VIII.** Das Konzil tagte am Montag, dem 3. 4. 1312. Auf diesen Tag war das Marienfest verlegt worden, weil der eigentliche Festtermin (25. 3.) 1312 auf den Karsamstag fiel.

biter cardinalis, qui debet esse indutus pluviali, vel episcopus ministret incensum; per papam ponatur in turibulo.

7. Diaconus vero vadat ad altare et genuflectat, dicens: *Munda cor meum* etc., recipit evangelium, ponit ante pectus. Ipsum precedit turibulum, due facule accense, post diaconus cum libro ante pectus sine mitra, post eum subdiaconus. Et perveniens ad locum evangelii petit benedictionem. Qua data, cantet evangelium[a]. Et in fine signet se et osculetur principium, ut moris est. Post evangelium incensatur papa stans sine mitra, ac presbitero vel episcopo ministrante, papa osculatur principium evangelii. Quibus finitis, revertitur diaconus ad locum suum inter alios diaconos cardinales.

8. Post hec dominus papa, stans erectus, incipit ymnum *Veni creator spiritus*, et genuflectit ipse et omnes, et confestim surgit ipse et omnes. Et totus ymnus ab eo et toto concilio, ipso et omnibus stantibus sine mitra, solempniter decantatur.

9. Quo completo, sedet in faldistorio suo, et omnes cardinales et prelati in locis suis sedeant. Et dominus papa, imposita mitra, sermocinatur et dicit, prout dominus ministrabit et sue placuerit sanctitati.

10. Omnibus completis, indicit dominus papa aliam sessionem, si et prout vult. Post surgit. Et sic secunda sessio dissolvetur.

11. Ipse vero dominus revertitur ad chorum ibique paramenta deponit, dicens nonam, si placet. Qua dicta, conducentibus eum duobus diaconibus cardinalibus, ad cameram revertatur.

## **IX.** Ordo concilii generalis Viennensis tempore [domini[a] nostri] Clementis pape V in tribus sessionibus.

1. Locus vero regis Francie fuit aliquantulum magis elevatus.

2. In secunda sessione concilii Viennensis, que fuit tertia die Aprilis, omnia facta ut in prima.

3. Cantavit evangelium dominus Arnaldus diaconus cardinalis. Evangelium: *Vos estis sal terre.*

4. Thema pape: *Non resurgent impii in iudicio neque peccatores in consilio iustorum.* Dixit, qualiter processerat in facto templariorum, et pronuntiavit verbo [ad[a] verbum], dicens quod non sententiabat diffinitive, sed per viam provisionis et ordinationis statuebat et ordinabat, quod ordo militie templi cessaret et nullus habitum portaret nec ad professionem eius reciperet (!) et penam etiam excommunicationis etc. ipso facto. Et de bonis quondam ipsius et personis ordinantium sedis apostolice reservabat, bona[b] concedendo novo ordini vel alicui militari ordini approbato applicando.

5. Lectus[a] fuit in nota ad modum lectionis processus pape contra ordinem quondam templariorum; litteram super hoc bullatam eiusdem tenoris apertam statuebat magister Iohannes de Traiecto.

6. Consequenter exposuit papa propositum regis Francie de passagio et cruce, quomodo obligabat se a kalendis Martii proximo futuris ad [maxime[a]] sex annos

ad transfretandum ipse [rex[b]] et fratres et ad crucem assumendam usque ad unum annum, non obstante guerra, si qua esset in suo regno.

7. Interfuit rex Francie in secunda sessione. Cum debebant dici letanie vel cum dicebatur evangelium, sedit in faldistorio cum [cussino[a]] sine scabello ad dexteram pape aliquantulum in thalamo depressiori, scilicet post diaconos cardinales. Ad pedes regis sedebat dominus Carolus regis frater et comes sancti Pauli et alii barones. Erant enim versus partem regis stantes Delfinus et filius domini Adomari de Pictavis, post tamen diaconos. A sinistris pape erat rex Navarre stans, princeps filius regis Sicilie et alii fratres regis Navarre et dux Burgundie et filius comitis Britanie et alii nobiles stantes.

8. In prima oratione dixit dominus Neapoleo: *Flectamus genua*, dominus Landulphus: *Levate*; in secunda oratione dixit dominus Landulphus: *Flectamus genua* et Iacobus sancti Georgii diaconus cardinalis: *Levate.*

9. Letaniam dixit unus subdiaconus, scilicet ille de sancto Antonio.

10. In fine dixit papa sine *Confiteor*: *Precibus et meritis* etc., *Indulgentiam* etc.

---

7.[a] *Eine auf dem Rand stehende Bemerkung ist nicht mehr zu lesen A.*

**IX.** Ms.: A, f. 4v–5r.
Ed.: F. Ehrle, a.a.O., S. 576–578; E. Müller, a.a.O., S. 676f., Nr. 3.
*Titel.* [a] domini nostri] *fehlt, Lücke von ca. 12 Buchst. A.*
4.[a] ad verbum] *fehlt, Lücke von ca. 7 Buchst. A.*
[b] bonis *A.*
5.[a] Lectus fuit] Lecta *A.*
6.[a] *fehlt, Lücke von ca. 5 Buchst. A.*
[b] *fehlt, Lücke von ca. 5 Buchst. A.*
7.[a] *fehlt, Lücke von ca. 6 Buchst. A.*

---

**IX.** Das Kapitel schildert den tatsächlichen Ablauf der 2. Session am Montag, dem 3. 4. 1312.

1. *Rex Francie:* Philipp IV. der Schöne (1268–1314).

3. *Dominus Arnaldus:* Arnaldus de Pelagrua, kreiert am 15. 12. 1305, gest. 1331: K. Eubel, a.a.O., S. 14.
*Vos estis sal terre:* Mt 5, 13 oder Lc 14, 34; vgl. auch A. Franchi, a.a.O., S. 73, Z. 99.

5. Vgl. oben Kap. II 8, S. 150.
*Iohannes de Traiecto* ist im Regestum Clementis papae V nicht genannt.

7. *Carolus:* Karl von Valois, Bruder Philipps des Schönen (1270–1325).
*Comes S. Pauli:* Gui de St. Paul.
*Delfinus:* vgl. oben Kap. VII 11, S. 158.
*Filius domini Adomari de Pictavis:* Aimar V., Sohn Aimars IV. von Poitiers, des Grafen vom Valentinois.
*Rex Navarre:* der spätere Ludwig X., ältester Sohn Philipps des Schönen (1289–1316).
*Princeps filius regis Sicilie:* Karl von Kalabrien (1299–1328).
*Alii fratres regis Navarre:* die späteren Könige Philipp V. (1293–1322) und Karl IV. (1294–1328).
*Dux Burgundie:* Hugo V. (1306–1315).
*Filius comitis Britanie:* Johann III. (1312–1341), Sohn des Herzogs Arthur III. der Bretagne.

8. *Landulphus:* Landulphus Brancaccio, kreiert am 18. 7. 1294, gest. am 29. 10. 1312: K. Eubel, a.a.O., S. 12.
*Iacobus:* Iacobus Gaietani Stefaneschi, kreiert am 17. 12. 1295, gest. 1341 oder 1343: K. Eubel, a.a.O., S. 12.
Diese beiden Kardinäle und Napoleon Orsini waren die drei rangältesten Kardinaldiakone; vgl. z. B. Kap. VI a 2 und 4, S. 154f.

9. Den *Subdiaconus de S. Antonio* konnte ich nicht im Regestum Clementis papae V finden.

et *Benedictio* etc., faciens crucem. Dedit ultimo indulgentiam triginta annorum et triginta quadragenarum vere penitentibus et confessis et, qui confiterentur infra octo dies. Et sic secunda sessio fuit finita. Modo indixit tertiam sessionem.

## **X.** Tertia[a] sessio[b] de concilio Viennensi, de passagio et templariis et hospitalariis.

1. In tertia sessione concilii Viennensis, que fuit in ecclesia sancti [Mauritii[a]], omnia facta fuerunt sicut in prima et secunda; non tamen indictum fuit ieiunium.

2. Quedam tamen, ut infra patent, fuerunt specialiter servata: Nam sicut in ordinario continetur, tertia die, omnibus expletis, dixit dominus Neapoleo: *Humiliate vos ad orationem*; et non facto intervallo, dixit orationem et benedictionem cum responsionibus, ut est in ordinario. Et consequenter cantatur *Te deum* et dictum *Sit*[a] *nomen.*

3. Thema pape, cum sedit: *Super muros tuos, Ierusalem, posui custodes*, et prosequitur. Narravit, quod factum erat per dei gratiam de consilio prelatorum circa illa tria, per que concilium convocatum fuerat: et [primo[a]] de templariis quondam et ordine ipso et, quomodo tunc in ultima sessione, prout audiverat, [ordinatum[b] erat] de bonis et personis; secundo dixit, quod inchoatum erat de facto passagii et terre sancte, quod rex Francie per suas lecturas promiserat, ut audiverat; et dixit, quod audivit, quod ordinatum erat de reformatione morum.

4. Consequenter lecta fuerunt multa: primo quedam, que ad fidem pertinent, scilicet quod Christus fuit mortuus lanceatus; secundo[a] quod asserere, quod anima intellectiva secundum suam substantiam non sit forma corporis per se, est erroneum; et voluit, quod esset eligenda sententia[b], qua[c] dicitur, quod gratia et virtutes infunduntur in baptismo tam parvulis quam adultis.

5. Consequenter lecte [fuerunt[a]] due vel tres littere de bonis quondam templariorum et personis, nam bona omnia mobilia et immobilia sunt translata in ordinem hospitalariorum. De personis ordinatum [fuit[b]] secundum diversitatem delicti vel innocentie et commissum conciliis provincialibus et, quod alendi essent redeuntes ad gremium ecclesie de bonis quondam templi et magna circa eos misericordia adhibenda, et quod ponendi, prout ordinatum esset per concilia vel fortassis episcopos, in locis aliorum religiosorum vel in locis quondam templi, non multi simul. Relapsi sint puniendi secundum canonicas sanctiones. Et citati fuerunt publice, quod usque ad annum coram ordinariis compareant, super quos non esset facta inquisitio vel fuissent contumaces, alioquin excommunicati; et si usque ad annum sustinerent excommunicationem, tanquam heretici punientur.

6. Fuerunt etiam lecte quedam ordinationes circa hospitalarios et omnia eorum privilegia suspensa usque ad eius voluntatem, excepto privilegio exemptionis, si haberent, et multa alia lecta circa huiusmodi ordinationem.

7. Fuerunt lecte etiam alie constitutiones, scilicet de percutientibus et capientibus episcopos et, quod subdiaconi non habent vocem[a] in capitulo, et quod in causis ecclesiasticis, scilicet episcopatibus, personatibus et ceteris beneficiis, summarie sine strepitu et figura iudicii procedatur.

8. Incepit *Te deum laudamus* solempniter de mandato pape in eodem concilio illud solempniter prosequente usque ad *Sanctus*. Dedit papa indulgentiam triginta annorum vere penitentibus et confessis vel, qui infra octo dies confiterentur. Consequenter dixit papa: *Sit nomen* etc. Quo finito, dominus Neapoleo cardinalis dixit in nota: *Recedamus in pace*. Resp. *In nomine Iesu Christi. Amen*. Et sic concilium fuit dissolutum.

9. *Volumus*, dominus papa prout in concilio dixit, *quod constitutiones non lecte haberentur puplicate et puplicande non obligent seu astringant, quousque misse essent ad studia*, et infra tempus, quod ordinabit, ut legerunt[a], post misse erunt.

10. Et de quibusdam excessibus religiosorum et de quibusdam excessibus prelatorum et quedam de inquisitoribus et quedam de singulis et plures alie constitutiones lecte fuerunt.

11. Et illam *Super cathedram*[a] innovavit seu renovavit. Rogavit tamen prelatos ter diversis vicibus in eadem tertia sessione, quod aliquid benignitatis ostenderent religiosis, ultra quam dicatur in illa *Super cathedram*, maxime circa quartam, nam non possent alias vivere. Nichilominus tamen, si non consentirent prelati in aliqua mutatione illius *Super cathedram*, ipse papa sequebatur voluntatem ipsorum et ipsam, ut predictum est, renovabat.

12. Et in fine fecit legi super domini Bonifatii quoddam edictum citationis, de quo mandavit fieri quoddam publicum instrumentum, in quo edicto fiebat mentio, quomodo alias Avinione huiusmodi edictum fecerat et illud iterato faciebat.

13. Dixit etiam quod, si prelatis esset grave, quod tot pene ponerentur in constitutionibus, paratus erat[a] minuere ad dictum prelatorum, nam sibi placebat, si eis placebat, et quod dimitterent aliquos, qui viderent illas constitutiones.

14. Rogavit in fine prelatos, ut rogarent et facerent suos subditos rogare pro papa et ecclesia et specialiter pro persona pape.

---

**X.** Ms.: A, f. 7v–8r.

Ed.: F. Ehrle, a.a.O., S. 578–581; E. Müller, a.a.O., S. 677–679, Nr. 4.

*Titel.* [a] Tertia – hospitalariis] *von Hand H auf dem Rand A.*

[b] cessio *A.*

1. [a] *fehlt, Lücke von ca. 7 Buchst. A.*

2. [a] Sit] s. t. *A.*

3. [a] *fehlt A.*

[b] ordinatum erat] *fehlt, Lücke von ca. 7 Buchst. A.*

4. [a] sec. *A.*

[b] *fehlt A.*

[c] que *A.*

5. [a] *fehlt A.*

[b] *fehlt A.*

7. [a] *über der Zeile geschrieben A.*

9. [a] *statt* legerentur?

11. [a] cathedra *A (so auch im Folgenden).*

13. [a] erat] *ist doppelt geschrieben A.*

---

**X.** Das Kapitel schildert den tatsächlichen Verlauf der 3. Session am Samstag, dem 6. 5. 1312.

2. Vgl. PR XII, Kap. XXXVI 25–27, S. 259.

4–13. Zu den einzelnen Dekreten vgl. bes. E. Müller, a.a.O., passim.

11. *Super cathedram:* Extrav. comm. 3, 6, 2.

**XIa.** De[a] canonisatione sancti Thome.

1. Vide, quia bona forma procedendi est ante canonizationem alicuius sancti.

2. Anno quarto domini Iohannis pape XXII Avinione.

3. Notandum quod in facto canonizationis recolende memorie domini Thome de Cantalupo sic fuit processum, quod dominus Iohannes papa, requisitis conciliis cardinalium in consistorio de singulis miraculis, an prolata essent, et lectis attestationibus in consistorio super uno miraculo, et primo dicta unius testis faciebat scribi: *Plenarie probat iste testis*; et scribebat, quod ex cardinalibus non consentiebat. Et tunc non determinabat de contrarietate testium. Postea vero vise sunt contrarietates. Et habitis consiliis fratrum, faciebat scribi secundum consilia: *Non obstat contrarietas.*

4. Et tandem die Mercurii proximo ante festum sancti Benedicti pronuntiavit vitam et miracula probata, de quibus maior pars cardinalium consuluerat.

5. Et postmodum petiit consilia in continenti circularia, an esset procedendum ad eius canonizationem. Et omnes presentes consuluerunt, quod sic. Ipse tamen distulit super hoc pronuntiare, an esset procedendum ad canonizationem, et voluit, quod aliqui absentes consulerentur.

6. Scriptum hoc die Iovis proximo ante festum prefatum sancti Benedicti. Thema meum tunc fuit: *Qui fecerit et docuerit, hic magnus vocabitur in regno celorum.* In ecclesia alii non dixerunt thema nisi dominus Petrus de Columpna.

7. Item hodie, scilicet die sabbati proximo ante festum annuntiationis beate virginis, idem dominus Iohannes Avinione in consistorio, habito consilio cardinalium absentium, descendens de sede deposita mitra et genu flexo, ceteris cardinalibus in locis suis genuflexis[a], pronuntiavit sic quasi in substantia:

*Ad honorem sancte trinitatis et beate Marie et beatorum apostolorum Petri et Pauli et omnium sanctorum et exaltationem fidei, auctoritate apostolica diffinimus tot et tanta probata esse de vita et miraculis sancti Thome de Cantalupo episcopi Effordensis, quod sufficiunt ad eius canonizationem. Item diffinimus eadem auctoritate, procedendum esse ad eius canonizationem.*

Et surrexit et reposita est sibi mitra. Et voluit, quod adhuc teneretur secretum. Et fuit sibi visum, quod ante pascha non posset in publico pronuntiari, quia pascha debeat esse nona die.

8. Postmodum die Mercurii proximo ante festum beati Georgii, cum presentes de mandato pape prelati fuissent vocati et instructi, secundum quod factum fuit in canonizatione sancti Lodovici, dominus papa Avinione in ambitu supra claustrum domus sue sedit more consueto cum cardinalibus. Et facta reverentia per cardinales, populo stante inferius et prelatis in circuitu in alto, papa proposuit thema: *Narra mirabilia, que fecit Eliseus*; et prosecutus est pulcre, quomodo aliqua narrantur in laudem dei, aliqua in laudem sanctorum, aliqua ad consolationem auditorum et [...[a]] descendit. Dixit in genere de miraculis probatis, de suscitatione mortuorum [...[b]] etc. Et conclusit, quod hec ad ipsorum consolationem eis narravit.

9. Tunc procurator capituli Effordensis, magister Iohannes de Ros [...[a]], proposuit thema: *Pater, clarifica filium tuum*; et conclusit de excellentia pape et quod

ipse, ad quem spectabat, et dominum Thomam propter eius vitam et probata merita canonicavit.

10. Arelatensis seu[a] Aquensis, scilicet auditor contradictarum, thema: *Dilectus deo et hominibus.*

Thema Lucani: *Iustificabor et magnificabor et laudabor inter gentes.*

Thema Zacabriensis non bene audivi.

Thema Brixinensis: *Abissus abissum invocat.*

Thema Paccensis: *Pater, venit hora, clarifica filium tuum*; sed aliter prosecutus est quam procurator capituli Effordensis.

Thema episcopi Mathoniensis: *Flores apparuerunt in terra nostra*, et prosequenda fuit prosequenter ulterius: *Ego sicut vitis fructificavi suavitatem odoris.*

---

**XI a.** Ms.: A, f. 11v–12v.
Ed.: L.-H. Labande, Le cérémonial apostolique, S. 55–58.
*Titel.* [a] De – Thome] *auf dem Rand A.*
7. [a] genuflexit *A.*
8. [a] *Lücke von ca. 4 Buchst. A.*
[b] *Lücke von ca. 8 Buchst. A.*
9. [a] *Lücke von ca. 12 Buchst. A.*
10. [a] seu Aquensis] *steht über der Zeile A.*

---

**XI a.** Zu den Kapiteln XI a bis XII b vgl. oben, S. 47ff. – Das Kapitel beschreibt die Heiligsprechung des Thomas von Cantelupe, Bischofs von Hereford († 2. 10. 1282) am 19. 3. bis 17. 4. 1320 in Avignon. Vgl. auch AA. SS. Oct. tom. 1, S. 491–629 und H. Farmer in Bibliotheca Sanctorum 12, 1969, Sp. 566f.

3. Die Zeugenverhöre sind zum Teil ediert in AA. SS. Oct. tom 1, S. 539ff.

4. Mittwoch, 19. 3. 1320.

6. Donnerstag, 20. 3. 1320. – Zum Prediger und damit zum Verfasser vgl. oben, S. 47f.
*Petrus de Columpna:* Petrus Colonna, kreiert am 16. 5. 1280, gest. 1326: K. Eubel, a.a.O., S. 11.

7. Samstag, 22. 3. 1320. Ostern fiel 1320 auf den 30. März.

8. Mittwoch, 16. 4. 1320. – Zur Kanonisation des Ludwig von Toulouse vgl. unten, Kap. XI b, S. 166, OR XIV, Kap. 111 (Sp. 1249C–1250C) und oben, S. 48.

9. *Iohannes de Ros:* vgl. zu ihm die zahlreichen Angaben in Jean XXII. Lettres communes, passim.

10. *Arelatensis:* Galhardus Saumate, Erzb. von Arles (1318–1323): K. Eubel, a.a.O., S. 103.
*Aquensis:* Petrus de Prés, Erzb. von Aix (1318–1328, † 1361): K. Eubel, a.a.O., S. 96. Dieser war 1320 stellvertretender *auditor*: P. Herde, Audientia litterarum contradictarum 1, S. 78.
*Lucanus:* Henricus de Carreto, Erzb. von Lucca (1300–1330): K. Eubel, a.a.O., S. 313.
*Zacabriensis:* Augustinus Gazottus, Erzb. von Zagreb (1303–1322): K. Eubel, a.a.O., S. 537.
*Brixinensis:* Iohannes Wulfing, Bisch. von Brixen (1306–1323): K. Eubel, a.a.O., S. 148.
*Paccensis:* Simon O. F. M., Bisch. von Badajoz (1309–1324): K. Eubel, a.a.O., S. 383.
*Mathoniensis:* Ein Bistum dieses Namens gab es nicht. Eine Verschreibung für *Mothonensis* ist nicht möglich, da Modone 1320 vom Patriarchen von Alexandrien verwaltet wurde (K. Eubel, a.a.O., S. 351) und dieser wohl mit seinem höheren Rang bezeichnet worden wäre; eine Gleichsetzung mit *Matisconensis* (= Mâcon) halte ich aus paläographischen Gründen für nicht möglich. Vielleicht ist *Macloviensis* (= St. Malo) zu lesen, so daß als Bischof Alanus Goutier (1317–1333: K. Eubel, a.a.O., S. 319) in Frage käme.

Thema Lodovensis: *Non potest abscondi civitas super montem posita* etc. Et omnes concludebant suo modo, quod ad papam et romanam ecclesiam spectabat canonizare. Et supplicabant, quod eum propter vitam sanctam et probata merita canonizaret.

11. Notarii vero pape et capellani et clerici camere basse simul sine prefationibus canonizationem eius supplicabant.

12. Hiis factis, dominus papa dixit valde breviter, quod eorum petitiones audierat, super hiis de fratrum consilio faceret, quod dominus ministrabit, et quod in crastinum venirent ad missam.

13. Et sic factum est, quod in crastino, scilicet die Iovis proximo ante festum beati Georgii, papa in ecclesia maiori Avinione celebravit, ante tamen receptionem et processionem et alia, ut in rubrica sancti Ludovici dicitur, habens pluviale rubeum cum mitra de pernis, sed ante altare maius, domino Neapoleone[a] et me sibi ministrantibus et cardinalibus et prelatis paratis in albis etc., ut est in rubrica eadem.

14. Fecit thema suum: *Fuit et probatus et ille perfectus inventus est et erit illi gloria*; et prosequenter dixit in genere de vita et miraculis sancti Thome etc., ut in rubrica. Et canonizavit eum etc., ut in rubrica. Et missam de ipso sancto Thoma celebravit.

## **XIb.** [De[a] canonisatione sancti Lodovici[a].]

1. Proposuit papa breviter. Legit cardinalis vitam et miracula.

2. *Pater, clarifica filium tuum, ut te clarificet filius tuus:* procurator negotii frater Gulgulmus.

*Elegi David servum meum*: episcopus Marsiliensis.

*Dignus est, ut hoc sibi prestes*: archiepiscopus Bituricensis.

*Vir sapiens replebitur gloria*: archiepiscopus Rigensis.

*Vir humilis exaltabitur in carne*: episcopus Claromontensis.

*Crescere me fecit deus in terra paupertatis mee:* episcopus Atrebatensis.

*Ille fulxit in templo*: episcopus Magalonensis.

*Quis est hic et laudabimus eum*: episcopus Nucerinus.

Episcopus Mathoniensis voluit proponere et ab alia parte, namque cum paucis etiam erat ad proponendum; sed dominus noster noluit, quia nimis erat tardus.

3. In fine dominus non assumens thema brevissime dixit:

*Audivimus petitionem et supplicationem vestram et inductiones multas per vos propositas. Deliberabimus et deo dante talem dabimus responsionem, que deo erit grata et negotio correspondens. Cras venietis ad ecclesiam et respondebimus.*

4. Acta sunt hec Avinione[a] in consistorio publico supra plateam, que est infra domum episcopalem, anno domini MCCCXVII, indictione [XV[b]], die Mercurii post pascha, que dies fuit sexta die intrantis Aprilis.

5. Thema pape, quando proposuit eadem die: *Sacramentum regis celare est bonum* etc. (in Proverbiis vel in Ecclesiasticis).

6. De canonizatione domini Lodovici episcopi Tholosani et hiis, que dicta sunt per prelatos cum vacatione secunda die precedenti canonizationem.

**XII a.** [In negotio fratris Petri de Murrone.]

1. In negotio fratris Petri de Murrone videtur sic procedendum: Ut vocentur aliqui archiepiscopi vel episcopi primo ad partem et exponatur eis, quomodo per sanctitatem vestram et romanam ecclesiam fuit in negotio ipso mature processum, nam, instante carissimo filio vestro domino Philippo rege Francorum illustri, de fratrum vestrorum consilio commisistis bone memorie archiepiscopo Neapolitano

---

13. [a] Neapoleone et me] Nearme *A*.

**XI b.** Ms.: A, f. 12v.
Ed.: L.-H. Labande, a.a.O., S. 58f.
*Titel.* De – Lodovici] *fehlt A.*
4. [a] *steht über der Zeile A.*
[b] *fehlt A.*

**XII a.** Ms.: A, f. 12v–13v (= A 1), f. 45v–46r (= A 2).
Ed.: L.-H. Labande, a.a.O., S. 61–63.
*Titel. fehlt A 1 A 2; jeweils auf dem Rand:* Sancti Petri de Morrono *A 1 A 2.*

---

*Lodovensis:* Iacobus de Concoz, Bischof von Lodève (1318–1322): K. Eubel, a.a.O., S. 310; er war Pönitentiar und laut Eubel (Anm. 4) *confessor* Johannes' XXII.

13. Donnerstag, 17. 4. 1320. – Zur *rubrica s. Ludovici* vgl. unten Kap. XI b, S. 166.

**XI b.** Das Kapitel, das in der Handschrift ohne Zäsur an den vorigen Text anschließt und daher die gleiche Kapitelzahl besitzt, ist wohl nur ein Fragment der ursprünglichen Rubrik. Zu dieser vgl. OR XIV, Kap. 111 (Sp. 1249C –1250C) und oben, S. 48. – Die Überschrift war vielleicht der jetzige Absatz 6. Der Text schildert Vorgänge bei der Kanonisation Ludwigs von Toulouse († 1297) am 5./6. 4. 1317, soweit sie den Autor von Kapitel XI a interessierten. Zum Heiligen vgl. E. Pasztor in Bibliotheca Sanctorum 8, 1967, Sp. 300 –307 und die Angaben unten, S. 398.

2. *Frater Gulgulmus:* M. R. Toynbee, S. Louis of Toulouse, S. 203 Anm. 3 setzt ihn mit Guillaume de St. Marcel (Jean XXII. Lettres communes, Nr. 56974) gleich.
*Marsiliensis:* Raimundus Robaudi, Bisch. von Marseille (1313–1319): K. Eubel, a.a.O., S. 330.
*Bituricensis:* Rainaldus de la Porte, Erzb. von Bourges (1316–1320, danach Kardinal, † 1325): K. Eubel, a.a.O., S. 138.
*Rigensis:* Fredericus de Pernstein O.F.M., Erzb. von Riga (1304–1340): K. Eubel, a.a.O., S. 421.
*Claromontensis:* Albertus Aycelin de Montaigu, Bisch. von Clermont (1307 –1328): K. Eubel, a.a.O., S. 192.
*Atrabatensis:* Bernardus Royardi, Bisch. von Arras (1316–1320): K. Eubel, a.a.O., S. 115.
*Magalonensis:* Iohannes Raimundus de Comminges, Bisch. von Maguelonne (1307–1317): K. Eubel, a.a.O., S. 320.
*Nucerinus:* Iohannes Antignani, Bisch. von Nocera (1288–1327): K. Eubel, a.a.O., S. 373.
*Mathoniensis:* Vgl. oben Kap. XI a 10, S. 165.

6. War dieser Absatz ursprünglich der Titel für Abs. 1–5 oder für eine in der Vorlage folgende Rubrik?

**XII a.** Weil dieser Text die Vorbereitungen für die Heiligsprechung Cölestins V. schildert, während der folgende Text (Kap. XII b) die stattgefundene Kanonisation beschreibt, habe ich die Texte in zwei Kapitel mit der gleichen Ordnungszahl aufgeteilt. Vgl. auch oben, S. 48 f. und unten, S. 398. – Zum Heiligen vgl. G. Marchetti Longhi in Bibliotheca Sanctorum 4, 1963, Sp. 1100–1107.

1. *Neapolitanus:* Iacobus Capocci Or. erem. s. Aug., Erzb. von Neapel (1302–1307): K. Eubel, a.a.O., S. 359.

et episcopo Valvensi[a] cum clausula *Vos vel alter vestrum* etc., ut inquirerent de vita et miraculis, que per ipsius fratris merita fieri dicebantur, et, quod invenirent, rescriberent.

2. Ipsi vero in inquisitione huiusmodi, quamdiu vixit Valvensis episcopus, insimul processerunt. Sed demum per mortem sublato[a] de medio episcopo Valvensi, idem archiepiscopus inquisitionem ipsam complevit et remisit eam sub manu publica et sigilli sui munimine roboratam.

3. Hanc inquisitionem fecit sanctitas vestra more consueto diligentius examinari per tres vel quatuor cardinales. Consequenter lecte fuerunt in consistorio in presentia vestra et fratrum vestrorum attestationes super inquisitione ipsa et rubrice et cum maxima diligentia examinate et interdum attestationes super aliquibus miraculis, in quibus videbantur testes plene deponendo, manu vestra fuerunt signate.

4. Consequenter commisistis octo ex fratribus vestris sub certa forma, quod ipsi diligentius examinarent illas attestationes et rubricas predictas, que ad plenum per sanctitatem vestram et fratres vestros in consistorio non potuerunt examinari propter negotiorum occupationem, quod predicti cardinales fecerunt.

5. Consequenter in generali concilio Viennensi commisit sanctitas vestra sex vel octo prelatis magne scientie et dignitatis, ut inquisitionem ipsam diligentius examinarent, non tangendo, que per sanctitatem vestram de fratrum vestrorum consilio fuerant deliberata seu signata, quod etiam iuxta mandatum vestrum dicti prelati fecerunt.

6. Consequenter, quia in Viennensi concilio dictum negotium propter occupationes varias non poterat expediri, nunc Avinione, cum oportunitas affuit, examinationem dicte inquisitionis ad secretum consistorium reduxistis et, ut solidius et certius deliberare possent fratres vestri, singulis ipsorum fecistis tradi in scriptis per extensum plura miracula et attestationes super ipsis de verbo ad verbum.

7. Consequenter et ultimo non sine magnis laboribus et examinatione exquisita inventum est per sanctitatem vestram et fratres vestros: aliqua miracula et ante papatum ipsius fratris Petri et aliqua in papatu et aliqua post renuntiationem eius ante mortem et aliqua in morte et aliqua post mortem ipsius per eius merita esse facta et vitam bonam et sanctam ipsius fratris Petri esse probatam.

8. Hiis expositis aliquibus archiepiscopis vel episcopis in totum vel in partem, prout sanctitati vestre videbitur expedire, poteritis dicere:

*Hec exponimus vobis ad fidei exaltationem et etiam, quia intentionis nostre est uno istorum dierum, quando nobis et fratribus nostris videbitur, convocare vos et alios prelatos et officiales vestros et curiales et predicta, que vobis exposuimus, vobis et eis in consistorio publico nuntiare. Ideo prelibavimus ista vobiscum, ut prediximus, ad exaltationem fidei et, ut in alia vocatione publica, quam faciemus, sitis previsi ad assumendum verbum in publico et dicendum in ipso negotio, quod dominus ministrabit; nam quamvis ista ad nos singulariter et romanam ecclesiam spectent, tamen decens nobis videtur, si ista vobis et aliis prelatis ac officialibus vestris et curialibus ad gaudium nuntiemus*[a].

9. Post hec informandi erunt predicti archiepiscopi et episcopi per sanctitatem vestram vel[a] alium, cui committetis, sed in hoc casu decentius videretur per alium,

cui committetis, qualiter debeant se habere in vocatione alia solempni et propositione, que fiet in consistorio publico per sanctitatem vestram.

10. Informatio autem talis[a] est: Nam proposito verbo per sanctitatem vestram in consistorio publico de predictis, prout superius est expressum, et verbo per vos finito, singuli archiepiscopi et singuli [episcopi[b]], qui primo vocati fuerant per vos vel [ad[c]] partem, qui erunt collocati in diversis locis aule, surgent unus post alium. Completo sermone alterius et assumpto themate congruenti, dicet unusquisque ipsorum singulariter, quod dominus ministrabit, et specialiter dicet aliqua commendabilia de ipso fratre Petro, prout sciverit esse vera vel a fide dignis audiverit, et concludet, quomodo ad vos, pater sancte, et romanam ecclesiam solum spectat diffinitio et declaratio tanti negotii et canonizatio tanti viri, et supplicabit, ut in negotio procedentes ipsum fratrem Petrum[d] canonizetis et sanctorum cathologo ascribatis; hoc idem, scilicet quod eum canonizetis, vicecamerarius vester, cancellaria ac capellani vestri poterunt quasi insimul supplicare.

11. Die vero assignata per sanctitatem vestram, convocatis archiepiscopis, episcopis et aliis prelatis, vicecamerario[a], cancellaria et officialibus ac capellanis vestris et curialibus presentibus in consistorio publico et servatis hiis, que dicuntur superius, a loco illo *Nam proposito* usque *supplicare*, pater sancte, ultimo poteritis aliquod thema assumere, prout sanctitati vestre placuerit, et dicere, quod videbitur expedire, et si placebit[b], tangere et declarare breviter, quomodo ad vos et romanam ecclesiam solum spectat predicta canonizatio, et concludere, si placebit, sic:

---

1. [a] Valentie *A 2*.
2. [a] subtracto *A 2*.
8. [a] *korr. aus* nuntiamus *A 1*.
9. [a] vel ⟨per⟩ *A 2*.
10. [a] talis est] est talis *A 2*.
[b] *fehlt A 1 A 2*.
[c] *fehlt A 1*.
[d] P. *A 1*.
11. [a] vicamerario *A 1*.
[b] placet *A 1*.

---

*Valvensis:* Fredericus Raimundi de Lecio, Bisch. von Valva (1295–1307): K. Eubel, a.a.O., S. 514.
Zu den von beiden Bischöfen gesammelten Zeugenaussagen vgl. unten Kap. XIII, S. 174 und die Akten bei F. X. Seppelt, Monumenta Coelestiniana, Paderborn 1921, S. LI–LXIV und 212–334.
*Clausula Vos vel alter vestrum etc.:* Vgl. dazu die Bulle Johannes' XXII. vom 26. 2. 1326 an die Bischöfe von Limoges und Angoulême, die die Wunder des hl. Ivo untersuchen sollten (A. de la Borderie, Monuments originaux de l'histoire de S. Yves, S. 3, Z. 22–29): ...*per apostolica scripta mandamus quatenus vos vel duo vestrum, in loco vel in locis ubi expedire videritis, de vita et conversacione ac miraculis ejusdem Ivonis presbiteri ceterisque circumstanciis hujusmodi negocium tangentibus, juxta formam quam vobis sub bulla Nostra mittimus interclusam, inspiratis (!) diligencius veritatem, et que supra premissis inveneritis, fideliter in scriptis redacta sub sigillis vestris per viros ydoneos ad Sedem apostolicam destinetis, ut per inquisicionem vestram fideliter instructi, sicut res exigit et expediens visum fuerit, securius in ipso negocio procedere valeamus.* Der Text der *littera interclusa* wird im Bericht nicht zitiert.

6. Zu den *miracula et attestationes* vgl. die Angaben in Abs. 1 und die noch erhaltenen Berichte der Kommissionen anläßlich der Vorbereitungen zur Kanonisation des hl. Ivo: A. de la Borderie, Monuments, S. 1–435.

11. *Nam proposito – supplicare* = Abs. 10.

*Habebimus consilium super predictis cum fratribus nostris et faciemus, quod dominus ministrabit.*

## XII b. De[a] eadem canonizatione sancti Petri.

1. Anno domini MCCCXIII die secunda Maii intrantis Avinione dominus noster papa Clemens in consistorio publico, presentibus prelatis et officialibus curie, qui die precedenti ad hanc diem vocati fuerant, facta [reverentia[a] per cardinales, papa[a]] in facto fratris Petri de Murrone proposuit thema: *Facta nostra manifestant nos* (ad Timotheum). Prosequenter narravit maturitatem ecclesie in procedendo[b] et, quomodo vita sancta fratris Petri de Murrone, et sic omnia narravit, et miracula plura probata erant, et aliqua in specie de vita et conclusit, quod nuntiabat eis ad fidei exaltationem et ad totius ecclesie et rectorum consolationem. Et subiunxit: *ne possimus errare plus vel minus dicendo vel immutando, audientes in scriptis, que de vita eius et miraculis sunt inventa.*

2. Et tunc de eius mandato dominus [Guillelmus[a] Petri] cardinalis de Baiona legit quoddam dictamen et narrationem pulcram, in quibus continebatur vita mirabilis probata et miracula aliqua.

3. Post hec surrexit Bremensis archiepiscopus et assumpsit thema: *Propter unum opus, quod fecerit*[a] *et mirabile*, quod fuit in eius renuntiatione, et eum commendavit per ea, que [iam[b]] erant lecta, et conclusit, quod dominus papa eum canonizaret.

Post surrexit Ebredunensis, assumpsit thema: *Similem enim*[c] *fecit in gloria sanctorum* et conclusit ut Bremensis.

Post surrexit Iadrensis et assumpsit thema: *Et plura specialia, que viderant, etiam in se facta sunt*, narravit et conclusit, quod papa, ad quem spectabat, eum canonicaret, et in concludendo allegavit illam auctoritatem Iob: *Aquila ad vultum eius [...*[d]*] volat* etc.

Quarto surrexit Legionensis episcopus et assumpsit [thema[e]]: *Mirificavit dominus sanctum suum, cum clamavero ad te, exaudisti me*; et pulcre dixit et conclusit ut alii et, quod ad papam spectabat, et in narrando et concludendo allegavit illam auctoritatem: *Qui sanctus est, sanctificetur* etc.

Post surrexit episcopus Colosensis, qui est confessor pape, et assumpsit thema: *Hic vir perfectus est* et conclusit ut alii.

Ultimo surrexit Pacensis episcopus, licet in ordine sederet prius quam Colosensis, et assumpsit thema: *Pater, clarifica filium tuum* (in Iohanne) et conclusit ut alii.

4. Post surrexerunt vicecamerarius et notarii et capellani et quasi simul supplicaverunt pro eius canonizatione. Et, quia dicebant nimis basse, papa dicebat: *Isti alii vos non intelligunt*, ita quod ipsi aliquantulum altius dixerunt.

5. In fine dominus papa resumpsit thema: *Ministerium meum honorabo* et dixit in genere:

*Vos bene scitis, quod ad nos singulariter spectat canonizatio. Audivimus vestram supplicationem, cum fratribus nostris frequenter habuimus de tangentibus istud negotium collationem, habebimus super predictis consilium cum ipsis fratribus nostris et cum dei adiutorio cito respondebimus et dicemus intentionem, quam crede-*

*mus deo placere et satisfacere, in quantum poterimus, votis vestris. Vos interim rogatis, ut in hoc facto non possimus errare.*

Et rediit ad cameram suam.

6. Omnes illi sex prelati in eadem banga sederunt post cardinales presbiteros, scilicet a dextris pape, nam non fuerunt posite sedes ab aliis lateribus, et vicecamerarius et notarii et corrector et capellani ad pedes domini nostri.

7. Anno domini MCCCXIII die sabbati, scilicet die quinta Magii intrantis, Avinione in ecclesia cathedrali, presentibus cardinalibus et prelatis, ecclesia intus et extra faculis infra trabibus ornata sed nondum accensis intus omnibus propter calorem, facta reverentia in medio ecclesie ascendit papa pulpitum parvum factum post chorum, navem[a] ecclesie respiciens.

8. Paraverant se cardinales et prelati in albis. Steterunt cardinales in navi ecclesie, sedilibus paratis quasi ad modum consistorii in duabus bancis continuis. Post sedilia cardinalium fuerunt prelati in lateribus ecclesie circumcirca, nam ecclesia plana est. Clerici vero et alii laici sedebant ad terram infra spatium cardinalium et etiam prelatorum. Sed porta ecclesie maior erat clausa.

9. Dominus papa propter loci altitudinem cum duobus cardinalibus diaconibus ministrantibus tantum et aliquibus et paucis capellanis et suis familiaribus in ambitu

---

**XII b.** Ms.: A, f. 13v–15v.

Ed.: L.-H. Labande, a.a.O., S. 63–67.

*Titel.* [a] De – Petri] *auf dem Rand, dgl. auch auf f. 14v und 15r von Hand H auf dem oberen Rand A.*

1. [a] reverentia – papa] *fehlt, Lücke von ca. 16 Buchst. A.*
   [b] *über der Zeile korr. aus* narrando *A.*

2. [a] Guillelmus Petri] *fehlt, Lücke von ca. 8 Buchst. A.*

3. [a] *danach kleine Lücke A.*
   [b] *fehlt, Lücke von ca. 3 Buchst. A.*
   [c] *korr. aus* eius *A.*
   [d] *Lücke von ca. 4 Buchst. A.*
   [e] *fehlt A.*

7. [a] *steht über der Zeile A.*

---

**XII b.** Der Text schildert den Ablauf der Kanonisation Cölestins V. am 2. und 5. 5. 1313.

2. *Guillelmus Petri cardinalis de Baiona:* Guillelmus Petri Godin de Bayonne O. P., kreiert am 23./24. 12. 1312, gest. 1336: K. Eubel, a.a.O., S. 14.

3. *Bremensis:* Iohannes Grand, Erzb. von Bremen (1310–1327): K. Eubel, a.a.O., S. 145f.

*Ebredunensis:* Iohannes de Puy, Erzb. von Embrun (1311–1317): K. Eubel, a.a.O., S. 234.

*Iadrensis:* Nicolaus de Setia O. P., Erzb. von Zara (1312–1320): K. Eubel, a.a.O., S. 281.

*Legionensis:* Gundisalvus Osorio Villalobos, Bisch. von León (1301–1313): K. Eubel, a.a.O., S. 299.

*Colosensis:* Bernardus, vorher Bisch. von Kos, unter Johannes XXII. – vielleicht auch schon unter Clemens V. – Bisch. von Colossi: K. Eubel, a.a.O., S. 197. Er ist vielleicht mit Bernard de Pamiers identisch, der von 1309–1342 päpstlicher Pönitentiar war: B. Guillemain, a.a.O., S. 33 Anm. 377, K. H. Schäfer, Ausgaben 1, S. 548 und E. Göller, a.a.O. I 1, S. 164. In den Registern Clemens' V. und Johannes' XXII. ist ein Bischof von Colossi nicht genannt.

*Pacensis:* vgl. oben Kap. XI a 10, S. 165.

4. *Vicecamerarius:* Guillelmus Meschini, Kaplan Clemens' V., als Vizekämmerer für 1312 und 1313 nachzuweisen im Regestum Clementis papae V, App. I, Rom 1892, S. 242–248.

post prelatos paratos mutavit mantum et accepit mantum seu pluviale valde pulcrum de opere anglicano et ymagines et mitram de pernis.

10. Et sedens, ceteris sedentibus, fecit sermonem, cuius thema fuit: *Exulta et lauda, habitatio Sion, quia magnus in medio tui sanctus Israel* (Ysa. XII in fine). Et faciens invocationem more consueto prosecutus est, dixit nominans fratrem Petrum de Murrone, qui canonizabitur, si deus concesserit. Et sua membra prosecutus est, inter alia dicens, eum magnum fuisse non generis nobilitate, non scientie magnitudine, non experientie, sed sanctitatis et virtutum et, dum papa fuit, dignitatis et fuit prosecutus. Conclusit, quod secundum morem laudabilem ecclesie ortabatur, ut orarent, quod deus non permitteret ecclesiam suam in hoc facto errare. Et predixit, quod ipse incepturus erat *Veni creator*.

11. Et surgens, mitra per diaconum a dextris composita, incepit *Veni creator* cum nota et stantibus[a] genuflexis, vertens faciem ad orientem videlicet ad altare. Et surrexit, reposita fuit mitra et stetit usque ad finem ymni.

12. Mandavit legi per cardinalem de Baiona vitam probatam et dictatam et miracula fratris Petri, sicut fuerat lecta alia[a] die in consistorio publico. Sed expresse fuit ibi lectum, quod frater Petrus resignaverat vel cesserat papatus oneri et honori propter inexperientiam et insufficientiam suam ad regimen, et ut cum Maria liberius posset contemplationi vacare, et quod miracula fecerat ante papatum, in papatu, post papatum adhuc vivens in vita et in morte.

13. Consequenter dominus papa surgens, mitra deposita ex devotione beate virginis, incepit cum notis *Regina celi*, genuflexit et statim surrexit et cum mitra stetit, quousque ceteri compleverunt antiphonam. Completa, mitra deposita, cum devotione incepit cum nota *Salve regina* et genuflexit et surrexit et stetit cum mitra, quousque ceteri compleverunt.

Dixerunt duo capellani versum: *Ora pro nobis, sancta dei genitrix, Alleluia.*

Responderunt ceteri: *Ut digni efficiamur promissionibus Christi, Alleluia.*

Dominus papa dixit: *Dominus vobiscum. Et cum spiritu tuo. Oremus*, et dixit orationem: *Deus, qui salutis eterne* etc., *per dominum nostrum Iesum Christum filium tuum, qui tecum vivit et regnat* etc. *Amen.*

14. Assumpsit thema: *Reddite omnibus debita, cui honor est, honorem*, et prosecutus est benignissime et, quia vita fratris Petri sancta erat probata et miracula et credebat dei beneplacitum esse.

15. Completa[a] oratione et responso *Amen*, sedens cum mitra pronuntiavit et diffinivit sic in substantia:

*Ad honorem dei omnipotentis patris et filii et spiritus sancti et beate Marie virginis, beati Michaelis archangeli, sanctorum apostolorum Petri et Pauli, exaltationem fidei, auctoritate dei omnipotentis patris et filii et spiritus sancti et beatorum apostolorum Petri et Pauli et nostra, cui soli competit, de fratrum nostrorum consilio, ad supplicationes prelatorum [...[b]] diffinimus fratrem Petrum de Murrone sanctorum cathalogo ascribendum et ipsum dictorum sanctorum cathalogo ascribimus. Et statuimus et mandamus festum ipsius in die obitus sui, videlicet XIIII kalendis [Iunii[c]] ab universali ecclesia devote celebrandum. Et accedentibus singulis annis in die obitus sui ad eius ecclesiam, ubi eius corpus requiescit, vere penitentibus et confessis vel, qui infra octo dies erunt, septem annos, accedentibus infra octavam unum annum et quadraginta dies de iniuncta penitentia relaxamus.*

16. Hiis sic factis, incepit, mitra deposita, alta[a] voce *Te deum laudamus*, et genuflexit et statim surrexit, et ceteri prosecuti sunt, et interim cum mitra sedit. Sed cum ventum est ibi *Te ergo*, surrexit mitra deposita, et mitra resumpta postmodum sedit.

17. In fine diaconus, qui a sinistris, dixit cum cantu versum: *Ora pro nobis, beate Petre, confessor Christi, Alleluia.*

Ceteri responderunt: *Ut digni efficiamur promissionibus Christi, Alleluia.*

Dominus papa, mitra deposita, cum notis dixit: *Dominus vobiscum. Et cum spiritu tuo. Oremus*, et dixit orationem propriam factam pro dicto confessore et finivit: *Per Christum dominum nostrum*[a]. Ceteri responderunt: *Amen.*

18. Tunc papa, mitra reposita, stetit; et diaconus, qui a sinistris, dixit cum notis *Confiteor* more solito, faciens mentionem de beato Petro confessore.

19. Papa vero dedit indulgentiam septem annorum et septem quadragenarum, qui fuerant vel illa die ad ecclesiam venirent, vere penitentibus etc. vel hiis, qui usque ad octo dies venirent, dedit unum [annum[a]] et quadraginta dies.

20. Post mitra deposita more consueto, fecit absolutionem: *Precibus et meritis* etc., faciens mentionem de beato Petro confessore. *Amen. Indulgentiam* etc., *Amen* et *Benedictio* etc., *Amen*. Et dixit se celebraturum.

21. Et sic cunctis ritibus completis, paravit se more consueto et missam celebravit de ipso beato Petro confessore. Et facule accense fuerunt in ecclesia et tortitia, que erant extra, intus accensa fuerunt portata et steterunt usque ad finem misse.

22. Tortitia dicuntur fuisse centum quinquaginta[a], facule circa quadringentas quinquaginta[b] vel quingentas.

23. Petierunt acoliti vel subdiaconi partem luminariorum a domino papa, ut non constabant (!), quod deberent habere, nam talia raro fiunt. *Sciatis, si consuetum est*, et mandavit dominus papa canonicis ecclesie, quod luminaria reciperent. Et eius intentio videbatur et bona et sancta, quod, nisi constaret, quod acoliti seu subdiaconi haberent, quod omnia luminaria ecclesie remanerent.

24. Ego Iacobus sancti Georgii ad velum aureum diaconus cardinalis domino pape a dextris in predicta canonizatione et missa ministravi.

25. Require plus de miraculis fratris Petri de Murrone in vicesimo tertio folio istius papiri computando ab isto folio.

---

11. [a] stantis *A.*
12. [a] alie *A.*
15. [a] Completis *A.*
    [b] *Lücke von ca. 7 Buchst. A.*
    [c] *fehlt, Lücke von ca. 3 Buchst. A.*
16. [a] alta voce] *steht über der Zeile A.*
17. [a] nostri *A.*
19. [a] *fehlt A.*
22. [a] l. *A.*
    [b] l. *A.*

15. Vgl. die ähnliche Kanonisationsformel in OR XIV, Kap. 111 (Sp. 1250B) und 115 (Sp. 1258B–D).
17. *Oratio propria facta* (von Stefaneschi?): siehe AA. SS. Maii tom. 4, S. 485f.
24. *Iacobus s. Georgii ... diaconus cardinalis:* vgl. oben Kap. IX 8, S. 161.
25. Der Hinweis bezieht sich auf Kap. XIII (f. 38v).

## XIII. Examinationes[a] testium super canonisatione fratris Petri.

1. Post mortem. De cecis. De Leonardo filio Gualteri de Pectorano[a] curato a scrufula etc. Testis CXCVII non videtur probare, nam non interfuit curationi nec principio curationis, que facta fuisset per appositionem catene fratris Petri, nec dicit, quod facta fuit curatio in instanti per tactum catene, et si in tempore facta fuit, talis est infirmitas, quod potest quis medicina curari vel forte alio modo non miraculoso. Eadem possunt dici de teste CXCVIII et ultra predicta, quia eius dictum non ponitur per extensum, sed dicit notarius vel examinator, quod dixit per omnia et in omnibus ut testis CXCVII. Non ponuntur plures alii testes quam predicti. Attendendum quod in genere de fama et notorio dicit testis CXCVII, sed non in speciali dicit de predicto miraculo, de fama etc.

2. Post mortem. De claudis et contractis. De domina Philippa de Palena[a] etc. Testis CXLV videtur aliis sufficienter deponere, non tamen dixit, quanto tempore post vidit eam sanam, nec fuit super hoc interrogata; testis vero CLXXXI concordat cum predicto teste, ut dicit examinator vel notarius, in miraculo facto in persona domine Philippe, sed non dicit, de quo miraculo, et dicit, quod mulier se cathena cinxit et statim liberata est, sed testis CXLV dixerat, quod quidam frater ordinis fratris Petri dictam dominam Philippam cathena precinxerat et statim per se sine aliquo impedimento et suffragio alicuius ambulare cepit, testis autem CLV aminiculatur miraculo; testis autem LVI videtur sufficienter deponere prima facie, sed videtur repugnare testi supradicto CXLV, nam dicit, quod mulier precinxit eam sibi et statim visibiliter extitit liberata, et testis CXLV dixerat, quod[b] quidam frater eam precinxerat, ut supra scriptum est. Item in alio videtur repugnantia, quia dicit, modo aliquo non poterat ambulare nec se movere de loco ad locum, testis vero CXLV dixerat, quod ambulare nec descendere poterat de loco ad locum nisi nares cum difficultate et gravi impedimento tenendo super terram vel cum suffragio alicuius alterius; testis vero LXXVII deponit de miraculo, non nominando personam mulieris, et dicit quod, cum[c] mulier sibi eam cinxisset, fuit statim a dictis contractionibus liberata, non dicit, quanto tempore eam vidisset infirmam et quanto tempore post sanam[d], sed de fama dicunt, ut puto, testes omnes predicti vel maior pars et etiam CCXVIII.

## XIV a. De[a] coronatione regis Francie.

1. Ista rubrica, que sequitur, scripta inventa est in libris Gallicorum, non in rubricis ecclesie romane, cum essemus Avinione.

2. Et nota, quod in libris Gallicorum habetur specialis rubrica de coronatione regis Francie, quam ego vidi.

## XIVb. De benedictione[a] et coronatione regum et reginarum rubrica.

1. Cum rex benedicendus et coronandus est, omnes episcopi regni conveniant ad civitatem metropolitanam vel regiam, in qua hoc fieri consuevit. Ipse vero rex benedicendus et coronandus triduanum ieiunium devote peragat in ebdomada precedenti, videlicet quarta et sexta feria et sabbato.

2. Die autem dominica, qua benedicendus et coronandus est, omnes episcopi conveniant mane in ecclesia, in qua hoc fieri debet, et metropolitanus paret se solempniter cum ministris sicut missam celebraturus. Episcopi vero parent se amictibus, superpelliciis vel albis, si velint, stolis, pluvialibus et mitris. Ipse vero totus ablutus esse debet corpore et mundus mente.

3. Tunc duo ex episcopis, priores videlicet, eum hinc inde deducentes offerunt metropolitano coram altari super faldistorium residenti, aliis episcopis coronam seu circulum facientibus et coronando in medio eorum constituto.

4. Alter deducentium dicit alta voce in tono lectionis: *Reverende pater, postulat mater ecclesia, ut presentem egregium militem ad dignitatem regiam sublevetis.*

5. Tunc interrogat metropolitanus: *Scitis illum esse dignum ad hanc dignitatem?* Illi vero respondent: *Et novimus et credimus eum esse dignum et utilem ecclesie dei et ad regimen huius regni.* Et respondeant omnes: *Deo gratias.*

6. Et mox instruitur ille publice et diligenter admonetur de fide et dilectione dei, de salubri regni et populi regimine, de defensione ecclesiarum et miserabilium personarum et similibus, exponendo sibi insuper conditionem dignitatis sue et regalis status.

7. Quo facto publice facit hanc professionem:

*Ego R. profiteor et promitto coram deo et angelis eius deinceps legem, iustitiam et pacem sancte dei ecclesie populoque michi subiecto pro posse, nosse, facere ac servare, salvo condigno misericordie dei respectu, sicut cum consilio fidelium meorum*

---

**XIII.** Ms.: A, f. 38v.

*Titel.* [a] Examinationes – Petri] *auf dem Rand A.*

1. [a] Pectoran. *A.*

2. [a] Palen. *A.*

[b] et *A.*

[c] *steht über der Zeile A.*

[d] sana *A.*

**XIV a.** Ms.: A, f. 15v.

Ed.: L.-H. Labande, a.a.O., S. 68.

*Titel.* [a] De – Francie] *auf dem Rand A.*

**XIV b.** Ms.: A, f. 15v–17r.

Ed.: L.-H. Labande, a.a.O., S. 68–71.

*Titel.* [a] benedicatione *A.*

---

**XIII.** Vgl. zu diesem Text oben, S. 58f., und Kap. XII a 6, S. 168. – Die folgenden Identifikationen beruhen auf der Liste in F. X. Seppelt, Monumenta Coelestiniana, S. LV–LXII; doch ist es ungewiß, ob die Nummern in beiden Quellen übereinstimmen.

1. *Testis CXCVIII: Iantera (?) uxor Gualterii.*

2. *Testis CLXXXI:* bei Seppelt nicht genannt.

*Testis CLV: Adam Nicolai de Sulmona.*
*Testis LVI: Magister Nicolaus Berardi fabricator de Sulmona* (Seppelt, S. 258).
*Testis LXXVII: Iaquintus magistri Emanuelis de Sulmona* (Seppelt, S. 278).
*Testis CCXVIII: Leo de Garcino habitator Ferentini.*

**XIV a.** Vgl. oben, S. 49f.

1 und 2: *Libri Gallicorum:* allgemein französische Pontifikalien?

**XIV b.** Vgl. oben, S. 49f., und PGD, lib. I cap. XXVI, S. 436–446. Keine von Andrieus Handschriften stimmt völlig mit diesem Kapitel überein.

7. *R.* = Robert der Weise? (vgl. unten Kap. XVI a, S. 180ff.). Siehe auch Abs. 8, 11 und 14.

*melius potero invenire; pontificibus quoque ecclesiarum dei condignum et canonicum honorem exhibere atque ea, que ab imperatoribus et regibus ecclesiis collata et reddita sunt, inviolabiliter observare, abbatibus, comitibus et vassalis meis congruum honorem secundum consilium fidelium meorum prestare. Et hec omnia super hec sacrosancta evangelia tacta me veraciter observaturum iuro.*

8. Hiis expeditis, eo se profunde inclinante, metropolitanus dicit excelsa voce in modum orationis, quod sequitur; et quecunque ipse dixerit, dicunt et alii episcopi voce summissa.

Oratio. *Omnipotens eterne deus, creator omnium, imperator angelorum, rex regum et dominus dominantium, qui Habraam fidelem famulum tuum de hostibus triumphare fecisti, Moysi et Iosue populo tuo prelatis multiplicem victoriam tribuisti, humilem David puerum tuum regni fastigio sublimasti et Salomonem sapientie pacisque ineffabili munere ditasti, respice, quesumus, ad preces humilitatis nostre et super hunc famulum tuum R., quem*[a] *devotione magistrum christianitatis in tuo nomine veneramur et in regem eligimus, bene+dictionum tuarum dona multiplica eumque dextera potentie tue semper hic et ubique circumda, quatenus predicti Habrae fidelitate firmatus, Moysi mansuetudine fretus, David humilitate exaltatus, Salomonis sapientia decoratus tibi in omnibus conplaceat et per tramitem iustitie inoffenso gradu semper incedat, tue quoque protectionis galea munitus et scuto insuperabili iugiter protectus armisque celestibus circumdatus, optabilem de hostibus crucis Christi victoriam fideliter obtineat et triumphum feliciter capiat terroremque sue potentie illis inferat et pacem tibi militantibus letanter reportet. Per Christum dominum nostrum, qui virtute crucis tartara destruxit, regno diaboli superato ad celos victor ascendit, in quo potestas omnis regnique consistit victoria, qui est gloria humilium et vita salusque populorum. Qui tecum vivit. Amen.*

9. Post hec rege coram altari ad terram prostrato et metropolitano et episcopis super faldistoria cum mitris accumbentibus, cantores incipiunt letaniam. Cumque dixerint: *Ut obsequium servitutis nostre tibi rationabile fiat*, tunc metropolitanus se erigens, producto super illum signo crucis, dicit: *Ut hunc electum in regem coronandum bene+dicere digneris. Te rogamus, audi nos.* Secundo[a] dicit: *bene+dicere et consecrare digneris. Te rogamus, audi nos.* Idemque dicunt et faciunt episcopi. Quo dicto et a choro responso, reddit ad acubitum, cantoribus resumentibus et prosequentibus letaniam.

10. Qua finita metropolitanus surgens, illo et episcopis prostratis manentibus, annuntiat *Pater noster.*

Vers. *Et ne nos inducas.*

Vers. *Salvum fac servum tuum.*

Vers. *Esto ei, domine, turris fortitudinis.*

Vers. *Nichil proficiat inimicus in eo.* Resp. *Et filius.*

Vers. *Domine exaudi.*

Vers. *Dominus vobiscum. Oremus.*

Oratio. *Pretende, quesumus, domine, huic famulo tuo dexteram celestis auxilii, ut te toto corde perquirat et, que digne postulat, assequi mereatur. Per.*

*Actiones [nostras*[a]*], quesumus, domine, aspirando preveni et adiuvando prose-*

*quere, ut cuncta nostra oratio et operatio a te semper incipiat et per te cepta finiatur. Per.*

11. Post hec metropolitanus inungit in modum crucis cum oleo exorcizato dextrum illius brachium et inter scapulas dicens legendo:

Oratio. *Deus dei filius Iesus Christus dominus noster, qui a patre oleo exultationis unctus est pre participibus suis, ipse per presentem sacri unguinis infusionem spiritus paracliti [super[a]] capud tuum bene+dictionem infundat eamque usque ad interiora cordis tui penetrare faciat, quatenus hoc visibili et tractabili dono invisibilia percipere, et temporali regno iustis moderationibus[b] executo eternaliter coregnare ei merearis. Qui solus sine peccato rex regum vivit et gloriatur cum deo patre in unitate spiritus sancti. Per omnia.*

Alia oratio. *Omnipotens sempiterne deus, qui Azabel super Syriam et Yeu super Israel per Heliam, David quoque et Saulem per Samuelem prophetas in reges inungi fecisti, tribue, quesumus, manibus nostris opem tue benedictionis et huic famulo tuo R., quem hodie licet indigni in regem sacro unguine delinivimus, dignam deliberationis huiusmodi efficaciam et virtutem. Constitue, domine, principatum super humerum eius, ut sit fortis, iustus, fidelis, providus et indefessus regni huius et populi tui gubernator, infidelium expugnator, iustitie cultor, meritorum et demeritorum remunerator, ecclesie tue sancte ac fidei christiane defensor ad decus et laudem tui nominis gloriosi. Per dominum. Amen.*

12. Quo finito, scola inchoat et prosequitur antiphonam ad introitum ad missam.

13. Tunc rex vel in sacristia vel sub papilione ad hoc parato induitur regalibus indumentis. Induit enim super vestes communes lineam ad similitudinem albe, amphibalum novum, mundum et candidum – et est amphibalus[a] villosa vestis – ac desuper marinam purpuram auro et gemmis decoratam.

14. Paratus itaque et ornatus procedit cum suis prelatis et baronibus ad solium suum eminentem ornatum, sibi in ecclesia preparatum. Et dicta collecta officio diei[a] competenti, dicit hanc orationem pro ipso rege.

Oratio. *Deus regnorum omnium et christiani[b] maxime protector imperii, da servo tuo R. regi triumphum virtutis tue scienter extollere, ut, qui tua constitutione est princeps, tuo semper munere sit potens. Per dominum.*

15. Deinde graduali et *Alleluia* cantatis, regi deducto, metropolitanus ensem nudum sumit de altari et ponit illum in dextera manu illius dicens:

*Accipe gladium istum in nomine patris et filii et spiritus sancti et utaris eo ad defensionem tuam et sancte ecclesie dei et ad confusionem inimicorum crucis Christi et fidei christiane et corone regni tui talis vel talis et, quantum humana fragilitas tibi permiserit, cum eo neminem iniuste ledas. Quod ipse prestare dignetur, qui cum patre et spiritu sancto vivit et regnat deus per omnia secula seculorum.* Resp. *Amen.*

16. Deinde ense in vagina reposito, cingit illi ensem cum vagina et cingendo dicit:

---

8.[a] quem ⟨fecisti⟩ *A.*

9.[a] Sac. *A.*

10.[a] *fehlt A.*

11.[a] super – tuum] ct. *A.*

[b] *statt* miserationibus; *vgl. R. Elze, Ordines coronationis, S. 76, Z. 17.*

13.[a] amphibalis *A.*

14.[a] diei competenti] die precedenti *A.*

[b] christiane *A.*

*Accingere gladio tuo super femur [tuum[a]], potentissime, in nomine domini nostri Iesu Christi et attende, quod sancti non in gladio, sed per fidem vicerunt regna.*

17. Deinde corona sibi imponitur hoc modo: Omnes enim episcopi, qui assunt, manibus suis eam de altari per metropolitanum sumptam teneant, ipso metropolitano illam regente et capiti illius imponente dicendo:

*Accipe coronam regni, que licet indignis episcoporum [tamen[a]] manibus capiti tuo imponitur, in nomine pa+tris et fi+lii et spiritus + sancti, quam sanctitatis gloriam et honorem et opus fortitudinis intelligas signare, et per hanc te participem ministerii nostri non ignores, ita ut, sicut nos in interioribus pastores rectoresque animarum intelligimur, ita tu contra omnes adversitates ecclesie Christi defensor assistas regnique tibi a deo dati et per officium nostre benedictionis in vice apostolorum omniumque sanctorum regimini tuo commissi, utilis executor perspicuusque regnator semper appareas, ut inter gloriosos athletas virtutum gemmis ornatus et premio sempiterne felicitatis coronatus cum redemptore ac salvatore [nostro[b] Iesu Christo, cuius nomen vicemque gestare crederis, sine fine glorieris. Qui vivit Resp.] Amen.*

18. Postea dat ibidem sceptrum dicens super eum genua flectentem:

*Accipe virgam virtutis atque veritatis, qua intelligas te obnoxium mulcere pios et terrere reprobos, errantes viam docere, lapsis manum porrigere, disperdere superbos et humiles relevare[a].*

## XV. De[a] coronatione regis Sicilie.

1. Quando dominus Karolus secundus, rex Sicilie, fuit coronatus per dominum Nicolaum papam IV apud Reate in die pentecostes anno domini MCCLXXXVIIII, pontificatus eiusdem domini Nicolai pape anno secundo, talis ordo extitit observatus.

2. Summo mane dominus pontifex ad ecclesiam veniens solito more indutus est pontificalibus ornamentis et ad altare processit, factaque ante illud brevi oratione, ascendit ad sedem suam.

3. Interea rex coronandus ad eandem ecclesiam venit, uno de magnatibus eius gladium vaginatum ferente post eum.

4. Et ipse rex in apto loco intra ipsam ecclesiam assumpsit regalia indumenta preter diadema, sceptrum et pomum, nec accinctus est gladio.

5. Indutus autem rex ipse detecto capite processit cum suis magnatibus et aliquibus de regno suo prelatis indutis pluvialibus ante introitum chori, ubi episcopi Ostiensis, Portuensis et Tusculanus vice Albanensis susceperunt eum. Et Tusculanus episcopus dixit super eum hanc orationem: *Deus, in cuius manu* etc. Deinde episcopus Portuensis dixit aliam orationem super eum, scilicet: *Deus inenarrabilis* etc. Quibus dictis, iidem episcopi perrexerunt ad sedes suas.

6. Rex autem processit per medium chorum usque prope altare ibique in terram prostravit se, et subdiaconus super eum letaniam brevem dixit. Qua finita, prior presbiterorum dixit *Pater noster* et versus ac orationes duas, que descripte sunt in ordinario.

7. Post hec processit rex ad altare, quod est in dextera parte maioris altaris,

ibique Ostiensis episcopus, assistentibus hinc inde Portuensi et Tusculano, dixit super eum orationem: *Domine deus omnipotens* etc. Subsequenter unxit ei de oleo exorzizato manus, compages brachiorum, pectus et inter scapulas. Et hoc factum fuit ad petitionem ipsius regis, sicut inunguntur reges Francie. Deinde dixit episcopus idem aliam orationem: *Deus dei filius* etc.

8. Rex autem inunctus divertit paululum. Et depositis vestibus, cum quibus inunctus fuerat, accepit vestem pretiosam similem dalmatice et desuper ornamentum quoddam pretiosum simile stole.

9. Hiis peractis, summus pontifex ad altare procedens fecit confessionem, cui rex ipse interfuit. Et post confessionem pontifex eum recepit ad osculum pacis sicut unum ex diaconibus cardinalibus.

10. Deinde pontifex ascendit ad sedem suam et rex, deposito super altari eius

---

16. [a] *fehlt A.*
17. [a] *fehlt A.*
[b] nostro – Resp.] *fehlt, Lücke von über 2 Zeilen A.*
18. [a] *Den Schluß des Gebetes enthält das* PGD, *lib. I cap. XXVI 23, S. 442, Z. 5–14. Im PGD folgen noch die Absätze 24–32 (S. 442–444) und die Krönung der Königin (Abs. 33–41, S. 444–446).*

**XV.** Ms.: A, f. 17r–18r.
Ed.: L.-H. Labande, a.a.O., S. 71–74.
*Titel.* [a] De – Sicilie] *auf dem Rand A.*

---

**XV.** Vgl. oben, S. 50f. – Der Text schildert die Krönung Karls II. von Neapel durch Nikolaus IV. in Rieti am Pfingstsonntag (29. 5.) 1289 und wurde – wie auch 1309 der Ordo zur Krönung Roberts des Weisen (Kap. XVI a) – nach dem Vorbild eines Kaiserkrönungsordo (vgl. Abs. 17) ad hoc verfaßt.

1. Nikolaus IV. hielt sich vom 18. 5.–7. 10. 1289 in Rieti auf: L. H. Labande, a.a.O., S. 71 Anm. 2.

5. *Ostiensis:* Latinus Malabranca (Frangipani), Kardinalbisch. von Ostia (1278–1294): K. Eubel, a.a.O., S. 9.
*Portuensis:* Bernardus de Languissello, Kardinalbisch. von Porto (1281–1291): K. Eubel, a.a.O., S. 10.
*Tusculanus:* Iohannes Boccamazza, Kardinalbisch. von Tusculum (1285–1309): K. Eubel, a.a.O., S. 11.
*Albanensis:* Das Kardinalbistum Albano war vom März 1289 bis zum September 1294 vakant: K. Eubel, a.a.O., S. 35.
*Deus in cuius manu:* R. Elze, Ordines coronationis imperialis (= KO), Ordo XVII 9, S. 63 u. ö. – Das Gebet kommt sonst nie bei Königskrönungen vor.
*Deus inenarrabilis:* KO XVII 11, S. 64 u. ö.

6. Vgl. KO XVIII 12–15, S. 75 (im KO XVII 14, S. 64 fehlt die Oration *Pretende quesumus*) und oben Kap. XIV b 9 (Ende) und 10, S. 176.

7. *Domine deus omnipotens:* KO XVII 16, S. 65 u. ö. Auch dieses Gebet wird gewöhnlich nur bei der Kaiserkrönung gesprochen.
*Deus dei filius:* KO XVII 17, S. 65 u. ö. und oben, Kap. XIV b 11, S. 177.
Gesalbt wurden gewöhnlich nur der rechte Arm und der Rücken zwischen den Schultern (KO XVII 15, S. 65 u. ö. und oben, Kap. XIV b 11, S. 177); auch bei der Krönung Roberts des Weisen 1309 galt dies als der Normalfall, vgl. unten Kap. XVI a 6, S. 182.

8. Vgl. dazu oben, Kap. XIV b 13, S. 177.

9. Von der Assistenz des Königs beim *Confiteor* wird in anderen Königskrönungsordines nichts berichtet. Lediglich KO XVII 18, S. 65 und XXIII A 24, S. 143 weisen auf diese Assistenz bei der Kaiserkrönung hin; vgl. auch R. Elze, Eine Kaiserkrönung um 1200, S. 368 mit Anm. 28.

gladio per eum, qui ipsum ferebat, perrexit ad pulpitum sibi preparatum in dextera[a] parte chori, ibique cum suis prelatis et magnatibus mansit.

11. Cantores vero, facta confessione, cantaverunt introitum et cetera, que cantanda erant. Pontifex autem post orationem diei dixit orationem specialem pro rege: *Deus regnorum omnium* etc.

12. Cumque post epistolam cantata fuisset sequentia sancti spiritus, rex cum prelatis et magnatibus ad altare processit. Ad quod summus pontifex accedens imposuit ei regium diadema dicens: *Accipe signum glorie* etc. Deinde tradidit ei pomum aureum in dextra eius manu et in sinistra sceptrum. Quo facto, dixit orationes: *Prospice, quesumus* etc. cum aliis in ordinario descriptis. Consequenter pontifex gladium vaginatum de altari sumpsit, ei tradidit ita dicens: *Accipe gladium* etc. Deinde ipsum ensem accinxit ei dicens: *Accingere gladio tuo* etc. Rex autem, mox ut accinctus fuit, exemit eum de vagina et ter vibratum vagine continuo commendavit.

13. Hiis peractis, rex osculatus est pontifici pedes et ab eo receptus ad osculum. Ipseque pontifex rediit ad sedem suam. Rex vero coronatus gestans sceptrum et pomum rediit ad pulpitum suum et ibi cum prelatis et magnatibus suis mansit usque post evangelium.

14. Quo lecto, rex coronatus relicto gladio in pulpito accessit ad pontificem et, corona deposita, obtulit ei panes, fialas vini et cereos maximos, deinde monetas aureas, osculans pedem pontificis.

15. Ipsoque pontifice procedente ad altare pro perficiendis misse misteriis, rex mansit prope altare iuxta diaconos, usquequo pontifex ad sedem reversus communicavit. Et ipse rex sacram communionem de manu eius suscepit cum osculo pacis. Deinde resumpta corona, ad pulpitum rediit.

16. Post missam vero summus pontifex equitavit ante maiorem portam ecclesie et rex tenuit stapedium selle eius et arrepto freno ipsum adextravit usque ad gradus palatii adherentis ecclesie. Quibus peractis, suum equum ascendens, coronatus ad suum hospitium reversus est.

17. Sciendum quod in supradictis orationibus, que sumpte sunt de ordinario, ubi agitur de coronatione imperatoris, verba, que videbantur tantum imperatori et non regi convenire, aut competenter mutata aut omissa fuerunt.

18. Item sciendum quod multa ex supradictis, que acta sunt in coronatione prefati regis, non tam approbata quam tolerata fuerunt per dominum papam et fratres ipsius. Unde non oportet, quod omnia in exemplum trahantur.

19. Quando rex Robertus fuit coronatus Avinione, non habuimus hanc scripturam, que loquitur de coronatione regis Karoli secundi, sed aliqualem memoriam ego habebam. Unde facta fuit rubrica alia multum sollempnis et ordinata, quam dominus papa Clemens dixit, quod fecit poni in libro.

## **XVI a.** De[a] inunctione et coronatione regis Sicilie.

1. In inunctione et coronatione regis Sicilie potest decenter[a] modus, qui sequitur, observari. Nam illa videntur esse servanda, que in imperatore servantur, exceptis quibusdam, que soli imperatori competere dinoscuntur.

2. Prima pars de hiis, que fiunt ante introitum misse.

3. In primis itaque dominus noster summus pontifex ingressus ecclesiam ibique paratus vestibus sacris coloris competentis tempori, nunc scilicet viridibus, ut est moris, cum ordinibus suis ad altare procedat. Et facta ibi oratione et reverentia, ad sedem ascendat et sedeat.

4. Et antequam incipiatur introitus misse, rex ingressus ecclesiam et, cum ad confessionem beati Petri pervenerit seu cum hic pervenerit ante altare, prosternat se pronus in terram; et aliquis subdiaconus domini pape super eum faciat letaniam cum nota, ceteris subdiaconibus et capellanis in ipsa letania respondentibus, ut alias fieri consuevit.

---

10. [a] dextrara *A.*

19. *Dieser Absatz folgt nach einer unbeschriebenen Zeile, war demnach in der Vorlage wohl nachgetragen.*

**XVI a.** Ms.: A, f. 18r–19v.
Ed. PGD, App. II 1–33, S. 670–676.
*Vgl. OR XIV, Kap. 107 (Sp. 1245C –1248C) = Na-Ta, Kap. 113 (S. 186–189) = Gattico, Kap. 124 (S. 134a–137a).*
*Titel.* [a] De – Sicilie] *von Hand H auf dem Rand A.*

1. [a] dicenter *A.*

---

11. Die *oratio diei* ist die vom Pfingstsonntag: *Deus qui hodierna die corda fidelium.*
*Deus regnorum omnium:* vgl. oben, Kap. XIV b 14, S. 177.

12. *Accipe signum glorie:* KO XVII 24, S. 66 u. ö.; vgl. unten, Kap. XVI a 17, S. 182f.
*Deinde tradidit – sceptrum:* Der Text gleicht am ehesten KO XVII 25, S. 67 und XVIII 26, S. 78.
*Prospice quesumus:* KO XVIII 28, S. 78f. u. ö. (nicht im KO XVII); vgl. unten, Kap. XVI a 19, S. 183.

17. Vgl. dazu die entsprechenden Anweisungen in Kap. XVI a 1, S. 180.

18. Gemeint sind eventuell das Fehlen des Krönungseides und des *Scrutinium*, die Wahl von Gebeten, die einem König nicht zukamen (Abs. 5 *Deus in cuius manu*, Abs. 7 *Domine deus omnipotens).*

19. Die auf die Krönung Roberts des Weisen bezogene Notiz in den Versionen des OR XIV (Sp. 1245B/C = Na-Ta, S. 186) lautet: *Rubrica, que inferius ponitur, fuit ordinata de mandato domini Clementis pape V per aliquos cardinales, quibus hoc in consistorio commissum fuit, cum Robertus rex Sicilie cum sua coniuge peteret unctionem et coronationem apud Avenionem, ubi tunc* – demnach war der Text vor 1316 verfaßt! – *romana curia residebat. Nam nihil inveniebatur litteris traditum, qualiter reges et regine debent inungi et coronari, eo quod in pontificali romano non habetur, nisi de unctione et coronatione imperatoris et imperatricis. Propter quod de predicto pontificali hec rubrica extracta est, additis, detractis et mutatis quibusdam, que ad eadem non competunt aliis regibus, que observari oportet in unctione et coronatione imperatoris.* – Vgl. dazu auch oben S. 51f.

**XVI a.** Vgl. oben, S. 51. – Der Text ist für die Krönung Roberts des Weisen am 3. 8. 1309 durch Clemens V. in Avignon verfaßt, vgl. Kap. XV 19. Doch enthält er Details, die auf Avignon nicht mehr zutrafen, z. B. Abs. 4 *confessio beati Petri.* Der als Vorlage dienende Kaiserkrönungsordo entsprach am ehesten dem KO XIX, S. 89–99. – Der Text ist in fünf Abschnitte geteilt, auf die in den die Königin betreffenden Teilen (Kap. XVI b–e, unten S. 185f.) Bezug genommen wird.

4. Der Zwischensatz *seu cum hic pervenerit ante altare* ist für die Situation in der Kathedrale von Avignon eingefügt.

5. Qua finita, prior presbiterorum cardinalium dicat *Pater noster* cum aliis versiculis cum[a] nota et responsoriis etc. et duabus orationibus cum nota scilicet: *Pretende, quesumus* et *Actiones nostras* usque *Per dominum nostrum* secunde orationis, prout in ordinario continentur. Quibus finitis, rex surgat.

6. Post hec iuxta aliquod altare, aliud tamen, si possibile est, ab altari domini[a] pape, Ostiensis episcopus ungat ei de oleo exorcizato brachium dextrum et inter scapulas et etiam, si velit, inungat ei pectus, manus et scapulas ambasque compages brachiorum eius, dicendo hanc orationem: *Dominus vobiscum* etc. *Domine deus omnipotens* etc., mutato, ubi dicitur *Imperatorie dignitatis,* dicatur[b] *Regie dignitatis,* et ubi dicitur *ad regendam ecclesiam tuam sanctam,* dicatur *ad defendendam ecclesiam tuam sanctam* etc., ut sequitur; item dicendo aliam orationem *Deus dei filius* usque in finem, ut est in ordinario. Et hic inmediate post regem debet regina inungi.

7. Hiis itaque peractis, rex pretiosis et regalibus indumentis indutus ascendit ad altare, ubi summus pontifex recipiat eum ad osculum oris et pectoris sicut unum ex diaconibus cardinalibus, scilicet post primum diaconum cardinalem.

8. Ipseque rex procedat ad pulpitum seu ambonem, ubi thalamus constructus est, ut in rubrica ordinarii continetur. Omnia predicta fiant ante introitum inchoatum.

9. Secunda pars de oratione[a], que dicitur post ympnum angelicum, et secreta [et[b]] postcommunione[c].

10. Cantato introitu et post *Kyrieleison* et ympnum angelicum decantatum summus pontifex dicat orationem cum cantu, que competit ipsi diei, et hanc orationem in eodem tono pro rege: *Deus regnorum omnium protector, da servo tuo Roberto regi nostro* etc., ut sequitur; removetur enim de oratione *et christiani maxime imperii* et verbum *imperatori,* et ubi dicit *est princeps,* dicat *est rex.*

11. In secreta oratio: *Suscipe, domine,* sicut iacet in ordinario.

12. Post communionem vero loco orationis *Deus qui ad predicandum,* que est in ordinario, dicatur cum nota oratio, que sequitur:

*Omnipotens sempiterne deus, pretende famulo tuo regi nostro Roberto arma celestia, ut pax ecclesie nulla turbetur tempestate bellorum. Per dominum.*

13. Tertia pars de[a] hiis, que fiunt post graduale et versum et ante *Alleluia.*

14. Cumque lecta fuerit epistola et graduale cantatum, rex procedat processionaliter ad altare, super quo debet summus pontifex missarum solempnia celebrare. Ipseque rex presentatur coram altari domino pape in supereminenti specula residenti.

15. Hiis gestis, ad altare accedat dominus papa et gladium evaginatum de altari sumit et regi tradit dicens sine nota: *Accipe gladium* etc. usque in finem, hoc salvo quod, ubi dicitur *desuper corpore beati Petri sumptum,* vel omittatur vel dicatur *de sacro altari sumptum* et etiam, ubi dicitur *imperialiter,* dicatur *regaliter.*

16. Hiis verbis completis, accingit illi ensem iterans sine nota ita dictum: *Accingere* etc. usque in finem. Mox autem ut coronandus accinctus ense fuerit, rex extrahit eum de vagina viriliterque ter illum vibrat et vagine continuo recommendat.

17. Eo igitur sic accincto[a] et beati Petri milite mirabiliter facto, subsequenter apostolicus de altari diadema sumit et ponit in capite regis coronandi et ait sine

nota: *Accipe signum* etc. usque[b] in finem, ut in ordinario. Sed, ubi dicit *coronam imperii,* potest omitti. Rex autem debet esse genuflexus, cum sibi imponitur diadema, vel in impositione diadematis genuflectat.

18. Deinde sceptrum et pomum tradit ei aureum. Qui rex debet esse genuflexus vel in receptione ipsorum genuflectat.

19. Sciendum est quod cum impositione diadematis dicere, si velit, apostolicus valet huiusmodi orationes; cum nota dicantur, si dicantur: *Dominus vobiscum. Et cum spiritu tuo.*

Oratio. *Prospice, quesumus, domine* etc., ut est in ordinario; et ubi dicitur *sit fortissimus regum,* dicatur *fortissimus rex,* et ubi dicitur *ad opprimendas rebelles et paganas nationes,* omittatur.

20. Benedictio regis, quam facit apostolicus, cum nota dicatur, si dicatur:

*Benedic, domine*[a] etc. usque in finem, ut in ordinario; sed ubi dicitur *hunc principem nostrum,* dicatur *hunc regem nostrum.*

Alia oratio cum nota dicatur, si dicatur: *Deus pater* etc., ut in ordinario; sed ubi dicitur *ut qui tribuit in terris imperium,* dicatur *ut qui tribuit in terris regnum.*

21. Illico hiis peractis, procedens rex osculetur apostolico pedes, qui ipsum ad osculum oris recipiat. Recipiatur etiam ad osculum ab omnibus diaconibus et post ab episcopis cardinalibus et consequenter a presbiteris cardinalibus.

22. Quibus gloriosissime gestis, apostolicus ad eminentiam redeat specule tri-

---

5. [a] *steht über der Zeile A.*
6. [a] *steht über der Zeile A.*
[b] *korr. aus* dicitur *A.*
9. [a] gre. *A.*
[b] *fehlt A.*
[c] *auf dem Rand ergänzt A.*
13. [a] de hiis] *steht über der Zeile A.*
17. [a] accinctus *A.*
[b] ut *A.*
20. [a] domino *A.*

---

5. Vgl. oben, Kap. XIVb 9/10 und KO XIX 13–15, S. 92 u. ö.
6. *Ostiensis:* Nicolaus Alberti de Prato, Kardinalbisch. von Ostia (1303–1321): K. Eubel, a.a.O., S. 13.
*Domine deus omnipotens:* KO XIX 17, S. 93 u. ö.; vgl. oben, Kap. XV 7.
*Deus dei filius:* KO XIX 18, S. 93 u. ö.; vgl. oben, Kap. XV 7.
Zur Salbung der Königin vgl. unten, Kap. XVI b, S. 185.
7. Der Schluß des Absatzes *scilicet post primum diaconum cardinalem* steht in keinem anderen Ordo.
8. Vgl. KO XIX 19, S. 93 u. ö.
10. *Deus regnorum omnium protector:* KO XIX 21, S. 94 u. ö. und oben, Kap. XIV b 14.
11. *Suscipe domine:* KO XIX 22, S. 94 u. ö.
12. *Deus qui ad predicandum:* KO XIX 23, S. 94 u. ö.
*Omnipotens sempiterne deus pretende:* dieses Gebet ist in keinem anderen Ordo überliefert.
15. *Accipe gladium:* KO XIX 25, S. 94f. u. ö.
16. *Accingere:* KO XIX 26, S. 95 u. ö. – Zur Reihenfolge bei der Überreichung von Schwert und Krone vgl. KO XVIII 34, S. 80.
17. *Accipe signum:* KO XIX 29, S. 95 u. ö.
19. *Prospice quesumus domine:* KO XIX 32, S. 95f. u. ö.
20. *Benedic domine:* KO XIX 33, S. 96 u. ö.
*Deus pater:* KO XIX 34, S. 96f.
21. Bei der Kaiserkrönung wird lediglich der Fußkuß genannt: KO XIX 35, S. 97.

bunalis. Et rex ad faldistorium scandit ei sub apostolica dextera preparatum ibique aliquantulam moram trahit.

23. Et est attendendum quod rex coronatus pomum in dextra portat et in sinistra sceptrum.

24. Deinde ante inchoatum *Alleluia* et versum rex ad thalamum suum redeat, qui est in pulpito vel ambone constructus. Ipsoque rege ibi cum suis magnatibus et nobilibus consistente, regina ad altare per manus romani pontificis coronetur, ut infra ponitur. Deinde cantetur *Alleluia* et versus et repetitio *Alleluia* et evangelium per diaconum cardinalem.

25. Quarta pars de hiis, que[a] fiunt post offertorii inchoationem et communionis.

26. Post hec dicto *Credo in deum,* dum dicitur offertorium et dominus papa manus more solito lavat, rex de thalamo suo venit ad altare. Ipsoque pontifice descendente pro perficiendis missarum misteriis ad altare, rex deposita corona, sceptro et pomo aureo ponat se in ordine diaconorum cardinalium, ita quod diaconus, qui cantavit evangelium, sit medius recte post papam, rex vero a dextris ipsius diaconi. Et ne ordo diaconorum solitus confundatur, antiquior diaconorum aliorum sit ad dexteram regis, secundus post eum antiquior sit ad sinistram diaconi, qui cantavit evangelium, et sic deinceps secundum antiquitatem sint ad dextram vel ad sinistram more solito, donec diaconorum numerus sit completus.

27. Ibique stet rex inter diaconos, donec pontifex ad sedem reversus communicet ac diaconus, qui cantavit evangelium, et subdiaconus, qui cantavit epistolam, communicaverint de manu domini pape ac pretiosum sanguinem domini nostri Iesu Christi in altari susceperint, ut est moris.

28. Tunc sacram communionem idem rex genuflexus de manu pape suscipiat cum osculo pacis, ante tamen osculetur manum pontificis et cum reverentia hostiam sumet. Reversusque ad altare idem rex sacratissimum sanguinem domini nostri Iesu Christi sumat de calice per ministerium diaconi cum calamo. Quibus expletis, ad thalamum rediens resumat coronam, sceptrum et pomum.

29. Et hic immediate post sumptionem calicis a rege et reditum[a] eius ad thalamum suum, regina debet communicare de manu pape sedentis et mitram tenentis in capite et calicem sumere per manum diaconi.

30. Quinta pars de hiis, que fiunt missa finita.

31. Missa vero finita, pontificalem benedictionem reverenter accipiat communiter in missis papalibus consuetam.

32. Statimque procedat ad locum, ubi debet summus pontifex equitare, ut, cum ipse pontifex equum ascenderit, teneat stapedium selle eius habens coronam in capite et arrepto freno aliquantulum ipsum adextret; moxque suum equum ascendens procedat usque ad locum, ubi summus pontifex in palatio suo de equo descendet, ibique similiter aliquantulum ante de equo descendet et ut prius arrepto [freno[a]] aliquantulum ipsum adextret teneatque stapedium selle eius, cum dominus papa de equo descendit.

33. Rex autem ascendens equum suum regalibus indumentis indutus, coronam gestans in capite, pomum aureum in manu dextra et sceptrum regium in sinistra, nisi forte ratione consuetudinis aliud debeat observari, scilicet quod pomum in

sinistra et sceptrum in dextra portetur, ad domum suam revertitur sic insignis vel ad locum, ubi debet convivium exhibere. Equus autem regis debet esse faleratus.

## **XVI b.** De inunctione regine, que fit in [prima[a]] parte officii, scilicet ante introitum misse inchoatum.

1. Rege itaque inuncto et ad suum thalamum reverso, ut superius est expressum, ungatur etiam regina ante introitum, e vestigio post regem, oleo exorcizato per episcopum Ostiensem iuxta idem altare, iuxta quod rex fuit inunctus, vel in pectore, vel secundum quod alias in regina Maria matre istius regis Roberti extitit observatum, dicta prius non ad ingressum ecclesie, sed iuxta altare, ubi unctio ista fiet, per episcopum Ostiensem vel omissa, ut volet, illa oratione *Omnipotens sempiterne deus* etc., ut est in ordinario. Et si dicatur, dicatur omisso verbo *vel imperatricem* et omisso *imperii* et, ubi dicitur *statumque sancte ecclesie regendum necnon et protegendum,* dicatur solummodo *statumque sancte ecclesie defendendum.*

2. In ipsa vero sacri olei unctione regine dicatur oratio *Spiritus sancti gratia,* ut est in ordinario, usque ad finem.

3. Qua unctione finita, regina procedat ad pulpitum seu ad ambonem, ubi pro ipsa est thalamus preparatus, cum duabus dominabus seu puellis ad minus et aliquibus sui regni tam ecclesiasticis quam mundanis.

## **XVI c.** De coronatione regine, que fit in tertia parte officii, scilicet post graduale et versum et ante *Alleluia.*

1. Rege itaque coronato et ad thalamum suum reverso, ut superius est expressum, immediate regina iuxta altare per summum pontificem coronatur amicta regalibus indumentis, nichil velaminis tenens in capite, sed expansis crinibus et solutis.

---

25. [a] de *A.*
29. [a] reditus *A.*
32. [a] *fehlt A.*

**XVI b.** Ms.: A, f. 19v.
Ed.: PGD, App. II 34–36, S. 676f.
*Vgl. OR XIV, Kap. 108 (Sp. 1248C–1249A) = Na-Ta, Kap. 114 (S. 189) = Gattico (S. 137a Anm. 1).*
*Titel. Steht auf dem Rand; von Hand H auf dem oberen Rand:* De inunctione regine *A.*
[a] *fehlt A.*

**XVI c.** Ms.: A, f. 20r.
Ed.: PGD, App. II 37–38, S. 677.
*Vgl. OR XIV. Kap. 109 (Sp. 1249A/B) = Na-Ta, Kap. 115 (S. 190) = Gattico, Kap. 125 (S. 137a).*
*Titel. Auf dem Rand:* De coronatione regine *A.*

---

24. Zur Krönung der Königin vgl. unten, Kap. XVI c, S. 185f.
29. Zur Kommunion der Königin vgl. unten, Kap. XVI d, S. 186.

**XVI b.**
1. Vgl. oben, Kap. XVI a 8, S. 182. – Maria von Ungarn war seit 1270 mit Karl II. verheiratet. Ob sie zusammen mit ihm 1289 gekrönt wurde, konnte ich nicht feststellen.
*Omnipotens sempiterne deus:* KO XIX 44, S. 99 u. ö.
2. *Spiritus sancti gratia:* KO XIX 49, S. 100 u. ö.

**XVI c.**
1. Vgl. oben, Kap. XVI a 24, S. 184.

2. Et dicta vel omissa per summum pontificem illa oratione *Deus qui solus* etc., ut est in ordinario – et si dicatur, dicatur omisso illo verbo *vel imperatoris* et omisso *vel imperii* et omisso *imperialis vel,* – idem summus pontifex capiti regine coronam imponat dicendo sine nota: *Officio nostre dignitatis* etc. usque in finem, ut est in ordinario, omisso verbo *vel imperatricem* et omisso etiam *vel imperialis.* Quibus dictis, regina pedes domini pape osculetur.

3. Regina autem debet esse genuflexa, cum corona capiti suo imponitur, vel, cum imponitur corona, genuflectat. Coronata autem regina reducatur ad thalamum suum.

## XVId. De communione eucharistie, quam regina recipit de manu pape, que fit in quarta parte officii.

1. Coronatis itaque rege et regina, *Alleluia,* versus et repetitio *Alleluia,* evangelium vero per cardinalem diaconum decantetur.

2. Dicto evangelio, *Credo in deum,* offertorio post communionem pape et postquam rex communicaverit et sacrum sanguinem domini nostri susceperit, regina genuflexa de manu romani pontificis sedentis et mitram tenentis in capite consecratam hostiam reverenter sumat et subsequenter pretiosum sanguinem per ministerium[a] diaconi sumat in altari ac ad suum thalamum revertatur.

## XVIe. De hiis, que fiunt post missam a regina, que sunt de quinta parte officii seu sollempnitatis.

1. Et post finem misse, recepta benedictione a papa communiter in missis papalibus fieri consueta, regalibus indumentis amicta, nichil, ut supra dictum est, velaminis tenens in capite, sed expansis crinibus et solutis, coronam gestans in capite, sedens in equo cum sua comitiva regem precedat. Et rex sequatur ornatus regalibus, ut superius est expressum.

## XVII. Quid fuit servatum in exequiis regis Anglie.

1. Notandum quod in missa fuerunt magna tortitia, videlicet quinquaginta, et facule ante chorum et supra altare multe et date facule pape et cardinalibus et prelatis et aliis de camera pape.

2. In obitu regis Anglie, ut fuerat Pictavis observatum.

3. Nam singuli cardinales dixerunt in domibus suis vesperos et vigilias mortuorum cum nota.

4. In mane sequenti celebravit Ostiensis missam in ecclesia cathedrali pro defunctis pro anima regis. Dominus papa ibidem fuit et cardinales.

5. Papa ivit in capa de scarleto ad ecclesiam cum capello papali et portavit capellum, nam pluebat; alias portasset mitram simpliciter albam cum capa de scarleto. In missa fuit cum capa predicta et mitra simpliciter alba.

6. Veniens ad ecclesiam, non adoravit in medio ecclesie nec fecit *Sit*[a] *nomen* et coram altari adoravit et obtulit pannum seu pannos sericos. Ad *Introibo* accessit ad altare, ut moris est, et postmodum ad sedem, que post altare erat.

7. Erant circumcirca diaconi tamen a dextris, et episcopi et presbiteri cardinales a sinistris.

8. Cardinales cum eo dixerunt *Requiem*. Et hinc in oratione debuit poni faldistorium et genuflectere sicut in quadragesima.

9. Alie sollempnitates facte sunt de incensando papam et benedictione diaconi et benedictione predicantis, ut alias. Verum solus papa incensatur, post evangelium librum osculatur; et in ingressu misse et in offertorio tam celebrans quam papa debuit incensari.

10. Dicto *Sanctus* cum cardinalibus, genuflexit in faldistorio cum mitra, usquequo sacerdos incipit facere cruces super oblatis. Et tunc deposuit mitram usque ad elevationem calicis. Et tunc resumpta mitra, genuflexus incumbit faldistorio usque ad *Agnus*. Et tunc mitra deposita, surgit iuxta faldistorium et dicit *Agnus* cum cardinalibus. Et post iterum genuflectit sine mitra tantum, usque sacerdos vinum perfusionis incipit sumere. Et incipiente sumere vinum perfusionis, papa cum mitra sedem ascendit sessurus.

11. In oratione vero finali papa genuflectit cum mitra. Et oratione expleta, ascendit ad sedem nec sedet. Et missa completa[a], non dixit *Sit nomen*, sed sedit cum mitra.

12. Ostiensis vero venit ad pedem, indulgentiam non petiit nec debuit, predicavit, nec dictum est *Confiteor*, nec alia absolutio facta nec fieri debuit.

13. Et tunc dominus papa mantum accepit cum mitra frigiata. Et sic ivit per ecclesiam. Et sic debuisset ad domum redire; sed quia pluit, recessit in equo cum capa de scarleto et capello papali.

14. Et notandum quod nullus cardinalis vel prelatus fecit orationem seu absolutionem consuetam, cum corpus est presens, nec etiam dominus noster fecit absolu-

---

**XVI d.** Ms.: A, f. 20r.
Ed.: PGD, App. II 39, S. 677.
*Vgl. OR XIV, Kap. 110 (Sp. 1249B/C) = Na-Ta, Kap. 116 (S. 190) = Gattico, Kap. 126 (S. 137a/b).*
2. [a] misterium *A*.

**XVI e.** Ms.: A, f. 20r.
Ed.: PGD, App. II 40, S. 677.
*Vgl. OR XIV, Kap. 110 (Sp. 1249C) = Na-Ta, Kap. 116 (S. 190) = Gattico, Kap. 126 (S. 137b).*

**XVII.** Ms.: A, f. 20r–20v.
Ed.: W. Ullmann, The Curial Exequies, S. 33–35, App. (A).
*Titel. Von Hand H auf dem Rand:* De exequiis regis Anglie *A*.
6. [a] Sit nomen] ⟨*Lücke von ca. 2 Buchst.*⟩ +nomen *A*.
11. [a] *korr. aus* expleta *A*.

2. *Deus qui solus:* KO XIX 47, S. 100 u. ö. *Officio nostre dignitatis:* KO XIX 51, S. 101 u. ö.

**XVI d.**
2. Vgl. oben, Kap. XVI a 29, S. 184.

**XVI e.**
1. Vgl. oben, Kap. XVI a 33, S. 184f.

**XVII.** Vgl. oben, S. 52. – Der Text beschreibt die für den am 7. 7. 1307 verstorbenen englischen König Eduard I. in Poitiers im Sommer des gleichen Jahres in Anwesenheit Clemens' V. gehaltenen Exequien. – Zur Datierung vgl. W. Ullmann, The Curial Exequies, passim und E. Baluze – G. Mollat, Vitae paparum Avenionensium 2, S. 49.
4. *Ostiensis:* Nicolaus Alberti de Prato; vgl. oben, Kap. XVI a 6, S. 182f.

tionem. Sed, si corpus non fuisset presens, ultimam absolutionem fecisset dominus cum manto rubeo et sic postmodum equitasset.

15. Cardinales diaconi a dextris in missa et episcopi et presbiteri a sinistris, sicut est consuetum.

## XVIII. De[a] obitu domini Benedicti pape XI.

1. Hodie, scilicet die Martis post octavam apostolorum, dominus noster dominus Benedictus papa XI in presentia fratrum dixit, se fuisse confessum in ista infirmitate et communicasse. Et petiit extremam unctionem et devote recepit per manum Albanensis episcopi induti pluviali violaceo et stola subtus cum cotta, consignatis oculis, auribus, naribus, ore et manibus oleo benedicto per Albanensem, et cruce et luminaribus ibi presentibus et capellanis facientibus officium consuetum.

2. Professus est etiam prius fidem catholicam dicens, quod vixerat in fide ecclesie romane et in hac volebat mori, extra quam non erat salus; et si aliud diceretur, non credatur cum adiuratione per sanguinem domini nostri Iesu Christi. Hortatus est ad concordiam fratres. Et post mortem suam, dixit, quod corpus suum legabat loco fratrum predicatorum de Perusio, et adiuravit nos, quod non permitteremus aliud fieri de corpore suo.

3. Dedit benedictionem fratribus seu cardinalibus et absolvit eos ab omni vinculo excommunicationis etiam absentes. Et dispensavit, cum cardinalibus, si aliquam irregularitatem incurrissent. Et absolvit cardinales ab omnibus peccatis eorum, in quantum potestas clavium vel sua se extendebat.

4. Recommendavit familiam suam nobis et specialiter fratres, qui sibi servierant. Et ordines predicatorum et minorum recommendavit.

5. Dixit etiam, quod remuneraverat familiam suam de pecunia, quam ipse habuerat pro medietate et aliam medietatem dederat nobis. Expenderat partem in pios usus, partem pro aliquibus ecclesiis. Et credo, quod dixit: partem pro familiaribus. Et putabat, quod bona pars esset ibi adhuc. Et ea, que erant in camera sua secreta, non erant tacta, ut vas et alia, quam custodiebat Michael.

6. Dixit etiam, quod de illis, que habuerat in cardinalatu, et libris ordinaverat. Sed non bene de hoc recordor, an hoc dixerit, sed quid videlicet de hiis, que habuerat in cardinalatu, et libris. Fecit tamen de hiis mentionem.

7. Et voluit papa, quod cardinales tenerentur illis sententiis, que erant in littera sua, quantum ad hoc, si habebant vel habuerunt et non restituerunt vel restituunt, que fuerunt de thesauro ecclesie vel camera pape, et similiter de bonis cardinalium.

8. Non tamen cadunt in sententiam, si non revelantur habentes de bonis cardinalium. Et papa forte: absolutio etiam fratrum ab excommunicatione et irregularitate et, quomodo Laterano[a] voluit cardinales teneri sententiis latis.

## XIX. [De obitu domini Clementis pape V et electione summi pontificis.]

1. Dominus Clemens V decessit die sabbati – in aurora vel circa – proximo ante festum beati Georgii apud Rocammoram[a].

2. Cardinales intraverunt clausuram Carpentorati.

3. In vacatione, antequam procederet ad scrutinium, habitis consiliis auricularibus et omnibus consentientibus, dominus Tusculanus, qui erat subprior episcoporum, absolvit dominum Ostiensem et immediate dominus Ostiensis auctoritate collegii absolvit omnes cardinales presentes ab omni sententia excommunicationis et suspensionis et irregularitatis. Et sic fecerat Biterrensis Ostiensi. Et scribens dixerat, in quantum potestas collegii se extendebat.

4. Item lecta fuerunt alia singula, que in electione romani pontificis observantur. Et habitis consiliis auricularibus, omnibus placuit, quod sic servarentur et etiam scriberentur[a]. Sed addidit scribens, quod servarentur accipiendo ea secundum sanum intellectum et, ut solitum erat observari.

5. [...[a]] die Lune in sero, licet possent differre, usque ad diem Martis in aurora vel circa, sed pro maiori securitate fecerunt.

---

**XVIII.** Ms.: A, f. 8r–8v.
Ed.: F. Ehrle, a.a.O., S. 585f.
*Titel.* [a] De – XI] *von Hand H auf dem Rand A.*
7. *In kleineren Buchstaben vom selben Schreiber (Nachtrag in der Vorlage?) A.*
8. *Vom selben Schreiber auf dem Rand A.*
[a] lateran. *A.*

**XIX.** Ms.: A, f. 26r–26v.
*Titel. fehlt A; von Hand H auf dem oberen Rand:* De electione pape; *von anderer Hand auf dem rechten Rand:* De electione summi pontificis *A.*
1. [a] *Von anderer Hand A.*
4. [a] scribentis *A.*
5. [a] die] *vor dem Wort Lücke von ca. 2½ Zeilen A.*

---

**XVIII.** Vgl. oben, S. 44. – Benedikt XI. starb am 7. 7. 1304 in Perugia.
1. *Albanensis:* Leonardus de Gratino Patrassus, Kardinalbisch. von Albano (1300–1311): K. Eubel, a.a.O., S. 13.
2. Einige Wochen vor seinem Tode, am 31. 5. 1304, hatte Benedikt XI. dem Konvent San Domenico die Kirche S. Stefano del Castellare übertragen, damit die Dominikaner an Stelle dieser Kirche eine neue und größere errichten könnten; vgl. G. B. Ladner, Die Papstbildnisse des Altertums u. d. MA 2, S. 341ff. Ladner zitiert auch (S. 348) den Bericht eines Dominikaners über den Tod des Papstes.
5. Michael de Encret, Thesaurar unter Bonifaz VIII. und Benedikt XI.; vgl. F. Ehrle, Der Nachlaß Clemens' V., S. 5 und Les Registres de Boniface VIII (Nr. 1870, 3646, 4210, 4654, 4738) und Benoit XI, ed. Ch. Grandjean, Paris 1905 (Nr. 544).
7. *Littera mea:* vgl. F. Ehrle, Zur Geschichte des päpstlichen Hofceremoniells, S. 586 Anm. 1 und Le Registre de Benoit XI, Nr. 1099 (6. 11. 1303).

**XIX.** Vgl. oben, S. 55f.
1. Clemens V. starb am 20. 4. 1314 im Kastell von Roquemaure, rechts der Rhone. Seine letztwilligen Verfügungen sind ediert von F. Ehrle, Der Nachlaß Clemens' V., S. 15–31.
2.–5. Das Konklave begann im Mai 1314 in Carpentras. Der Text bezieht sich vor allem auf den Beginn und deckt sich daher nicht mit den Passagen in Kap. 2–4 des OR XIV; vgl. auch oben, S. 55f. und 69. Zur Wahl vgl. J. Asal, Die Wahl Johanns XXII., bes. S. 3ff.
*Tusculanus:* Berengarius Frédol, Kardinalbisch. von Tusculum (1305–1323): K. Eubel, a.a.O., S. 14.
*Ostiensis:* Nicolaus Alberti de Prato; vgl. Kap. XVI a 6, S. 182f.
*Biterrensis:* Guilelmus Frédol, Bisch. von Béziers (1313–1349): K. Eubel, a.a.O., S. 137.
*Scribens:* vgl. dazu oben, S. 55f.

## XX. Singularia quedam in electione romani pontificis observantur, ut infra scribitur.

1. Non solent citari absentes, qui sunt extra terram, ubi sunt due partes collegii, sed sic possunt esse reliqui in vicino, quod presentes condicunt se certo die incepturos super negotio electionis procedere, qui dies per aliquem vel[a] aliquos amicos absentium potest notificari eisdem.

2. Solent eligi tres scrutatores collegii et alii tres scrutatores scrutatorum.

3. Due partes collegii requiruntur vocem in electione habentium, non computato electo.

4. Forma decretalis *Quia propter* in omnibus non servatur.

5. Sufficit, quod in idem tempus certum sit, duas partes concurrere in eandem personam, ea non conputata, et eam electam [esse[a]] a duabus partibus [et[b]] receptam.

6. Solent fieri etiam ex consensu duarum partium communis electio, licet forsan non sit de substantia, ut communis electio subsequatur, ex quo electus a duabus partibus nominatur et recipitur per consensum adhibitum in scrutinio vel per accessum.

7. Non fit collatio meriti ad meritum, zeli[a] ad zelum, sed solum numeri ad numerum.

8. Unusquisque potest in scrutinio unum nominare vel plures, similiter ad unum accedere vel ad plures.

9. Si per depositionem in scrutinio factam duo vel plures a duabus partibus eligantur sive electi habeant pariliter duas partes, sive inter huiusmodi duas partes habentes unus habeat plures quam alter sive non, nulli ex taliter electis ius acquiritur, sed est reincipiendum a capite, acsi nichil penitus actum esset.

10. Similiter, si in eodem concursu per accessum imperceptibiliter aut in confusione vocum plures duas partes haberent, neuter esset.

11. Si plures ab aliquo nominentur in scrutinio, quorum unus primo, alius secundo, tertius tertio et sic de aliis nominentur, omnes intelliguntur nominati in eodem momento[a] et[b] [nulli[c]] ex scripture ordine ius maius acquiritur.

## XXI. De[a] compromisso.

1. Ad viam compromissi non proceditur, uno volente scrutinium, cum sit magis ordinaria via scrutinii.

2. Non valet compromissum, nisi omnes consentiant.

3. Compromissarii solent et de se ipsis et de aliis compromittentibus collationes habere, sed differenter quia, quando tractant de se ipsis, ille, de quo tractatur, secedit in partem; quando vero de compromittentibus, et in communi et inter se possunt loqui de absente.

4. Ne commendationes et[a] laudes et verba curialia, quibus compromissarii utuntur, cum de fratre vel fratribus suis locentur, habeantur pro consensu, et ad vitanda pericula, que possent sequi, solent compromissarii invicem condicere et protestari, quod nichil, quod dicunt, habeatur pro efficaci consensu, nisi unusquisque eorum

consensum suum in scriptis redigat. Quo redacto, ita quod quilibet suum consensum scripserit, extunc solet dici, quod consensum revocare non possent. Et ipsum collegium sic intelligit, quod condicant et protestentur.

5. Compromissa ut plurimum fiunt sine scriptura.

6. An compromissarii, postquam electi fuerint, possint revocari etc.: [Nota[a] glossam *Extra. de electione. In causis*[a].]

**XXII.** Ista videtur inclinatio domini nostri summi pontificis ad temperamentum constitutionis *Ubi maius* domini Gregorii X circqua electionem romani pontificis.

1. In primis circqua articulum loci videtur eidem domino, quod hoc temperamentum sit adhibendum, scilicet quod, mortuo romano pontifice, electio romani pontificis fiat in loco, ubi mortuus precedens summus pontifex fuerit, nisi totum collegium dominorum cardinalium concorditer vel, si totum concordari non possit, due partes ipsius de loco aliud duxerint ordinandum. Si autem summus pontifex in via decederet, tunc electio fiat in loco ad quem summus pontifex ibat, si locus fuerit vicinus. Si autem via summi pontificis longua esset, tunc ante descessum de loco, ubi cum sua curia residet, per ipsum summum pontificem et collegium dominorum cardina-

---

**XX.** Ms.: A, f. 39r–39v.

*Vgl. OR XIV, Kap. 8 (Sp. 1125A/B) = Na-Ta, Kap. 7 (S. 12f.) = Gattico, Kap. 117 (S. 123a/b) = Petrus Bertrandi, Apparatus super Libro Sexto: Reims cod. 737, f. 34rb.*

*Titel. Von Hand H auf dem oberen Rand:* De electione summi pontificis *A.*

1.[a] *korr. aus* seu *A.*

5.[a] *fehlt A; ergänzt nach P. Bertrandi, Apparatus ...: cod. Reims 737, f. 34rb.*

[b] *fehlt A; ergänzt nach P. Bertrandi, a.a.O., f. 34rb.*

7.[a] zeli ad zelum] celi ad celum *A.*

11.[a] memento *A.*

[b] *getilgt A.*

[c] *fehlt A; ergänzt nach P. Bertrandi, a.a.O., f. 34rb.*

**XXI.** Ms.: A, f. 39v.

*Vgl. OR XIV, Kap. 9 (Sp. 1125D–1126B) = Na-Ta, Kap. 8 (S. 13) = Gattico, Kap. 118 (S. 124a) = Petrus Bertrandi, a.a.O., f. 34rb–34va.*

*Titel.* [a] De compromisso] *auf dem Rand A.*

4.[a] et laudes] *steht über der Zeile A.*

6.[a] Nota – causis] *fehlt A; ergänzt nach P. Bertrandi, a.a.O., f. 34va.*

**XXII.** Ms.: A, f. 41r–42r.

*Auf f. 41r und 41v stehen einzelne Buchstabengruppen, die wohl als Schriftproben zu deuten sind.*

*Titel. Auf dem äußeren Rand:* Temperamentum decretalis Ubi maius; *von Hand H auf dem oberen Rand:* Temperamentum decretalis Ubi maius et quando non habet locum illa via *A.*

---

**XX.** Vgl. oben, S. 59 und 67f.

4. *Quia propter:* X. 1, 6, 42 (E. Friedberg, Corpus iuris canonici 2, Sp. 88f.).

**XXI.** Vgl. oben, S. 59 und 67f.

6. Vgl. die Glossa ordinaria zur Dekretale *In causis* (X. 1, 6, 30): Decretales domini Gregorii IX cum glossis, Paris 1601, Sp. 156–159.

**XXII.** Vgl. oben, S. 60f.

Titel. *Ubi maius periculum:* Dekretale Gregors X. vom 2. Konzil von Lyon (VI. 1, 6, 3: E. Friedberg, a.a.O., Sp. 946–949).

lium provideatur, quid futurum scit de loco electionis, si in tam longo itinere papam mori contingeret, quo casu nimis videretur durum et assonum, cardinales pro electione summi pontificis ad locum electum forte distantem nimium congregari.

2. Hec autem via locum[a] habet in locis, ubi romanus pontifex resideret extra Urbem. Si autem in Urbe romanum pontificem mori contingeret et totum collegium vel due partes collegii de loco pro electione romani pontificis incipienda[b] concordaret, tunc nulla esset provisio, quod locus electionis esset, ubi romanus pontifex moreretur, propter partialitates et suspiciones locorum. Quare videtur eidem domino, quod super hoc, quo ad Urbem specialis provisio fiat per eundem dominum ad tollendum omne dubium et periculum suspicionis et periclitationis locorum.

3. Item cirqua locum agitur, quod [per[a]] tres cardinales, quibus per collegium vel duas partes collegii comittatur divisio et distributio locorum cardinalium, fiat competens distributio locorum pro clausura secundum quantitatem cardinalium et familiarium deputatorum eis et ortentur per dominum nostrum seu per constitutionem super hec per eum edendam, quod[b] illa loca et clausuram ordinent, que secundum deum et famam hominum pro electione romani pontificis et statu cardinalium, ipsorum cardinalium et familiarium deputatorum eis quantitate pensata, viderint oportuna, et in eadem clausura deputetur locus specialis seu loca pro infirmis, ad quem seu ad que sani cardinales pro scitandis vocibus, visitationibus et aliis possint accedere, non exeundo clausuram.

4. Agitur, quod quilibet cardinalis tribus ad plus familiaribus sit contentus, exceptis infirmis, qui si pluribus indigerent, requiratur collegium dominorum cardinalium et per ipsum collegium totum vel, si totum non concordaverit, per duas partes ipsius provideatur eisdem infirmis de sufficienti numero servitorum.

5. Agitur, quod infirmi, de quibus visum[a] fuerit collegio vel maiori parti ipsius, infra clausuram existentes[b] et vota eorum in scrutiniis et necessariis aliis requirantur per alios cardinales.

6. Agitur, quod ad eosdem infirmos infra clausuram non intrent extranei, nisi medici, confessores et barbitonsores.

7. Agitur, quod antiqua Gregoriana constitutio statuit, quod cardinales in clausura existentes nuntium nullum recipiant extrinsecus vel scripturam.

8. Agitur, quod a prima die introitus quilibet cardinalis uno ferculo sit contentus et absque fraude.

9. Agitur quod, si per tres menses sic duraverint[a] cardinales et electio romani pontificis non fuerit subsecuta, computatis tribus mensibus a lapsu decem dierum, infra quos cardinales presentes absentes expectare tantummodo teneantur, a lapsu dictorum trium mensium ultra provideatur per dominum nostrum, quid futurum sit.

10. Agitur, quod laicalis potestas se de huiusmodi nullatenus intromittat, sed per collegium cardinalium seu, [si[a]] totum collegium concordare non posset, per duas partes ipsius eligantur tres de collegio, qui per iuramentum et alia, prout oportunum fuerit, arcentur, quod constitutionem faciant observari; quodsi infra tres menses a lapsu decem dierum, ut supra dictum est, non fuerit electio subsecuta, provideatur per dominum nostrum, quid futurum sit.

11. Placeat etiam domino providere in casu illo, quando aliquis cardinalium ita graviter sit infirmus, quod non possit ingredi vel portari ad clausuram, quid futurum sit de voce ipsius, videlicet quod interim procedat electio, dum est absens, quandocumque autem re integra clausuram intraverit, admittatur in eo statu, in quo invenerat negotium.

12. Placet etiam domino providere in casu illo, quando aliquis sanus absque manifesta causa infirmitatis exiverit et velit ingredi clausuram, quid futurum sit de voce illius, an admittatur etiam re integra, videlicet quod admitteretur in eo statu, in quo invenitur negotium, nisi expresse renuntiaret voci sue.

13. Agitur, quod infirmus, qui non ingreditur, quandocumque velit ingredi, re integra admittatur in eo statu, in quo invenerit negotium, etiamsi ex causa infirmitatis totam clausuram exiverit, quod factum fuerit eo absente, valeat. Sed quandocumque redierit, re integra admittatur in eo statu, in quo invenitur negotium.

14. Agitur quod, si camerarius mortuus fuerit, per totum collegium vel, si totum concordare non possit, per duas partes collegii provideatur de camerario vel de vicecamerario, ut videbitur.

15. Agitur quod, vacatione durante, cardinales debitis sibi obventionibus et redditibus non fraudentur.

16. Cirqua alia, etiam cirqua que providendum fuerit, placet ei providere.

17. Agitur, quod constitutio Alexandrina *Licet* integraliter in suo robore et vigore servetur, videlicet quod, sive ante ingressum sive post due partes cardinalium concordaverint in aliquem, is romanus pontifex universaliter habeatur, qui a duabus partibus cardinalium electus fuerit et receptus, adeo quod, etiamsi infra decem dies due partes cardinalium in aliquem concordaverint, ita tamen quod sint due partes cardinalium, etiam absente vel absentibus, qui expectari deberent, computatis, is romanus pontifex habeatur, qui a predictis duabus partibus electus fuerit et receptus.

18. Agitur, quod in clausura nullum sit intermedium muri vel parietis lapidei vel lignorum, tempore tamen dormitionis nocturne vel diurne in altum, [si[a]] voluerint, velamen pannorum vel cortinarum vel sargiarum possint haberi; non tamen quod, si plures domus necessarie fuerint pro cardinalibus ad clausuram, aperta sint hostia et uni cardinalium ad alium liber pateat aditus et patere possit ingressus.

19. Addatur de omnium suffragiis fiendis per fideles.

20. Item quod pacta, intendamenta, iuramenta et condicata[a] etc. decernantur irrita et nullius[b] existere firmitatis.

---

2. [a] longum *A*.
   [b] crae. *A*.
3. [a] *fehlt A*.
   [b] quod] *ist nicht genau zu erkennen A*.
5. [a] usum *A*.
   [b] exibentes (?) *A*.
9. [a] duraverit *A*.
10. [a] *fehlt A*.
18. [a] *fehlt A*.
20. [a] *korr. aus* condicta *A*.
    [b] nullus *A*.

2. *Urbs* = Rom.

3. *Locus* ist zum Teil als Neutrum dekliniert.

7. Vgl. VI. 1, 6, 3 (E. Friedberg, a.a.O., Sp. 946–949): *Nulli etiam fas sit, ipsis cardinalibus vel eorum alicui nuntium mittere vel scripturam etc.*

17. *Constitutio Alexandrina: Licet de vitanda* (X. 1, 6, 6: E. Friedberg, a.a.O., Sp. 51).

21. Intendit dominus et expressit, quod, donec super hiis edenda constitutio facta et bullata fuerit, integraliter remaneat et vigorem habeat constitutio Gregoriana in qualibet sui parte.

## **XXIII.** De[a] consecratione pape.

1. Sed osculato principio lecti evangelii, stans papa ad eminentem sedem, mitra deposita, sicut semper steterat, dum legeretur evangelium tam latinum quam grecum, elevatisque[a] manibus more consueto versa facie ad altare, incipit alta voce *Credo in unum deum*[b]. Et cum dixerit *deum*, iungit ambas manus ante pectus et prosequitur ipsum simbolum sine nota cum diaconibus sibi ad sedem ministrantibus et cum episcopo, qui ministrat, scola prosequente simbolum cum nota. Cumque dicetur[c] a choro *Descendit de celis*, surgit papa, mitraque sibi deposita[d] postmodum per diaconum, qui ei a sinistris ministrat, genuflectit[e], versa facie ad altare. Et dicto *Et homo factus est*, surgit[f] et sedet in sede; sibique sedenti imponit mitram diaconus, qui sibi ministrat a dextris.

2. Qui modus in ponenda et deponenda mitra pape vicissim[a] per diaconos sibi ministrantes in tota missa, dum celebrat, semper observatur[b].

3. Finito vero *Credo*, surgens papa, deposita sibi mitra per diaconum, stansque manibus elevatis ut prius, versa facie ad altare, dicit cum nota: *Dominus*[a] *vobiscum.* Resp. *Et cum spiritu tuo.* Papa: *Oremus.* Quo[b] dicto, iungit manus ante pectus et confestim sedet. Mitraque sibi deposita per diaconum, dicit legendo cum ministris offertorium. Et scola illud cum[c] nota cantat.

4. Notandum hic quod papa in consecratione sua non offert consecratorianos[a] nec phialas[b] vini nec cereos nec consecrator sibi, quamvis alii consecrati consueverint consecratori suo, semper[c] sicut alias, dum contatur offertorium, offerre[d].

5. [...] quod ibi non est sedes stercorata. Et proxima die sequenti, celebrata missa, non coronatus revertitur ad palatium. Antequam intret ecclesiam, descendit ad sedem stercoratam. Ibique sedens, prout moris est, et faciens iactum, sicut superius est enarratum, accipitur a priore Lateranensi et cum uno cardinali et ducitur per porticum ad ecclesiam. Et omnia facit, sicut superius est denotatum.

6. Sciendum vero quod presbiterium scolarum[a] non tradatur, sicut fuisset consecratus in Urbe. De presbiterio enim eorum tunc [...].

## **XXIV.** De promotionibus prelatorum.

1. *Nos sequentes nostra consilia, electionem de tali in tali ecclesia celebratam auctoritate apostolica confirmamus ipsumque dicte ecclesie preficimus in episcopum et pastorem* vel *archiepiscopum* vel *patriarcham*; de abbatibus: *preficimus in abbatem.*

2. *Nos sequentes nostra consilia, talem assumimus ad talem ecclesiam ipsumque dicte ecclesie preficimus in episcopum et pastorem,* et idem in aliis ut supra, dicendo *assumimus.*

3. Si sit postulatio: *Nos*, ut supra, *sequentes nostra consilia, postulationem de tali in tali ecclesia factam admittimus ipsumque dicte ecclesie*, ut supra.

4. *Nos sequentes* etc., *postulationem de tali in tali ecclesia factam admittimus, ipsum prius de plenitudine potestatis absolventes a vinculo, quo tenetur sue ecclesie, ac ipsum de nostro consilio transferimus ad ecclesiam Ravennatis ipsumque dicte ecclesie preficimus in episcopum et pastorem.*

5. Unde in secreto consistorio utitur dominus papa verbis presentis temporis: *confirmamus, preficimus, assumimus, admittimus, absolvimus, transferimus.*

6. In publico vero fiunt due pronuntiationes: in una, antequam enim electi veniant; et tunc, si narratur aliquid et breviter de vacatione ecclesie et modo electionis et etiam, quomodo spectat ad eum papam provisio. Et pronuntiat sic: *Vacavit ecclesia talis per mortem sui episcopi* vel *renuntiationem* vel alio modo, si fuit. *Canonici, ad quos spectabat electio, convenientes in unum talem per viam scrutinii concedunt, elegerunt*, consensit etc. Breviter inquit: *ad sedem apostolicam* etc., *quia in concordia, secundum morem tribus ex fratribus nostris duximus committendum, examinaverunt formam et postmodum personam. Facta nobis coram fratribus nostris relatione fideli, quia invenimus electionem eandem de F. ipsorum fratrum nostrorum consilio, exigente iustitia duximus confirmandam ipsumque dicte ecclesie prefecimus et preficimus in episcopum et pastorem.*

---

**XXIII.** Ms.: A, f. 37r–37v (= A 1), f. 42v (= A 2).

*Titel.* [a] De – pape] *jeweils auf dem äußeren und oberen (Hand H) Rand A 1;* Istud de consecratione pape est supra in folio XXXVII *A 2.*

1. [a] elevatis *A 2.*
[b] deum] *auf dem Rand:* Ponatur Credo in unum deum cum nota *A 1.*
[c] diceret *A 2.*
[d] deposita] *auf dem Rand:* Anno domini M[CCC]LII indictione quinta *A 2.*
[e] genibus flexis *A 2.*
[f] *fehlt A 2.*

2. [a] nissim *A 2.*
[b] observant *A 2.*

3. [a] Dominus] *auf dem Rand:* Ponatur cum nota Dominus vobiscum usque ibi Quo *A 1.*
[b] Primo *A 2.*
[c] cum – cantat] cantat cum nota *A 2.*

4. [a] *fehlt, Lücke von ca. 8 Buchst. A 2. Vielleicht ist* consecratorianos *verschrieben statt* consecratori panes.
[b] phillas *A 2.*
[c] semper sicut alias] semper sicut alius, *dazu auf dem Rand:* Nota *A 1*; sit vel aliud *A 2.*
[d] offerte ⟨sue⟩ *A 2.*

5. *fehlt A 1.*

6. *fehlt A 1.*

**XXIV.** Ms.: A, f. 10r–10v.

*Titel. Von Hand H auf dem Rand wiederholt A.*

---

**XXIII.** Vgl. oben, S. 57f.

5. Der Text gleicht weitgehend Kap. LVIII 83 des Cencius: LC 1, S. 313a. – Die beiden Verweise durch *superius* beziehen sich auf Abs. 78 des gleichen Kapitels: LC 1, S. 311b–312a.

6. Der Text gleicht weitgehend dem Abs. 85 des gleichen Kapitels: LC 1, S. 313a/b.

**XXIV.** Vgl. oben, S. 45.

4. *Ravennatis:* Die Person des betreffenden Bischofs konnte ich nicht bestimmen.

**XXV.** Que[a] percipiunt camerarius, clerici[b] camere et servientes pape a prelatis consecratis in curia.

1. Infrascripta, que secuntur, reperiuntur in libro super ordinatione familie.

2. Est autem sciendum, quod quilibet prelatus, qui consecratur in curia per dominum papam vel de ipsius mandato, si est patriarcha, archiepiscopus vel episcopus, tenetur pro consecratione huiusmodi camerario et clericis camere ac servientibus armorum domini nostri pape ad pluviale, quod in ecclesia portat ea die, qua consecratur, et ad bassinum maius de argento, si habet, vel ere, quo utitur similiter ea die, et ad unum manutergium, item ad equum faleratum de syndone vel bacaranno, quem equitat, facta huiusmodi consecratione, ad suum vel prelati consecrantis hospitium.

3. Item quilibet abbas, qui in eadem curia a domino papa vel eius mandato benedicitur vel munus benedictionis recipit, tenetur dictis officialibus ad equum faleratum et pluviale, quod portat ea die, ut supra dicitur in prelato. Ad bassinum non tenetur, quia non utitur, cum non[a] consecretur, sed benedicitur tantum et non indiget bacinibus.

4. Consueverunt autem ut plurimum prelati ipsi a dictis officialibus predicta redimere pretio competenti. Et nisi predictas res disposuerint redimere, libere dimittantur officialibus antedictis et illud, de quo erunt in concordia tum cum eisdem, persolvere tenentur, antequam de ecclesia consecrati seu benedicti recedant.

5. Attendendum tamen est, quod in pacto seu redemptione rerum huiusmodi facta inter consecrandos et benedicendos et officiales predictos non includuntur cooperte equorum nec manutergia supradicta, sed officiales ipsi illa libere debent habere. Debent tamen eligi et deputari ad serviendum dictis prelatis, dum consecrantur in ecclesia, per senescallum servientum armorum aliqui servientes, qui serviant et assistant eidem, duo vel plures secundum existentiam personarum, et qui etiam adestrare debent prelatum per frenum, si equitat, usque ad hospitium suum vel prelati consecrantis eundem.

6. Est tamen sciendum quod, si dominus papa cum sua curia Rome resideat vel moretur et predicte consecrationes infra menia civitatis per ipsum vel ipsius mandato, etiamsi fierent in ecclesia beatorum Petri et Pauli apostolorum atque Laurentii vel in consimilibus, que sunt extra menia civitatis, que in hoc casu infra esse censentur, quidam cives Romani nomine mapularii, officiales ad hoc antiquitus deputati, de dictis sacris et benedictionibus prelatorum debent habere et recipere etiam partem omnium. Et illas debent pro tertia parte dividere cum camerario, clericis et servientibus supradictis. Qui mapularii partem suam sacrarum huiusmodi equaliter dividunt inter se, utrum sint presentes vel absentes, quia hereditario modo possident officium supradictum et ex consuetudine observata. Ipsi vero mapularii habent sternere tapeta et parare faldistoria in ecclesia, ubi dominus papa debet celebrare, in Urbe tantum et non alibi.

7. Quando[a] vero tales sacre prelatorum fiunt seu benedictiones alibi quam in Urbe, utpote in alia civitate vel loco, ubi dominus papa cum sua curia residet, dicti mapularii nichil percipiunt de sacris eisdem, sed dividuntur inter camerarium, clericos et servientes predictos, videlicet medietatem pro indiviso recipiunt camerarius

et clerici et aliam medietatem servientes predicti. Qui quidem servientes partem suam dividunt equaliter inter se tam inter presentes quam absentes modo suo. Camerarius autem et clerici similiter partem suam dividunt equaliter inter presentes maxime, nisi absens de gratia partem recipiat sociorum vel de mandato in servitio ecclesie sive camere persisteret domini pape vel ipsius camerarii.

8. Item reperitur sub rubrica servientum:
Servientes. Quilibet eorum consuevit recipere unam vidandam et unam anonam cum feno et ferris et aliis necessariis pro equo. Dabantur omnibus servientibus in communi septuaginta duo candele in septimana, quatuor saumerii in itinere; inter omnes dividunt cum camera partem sacrarum. Senescallus eorum etc.

9. Item reperitur in libro censuali antiquo, quod certum quid debent recipere acoliti de predictis sacris.

**XXVI.** Memoriale, ⟨licet[a] non completum, quod ordinatum et servatum fuerit Avinione in consecratione domini Petri de Robaro et domini Gaucelmi et electorum Viennensis, Autisiodorensis et Mirapiscensis tempore domini Iohannis pape[a]⟩.

1. Servata fuit sequens rubrica in domino de Rahbraio et in domino Gaucelmo Avinione anno domini MCCCXXVIII.

---

**XXV.** Ms.: A, f. 10v–11v.
Ed.: L.-H. Labande, a.a.O., S. 53f.
*Titel.* [a] Que – curia] *von Hand H auf dem Rand A.*
[b] clerici camere] not. *A.*
3. [a] *steht über der Zeile A.*
7. [a] Quare *A.*

**XXVI.** Ms.: A, f. 8v–10r.
*Titel. Von Hand H auf dem Rand:* De scrutinio et examinatione per papam in consecrandis episcopis cardinalibus *A.*
[a] licet – pape] *neben* Memoriale *in kleinerer Schrift vom selben Schreiber geschrieben; in der Vorlage demnach wohl ein Nachtrag A.*

---

**XXV.** Vgl. oben, S. 45ff. – Zum Text vgl. auch Gattico, S. 262, Kap. 46; J. Haller, Zwei Aufzeichnungen, S. 24; ders., Die Verteilung der Servitia minuta, S. 288; F. Wasner, Guido de Busco, S. 96.
Titel. Statt der *clerici camere* sind irrtümlich die *notarii* von Hand H genannt.
8. Der Text stimmt fast wörtlich mit dem entsprechenden Abschnitt in Hallers Liste A (Zwei Aufzeichnungen, S. 24) überein.
9. *Liber censualis antiquus* = cod. Ricc. 228? Vgl. oben, S. 45.

**XXVI.** Vgl. oben, S. 44. – Der Ordo wurde am 19. 12. 1328 bei der Weihe der beiden Kardinalbischöfe Pierre d'Arrablay von Porto (K. Eubel, a.a.O., S. 15) und Gaucelme de Jean von Albano (K. Eubel, a.a.O., S. 15) und der drei Bischöfe bzw. Erzbischöfe Bertrand de la Chapelle von Vienne (K. Eubel, a.a.O., S. 527), Elie de Talleyrand von Auxerre (K. Eubel, a.a.O., S. 120) und Pierre de Piret von Mirepoix (K. Eubel, a.a.O., S. 344) angewandt. Doch wurde er nicht für diese Weihe redigiert, da z. B. die liturgische Farbe nicht festgelegt ist (Abs. 2). Als Vorlage diente zum Teil das Kapitel XI des PRC in der „recension longue" (S. 351–368). – Da in den ersten Absätzen (1–3) nur Kardinalpriester, später (Abs. 5 und 12) auch

2. Die dominica dominus papa, facta sibi reverentia per cardinales, inter quos possunt esse etiam presbiteri cardinales consecrandi, et per prelatos, ut moris est, dictaque tertia paramentis albi coloris induitur vel coloris tempori congruentis. Et accedens ad sedem seu faldistorium, ubi facturus est scrutinium seu examinationem ante *Introibo ad altare dei* ac ante confessionem, sedet tunc.

3. Primo. Consecrandi domini cardinales in episcopos induti amicto, alba seu camiso, cinctorio, stola et pluviali tantum albi coloris et sine sandalibus ducuntur a duobus diaconibus cardinalibus pape ministrantibus – primo primus, secundo secundus ab eisdem diaconibus –, qui collocant eos, depositis mitris consecrandorum, ex opposito domini pape super faldistoriis ad sedendum etc., ceteris episcopis tam cardinalibus quam aliis sedentibus in faldistoriis suis in girum cum mitris simplicibus.

Et attende quod alii presbiteri cardinales, etiamsi ante cardinalatum fuissent episcopi, non vocantur, ut se de consecratione huiusmodi intromittant.

4. Secundo. Fit scrutinium sive examinatio per dominum papam sedentem cum mitra, et ceteris episcopis in girum in suis faldistoriis sedentibus cum mitris albis: *Antiqua sanctorum patrum* etc. in singulari numero, etiam cum consecrandi sunt plures, licet rubrica videatur [permittere[a]], quod non omnes examinentur, sed cum cardinalibus intelligenda de papa.

5. Tertio. Facto scrutinio, deducuntur consecrandi ad papam sedentem cum mitra per duos diaconos cardinales ministrantes pape. Qui consecrandi osculantur pedem domini pape et recipiuntur etiam ad osculum oris, cum sint cardinales. Alii vero consecrandi quicunque ad osculum pedis, tamen non oris recipiuntur, licet interdum contrarium fiat.

6. Quarto. Proceditur ad altare more solito, dicitur *Introibo* etc. et fit confessio solita per dominum papam sine mitra et sibi ministrantes et per electos consecrandos cum eo. Et introitus suo tempore tunc incipitur.

7. Quinto. Electus ad locum suum, ubi indutus fuerat, revertitur. Et missa suo ordine procedit usque ad ultimum versum tractus vel ad repetitionem *Alleluia*.

Notandum[a] quod dominus papa suo loco inter primas orationes sine mitra pro consecrandis dicit orationem: *Adesto supplicationibus* etc., que dicenda est secundo vel tertio loco.

8. Interim dicta epistola, duo diaconi cardinales cum acolitis et subdiacono assistentes pape egrediuntur et faciunt indui electos tunicellam et manipulum in manu seu armilla sinistra, licet rubrica expresse non ponatur de manipulo, dalmaticam, planetam et gambases sive caligas et sandalia. Et deducunt eos cum mitris vel, quod humilius est, sine mitris usque ad duos episcopos cardinales. Qui episcopi cardinales eis certo loco occurrentes induti debent esse casulis seu pluvialibus albi coloris cum mitris et deducunt consecrandos usque ad altare ad presentiam domini pape, coram quo mitras deponunt.

9. Sexto. Dominus papa cum mitra sedens, consecrandis tunc genuflexis sine mitra coram ipso, dicit: *Episcopum oportet* etc. Ubi notandum quod, si tot sint consecrandi et pauci consecratores, sicut interdum vidi, unus consecratorum gerit vices duorum et cum una manu portat librum super scapulas unius consecrandi et

cum alia manu librum super scapulas alterius consecrandi. Et nichilominus prosequitur summisse officium consecrationis cum papa.

10. Septimo. Dominus papa stans sine mitra dicit per modum orationis, si vult, vel legendo: *Oremus, dilectissimi* etc.

11. Octavo. Statim post dictam orationem per subdiaconum stantem a dextris altaris incipitur cum nota letania. Et prosternit se dominus papa ante medium altaris super faldistorium supra cum mitra, et ceteri cardinales episcopi et alii episcopi super faldistoria sua in locis suis post papam cum mitris albis simplicibus. Consecrandi vero prosternunt se sine faldistoriis et sine mitra ante altare hinc inde ad dexteram et sinistram pape, ita quod antiquior inter eos in cardinalatu ad dexteram pape et antiquior post illum a sinistris pape, ut[a] diaconi cardinales inter se collocantur, cum dicitur prefatio, respectu diaconi cantantis evangelium, consequenter eodem ordine secundum dignitatem, puta archiepiscopus respectu episcoporum vel inter episcopos dignior a dextris, alius a sinistris[a].

12. Nono. Dicta letania et papa surgente et stante in loco, ubi facturus est consecrationem, duo episcopi cardinales vel alii episcopi vel archiepiscopi tenent librum evangeliorum clausum inter cervicem et scapulas consecrandorum cardinalium, usquequo dominus papa in fine consecrationis dat librum evangeliorum clausum consecratis. Aliis vero non cardinalibus consecrandis [dat[a]] librum clausum similiter.

13. Decimo. Dominus papa, stans cum mitra vel sine, ambas manus suas apertas et reliqui episcopi, qui assunt, post eum ambas suas manus ex parte exteriori manuum suarum ponunt sine mitra super capita singulorum consecrandorum nichil dicendo.

---

4. *auf dem Rand:* Cum mitra *A.*
[a] *fehlt, Lücke von ca. 8 Buchst. A.*
5. *auf dem Rand:* Cum mitra *A.*
7. [a] *auf dem Rand:* Sine mitra *A.*
9. *auf dem Rand:* Cum mitra *A.*
10. *auf dem Rand:* Sine mitra papa *A.*
11. *Auf dem Rand:* Cum mitra papa *A.*
[a] ut – sinistris] *dazu auf dem Rand:* Dicatur clarius *A.*
12. [a] *fehlt, Lücke von ca. 5 Buchst.*; *ergänzt nach PRC, Kap. XI 30, S. 363; dazu auf dem Rand:* Hic deficit *A.*
13. *auf dem Rand:* Cum mitra et sine mitra papa *A.*

---

Nichtkardinäle als Konsekranden genannt sind, scheint der Text zumindest zweimal überarbeitet worden zu sein. – Die der Weihe von Kardinalbischöfen vorangehenden Verhandlungen beschreibt im OR XIV das Kap. 117 (Sp. 1267B –1270C).

4. Zur *rubrica* vgl. die Überschrift im PRC, S. 351 und die Variante 5 zu Abs. 12, ebda., S. 355 aus cod. Vat. lat. 1153.

5. Der letzte Teil *licet – fiat* ist ein Nachtrag (schon in der Vorlage?), der sich vielleicht auf die Zeit Johannes' XXII. bezieht.

6. Der letzte Teil *que – loco* ist in der Handschrift vom übrigen Absatz etwas abgehoben und war in der Vorlage vielleicht ein Nachtrag, und zwar zur Konkretisierung der Wendung *suo loco inter primas orationes*; vgl. PRC, Kap. XI 17, S. 357.

9. Die ganze Note *Ubi – cum papa* ist in der Handschrift vom Vorsatz durch eine Lücke getrennt, war demzufolge in der Vorlage wohl ein Nachtrag.

11. Zur Aufstellung der Diakone während der Präfation vgl. unten, Kap. XXXVIII b 8, S. 226.

14. Undecimo. Dicit dominus papa sine mitra cum nota et alii episcopi sine mitra quasi submurmurando summissa voce in modum orationis: *Propitiare domine* etc.

15. Duodecimo. Dominus papa cum nota et sine mitra et assistentes episcopi similiter summissa voce quasi submurmurando in tono[a] prefationis: *Per omnia secula seculorum* etc. *Vere dignum et iustum est* etc.

16. Tertiodecimo. Dominus papa, depositis cirothecis, anulo cum pontificali resumpto, liget capita consecrandorum cum fasciola sub corona, que tota debet libera remanere, acolitis tenentibus ante papam tobaliam, stans sine mitra mittat[a] cum vasculo, quod dextra manu sua tenet, crisma super capita consecrandorum in modum crucis. Et cum pollice dextere manus sue vel tribus digitis dextere vel utriusque manus vel cum ambabus manibus suis totam coronam consecrandi crismate liniat, dicens sine nota et sine mitra, et ceteri episcopi similiter sine nota summissius: *Ungatur et consecretur* etc. Et in personam cuiuslibet, dum linit caput eius crismate, singulariter repetat usque ibi *Hoc domine copiose.*

17. Quartodecimo. Dominus papa, abstersis manibus suis bombace vel perfusorio, iterum sine mitra dicat cum nota in modum prefationis et ceteri episcopi similiter summissius cum nota: *Hoc domine copiose* etc.

18. Quintodecimo. Dominus papa consecrat manus consecrandorum, qui ambas manus extensas et apertas unam iuxta aliam tenere debent. Dominus papa fundens vel, quod tutius est, crisma[a] super manus consecrandorum cum police manus dextere sue facit crucem, ungendo a police dextro usque ad indicem sinistrum consecrandi, a police sinistro usque ad indicem dextrum eiusdem. Et liniat totas manus ipsius consecrandi ab interiori parte, dicens sine nota et sine mitra, et ceteri episcopi sine nota et sine mitris summissius: *Deus et pater* etc. Et repetatur pro quolibet, cum illius manus consecrat.

19. Quidam enim effundunt cum vasculo aliquid crismatis in manu consecrati, de quo intingunt policem suum, alii vero, quod tutius est, non mittunt crisma in manus consecrati cum vasculo, sed intingunt policem suum in vase concavo ad hoc parato, et, ut supra dictum est, totas manus consecrandi liniunt utrasque.

20. Sextodecimo. Dominus papa, abstersis manibus suis, dat baculum pastoralem consecrando, dicens sine nota et sine mitra, et ceteri episcopi summissius quasi submurmurando dicant: *Accipe baculum* etc. Consecrandi vero ambas manus iunctas teneant, dextram super sinistram, ne aliquid crismatis effluat. Dat utrique baculum pastoralem solus, consecrato tangente ipsum cum digitis utriusque manus paululum apertis. Et repetatur pro quolibet.

21. Decimoseptimo. Dominus papa solus mittit anulum non pontificalem sed simplicem cum aliquo lapide pretioso in digitum anularem dextere consecrati, dicens sine nota et sine mitra et ceteri episcopi similiter summissius: *Accipe anulum* etc. Et repetitur pro quolibet.

22. Decimooctavo. Tandem dominus papa accipit librum evangeliorum de vertice consecrati et dat solus eum clausum consecrato, tangenti illum sine apertione manuum, et dicit papa sine nota et sine mitra, et ceteri episcopi similiter summissius: *Accipe evangelium* etc. Et repetitur pro quolibet.

23. Decimonono. Dominus papa recipit consecratos ad osculum oris. Et similiter diaconi cardinales et episcopi cardinales recipiunt eos ad osculum. Et immediate duo diaconi cardinales ministrantes pape vel acoliti, prout hodie servatur, deducunt consecratos in presbiterium. Et dat ibi osculum omnibus episcopis et presbiteris cardinalibus. Interim dominus papa lavet manus suas cum aqua et mica panis[a] abstergat eas, que mica[b] in ignem proiciatur, et resumat cirothecas et anulum.

24. Vicesimo et ultimo. Hiis peractis, consecrati ad locum, ubi sacris vestibus induti fuerant, diligenter abluant manus suas. Capud vero non dissolvant usque post finem misse.

25. Deinde cantores prosequantur repetitionem *Alleluya*, dicatur evangelium et cetera ex more cantentur.

26. Sequitur de hiis, que fiunt post offertorium.

## **XXVII.** Ordinatio presbiteri.

1. Die sabbati in quatuor temporibus dominus[a] papa, facta sibi reverentia per cardinales et prelatos, ut moris est, et dicta tertia et sexta, quadragesimalibus paramentis violacii coloris induitur.

2. Et facta confessione per ipsum ad altare et reverentia consueta diaconorum ad osculum et ad pectus, inter quos etiam poterit esse diaconus cardinalis in presbiterum ordinandus, missam prosequitur.

---

14. *auf dem Rand:* Sine mitra papa *A*.
15. *auf dem Rand:* Sine mitra papa *A*.
[a] toto *A*.
16. *auf dem Rand:* Sine mitra papa *A*.
[a] mittat] *über der Zeile:* alias effundat *A*.
17. *auf dem Rand:* Prima manuum abstersio. Sine mitra papa *A*.
18. *auf dem Rand:* Sine nota et sine mitra papa *A*.
[a] *Fehlt vor* crisma *ein Partizip? Vgl. dazu Abs. 19.*
20. *auf dem Rand:* Secunda manuum abstersio. Sine nota et sine mitra papa *A*.
21. *auf dem Rand:* Sine nota et sine mitra papa *A*.
22. *auf dem Rand:* Sine nota et sine mitra papa *A*.
23. *auf dem Rand:* Sine mitra papa adhuc *A*.
[a] prius *A*.
[b] micha *A*.

**XXVII.** Ms.: A, f. 21r–23r.
1. [a] domina *A*.

---

17. Vgl. dazu PRC, Kap. XI 26, S. 360f.

19. Der Absatz ist eine Erläuterung des vorhergehenden Textes (in der Vorlage ein Nachtrag?) und fehlt im PRC. Vgl. auch die Variante a im Abs. 18.

23. Wann der Passus *vel acoliti prout hodie servatur* eingeschoben wurde – ob unter Johannes XXII. oder in der Mitte des 14. Jh. –, ist unsicher. Vgl. zu den *acoliti* B. Schimmelpfennig, Die Organisation der päpstlichen Kapelle in Avignon, S. 103f.

26. Zu den Riten, die auf das Offertorium folgen, vgl. PRC, Kap. XI 33–41, S. 364–368 und PGD, lib. I cap. XIV 49–65, S. 387–392.

**XXVII.** Vgl. oben, S. 53. – Der Ordo basiert auf dem Kap. X, Abs. 12ff. des PRC in der „recension longue" und wurde bei der Weihe des Bernard de Garves (K. Eubel, a.a.O., S. 14), der in den Absätzen 4, 32 und 33 genannt wird, zum Kardinalpriester angewandt.

2. Bernard war seit dem 19. 12. 1310 Kardinaldiakon von S. Agata: K. Eubel, a.a.O., S. 14; vgl. auch Abs. 19 und 32.

3. Et expletis omnibus ex more usque ad ultimum versum versus, ordinando in presbiterum cardinalem parato diaconi more, scilicet cum oratorio tantum, id est stola[a], super humerum sinistrum, et manipulo posito in manu seu armilla sinistra, licet rubrica non loquatur expresse de manipulo, sine tunicella tamen et dalmatica, portante ordinando planetam albi coloris plicatam in manibus et brachiis et presentantibus eum atque ducentibus duobus diaconibus cardinalibus usque ad presbiteros cardinales, duo ex ipsis presbiteris ducunt eum usque ad sedem pape.

4. Et tunc dicit prior diaconorum:

*Postulat mater ecclesia catholica, ut hunc presentem reverendum patrem, dominum Bernardum, sancte romane ecclesie diaconum cardinalem ad onus presbiterii ordinetis.*

5. Et papa sedendo cum mitra interrogat: *Scis illum dignum esse*?

Tunc respondet offerens illum: *Quantum humana fragilitas nosse sinit. Et scio et testificor, ipsum dignum esse ad huiusmodi onus officii.*

6. Hiis peractis, dicat papa cum mitra sedendo: *Sacerdotem oportet offere* etc., ordinando in sacerdotem tunc genuflexo coram papa, licet aliqua pontificalia ponant *Sacerdotem* etc. ante *Postulat* etc., tamen competentius videtur, quod preponatur *Postulat* etc., ut in aliquibus etiam libris invenitur.

7. Tunc papa annuntiat in populo, legendo et sedendo cum mitra: *Auxiliante domino deo* etc.

8. Hic fiat letania cum nota super electum ordinandum in presbiterum per unum capellanum stantem ad dextrum cornu altaris, procumbentibus domino papa mitrato tamen super faldistorium ante altare et duobus diaconibus cardinalibus genuflexis et sine mitra sibi ministrantibus, ut hodie servatur, et ordinando prostrato ante medium altaris vel circa, parato ut prius cum stola tantum more diaconi, planeta, quam gestabat in manibus, assignata alicui ministro, qui eam custodiat usque ad tempus, quo per papam ipsa induitur. Qua completa, papa revertitur ad sedem.

9. Et ordinandus stet ante faciem eius reverenter. Et stans papa cum mitra alloquitur populum dicens: *Commune votum* etc.

10. Deinde ordinando in presbiterum inclinato, facie versa ad ordinantem, imponat papa ambas manus super capud eius et omnes presbiteri cardinales, qui assunt, post ipsum singuli singulariter similiter manus ordinando imponant.

11. Deinde papa dat sine mitra orationem super eum, tenens manus elevatas, sicut quando dicuntur orationes in missa. Et similiter omnes alii sacerdotes dicent cum nota: *Oremus, dilectissimi* etc.

12. Deinde dicit papa: *Oremus* cum nota, diaconus ministrans a dextris: *Flectamus genua* cum nota, diaconus ministrans a sinistris: *Levate* cum nota. *Exaudi nos, quesumus, domine* etc. cum nota.

13. Hic elevet papa vocem suam et in modum prefationis dicat sine nota: *Per omnia secula seculorum* etc. *Vere dignum et iustum* etc. Qua finita, legendo dicat: *Per eundem dominum nostrum* etc.

14. Quibus completis, flectet papa oratorium ordinandi super humerum eius dextrum et dicat ei: *Accipe iugum* etc. Deinde vestiat eum casula sive planeta plicata dicens: *Stola innocentie* etc.

15. Deinde omnibus genuflectentibus, debet cantari ympnus *Veni creator spiritus*, quem papa stans sine mitra incipit cum nota. Quo incepto, statim genuflectit et incumbit faldistorio, quousque dicat *Dominus vobiscum* etc. Et potest tenere mitram, si vult, usque ad *Kyrieleison, Christeleison.*

16. Deinde dicit papa sine nota: *Kyrieleison, Christeleison, Kyrieleison. Pater noster.* Et totum dicat secreto, deinde cum nota: *Et ne nos inducas*, cum ceteris versiculis et responsoriis, ut infra sequitur:

Vers. *Et ne nos inducas in temptationem.* Resp. *Sed libera nos a malo.*

Vers. *Salvos fac servos tuos.* Resp. *Deus meus, sperantes in te.*

Vers. *Nichil proficiat inimicus in nobis.* Resp. *Et filius iniquitatis non noceat nobis.*

Vers. *Domine, exaudi orationem meam.* Resp. *Et clamor meus ad te veniat.*

Hic surgens papa dicat super ordinandum sine mitra, sive legendo sive per modum prefationis:

Vers. *Dominus vobiscum.* Resp. *Et cum spiritu tuo.*

*Oremus. Deus, sanctificationum omnium actor* etc.

17. Expleta autem predicta oratione seu benedictione et omnibus surgentibus, ipse papa, si velit, aliquantulum sedeat. Et tandem, depositis cirothecis et anulo pontificali resumpto, surgens, acolitis tenentibus tobaliam ante eum, ungat de oleo sancto, id est cathecuminorum, manus incipiens a police dextero etc., ut in rubrica libri. Et dicat legendo sine mitra, dum ungit manus ordinandi: *Consecrare et sanctificare* etc.

18. Hoc facto, inunctus iungat manus suas et teneat dextram super sinistram. Papa vero, abstersis manibus suis cum bombace vel perfusorio, accipiat patenam cum oblatis et calicem cum vino et ponat in manibus ordinati, qui recipiat et teneat

---

3. [a] sola *A*.

13. *auf dem Rand:* Nota. Ex hoc loco in antea non videtur, quod presbiteri alii aliquid habeant dicere. *A*.

---

3. Zur *rubrica* vgl. PRC, Kap. X 13, S. 342. – Gemäß der dortigen Variante 7 zu *orario*, in der angegeben ist, daß im cod. O (= Vat. lat. 1155) *id est stola* hinzugefügt ist, diente diese Handschrift, die aus dem frühen 14. Jh. stammt und wohl für den Gebrauch an der Kurie hergestellt wurde (ebda., S. 147), dem Kompilator neben anderen Handschriften (vgl. Abs. 6 und 16) als Vorlage.

4. *Dominus Bernardus:* Bernard de Garves (K. Eubel, a.a.O., S. 14).

6. Dieser Absatz zeigt, daß der Kompilator mehrere Pontifikalien kritisch benutzt hat. Die von ihm konstatierte Differenz ist aus der Edition Andrieus (PRC, Kap. X 14 und 16, S. 342f.) nicht deutlich zu ersehen. Vgl. zur Anwendung der Formeln B. Kleinheyer, Die Priesterweihe im römischen Ritus, Trier 1962, S. 179f.

16. Die Variante *actor* statt *auctor* kommt bei Andrieu (PRC, Kap. X 26, Var. 7, S. 346) nur im cod. Y (= Vat. lat. 4748 I) vor, der dem Bischof von Novara Uguicio Borromeo (1304–1329; K. Eubel, a.a.O., S. 372 und PRC, S. 168) gehörte. Zu Uguicio vgl. unten, Kap. XL und XLI, S. 236f. und oben, S. 57. – Da Uguicio zumindest bis 1316 an der Kurie weilte und sich für das kuriale Zeremoniell interessierte, war seine Handschrift oder deren Vorlage dem Kompilator vielleicht bekannt.

17. Zur *rubrica libri* vgl. PRC, Kap. X 27, S. 347.

cupam calicis et patenam inter digitos, indices et medios vel inter indices et polices manibus tamen iunctis, dicente sibi papa: *Accipe potestatem offerre sacrificium* etc.

19. Si anulus dari debeat ordinando, de quo tamen dubitatur, cum sit iam diaconus cardinalis et habeat anulum, nec uni episcopo ad aliam ecclesiam translato datur amplius anulus, dicit papa mittendo anulum in digitum ordinandi:

*Ad honorem domini nostri Iesu Christi et apostolorum Petri et Pauli committimus tibi ecclesiam .. cum clero et populo suo.*

20. Benedictio super ordinando est dicenda sine nota: *Benedictio dei pa+tris* etc.

21. Hac benedictione et ordinatione completa, ordinatus in presbiterum cardinalem a domino papa, osculatis primum pedibus eius, det osculum pacis tam eidem pape quam episcopis, presbiteris et diaconibus cardinalibus, post aliis prelatis et ceteris ministris altaris, qui affuerint.

22. Postmodum descendat ad locum statutum et manus suas lavet cum mica panis et aqua. Et tunc remota casula super alia paramenta, quibus indutus erat, induat omnia pontificalia, videlicet tunicellam et dalmaticam albi coloris et manipulum super tunicellam in brachio sinistro et planetam albam plicatam super scapulas, ut dictum est, et gambagos sive caligas et sandalia more episcopi. Interim cantetur ultimus versus tractus et consequenter diaconus legat evangelium.

23. Postea ordinatus in presbiterum ductus ad dominum papam, duos cereos accensos et duos magnos panes offerre debet pape et duas amphoras vini, alteram scilicet rubei alteram vero albi, manum domini pape osculans, in qualibet oblatione ipso papa leviter tangente oblata.

24. Notandum quod de manipulo in speciali rubrice non faciunt mentionem, sed satis videretur esse conveniens vel quod, quando vadit ad papam cum planeta in manibus ordinandus, portaret manipulum in manu sinistra, ut dictum est, vel saltem, ex quo debet concelebrare cum papa in misterio misse ordinatus in presbiterum, manipulum in sinistra manu teneret.

25. Facta autem predicta oblatione, dominus papa missam etc. suo ordine prosequatur. Ordinatus vero in presbiterum stet ad dexteram altaris cum missali suo et dicat et faciat omnia summissa voce, sicut si celebraret. Caveat tamen sibi, ne precedat papam in verbis et signis faciendis, quem aliquis sacerdos indutus cotta cum tobalia poterit instruere in ministerio.

26. Post communionem vero tam pape quam diaconi et subdiaconi more consueto factam, ante tamen perfusionem, ordinatus in presbiterum cardinalem genuflexus coram papa more consueto, osculata manu pape, sacram communionem recipiat, recipiendo osculum pacis ab eo, sanguinem vero de manu diaconi ad altare more consueto cum osculo pacis, ubi etiam vinum perfusionis recipiat ab aliis ministrantibus.

27. Quo facto, ordinatus ad dextrum cornu altaris revertatur et cetera prosequatur in missa summissa voce in orationibus ut prius.

28. [...[a]] papa planetam[b] extendit ordinato; et sic factum est et tunc.

29. Completa vero missa, ordinatus ter genuflectendo et ter vocem exaltando, ter coram domino papa dicat: *Multos annos.* Et in fine osculetur pedem pape et ab ipso recipiatur ad osculum, dicente papa: *Pax domini sit semper tecum.* Resp. *Et cum spiritu tuo.* Et commendet se papa orationibus eius.

30. Sic paratus pontificalibus ordinatus in presbiterum cardinalem non tamen cum pluviali, sed cum planeta alba, ut predictum est, et cum cirothecis et anulo pontificali et alio parvo anulo et mitra solempni aurifrigiata, ascendens equum coopertum de bocarano, redeat ad domum domini pape signando, sicut faciunt episcopi, quando consecrantur. Sed quia dominus noster hoc fortassis faciet in capella, ab istis solempnitatibus, de equitando equum et benedicendo extra per viam, poterit abstinere.

31. Nota quod diaconus cardinalis, qui ordinandus est in presbiterum a domino papa, debet esse indutus succa, cotta, amicto parvo super scapulas, camiso, cingulo ac stola super humerum sinistrum, reducta sub brachium dextrum more diaconi. Et si velit, potest tenere planetam violacii coloris et mitram de guarnello[a] simplicem et ire ad reverentiam in ordine suo cum aliis[b] diaconibus cardinalibus osculi [pedis[c]] et oris, cum papa ad altare ingreditur, ut moris est, et extunc secedere ad partem et stare sic paratus, quousque ventum fuerit ad ultimum versum tractus. Et tunc remota casula et mitra, posito sibi in brachio sinistro manipulo, licet de manipulo rubrica expresse non loquatur, portans planetam albi coloris plicatam in manibus et brachiis ducitur a duobus cardinalibus etc. ut in rubrica, que est in principio sequentis pagine.

32. Hodie, scilicet in festo sancti Thome de Aquino, die sabbati in quatuor temporibus de quadragesima, dominus noster papa Iohannes Avinione in capella sua celebrans ordinavit in presbiterum cardinalem reverendum patrem, dominum Bernardum de [Garvo[a]], sancte Agathe diaconum cardinalem secundum rubricam predictam, quam plene servavit. Anulum non dedit sibi in ecclesia, quia cardinalis diaconus existens iam habebat anulum. Et per consequens titulum presbiteralem non dedit sibi in ecclesia, sed dabit[b] titulum presbiteralem sibi in consistorio tantum.

---

19. *auf dem Rand:* Nota. Determinavit dominus noster in consistorio, quod non detur anulus. Et titulus detur sibi in consistorio. *A.*

24. *auf dem Rand:* Portavit manipulum, cum primum cum planeta alba venit ad papam, usque ad finem. *A.*

28. [a] *Lücke von ca. 7 Buchst. A.*
[b] planeta *A.*

31. [a] gramello *A.*
[b] alii *A.*
[c] *fehlt A.*

32. [a] *fehlt, Lücke von ca. 5 Buchst. A.*
[b] tabit *A.*

---

19. Vgl. die Note zu diesem Absatz in der Handschrift und PRC, Kap. 29, S. 348 und oben, Abs. 2. – Die Pünktchen stehen in der Handschrift.

22. *Ut dictum est:* vgl. die Absätze 3, 8 und 14 und PRC, Kap. X 33, S. 349.

23. Die Spezifizierung der beiden Weinsorten fehlt im PRC, Kap. X 33, S. 349.

24. Vgl. die Note zu diesem Absatz in der Handschrift und oben, Abs. 8.

25. Die Funktion des *sacerdos* zeigt, daß zu dieser Zeit die Anweisungen je nach dem jeweiligen Anlaß von verschiedenen Personen gegeben wurden und nicht ausschließlich von den Kapellklerikern.

28. Vgl. PGD, lib. I cap. XIII 26, S. 372.

30. Vgl. oben, Abs. 22. – Die *capella* ist wohl die Kapelle im alten Bischofspalast oder vielleicht auch die Stephanskirche, die dann unter Benedikt XII. als Palastkapelle erweitert wurde; vgl. auch unten, Abs. 32.

31. *Rubrica* = Abs. 32, der auf f. 23r beginnt.

32. *Hodie* = 7. 3. 1327. – *Capella* und *ecclesia* sind als Synonyme verwandt. – Zu den *consilia* bei einer Kardinalspromotion vgl. OR XIV, Kap. 116 (Sp. 1260 A–D).

Nam, ut dictum est, anulum habet. Et sic fiendum in consistorio heri die Veneris determinavit.

33. Ad consistorium heri non venit dictus dominus Bernardus, quia erat occupatus propter ista. Non petiit aliter dominus noster consilia super eius ordinatione in consistorio, sed notificavit eum ordinandum.

## **XXVIII.** Quando cardinales debent[a] exire obviam venientibus ad curiam.

1. Sciendum est, quod sancte romane ecclesie cardinales nullis, quantumcumque excellentie vel dignitatis existant, sive clerici fuerint sive laici, prelati vel alii, ad curiam romanam venientibus obviare solent exceptis cardinalibus, imperatoribus, regibus et filiis eorundem, quibus obviant. Reginis etiam obviant, sive vivant viri ipsarum reges sive post mortem[a]. Et idem videretur de imperatricibus, si tamen statu essent imperiali et alie circumstantie responderent. Filiabus vero regum vel imperatoris obviari non vidi, nisi forte iam essent regibus desponsate.

2. Recedentes vero de curia cardinales, sive legati fuerint[a] sive nuntii, per cardinales associantur. Sed recedentibus[b] dictis imperatoribus et[c] regibus, dummodo longe recedant et se debeant diutius[d] a curia absentare, cardinales possunt associare eosdem, nisi forsan[e] consistorium fieret ea die. Nam et[f] ipsi reges quandoque non curant de associatione huiusmodi in recessu, cum non sic[g] ordinate recedant propter multas impreparationes suas et familiarium suorum, ut venerant, hec multo magis in recedentibus eorum filiis de curia observantur.

3. Notandum etiam quod cardinales, si locus patiatur[a], non debent multum longe venientibus obviare nec recedentes multum longe comitari, quia obviationes et[b] associationes huiusmodi non fiunt causa penitentie vel laboris, sed causa decentie vel honoris. Nec cardinales ad tales[c] associationes vel obviationes loco vel tempore, si fieri potest, debent esse divisi. Sed si qui ex cardinalibus alios precedant, debent in aliquo loco decenti cardinales alios expectare sequentes et ponere se in ordine, ut sint primo episcopi, secundo presbiteri, tertio diaconi secundum ordinem antiquitatis in tempore cuiuslibet in suo gradu, et ad osculum recipere venientes vel etiam recedentes. Nullus tamen a cardinalibus ad osculum recipitur sic in campis nisi predicti cardinales, imperatores, reges et filii eorundem. Sed cum magni viri ad domum cardinalium veniunt, etiam qui in societate predictorum venerant, bene recipiuntur a cardinalibus ad osculum.

4. Et ut melius et ordinatius predicta serventur, debent predicti imperatores et reges etc. venire mane ante comestionem, quia hore alie sunt incerte et sollicitudo adventus eorum impedit quietem et sompnum.

5. Notandum etiam[a] quod duo ex diaconibus cardinalibus sive de antiquioribus sive de iunioribus, sed[b] de iunioribus modernus usus accepit[b], associare debent – unus a dextris et alter a sinistris – venientem[c] imperatorem vel regem etc.; et alii cardinales autem precedunt, quousque recepti fuerint[d] ad pedem et osculum domini[e] pape.

6. Antiquitus[e] cardinales etiam[a] obviabant patriarchis, cum de novo a remotis partibus ad curiam veniebant. Sed hoc hodie non servatur. Et consueverunt sedere patriarche, cum primo venerunt[b] ad curiam, facta reverentia ad pedem domini pape

et receptione ad osculum, inter duos primos episcopos cardinales. Et si sint plures patriarche presentes, primus, ut dictum est, sedet inter duos primos episcopos cardinales, secundus patriarcha inter secundum et tertium episcopum cardinalem et sic deinceps.

7. Nisi e vestigio regine veniant post reges, quia tunc, si obviatum est regibus, per cardinales non obviatur reginis, exceptis forte aliquibus cardinalibus paucis, qui causa decentie associarent easdem, cum ipse ad reverentiam domini pape accedunt[a], quem invenire debent in consistorio iam sedentem cum stola, manto vel capa de samito et mitra. Si tamen cardinales in recipiendo non sic simul, ut predicitur, fuerint ordinati, tunc supervenientibus aliis cardinalibus, duo ex supervenientibus associant regem etc. Et cardinales, qui primo associabant regem, cum aliis cardinalibus precedunt eundem.

8. Postquam autem, ut predictum est, ad pedem recepti fuerint et ad osculum, cardinales de novo venientes in loco sui ordinis sedent: episcopi cum episcopis, presbiteri cum presbiteris, diaconi cum diaconibus secundum locum sue sessionis, etiamsi fuerint cardinales de novo creati, quibus similiter obviatur et recipiuntur ad osculum, ut de aliis predicitur.

9. Qui novi venientes ad curiam capellum rubeum portare non debent, quousque de palatio domini pape recedant, quamvis interdum ex causa aliquibus cardinalibus novis ex speciali gratia a domino papa concessum fuerit de fratrum consilio, quod in absentia convenientes ad curiam capellum rubeum gestarent, quia tanquam nuntii sedis apostolice post assumptionem suam ad cardinalatum erant diutius affuturi.

10. Advertendum quod reges et imperatores post osculum pedis et oris sedent ad dexteram domini pape in faldistorio non cooperto [cussino[a]] et sine scabello, et si sint plures reges, unus ad dexteram et alius ad sinistram domini pape in faldistoriis. Filii vero regum et imperatoris, etiamsi sint clerici, sedent inter diaconos cardinales. Et si sint plures filii, unus sedet inter duos primos diaconos et secundus inter secundos

---

**XXVIII.** Ms.: A, f. 37v–38r (= A 1), f. 47r –47v (= A 2).

*Titel. Von Hand H auf dem oberen Rand wiederholt A 1.*

[a] debeant *A 1.*

1. [a] mortem ⟨, nisi e vestigio regine venerant post reges, quia tunc, si obviatum est regibus, [per] cardinales non obviatur reginis, exceptis forte aliquibus cardinalibus paucis, qui causa decentie associarent easdem, cum ipse ad reverentiam domini pape recedunt⟩ *A 2. Vgl. auch den Wortlaut von Abs. 7.*

2. [a] fuerunt *A 2.*
[b] precedentibus *A 2.*
[c] *fehlt A 2.*
[d] *fehlt, Lücke von ca. 8 Buchst. A 2.*
[e] forsam *A 2.*
[f] *fehlt A 2.*
[g] sit *A 2.*

3. [a] patiant *A 2.*
[b] *fehlt A 2.*
[c] predictas *A 2.*

5. [a] est *A 2.*
[b] sed – accepit] *fehlt, Lücke von ca. 26 Buchst. A 2.*
[c] veniente *A 2.*
[d] fuerunt *A 2.*
[e] domini pape. Antiquitus] *fehlt, Lücke von ca. 10 Buchst. A 2.*

6. [a] in *A 2.*
[b] veniunt *A 2.*

7.–11. *fehlt A 2; vgl. Abs. 1, Var. a.*

7. [a] *korr. aus* accedant *A 1.*

10. [a] *fehlt, Lücke von ca. 6 Buchst. A 1.*

---

**XXVIII.** Vgl. oben, S. 58.

diacones et sic deinceps. Reges, etiam quando frequentant curiam, consueverunt sedere inter duos primos episcopos cardinales in consistorio. Et sic faciebat rex Carolus secundus, rex Sicilie. Regine vero consueverunt sedere in scabello ad latus dextrum pape, et etiam imperatrices[b].

11. Memorandum quod, quibus obviatur, consueverunt cardinales in domibus visitare. Item quod reges in faldistorio sedere debent etc.

## XXIX. [Officium buticulariorum?]

1. [...] Item consueverunt habere – et adhuc habent – in nativitate[a] domini et in resurrectione eiusdem quilibet pro offerta duos marnicerinos moramothinos aureos.

2. Item consueverunt habere quilibet partem et dimidiam de servitio prelatorum – et habent adhuc –, quando dividitur pro familia.

3. Item consueverunt habere – et adhuc habent – vegetes[a] et barilia, in quibus presentabatur vinum pro domino.

## XXX. Officium scriptoris buticularie tale est.

1. In primis dictus scriptor consuevit scribere bene et legaliter – et adhuc facit – computos et rationes ad buticulariam domini pape pertinentes et omnia, que expendunt seu emunt dicti buticularii nomine dicte buticularie, et stans in buticularia qualibet die, donec vinum familie sit totum datum, scribere in qua (!) quolibet die omnes illos, qui recipiunt vinum a curia, et qui non recipiunt, videlicet quod, quando aliquis de familia recedit extra, debet eum extrahere de asizia tam cito, sicuti pervenerit ad aures suas, et scribere: *Talis non cepit.* Et quando aliquis de familia aucmentatur et recipit vidandam de mandato domini camerarii, debet ipsum ponere in asizia et scribere: *Talis cepit.* Et ita consuevit aucmentare et minuere dictam asiziam, prout est rationis. Et scriptis rationibus tam de[a] asizia quam de officio totius ebdomade debet venire una cum buticulariis quolibet die Veneris coram domino camerario reddere rationem aut solus, si buticularii sunt aliis negotiis occupati, et audire precepta domini camerarii, que pertinent buticularie.

2. Item dato vino familie ex toto, consuevit ire in palatium, quando tabula est precepta, cum buticulariis et iuvet[a] ipsos, si necesse fuerit, in omnibus et per omnia, que pertinent ad officium eorundem, et adhuc facit.

3. Item debet instruere et informare illum, qui dat vinum, qualiter debet dare vinum et quantum cuilibet, sicut est per curiam ordinatum, et facit adhuc.

4. Item consuevit venire una cum buticulariis in palatio et portare vinum pro domino papa, quod non facit nunc, et pro capellanis curie sue, quomodo facit, et facere assagium dicti vini et servire de vino et de omnibus aliis, si necesse fuerit, capellanis camere sue et videre, quod non deficiat eis vinum in mensa, et stare in palatio, donec papa comederit, causa servitium faciendi in prandio et in cena. Et adhuc facit.

5. Scriptor namque prefatus consuevit recipere unam [vidandam[a]] secundum usum curie ordinatum.

6. Item consuevit recipere annuatim pro vestibus quatuor libras bononiensium[a].

7. Item consuevit recipere partem integram de servitio prelatorum, sicut unus serviens vel sicut scriptor panaterie et coquine et etiam marescalle faciunt, quod (!) modo non recipit nisi mediam partem.

## XXXI. Officium portatoris aque est istud.

1. In primis ipse consuevit portare – et adhuc portat – aquam in camera domini pape et omnibus capellanis capellanie, qui comedunt in palatio, et omnibus aliis, qui comedunt in palatio.

2. Item consuevit portare aquam – et adhuc portat – in buticularia tantum, quantum est necesse ad abluendum vegetes et est necesse ad usum buticularie et buticulariorum et familie eorundem.

3. Item portator aque consuevit recipere in omnibus et per omnia – et adhuc recipit – tantum, quantum scriptor, et plus duos [...[a]] de tela linea.

---

[b] *Nach* imperatrices *sind 2 Zeilen unbeschrieben A 1.*

**XXIX.** Ms.: A, f. 40r.
Ed.: G. Mollat, Miscellanea Avenionensia I, S. 2f.
*Titel. fehlt A.*
1.[a] navitate *A.*
3.[a] vegetes et barilia] *von anderer Hand ergänzt A.*

**XXX.** Ms.: A, f. 40r–40v.
Ed.: G. Mollat, a.a.O., S. 3f.
*Titel. Von Hand H auf dem oberen Rand:* Officium scriptoris in buticularia *A.*
1.[a] de asizia] die assia *A.*
2.[a] iuvent *A.*
5.[a] *fehlt, Lücke von ca. 6 Buchst. A.*
6.[a] bonorum *A.*

**XXXI.** Ms.: A, f. 40v.
Ed.: G. Mollat, a.a.O., S. 4f.
*Titel. Von Hand H auf dem oberen Rand:* Officium portatoris aque *A.*
3.[a] *Lücke von ca. 8 Buchst. A; zu ergänzen ist wohl:* pannos *oder* vestes.

---

**XXIX.** Vgl. zu diesem und den drei folgenden Kapiteln oben, S. 59f. – Der Anfang des Textes fehlt. Da jedoch die beiden folgenden Kapitel Offizialen der *buticularia* behandeln, die in der Rangfolge unter den *buticularii* stehen, nehme ich an, daß sich das Fragment auf diese selbst bezieht. Vgl. zu ihnen auch Hallers Liste A, S. 18f.

1. Die *offerta* gehört wohl zu den zu Weihnachten und Ostern gespendeten Presbyterien; vgl. Hallers Liste A, S. 28f. und LC 1, Kap. LVII 57, S. 306b. – Die Münzsorte ist nicht genau zu erkennen, da sie schon der Schreiber nicht mehr verstanden zu haben scheint. Bei Cencius (LC 1, S. 306b) sind es 2 *melechini.* – Nimmt man an, daß der Text diktiert worden ist, so kann vielleicht statt *maramothinos*: *marabotinos* und statt *marnicerinos*: *maioricinos* (für *maioricenses*) gelesen werden; vgl. die Angaben bei K. H. Schäfer, Ausgaben 1, S. 64* und G. Mollat, Miscellanea Avenionensia I, S. 3 mit Anm. 1.

2. Zur Verteilung der Servitien vgl. Hallers Liste A, S. 29 und ders., Die Verteilung der Servitia minuta, S. 286, dgl. die Angaben zum Kap. XXV, oben S. 45ff.

**XXX.** Zum *scriptor buticularie* vgl. Hallers Liste A, S. 19.

7. Als Familiar gehörte der *scriptor* zu den Teilhabern an den *Servitia minuta*; vgl. Hallers Liste A, S. 29.

**XXXI.** Zum *portitor aque* vgl. Hallers Liste A, S. 19.

3. Vgl. dazu Kap. XXX 6. – Mit den Stoffen ist wohl die Sommer- und Winterkleidung gemeint; vgl. F. Baethgen, Quellen und Untersuchungen, S. 134.

**XXXII.** Officium merescalli merescalle domini pape tale est.

1. Merescallus merescalle domini pape pro officio sibi commisso debet facere infrascripta.

2. In primis debet custodire et salvare occulta fide et custodiri facere omnes equos, mulos et mulas merescalle domini pape.

3. Item debet parare palafredum domini, ubicumque et quotienscumque equitat, et tunc parare guantos viridi[a] albi eidem domino ipsosque apponere in manibus ipsius domini.

4. Item debet imponere et facere fieri servitia curie servientibus albis et nigris iuxta mandatum et volontatem domini camerarii et omnes carceratos, qui detinentur de mandato domini camerarii, custodiri facere servientibus nigris.

5. Item debet facere emere ordeum et spelturam, fenum et paleam, sellas, bastas, ferros et clavellos et omnia alia et singula et necessaria.

**XXXIII.** Romanus ordo de consuetudinibus et observantiis, presbiterio videlicet scolarum et aliis romane ecclesie in precipuis sollempnitatibus.

1. [A[a]] dominica de adventu usque ad nativitatem domini dominus papa non portat aurifrigiatam mitram, excepto in dominica, qua cantatur *Canite tuba*, ad ecclesiam apostolorum pro festo, nec cantat *Te deum laudamus* nisi in precipuis festis.

2. In vigilia natalis domini in mane dominus papa vadit ad basilicam sancte Marie maioris pro cantanda missa et in sero pro celebrandis vesperis. Et remanet ibi nocte ipsa et celebrat ibi vigilias; et post vigilias celebrat ibi missam ad presepe, ubi, quicquid offerunt, quamdiu dominus papa missam celebraverit, sive ad manus sive ad pedes ipsius domini vel super altare, capellanorum est, excepto pane, qui est acolitorum, si recipere voluerint.

3. Hoc idem sciendum est de missa, quam celebrat apud Sanctam Anastasiam: In aurora vadit ad Sanctam Anastasiam et celebrat ibi secundam missam.

4. Qua finita, revertitur ad basilicam sancte Marie et intrat sacrarium cum episcopis cardinalibus, diaconibus, subdiaconibus et reliquis ordinibus et dicunt tertiam. Qua dicta, induunt se et processionaliter vadunt ad altare, sicut moris est.

5. Notandum quod septem facule debent esse in missa super altare [et[a] curia] debet dare. Deinde dominus papa incipit missam. Et post primam orationem diaconi cardinales et subdiaconi et alii ordines cum scriniariis faciunt laudes domino pape taliter ordinati:

Archidiaconus cum aliis diaconibus et subdiaconibus ordinate stant iuxta altare in duobus filis, scriniariis vero stantibus deorsum in choro cum pluvialibus.

Tunc archidiaconus cum diaconibus et aliis sic incipit laudem alta voce:

*Exaudi Christe.*

Scriniarii quoque respondent:

*Domino nostro pape vita.*

Iterum archidiaconus dicat:

*Exaudi Christe.*

Scriniarii quoque respondent similiter.

Tertio archidiaconus dicit[b]:
*Exaudi Christe.*
Scriniarii respondent sicut prius.
Item archidiaconus dicit:
*Salvator mundi,* tribus vicibus,
scriniariis totidem vicibus ei respondentibus:
*Tu illum adiuva.*
Et archidiaconus dicit:
*Sancta Maria,* duabus vicibus.
Scriniarii respondent duabus vicibus:
*Tu illum adiuva.*
Deinde archidiaconus dicit:
*Sancte Michael,* duabus vicibus.
Scriniarii respondent:
*Tu illum adiuva,* duabus vicibus.
Eodem modo dicit:
*Sancte Gabriel, Sancte Raphael,*
*Sancte Iohannes,*
*Sancte Petre, Sancte Paule, Sancte Andrea,*
*Sancte Stephane, Sancte Laurenti, Sancte Vincenti,*
*Sancte Silvester, Sancte Leo, Sancte Gregori,*
*Sancte Benedicte, Sancte Basili, Sancte*[c] *Saba,*
*Sancta Agnes, Sancta Cecilia, Sancta Lucia.*
Hiis finitis, archidiaconus dicit:
*Kirieleyson.*
Scriniarii respondent similiter:
*Kirieleyson.*
Iterum archidiaconus dicit:
*Kirieleyson.*
Scriniarii respondent:
*Kirieleyson.*

---

**XXXII.** Ms.: A, f. 40v–41r.
Ed.: G. Mollat, a.a.O., S. 4.
*Titel. Von Hand H auf dem oberen Rand:* Officium merescalli et merescalle *A.*
3. [a] virigi *A.*

**XXXIII.** Ms.: A, f. 24v–25v.
*Die Lücken des Textes sind nach dem entsprechenden Text im LC 1, Kap. LVII 1–4, S. 290a–291b ergänzt.*
1. [a] *fehlt A.*
5. [a] et curia] *fehlt, Lücke von ca. 6 Buchst. A.*

[b] *korr. aus* dicat *A.*
[c] Sancta *A.*

---

**XXXII.** Zum Marschall vgl. Hallers Liste A, S. 22–24.
4. Zu den *servientes albi et nigri* vgl. B. Rusch, Die Behörden und Hofbeamten der päpstlichen Kurie, S. 98 und 125.

**XXXIII.** Vgl. oben, S. 54.
1. *Canite tuba:* 4. Adventssonntag; Stationskirche: SS. Apostoli.

Tertio vero archidiaconus cum diaconibus, subdiaconibus et scrinariis vice una dicit:

*Kirieleyson.*

6. Finitis laudibus, legitur prius latina epistola et postmodum greca super pulpitum. Sic etiam legitur evangelium latinum et grecum.

7. Expleta vero missa, dominus papa coronatur ad portam ipsius ecclesie ab archidiacono cum uno diacono; reditque cum processione ad palatium.

8. Tunc iudices et advocati veniunt ei obviam sub gradibus in porticu. Ibique prior cardinalis sancti Laurentii foris murum cum iudicibus et advocatis faciunt ei laudes. Et ibi dominus papa descendit. Et deposito regno, accipit mitram.

9. Deinde iudices ducunt eum usque ad locum illum, ubi datur presbiterium. Tunc vero exuunt eum planeta. Et apposito manto super scapulas, sedet in facetorio seu cathedra et legitur (!) presbiterium[a] cunctis ordinibus propria manu taliter:

Priori igitur episcoporum romane ecclesie dat dominus papa duplicatum presbiterium, scilicet IIII melequinos et IIII solidos denariorum papiensium;

omnibus autem aliis episcopis curie II marabotinos et II solidos denariorum papiensium, singulis scilicet.

Si forte aliquis archiepiscopus extraneus tunc presens fuerit, pro voluntate domini pape datur ei presbiterium, sed de ratione tantum debet habere, quantum supradictus prior episcoporum, IIII scilicet melequinos et totidem solidos.

Si vero aliquis episcopus extraneus fuerit, I melequinum debet habere et XII denarios papienses.

Priori presbiterorum cardinalium dat dominus papa II melequinos et totidem solidos pro prioratu;

priori presbiterorum sancti Laurentii foris murum pro laude II similiter melequinos et totidem solidos;

omnibus et singulis aliis presbiteris cardinalibus I melequinum et XII denarios papienses;

priori autem diaconorum cardinalium IIII melequinos et totidem solidos pro prioratu, presbiterio et laude diaconorum et subdiaconorum;

omnibus aliis diaconibus et singulis I melequinum et XII denarios papienses;

diacono greco I melequinum et XII denarios.

Si forte aliquis abbas mitratus presens fuerit, datur ei I melequinus et XII denarii papienses.

Primicerio autem datur I melequinus et XII denarii papienses;

priori subdiaconorum I melequinus;

omnibus aliis subdiaconibus simul, si etiam centum essent vel quinque vel plus aut minus, XII melequini;

subdiacono greco I melequinus;

unicuique scole cantorum I melequinus;

unicuique scole crucis, qui esse debent de iure ad plus quatuor et non plures, [. . .[b]];

priori[c] presbiterorum capellanorum, qui[d] sunt duo et non plures, I melequinus;

unicuique capellanorum domini pape I melequinus;

prefecto Urbis XL solidi denariorum papiensium. Qui videlicet prefectus ab ecclesia sancte Marie usque ad palatium, indutus manto pretioso et calciatus zanca una aurea, id est caliga, altera rubea, eadem die et secunda et etiam in duobus diebus pasche et, quando dominus papa eligitur, iuxta dominum papam collateraliter nullo medio equitando incedit.

Senatorum vero, qui tunc Urbi presunt, medietas accedit pro presbiterio et ad comedendum cum domino papa, quorum uni dominus papa vel [...[e]].

10. Et in eadem die adventus idem dominus papa pergit ad stationem sancte Marie maioris. In secunda vero dominica adventus dominus papa vadit ad stationem sancte Crucis. In sabbato de *Gaudete* vadit[a] ad vesperas ad sanctum Petrum, ubi dominus papa eidem primicerio, adnuntiando antiphonam *Iuste et pie vivamus,* dat unum marabotinum in ore eius proiciens, ubi tunc dominus papa debet iacere et vigiliis interesse. Et omnia alia ibi facit et recipit cum camerario et cancellario, sicut inferius dictum est in [dedicatione[b]] sancti Petri et Pauli et in quibusdam aliis festivitatibus[c].

## **XXXIV.** Ordo officii de sabbato sancto.

1. Hora sexta a ministris ecclesie ignis excutitur de cristallo sive de lapide et accenditur. Iunior presbiterorum cardinalium sacris indutus vestibus cum cruce, aqua benedicta et incenso benedicit novum ignem.

2. Benedictio ignis.

Oratio. *Deus, qui per filium tuum angularem. Per eundem.*

Oratio. *Domine deus, pater omnipotens, lumen indeficiens. Per.*

Oratio. *Domine, sancte pater, omnipotens eterne deus, benedicentibus nobis. Qui vivis et regnas cum eodem unigenito.*

Oratio. *Veniat, quesumus, omnipotens, super hoc.*

3. Benedicto igne, aspergatur aqua benedicta et adoleatur incenso de ipso igne in thuribulo posito.

4. Deinde diaconus iunior diaconorum cardinalium, dalmatica indutus, venit

---

9. [a] *vom gleichen Schreiber auf dem rechten Rand:* Quomodo datur presbiterium *A.*
[b] *im Text existiert keine Lücke; die Geldsumme fehlt auch schon im LC.*
[c] prior *A.*
[d] qui sunt duo] duos *A.*
[e] *die restlichen Presbyterienempfänger fehlen in A.*
10. [a] vagit *A.*
[b] *fehlt, Lücke von ca. 8 Buchst. A.*
[c] *Nach* festivitatibus *sind 6 Zeilen unbeschrieben A.*

**XXXIV.** Ms.: A, f. 25v–26r.
*Titel. Auf dem linken Rand:* De sabbato sancto, require supra in III folio (= *Kap. IV); ein auf dem oberen Rand von Hand H geschriebener Titelhinweis ist infolge des Beschneidens der Blätter nicht mehr zu lesen. A.*

---

9. Zu den einzelnen Empfängergruppen vgl. bes. B. Rusch, a.a.O., passim.
10. Der Verweis auf das Kirchweihfest von St. Peter und St. Paul bezieht sich auf Kap. LVII 76 des Cencius: LC 1, S. 311a.

**XXXIV.** Vgl. oben, S. 54f.
1.–7. Vgl. OR XIV, Kap. 94 (Sp. 1218A–1219B); bis Abs. 6 vgl. auch PRC, App. II (III) 1–9, S. 564–567.

et de manu ministrorum accipit arundinem trium cubitorum et dimidii cubiti triplicem candelam, quam de novo igne illuminatam imponit arundini, comitantibus eum subdiaconibus, cantoribus et reliquis de clero cum populo, precedentibus ministris cum cruce et incenso. Stans in porta ecclesie, elevatis paululum manibus, dicit magna voce: *Lumen Christi,* respondentibus aliis: *Deo gratias.* Procedit usque ad hostium chori et, elevatis amplius manibus, excelsius dicit: *Lumen Christi.* Et respondentibus iterum: *Deo gratias,* procedit usque ad medium chori et, plus elevatis manibus, tertio altius dicit: *Lumen Christi.* Et respondentibus omnibus: *Deo gratias,* ascendit ad ornatum pulpitum et, illuminato magno cereo et incensato libro, incipit absolute benedictionem cerei: *Exultet iam angelica turba celorum* etc., sicut in libris habetur. Omnia luminaria debent esse extincta, ut de novo igne accendantur.

5. Interim autem, dum cereus benedicitur, pontifex dicat tertiam et sextam in camera sua. Nonam vero dicat in ecclesia. Dictis psalmis et calciatus induitur omni ornatu suo quadragesimali, episcopi pluvialibus, presbiteri et diaconi planetis. Subdiaconi vero non planetis sed tunicis induuntur, ut composite[a] induti sint et magis expediti ad lectiones legendas.

6. Tunc pontifex cum omnibus egressus a sacrario, precedente eum subdiacono cum cruce et alio subdiacono cum evangelio, processionaliter, cum silentio tamen, procedit ad altare et, facta reverentia, ad ornatam ascendit sedem. Et circumsedentibus hinc inde iuxta ordinem suum omnibus, finita benedictione cerei, [subdiaconus[a]] ascendens ambonem incipit legere lectionem sine titulo: *In principio creavit deus celum et terram,* eo vero complente, si dominus papa velit, grecus subdiaconus eandem grece [relegit[b]]. Qua completa, dicit pontifex: *Oremus,* diaconus, qui est a dextris: *Flectamus genua,* et post paululum alter diaconus, qui est a sinistris: *Levate.* Deinde sequitur oratio.

7. Et intelligendum est, quod in sabbato sancto in toto officio, quod agitur ante missam, utendum est violaceo colore, hoc excepto quod diaconus, qui cantat benedictionem cerei, indutus est dalmatica, subdiaconus vel subdiaconi, qui illa die ministrant induti tunicellis, utuntur albis. Sed benedictione cerei cantata, diaconus amota delmatica assumit planetam violacei coloris et teneat eam, usque dum inchoatur officium misse. Subdiaconi vero non mutant vestes.

8. Hac die dicitur per papam: *Pax vobis,* post epistolam *Alleluia,* pape annuntianti: *Annuntio* etc. [per[a] primicerium]. *Credo in deum* non[b] dicitur, offertorium non dicitur, *Pax domini* dicitur, *Agnus dei* non dicitur, pax non dabitur, postcommunio non dicitur, vespere infra missam dicuntur, oratio ultima per papam in altari more consueto dicitur, *Ite missa est* dicitur per diaconum cardinalem sine *Alleluia*[c].

## **XXXV.** Quando papa audit missam in diebus festivis.

1. Veniens vadit ante altare, deponit mitram, sacerdos a sinistris. Et sacerdos incipit: *Introibo*, et papa incipit post: *Confiteor.*

2. Facta confessione, diaconus reponit mitram. Stans in loco sedis, papa dicit introitum cum omnibus cardinalibus [et[a]] *Kirie.* Et interim imponit incensum, episcopo vel presbitero ministrante. Post sedet et recipit ad reverentiam cardinalem et alios prelatos.

3. Deinde, cum sacerdos incensaverit[a] altare et receperit sacerdos[b] incensum ab acolito et acolitus incensaverit altare, defert acolitus turribulum; et episcopus vel sacerdos cardinalis, qui ministrat, incensat tantum papam genuflexus, si papa sedet; et nullus alius incensatur[c] tunc.

4. Mitram non deponit pape in diebus festivis nisi in *Confiteor* ante altare et, cum dicitur ewangelium, usquequo fuerit osculum libri. Postquam dictum fuerit *Credo* et librum fuerit osculatus, post que et post quam autem descendit in elevatione corporis Christi; et tunc reponit, cum reddit ad sedem tenens mitram, et cum sacerdos dicit alta voce secundum *Per omnia secula,* et stat capite [detecto[a]], usquequo sacerdos incipit recipere vinum perfusionis. Et post in fine misse, cum debet dicere *Sit nomen domini benedictum,* deponit mitram; et tunc, dicto *Sit nomen* et *Benedictio,* reponitur mitra[b].

5. Dicta epistola, subdiaconus osculatur pedem pape et [non[a] ante]. Dicente subdiacono epistolam, associat eum acolitus, stans a sinistris subdiaconi. Cum dicitur versus [*Alleluia*[b], papa ponit] incensum in turibulo, ministrante episcopo ut prius, nec incensatur papa, [sed[c] ewangelium tantum].

6. Dicto ewangelio, subdiaconus portat ewangelium et offert pape [ad[a] osculandum]; et papa osculatur ewangelium dictum. Deinde incensatur papa tantum ab episcopo vel presbitero cardinali, ut prius in principio misse.

---

5. [a] compositi *A.*
6. [a] *fehlt A; ergänzt nach PRC, App. II (III).*
[b] *fehlt A; ergänzt nach PRC App. II (III).*
8. [a] *fehlt, Lücke von ca. 9 Buchst. A*; *ergänzt nach PRC, App. II (III).*
[b] *nachträglich durch Unterstreichen getilgt A.*
[c] Alleluia] *auf dem Rand hinzugesetzt:* Omnium inimicorum suorum dominabitur gentium. Inveni Davit servum meum oleo sancto meo. *A.*

**XXXV.** Ms.: A, f. 42v–43r.
*Vgl. OR XIV, Kap. 112, Sp. 1250C–1251C; die Ergänzungen erfolgten nach dem Wortlaut dieses Textes im ms. Paris. lat. 937, f. 106r–106v; vgl. S. 409.*
*Titel. Von Hand H auf dem oberen Rand von f. 43r wiederholt. A.*
2. [a] *fehlt A.*
3. [a] incessaverit *A.*
[b] sacros *A.*
[c] incensatus *A.*
4. [a] *fehlt, Lücke von ca. 6 Buchst. A.*
[b] mitram *A.*
5. [a] non ante] *fehlt, Lücke von ca. 4 Buchst. A.*
[b] Alleluia – ponit] *fehlt, Lücke von ca. 7 Buchst. A.*
[c]sed – tantum] *fehlt A.*
6. [a] ad osculandum] *fehlt (auch im OR XIV), Lücke von ca. 10 Buchst. A.*

---

4. Der letzte Satz *Omnia – accendantur* fehlt im PRC.
6. Zum Schluß des Absatzes im OR XIV (Sp. 1219A) steht noch: *et reliquae, prout in Ordinario continentur.* Dieser Hinweis bezieht sich auf PRC, App. II (III) 9–31, S. 567–578.
8. Dieser Absatz fehlt im OR XIV; vgl. aber die zum Teil gleichlautenden Angaben im PRC, App. II (III) 31, S. 576, Z. 16–22 und 577, Z. 6–36.

**XXXV.** Vgl. oben, S. 61. – Der Text entspricht weitgehend dem Kap. 112 des OR XIV (Sp. 1250C–1251C), das nur in den Handschriften Paris ms. lat. 937 und Vat. lat. 5747 – vgl. oben, S. 73 – überliefert ist.

7. Post hec, cum dicitur offertorium, iterum portat acolitus naviculam a sinistris, turribulum a dextris; et episcopus vel sacerdos ut prius offert naviculam cum cocleari et papa ponit [incensum[a]] in turribulo. Nec incensatur, sed sacerdos incensat altare et acolitus incensat presbiterum. Deinde[b] ut prius papa incensatur ab episcopo vel presbitero cardinali. Acolitus deinde incensat omnes hoc[c] ordine: primo episcopum vel sacerdotem ministrantem, deinde duos diaconos, deinde episcopos et presbiteros cardinales, deinde diaconos, deinde cancellariam, deinde archiepiscopos et alios prelatos, deinde capellanos, deinde cubicularios, deinde ostiarios, deinde alios, qui sunt in missa.

8. Et sic papa tunc[a] ponit incensum et incensatur: post introitum, post ewangelium, cum dicitur offertorium, incensatur. Et tunc ponit incensum in introitu, quando [ewangelium[b] et] cum dicitur offertorium. Sed in introitu primo altare et sacerdos – et in offertorio similiter –, post papa, sed post ewangelium [incensatur[c]] tantum papa.

## **XXXVI.** In[a] quadragesima et ferialibus diebus.

1. In quadragesima in ferialibus papa ad primas orationes misse et statim, dicto cum cardinalibus *Sanctus*, [usque[a] ad postcommunionem et in ultimis orationibus[a]] descendit de sede et incumbit super faldistorium cum mitra, quam deponit, cum sacerdos incipit facere crucem super oblata; resumit post factam elevationem sanguinis et tunc incumbit faldistorio. Et in secunda (!) *Per omnia* diaconus sibi deponit usque ad vinum perfusionis; recepta pace, stando iusta [faldistorium[b], a presbitero et data diaconibus servientibus, incumbit[b]] faldistorio. Diaconus [eam[c]] dat primis aliorum cardinalium episcoporum et diaconorum, et in ultimis orationibus cum mitra incumbit faldistorio nec surgit, [licet[d]] aliqui dicant, quod sic, sed est [primum[e]] honestius. Cum dicet: *Humiliate* etc.[f], deponit mitram incumbenti super faldistorium sine mitra. In fine revertitur ad sedem cum mitra. Et mitra est alba sine frigio. Et sic est in adventu, etiam diebus dominicis in quadragesima [tamen[g], si tunc festum] preter dominicam de *Gaudete* et *Letare Ierusalem*, que [...[h]]. Dominicis vero diebus in quadragesima servat [modum[i]] consuetum alias nec incumbit super faldistorium.

2. Si dicitur: *Flectamus genua* in feriali officio, papa cum mitra flectit, in *Levate*[a] surgit et iterum statim, incepta oratione, incumbit super faldistorium cum mitra. Et iste modus servatur, quandocumque hoc fit, cum missam[b] audit.

3. Si sit festum in quadragesima, in missa festi dicit cum aurifrigio, in missa vero ferie eadem die alba mitra, post missam resumit mitram cum aurifrigio, et in vesperis festi cum mitra frigiata.

4. Si non sit aliquis cardinalis episcopus vel sacerdos, diaconus assistens[a] in missa pape facit et de incenso et aliis, sicut episcopus vel sacerdos faceret.

5. Si dicitur missa vigilie, servat eundem modum et in genuflectendo[a] et in aliis, sicut in feria.

6. In quadragesima ad tractum cum dicitur[a]: *Adiuva nos deus salutaris* etc., cum papa audit missam, descendit ad faldistorium, et diaconus deponit sibi mitram, et

ipse faldistorio incumbit. Et statim, dicto usque ad [partem[b] illam]: *salutaris noster* inclusive, resumit mitram, diacono[c] ministrante, et ad sedem revertitur. Etiam cum celebrat in quadragesima et idem tractus fuerit dicendus, facit.

7. In feriali festo[a] idem omni tempore observatur[b], quod dictum est in quadragesima et in vigiliis; idem etiam omni tempore, quoad[c] genuflexionem et alia.

8. Cum dicitur: *Ite missa est*, diaconus vertit se ad populum, quousque totum dixerit, aliis inspicientibus diaconibus altare, in Sancto Paulo et locis similibus. Ad *Benedicamus domino* semper diaconus inspicit altare et ibi et alibi.

9. Papa in [Sancto[a]] Paulo in similibus, cum incipit *Gloria*, vertit se ad tribunam. Cum dicit: *Dominus vobiscum* vel *Pax vobis*, inspicit populum, stans in sede versus altare. Sed cum dicit: *Oremus* et orationes et dum incipit *Credo*, inspicit tribunam, sed prosequitur *Credo* legendo versus altare cum aliis. Cum dicit: *Sit nomen*, semper

---

7. [a] fehlt *A.*
[b] dictum *A.*
[c] hoc ordine] hec ordinem *A.*
8. [a] c̄ *A.*
[b] evangelium et] *fehlt, Lücke von ca. 7 Buchst. A.*
[c] *fehlt (auch im OR XIV), Lücke von ca. 4 Buchst. A.*

**XXXVI.** Ms.: A, f. 44v–45v.
*Vgl. OR XIV, Kap. 113, Sp. 1251C –1253A; die Ergänzungen erfolgten nach dem Wortlaut dieses Kapitels im ms. Paris. lat. 937, f. 106v–107v; vgl. S. 409.*
*Titel.* [a] In – diebus] *von Hand H auf dem oberen Rand von f. 44v geschrieben; von derselben Hand auf f. 45r:* In festivitatibus Gloria in [excelsis], Credo, Ite missa est *A.*
1. [a] usque – orationibus] *fehlt, Lücke von ca. 14 Buchst. A.*
[b] faldistorium – incumbit] *fehlt (Gleichschlußlücke) A.*
[c] *fehlt, Lücke von ca. 3 Buchst. A.*
[d] *fehlt, Lücke von ca. 4 Buchst. A.*
[e] *fehlt, Lücke von ca. 7 Buchst. A.*
[f] et *A.*
[g] tamen – festum] *fehlt, Lücke von ca. 16 Buchst. A.*
[h] *Lücke von ca. 11 Buchst., an deren Stelle auch in den beiden Hss. des OR XIV (ohne Lücke) kein Text steht A.*
[i] *fehlt, Lücke von ca. 5 Buchst. A.*
2. [a] Leva *A.*
[b] missam audit] missa *A.*
4. [a] assistans *A.*
5. [a] genuflectando *A.*
6. [a] *durchgestrichen A.*
[b] partem illam] *fehlt, Lücke von ca. 7 Buchst. A.*
[c] diacono ministrante] diaconus ministrantem *A.*
7. [a] *im OR XIV:* officio.
[b] observatus *A.*
[c] quod *A.*
9. [a] *fehlt, Lücke von ca. 4 Buchst. A.*

---

**XXXVI.** Vgl. oben, S. 61. – Der Text enthält Anweisungen für die verschiedenen Formen der Meßfeier während der Fastenzeit, mit Hinweisen auf stadtrömische Gewohnheiten.

1.–10. Der Text entspricht weitgehend dem Kap. 113 des OR XIV (Sp. 1251C –1253A, bis *requirit*), das wie das vorige Kapitel lediglich in den beiden Handschriften Paris 937 und Vat. lat. 5747 enthalten ist. Alle drei Handschriften haben den Text nur verstümmelt überliefert.

8.–9. Die Kirche St. Paul vor den Mauern ist wohl als Gegensatz zu St. Peter und den anderen Hauptkirchen Roms hervorgehoben, da in ihr der Zelebrant am Altar über der *Confessio* nach Westen blickte; vgl. unten, Kap. XXXVIII b 20, S. 229 und W. Buchowiecki, Handbuch der Kirchen Roms 1, Wien 1967, S. 217 Abb. 11.

inspicit[b] a medio altaris versus altare. Diaconi vero sic se habent inspiciendo populum vel altare sicut papa [celebrans[c]. In Sancto Paulo et consimilibus] in ultimis orationibus post missam, cum dicit papa stans ante altare: *Dominus vobiscum,* vertit se ad populum et diaconi. Sed diaconus, qui cantavit ewangelium, facie versa ad papam, parat sibi paramenta in primo [dicens[d]].

10. Cum dicitur *Confiteor,* diaconus a sinistris[a] et diaconus[b] a dextris interim parat [fano[c]] et alia pape. Si sit aliquid festum speciale, de quo missa celebratur, fit memoria in *Confiteor* hoc modo: *Sanctis apostolis Petro et Paulo, beato Georgio martiri;* item sic: *Sanctis apostolis Petro et Paulo et Iacobo;* item sic.: *Sanctis apostolis Petro et Paulo et Iohanni ewangeliste,* [licet[d] aliqui dixerint: *beato Iohanni baptiste et ewangeliste*]; vel sic: *Sanctis apostolis Petro et Paulo et Iohanni ewangeliste,* sed primus[e] modus magis placet et est magis rationabilis; in ecclesia sancti Laurentii extra muros, si sit ibi festum, item: *Sanctis apostolis Petro et Paulo, beatis martiribus Stephano[f] et Laurentio,* licet aliquis sic deno[minaverit[g] Stephanum, sed male... *vobiscum*] et in alio *Dominus vobiscum,* quod dicitur in ultima [oratione[h]], nam tunc debet diaconus esse paratus dicere vel *Ite missa est* vel *Benedicamus domino,* prout tempus requirit.

11. Capitula de ministerio misse a vesperis de accessu ad ecclesiam et eius inceptione, [videlicet[a] de] *Sit nomen* et benedictione et reverentia prelatorum, officium in tres partes dividatur, scilicet primo ante missam, secundo in missa, tertio post [missam[b]. Prima pars:] ps. *Quam amabilia,* de paramentis pape et modo parandi eum, de paramentis diaconorum, de paramentis subdiaconorum, de paramentis episcoporum et aliorum, de processione, de hiis, que fiunt, cum perventum est ad altare [et[c] ad sedem] vertitur. Sequitur secunda pars, scilicet de hiis, que fiunt in missa, [videlicet[d]] de hiis, que [fiunt[e]], missa inchoata[f], et [consequenter[g]] usque ad collationem; de hiis, que fiunt ab ewangelio usque ad secreta, seu de hiis, que fiunt in predicatione, usque papa ad altare redierit, et *Confiteor* et aliquid de hiis, que fiunt in canone [et[h] communione] eucharistie etc. [Tertio[i]] de hiis, que fiunt post missam, de modo cantandi ewangelium et epistolam, passionem, *Benedicamus* etc.; de officio in domibus cardinalium ad matutinas etc.

12. Memorandum quod duplex modus servetur in hoc opere: Unus seriosus et prolixus et quasi mixtum procedendi[a] in missa, seriose nunc de papa, nunc diaconibus, nunc subdiaconibus, non secundum officium et numerum tendunt et invicem ministeria concurrunt, salvis [...[b]], ponendo pro se, quidquid ad unumquemque spectabat in tota missa, ut sciat unusquisque vel absque prolixitate, quod ad eum spectat in tota missa, ubi [...[c]], ut ponatur simili [modo[d], quod] ad diaconum spectat. Et similiter fiat de subdiacono et similibus etc.

## **XXXVII a.** De officio diaconi.

1. Bene est, prosequere.

2. Descendenti pape de equo occurrit processio. Post descensum ponit incensum in thuribulo, incensatur, aspergit se ipsum aqua benedicta et astantes.

3. Procedente processione cum cantu, ingreditur ecclesiam. Et stans super fal-

distorium in medio ecclesie cum mitra, [recipit[a]] cardinales et prelatos ad reverentiam. Qua finita, deposita mitra, facit cum nota: *Sit nomen* etc. – et processio desistit a cantu, cum papa incipit: *Sit nomen* –, vadit se parare, assistentibus duobus diaconibus, dicit tertiam et, si sit dies ieiunii, sextam. Qua completa, diaconi ministrantes secedunt et recipiunt paramenta. Papa vero sedens prosequitur una cum aliis: *Quam amabilia* etc. Et subdiaconus, dum dicitur *Quam amabilia*, calciat eum calciis de samito et sandalibus. Utrumque pedem, cum eum calciavit, osculatur. Pervento ad responsoria brevia, pape sedenti deponitur mitra per diaconum cantaturum evangelium et paramentis paratum, genuflexum tenentem mitram a dextris pape. Sed completis orationibus, sedenti pape mitra reponitur per diaconum. Vel per camerarium pape mitra deponitur et imponitur pape, si diaconus nondum venit.

4. Diaconus cantaturus evangelium, dicto per papam *Sit nomen*, ad partem parat

---

[b] incipit *A*.
[c] celebrans – consimilibus] *fehlt, Lücke von ca. 22 Buchst. A.*
[d] *fehlt, Lücke von ca. 4 Buchst. A.*

10. [a] sinistris ⟨dicit⟩ *A*.
[b] acolitus *A*.
[c] *fehlt, Lücke von ca. 5 Buchst. A.*
[d] licet – ewangeliste] *fehlt (Gleichschlußlücke) A.*
[e] primus modus] primo modo *A*.
[f] Stephani *A*.
[g] denominaverit – vobiscum] deno ⟨*Lücke von ca. 7 Buchst.*⟩ vobiscum *A. Der Passus ist auch im OR XIV unvollständig.*
[h] *fehlt, Lücke von ca. 4 Buchst. A.*

11. [a] videlicet de] *fehlt, Lücke von ca. 3 Buchst. A.*
[b] missam – pars] *fehlt, Lücke von ca. 7 Buchst. A.*
[c] et – sedem] *fehlt, Lücke von ca. 3 Buchst. A.*
[d] *fehlt, Lücke von ca. 4 Buchst. A.*
[e] *fehlt, Lücke von ca. 3 Buchst. A.*
[f] sitoata *A*.
[g] *fehlt, Lücke von ca. 4 Buchst. A.*
[h] et communione] *fehlt, Lücke von ca. 5 Buchst. A.*
[i] *fehlt, keine Lücke A.*

12. [a] procedende *A*.
[b] *Lücke von ca. 8 Buchst. A.*
[c] *Lücke von ca. 6 Buchst. A.*
[d] modo quod] *fehlt, Lücke von ca. 9 Buchst. A.*

**XXXVII a.** Ms.: A, f. 26v–27r.
*Titel. Auf dem äußeren Rand:* De officio diaconi; *auf dem oberen Rand von Hand H:* De officio pape in processione, require infra in sequenti folio (= *Kap. XXXVIIc*) *A.*
3. [a] *fehlt A.*

---

11.–12. Vgl. die entsprechenden Angaben in den Kapiteln XXXVII a bis XXXIX, unten, S. 219ff.

**XXXVII a.** Zu diesem und den folgenden Kapiteln (bis Kap. XXXIX) vgl. oben, S. 56. – Weil dieser und die beiden nächsten Texte vor allem den Dienst des dem Papst assistierenden und das Evangelium singenden Kardinaldiakons beschreiben, deren Hauptteile jeweils ähnlich beginnen, habe ich sie unter der gleichen Ordnungszahl, aber durch die Buchstaben a bis c getrennt, ediert. – Vgl. auch die Kapitel XXXVIII a–b und XXXIX, außerdem Gattico, Kap. 133ff., S. 142aff. und den entsprechenden Text in E. Martène, De antiquis ecclesiae ritibus 1, Sp. 679E–690A (nach cod. Paris 936). Vgl. auch die Miniaturen im cod. Vat. lat. 3747 (um 1400), auf denen das Anlegen der Papstgewänder dargestellt ist.

1. Der Hinweis war in der Vorlage wohl ein Nachtrag.

3. *Camerarius* steht hier wohl synonym für *cubicularius*; vgl. unten, Abs. 5 und Hallers Liste A, S. 12.

se vestibus sacris, dicendo tertiam et sextam, si vult. Cuius paramenta sunt: succa, cotta, amictus super spatulas, camisus, cingulum, stola – quam recipiens osculatur, ponit eam super humerum sinistrum –, mitra. Et sic in quadragesima vel diebus ieiunii vadit parare papam, mitram propriam, cum parat papam, deponens. Diebus vero festivis, antequam vadat parare papam, recipit tunicellam et dalmaticam et mitram. Sed parans papam, ut prius, propriam mitram deponit.

5. Sic parat papam et ei ministrat: Deponit pape[a] mitram genuflexus in versiculis; et orationibus finitis, reponit sedenti. Tenet gausape; recipit anulum, manum osculans. Lotis manibus, anulum digito immittat, manum osculans. Surgentem iuvat. Deponit pape mitram. Deposito pape manto per cubicularium et stola etiam deposita, quam papa osculatur, diaconus a dextris, subdiaconus a sinistris papam paramentis vestiunt, videlicet camiso, cingulo, pectorali, fanone – minori parte fanonis accipiente diacono in manu dexta, que pars ponitur super humerum sinistrum pape, et maiori parte fanonis sinistra, que ponitur super dextrum humerum pape, sed reflectitur ex parte anteriori super humerum sinistrum pape per diaconum –, stola post collum pendens in rectum ex parte anteriori ab utroque latere et cingulo ab utraque parte amplectitur – que tria, cum imponuntur, papa osculatur, videlicet pectorale, fano et stolam[b] –, consequenter tunicella et dalmatica, stante papa. Sedentem iuvat. Recipit anulum, manum osculans, quem diaconus assignat cubiculario. Cirothecam dexteram pape imponit, subdiaconus sinistram. Diaconus surgentem iuvat. Trahit[c] fano de pectore et parat, imponit planetam. Ponit palleum, quod papa osculatur. Imponit spicam in pectore, subdiaconus aliam spicam in armo sinistro, cubicularius vel subdiaconus tertiam spicam post spatulas retro, ita quod dexter humerus est sine spicula. Diaconus plicat planetam super brachium dextrum, subdiaconus super sinistrum. Diaconus trahit fano de pectore et ponit super planetam et aptat, deponit fano de capite pape et ipsum fano replicat pulcre et decenter a capite posteriori planete et ducit plicatum usque ante[d] pectus. Cuius fanonis[e] duo capita anteriora ponit sub pallio. Mitram pape imponit.

6. Hiis factis, inclinans papa; diaconus tempore quadragesimali et ieiunii recipit planetam et mitram, diebus vero festivis accipit tantum mitram. Et tunc diaconus in processione ultimus post diaconos incedit, precedens ex parte dextra pape. Ad cuius diaconi dextram vadit subdiaconus cantaturus epistolam, portans librum evangeliorum clausum, in quo libro tenet manipulum pape.

7. Parato sic papa, episcopus vel sacerdos ministrans, qui debuerat pape sedenti, antequam pararetur, genuflexus fundere aquam, imponit pape cirothecam, supra anulum pontificalem in digito dextro, manum osculans, et anulum parvulinum, manum osculans. Offert naviculam pape, manum osculans. Papa incensum in thuribulo ponit et signat, reponit papa coclear in navicula. Episcopus vel sacerdos manum osculatur.

8. Et processio suo ordine procedit. In qua papa est ultimus. Sustentatur a duobus diaconibus, unus a dextris, alius a sinistris. Diaconus assistens a dextris osculatur medium armile, [scilicet[a]] dexteram, diaconus a sinistris, sinistram. Quo [facto[b]], duo diaconi ministrantes reponunt sibi mitras, papa vero, manu dextra imposita armile sinistre diaconi, qui est a dextris, et manu sinistra imposita armile dextre

diaconi, qui est a sinistris, in processione procedit. Sed quia continue facit crucem, non semper incumbit armile diaconi, qui est a dextris.

## XXXVII b. De officio diaconi et subdiaconi servientium pape in adventu et quadragesima.

1. In adventu et in quadragesima, cum agitur de tempore, diaconus cantaturus evangelium parat se scucca, cotta, parvo amictu, camiso, succinctorio, stola super sinistrum latus posita, recedit ad dextram oblique in mitra et sic vadit parare papam.

2. Deposita sua mitra, cum paratur papa, accipit planetam, non tamen plicatam super brachia. Sic etiam cum planetis induunt [se[a]] alii diaconi et subdiaconus cantaturus epistolam.

3. Et sic cum planetis omnes diaconi stant et serviunt usque ad finem misse – etiam ille, qui evangelium est dicturus, hoc salvo quod, cum cantatur tractus hora competenti, diaconus cantaturus evangelium extrahit sibi planetam, que debet ab acolitis pape vel aliis ministris plicari et ponitur super latus sinistrum diaconi et ligatur ex opposito in dextra. Subdiaconus vero semper tenet planetam extensam, nisi quando vadit dicere epistolam, quam post resumat.

4. Et sic vadit ad pedem pape ad reverentiam. Et postmodum genu flexo ante altare summissa voce dicit: *Munda cor* etc. Et libro accepto, iuxta altare petit summissa voce benedictionem. Et sic deinceps totum ministerium[a] explet usque ad finem misse.

5. Cum vero papa dicit ultimam orationem, diaconus, qui cantavit evangelium, assumit planetam, quam habebat obliquam ad modum stole, et ponit eam sibi ut alii diaconi semper extensam et dicit sic stans: *Benedicamus domino.* Sed facto per papam *Sit nomen*, diaconus deponit planetam et vadit in camiso et servit pape ad depositionem paramentorum, sicut fecerat, cum papa paramenta accipiebat.

## XXXVII c. [De officio diaconi in adventu et quadragesima.]

1. Diaconus cardinalis, qui cantare debet evangelium, facta reverentia pape in ecclesia, ut moris est, a cardinalibus et prelatis et facto *Sit nomen*, papa eunte ad locum, ubi parari debet, iste diaconus stans parat se primo cotta, secundo amicto supra spatulas, tertio camiso, quarto cingulo, quinto stola per oblicum incipiens a sinistra spatula et ducens usque sub latere dextro, sexto tunicella, septimo dalmatica, octavo mitra.

---

5. [a] papa *A.*
[b] stola *A.*
[c] Trait *A.*
[d] *steht über der Zeile A.*
[e] fano *A.*

8. [a] *fehlt A.*
[b] *fehlt A.*

**XXXVII b.** Ms.: A, f. 27v.
*Titel. Von Hand H auf dem oberen Rand geschrieben; nachgetragen ist:* et vide infra in XLIIII et sequenti foliis (= *Kap. XXXVI*) *A.*

2. [a] *fehlt A.*

4. [a] misterium *A.*

**XXXVII c.** Ms.: A, f. 27v–28r.
*Titel. fehlt A.*

2. Et sic paratus, cum vocatus vadit ad parandum papam et cum dat tobaliam, genuflectit et consequenter parat eum, ut moris est. Quo parato, in processione vadit proximus ante papam inter duos diaconos antiquiores de hiis, qui pape non ministrant, dicendo psalmos penitentiales.

3. Cum pervenit ad altare, stat in latere dextro. Et cum papa incipiat: *Introibo*, deponit mitram pape et dat subdiacono. Deinde dicto *Confiteor*, cum papa incipit *Misereatur*, episcopus vel sacerdos, qui ministrat, offert incensum et papa ponit in thuribulo. Quibus dictis, cum ascendit papa ad altare, diaconus cantaturus evangelium iuvat eum a latere dextro. Et tunc papa ponit se ad sinistrum et diaconus in ordine suo vadit[a] ad reverentiam.

4. Post hec diaconus cantaturus[a] accipit thuribulum et parat in manu pape et osculatur. Tunc facit crucem papa super altari et vadit ad dextrum, rediens ad sinistrum altaris. Et tunc recepto thuribulo, diaconus non incensat papam, sed papa vadit ad sedem et diaconus incensat inferiores partes altaris: incipiens a medio vadit ad dextrum et postea ad sinistrum per medium. Cum papa in sede aliquid imperat diacono, scilicet cantaturo[b], semper respiciat orientem.

5. Incepto *Alleluia*, vadit diaconus et osculatur pedem dextrum pape et tunc ante altare genuflectit, scilicet dicit basse: *Munda cor meum* etc. Et surgens accipit librum, ita quod pars [crucifixi[a]] respiciat populum, et dicit basse: *Iube*[b].

## **XXXVIII a.** De ministerio pape et servientium.

1. Papa vadens ad ecclesiam cum processione canonicorum recipitur et cantu, ponit in thuribulo incensum, incensatur, aspergit se aqua benedicta et alios, ecclesiam ingreditur. In medio ecclesie genuflexus prima vice incumbit faldistorio. Cum primo surgit super scabellum, recipit cardinales et prelatos ad reverentiam. Facit, mitra deposita: *Sit nomen*. Et tunc desistunt cantare canonici. Si alias fuit in ecclesia, non genuflectit. Cetera fiunt, ut dictum.

2. Facto *Sit nomen* vadit se parare; prius tamen dicit tertiam et diebus ieiunii etiam sextam. Incipit sedens: *Quam amabilia* cum capellanis.

3. Interim subdiaconus paratus tunicella calciat eum sandalibus, videlicet super caligas scarleti caligas de samito et sandalia[a], osculatur[b] pedem dextrum; consequenter idem de sinistro facit et osculatur[c] sinistrum pedem. Cum venerit ad preces seu versiculos, sedens, mitra deposita per diaconum, si sit ibi, dicit eos et orationes.

4. Diaconus cantaturus evangelium, dicto per papam *Sit nomen*, ad partem parat se succa, cotta, amictu parvo super spatulas, ligat in ventre, camiso, subcintorio, stola[a], quam osculatur, super humerum sinistrum, contradictorie sub latere dextro, et mitra in capite. Et sic paratus in quadragesima et diebus ieiunii vadit ad[b] parare papam. Sed deposita sibi mitra, stans a dextris pape, genuflexus servit. Alio autem tempore supra camisum ponit tunicellam et dalmaticam et mitram et sic a dextris pape genuflexus servit hoc modo:

5. Diaconus a dextris pape, genuflexus uno pede, sine mitra, dum dicuntur partes post *Amabilia* et orationes, tenet mitram pape. Finitis reponit sedenti, recipit anulum, manum osculans, tenet gausape in armilla dextra ac, lotis manibus, reponit

digito pape et osculatur manum. Iuvat surgentem, deponit mitram, dans eam capellano, depositis per cubicularium manto et stola, quam papa osculatur. Ponit camisum, accipiens per manicam et fimbriam, succingit, diriget camisum. Ponit pectorale, quod papa osculatur. Ponit fano, quod papa osculatur, minorem dextra sua accipiens, et revolvit minorem partem super dextrum latus pape. Ponit stolam, quam papa osculatur, id est tunicella, dalmaticam. Sedere iuvat, recipit anulum, dat cubiculario. Ponit cirothecam dextram, subdiaconus sinistram. Iuvat diaconus papam surgentem, trahit fano super dalmaticam de pectore et parat caput, tamen non deponit adhuc fano. Ponit planetam. Ponit pallium. Ponit spiculam in pectore in pallio et subdiaconus in sinistro et in cruce posteriori subdiaconus. Positis spiculis, plicat planetam super brachio dextro. Consequenter trahit fano de pectore et parat. Deponit fano de capite et replicat a parte posteriori planetam et partem anteriorem, quasi cum duobus acutis capitibus, reponit duo capita sub cruce pallii anteriori. Ponit pape mitram.

6. Et inclinans capite[a], ponit sibimet planetam extensam in quadragesima et diebus quatuor temporum. Ponit se in processione ultimum inter diaconos. Subdiaconus portans librum evangeliorum clausum vadit cum reverentia a dextris diaconi, et si sint alii diaconi dispares, unus diaconus vadit a sinistris diaconi, qui debet cantare evangelium.

7. Dicto *Credo* basse, diaconus lavat manus, mitram tenens. Dicto *Oremus*, extendit tobaliam, extendit corporale maius et minus ponit a dextris pape[a]. Deponit pape venienti[b] ad altare mitram. Dat patenam cum ostia cum stola, reddit patenam subdiacono, tenet calicem, ponit dextra et sinistra pedis cum tobalia. Papa ponit aquam in calice. Diaconus vero signat super corporali, ponit in altari, accipit parvo corporali. Ponit incensum in thuribulo, signatum dat pape ac portans inter digitos clausum, tamen manum osculans, iuvat incensantem papam; recipit manum osculans, incensat papam, parat pape paramenta[c]. Incensat altare a lateribus, incensat cardinales ministrantes, diaconos, episcopos, presbiteros cardinales et omnes prelatos paratos[d] ibi. Rediens ad altare, incensat subdiaconum et subdiaconos, si plures sint parati, et tenentem mitram et acolitum, qui eum associavit. Post se medium ponit inter primos diaconos, recte post tronum pape. Omnes diaconos acolitus incensat.

---

3. [a] vadunt *A*.
4. [a] canta. *A*.
[b] cauta *A*.
5. [a] *fehlt, Lücke von ca. 6 Buchst. A*.
[b] Iube] *nach diesem Wort sind ca. 13 Zeilen unbeschrieben A*.

**XXXVIII a.** Ms.: A, f. 28r–29r.
*Titel. Von Hand H auf dem oberen Rand geschrieben, mit dem Zusatz:* cum processione, quando celebrat, usque ad XXXIIII folium *(bis zum Ende von Kap. XLI) A*.
3. [a] sandaliis *A*.
[b] osculatus *A*.
[c] osculatus *A*.
4. [a] stolam *A*.
[b] et *A*.
6. [a] capitis *A*.
7. [a] papa *A*.
[b] veniens *A*.
[c] paramentis *A*.
[d] parat *A*.

---

**XXXVIII a.** Auch die beiden unter dieser Ordnungszahl edierten Texte entsprechen sich in vielem und außerdem auch den drei vorigen Texten.

8. Genuflectit in elevatione corporis domini cum aliis diaconibus, et facta calicis discooperti elevatione, non surgit, dicto priusquam: *Nobis*. Cum papa incipit facere cruces, discooperit diaconus calicem, tenet pedem, duobus digitis dextere superpositis. Et dicto *Per omnia* recooperit calicem. Et altare osculatur et tum [dextrum[a]] pape latus in cruce, si potest, osculatur. Reddit medius inter primos diaconos.

9. Cum dicitur *Et ne nos*, reddit ad altare. Patenam acceptam cum manipulo pape tradit inter digitos, manum osculans. Discooperit calicem et tenet pedem, ut supra, digitis. Et dicto *Sit semper vobiscum*, recoperit calicem et iuvat dicentem *Agnus*, discooperit calicem. Reddit ad diaconos, pacem non recipit, sed primus diaconus eam recipit et dat secundo diacono, qui diaconi a lateribus aliis diaconibus diffundunt.

10. Ascendente papa ad sedem, diaconus custodit altare, genuflectit manibus iunctis in rectum, surgit, reverenter recipit patenam cum ostia, ostendit populo versus rectum et post hostiam et dat subdiacono. Iterum genuflectit ut prius, reverenter calicem discoperit, quem manu dextra per pennam accipit et sinistra per pedem, et ostendit populo, ut fecerat de ostia. Ipse tamen diaconus portat ad papam et stat a sinistris pape. Recipit gausape sinistra et tenet ipsa pedem calicis.

11. Communicato per papam, recipit calamum duobus digitis manus sinistre, capite calami stante in calice. Osculatus manum pape, recipit communionem, osculatur papam. Revertitur reverenter ad altare, tenens calicem dextra, ut prius, per pennam et calamum duobus digitis sinistre, semper calamo stante in calice. Reponit calicem in altari, confirmat se pretioso sanguine, signans se calamo et dicit: *Sanguis domini nostri Iesu Christi custodiat animam meam et corpus meum in vitam eternam*[a].

## **XXXVIII b.** [De ministerio pape et servientium.]

1. Diaconus sanctum evangelium cantaturus ante secundum *Alleluia*, cum chorus assumit residuum versus, mitra deposita, genuflexus osculatur pedem dextrum pape cum ore, oculis et ore nichil dicens. Deinde reversus sine mitra, genuflectit ante medium altaris, facie conversa ad altare, reverenter palmis manuum iunctis extensis, dicens summisse:

*Munda cor meum ac labia mea, omnipotens deus, qui labia Ysaye calamo prophetie mundasti ignito, ita me tua grata miseratione dignare mundare, ut sanctum evangelium tuum digne valeam nuntiare.*

2. Et surgens accipit reverenter librum evangeliorum, quod a subdiacono debet esse paratum in altari, et tenet cum duabus manibus ante pectus appodiatum, ita quod pars crucifixi sit exterior, ne liber sit oblicus. Et stans ibidem versa facie ad papam capite inclinato, dicit summissa voce:

*Iube, domine, benedicere.*

Et papa submissa voce, signans diaconum, dicit:

*Sit dominus in corde tuo et in labiis tuis, ut digne ac competenter annunties evangelium suum.*

3. Post procedit diaconus, gestans evangelium, ad pulpitum, precedente acolito cum thuribulo accenso et thure, post quem duo acoliti cum candelabris et faculis accensis, sequitur diaconus, consequenter subdiaconus. Stans in ambone diaconus, posita super ambone thobalia, aperit librum, et subdiacono tenente librum evangeliorum versus aquilonem, aliquantulum versus altare in Sancto Petro. Dicto secundo *Alleluia*, diaconus tenens palmas manuum iunctas, digitis inter se cancellatis et policibus iunctis in rectum, incipit alta voce: *Dominus vobiscum*, et responso: *Et cum spiritu tuo*, deinde: *Initium* vel *Sequentia*, sicut est, *sancti evangelii secundum Matheum*. Signans cruce, cum police tangit indicem dextre manus, tangendo principium evangelii, quod dicturus est, et frontem suam et pectus, dum dicit *Initium* vel *Sequentia* etc. Et choro respondente: *Gloria tibi domine*, signat se diaconus cruce more solito manu dextra. Et iterum cancellatis palmis manuum, ut supra dictum est, prosequitur diaconus evangelium. Et in fine, cum dicit: *Plebis tue Israel*, vel toto dicto evangelio osculatur diaconus principium evangelii dicti.

4. Quibus factis, acolitus festinanter revertitur cum thuribulo, ut papa incensetur ab episcopo vel presbitero, qui servit. Et offerens subdiaconus, non expectans diaconum, portans librum predictum evangeliorum apertum, festinanter revertitur, ut papa osculetur principium evangelii cantati. Et si sit necesse, diaconi adextrantes papam iuvant subdiaconum. Quo facto, papa incipit: *Credo*, si sit dicendum deinde, vel dicit: *Dominus vobiscum*, ut dies requirit.

5. Interim diaconus, qui cantavit evangelium, dicto evangelio, palmis manuum iunctis, ut prius dictum est, ante pectus, sine mitra morose revertitur, descendens ab illa parte pulpiti, quam ascenderit, precedentibus eum duobus acolitis vel capellanis cum candelabris et faculis accensis. Revertitur ad altare, non inspiciens a dextris nec sinistris, familiaribus suis aliquibus eum sociantibus et uno ex eis eum sustentante, ut moris est. Et stans in medio altaris inter diaconos, versa facie ad altare, prosequitur: *Patrem omnipotentem* cum diaconibus, qui ipsum debent expectare sine mitra.

6. Incepto offertorio vel ante, parum lavat diaconus manus, tenens mitram. Et sine mitra extendit pallam sive thobaliam consecratam super altare, extendit corporale maius super ipsum altare paratum, ut est moris, ponit plicatum super corporali magno ad dextram. Deponit mitram pape, cum fuerit ad altare, offert pape patenam cum ostia in ipsa, manum pape osculans, reddit patenam subdiacono; calicem cum vino, quem subdiaconus detulit, tenet dextra per pomum pedem[a], sinistra tenet acceptum pedem cum tobalia subdiaconi. Ponit aquam papa cum urceolo

---

8.[a] *fehlt, Lücke von ca. 6 Buchst., ergänzt nach Kap. XXXVIII b 9.*

11.[a] *Die nächsten 3 Zeilen sind unbeschrieben A.*

**XXXVIII b.** Ms.: A, f. 29r–32r.

*Titel. fehlt A.*

6.[a] pede *A.*

**XXXVIII b.**

3. Der Hinweis auf St. Peter zeigt den stadtrömischen Ursprung des Textes an; vgl. auch Abs. 20. – Zum *pulpitum* in St. Peter vgl. E. Eichmann, Die Kaiserkrönung im Abendland 2, S. 28f.

*Plebis tue Israel* (Lc 3, 32): Lc 3, 22–32 wurde an Mariä Lichtmeß als Evangelium gelesen.

cristallino in calice, tergit papa latera calicis intus cum predicta tobalia subdiaconi. Ponit diaconus calicem discoopertum, faciens cum ipso crucem super altare, ubi eum deponit. Cooperit diaconus calicem corporali parvo.

7. Restituit patenam subdiaconus. Incensum cum cocleari signatum per papam tenente diacono, diaconus ponat in thuribulo, quod tenet acolitus, ponit thuribulum in manu pape dextra et osculatur, volvendo cathenulas ad digitos.

8. Iuvat incensantem oblata et altare. Reaccipit thuribulum, osculans manum. Incensat papam. Parat planetam super [spatulas[a]] et in longum extendit. Parat pallium et fano sub pallio ponet, osculatur pectus pape. Incensat ad altare ad dextram et rediens sinistram et latus sinistrum, episcopum vel presbiterum cardinalem servientem pape, diaconos ordine antiquitatis, post episcopos cardinales, post presbiteros, post prelatos paratos et abbates paratos, non cancellariam, post subdiaconum servientem, subdiaconum de mitra, post acolitum, qui eum associavit. Post se in medio diaconorum se reponit et, restituto thuribulo acolito, ab ipso acolito incensatur. Nec vadit ulterius ad altare, quousque dicta prefatione et *Sanctus* et facta elevatione ostie et post calicis, quem papa discoperit et ipse papa in altari repositum cooperit corporali parvo. Et dicto *Nobis*, papa incipiat facere crucem super calicem.

9. Tunc vero, cum incipit facere predictas cruces, diaconus vadit ad dextram pape, ex qua parte semper in altari ministrat, et discoperit calicem, reponens corporale parvum ad dextram super maius corporale. Tenet pedem calicis inclinatus reverenter, duobus digitis manus dextre extensis. Reposita ostia ad sinistram calicis et pape, diaconus recipiens calicem osculatur altare, osculatur humerum seu brachium pape vel crucem pallii super[a] brachium dextrum. Revertitur medius inter diaconos pape, ut prius.

10. Dicto *Pater noster*, cum dicit: *Et ne nos inducas*, diaconus revertitur ad altare recipiens ibi patenam, quam subdiaconus tenet duabus manibus cum manipulo, ita quod manipulus sit inter policem utriusque manus et calicem. Quam patenam, cum papa vult, pape offert, sic eam tenens, quam papa recipit dextra cum indice et medio digitis. Non tamen papa, qui patenam recipiat, aperit policem ab indice, immo semper tenet iunctos.

11. Post hec diaconus calicem discoperit ut prius et tenet super pedem calicis duos digitos extensos dextre manus et fortiter, ne calix cadat, quousque papa ostiam super calicem dimiserit per medium et partem, quam dextra tenebat papa, super patenam et iterum, quousque aliam partem, quam sinistra tenebat, sic versam dividat in duas et partem, quam sinistra tenebat, ponat iuxta aliam, que est in calice sic[a], dixerit: *Per omnia secula seculorum*, parum calicem papa elevans. Et tunc diaconus potest aliquantulum digitos sublevare, tenendo tamen, si vult, per pedem calicis, proximo non tangendo pedem calicis. Et reposito calice super altare per papam, diaconus tangens pedem calicis cum duobus digitis teneat fortiter, quousque papa cum tertia[b] parte, que remansit ostie in manu dextra, fecerit per latera quatuor interiora calicis tres cruces dicendo et faciendo more consueto: *Pax domini sit semper vobiscum*. Et reposita per papam parte illa ostie super patenam, iuncta aliis sic[c], et facta reverberatione digitorum super calicem, ne aliquid ostie digitis adheserit, diaconus

recoperit calicem et iuvat dicendo *Agnus dei*. Revertitur inter diaconos, non recipit pacem, sed alii diaconi sic. Recedente papa, vadit ad altare.

12. Cum papa fuerit ad sedem, stans papa, genuflectit diaconus reverenter, capite inclinato, palmis iunctis in longum; surgit, inclinat ostie, palmis iunctis. Recipit patenam utraque manu a lateribus, policibus super patenam, indicibus extensis in longum in circumferentia, aliis digitis subtus patenam. Vertit se ad dextram, facie tamen ad altare et partim ad dextram suam, revertitur per dextram usque ad sinistram, qui sic vertendo, quousque versus fuerit ad medium altaris, tenens spatulas ad altare et faciem ad subdiaconum. Et papa ponit super manus subdiaconi patenam cum ostia, coopertam[a] tobalia pulcra, quam habet subdiaconus circumcirca collum. Cui ostie, cum fuerit in manibus subdiaconi, diaconus reverenter inclinat[b] caput palmis manuum iunctis in longum. Postquam subdiaconus pervenerit ad dextram pape, diaconus ut prius genuflectit palmis extensis et surgit et inclinat calici. Discoperit calicem et reverenter accipit calicem dextra per pomum et sinistra per pedem[c] et elevat, vertendo se in giro, ut fecit de patena, sed calicem. Cum pervenerit ad medium, habens spatulas ad altare et faciem ad papam, procedit diaconus reverenter usque ad sinistrum latus pape, iuvante eum uno religioso per pannos ante et alio post, substentando per brachia vel aliquo temporibus istis cardinalis[d] domicello.

13. Pervento ad papam, accipit fimbriam tobalie subdiaconi diaconus manu sinistra et tenet cum ea pedem calicis. Capellanus sacerdos tenens librum, quo papa prosequitur secretam, debet stare ad dextram pape tenens librum apertum post subdiaconum, licet hodie fiat contrarium. Prosequitur papa secrete verba canonis, licet fiat hodie aliter. Recipit maiorem partem et sumit supra calicem usque ad digitos, quod de hostia digitis tenebat, inmiscet sanguini. Recipit de manu episcopi vel presbiteri servientis calamum in pomo, quod episcopus cum tobalia tenebat, et sumit cum calamo sanguinem.

14. Interim diaconus, dimisso pede calicis, elevat manum iuxta calicem, duos digitos sinistre, videlicet medium et indicem, postquam papa sacratissimum sanguinem domini nostri Iesu Christi sumpserit, immittit duobus foraminibus, que sunt ad hoc in calamo. Et caveat diaconus bene, quod semper summitas calami sit in calice bene intus, ne aliquid possit fundi.

15. Papa recipit aliam particulam hostie per diaconum, dicens:

*Corpus domini nostri Iesu Christi custodiat animam tuam et corpus tuum in vitam eternam.*

Et dat diacono stanti, ut dictum est. Qui diaconus, antequam sumat, manum

---

8. [a] *fehlt, Lücke von ca. 4 Buchst. A.*

9. [a] super] *doppelt geschrieben A.*

11. [a] sic] *nach diesem Wort ist die Position der beiden Hostienteile abgebildet A.*
[b] quarta *A.*
[c] sic] *nach diesem Wort ist die Lage der drei Hostienteile abgebildet A.*

12. [a] coopertus *A.*
[b] inclinat caput] inclinato capite *A.*
[c] pedem] *nach diesem Wort ist ein Kelch gezeichnet A.*
[d] cardinali *A.*

12. Der Passus *temporibus istis* ist nicht genau zu datieren. – Zu den *domicelli* des Papstes, die denen der Kardinäle entsprechen, vgl. B. Rusch, a.a.O., S. 97.

13. *Hodie:* vgl. Abs. 12.

pape osculatur. Et recepta hostia a diacono, papa ipsum ad osculum recipit. Revertitur diaconus ad altare reverenter, tenens, ut dictum est, calicem dextra per pomum. Et tenet duos digitos sinistre in foraminibus calami, ita quod unum capud calami tangat sanguinem sacratissimum. Et reposito calice super altari[a], se diaconus confirmet sacratissimo sanguine cum calamo dicens, faciendo sibi crucem circa cum calamo, ita quod caput calami semper sit in calice, dicens scilicet:

*Sanguis domini nostri Iesu Christi custodiat animam meam et corpus meum in vitam eternam.*

Et immediate subdiaconum revertentem a papa cum patena vacua, nam communicavit de manu pape immediate post diaconum de tertia parte ostie, osculans manum ante communionem, non tamen recepto ad osculum post communionem, confirmet similiter, faciendo subdiacono circa eum crucem, ut sibi prius fecerat, dicens:

*Sanguis domini nostri Iesu Christi custodiat corpus tuum et animam tuam in vitam eternam.*

Et post immediate subdiaconum ad osculum diaconus recipiat. Qui subdiaconus, diacono tenente calamum in calice, sumat sanguinem cum calamo et, verso calamo sic tamen, quod nullum capud tangat sanguinem et quod nichil possit fundi, trahat subdiaconus bene calamum, ita quod nichil sacratissimi sanguinis remaneat in calamo. Calamus per diaconum ponatur super patenam, super subdiaconum (!) more consueto aliorum sacerdotum cum ore applicato calici, quidquid remansit sanguinis in calice.

16. Dum hec aguntur, dominus papa agit, que sibi incumbunt. Et sedens, nondum apertis digitis, lavat tres digitos utriusque manus, videlicet polices, indices et medios, vino super parvum vasculum seu scifum aureum, quem scifum unus episcoporum cardinalium tenet sub manibus pape. Immisso deinde police sinistre in foramine vasculi et urceo aureo, idem episcopus vinum super predictos pape digitos infundit[a]. Et statim, antequam vasculum submoveatur, submittitur bacile pro lavandis manibus aqua. Et alter episcopus cardinalis servit pape manus aqua lavanti. Episcopus vero, reddito acolito vase aureo, quo vinum fuderat, procedit ad altare, portans sciphum predictum ambabus manibus[b] ad diaconum, quem diaconus ambarum manuum digitis accipiens versus facie ad deferentem bibit illam loturam totam, si potest, vel partem. Et vasculum predicto episcopo, qui detulerat, restituit. Et episcopus assignat subdiacono, qui sumit, si quid residui esset ibi relictum. Et tunc diaconus, lavans tres digitos utriusque manus, videlicet polices, indices et medios, super dictum scifum aureum tenente vasculum acolito, clerico capelle vel subdiacono. Et hanc loturam sumit subdiaconus totam. Post hec diaconus, vel antequam bibat lotionem, manum pape osculatur.

17. Ponit in calice stante super altari vinum cum urceo aureo, quod sufficiat pro papa, se et subdiacono. Et accipiens diaconus calicem dextra per pomum tradit subdiacono. Qui subdiaconus recipit utraque manu velata tobalia ad eius [...[a]] involvat et[b] sic defert pape sedenti cum mitra et gausape ante pectus et genua et genu flexo pape porrigit. Qui recipit per pomum, quantum placet, lavans os, et restituit calicem subdiacono, qui recipit ut prius utraque manu velata, per pedem calicis defert diacono. Qui diaconus ponit super altari et, immisso calamo in calice, sumit de vino, quantum placet. Consequenter subdiaconus, tenente diacono calamum

in calice, sumit de vino et, verso calamo, trahit optimum, ita quod nichil remaneat in calamo. Et reposito super patenam calamo per diaconum, deinde de subdiacono sumit applicans, ut alii sacerdotes, os ad calicem, totum sumit. Et valde bene evacuat calicem, deinde patenam habentem supra se calamum, post subdiaconus super calicem et reportat.

18. Et diaconus replicat maius corporale et parvum in eo ponit; et in corporali argenteo reponitur. Et aufert diaconus thobaliam consecratam de altari, quam acolitus vel subdiaconus reportant.

19. Hiis actis, surgens dominus papa de sede cum mitra, paratis sibi more solito paramentis, revertitur ad altare. Cui diaconus, qui cantavit evangelium, aufert mitram, quam aliquis subdiaconus teneat. Revertitur diaconus medius[a] inter diaconos.

20. Papa perficit misse officium et orationes: unam vel tres, prout tempus requirit, dicit. Et dicta ultima oratione et *Per omnia secula seculorum* et responso: *Amen* et dicto: *Dominus vobiscum* et responso: *Et cum spiritu tuo*, diaconus dicit: *Ite missa est*, stans inter diaconos, alta voce vel *Benedicamus domino*, prout tempus requirit. Et si dispositio altaris sit, quod papa respiciat populum, ut in Sancto Petro, diaconus, dicendo: *Ite missa est* vel *Benedicamus domino*, et eodem modo se habet, nam non vertens se, sed semper habens faciem ad altare, dicit utrumque. Si vero dispositio altaris talis est, quod papa non respiciat populum, ut in Sancto Paulo, tunc diaconus idem facit, ut supra proximo, cum dicit: *Benedicamus domino*. Sed cum dicit: *Ite missa est*, non sic facit, nam ceteris diaconis et papa inspicientibus ut prius altare[a], diaconus, qui cantavit evangelium, dicto: *Et cum spiritu tuo* per chorum, vertet se ad populum et dicit: *Ite missa est*. Qua completa, vertit ut alii diaconi faciem ad altare. Et responso a choro: *Amen*, papa stans in medio altaris, facie ad altare versa, dicit alte: *Sit nomen domini* etc., signans more consueto et, vertendo se, incipiens signare alios a sinistris ad dextram.

21. Deinde revertitur sine mitra papa ad sedem. Et diaconus, remoto manipulo sibimet, iuvat papam in deponendo paramenta, contrario ordine, quam induerit; nam primo manipuli et spicule, que debuerant per acolitos in altari removeri, pallium, quod osculatur papa, planetam, dalmaticam, tunicellam, stolam, quam osculatur papa, fano, quod papa osculatur, pectorale, quod papa osculatur ore, oculo sinistro et dextro et ore, subcintorium et camisum [...[a]] solvere prius [...[b]].

---

15.[a] altari ⟨*Lücke von ca. 2 Buchst.*⟩, *es fehlt jedoch nichts A.*

16.[a] infundi *A.*
[b] manus *A.*

17.[a] *Lücke von ca. 6 Buchst. A.*
[b] et sic] *auf dem Rand A.*

19.[a] meus *A.*

20.[a] altare ⟨*Lücke von ca. 3 Buchst.*⟩, *es fehlt jedoch nichts A.*

21.[a] *Lücke von ca. 5 Buchst. A.*
[b] *Lücke von ca. 7 Buchst. A.*

16. Da sonst nur der *acolitus* als Ministrant genannt wird, ist der Passus *clerico capelle vel subdiacono* wohl ein Zusatz, wahrscheinlich aus der Mitte des 14. Jh.; vgl. B. Schimmelpfennig, Die Organisation der päpstlichen Kapelle, S. 103f. Vielleicht ist diese Zeit auch mit den Wendungen *temporibus istis* und *hodie* gemeint.

20. Zu St. Peter vgl. auch oben, Abs. 3. Zu St. Paul vgl. oben, Kap. XXXVI 8–9, S. 217f.

22. Hiis actis, inclinans diaconus pape capite removet sua propria paramenta et reassumit capam. Et ad domum propriam potest reverti, non associans papam, etiamsi papam oporteret equitare, nisi esset[a] in coronatione pape, nam tunc vadit diaconus cum ceteris in processione.

## XXXIX. De officio diaconi cardinalis servientis pape.

1. Diaconus ministrans paratus servit pape primo de mitra. Post tobaliam ponit ante genua, partem dextram tenet gausape. Accipit anulum et post lotas manus ponit in digito, iuvat surgentem cum gausape, deponit mitram. Ponit[a] camisum sive albam[b], deinde cingulum cum succintorio[c], post pectorale[d], post fano sive orale seu superhumerale – minorem partem accipit[e] diaconus cum manu dextra, ponit super caput, ita quod minor pars cadit super humerum sinistrum pape –, deinde stolam sive orarium. Et ista tria osculatur papa, cum portantur. Deinde ponit tunicellam, post dalmaticam. Tunc accipit[f] papam per manus et iuvat sedere.

2. Dum papa sedet, ponit cirothecas pape et diaconus offert. Surgit papa, diacono iuvante. Post diaconus extrahit phano de subtus dalmaticam et parat, tamen fano non deponit de capite. Deinde ponit planetam. Post hanc portatur pallium, et papa osculatur. Diaconus ponit simpliciter. Postea diaconus ponit acum ante pectus nec trahit adhuc pallium. Post diaconus parat planetam super brachium dextrum, deinde trahit planetam ex parte inferiori. Tunc trahit fano ante pectus extra planetam, postea deponit diaconus fano de capite et, iuvantibus ex parte posteriori[a] cubiculariis, parat bene fano ante pectus. Post trahit pallium ex utroque latere, ita quod fano bene stet sub eo. Post diaconus ponit pape mitram.

3. Deinde diaconus, qui debet cantare evangelium et papam paravit, ponit sibimet mitram et procedit isto ordine, nam est ultimus post diaconos cardinales, associante eum aliquo ex diaconibus. Reliqui vero diaconi antecedunt bini et bini. Et subdiaconus, qui debet cantare epistolam, vadit cum evangelio iuxta diaconum, qui cantaturus est evangelium. Et dicunt psalmos penitentiales.

4. Cum vero ventum est ad altare, diaconus stat a latere dextro altaris et deponit mitram pape. Fit[a] *Confiteor* [...[b]]. Ad[c] presbiterium sive ad medium chori tres cardinales presbiteri occurrunt pape et eum elevant unus[d] post alium[c].

5. Et facto *Confiteor* et imposito incenso per papam in turibulo, iuvat diaconus papam ascendentem ad altare. Papa vero osculatur medium altaris et librum evangeliorum[a]. Et tunc trahit se ad partem altaris sinistram, versa facie ad dextram, et recipit omnes diaconos ordine sue prioritatis ad osculum oris et pectoris. Et diaconi primo flectunt se satis ante papam, palmis iunctis in longum; post osculantur dictum pectus, deinde aliquantulum inclinant.

6. Hiis factis, diaconus, qui ministrat, ponit thuribulum in manu dextra pape, ita quod vertit catenulas post digitum grossum, et anulos ponit in digitis. Papa vero tres cruces facit super medium altaris. Deinde thurificat altare superius, non latera nec ante. Post hec diaconus recipit thuribulum de manu pape nec incensat papam etiam.

7. Et est sciendum quod, dans thuribulum et recipiens, osculatur manum et sic semper, cum aliquid dat vel recipit[a] ab eo.

8. Papa recedente, diaconus incensat latera altaris et partem anteriorem. Dicit introitum et *Kyrieleyson*[a] diaconus cum aliis diaconibus. Post sedet medius ante

altare inter diaconos, ita quod antiquior inter diaconos stat a dextris[b] eius et proximus a sinistris, ita quod antiquior invenitur a dextris, cum stant ante altare, non cum sedent. Interim sedendo providet evangelium.

9. Post inceptionem *Alleluia*[a] tempore competenti vadit diaconus et osculatur dextrum pedem pape, mitra deposita. Deinde genuflectit ante altare et dicit: *Munda cor meum* etc. Tunc surgens, accipit[b] librum evangeliorum de altari, ita quod crucifixus[c] sit ex parte papali. Et stans ante altare, vertit faciem ad papam et dicit basse: *Iube, domine, benedicere.* Et papa dat benedictionem[d] cum cruce basse: *Sit dominus* etc.

10. Tunc diaconus vadit, capite discoperto, ad pulpitum deferens evangelium. Et ascendit Rome per partem remotiorem, sed post evangelium descendit per partem propinquiorem altari. Nec incensat diaconus incipiens: *Dominus vobiscum.* Respondet chorus: *Et cum* etc. Tunc dicit: *Sequentia sancti* etc. et cantans signat cum pollice principium evangelii, deinde frontem, deinde os, deinde pectus, semper faciendo crucem in dictis locis cum pollice. Dicto evangelio, sive circa finem ipsius signat se signo crucis versus orientem. Quo facto, dicto evangelio, osculatur principium evangelii. Subdiaconus vero portat evangelium redeundo apertum ad papam et precedit diaconum; et papa principium osculatur.

11. Diaconus vero redit ad altare capite discoperto. Et si papa incepit: *Credo,* alii diaconi, qui sunt ante altare, expectant eum redeuntem. Et tunc una secum dicunt: *Patrem omnipotentem* etc.

12. Dicto a papa: *Dominus vobiscum, Oremus* vel etiam inter *Credo,* diaconus

---

22. [a] esse *A.*

**XXXIX.** Ms.: A, f. 34v–37r (= A 1), f. 48r –49v (= A 2).

*Titel. Von Hand H auf dem oberen Rand wiederholt A 1.*

1. [a] *fehlt A 2.*
[b] *fehlt A 2.*
[c] succintoria *A 2.*
[d] *auf dem Rand:* Innocentius tamen dicit in libro suo, quod primo fano, post pectorale sive crucem *A 1 (= Innozenz III., De sacro altaris mysterio lib. I cap. 53: Migne PL 217, Sp. 793f.).*
[e] accepit *A 2.*
[f] accepit *A 2.*

2. [a] post *A 1 A 2.*

4. [a] ⟨et⟩ fit *A 2.*
[b] *Lücke von ca. 5 Buchst. A 1.*
[c] Ad – alium] *fehlt A 2.*
[d] unus post alium] *steht über der Zeile A 1.*

5. [a] *fehlt, Lücke von ca. 10 Buchst. A 2.*

7. [a] recepit *A 2.*

8. [a] Kirieleyson *A 2.*
[b] sinistris *A 1.*

9. [a] Alleluya *A 2.*
[b] accepit *A 2.*
[c] crusifixus *A 2.*
[d] benedixionem *A 2.*

10. *auf dem Rand:* Memorandum in manipulo ponendo, cum dicit papa: Misereatur nostri *A 1.*

---

**XXXIX.** Drei interessante Marginalien der ersten Version zu den Absätzen 21, 22 und 29 zeigen, daß sich der Text auf Gewohnheiten unter Bonifaz VIII. bezieht, die nach dessen Tod zum Teil (vgl. Abs. 29) nicht mehr galten. Zwei der Notizen sind von Andrieu (PGD, S. 43), die dritte und eine der beiden anderen von Ehrle (Zur Geschichte des päpstlichen Hofceremoniells, S. 570) ediert. – Der Text entspricht oft den Kapiteln XXXVII a bis XXXVIII b.

10. Zum Hinweis auf Rom vgl. unten, Abs. 19 und 24 und oben Kap. XXXVIII b 3, S. 225.

lavat sibi manus cum bacili, mitram tenens in capite, et subdiacono gausape ab uno brachio tenente.

13. Tunc venit acolitus, qui portat tobaliam consecratam et corporalia. Et diaconus extendit tobaliam super altare, iuvantibus eum, si opus fuerit, penitentiariis et diaconibus. Et stat, mitra deposita, et accipit[a] corporale et maius et unum parvum, quod est intra. Et extenso corporali magno super tobaliam consecratam, parvum ponit in extremitate corporalis magni a latere dextro, sicud[b] stat quadratum.

14. Papa vero, lotis manibus, venit ad altare. Cui mitram deponit diaconus stans a dextris. Et semper, cum ministrat, diaconus stat a dextris, nisi in communione et in sede, quia tunc a sinistris stat diaconus.

15. Defertur per subdiaconum patena cum hostia et calix cum vino. Patenam cum ostia tradit pape, manum osculans, quam ponit papa super altare. Et diaconus restituit patenam subdiacono. Et cum accipit patenam, diaconus dans pape accipit cum manipulo, tangens non cum digitis. Deinde accipit diaconus calicem cum vino, per medium tenens manu dextra, et cum sinistra sustentat per pedem, tangens cum sinistra cum gausape, quod habet ad collum subdiaconus.

16. Papa vero ponit aquam cum ampulla in calicem, non multum. Et postea involvit papa digitum cum illa tobalia et tergit latera calicis intus et extra. Tunc diaconus facit signum crucis cum calice, quem tenet super corporale, semel, ubi debet sedere, et ponit in secunda casula secunde rige ad partem dextram et coperit calicem cum parvo corporali, accipiens parvum corporale per duo cornua opposita contradictorie, dextrum cum duobus digitis manus dextre, alterum cum duobus sinistre.

17. Deinde diaconus tenet incensum in cocleari, papa benedicit, et diaconus ponit in thuribulo, quod tenet acolitus. Post hec diaconus ponit thuribulum, ut in principio misse, inter digitos pape. Papa vero ter facit cum thuribulo signum crucis per medium ostie et calicis. Deinde ter vertit in girum circa ostiam et calicem; ostia vero stat a[a] sinistris et calix a dextris. Tunc incensat oblata et cruces et ymagines et altare, diacono tenente planetam brachii dextri lasso modo, ita quod papa bene[b] possit incensare. Et sic debuit fieri in principio misse.

18. Post hec diaconus, accepto thuribulo, incensat papam ter vibrans. Deinde dato acolito thuribulo, parat papam diaconus, aptans[a] planetam ad cubitos, deinde a parte inferiori, deinde pallium super humeros trahit, parato fano. Nec tunc osculatur papam, nec in ore nec in pectore.

19. Post hec, reaccipiens thuribulum, diaconus incensat altare a lateribus et ante, post episcopum ministrantem pape vel presbiterum. Deinde incensat[a] diaconos secundum ordinem antiquitatis – sed non semper[b] servat, cum non semper sint in ordine –, deinde episcopos cardinales. Deinde descendit per partem sinistram et incensat presbiteros cardinales, consequenter alios prelatos paratos, non tamen cancellariam. Redit ad altare per partem dextram, ubi est crucifixus. Incensat diaconum grecum, si est, post subdiaconum latinum, post grecum subdiaconum, si est, et alios subdiaconos et illum, qui servit de mitra, in fine acolitum, qui eum associavit, cum alios incensaret. Et tradit eidem acolito thuribulum. Tunc diaconus ponit se medium inter diaconos antiquiores, maiori a dextris et minori a sinistris. Et idem acolitus eum incensat.

20. Papa vero perficit ministerium. Et diaconus non vadit ad altare, usquequo facta est elevatio tam corporis quam sanguinis, que fit calice discoperto. Sed[a] facta elevatione[b] calicis et reposito calice per papam in[c] altari, ipsemet papa statim calicem parvo corporali recoperit[c].

21. Hiis factis, postquam papa percussit pectus et dixit: *Nobis*, cum incipit signare, vadit diaconus ad altare et deponit parvum corporale[a] cum digitis ut supra et ponit duos digitos manus dextre ad pedem calicis tantum tenens fortiter cum illis digitis pedem calicis. Et[b] papa accepta ostia facit cruces super calicem et ante, ut debet. Et dicto *Per omnia*, repercutit cum digitis super calicem, ne forte aliquid ostie adheserit, diacono semper tenente pedem. Tunc[c] diaconus coperit calicem cum parvo corporali, osculatur altare, deinde crucem brachii dextri[c]. Tunc statim reponit se diaconus ministrans inter diaconos, ut supra.

22. Cum dictum fuerit: *Pater noster* vel *Et ne nos*, ascendit[a] diaconus et accipit[b] a[c] subdiacono patenam[d] cum manipulo duabus manibus et dat pape, manum osculans. Consequenter deponit ut prius parvum corporale de calice et tenet pedem cum duobus digitis manus dextre, quousque facta fuerit divisio[e] ostie et dixerit: *Pax domini sit semper vobiscum*, et tum[f] coperit calicem cum parvo corporali et iuvat papam dicentem: *Agnus dei*. Deinde revertitur inter diaconos.

23. Et episcopus vel sacerdos, qui ministrat, recipit pacem a papa, primo osculans altare, post inclinans[a] se et manus in longum elevans[a], deinde papam in ore, deinde pectus. Deinde componit paramenta. Deinde dat osculum primo diacono, non illi, qui cantavit evangelium. Diaconi alii inter se dant osculum, non tamen illi, qui cantavit evangelium. Post revertitur papa, capite discoperto, ad sedem.

---

13. [a] accepit *A 2*.
[b] sicut *A 2*.

17. [a] *fehlt A 2*.
[b] bene possit] possit bene *A 2*.

18. [a] strans *A 2*.

19. [a] *ergänzt A 2*.
[b] *ergänzt A 2*.

20. [a] *fehlt A 2*.
[b] elevatio *A 2*.
[c] in – recoperit] *fehlt A 2*.

21. [a] corporale ⟨*Lücke von ca. 17 Buchst.*⟩ ⟨papa statim calicem parvo corporali recoperit corporale⟩ *A 2*. *Vgl. Kap. XXXVIII a 8*, S. 224.
[b] *auf dem Rand:* Dominus Bonifatius faciebat crucem cum hostia super calicem et ante, ita quod semper inspiceret totam ostiam ex parte ante et teneret hostiam quasi iacentem. *A 1*.
[c] Tunc – dextri] *fehlt A 1*.

22. [a] assendit *A 2*.
[b] accepit *A 2*.
[c] a subdiacono] *fehlt, Lücke von ca. 7 Buchst. A 2*.
[d] picina *A 2*.
[e] *auf dem Rand:* Dividebat hostiam super calicem primo in duas partes equales et partem dextram ponebat super patenam, deinde alteram in duas equales vertendo ostiam, ita quod, ubi fuerit divisio, esset supra in ista forma , quam illarum ponebat cum maiori in patena, cum reliqua vero dicebat: Pax domini etc. super calicem et postea ponebat suo loco in patena. *A 1*.
[f] tunc *A 2*.

23.–25. *Die drei Absätze stehen nach Abs. 30 A 2*.

23. [a] inclinans – elevans] *fehlt, Lücke von ca. 36 Buchst. A 2*.

---

13. Weshalb die *penitentiarii* genannt sind, ist mir nicht klar.

17. Zum *thuribulum* vgl. Abs. 6.

19. Zum Kruzifix vgl. E. Eichmann, Die Kaiserkrönung im Abendland 2, S. 30.

24. Diaconus vero vadit ad altare, cuius minister et custos est. Deinde, postquam pape[a] fuerint composita paramenta, continuo genuflectit diaconus devote et adorat, iunctis palmis in longum, eucharistiam. Surgit et accipit[b] reverenter[c] patenam cum eucharistia cum duabus manibus tenens polices supra[d] indices a lateribus, aliis digitis subtus, et elevat in altum recte. Deinde sic tenens patenam elevatam[e], paulatim paulatim vertit se, non tamen[e] recedendo de medio altaris[f], versus dextram suam super altare, usquequo facies sua versa fuerit ad latus dextrum altaris. Deinde convertendo se[g], redit per dextram partem, unde verterat se. Et vertendo, non tamen recedendo de medio altaris, vadit per medium usque in sinistram altaris et[h] vertendo. Et ulterius paulatim vertit[i] se, quousque pervenerit ad medium altaris, ita quod facies diaconi sit conversa ad faciem pape et dorsum[k] ad medium altaris – in altari sancti Petri et similibus –. Et tunc deponit[l] patenam in manibus subdiaconi cum tobalia super manus subdiaconi et, deponens[m] stans, adorat ostiam. Deinde iterum genuflectit ut prius, et remoto parvo corporali de calice, reverenter[n] sic ostendit calicem et vertit se sicut ostiam. Sed ipsemet portat calicem ad papam, sed calicem recipit per manum dextram per medium, ubi est pomum, pedem vero per manum sinistram.

25. Et sic[a] reverenter vadit ad papam et ponit se ad latus sinistrum pape, subdiaconus vero a dextris. Et accipit diaconus partem tobalie, quam tenet subdiaconus. Et cum manu sinistra tenet pedem calicis cum gausape. Deinde accipit papa maiorem partem ostie cum manibus, et diaconus supponit calicem in rectum, et papa tenens ostiam cum duabus manibus stringit calicem. Et dictis, que habet dicere, sumit ostiam quasi totam usque ad digitos super calicem. Et residuum, quod[b] sic apprehenderat, mittit[c] in sanguinem.

26. Post hec episcopus vel sacerdos cardinalis, qui ministrat, offert pape calamum aureum ad sumendum sanguinem, manum osculans. Diaconus vero sic supponat longe calicem, quod bene possit sumere sanguinem.

27. Postquam autem sumpserit, quod sibi placet, diaconus duos digitos, indicem et medium, manus sinistre ponat inter duo foramina calami et semper tenens capud calami in calice, ne aliquid possit effundi, et manu dextra pomum calicis, retrahit reverenter et modestat calicem, ut decet. Et tunc papa[a] accipit unam de duabus particulis ostie, que in patena remanserat, communicat diaconum. Sed diaconus sibi tenenti ostiam osculatur manum, deinde recipit ostiam. Deinde papa dat sibi osculum. Tunc communicat subdiaconum de alia particula, qui similiter prius manum osculatur, non tamen dat sibi osculum papa.

28. Diaconus vero revertitur statim post suam communionem ad altare tenens calicem per medium cum manu dextra, ubi est pomum, immissis duobus digitis manus sinistre per foramina calami, ita quod unum capud calami[a] sit in calice. Deinde ponit calicem super altare et signans os suum cum[b] calamo signo crucis dicit basse:

*Sanguis domini nostri Iesu Christi custodiat animam meam et corpus meum in vitam eternam.*

Et sumit cum calamo de sanguine. Et[c] substentat partim[c] capud calami a sanguine infra[d] calicem tamen[d] et bene trahit ab alia parte, que fuit in calice. Sed caveat semper, ne aliquid effundatur[e].

29. Eodem modo facit diaconus et dicit subdiacono, nisi quod dicit: *Animam tuam et corpus tuum*[a], et dat subdiacono de sanguine cum calamo[b] non illo, cum quo sumpsit papa et ipse, sed cum alio. Et statim dat osculum subdiacono et facit, quod subdiaconus bene trahat calamum suum[c] et supra et subtus. Deinde totum residuum sanguinis sumit subdiaconus sine calamo, ponendo os ad calicem.

30. Tunc venit episcopus et portat in parvo cifo loturam manuum pape diacono. Et[a] stans diaconus in medio altaris, versa facie ad episcopum et dorso ad altare[b], sumit et vas reddit deferenti. Deinde ipsemet diaconus lavat[c] tres digitos utriusque manus cum vino super illum cifum, tenente[d] cifum acolito[d]. Et illud vinum sumit subdiaconus[e].

31. Residuum huius ministerii require intus in carta de corio, quam totam revideas, quia bene est ordinata. Verba tamen hic et ibi ponantur clara, lucida et brevia, ut potest in tali materia fieri.

32. Hanc et hic intus ponas, prosequere pro misse officio.

33. Custodiatur optime, quia valde est expediens pro opere futuro, deo dante.

34. Modus serviendi per diaconum. Item qualiter papa debet coronari. Item de quibusdam observantiis ecclesie romane et quibus ordinabitur vacante sede.

---

24. [a] pape fuerint] fuerint pape statim *A 2*.
[b] accepit *A 2*.
[c] *fehlt, Lücke von ca. 7 Buchst. A 2*.
[d] supra indices] *fehlt, Lücke von ca. 7 Buchst. A 2*.
[e] elevatam – tamen] *fehlt, Lücke von ca. 18 Buchst. A 2*.
[f] altaris ⟨paulatim paulatim vertit se⟩ *A 2*.
[g] se redit] rediens *A 2*.
[h] *fehlt A 2*.
[i] vertit se quousque] omne cousque *A 2*.
[k] *fehlt, Lücke von ca. 5 Buchst. A 2*.
[l] ponit *A 2*.
[m] deponans *A 2*.
[n] *fehlt, Lücke von ca. 8 Buchst. A 2*.

25. [a] *fehlt A 2*.
[b] quod ⟨digitis⟩ *A 2*.
[c] mittit in sanguinem] *fehlt A 2*.

26.–27. *fehlt A 2*.

27. [a] papa] *doppelt geschrieben A 1*.

28. [a] *fehlt A 2*.
[b] *fehlt A 2*.
[c] Et – partim] *fehlt, Lücke von ca. 13 Buchst. A 2*.
[d] infra – tamen] *fehlt, Lücke von ca. 8 Buchst. A 2*.
[e] *fehlt, Lücke von ca. 7 Buchst. A 2*.

29. [a] *fehlt A 2*.
[b] *auf dem Rand:* Tempore domini Bonifatii erant duo calami aurei, unus pro papa et diacono et alter pro subdiacono. Hodie vero et antiquitus erat tantum unus pro papa, diacono et subdiacono. *A 1*.
[c] *fehlt, Lücke von ca. 7 Buchst. A 2*.

30. [a] Et stans diaconus] *hinzugefügt A 1*.
[b] altare ⟨in loco suo⟩ *A 2*.
[c] levat *A 2*.
[d] tenente – acolito] *fehlt A 2*.
[e] subdiaconus] *es folgen 2 unbeschriebene Zeilen A 1; es folgen die Absätze 23.–25. ohne die letzten 3 Wörter von 25. A 2*.

31.–34. *fehlt A 2*.

---

24. Zu St. Peter vgl. Abs. 10 und 19.

31. Der Text stand in der Vorlage wohl auf dem Rand und wies auf ein Pergamentblatt hin, das als Außenblatt der Vorlage diente.

32.–33. Auch diese Sätze standen in der Vorlage wohl auf dem Rand.

34. Der Absatz enthält lediglich Überschriften. Auf deren Texte wurde wohl in der Vorlage verwiesen.

## XL. De officio subdiaconi.

1. Dominus Uguicio de Vercellis episcopus Novariensis, qui diu servivit in officio subdiaconi pape, scilicet tempore domini Nikolai IV, Celestini et Bonifatii, ad petitionem meam dedit michi has duas cartas de papiro, videlicet:

2. Quando dominus papa celebraturus est missam sollempniter et ceperit dicere tertiam cum capellanis, tum[a] statim subdiaconus pape debet se parare amito, alba et tunicella – si est dies, quo uti debet tunicella –, dimisso tunc manipulo.

3. Postquam vero papa compleverit tertiam, confestim, antequam incipiat dicere *Quam amabilia tabernacula* etc., subdiaconus recipit sandalia cum caligis obvolutis, et inclusis ipsis sandalibus dextra in manu sinistra et sinistra in manu dextra, ipsaque singula elevatis manibus competenter defert pontifici. Et genuflectens coram eo sedente tradit uni de capellanis domini pape sacerdoti sandalium et caligam sinistram, sandalium vero dextrum tradit alii capellano sacerdoti, retenta caliga dextra, quam primo calciat pedem dextrum pape quamque in superiori parte ligat cubicularius pape cum funiculis sericis[a]. Et subsequenter subdiaconus recipiens sandalium dextrum ipsum imponit pedi predicto pontificis ispumque religans cum funiculis sericis[b] eidem annexis, competenter strictis et firmatis, osculatur ipsum pedem sic paratum. Idem facit per[c] omnia de sinistro pede pontificis.

4. Deinde subdiaconus erigens se convertit se ad latus sinistrum pontificis et genuflexus tenet tobaliam circa brachium sinistrum pontificis obvolutam, dum manus suas lavat. Deinde erigens se, in eadem parte sinistra induit stantem pontificem cum diacono cardinali stante[a] a dextris pontificis.

5. Quo induto dalmaticam et sedente, diaconus dextrum primo, postea subdiaconus sinistrum cirothecas[a] in manibus pontificis imponunt, ipsas leviter singulis digitis ipsius pontificis conformando. Deinde induunt pontificem stantem casula et parant eam[b] super brachiis ipsius.

6. Postea pallio, mitra et anulo pontifici impositis, subdiaconus recipit manipulum suum. Et si illo die esset usus casularum, tunc[a] subdiaconus et[b] non prius induit casulam.

7. Recipit etiam librum evangeliorum, cui includitur manipulum pape. Et ordinata processione accedendi ad altare, subdiaconus immediate precedit pontificem, gestans evangelistarium predictum cum manipulo ante pectus. Cum autem papa pervenerit ad altare et incipit: *Introibo ad altare dei* etc., subdiaconus manipulum pape, quem gestabat in evangelistario, tradit diacono cardinali, qui ipsum manipulum imponit super brachio sinistro in plicatura casule pape.

8. Deinde ascendit subdiaconus ad altare ponens evangelistarium apertum in medio altaris. Et dum papa ascendit ad altare, subdiaconus elevat evangelistarium apertum et offert pape osculandum illud, scilicet evangelium, quod cantandum est illa die in missa. Deinde, claudens librum, ponit in sinistro cornu altaris.

9. Et tunc subdiaconus papam incensantem sustentare debet a latere sinistro. Debet deinde, dum papa, manibus elevatis, dicit orationes, sustentare[a] brachium sinistrum pape[a].

10. Et ante finem ultime orationis deposita casula, si illa die fuerit usus casule, assumit[a] epistolarium, et[b] precedente eum[b] acolito, procedit ad locum debitum. Et

ibidem lecta epistola, refert clausum epistolarium[c] ante pectus. Et[d] sic flectens[d] genua coram papa, osculatur pedem eius dextrum.

11. Post hec vadit parare hostiam et calicem, vinum solum illi ponendo et bene cooperiendo calicem cum patena et hostiam integram et[a] mundissimam patene suppositam velare[b] cum panno serico. Et tunc resumit[c] casulam depositam.

12. Dum vero diaconus cardinalis vadit ad legendum evangelium, deferens illud ante pectus, subdiaconus nichil ferens sequitur ipsum diaconum. Et ascendens ambonem cum diacono ponit se ad sinistrum latus ipsius diaconi et manu sinistra tenet elevatum competenter librum evangeliorum, dum diaconus cantat evangelium. Si vero legatur evangelium in loco depresso, subdiaconus debet substentare librum, dum diaconus legat evangelium. Si vero ibi sit pulpitum, subdiaconus debet, plicatis[a] brachiis, stare ante faciem diaconi. Lecto vero evangelio et osculato a diacono, subdiaconus illud accipiens defert pape deosculandum, postquam papa fuerit incensatus.

13. Cantato vero offertorio, subdiaconus tenet tobaliam, circumflectens eam circa brachium sinistrum pape manus lavantis[a]. Tunc vero subdiaconus vadens, acolito eum precedente, et recipiens mediante tobalia aurea calicem cum vino, supposita patena cum hostia in manu dextra, in sinistra vero gestat vasculum cristallinum cum aqua, omnia velata cum predicta tobalia ipsaque defert ad altare, ubi papa stat.

---

**XL.** Ms.: A, f. 32v–34r (= A 1), f. 43r–44v (= A 2).
*Titel. fehlt A 2.*
1. *fehlt A 2.*
2. *Auf dem Rand:* Qualiter paratur papa ad missam *A 1.*
[a] tunc *A 2.*
3. [a] sercis *A 1 A 2.*
[b] sercis *A 1.*
[c] *fehlt A 1.*
4. [a] stante] qui stat *A 2.*
5. [a] cirotecos *A 2.*
[b] *steht über der Zeile A 1.*
6. [a] tunc subdiaconus] subdiaconus tunc *A 2.*
[b] *hinzugefügt A 2.*
9. [a] sustentare – pape] *getilgt A 2.*
10. [a] *fehlt A 2.*
[b] et – eum] ante pectus et sic flectens *A 2.*
[c] epistolarium – pectus] *auf dem Rand A 2.*
[d] et sic flectens] *hinzugefügt A 2.*
11. [a] *fehlt A 2.*
[b] valere *A 2.*
[c] resumunt *A 1.*
12. [a] plicatatis *A 1.*
13. [a] levantis *A 2.*

**XL.** Zu diesem und dem folgenden Kapitel vgl. oben, S. 57. – Der Text schildert die Aufgaben des Subdiakons während der Papstmesse. Die erste der beiden in der Handschrift überlieferten Fassungen stammt aus den Notizen des Uguicio Borromeo aus Vercelli, der seit dem Pontifikat Nikolaus' IV. päpstlicher Subdiakon und Kaplan und außerdem *auditor litterarum contradictarum* war und am 19. 2. 1304 Bischof von Novara wurde. Er starb 1329 (K. Eubel, a.a.O., S. 372; F. Ehrle, Zur Geschichte des päpstlichen Hofceremoniells, S. 570 Anm. 4; P. Herde, Audientia litterarum contradictarum 1, S. 77). Zu Uguicio vgl. auch die Bemerkung zu Kap. XXVII 16, S. 203.
1. Der Text stand in der Vorlage wohl auf dem Rand. Zum Petenten vgl. oben, S. 57.
6. Zum Tragen der Kasel durch den Subdiakon vgl. Kap. CXXXV 11 und CXLII, unten, S. 336 und 352.
7. Das Wort *manipulus* ist abwechselnd maskulin und als Neutrum, das Wort *calamus* wechselweise maskulin und feminin dekliniert.

14. Et primo porrigit patenam cum hostia diacono cardinali, qui eam porrigit pape. Deinde calicem tradit eidem diacono. Et tunc subdiaconus accipit cum manu dextra vasculum cristallinum plenum aqua et ipsum discoperit cum sinistra manu et porrigens illud pontifici osculatur manum eius dextram. Similiter, quando papa reddit vasculum subdiacono, fusa aqua in calice, debet osculari manum pape.

15. Et hoc est generale, ut, quandocumque subdiaconus porrigit aliquid pape vel recipit aliquid ab eodem, semper osculetur manum eius.

16. Facta vero oblatione per papam, diaconus cardinalis tradit ipsam[a] patenam subdiacono, qui statim eam cooperiens cum panno serico ponit se in loco suo post diaconum cardinalem tenens patenam velatam[b] cum manu dextra decenter levata.

17. Finito vero *Pater noster*, et diacono ascendente ad altare, subdiaconus tradat ei patenam discopertam. Dicto vero *Agnus dei*, et papa redeunte ad sedem suam et ibi stante, diaconus cardinalis patenam cum oblatis tradat subdiacono, quam subdiaconus, subterpositis manibus velatis panno serico, recipit reverenter ipsamque defert domino pape et eam tenens competenter elevatam stat erectus ad latus sinistrum pape eandemque offerens, postquam papa communicaverit, porrigit secundam partem eucharistie diacono cardinali, quam ipse cardinalis, osculata prius manu summi pontificis, recipit. Et confestim dominus papa dat eidem diacono cardinali[a] osculum.

18. Et tunc diaconus cardinalis redit ad altare, ferens calicem cum sanguine et illa particula eucharistie, quam dominus papa ibi posuit. Et tunc confestim dominus papa dat tertiam partem eucharistie subdiacono, quam ipse subdiaconus, osculata prius manu pontificis, recipit[a] reverenter.

19. Post hec subdiaconus patenam, quam tenet in manibus competenter elevatis ante pectus, reverenter et caute reportat ad altare. Quam patenam diaconus cardinalis recipiens, excutit et astergit cum police supra calicem propter fragmenta eucharistie, que potuissent ibi remansisse. Et tunc diaconus cardinalis sumit[a] super altari cum calamo modicum de sanguine calicis et tunc dat pacem subdiacono. Deinde tenens calamum sive canulum in calice porrigit subdiacono et subdiaconus cum ipso calamo sumit modicum de sanguine. Deinde diaconus cardinalis porrigit calamum subdiacono, qui ipsum calamum ex utroque capite sugit, desiccat et purificat cum ore. Postea subdiaconus sumit cum calice totum sanguinem cum illa particula eucharistie, que remansit in calice. Post hec diaconus cardinalis fundit modicum vinum in calice et iterum porrigit cum calamo subdiacono, qui subdiaconus, modicum de vino sumens cum calamo, iterum ipsum calamum purificat et desiccat cum ore, sumens de calice residuum vini, quod ibidem remanserat.

20. Tunc vero diaconus cardinalis fundit vinum in calice, quod subdiaconus mediante panno serico portat sedenti, et ipsi[a] porrigit calicem deosculans manum eius. Et postquam dominus papa gustaverit, tradit ipsum calicem eidem subdiacono, quem subdiaconus recipiens, prius osculatur manum pontificis. Sicque reportat calicem cum vino ibi remanente ad altare. Et tunc subdiaconus, superfusione facta digitorum super calicem, purificat digitos, cum quibus tetigit eucharistiam sive patenam. Et tunc subdiaconus sumit totum id, quod est in calice.

21. Quo facto, calicem et patenam cum calamo circumvoluta[a] panno serico idem

subdiaconus defert custodi capelle papalis ibique dimisso manipulo et casula, quam gestabat, tamen tunicella retenta, si eam tunc habebat, revertitur ad papam.

22. Finita vero missa et data benedictione papali, papa ingresso ad sedem suam, tunc subdiaconus, stans in sinistro latere pape, exuit pontificem cum diacono cardinali, tradendo paramenta eius singillatim[a] acolitis ad hoc ibidem paratis.

23. Post que[a] papa, resumpto manto, sedet in sede. Et tunc subdiaconus genuflectens coram eo, discalciat primo pedem dextrum pontificis discalciatumque osculatur, idem faciens de sinistro pede. Accipiensque ipsa sandalia, quibus sunt calige incluse, expansis manibus et elevatis, decenter defert ea custodi capelle predicto.

24. Deinde papa dicente cum capellanis sextam, exuens se subdiaconus tunicella et aliis suis paramentis, indutus capa usuali, accipit crucem. Et precedens cum cruce papam, postquam exierit papa de ecclesia, ascendit equum et preferens crucem ante papam usque ad palatium pape in loco, ubi papa descendit, et semper precedens eum usque in cameram, collocat crucem erectam iuxta lectum pape in dextera parte versus capud lecti in loco competenti.

25. Post hec, cum dominus papa pervenerit ad sedem mense, completa benedictione mense subdiaconus dicit alta voce: *Iube, domine, benedicere.* Et recepta benedictione, vadit ad dextram partem pape in loco apto ad hoc. Et ibi sedens statim, postquam ministri ceperint fercula domino pape apponere, incipit legere vel legendam vel ystoriam vel omeliam diei illius vel festi vel aliud, si placuerit pape. Et debet legere distincte et tractim convenienter in modum lectionis nocturne. Et debet semper legere, dum papa est in mensa, excepto quando papa bibit. Potest etiam tunc durante prandio duas vel tres pausas facere congruentes. Et dominus papa consuevit semel vel bis de suis incisoriis ipsum subdiaconum exenniare.

26. Consumato vero prandio sive cena et lotis manibus, post aliqualem morulam, antequam surgat a mensa dominus papa, consuevit innuere subdiacono verbo vel signo manu facto super mensam, quod dicat: *Tu autem.* Et tunc subdiaconus dicet alta voce: *Tu autem, domine* etc. Et domino papa et capellanis elevatis ad gratias referendas, tunc subdiaconus vadit ad reverentiam et osculatur dextrum pedem pape stantis. Postea vero redditis gratiis subdiaconus vadit ad prandium.

27. Et notandum est etiam, quod subdiaconus, qui servivit una septimana de missa, in sequenti septimana debet servire de mitra, quam debet tenere mediante tobalia serica et cornibus sursum erectis. Aliorum vero omnium mitre, cornibus deorsum versis, teneri debent a ministris. Debet etiam subdiaconus semper porrigere ipsam mitram diacono cardinali, per eum imponendam[a] capiti pontificis, et eam sumere de manibus diaconi cardinalis, qui eam elevat de capite pontificis.

---

16.[a] *steht über der Zeile A 1.*
[b] levatam *A 1.*
17.[a] *steht über der Zeile A 1.*
18.[a] recepit *A 2.*
19.[a] *fehlt A 1.*
20.[a] ipse *A 2.*
21.[a] circumvoluto *A 2.*
22.[a] sigillatim *A 1 A 2.*
23.[a] Post que] *auf dem Rand:* Usque hic infra Quando papa celebrat in XLIII et sequenti folio *A 1*; *Ende des Textes A 2.*
27.[a] imponenda *A 1.*

---

21. Der Titel des *custos capelle* entspricht wohl dem des *clericus capelle*; vgl. OR XIV, Kap. 62 (Sp. 1178C): *clerico seu custodi capelle.*

## XLI. Cum[a] papa audit missam.

1. Quando vero dominus papa facit per capellanum suum missam in sua presentia celebrari, tunc eius subdiaconus indutus superpellicio sive cotta tantum cum manipulo, facta confessione cum domino papa, ut est moris, ascendente papa ad sedem suam, et capellanis cantantibus introitum, coram pontifice, competenter distans, tenet missale in manibus et iuvat dominum papam ad legendum introitum, ad dicendum *Kyrieleison.*

2. Deinde revertitur ad altare, stans in ordine post sacerdotem. Et quando sacerdos incipit: *Gloria in excelsis deo,* statim subdiaconus apropinquat domino pape et complet cum domino papa illum ympnum dicendo.

3. Et confestim redit ad locum suum, stans post sacerdotem. Et tunc, dicta ultima collecta, tenens in manibus epistolarium, cantat epistolam in tono solito. Et ea finita, accedit ferens librum ante pectus ad reverentiam pape et deosculatur pedem ipsius dextrum.

4. Postea dicto evangelio, subdiaconus defert librum evangeliorum apertum et porrigit domino pape deosculandum, scilicet evangelium cantatum in missa. Deinde iuvat dominum papam ad dicendum: *Credo in unum deum* inchoatum a sacerdote.

5. Dum vero cantatur offertorium, subdiaconus parat calicem cum vino et patena superposita cum hostia, cum manu dextra et ampulam cum aqua in sinistra. Et porrigit sacerdoti primo patenam cum hostia et tenens calicem cum vino et in manu dextra porrigit ampullam cum aqua sacerdoti. Et imposita aqua in calicem per sacerdotem, tunc subdiaconus porrigit calicem sacerdoti, osculando manum eius, et tunc ponit se post sacerdotem.

6. Dicta vero prefatione, confestim subdiaconus[a] appropians pape iuvat eum ad dicendum: *Sanctus, sanctus* etc., cum dextra iuvat brachium eius dextrum ad substentandum legendo. Similiter in elevatione sacrificii subdiaconus flexis[b] genibus ad dextram sacerdotis cum manu sinistra elevat casulam competenter post dorsum sacerdotis.

7. Dicto vero per sacerdotem: *Pax domini* etc., vadit subdiaconus et iuvat pontificem ad dicendum ter: *Agnus dei;* et qualibet vice cum manu dextra tundit pectus suum.

8. Tunc statim assumat cardinalem episcopum, qui stat a dextris pontificis, deducit eum ad sacerdotem celebrantem et recipit ab ipso pacem, deosculato primo altari. Deinde reducit ipsum cardinalem ad papam et eidem dat pacem. Et confestim subdiaconus recipit pacem a cardinali et transiens ad sinistram partem pontificis, dat pacem diacono cardinali, qui primus sedet in ordine diaconorum cardinalium. Deinde dat subdiaconus pacem acolito, qui servit altari. Ultimo dat pacem custodi capelle.

9. Postea ponens se in ordine post sacerdotem, et quando volvit se sacerdos dicens: *Dominus vobiscum,* subdiaconus trahit casulam. Et sic facit semper, quando sacerdos dicit[a]: *[Dominus[b]] vobiscum* vel *Orate pro me fratres* vertens se ad chorum, excepto quando dicit: *Dominus vobiscum* ultimo post ultimam orationem.

10. Postquam vero sacerdos dixerit: *Ite missa est* vel *Benedicamus domino* post finitam missam, et data benedictione papali, antequam sacerdos dicat: *Placeat tibi,*

*sancta trinitas* etc., subdiaconus a dextris tenens eum deducit ad pontificem ad reverentiam et osculatur manum pape. Postea similiter reducit eundem ad altare. Et ibi exuit eum simul cum acolito, ipso sacerdote et aliis capellanis dicentibus legendo sextam.

11. Quid autem pertineat ad officium subdiaconi in die cene domini vel consecrationis domini pape, plene notatur in pontificali sub[a] rubrica illorum dierum[a].

## XLII. De patriarchis.

1. Notandum quod, dum papa celebrat sollempniter, presentibus cardinalibus et paratis, vel faciat[a] vesperas sollempnes, eisdem cardinalibus etiam paratis, si ibi intersit patriarcha, parare se debet cotta, amictu et pluviali, ut alii episcopi, et sedere debet post primum episcopum cardinalem. Si vero duo[b] sint patriarche, primus patriarcha debet stare post primum episcopum cardinalem, secundus patriarcha post secundum episcopum cardinalem et sic deinceps, si sint[c] plures quam duo patriarche. Ubi autem patriarcha interesset celebrationi domini pape vel vesperis sollempnibus antedictis et non se pararet paramentis, fortassis ex aliqua causa rationabili, tunc non poneretur inter cardinales paratos, sed posset esse cum aliis prelatis non cardinalibus vel post omnes cardinales, secundum quod loci dispositio se preberet.

2. In concilio vero generali patriarche in sessionibus concilii habent locum specialem[a] et determinatum, ubi sedent, videlicet in medio ecclesie ex opposito pape singuli in suis sedibus ligneis et eminentibus ad hoc specialiter ordinatis.

3. Quando vero papa non celebrat, sed audit missam sollempnem presentibus cardinalibus, tunc patriarcha debet esse inter duos priores episcopos cardinales. Si vero sint duo patriarche, primus patriarcha debet stare post primum episcopum cardinalem, secundus patriarcha debet esse post secundum episcopum cardinalem, et sic deinceps, si sint plures quam duo patriarche.

---

**XLI.** Ms.: A, f. 34r–34v.

*Titel. Von Hand H auf dem oberen Rand:* Quando papa audit missam per capellanum suum *A*.

[a] Cum – missam] *auf dem Rand A*.

6. [a] *korr. aus* sacerdos *A*.

[b] flexus *A*.

9. [a] dit *A*.

[b] *fehlt A*.

11. [a] sub – dierum] *nachgetragen A*.

**XLII.** Ms.: A, f. 32r (= A 1), f. 46v–47r (= A 2).

1. [a] facit *A 2*.

[b] duo sint] sit duo *A 2*.

[c] sit *A 2*.

2. [a] speciale *A 2*.

**XLI.** Auch dieser Text gehört zu den von Uguicio Borromeo gesammelten Instruktionen über die Pflichten des Subdiakons.

11. Der Absatz verweist auf die Kapitel XLII und XIII B des PRC, S. 455–464 und 370–380.

**XLII.** Vgl. oben, S. 56. – Ein großenteils identischer Text ist von E. Martène (Sp. 690A–C, nach Paris 936), Gattico, Kap. 142 (S. 153b–154a, nach Vat. lat. 4737 etc.) und Na-Ta, Kap. 108 (S. 172f., nach Urbin. lat. 469) ediert.

2. Die Sitzordnung *ex opposito pape* bezieht sich nur auf die vier östlichen Patriarchen, nicht auf die beiden westlichen; vgl. oben, Kap. V 8 und 11, S. 154.

4. Sciendum tamen est, quod ad reverentiam pape exhibendam patriarcha venit ante prelatos, sive papa sollempniter celebret sive non. Et venit ad reverentiam post primum episcopum cardinalem, secundus patriarcha post secundum episcopum cardinalem, et sic deinceps, si sint[a] plures quam duo patriarche. Similiter fit in vesperis, quando fit reverentia.

## XLIII. De officio missarum dicendum est.

1. In diebus ferialibus parentur ad missam sacerdos, diaconus et subdiaconus in magnis conventibus, in parvis autem tantum [subdiaconus[a]] indutus superpellicio.

2. Confessio fiat coram altari. Et sit calciatus, qui debet legere epistolam. In missis privatis sacerdos, qui celebrat, ipse sibi legat epistolam. Epistola vero contra medium altaris in inferiori gradu super pulpitum semper cantetur.

3. Finita vero epistola minister paret calicem in loco suo et paratum ponat tum super altare. Et dum cantatur offertorium, minister offert ampullam cum aqua sacerdoti.

4. Deinde immediate post oblationem calicis et thurificationem sacerdos abluat manus. Patena vero non teneatur nec pax nec thus in[a] choro detur, nisi in dominicis diebus, nec in missis secretis thurificetur.

5. Cum vero dicitur *Ite missa,* stent versi ad populum. Quo finito, convertantur ad altare. Cum dicitur *Benedicamus,* vertant se semper ad altare. Deinde ad vestiarium revertantur.

6. In festis vero novem lectionum idem per omnia fiat, ut in ferialibus dictum est.

7. In dominicis diebus et semiduplicibus parentur sacerdos, diaconus, subdiaconus cum uno acolito tantum. Et thurificetur ad evangelium. Sacerdos stet ad dextrum cornu altaris, subdiaconus autem stans ante diaconum vertat se ad evangelium. Quo finito, subdiaconus offerat librum sacerdoti primo deosculandum post inceptum *Credo,* cum dicitur, et post diacono.

8. Oblatio vero calicis sic fiat: Parato calice post dictam epistolam in loco suo, ut predictum est, subdiaconus, cum cantatur offertorium, accipiat cum palla mundissima calicem preparatum, quem precedat acolitus, in manu dextra ampullam aque portans. Et sic procedant ordinate usque ad medium altaris. Subdiaconus stet a dextris diaconi et acolitus cum ampulla a dextris sacerdotis. Deinde diaconus accipiens patenam a subdiacono offerat sacerdoti. Et post diaconus accipiat a subdiacono calicem, subdiaconus ampullam ab acolito, sacerdos eandem a subdiacono. Et fusa aqua in calice, dicendo orationem: *Deus, qui humane substantie* etc., offerat eum diaconus super altare, dicendo orationem: *Offerimus tibi calicem* etc.

9. Interim autem acolitus, parato thuribulo, reddat illud subdiacono. Diaconus autem incensum benedictum a sacerdote ponat in thuribulo. Deinde accipiat illud a subdiacono et offerat sacerdoti. Sacerdos iterum adoleat calicem et altare, sicut dictum est. Finita vero thurificatione, diaconus vero aptata[a] planeta sinistra manu incenset sacerdotem manu dextra. Deinde reddat illud acolito[b]. Acolitus vero, incensatis diacono et subdiacono, thurificet chorum. Et hoc tantum in dominicis et semiduplicibus et duplicibus diebus observetur.

10. Et nota quod semper ante evangelium, cum aliquid communiter cantatur a sacerdote, diacono, subdiacono, diaconus assistat sacerdoti a dextris, subdiaconus a sinistris. Econtra vero fit post evangelium.

11. Dicta vero prefatione et *Sanctus*, diaconus involutam patenam panno mundissimo tradat subdiacono tenendam. Cum vero perventum fuerit ad *Pater noster*, discooperiat eam subdiaconus et tenens eam usque ad finem orationis dominice, accedens ad diaconum, tradat ei, diaconus vero sacerdoti, deosculans manum eius.

12. Et quandocumque dat vel recipit sacerdos, ministri debent osculari manum eius, preterquam cum dat osculum pacis.

13. Diaconus autem recepta pace a sacerdote, det eam subdiacono, subdiaconus acolito, acolitus vero duobus primis in choro, incipiens a parte ebdomadarii.

14. In omnibus autem festis duplicibus, paratis in sacristia ministris, precedant duo ceroferarii, induti tantum superpelliciis, quorum unus ad dextram, alius ad sinistram transeat, tenentes cereos, donec finiatur officium, quos deponentes non resumant usque ad evangelium. Hos sequatur thuribularius, ad dextram transiens, post quem subdiaconus librum clausum utraque manu ante pectus ferens, deinde diaconus, ultimus sacerdos.

15. Factaque confessione, incensetur altare. Introitus ante missam numquam dicitur, nisi bis, neque graduale repetitur ante versum.

16. Lecto vero post thurificationem a sacerdote officio, ministri disponantur in modum crucis, id est duo acoliti, eque distantes ad levam et dextram diaconi. Et hic modus standi per totam missam servetur.

17. Et nota quod tam in dominicis diebus quam in semiduplicibus et duplicibus, dum dicitur epistola, diaconus ad altare reverenter conscendens debet super altare extendere et explicare corporalia et iterum plicare in fine misse, dum sacerdos calicem et manus purificat.

18. Ad evangelium vero duo acoliti, resumptis cereis, stent ad levam et dextram subdiaconi, versis vultibus ad evangelium.

19. De oblatione autem calicis et thurificatione fiant omnia, excepto quod primo thurificentur cantores et eis pax primo detur et ipsi eam portent primo in choro residentibus et illo ordine, quo de vestiario fuerant egressi. Finito officio, revertantur.

20. In festis autem novem lectionum duo fratres dicant graduale vel tractum temporibus suis. Tractus autem, quando dicendus est, a duobus, si brevis fuerit, ad pulpitum in medio chori dicatur; si autem prolixus fuerit, dicatur a quatuor vel a sex, binis et binis succedentibus, ubi potest fieri bono modo.

21. In festis semiduplicibus et in die dominica duo fratres dicant graduale et

---

4.[a] sit *A 2.*

**XLIII.** Ms.: A, f. 23r–24r.

*Titel. Von Hand H und von einer anderen Hand jeweils:* De missis in diebus ferialibus *A.*

1.[a] *fehlt A; ergänzt nach S. J. P. van Dijk, Sources of the Modern Roman Liturgy 2, S. 352.*

4.[a] in choro] *steht über der Zeile A.*

9.[a] *korr. aus* apta *A.*

[b] *korr. aus* diacono *A.*

---

**XLIII.** Vgl. oben, S. 53f.

duo alii *Alleluia*. In festis vero duplicibus duo fratres dicant graduale et quatuor *Alleluia* vel plures, secundum quod congruerit sollempnitati.

22. Et nota quod, quandocumque *Alleluia* cantatur in ferialibus diebus in prima vice, sine completione neumatis cantatur. Cum vero duplex *Alleluia* cantatur, ut ab octabis pasche usque ad octabas pentecostes, prius totum cantatur cum suo versu, nec repetitur ante versum nec post. Secundum vero *Alleluia* et ante versum et post repetitur.

23. Cetera vero ad missam pertinentia fiant, sicut in missali continetur. Discursus autem in choro sollicite evitetur.

24. De communicatione autem fratrum in missa conventuali hoc semper observetur: Facta autem confessione a fratribus communiter, flexis genibus in locis suis et absolutione facta, dicant omnes, qui debent communicare, semel tantum submissa voce: *Domine, non sum dignus* etc. Interim autem duo acoliti pallam extensam teneant coram sacerdote. Et communicatis primo ministris, fratres ceteri per ordinem a capite chori incipientes bini et bini ordinate procedant et flexis genibus devote communicent. Communicati vero accedant ad calicem vel calices eis a subdiacono vel diacono, si potest fieri, ministratos, secundum quod fratrum expetit multitudo. Et sic ad loca sua revertantur.

25. *Pretiosa* semper dicatur in ecclesia preterquam in diebus, in quibus capitulum celebratur.

---

25. Dieser Absatz gehört nicht zu Haymos *Ordinationes*; vgl. jedoch in der Edition Van Dijks die Angaben auf S. 52, 342 und 439.

B.

## DAS ZEREMONIENBUCH DES BINDO FESULANI

### **XLIV.** [Prologus.]

1. Qualiter dominus noster papa in vesperis papalibus et principalioribus totius anni, videlicet in vigilia nativitatis domini, penthecosten, apostolorum Petri et Pauli, assumptionis beate Marie virginis et omnium sanctorum ac de aliis vesperis, quos dominus noster papa incipit solempniter, et missis papalibus ac etiam de aliis missis, que per ipsum dominum papam celebrantur, et[a] deinde de aliis missis, que coram ipso domino nostro papa per dominos cardinales aut per alios prelatos celebrantur[a], sit agendum.

| | |
|---|---|
| In primis de[b] vesperis papalibus, in quibus domini cardinales debent esse induti. In prima carta huius libri[c] designatur, qualiter sit agendum, et sic de aliis, que sequuntur. | in[d] I carta |
| De missis celebrandis per papam, quando est missa papalis, quid sit agendum specialiter in festo penthecosten. | in c. III |
| Missa celebranda per dominum papam. | in c. IIII |
| De missis, que celebrantur coram papa per cardinales vel per alios prelatos. | in c. VI |
| Qualiter sit agendum in vesperis et matutinis nativitatis domini. | in c. XVI |
| Qualiter in festo purificationis. | in c. XVIII |
| Qualiter in die cinerum. | in c. XX |
| Qualiter in dominica, qua cantatur *Letare Ierusalem.* | in c. XXII |
| Qualiter in ramis palmarum. | in c. XXIII |
| Qualiter in die Iovis sancta. | in c. XXIIII |
| De communione pape. | in c. XXVI |
| De communione aliorum. | in c. XXVIII |
| De mandato fiendo. | in c. XXIX |
| De commestione[e] in die [cene[f]], quando cardinales comedunt cum papa. | in c. XXX |

---

**XLIV.** Mss.: R (= Ricc. 471), f. 1r–6r; V (= Vat. lat. 4726), f. 2r–3v.

*Titel. fehlt R V.*

1. [a] et – celebrantur] *fehlt R.*
[b] *fehlt R.*
[c] *fehlt R.*
[d] *die Folioangaben fehlen R.*
[f] *fehlt R V.*
[e] commestione ⟨huius⟩ *R V.*

**XLIV.** Zu diesem und den folgenden Kapiteln (bis Kap. XLVIII) vgl. oben, S. 103f.

1. Die Folioangaben beziehen sich auf die Seiten in V.

2. Quoniam a multis et fere ab omnibus, qui in ista arte nutriti et usitati per experientiam non sunt, ignoratur, qualiter dominus noster papa in vesperis papalibus et principalioribus totius anni, videlicet in vigilia nativitatis domini, pentecosten, apostolorum Petri et Pauli, assumptionis beate Marie virginis et omnium sanctorum, – quibus dictis, semper istis diebus et non aliis[a] fit potus in aula cum speciebus – ac de aliis vesperis, quos dominus noster papa incipit solempniter, et domini cardinales veniunt, licet non mandentur nec venire teneantur, et missis papalibus solempnibus ac de aliis missis, que per dominum nostrum papam celebrantur, et deinde de aliis missis, que coram ipso domino nostro papa per dominos cardinales aut per alios prelatos celebrantur, sit agendum.

3. Ego Bindo[a] Fesulani de Florentia acolitus[a], capellanus commensalis domini nostri pape, qui in hac valle miserie sub umbra romane curie tam in civitate Avinione[b] quam in Urbe, dum curia ipsa erat, per multa tempora moram traxi, istud modicum opus sub compendio, ut melius potui, abreviavi non discedendo[c] tamen a rubricis antiquis, in quibus totum fundamentum omnium serimoniarum[d] ipsius romane curie consistit, et ut sit provectis memoriale ac iuvenes instruat atque servitores.

## **XLV.** Primo de vesperis papalibus, in quibus domini cardinales debent esse induti, volui tractare, qualiter sit agendum, ut infra sequitur.

1. Et primo dominus noster papa semper vadit ad orandum, quando venit ad capellam, ante medium altaris et deinde vadit ad incipiendum officium, videlicet *Deus in adiutorium meum intende etc.* Et deinde subdiaconus incipit primam antiphonam coram eo et dominus papa reincipit dictam antiphonam[a].

2. Secundam antiphonam incipit antiquior diaconus cardinalis. Tertiam antiphonam incipit antiquior episcopus cardinalis, qui assistit sibi. Quartam antiphonam

incipit antiquior presbiter cardinalis. Quintam antiphonam incipit secundus diaconus cardinalis.

3. Capitulum dicit subdiaconus; quo dicto, unus acolitus incipit hymnum coram papa et ipse dominus noster reincipit hymnum.

4. Subdiaconus postmodum, dicto versu, incipit antiphonam ad *Magnificat* coram papa et papa reincipit ut supra. Et dum cantatur antiphona, papa vadit ad incensandum[a] altare; quo incensato, redit ad sedem suam. Et cardinalis episcopus, qui assistit sibi, incensat dominum nostrum papam et deinde incensat cardinales diaconos, qui assistunt pape, et primo a parte dextra. Et postea vadit ad incensandum[b] omnes alios dominos cardinales, quia sunt induti. Et unus acolitus vadit cum dicto domino cardinali ad incensandum[c].

5. Deinde subdiaconus incensat ipsum cardinalem et omnes prelatos, qui stant iuxta papam et non debent habere nisi capas de panno.

6. Quando acoliti recipiunt candelabra de cornu altaris, ipsi debent flectere genua et osculare altare et vadunt coram papa cum luminaribus et dominus noster dicit orationem.

7. Nota quod, quando vespere non sunt papales, quamvis dominus noster faciat officium, tunc subdiaconus incensat omnes cardinales et unus de clericis capelle associat eum, quia domini cardinales non sunt induti.

8. Ista servantur semper in vesperis papalibus.

## **XLVI.** Sequitur de missis celebrandis per dominum nostrum papam quando est missa papalis.

1. Et primo, quia in festo penthecosten sunt aliqua fienda, que non fiunt in aliis missis, ideo volui ponere modum et formam procedendi.

2. Primo dominus noster papa, quando intrat capellam, vadit ad orandum coram altare, ut est moris. Et oratione facta, revertitur ad cathedram suam. Et postea domini cardinales veniunt omnes ad faciendum reverentiam, ut est moris. Qua reverentia facta, ipse dominus noster incipit tertiam cum nota in die ista tantum et unus de acolitis incipit hymnum *Veni creator spiritus* coram papa et dominus noster papa reincipit dictum hymnum *Veni creator,* genibus flexis. Postmodum subdiaconus incipit *Spiritus domini* etc.

---

[g] qua *R V.*
[h] *fehlt R V.*
[i] lotionum *R V, korr. zu* lotionibus *R.*
[k] parasceven *R.*
[l] ea *R V.*
[m] *fehlt R V.*
[n] *fehlt R.*
[o] *fehlt R V.*
[p] his *R.*
2. [a] alliis *V.*
3. [a] Ego – acolitus] Ego – Florentia *ausradiert,* acolitus *von anderer Hand V.*
[b] Avio, *getilgt R.*
[c] discendo *R.*
[d] cerimoniarum *R.*

**XLV.** Mss.: R, f. 6r–7v; V, f. 3v–4v.
1. [a] *fehlt R.*
4. [a] discendendum *R V.*
[b] incensendum *R V.*
[c] incensendum *R V.*

**XLVI.** Mss.: R, f. 7v–8v; V, f. 4v–5v.
Ed.: D. Giorgi, De liturgia romani pontificis 3, S. 556–557.

---

3. Zu Bindo Fesulani vgl. S. 102f. und 417.

3. Postea magister capelle incipit *Legem pone* etc. Et dicitur tertia coram papa cum nota per capellanos commensales. Qua finita, duo acoliti accedunt ad altare et recipiunt duo candelabra et vadunt cum ipsis coram papa.

4. Subdiaconus dicit capitulum *Dum complerentur.* Quo dicto, dicti acoliti dicunt versum *Spiritus domini,* tenentes candelabra cum duabus manibus coram papa. Quo dicto, dominus noster papa dicit orationem. Qua dicta, dicti acoliti tenentes candelabra dicunt: *Benedicamus domino* cum nota et sine *Alleluia,* quamvis aliqui dicant contrarium, quia numquam dicitur cum *Alleluia,* nisi infra octabas pasche ad matutinas et ad vesperas tantum.

5. Deinde finita tertia, dominus noster vadit ad locum paratum pro induendo se. Et antequam induat se, dominus camerarius et omnes prelati, qui sunt in capella, veniunt ad faciendum sibi reverentiam, ut est moris. Qua facta, datur sibi[a] aqua ad lavandum manus. Et postea ipse dominus noster incipit recipere[b] sindalia, quas portat sibi subdiaconus, et[b] dicere psalmum: *Quam dilecta* etc.

## **XLVII.** Missa celebranda per dominum papam.

1. In aliis vero missis per ipsum dominum nostrum papam celebrandis statim, facta oratione coram altare, ipse vadit ad locum sibi paratum pro induendo se. Et incipit tertiam sine nota et dicit eam ibi cum capellanis suis. Qua dicta, ipse incipit psalmum *Quam dilecta* etc. Et interim subdiaconus et acoliti ponunt sibi sindala, ut est moris. Quo calciato et finitis[a] psalmis predictis cum orationibus sequentibus, portatur sibi aqua per nobiliorem, qui erit in capella, et lavat manus suas ⟨et[b] cardinalis, qui debet sibi servire in missa, iuvat ipsum nobilem ad dandum aquam; et interim diaconi cardinales et alii domini vadunt ad induendum se vestibus sacris⟩. Quibus lotis, dominus diaconus cardinalis, qui debet dicere evangelium, deponit sibi pluviale rubeum cum perlis et stolam, quam portat; et postea procedit ad induendum eum[c] hoc modo una cum subdiacono, qui semper iuvat eum.

2. Et primo induit sibi albam, deinde cintorium cum manipulo ad sinistram partem, postea pectorale sive[a] oratorium, deinde dat phanum de serico bene plicatum supra capud et scapulas et datur sibi loco amictus; quo bene plicato et parato, portatur sibi stola, postea tunicella[b] et dalmatica. Deinde dominus noster sedens[c] super cathedram et dantur sibi cirothece et debet sibi osculari manum primo ille, qui tradit. Postea dominus noster surgit et dant sibi casulam et, antequam aptetur nec plicetur, dant sibi[d] palleum cum tribus spinolis deauratis, ut est moris. Quo facto, dominus diaconus cardinalis plicat sibi casulam bene et polite. Et nota quod, dum casula plicatur et aptatur domino nostro, unus de acolitis debet trahere aurifrizium casule semper a parte anteriori, donec casula sit bene plicata et aptata ante et retro.

3. Quo sic induto, dominus cardinalis episcopus, qui debet sibi assistere, tradit sibi anulum[a] pontificalem osculando sibi manum, et traditur sibi mitra. Deinde recipit ibidem navetam[b] de manu acoliti et presentat eam domino nostro pape osculando sibi manum, et dictus[c] dominus noster ponit incensum in turibulo.

4. Quo facto, vadit versus altare, dicendo: *Ne reminiscaris domine* et dicendo

psalmum: *Domine ne in furore tuo* etc.; quo finito, ipse dominus noster dicit: *Ne reminiscaris* totum.

5. Et debent precedere duo capellani cum duobus candalabris et unus alter cum cruce et turibulo fumigante semper et subdiaconus cum libro evangeliorum et cum manipulo infra librum, postmodum venit diaconus cardinalis. Et hoc modo vadunt usque ante altare.

6. Et antequam dominus noster procedat ad confessionem misse, veniunt tres presbiteri cardinales iuniores. Et antiquior eorum venit primo et facit sibi reverentiam[a], inclinando se humiliter coram papa, et osculatur eum et deinde debet osculari ipsum dominum nostrum in pectore in cruce pallei et postea inclinat se humiliter iterato coram dicto domino nostro papa. Alii vero duo cardinales faciunt similiter, ut premissum est.

7. Quibus sic[a] expeditis, ipse dominus noster accedit ante[b] medium altaris[c] et incipit: *Introibo ad altare dei* etc. et facit confessionem suam, ut est moris. Et dum dicit: *Indulgentiam et remissionem* etc., subdiaconus dat sibi manipulum. Et finita confessione, cardinalis episcopus, qui assistit sibi, recipit naviculam de manu acoliti et presentat eam dicto domino nostro, osculando sibi manum semper. Et dictus dominus noster ponit incensum in turibulo. Et postea vadit ad altare. Et tunc dictus dominus cardinalis episcopus, qui assistit sibi, tradit sibi turribulum, osculando sibi manum. Et tunc dominus noster incensat altare totum desuper; quo facto cardinalis diaconus, qui debet legere evangelium, incensat ipsum dominum nostrum papam et postea altare desubtus per totum. Hiis expeditis, prefatus dominus noster vadit ad cathedram suam.

8. Et nota quod semper, quando papa vadit ad altare vel ad cathedram, duo

---

5.[a] sibi] *auf dem Rand:* ymo recipit primo sandalia, deinde datur sibi aqua *V*; *in R steht der Zusatz im Text hinter* sibi, *jedoch ohne* etc.
[b] recipere – et] *durch* vacat *getilgt V.*

**XLVII.** Mss.: R, f. 8v–22r; V, f. 6r–13r.
Ed.: D. Giorgi, a.a.O. 3, S. 557–565.
*Titel. Steht nur im Prolog R V.*
1.[a] finito *R V.*
[b] et – sacris] *auf dem Rand V.*
[c] cum *R.*
2.[a] sine *R.*
[b] trinicella *R V.*
[c] sedes *R V.*
[d] *fehlt R.*
3.[a] anulum] *auf dem Rand:* ymo traditur sibi mitra primo et deinde anulus etc. *V*; *in R steht der Zusatz im Text hinter* anulum, *statt* anulus *steht in R:* anulum.
[b] naveta *R V.*
[c] dictus – noster] dominus noster dictus *R.*
6.[a] reverentia *V.*
7.[a] sit *R V.*
[b] an *R V.*
[c] altari *R V.*

---

**XLVI.**

5. Vgl. zu der Textveränderung die Angaben in Kap. XCVII 1, unten S. 298, die mit denen der Zusätze übereinstimmen.

**XLVII.**

1. Zum Anziehen der Sandalen vgl. oben, Kap. XLVI 5.
*Sindala* oder *sendalia* = *sandalia.*

2. *Cintorium* = *cinctorium.*
*Oratorium* = *orarium.*
*Phanum* = *fano.*

acoliti debent sibi levare raubam et indumenta a parte anteriori, ne impediant eum in eundo.

9. Dum autem dictus dominus noster pervenerit ad cathedram, incipit officium suum, ut est moris.

10. Item postea dominus noster incipit: *Gloria in excelsis deo* et dicit[a] cum episcopo cardinali, qui assistit sibi, et duobus aliis cardinalibus diaconibus, qui semper debent sibi assistere in capella, quando facit officium vel quando fit per alium coram eo.

11. Et nota quod numquam domini cardinales vadunt ad iuvandum dominum nostrum, quando dicit: *Gloria in excelsis deo* neque *Credo*, quando sunt induti solempniter[a]. Sed quando dicitur missa solemnis coram papa, tunc omnes vadunt et stant coram eo in modum coree.

12. Item quando dominus noster dicit: *Pax vobis* pro oratione dicenda, dominus episcopus cardinalis, qui assistit sibi, debet recipere librum missale et ponere supra capud suum et tenere, donec ipse dominus noster perfecerit orationem.

13. Qua finita, unus episcopus de familiaribus domini nostri recipit librum. Et subdiaconus vadit ad legendum epistolam coram domino nostro prefato. Qua lecta, statim ipse subdiaconus vadit ad osculandum pedem dicto domino nostro. Et antequam surgat, stando flexis genibus coram papa, prelatus, qui tenet missale domini pape, tradit ipsum librum subdiacono, qui tenet eum coram papa, donec dominus noster dixerit epistolam et officium suum. Quo dicto, subdiaconus vadit ad locum suum.

14. Postmodum cantato responsorio et *Alleluia* in coro, aut circa finem *Alleluia* vel tractus, dominus cardinalis diaconus, qui debet legere evangelium, vadit ad osculandum pedem domino nostro. Et postea revertitur ad altare et ibi recipit librum evangeliorum et vadit ad petendum benedictionem a dicto domino nostro et precedunt eum septem candelabra cum subdiacono.

15. Nota quod, nisi in maioribus festivitatibus, nonnisi duo candalabra et due candele, in maioribus festivitatibus, ⟨videlicet[a] pentecostes, apostolorum Petri et Pauli, assumptionis beate Marie virginis, omnium sanctorum, nativitatis domini et resurrectionis,⟩ septem candelabra cum septem candelis sive faculis accensis portantur[b] et subdiaconus post ipsos. Capellani domini nostri debent portare dictas candelas sive faculas. In aliis missis, licet dominus noster faciat officium, non portantur nisi duo candelabra cum duabus candelis.

16. Postea venit ipse dominus cardinalis, qui lecturus est evangelium. Quo evangelio finito, dominus cardinalis episcopus, qui assistit pape, recipit turribulum de manu acoliti et inclinat se coram papa et incensat ter dominum nostrum. Deinde dat turibulum dicto acolito. Et statim fit sermo et datur indulgentia[a].

17. Quo facto, dominus noster incipit alta voce: *Credo in unum deum* etc. Quo finito, ipse dominus noster dicit: *Dominus vobiscum* etc. Et postea dicit offertorium, ut moris est. Deinde portatur sibi aqua per nobiliorem, qui erit in capella, ad lavandum manus, et secundus episcopus cardinalis iuvat ipsum nobilem ad dandum aquam domino nostro pape. Quibus lotis, ipse dominus noster vadit ad altare et procedit in missa sua, ut est consuetum.

18. Nota quod, quando dominus noster vadit ad altare, duo acoliti vel duo capellani debent sibi levare vestes a parte anteriori, ne pedes impediantur, ut supra dictum est.

19. Et dum[a] dominus noster est in altare, prelatus, qui custodit locum, ubi est dressatorium preparatum, portat ostiam et vinum et aquam cum ampulis coopertis de uno panno de serico. Et in presentia domini nostri pape fit administratio ostie et vini cum aqua.

20. Et facta oblatione ostie per ipsum dominum nostrum supra corporalia, dominus cardinalis diaconus, qui dixit evangelium, collocat calicem supra corporalia, faciendo ter crucem cum calice. Et facta benedictione incensi per dominum nostrum, ipse dominus cardinalis diaconus ponit incensum in turribulo et postea tradit domino nostro, osculando sibi manum, semper nichil dicendo.

21. Quo facto, ipse dominus noster papa vadit ad dextrum cornu altaris ad lavandum manus. Et portatur sibi aqua per nobiliorem, qui erit in capella, ut superius est premissum.

22. Et lotis sic manibus, dominus noster vadit ad medium altaris et procedit in missa sua, ut est moris, assistendo sibi antiquiore episcopo cardinali et alio episcopo iuxta ipsum dominum cardinalem.

23. Et dum ipse dominus noster papa elevat corpus Christi, unus de acolitis stat semper iuxta dextrum[a] cornu altaris cum turribulo fumigante, donec calix fuerit elevatus; qua elevatione facta, dictus acolitus debet recedere ab inde.

Et nota quod, quando dominus noster elevaverit corpus Christi, unus episcopus de suis familiaribus debet discoperire calicem et post elevationem dicti calicis debet ipsum cooperire.

24. Deinde dominus noster procedit in missa sua, ut est moris. Et facta fractione corporis Christi post *Pax domini* etc., ipse dominus noster vadit ad cathedram et stat ibi pedes, tenendo semper facie versus altare. Et dominus cardinalis diaconus, qui dixit evangelium, stans in medio altaris flectit primo genua et postea recipit cum magna reverentia corpus Christi supra patenam positam et vertit se versus populum a parte dextra usque ad medium altaris et postea vertit se ad aliam partem sinistram cum patena, ut supra, usque ad medium altaris, ostendendo populo.

25. Et hoc facto, ipse dominus cardinalis tradit patenam cum corpore Christi desuper subdiacono, qui debet stare genibus flexis iuxta altare ad sinistrum cornu. Deinde vero ipse subdiaconus portat corpus Christi cum duabus manibus ad dominum nostrum papam et ponit se ad dextram partem, semper stando pedes. Et unus de clericis capelle debet sibi levare raubam ante, quando cum corpore Christi ad dominum papam vadit. Postmodum vero idem dominus cardinalis diaconus recipit calicem cum duabus manibus cum magna[a] reverentia et vertit se ad partem[b] dex-

---

10. [a] dixit *R V*.
11. [a] solemnipter *V*.
15. [a] videlicet – resurrectionis] *auf dem Rand V*.
[b] *steht über der Zeile V*.
16. [a] indulgentiam *R*.
19. [a] *steht über der Zeile V*.
23. [a] dextra *R V*.
24. [a] a *R V*.
25. [a] *korr. aus* manibus *V*.
[b] partem dextram] parte dextra *V*.

tram ut supra cum calice[c] usque ad medium altaris, ostendendo calicem populo. Et deinde vertit se ab alia parte sinistra cum dicto calice tenendo[d] in manibus usque ad medium altaris.

26. Quo facto, ipse dominus cardinalis cum dicto calice, tenendo ipsum cum ambabus[a] manibus, vadit ad dominum nostrum papam. Et unus de dictis clericis capelle debet sibi levare raubam a parte anteriori, ne pedes possint impediri. Et ponit se a parte sinistra cum dicto calice, semper stando pedes. Deinde vero dominus noster cum magna devotione dicit orationes suas, sicut in missali continentur. Quibus dictis, prefatus dominus noster recipit corpus Christi de patena, quam tenet subdiaconus, ut superius est dictum. Et recipit medietatem sive maiorem partem ostie consecrate et communicat de ipsa, presente populo. Et debet dimittere[b] modicum de dicta parte ostie et ponere dictam partem modicam in calice, ubi est sanguis[c] Christi.

27. Quo facto, episcopus cardinalis, qui assistit sibi, tradit sibi calamum[a] de auro, osculando sibi manum dextram, et dominus papa recipit ipsam calamum[b] et ponit duos digitos in duabus auriculis, quas debet habere, et cum magna reverentia sumit de sanguine Christi cum dicta calamo. Et deinde idem[c] dominus noster tradit dictam calamum dicto domino diacono cardinali, qui debet etiam[d] ponere duos digitos in dictis auriculis ipsius calami, et tenendo sic supra calicem, dominus noster papa recipit unam partem corporis Christi, dicendo: *Corpus domini nostri Iesu Christi* etc. et communicat ipsum dominum cardinalem diaconum. Et ipse dominus cardinalis debet sibi osculari[e] anulum et postea recipere corpus Christi de manu pape; et postea ipse dominus noster papa osculatur eundem dominum cardinalem.

28. Quo facto, prefatus dominus cardinalis recedit ab inde et portat calicem ad altare. Et dictus[a] clericus debet sibi levare indumenta a parte anteriori, ut supra dictum est.

29. Deinde dictus dominus noster recipit reliquam partem corporis Christi et communicat subdiaconum. Et dictus subdiaconus debet osculari[a] sibi manum sive anulum[b] et postmodum statim ipse subdiaconus recedit cum patena vacua et debet reportare eam cum duabus manibus usque ad altare. Et ibidem dominus cardinalis diaconus et subdiaconus debent sumere partem sanguinis Christi, que remanserat in calice, et postmodum ponere[c] de vino et de aqua in calice, ut est moris.

30. Et dum ista fiunt, secundus episcopus cardinalis debet venire ad dominum nostrum papam, qui stat sedendo, et ministrare sibi vinum in una tacea[a] deaurata super dictam taceam, super qua lavat digitos, et dictus dominus cardinalis portat cum vino predicto ad altare. Deinde portatur aqua domino nostro ad[b] lavandum manus per nobiliorem, qui erit in capella, ut superius dictum est. Et tertius episcopus cardinalis iuvat ipsum nobilem, ut supra, vel antiquior presbiter cardinalis. Et incontinenti, lotis manibus, portatur unus alius calix vacuus per unum episcopum non tamen cardinalem, cum quo dominus papa recipit vinum et aquam, ut est moris.

31. Postmodum vero dominus noster papa surgit et vadit ad altare et dicit communionem suam et orationem. Quibus dictis, dominus cardinalis episcopus, qui assistit sibi, debet ipsum dominum nostrum papam osculari[a] supra crucem pallei in

dextro humero, antequam vadat ad medium altaris, ubi dicit: *Dominus vobiscum.* Et dominus cardinalis, qui dicit evangelium, dicit: *Ite missa est.* Quo facto, idem dominus noster papa dat benedictionem, ut moris est.

32. Et postea vadit ad cathedram suam et ibi exuit se, ut est moris. Et capellani sui reportant indumenta sua ad altare. Postea dominus noster reassumit pluviale[a] suum rubeum cum mitra[b] aurifrizata et vadit ad cameram suam, cruce semper ipsum precedente.

## XLVIII. De missis, que celebrantur coram papa per cardinales vel per alios prelatos.

1. Et quia superius est tractatum, qualiter sit agendum, quando dominus noster papa facit officium in missis solemnibus seu maioribus festivitatibus, modo est videndum, qualiter sit agendum in missis, que celebrantur coram eo in capella aut per dominos cardinales vel per alios prelatos.

2. Et primo, quando pulsatur[a] campana, prelatus, qui facit officium, debet esse indutus et paratus. Et dum dominus noster papa fecerit orationem suam coram altari in cathedra sibi preparata, prelatus sive cardinalis, qui debet celebrare missam, debet ire[b] ad latus[c] sinistrum domini nostri pape, uno diacono cardinali in medio. Et tunc dominus noster incipit: *Introibo ad altare dei* etc.

3. Et facta confessione ac dicto[a] per dominum nostrum papam: *Indulgentiam* etc., ipse dominus noster vadit ad cathedram suam et prelatus debet se retrahere aliquantulum, donec dominus noster transiverit[b].

Nota quod antiquior presbiter cardinalis debet domino nostro presentare naviculam et assistere sibi.

4. Et tunc prelatus, qui dicit missam, dicit eundo ad altare: *Deus tu conversus* etc. et, obsculato[a] altari, expectat ibi, donec portetur sibi turribulum per clericum capelle cum incenso benedicto per ipsum dominum nostrum papam. Et tunc incensat altare desuper tantum. Quo facto, diaconus incensat ipsum prelatum[b] et postmodum

---

[c] calce *R.*
[d] tendo *R.*
26. [a] duabus *R.*
[b] dimicte *R.*
[c] sanguinis *R V.*
27. [a] calarium *R V.*
[b] calamum *V.*
[c] *fehlt R.*
[d] ex *R.*
[e] osculare *R V.*
28. [a] dicto *R.*
29. [a] osculare *R V.*
[b] anulum ⟨sine pluri⟩ *R V.*
[c] ponere de vino] de vino ponere *R.*
30. [a] tatia *R.*
[b] a *V.*
31. [a] osculare *R V.*
32. [a] pluvialem *R.*
[b] mitria *R.*

**XLVIII.** Mss.: R, f. 22r–28v; V, f. 13v–17v.
Ed.: D. Giorgi, a.a.O. 3, S. 565–569.
*Titel. Steht nur im Prolog R V.*
2. [a] pulsantur *V.*
[b] *fehlt R.*
[c] latum *R.*
3. [a] dictum *R.*
[b] transivit *R.*
4. [a] osculator *R.*
[b] diaconum *R.*

altare desubtus et interim prelatus vadit ad cathedram suam paratam et incipit officium misse, sicut est fieri consuetum.

5. Et quando prelatus incipit: *Gloria in excelsis deo,* omnes domini cardinales veniunt ad dominum nostrum et stant coram eo in modum coree et iuvant ipsum ad dicendum totum *Gloria in excelsis*[a]. Quo finito, vadunt domini cardinales ad sedes suas. Et ipse prelatus postea procedit in missa sua, ut est moris.

6. Et si contingat, quod fiat missa votiva de sancto spiritu, clerici capelle debent parare cathedram domino nostro pape ante medium altaris. Et dominus noster debet venire ibi, quando incipitur versus *Veni sancte spiritus,* et stare genibus flexis usque *Et tui amoris* etc. Prelatus vero debet stare super pavimentum capelle genibus flexis magis basse post dominum nostrum.

7. Et postea revertitur ad sedem suam, ubi stat usque post evangelium. Quo evangelio dicto, cardinalis presbiter, qui assistit sibi, incensat dominum nostrum. Sed ipse prelatus aut cardinalis, qui debet predicare, statim vadit ad dominum nostrum ad petendum benedictionem, ut est moris. Qua accepta, vadit ad pulpitum paratum pro sermone fiendo.

8. Nota quod semper presbiter cardinalis, qui assistit domino nostro, quando dicitur sermo, vadit ad locum suum cum aliis dominis cardinalibus. Quo finito, statim diaconus dicit: *Confiteor deo* etc. coram papa cum magna devotione et humilitate, percutiendo pectus suum ter, quando dicit: *Mea culpa* etc. Quo finito ille, qui fecit sermonem, pronuntiat indulgentiam sibi concessam per dominum nostrum.

9. Et nota quod semper fit sermo post evangelium in curia romana nisi in exequiis mortuorum.

Quo finito, dominus noster dicit: *Per intercessionem* etc.

10. Quo dicto, ille prelatus, qui dicit missam, incipit: *Credo in unum deum* etc. Et[a] omnes domini cardinales veniunt ad dicendum cum domino nostro, ut superius est dictum de *Gloria in excelsis deo*[a].

11. Finito vero *Credo*, prelatus, qui dicit missam, procedit in officio misse sue, ut est fieri consuetum. Et clericus capelle debet portare naviculam cum turribulo ad dominum cardinalem presbiterum, qui assistit pape. Et tunc ipse dominus cardinalis recipit naviculam de manu clerici predicti et genu flexo presentat eam domino nostro pape osculando sibi manum. Deinde ipse clericus recipit dictam naviculam de manu dicti domini cardinalis et tunc vadit ad altare, et diaconus debet recipere turribulum de manu ipsius clerici et tradit eum prelato osculando sibi manum. Et tunc prelatus incensat altare totum desuper. Quo facto, restituit dictum turribulum diacono et diaconus debet incensare ipsum prelatum et altare a parte inferiori. Deinde restituit dictum turribulum clerico et portat eum ad dominum cardinalem presbiterum, qui assistit domino nostro, et ipse dominus cardinalis incensat dominum nostrum multum humiliter ter. Quo facto, restituit dictum[a] turribulum ipso[b] clerico, et ipse clericus tradit eum diacono; et ibidem incensat dominum cardinalem presbiterum bis cum magna reverentia. Et deinde incensat cardinalem diaconum antiquiorem, qui assistit domino nostro a parte dextra, et deinde incensat alium cardinalem diaconum, qui assistit a parte sinistra, multum humiliter, ut dictum est.

12. Quibus sic incensatis, ipse diaconus flectit unum genu coram papa et postea vadit ad incensandum[a] omnes alios[b] dominos cardinales bis cum magna reverentia. Et postea incensat omnes prelatos, qui sunt iuxta dominum nostrum papam, et deinde incensat subdiaconum, qui debet tenere patenam cum panno serico.

13. Ex interim prelatus, qui facit officium, procedit in missa sua, ut est fieri consuetum. Quando vero perventum fuerit ad *Sanctus*, omnes domini cardinales debent venire ad dicendum cum domino nostro, ut dictum est de *Gloria in excelsis deo* et de *Credo*. Deinde vero finito *Pater noster*, prelatus, qui dicit missam, debet flectere genua in medio altaris et debet incipere psalmum *Letatus sum*. Et diaconus debet ipsum iuvare et perficere cum orationibus sequentibus. Quo dicto, surgit et debet procedere in missa sua; et dum pervenerit ad *Pax domini sit semper vobiscum* et dicto *Agnus dei*, capellanus, qui assistit prelato cum pluviali et tenet librum, debet ab inde recedere. Et diaconus debet venire ad sinistrum cornu altaris, ubi erat dictus capellanus assistens.

14. Nota quod, quando ipse dominus cardinalis vadit ad recipiendum pacem et portat domino nostro, semper unus de clericis capelle debet sibi portare caudam[a].

15. Et tunc dominus cardinalis presbiter, qui assistit domino nostro pape, vadit ad altare et recipit pacem a prelato, qui facit officium et portat domino nostro. Qua pace data ipso domino nostro, capellanus, qui assistit prelato cum pluviali, recipit pacem a dicto domino cardinali presbitero cum magna reverentia et humilitate et deinde portat antiquiori[a] episcopo cardinali et postea antiquiori presbitero cardinali, deinde antiquiori diacono cardinali.

Et nota quod nunquam episcopus cardinalis dat pacem presbitero cardinali neque presbiter[b] cardinalis dat pacem diacono cardinali in capella.

Et postmodum portat pacem prelatis, qui stant iuxta dominum nostrum a parte sinistra, qui communiter sunt familiares[c] sui. Deinde portat pacem ambaxiatoribus, si sunt in capella.

16. Quo facto, dictus capellanus redit ad altare et parat et ordinat orationes dicendas per dictum prelatum, qui officium celebravit. Deinde communione dicta ac orationibus finitis, post *Dominus vobiscum* diaconus dicit: *Ite missa est*, versa facie ad populum, et si dicatur: *Benedicamus domino*, debet tenere faciem versus altare.

17. Quo dicto, dominus noster dicit: *Sit nomen domini benedictum* etc. et deinde dat benedictionem. Et prelatus, qui dicit missam, vadit ad dextrum cornu altaris. Et si sit cardinalis, debet stare pedes et totus inclinatus recipiendo benedictionem. Si sit alius prelatus, debet flectere genua recipiendo dictam benedictionem. Et sic missa finita, dominus noster vadit ad cameram suam, subdiacono ipsum precedente cum cruce semper, veniendo ad capellam vel recedendo.

---

5. [a] excelsis ⟨deo⟩ *R*.
   [b] *hinzugefügt R*.
10. [a] Et – deo] *fehlt R*.
11. [a] ipsum *R*.
   [b] dicto *R*.
12. [a] incensendum *V*.
14. [a] candam *R*.
15. [a] antiquior *R*.
   [b] presbitero *R*.
   [c] familiares sui] sui familiares *R*.

## XLVIIIa. ⟨Nota pro festo omnium sanctorum.

1. Notandum quod dominus Clemens VI ordinavit et ita servat romana curia, quod si festum omnium sanctorum venerit in die sabbati, quod festum sive sollempnitas mortuorum transferatur ad diem lune et vespere mortuorum cantantur die dominica precedenti[a]. Et ita fuit observatum[b] tempore domini Clementis VII anno domini MCCCLXXXXIII. Et in sollennitate mortuorum papa portat pluviale sine perlis et mitram planam de guarnello.⟩

## XLIX. Qualiter sit agendum in vesperis et matutinis nativitatis domini.

1. In festo nativitatis domini vespere dicuntur more solito.

2. In matutinis vero proceditur prout[a] sequitur: Et primo sonantur[b] in media nocte, ut est consuetum. Deinde vero dominus noster[c] papa venit ad capellam cum clamide de zatarinio[d]; et facta reverentia coram altari, ⟨vadit[e] ad cathedram suam et⟩ incipit: *Domine labia mea aperies.* Deinde cantantur matutine more solito.

3. Primam lectionem legit unus de capellanis commensalibus et debet osculari pedem domino nostro.

Secundam lectionem legit unus de acolitis.

Tertiam lectionem[a] legit unus alter acolitus antiquior primo.

Quartam lectionem[b] legit iunior cardinalis presbiter.

4. Quintam lectionem legit imperator, si[a] presens fuerit[a], vel loco illius aliquis nobilis magnus, si est[b] in capella, et paratur sic:

Primo habet[c] unum pluviale de auro vel de serico et paratur sibi ad modum mantelli appertum a parte dextra. Deinde datur sibi ensis nobilis cum zona aurea, quam[d] debet prescingere[e] et postea tenere ensem predictum evaginatum in manu dextra. Postea traditur sibi unus capellus[f] sive pileus foderatus[g] de yrminiis sive lattitiis[h] cum perlis et lapidibus pretiosis. Et omnes clerici camere debent associare eum legendo lectionem et revertendo[i] usque[k] ad presentiam[l] domini nostri[m] pape.

Qua lectione lecta ille, qui legit eam, vadit ad dominum nostrum papam[n] ⟨osculando[o] sibi pedem,⟩ et debet remanere iuxta ipsum, secundum quod faciunt alii nobiles. Et[p] deinde dominus noster dat sibi capellum et ensem. Et in casu, quo[q] non[r] sit aliquis nobilis, qui debeat legere dictam lectionem, unus de clericis camere iunior debet legere dictam lectionem in habitu superius designato et debent associare eum[s] alii clerici camere, ut superius dictum est.

5. Sextam lectionem legit subdiaconus.

Septimam lectionem legit[a] dominus cardinalis diaconus iunior, qui semper debet stare a parte sinistra.

Octavam lectionem legit antiquior diaconus[b] cardinalis, qui assistit pape a parte dextra.

Nonam lectionem legit[c] dominus noster[d] papa. Et cum dicit: *Iube dompne benedicere,* respondetur sibi ab omnibus: *Amen.*

6. Qua finita, dominus noster[a] incipit: *Te deum laudamus* etc. Et interim ipse aut[b] unus de dominis cardinalibus parat se[c] pro missa dicenda. Sed finito *Te deum,* dominus noster[d] dicit[e]: *Dominus vobiscum,* et dicit orationem, scilicet *Concede.*

Qua dicta, incipitur missa sollempniter, ut est moris in aliis missis papalibus, sed non dicitur[f] *Letatus sum*[g].

7. Nota quod psalmus *Letatus sum* non dicitur in ista missa neque in secunda. Et si contingat papam celebrare, comunicat se in altari, videlicet in prima et secunda missa.

8. Deinde finita missa, dominus noster incipit: *Deus in adiutorium meum intende* pro laudibus. Et interim unus de dominis cardinalibus parat se pro secunda missa dicenda, ut moris est. Dominus noster debet incensari[a] ad *Benedictus*, ut est consuetum. Finita vero secunda missa et data benedictione per dominum nostrum, ipse vadit ad cameram[b] suam.

9. Postmodum vero hora competenti[a] pulsatur campana pro tertia missa dicenda, quam debet dicere dominus noster papa. Et omnes cardinales debent esse induti et

---

**XLVIII a.** Mss.: R, f. 28v–29r; V, f. 17v.

Ed.: D. Giorgi, a.a.O. 3, S. 569. Das Kapitel ist in V von späterer Hand nachgetragen.

*Titel. Auf dem Rand ergänzt V; fehlt R.*

1. [a] precedente *R*.
[b] oservatum *R*.

**XLIX.** Mss.: B (= Barb. lat. 750), f. 95v–96r; R, f. 29r–33r; T (= Turin F. V. 14), f. 95r–95v; V, f. 18r–20r.

Ed.: E. Cornides, Rose und Schwert, S. 137.

*Titel.* Alia rubrica de festo nativitatis domini nostri Yesu Christi *B T*.

2. [a] ut *B T*.
[b] sonatur *B T*.
[c] *fehlt B T*.
[d] zatarino *B T*; çata ⟨Lücke von ca. 3 Buchst.⟩ *R*.
[e] vadit – et] *fehlt B T, auf dem Rand V*.

3. [a] *fehlt B T*.
[b] *fehlt B T*.

4. [a] si – fuerit] *fehlt R V*.
[b] sit *B T*.
[c] *fehlt R*.
[d] que *R V*.
[e] precingere *B T*.
[f] capellus sive pileus] pileus sive capellus *B T*; capellanus sive pileus *R*.
[g] *fehlt B T*.
[h] latticis *R V*.
[i] vertento *R*.
[k] *fehlt R*.
[l] *fehlt, Lücke von ca. 5 Buchst. R*.
[m] *fehlt B T*.
[n] *fehlt B T*.
[o] osculando – pedem] *fehlt B T; auf dem Rand V*.
[p] *fehlt B T*.
[q] quod *R V*.
[r] *fehlt R*.
[s] cum *R*.

5. [a] *fehlt R*.
[b] diaconus cardinalis] cardinalis diaconus *R*; *nur* cardinalis *B T*.
[c] *fehlt B T*.
[d] *fehlt B T*.

6. [a] papa *B T*.
[b] autem *R V*.
[c] *fehlt B T*.
[d] papa *B T*.
[e] dicit ⟨vers.⟩ *B T*.
[f] dicitur ⟨ps.⟩ *B T*.
[g] sum ⟨in hiis etc., prout supra in folio XLIII a tergo⟩ *B*; sum ⟨in hiis etc., prout supra⟩ *T*. *Der Verweis in B bezieht sich auf f. 42r (= OR XIV, Kap. 68). Die Zahl* XLIII *stammt vielleicht aus der Vorlage.*

7.–9. *fehlt B T*.

8. [a] incensar *R*.
[b] camedram, *korr. aus* cathedram *R*.

9. [a] competanti *R V*.

---

**XLVIII a.** Vgl. den Eintrag zu Kap. L 1 a, S. 258 und oben, S. 106.

**XLIX.** Zu diesem und zu den folgenden Kapiteln (bis Kap. LXVIII) vgl. oben, S. 104ff.

etiam omnes prelati. Et omnes debent facere hodie reverentiam domino nostro pape, ut superius in missis papalibus predixi.

Totus iste ordo servatur in die ista.

**L.** Qualiter[a] in die purificationis beate Marie, in qua dantur candele, sit agendum, sequitur modus et forma.

⟨1a. Notandum quod anno domini MCCCLXXXXIII festum purificationis beate Marie venit in dominica septuagesima, quod festum et sollempnizationem[a] benedictionis candelarum dominus noster Clemens papa VII transtulit ad diem immediate sequentem.⟩

1. Et primo dominus cardinalis iunior presbiter debet benedicere dictas candelas summo mane, antequam alii domini cardinales veniant.

2. Item in capite tinelli debet esse unus locus clausus de postibus propter pressuram gentium. Et dominus noster papa venit ibi cum pluviali rubeo et sine perlis et cum mitra alba et plana et ibi sedendo debet dare candelas. ⟨Primo[a] tamen veniunt cardinales ad reverentiam faciendum cum capis. Qua facta, duo acoliti vel capellani tenent unam toballeam albam extensam[b] coram papa.⟩ Ipse autem recipit[c] primo unam albam candelam, videlicet ⟨de[d] manu prioris episcoporum cardinalium stantis sine mitra⟩, quam debet sibi tenere nobilior homo, qui erit in capella.

3. Postmodum venit antiquior episcopus cardinalis et recipit unam candelam magnam de manu pape et osculatur sibi manum[a] dextram. Postea venit secundus episcopus cardinalis. Et sic omnes domini cardinales veniunt, quilibet in ordine suo, osculando manum[b] domino nostro, ⟨et[c] debent esse induti [vestibus[d]] violacei[e] coloris⟩. Idem faciunt prelati induti; et debent obsculari[f] genu et pedem ⟨prelati[g] non induti⟩.

4. Deinde venit dominus camerarius. Postea patriarche veniunt, postmodum prothonotarii, auditor contradictarum, corrector litterarum apostolicarum, archiepiscopi et episcopi et abbates quilibet in ordine suo. Postea vadunt omnes alii, qui accedere possunt.

5. Et dum dominus noster dictas[a] candelas [distribuit[b]], cantores cantant: *Lumen ad revelationem gentium* etc. cum aliis antifonis[c], prout in missali habetur.

6. Quibus candelis sic distributis, dominus noster vadit cytra tinellum ad alium locum sibi preparatum cum cathedra et cum uno panno aureo; et ibi proicit de candellis minutis illis, qui sunt inferius, qui non potuerunt intrare.

7. Quo facto, dominus noster cum dominis cardinalibus et aliis prelatis indutis pluvialibus et cum mitris suis vadit cum processione sua versus capellam, in qua debet celebrare. Et cantores debent cantare: *Lumen ad revelationem gentium* etc. cum aliis antiphonis.

8. Et dum dominus noster papa intrat capellam, et vadit statim ad cancellos capelle et ab inde dat candellas satis minutas illis, qui sunt ab extra. Quo facto, vadit ad cathedram in medio altaris et ibi facit orationem suam. Qua facta, surgit et vadit ad aliam cathedram, et ibi portatur sibi aqua ad lavandum manus per nobiliorem, qui erit in capella.

9. Et deinde dicit: *Oremus*, et ille dominus cardinalis, qui debet legere evangelium, dicit: *Flectamus*[a] etc. Et postmodum dominus noster dicit orationem, videlicet *Exaudi quesumus domine* etc. Qua dicta, vadit ad sacristiam, id est ad locum, ubi se debet induere pro missa celebranda, ut est moris. Et ibi incipit tertiam cum capellanis suis, ut fieri consuetum est. Et deinde procedit in missa sua. Et cum perventum fuerit ad evangelium, omnes domini cardinales et ceteri alii prelati debent accendere candellas suas et tenere in manibus, quousque evvangelium sit dictum. Et postea tradunt eas scutiferis suis, qui debent stare ante eos, donec missa fuerit finita.

10. In die ista non est sermo neque domini cardinales faciunt reverentiam domino nostro, scilicet in missa, qui iam prius ante receptionem candelarum eam fecerunt.

## LI. Sequitur, qualiter sit agendum in die cinerum.

1. Primo est sciendum, quod in die ista dominus cardinalis iunior presbiter debet benedicere cineres summo mane, antequam dominus noster papa veniat ad capellam. Et si aliquis ex dominis cardinalibus debeat facere officium et predicare, ipsemet debet benedicere cineres et esse indutus et paratus, quando dominus noster venerit ad capellam. Et dum dominus noster venerit ad capellam, primo vadit ad medium altaris ad orandum, ut est fieri consuetum.

2. Deinde vadit ad cathedram suam et ⟨sedet[a]. Et facta reverentia solita per cardinales, ipsi cardinales vadunt ad recipiendum paramenta: videlicet diaconi cardinales cottam, amictum latum et planetam, et presbiteri cardinales similiter et planetam, episcopi vero cardinales similiter et pluvialia, violacei coloris. Quibus

---

**L.** Mss.: R, f. 33r–36v; V, f. 20r–22r.

*Titel.* [a] Qualiter] *auf dem Rand:* In festo purificationis beate Marie *V*; *in R ist der Randzusatz vor* Qualiter *geschrieben, statt* beate *steht:* sancte.

1a. *Auf dem Rand V, nach Abs. 2 R.*

[a] sollemniçatione *R.*

2. [a] Primo – papa] *auf dem Rand V.*

[b] extensa *R.*

[c] recipit primo] primo recipit *R.*

[d] de – mitra] *auf dem Rand V.*

3. [a] manum dextram] genu dextrum *R.*

[b] genu *R.*

[c] et – coloris] *auf dem Rand V.*

[d] *fehlt R V.*

[e] violatis *R.*

[f] obsculari – pedem] osculare pedem ac etiam *R.*

[g] prelati non induti] *auf dem Rand V.*

5. [a] datas *R.*

[b] *fehlt R V.*

[c] antiphonis *R.*

6. [a] citra *R.*

7. [a] mitris *R.*

9. [a] Flectamus ⟨genua⟩ *R.*

**LI.** Mss.: R, f. 36v–39r; V, f. 22r–23r.

*Titel. Auf dem Rand:* In die cinerum *V.*

2. [a] sedet – receptis] *auf dem Rand V.*

---

**L.** Das Kapitel beschreibt die Riten so, wie sie Clemens VI. im Jahr 1348 vollzog; vgl. Gattico, Kap. 4, S. 14b.

1a. Vgl. den Eintrag der gleichen Hand zu 1393 im Kap. XLVIII a, oben, S. 256 und einen ähnlichen Text in Na-Ta, S. 95 Anm. zu Kap. 70.

2. Zur Umgestaltung des *tinellum* vgl. auch unten, Kap. LIV 1, S. 262.

6. *Ad alium locum:* In Avignon wohl das Indulgenzfenster, vgl. auch Abs. 8 und unten, Kap. LIV 1 und 4, S. 262f.

paramentis per cardinales receptis,⟩ unus de acolitis extendit unam toballiam super genibus suis et unus alter acolitus tenet eam ab alia parte, genu flexo. Et deinde portantur sibi cineres in uno bassino argenti, quem debet tenere unus alius acolitus aut unus de capellanis[b] suis.

3. Postea debet venire antiquior episcopus cardinalis cum pluviali suo violaceo, ⟨et[a] deposita mitra sua stans et nichil dicens, imponit cineres super capud domini nostri pape in modum crucis. Deinde⟩ flectit genua coram domino nostro papa. Et dominus noster papa imponit sibi cineres supra capud in modum crucis dicendo: *Memento homo, quia cinis [es[b]] et in cinerem reverteris.* ⟨Et[c] statim osculatur genu dextrum ipsius domini nostri pape. Et similiter faciunt omnes alii cardinales statim post cinerum receptionem.⟩ Postea venit secundus episcopus cardinalis et postea presbiteri cardinales et diaconi, quilibet in ordine suo.

Et nota quod domini cardinales presbiteri et diaconi debent habere casulas suas violacei coloris.

4. Deinde debet venire dominus camerarius domini nostri pape et postea patriarche, prothonotarii, auditor contradictarum, corrector litterarum apostolicarum et deinde archiepiscopi et episcopi, abbates et omnes alii, qui erunt[a] in capella.

5. Nota quod statim, dum dominus noster incipit dare cineres, magister capelle debet incipere et cantare antiphonam: *Imitemur habitu in cinerem* etc. et omnes alias antiphonas sequentes usque ad finem.

6. Et dum dominus dederit cineres omnibus, portatur sibi aqua per nobiliorem, qui erit in capella. Et dum dominus noster lavaverit manus suas, ipse debet surgere et dicere: *Dominus vobiscum* et orationem, videlicet *Concede nobis, domine, quesumus* etc. Qua dicta, dominus noster papa vadit ante medium altaris cum duobus diaconibus cardinalibus. Et ibi incipit missam cum illo, qui debet missam celebrare coram eo, dicendo: *Introibo ad altare dei* etc., ut in aliis missis fieri consuetum est.

7. In die ista est sermo solempnis et indulgentia[a], secundum[b] quod placebit domino nostro.

## **LII.** Sequitur, qualiter sit agendum in dominica, qua cantatur *Letare Ierusalem.*

⟨1a. Nota quod hac die dominus noster papa, veniens de camera sua ad capellam, portat pluviale rubeum cum perlis et etiam mitram aurifriziatam.⟩

1. Primo dum dominus noster papa vadit ad capellam et portat rosam de auro in manu dextra, statim dum intrat capellam, vadit ad medium altaris, ubi est cathedra parata more solito, et ibi flectit genua ad orandum. Et antequam flectat genua, ipse dominus noster tradit rosam antiquiori diacono cardinali, qui tenet eam, donec ipse dominus noster oraverit. Et statim dum surgit ab oratione, ipse dominus noster recipit rosam in manu sua dextra et ibidem facit confessionem coram altari cum prelato seu cardinali, qui debet celebrare missam.

2. Nota quod hodie prelatus, qui dicit missam, debet habere mitram pretiosam, et in dominica *Gaudete* in adventu.

3. Qua confessione facta, dictus dominus noster papa vadit ad cathedram suam.

Et omnes domini cardinales veniunt ad faciendum sibi reverentiam, ut moris est. Deinde vero dominus noster semper tenet rosam in manu dextra per totam missam.

4. Dicta vero missa, dominus noster papa intrat cameram suam et dat rosam predictam nobiliori, qui fuerit in missa in presentia dicti domini nostri. Qui[a] quidem nobilis debet ipsam rosam recipere genu flexo et cum magna humilitate osculando sibi manum, quando recipit eam.

5. Qua rosa recepta, dictus nobilis descendit ad plateam inferius extra primam portam palatii et ibi ascendit equum suum, nisi sit rex aut de sanguine regali, qui omnes debent ascendere equum infra palatium, ut fieri consuetum est.

6. Deinde vero omnes domini cardinales vadunt cum dicto nobili, associando[a] ipsum equitando per villam. Et proceditur per hunc modum:

Primo duo domini cardinales diaconi recipiunt eum et ponunt eum in medio ipsorum. Et debet portare dictam rosam in manu sua dextra et tenere eam elevatam cum magna reverentia. Et deinde veniunt domini cardinales episcopi bini et bini, postmodum veniunt domini cardinales presbiteri etiam bini et bini, ultimo veniunt domini cardinales diaconi, qui sunt antiquiores. Et sic equitant per totam villam. Quo facto, vadunt ad prandium, ut fieri consuetum est.

7. Et nota quod cursores domini nostri pape debent ipsum nobilem associare cum virgis suis ante et etiam clientes marescali. Et est de more, quod ipse nobilis dat eis unum [iocale[a]] pro omnibus secundum statum persone sue.

## **LIII.** Sequitur, qualiter sit agendum in ramis palmarum.

1. Et primo sciendum est, quod iunior presbiter cardinalis debet benedicere summo mane ramos, nisi alius ex dominis cardinalibus debeat dicere missam et facere officium coram papa. Tunc idem cardinalis, qui facit officium, debet benedicere ramos. Quibus benedictis, dominus noster papa venit ad locum sibi preparatum pro ramis distribuendis.

⟨1a. Deinde omnes cardinales vadunt ad reverentiam. Cetera omnia servantur ut supra in die purificationis beate Marie.⟩

---

[b] capellanis suis] suis capellanis *R.*
3.[a] et – Deinde] *auf dem Rand V.*
[b] *fehlt R V.*
[c] Et – receptionem] *auf dem Rand V.*
4.[a] erant *V.*
7.[a] indulgentiam *R.*
[b] secundo *R.*

**LII.** Mss.: R, f. 39r–41v; V, f. 23v–24v.
Ed.: E. Cornides, a.a.O., S. 128f.
*Titel. Auf dem Rand:* In dominica, qua cantatur Letare Ierusalem *V.*
1a. *Auf dem Rand V.*
4.[a] Que *R V.*
6.[a] associandum *R.*

7.[a] *fehlt R V; ergänzt nach A. Patrizi, Caeremoniale Romanum (Venedig 1516), f. 36r, wo die cursores* strenas *empfangen. E. Cornides liest fälschlich statt* unum: vinum.

**LIII.** Mss.: R, f. 41v–44r; V, f. 24v–26r.
*Titel. Auf dem Rand:* In die ramis palmarum *V.*
1a. *Auf dem Rand V.*

---

**LIII.** Vgl. Gattico, Kap. 13, S. 21a–22a und OR XV, Kap. 53–61, Sp. 1299C –1305B: beide mit Verweis (zu Abs. 1) auf Iacobus Gaietani Stefaneschi (= OR XIV, Kap. 82, Sp. 1203B).

2. Et tunc cantores incipiunt: *Pueri Hebreorum* et cetera. Et dominus noster incipit distribuere palmas et ramos et dat antiquiori episcopo cardinali et deinde omnibus aliis dominis cardinalibus per ordinem.

3. Quibus sic distributis, domini cardinales ponunt se in ordinem in modum processionis per hunc modum:

Primo vadunt iuniores presbiteri cardinales, postea alii domini cardinales presbiteri, quilibet in ordine suo. Postea veniunt domini episcopi cardinales. Deinde veniunt cardinales diaconi. Postea venit dominus noster papa cum palleo de auro desuper.

Et vadunt in processione[a] usque ad portam capelle. Et ibi duo cantores, qui sunt intus, incipiunt: *Gloria laus* etc. Que cantatur secundum dispositionem magistri capelle. Postea intrant capellam cantando: *Ingrediente domino* etc. Et statim dominus noster vadit ad riegas sive cancellos capelle et ibi distribuit ramos illis qui sunt ab extra.

4. Quibus sic distributis, idem dominus noster vadit ad[a] cathedram ante medium altaris positam et ibi orat, ut moris est. Postea vadit ad cathedram suam et ibi lavat manus suas. Et aqua portatur sibi per nobiliorem, qui erit in capella.

5. Quo facto, idem dominus noster dicit: *Dominus vobiscum* et dicit orationem, videlicet *Omnipotens sempiterne deus*. Postea dominus noster papa vadit ad orandum ante medium altaris. Et statim, dum surgit ab oratione, ipse incipit: *Introibo ad altare dei* et facit confessionem suam, ut moris est, cum cardinali, qui facit officium, vel cum alio, qui debet celebrare. Et deinde proceditur in missa, ut consuetum est.

6. Et nota quod in die ista, dum legitur evvangelium, dominus noster debet recipere palmam in manu sua sinistra usque ad finem evvangelii. Quo dicto, ipsi restituunt palmas suis scutiferis, qui debent eas tenere usque ad finem misse.

Et nota quod in die ista non fit sermo.

## **LIV.** Sequitur, qualiter sit agendum in die Iovis sancta.

1. Et primo statim, dum dominus noster exit cameram suam, vadit ad locum sibi paratum pro publicandis processibus, ut moris est, videlicet ante portam tinelli magni, ubi debet esse cathedra cum scabello et cuccino parata. ⟨Idem[a] dominus noster debet habere pluviale[b] rubeum cum perlis et mitram aurifriziatam.⟩ Et debent eum precedere subdiaconus cum cruce, duo acoliti cum duobus candelabris et candellis accensis et alius acolitus cum thuribulo et incenso.

2. Et sic dominus noster vadit processionaliter ad locum supradictum, associantibus eum diaconibus cardinalibus cum capis laneis. Cum autem pervenerit ad dictum locum, idem diaconi et alii cardinales secundum suum ordinem ⟨vadunt[a] ad reverentiam, deinde⟩ paramenta alba debent recipere: episcopi pluvialia, presbiteri casulas et diaconi tunicellas et dalmaticas. Et sic indutis[b], dominus noster debet sedere supra cathedram suam.

3. Et subdiaconus debet incipere et legere processus apostolicos in latino et dominus cardinalis diaconus iunior debet explanare et dicere dictos processus in vulgari.

Quibus sic lectis et explanatis per singula capitula, prout in dictis processibus continetur, dominus noster debet prius proicere candelam suam accensam per fenestram inferius in signum maledictionis. Et omnes alii cardinales debent etiam proicere omnes candellas suas accensas.

4. Quibus sic factis, debent primo precedere duo candelabra et subdiaconus cum cruce. Et sic dominus noster vadit ad fenestram tinelli parvi et ibi dat benedictionem populo ibidem expectanti[a]. Qua benedictione data, vadit ad capellam et ibi orat ante altare. Et postea proceditur in missa per hunc modum.

5. Hora vero tertia dominus papa indutus mantello rubeo et cum mitra aurifrizata cum perlis exit de camera sua et vadit ad capellam. Et ante altare debet esse cathedra cum scabello parata, ubi orat aliquantulum, ut moris est. Deinde vadit ad aliam cathedram longe ab altari[a] paratam et ibi alba recipit paramenta. Cardinales etiam sua paramenta recipiunt secundum suum ordinem, et hoc propter reverentiam crismatis.

6. Hic est advertendum, quando papa facit crisma, et hoc in primo anno suo[a]: Papa vero iam indutus dalmatica sedet in sede sua. Cui debet presentari ampula, que melior est, cum oleo et hoc ab acolitis cum balsamo. Et papa misseat balsamum cum oleo nichil dicens et etiam conficiat. Omnes vero ampule remaneant ibi et diligenter custodiantur, quousque ad altare portantur[b].

7. Postmodum autem papa, lotis manibus, indutus planeta et mitra sollempni capiti eius imposita, procedit cum cardinalibus et aliis. Debet enim crux precedere, liber evangeliorum, turibulum cum incenso et septem candelabra. Et sic processionaliter pergant ad altare cum ampula. Et facta confessione et reverentia, prout consuetum est, ascendit ad sedem suam.

8. Interim vero cantatur a cantoribus introitus sine *Gloria patri*. Et finito versu, repetatur introitus, postea dicitur *Kyrieleison*[a]. Quibus cantatis, dominus papa incipit: *Gloria in excelsis deo*. Dicta vero oratione *Deus a quo et Judas*, lectis etiam epistola et evangelio et dicto *Credo in unum deum*, prosequatur missam ordine suo.

---

3. [a] processionem *R.*
4. [a] *doppelt geschrieben V.*

**LIV.** Mss.: R, f. 44r–48r; V, f. 26r–28v.

*Titel. Auf dem Rand:* In die Iovis sancta *V.*

1. [a] Idem – aurifriziatam] *auf dem Rand V.*
[b] piviale *V.*

2. [a] vadunt – deinde] *auf dem Rand V.*
[b] induti *R V.*

4. [a] expectenti *R V.*

5. [a] altare *R V.*

6. [a] *auf dem Rand:* Nota, quando papa facit crisma *V*; *in R steht der Zusatz hinter* suo.
[b] portentur *R.*

8. [a] *auf dem Rand:* Nota, quod ista die dicitur Pax vobis *V*; *in R steht der Zusatz hinter* Kyrieleison.

---

**LIV.**

3. Zu den *processus* vgl. OR XIV, Kap. 92 (Sp. 1211B–1213B), OR XV, Kap. 64 (Sp. 1306D–1307A) und oben, Kap. II, S. 149f.

4. *Fenestra tinelli parvi:* vielleicht stammte die Vorlage aus der Zeit, als das Indulgenzfenster vor der Kapelle Clemens' VI. noch nicht gebaut war; vgl. auch oben, S. 38 mit Anm. 206.

5.–10. Vgl. Gattico, Kap. 16, S. 24a, Z. 8–25a, Z. 20 und OR XV, Kap. 65, Sp. 1307B–1308C.

9. Postquam autem dominus papa vult sacrificare et conficere duas hostias, tunc acolitus conducit iuniorem diaconum cardinalem et cum eo plures subdiaconos, quorum unus portat crucem. Et acolito precedente[a] cum turibulo et thure[b] et duobus cereis, sic processionaliter vadunt ad locum, ubi ampule cum crismate et oleo conservantur. Et diaconus cardinalis predictus accipit illam ampullam, que est crismatis.

10. Venientes autem ad altare, antequam papa dicat: *Per quem hec*[a] *omnia*, ipse papa descendat ad cathedram ante altare paratam, versa facie ad[b] altare. Et subdiaconus, qui baiulat ampulam[b] olei infirmorum, representet eam pape ad benedicendum. Et papa dicat plana voce: *Exorcizo te immundissime*[c] etc. Hiis benedictionibus peractis, revertitur ad altare et dicit: *Per quem hec omnia.*

## LV. De communione pape.

1. Nota quod in presenti missa non dicitur *Letatus sum*, et hoc de consuetudine[a], non enim reperitur contra in rubrica scriptum.

2. Confecto itaque sacrificio, pontifex solus communicat super altare sine ministris et non cum calamo, sed cum calice tantum, et etiam sexta in parasceve; et ponit illam tertiam partem hostie consecrate in calice.

3. Postquam autem communicaverit, ponit calicem super altare cum patena desuper cum corpore domini reservato, quia feria sexta de ipso sacrificio resumitur; propterea cohoperitur utrumque sindone munda, perceptoque[a] corpore et sanguine domini cum calice et sine calamo. Et antequam abluat manus, ipsum calicem cum corpore domini reservato cohopertum[b] cum quodam panno serico – nota incenso et tortitiis precedentibus papam –, papa vel episcopus cardinalis, qui servit sibi in missa, portat ad armariolum, ubi usque in crastinum reservatur. Consuetum est enim, quod ipse dominus noster papa corpus Christi ad armariolum portat, videlicet ante manuum lotionem. Sed subsequentia non habent locum, nisi in primo anno coronationis domini nostri pape.

4. Postea vero papa vadit ad cathedram coram altari paratam versa facie ad altare. Et continue duo acoliti defferunt ampullas involutas cum sindone alba serica in sinistro brachio, ita ut possint videri a medio.

5. Et diaconus cardinalis, qui assistit domino pape a parte dextra, accipit ampulam unam mixtam cum balsamo, qui presentet eam pape, tenens eam in sinistro brachio involutam. Et tunc papa alet ter in ipsam et post ipsum alent etiam in ipsam ter omnes episcopi, qui assistunt[a] ibi, et presbiteri cardinales. Quo facto, papa dicit sine cantu: *Dominus vobiscum. Exorcizo te creatura olei* etc.

6. Post istam benedictionem omnes episcopi et presbiteri cardinales salutent per ordinem sanctum crisma et in salutando[a] inclinent capita, dicendo: *Ave sanctum crisma*, et osculentur ampulam. Facta salutatione crismatis ab episcopis et presbiteris cardinalibus, statim debet fieri salutatio olei ab eisdem. Eodem modo papa salutat oleum, dicens: *Ave sanctum oleum*; ita et ceteri predicti simili modo debent dicere.

7. Postea reportentur ampulle processionaliter, sicut fuerunt primo portate ad sacrarium. Et deinde distribuantur unicuique, sicut debetur et fuerit oportunum.

8. Ista rubrica non habet locum, nisi in primo anno coronationis domini nostri pape. Sed ut predicitur, ipse solus communicat sine ministris super altare non cum calamo, sed cum calice. Et statim idem dominus noster, ut predicitur, portat ad armariolum, ad hoc promptum et ornatum, corpus Christi, scilicet ante manuum lotionem. Quo facto, dicitur communio, videlicet *Dominus Iesus*. Et per consequens dominus noster dicit orationem. Qua completa, episcopus cardinalis, qui sibi servivit in missa, pronuntiat indulgentiam de septem annis et septem quadragenis et successive.

## **LVI.** De communione aliorum rubrica.

1. Papa vero in sede sua communicat illos, qui communicare voluerint[a], reverenter tamen[b] oblate integre de corpore Christi in die parasceve reservantur[c]. Sanguis vero penitus assumitur. Pacis[d] osculum non datur, *Agnus dei* cantatur[d] et[e] communio dicitur, videlicet *Dominus Iesus.*

2. Et tunc papa revertitur ad altare et dicit hanc orationem: *Refecti* etc. Qua completa, [diaconus[a]] dicit: *Ite missa est.* Et si papa voluerit facere mandatum, prout infra sequitur, vel si cardinales non comedant ista die cum eo, statim in fine misse, facta benedictione[b] per papam et indulgentia pronuntiata per episcopum cardinalem, qui ei servit illa die in missa, papa et omnes cardinales ibidem in capella

---

9 [a] precedens *R.*
[b] *fehlt, Lücke von ca. 4 Buchst. R.*

10. [a] hec omnia] homnia *R.*
[b] ad – ampulam] *fehlt R.*
[c] mundissime *R V.*

**LV.** Mss.: R, f. 48r–51r; V, f. 28v–30r.
*Titel. Auf dem Rand wiederholt V.*
1. [a] consuetudinem *R.*
3. [a] preceptoque *R V.*
[b] cohoperto *R.*
5. [a] assistant *R.*
6. [a] salutendo *V.*

**LVI.** Mss.: R, f. 51r–53v; V, f. 30r–31r.
*Titel. Auf dem Rand:* De communione aliorum *V.*
1. [a] voluerit *R V.*
[b] causam *R.*
[c] reservatur *R V.*
[d] Pacis – cantatur] Agnus dei cantatur, pacis osculum non datur *R.*
[e] sed *R.*

2. [a] *fehlt R V; ergänzt nach Gattico.*
[b] benedictionem *R.*

---

**LV.**

1. War der Absatz in der Vorlage nachgetragen? Vgl. dazu auch unten, Kap. LXVIII 3 und LXXII 4, S. 283 und 285.

2.–7. Vgl. Gattico, Kap. 16, S. 25a, Z. 20–26a, Z. 2 und OR XV, Kap. 65 und 66, Sp. 1308D–1310B.

3. Möglicherweise waren die Einschübe *nota – papam* und *Consuetum – domini nostri pape* in der Vorlage Nachträge. Jedenfalls scheint der Schreiber von V den Abs. 3 nicht verstanden zu haben, da er mit *nota* einen neuen Absatz beginnen läßt.

8. Auch dieser Absatz war eventuell ursprünglich ein Nachtrag.

**LVI.**

1.–2. Vgl. Gattico, Kap. 16, S. 26a, Z. 2–26 und OR XV, Kap. 66, Sp. 1310 B/C.

deponunt paramenta. Interim vero cantantur vespere per cantores. Et in fine vesperorum, cum debet dici psalmus *Miserere mei deus*, papa vadit ad cathedram coram altari cum scabello paratam et inde non surgit, donec psalmus et oratio finiantur. Deinde surgit et intrat cameram suam.

3. Ista, que secuntur, non observantur nisi in anno primo coronationis domini nostri pape.

Omnibus supradictis peractis secundum suum ordinem et finita missa, ut superius dictum est, papa indutus vestimentis, cum quibus celebravit, vadit ad aliquem locum adherentem capelle sive ecclesie, in qua celebravit, comitantibus eum omnibus cardinalibus secundum ordinem suum et aliis capellanis, qui in missa serviverint, parati ut in missa fuerunt. Et in loco illo ipse exuit planetam. Postea sedet ibi supra faldistorium, tenendo pedes supra scabellum. Et assumit tunc mantum in spatula, imposito super capud eius fanone et mitra supra fanonem capiti eius imposita.

4. Postea cuilibet cardinalium [secundum[a]] suum ordinem coram ipso genu flectentium[b] et mitram suam apertam in manu portantium[c] [dat[d]] et ponit pro presbiterio[e] cuilibet ipsorum XIII[f] grossos turonenses[g] argenti. Et immediate quilibet ipsorum cardinalium, recepto in mitra sua predicto presbiterio[h] a papa, osculatur genu dextrum pape.

5. Notandum quod[a] secundum dominum Iacobum[b] Gaietanum camerarius pape debet eidem pape tradere dictos grossos in quodam cipho argenteo et quod dictus camerarius debet ante se habere unam magnam mensam cohopertam una tobalia, ubi sunt huiusmodi monete. Et debent ipsi camerario assistere clerici camere et duo mercatores[c]. Ipsi vero camerarius[d] et clerici camere debent esse in superpelliciis.

## **LVII.** De mandato fiendo.

1. Ista non observantur nisi in primo anno coronationis domini nostri pape, ut predicitur.

2. Dato vero per papam presbiterio[a], ut dictum est, ipse papa facit mandatum duodecim subdiaconis superpellicium habentibus. Et cubicularii ipsius portant et ponunt ante eum unam conquam. Ipse vero papa precinctus[b] linteo, quo unus diaconus[c], qui ei servit, secundum dominum Iacobum[d] ipsum papam precingit, braceolam ad hoc paratam habens in brachiis suis et linteum[e] mundum ante se tenens. Et dicti duodecim subdiaconi manent in aliquo alio loco remoto et discalciati. Duo vero servientes armorum portant quemlibet dictorum subdiaconorum ante papam, quorum pedes servientes ipsi tenere consueverunt super manus suas. Papa autem sedens cum aqua calida lavat pedes cuilibet ipsorum et tergit linteo et obsculatur pedem dextrum cuiuslibet ipsorum et, secundum dominum Iacobum[f], dat cuilibet II solidos. Et deinde per eosdem servientes armorum simili modo ipsi subdiaconi debent reportari.

3. Interim vero cantores cantant vesperos et capellani pape legendo dicunt etiam vesperos ante papam. Dictis vero antiphonis et psalmis, papa dicit antiphonam[a] ad *Magnificat*, videlicet *Cenantibus*, si tunc mandatum predictum complevit. Et omnibus completis, papa dicit legendo orationem: *Respice, quesumus, domine.*

4. Quibus peractis, papa indutus per modum predictum processionaliter vadit ad cameram suam, associantibus eum omnibus cardinalibus etiam indutis paramentis suis et capellanis suis, quorum duo debent portare duos cereos accensos ante papam.

## LVIII. De comestione[a] in die cene, quando cardinales comedunt cum papa.

1. Die predicta dominus papa sic paratus, ut supra dictum est, a duobus diaconibus cardinalibus antiquioribus ducitur ad mensam[a] sollempniter et ibi sedet, episcopo cardinali sibi dante aquam et duobus cardinalibus predictis, uno a dextris et alio a sinistris, tabulam tenentibus ipsoque a dextris existente tenente anullum, dum ipse papa lavat.

2. Notandum tamen quod predicti tres cardinales in prima et secunda manuum lotione et mense benedictione debent esse sine mantellis et mitra illo tunc, dum pape ministrant. Sed in gratiarum actione resumunt mantellos suos et mitras[a] loco suo. Et facta per papam prima manuum lotione et mense benedictione, de qua inferius seriosius dicetur, in secunda lotione vadunt omnes ad sedendum et tunc omnes cardinales lavant, cum sederint, manus suas et mutuo serviunt, ut infra in alia lotione dicetur.

---

4. [a] *fehlt R V; ergänzt nach Gattico.*
[b] flectent *R.*
[c] portant *R.*
[d] *fehlt R V; ergänzt nach Gattico.*
[e] presbitero *R.*
[f] VIII *R.*
[g] *fehlt, Lücke von ca. 6 Buchst. R.*
[h] presbitero *R.*
5. [a] quod secundum] secundum quod *R V.*
[b] Iacobum Gaietanum] Ia. Gar. *V,* Ia. Car. *R.*
[c] merchatores *R.*
[d] *korr. zu* camerario *R.*

**LVII.** Mss.: R, f. 53v–55r; V, f. 31r–32r.
*Titel. Auf dem Rand wiederholt V.*
2. [a] presbitero *R.*
[b] percinctus *R V.*
[c] dicitur *R.*
[d] Ia. *R V.*
[e] linteam *R.*
[f] Ia. *R V.*
3. [a] antiphona *R.*

**LVIII.** Mss.: R, f. 55r–55v; V, f. 32r–32v.
*Titel. Auf dem Rand:* De comestione in die cene, quando cardinales comedunt cum papa *V.*
[a] comestione ⟨huius⟩ *R V.*
1. [a] mensem *R V.*
2. [a] mitra *R.*

---

3. (ab *Omnibus*) – 5. Vgl. Gattico, Kap. 17, S. 26b–27a und OR XV, Kap. 68, Sp. 1311A/B.
5. Dominus Iacobus Gaietani: Iacobus Gaietani Stefaneschi; vgl. oben, S. 91ff. und 104f. Der Hinweis bezieht sich auf OR XIV, Kap. 85, Sp. 1208B.

**LVII.**
1. Der Absatz war in der Vorlage vielleicht nachgetragen.
2.–4. Vgl. Gattico, Kap. 18, S. 27a/b und OR XV, Kap. 69, Sp. 1311C –1312B.
2. Der Hinweis auf Stefaneschi bezieht sich auf OR XIV, Kap. 84, Sp. 1207C.

**LVIII.** Vgl. Gattico, Kap. 19, S. 28a–29a und OR XV, Kap. 70, Sp. 1312B/C.
2. Vgl. auch OR XIV, Kap. 86, Sp. 1208C, dem die Textfassung dieser Sammlung weitgehend entspricht, z. B. *infra* am Schluß des Absatzes = OR XIV, Sp. 1208C, Z. 42.

## LIX. De paramentis, que[a] portantur in mensa per cardinales et per papam, rubrica.

1. Est autem attendendum, quod papa stabit[a], dum comedit, sic paratus, ut dictum est, scilicet usque ad dalmaticam inclusive habens mantum rubeum ad spatulas, fanonem in capite cum mitra aurifrizata super fanonem et anulum pretiosum, sed non pontificalem, in manu et sandalia in pedibus. Cardinales vero omnes, tam seculares quam religiosi, habebunt superpellicia cum roquetis et mitris albis simplicibus in capite et mantellos de bruneto rosaceo, religiosi habebunt mantellos sue religionis. Et ita parati comedent et alii omnes prelati similiter, facta autem inter eos distinctione de secularibus ad religiosos quoad mantellos in colore, ut dictum est de cardinalibus.

## LX. De ordine sedendi in mensa.

1. Sedet autem papa in una mensa eminenti solus, diversis et magnis vasis argenteis et auris super mensam positis vel dreysatorium.

2. In alia vero mensa, que est ad dextram partem iuxta papam in longum tinelli, ubi sedent episcopi cardinales, inter quos etiam sedent quatuor patriarche quatuor principalium ecclesiarum patriarchalium secundum ordinem prioritatis et posterioritatis ecclesiarum suarum, ita tamen quod quilibet patriarcha sedeat[a] inter duos episcopos cardinales. Et post eos in alia mensa sedeant presbiteri cardinales.

3. In parte vero sinistra sedent diaconi cardinales quilibet secundum suum ordinem. Et post mensas cardinalium erunt mense aliorum prelatorum omnium et etiam nobilium.

## LXI. De servitoribus mense pape.

1. Coram papa servient maiores laici et nobiliores, qui presentes erunt, secundum officia illis distributa.

2. Notandum tamen quod in mensa pape primum ferculum ponit coram papa aliquis de principalioribus nobilioribus, etiamsi esset rex.

3. Quo posito, si esset rex, statim vadit ad sedendum in mensa a sinistris inter duos primos diaconos cardinales. Et sic faciebat dominus Karolus[a] primus rex Cicilie et descendentes[b] ab eo reges, maxime quia imperator Constantinopolitanus, qui tunc temporis erat in curia, sedebat a dextris inter duos primos episcopos cardinales, qui primum ferculum posuerat coram papa, secundum vero rex Cicilie.

4. Alii etiam maiores nobiles, etiamsi essent filii imperatoris vel regum, serviunt pape in mensa: unus de cupa, alius de cutello ad scindendum, alii astant coram papa, alii secuntur, id est portantem fercula. Et sic stant, prout est ordinatum.

## LXII. De secunda manuum lotione[a] in cena domini.

1. Comestione sumpta, papa lavat manus, ministrantibus sibi episcopo et duobus diaconibus cardinalibus, ut prius. Qui tres cardinales, resumptis mantellis et mitris suis, redeunt sedere cum aliis cardinalibus in suis mensis.

2. Tunc tam singuli ipsorum et quilibet cardinalis unusquisque similiter sedendo lavabit[a] manus suas, servitoribus suis eis aquam fundantibus. Cardinales autem, qui assistunt, teneant tobaliam, unus ex una parte lavantis et alter ex altera. Et sic sibi ad invicem mutuo serviant.

3. Quibus omnibus lotis, dantur species et vinum. In fine remote mense surgit dominus papa et omnes. Et ipso stante supra scabellum suum pedes, ministrantibus sibi duobus diaconibus et episcopo cardinalibus, redduntur gratie, ut infra sequitur.

4. Illis autem redditis, papa reducitur ad cameram suam a duobus diaconibus cardinalibus predictis ibique sedet supra faldistorium cum cardinalibus tamen[a] fratribus suis, ipso et eis paratis, ut erant in mensa.

5. Consequenter sacris exutis vestibus, discalciatis[a] sandaliis requiescit. Cardinales vero et alii prelati redeunt ad hospitia sua parati[b] cum mitris et eques, equi eorum non tamen sunt parati, nec ipsi aliter parati, sed sicut in comestione steterunt.

6. Memorandum est, quod omnes capellani commensales domini pape et non commensales debent ista die comedere cum domino camerario splendide.

---

**LIX.** Mss.: R, f. 55v–56v; V, f. 32v.
*Titel. Auf dem Rand:* De paramentis, que portantur in mensa per papam et cardinales *V.*
[a] qua *R V.*
1. [a] scribitur *R V, korr. nach Gattico.*

**LX.** Mss.: R, f. 56v–57r; V, f. 32v–33r.
*Titel. Auf dem Rand wiederholt V.*
2. [a] sedent *R V, in R korr. aus* sedens; *für die Edition korr. nach Gattico.*

**LXI.** Mss.: R, f. 57r–58r; V, f. 33r–33v.
*Titel. Auf dem Rand wiederholt V.*
3. [a] *fehlt, Lücke von ca. 5 Buchst. R.*
[b] dessendentes *V.*

**LXII.** Mss.: R, f. 58r–59v; V, f. 33v–34v.
*Titel. Auf dem Rand:* De secunda manuum lotione in cena domini *V.*
[a] lotionum *V.*
2. [a] lavatis *V.*
4. [a] cum *R; im OR XIV und bei Gattico:* tantum.
5. [a] discalciant *R V.*
[b] paratis *R.*

---

**LIX.** Vgl. Gattico, Kap. 20, S. 29a, OR XV, Kap. 70, Sp. 1312C/D und den 2. Teil von OR XIV, Kap. 87, Sp. 1209A/B.

**LX.** Vgl. Gattico, Kap. 21, S. 29a/b, OR XV, Kap. 71, Sp. 1313A–C und den 1. Teil von OR XIV, Kap. 87, Sp. 1208C–1209A.
1. *Vel dreysatorium* fehlt in den Paralleltexten. – *Dreysatorium* = *dressatorium* bzw. *dressorium* (frz. *dressoir*).

**LXI.** Vgl. Gattico, Kap. 22, S. 29b, OR XV, Kap. 71, Sp. 1313C–1314A und OR XIV, Kap. 88, Sp. 1209B/C.
1. *Distributa:* in den Paralleltexten ist hinzugesetzt: *per magistrum hospitii,* doch kommt dieser Zusatz nur in den beiden Handschriften des OR XV (Casanat. 607 und Vat. lat. 5747) vor.
3. *Karolus primus:* Karl I. von Anjou, König von Sizilien (1227–1285).
*Imperator Constantinopolitanus:* Balduin II. (gest. 1273), von 1228–1261 lateinischer Kaiser von Konstantinopel. Der Hinweis bezieht sich wohl auf das Jahr 1267, als die beiden Fürsten im Beisein Clemens' IV. in Viterbo einen Vertrag schlossen.

**LXII.** Vgl. Gattico, Kap. 23, S. 30a, OR XV, Kap. 72, Sp. 1314A/B und den 1. Teil von OR XIV, Kap. 89, Sp. 1209C–1210A.

## LXIII. De benedictione mense et gratiarum actione in cena domini.

1. In cena domini ad benedicendum mensam dicitur absolute sine nota versus *Christus factus est pro nobis obediens*[a] *usque ad mortem*, deinde inmediate dicitur *Pater noster*. Quo completo, sine pronuntiatione aliqua dominus papa signat mensam tam suam quam alias. Nec *Iube domne*[b] dicitur nec *Tu autem*, sed mensis signatis, ut dictum est, vadit ad sedendum, prout est superius ordinatum.

2. In fine prandii, videlicet in gratiarum actione, repetitur versus *Christus factus est*. Postea inmediate dicitur psalmus *Miserere mei deus* sine *Gloria patri*, postea dicitur *Pater noster*. Quo finito, papa dicit orationem absolute: *Respice, quesumus, domine* et non pronuntiat: *Qui tecum* nec *Fidelium anime*, sed solum dominus papa sine aliqua pronuntiatione signat se et omnes alios devote.

3. Tunc resumpto fanone et mitra in capite cum manto ad spatulas reducitur, ut dictum est, a duobus diaconibus cardinalibus ad suam cameram.

4. Notandum est quod, si cardinales non comedant cum papa ista die, non fuerint[a] iste solempnitates predicte.

5. Item notandum est, quod nunquam aliqua mulier comedit in presentia pape, etiamsi esset regina. Et extitit observatum tempore domini Clementis V et domini Iohannis XXII et domini Benedicti XII et domini Clementis VI et domini Innocentii necnon domini Urbani V. Nec fuit auditum, quod aliquo tempore fuerit factum contrarium. Idem fuit observatum tempore domini Gregorii[a] XI.

## LXIV. De officio ferie sexte in parasceve rubrica.

1. Feria sexta, videlicet die Veneris sancta, ut omnia dicantur per ordinem, prima hora huius diei secundum dominum Iacobum[a] omnes capellani pape vocantur ad dicendum psalterium, domino papa sedente ante lectum suum, capellani etiam [sedent[b]] iuxta pedes eius et vicissim totum psalterium ibi complent.

2. Quo finito, dominus papa cum aliis dicit antiphonam *Ne reminiscaris*, postea dicunt letaniam et *Pater noster* private et psalmum[a] *Miserere mei* sine *Gloria* et sine capitulo et sine *Dominus vobiscum*. Absolute dicuntur orationes *Deus, cui proprium est misereri* et cetere orationes, que[b] consueverunt dici omnibus diebus quadragesime. Et in fine illarum dicitur oratio *Respice, quesumus, domine super hanc*.

3. Sciendum est etiam, quod ista die dominus papa, antequam vadat ad ecclesiam sive capellam pro officio faciendo, bis venit ad fenestram pro indulgentia more solito populo danda, videlicet de mane semel, secundo cum vult ire ad ecclesiam pro officio faciendo. Et qualibet vice portat pluviale rubeum et mitram planam albam de guarnello[a] sine aurifrigiis et perlis.

4. Qua indulgentia secundo data, vadit ad cameram suam et deponit pluviale et recipit capam de scarlato rubeo apertam a medio pectoris[a] usque ad pedes et eandem mitram albam planam de guarnello. Et tunc cum cardinalibus intrat capellam pro officio fiendo. Cum autem papa est in capella, illico vadit coram altari, ubi debet esse cathedra nuda cum scabello, et ibi genuflectit. Et deposita sibi mitra per diaconum cardinalem, qui est a dextris, orat aliquantulum. Postea surgit et reponitur

sibi mitra. Deinde vadit ad aliam cathedram nudam longe ab altari cum scabello paratam.

5. Notandum quod ista die cardinales non veniunt ad reverentiam pape, sed inmediate in ipsa cathedra deponit capam de scarlato predictam. Et ipsa deposita, diaconus cardinalis dicturus passionem, videlicet indutus roqueto, alba, amictu et stola sine planeta, quousque paraverit papam, induit ipsum sacris vestibus nigri[a] coloris. Sciendum tamen quod papa ista die non calciatur sandaliis, sed cotidianis calciamentis. Ipso vero domino papa parato, idem diaconus cardinalis accipit planetam nigri coloris similiter. Et subsequenter omnes cardinales faciunt secundum suum ordinem, per quem se debent induere.

6. Quibus paramentis receptis, papa progreditur ad cornu dextrum altaris a parte ante, ubi est cathedra bassa, nuda et sine scabello, et ibi sedet respiciendo ad

---

**LXIII.** Mss.: R, f. 59v–61r; V, f. 34v–35r.
*Titel. Auf dem Rand wiederholt V.*
1. [a] obediens ⟨pater⟩ *V*; obediens ⟨patri⟩ *R. Da eine Zeile tiefer in V (und wohl auch in dessen Vorlage)* Pater noster *steht, ist das Wort wohl irrtümlich hinter* obediens *geschrieben worden.*
[b] donne *V.*
4. [a] fuerit *R V.*
5. [a] G. *R V.*

**LXIV.** Mss.: R, f. 61r–72v; V, f. 35r–40r.
*Titel. Auf dem Rand wiederholt, aber ohne* Rubrica *V.*
1. [a] Ia. *R V.*
[b] *fehlt R V; ergänzt nach Gattico (cod. Vat. lat. 4737 etc.). Im OR XV fehlt nicht nur* sedent, *sondern auch* et.
2. [a] pls. *R V; vgl. auch Gattico.*
[b] qui *R V.*
3. [a] garnello *V.*
4. [a] pectore *R.*
5. [a] nigris *R.*

---

**LXIII.** Vgl. Gattico, Kap. 24, S. 30a/b, OR XV, Kap. 73 und 74, Sp. 1314C –1315A und für die Absätze 1–3 auch OR XIV, Kap. 90, Sp. 1210B/C.

5. Dieser Absatz ist wichtig für die Datierung der Sammlung und der Paralleltexte (vgl. auch oben, S. 105): Bei Gattico ist Clemens VI. der letzte Papst. Im OR XV, Kap. 74 (Sp. 1315A, vgl. auch oben, S. 107ff.) stimmt der 1. Absatz mit Gattico überein, danach folgt: *Etiam* (statt, wie bei Migne: *tamen*) *tempore domini Urbani V, domini Gregorii XI aut Urbani VI. Contrarium autem eius etiam fuit observatum tempore Bonifatii IX et Iohannis XXIII summorum pontificum, sed male.*
Der OR XIV enthält im Kap. 89 (Sp. 1210A/B) einen Nachtrag aus dem *Ceremoniale* des Guillaume d'Estouteville: *...Clementis VI et domini Innocentii VI, nec fuit ... contrarium, et tempore domini Urbani V, domini Gregorii XI aut Urbani VI.* Er stimmt also bis Urban VI. mit dem OR XV überein, außer daß bei diesem Innozenz VI. nicht genannt ist, was aber auf ein Versehen eines Schreibers zurückgeführt werden kann.
Den Papstreihen zufolge kann Gatticos Version nicht vor Clemens VI., die Vorlage des OR XV und des Estouteville nicht vor Innozenz VI. und die Sammlung des Bindo bzw. dessen Vorlage nicht vor Urban V. kompiliert worden sein. Vgl. auch die Datierung der betreffenden Sammlungen, oben, S. 105f.

**LXIV.** Die Texte gehen mittelbar auf das Ordinarium bzw. Missale der päpstlichen Kapelle des 13. Jh. zurück: PRC, App. II (II), S. 553–564; vgl. Gattico, Kap. 25, S. 30b–35a, OR XV, Kap. 75 –77, Sp. 1315A–1320D und OR XIV, Kap. 93, Sp. 1213C–1218A; dgl. vgl. unten, Kap. LXXI, S. 283ff.

3. Der Text fehlt im OR XIV (dort nur aus Estouteville), beschreibt also einen in Avignon entstandenen Brauch.

capud sinistrum altaris. Et etiam omnes alii sedent in locis suis, prout consuetum est.

7. Notandum tamen quod, si ista die aliquis rex sit presens in dicto officio, ipse non sedet in cathedra, sed sedet in ordine episcoporum cardinalium, videlicet inter duos primos episcopos cardinales. Et statim unus capellanus sine titulo et absolute incipiat per modum lectionis prophetiam: *Hec dicit in tribulatione* etc. Qua finita, non vadit ad osculandum manus domini pape. Cantatur tractus *Domine audivi*[a] *auditum.* Finito vero tractu, papa surgit et ibidem respiciendo ad altare, dicit: *Oremus.* Et diaconus cardinalis stans a dextris pape dicit: *Flectamus genua,* [et[b] immediate diaconus cardinalis, qui est a sinistris pape, dicit:] *Levate.* Et tunc papa dicit orationem: *Deus, a quo* etc. et in fine respondetur: *Amen.* Qua finita, subdiaconus similiter et sine titulo legit prophetiam: *In diebus illis dixit dominus ad Moysen.* Et ipsa finita cantatur tractus: *Eripe me.*

8. Diaconus cardinalis dicturus passionem, antequam finiatur tractus predictus, debet exuere planetam et eam plicatam ad modum stolle portare debet super humerum sinistrum, ita quod capita ipsius firmentur ad latus dextrum quasi retro. Et finito tractu, ipse diaconus cardinalis, facta reverentia coram altari, et sine benedictione pape et pedis osculo procedit cum libro evvangeliorum, videlicet sine cereis et turibulo et incenso, ad pulpitum nudum et absolute incipit passionem: *In illo tempore.* In principio vero passionis papa surgit de cathedra et stat pedes, deposita sibi mitra per diaconum cardinalem. Quando enim pervenitur ad locum passionis, ubi dicitur *Et inclinato capite,* tunc papa genuflectit per spatium, quod possit dici *Pater noster.* Et postea surgit et stat sicut prius. Similiter et omnes faciunt. Cum autem pervenitur[a] ad locum, qui debet dici in tono evangelii, videlicet *Post hec autem rogavit Pilatum,* idem diaconus cardinalis, inclinato capite, submissa voce petit benedictionem a papa. Tunc autem debent portari turibulum [et[b]] incensum, ut moris est, et duo cerei. Et ipse diaconus debet librum incensare, antequam incipiat evangelium.

9. Finita vero passione, una cum evvangelio papa debet incensari. Et statim liber sibi portatur deosculandus, ut moris est.

10. Post hec autem secundum modernos consuevit fieri sermo per aliquem prelatum vel aliquem magistrum in theologiam (!). Et ille, qui facit sermonem, genibus flexis ante papam, ut moris est, petit benedictionem, sed non osculatur pedem. Sed habita benedictione, vadit ad locum solitum pro sermone faciendo.

11. Cum autem fit sermo, papa tenens mitram in capite sedet in cathedra nuda ante altare, ut supra, videlicet circa medium altaris, assistentibus sibi dictis tribus cardinalibus.

12. Quo facto, non dicitur *Confiteor* nec *Precibus et meritis.* Sed statim ille, qui fecerit sermonem, pronuntiat indulgentiam de mandato et auctoritate pape, videlicet de septem annis et septem quadragenis.

13. Quibus peractis, papa surgit et ibidem, amota cathedra et deposita mitra sibi, dicit has orationes sollempnes, videlicet *Oremus dilectissimi* et alias, que tunc mandantur dici. Sed in fine dicte orationis, cum papa dicit: *Oremus,* diaconus predictus, qui stat a sinistris pape, qui in prima genuflectatione dixerat: *Levate,* dicit

tunc: *Flectamus*, et antiquior diaconus cardinalis dicit post eum: *Levate*. Et sic[a] faciunt omnes diaconi cardinales secundum suum ordinem prioritatis et posterioritatis et hec, usque omnes orationes sint complete.

14. Notandum quod in oratione, que dicitur pro Iudeis, non dicitur: *Flectamus genua*, quia ipsi Iudei hac die domino irridendo genua flectebant. Et ideo ecclesia exorrescens illorum facinus, propterea non flectimus genua in oratione, que pro ipsis dicitur.

15. Quibus orationibus finitis, papa ibidem stando in altari deponit palleum, planetam et mitram et vadit ad cornu dextrum retro altare; et ibidem quidam[a] episcopus non cardinalis paratus cum pluviali nigro, videlicet unus sibi assistens, tradit pape crucem syndone cohopertam. Et papa ipsam crucem tenens in manibus suis, habens sirotecas, versa facie ad populum, discoperit sinistram partem crucis. Qua parte discoperta, ipse solus incipit cantando antiphonam: *Ecce lignum crucis* etc. Et post adiuvant eum astantes cantando, quousque finiatur. Et tunc papa progreditur parum ultra et discoperit aliam partem crucis, scilicet dextram. Qua discoperta, iterum solus incipit antiphonam[a] predictam: *Ecce lignum crucis* et hoc vocem modicum elevando. Et adiuvant eum assisentes, ut supra. Qua finita, papa progreditur ultra quam in medio altaris, discoperiendo totam crucem et altius modicum vocem elevando. Tertio incipit predictam antiphonam simili modo stando in medio altaris.

16. Anno LXXVI[a] voluit dominus Gregorius[b] papa XI, qui ista die fecit officium, quod parentur tres cruces, videlicet due pretiose et una alia minor[c], quam teneret unus prelatus iuxta[d] regias capelle ad dandum osculari populo.

17. Dum autem secundo vel tertio predicta antiphona dicitur, debet preparari ante gradus altaris pannus laneus, [super[a]] quo cucinus seu pulvinar una cum tobalia serica preparetur, ubi crux reponeretur, videlicet finita predicta antiphona. Et post papa vadit ad cathedram, que est iuxta altare[b] nuda. Et ibi calciamentis depositis,

---

7. [a] audivi auditum] audi inauditum *R V*.
[b] et – dicit] *fehlt R V; ergänzt nach Gattico und OR XV; vgl. auch unten Abs. 13*.

8. [a] pervertitur *R V*.
[b] *fehlt R V*.

13. [a] *fehlt R*.

15. [a] quidem *R V*.
[b] antiphonam predictam] antiphona predicta *R*.

16. [a] LXX[e] *R*.
[b] G. *R V*.
[c] minore *R*.
[d] iusta *V*.

17. [a] *fehlt R V*.
[b] altaris *R V*.

---

14. Diese Deutung für das Unterbleiben der Kniebeuge findet sich zuerst in Texten des 12. Jh.: PR XII, Kap. XXXI 6, S. 235 (mit Paralleltexten im Apparat); vgl. auch H. A. P. Schmidt, Hebdomada sancta 2, Rom 1957, S. 790.

16. Im Jahr 1376 fiel der Karfreitag auf den 11. April, als Gregor XI. noch in Avignon war. Der Absatz fehlt in den Paralleltexten.

17. Im OR XV (Sp. 1318C/D) und im Nachtrag zum OR XIV (Sp. 1216B) heißt es, daß Gregor XI. und Urban VI. aus Demut ihr Schuhwerk nicht in der Nähe des Altares, sondern in einiger Entfernung vom Altar auszogen. Davon berichtet der Kompilator dieser Sammlung nichts, obwohl er im vorigen Absatz eine andere Handlung Gregors XI. nennt.

vadit discalciatus quasi usque ad regias predicte capelle. Et associantibus duobus antiquioribus diaconibus cardinalibus, uno a dextris et alio a sinistris, ibidem genuflectit, deposita tamen prius sibi mitra. Et statim surgit et vadit ad locum, ubi crux posita fuerat. Et ibi prostratus crucem adorat, eandem deosculando. Et post surgit et vadit ad cathedram supradictam. Et ibi sedens calciatur non tamen sandaliis sed cotidianis calciamentis per cubicularios suos.

18. Postea vero omnes cardinales discalciatis pedibus vadunt per modum predictum [ad[a]] adorandum et deosculandum crucem secundum ordinem suum, similiter et omnes alii ibidem presentes[b] eandem crucem adorant et deosculantur. Interim vero cantores cantant: *Agios* etc. viciscim repetentes[c]: *Sanctus deus, Sanctus fortis* et antiphonam *Popule meus, quia eduxi te de terra Egipti. Quid*[d] *ultra debui facere* et aliam antiphonam: *Adoramus te, Christe, crucem tuam, Salva nos, Christe salvator* et psalmos: *Deus misereatur nostri* et *Beati inmaculati* et ympnos, videlicet: *Pange lingua* et *Crux fidelis*. Papa etiam sedendo legit predicta in cathedra, dum ipsa crux adoratur per cardinales et alios.

19. Quibus finitis et adorata cruce per omnes et ipsa cruce super altari posita, hic accendantur luminaria secundum rubricas pontificalis et missalis de usu romano. Papa, lotis manibus, et sine cirotecis surgens de cathedra, ibi stando resumit predictam planetam nigram et pallium de manu diaconi cardinalis, qui dixit passionem. Et sic progreditur ad altare et sine mitra, assistentibus sibi dictis duobus cardinalibus diaconibus. Et tunc vadit ad armariolum seu cophinum, in quo die esterna calix cum corpore Christi fuerat reservatus, precedentibus duobus tortitiis et incenso. Et ita extitit hactenus observatum, videlicet tempore domini Iohannis[a] pape XXII et domini Benedicti XII et domini Clementis[b] VI, quod papamet ad armariolum seu cofinum vadit et corpus Christi portat ad altare, licet secundum dominum Iacobum[c] iunior presbiterorum cardinalium corpus Christi antiquitus ad altare portare consueverat. Et accipiens papa ipsum calicem cum corpore Christi in manibus cohopertum quodam panno nobili de syndone sive de serico portat ad altare. Et discoperto calice, recipit abinde cum manu corpus Christi et ipsum ponit supra patenam, quam diaconus, qui dicit passionem, tenet. Et ipse diaconus corpus Christi cum ipsa patena offert pape, quod suscipiens collocat super corporali ibidem super altare extenso. Aliquando tamen papa, et extracto[d] corpore Christi de calice absque patene oblatione, ipsum corpus Christi ponit super corporali.

20. Postea predictus diaconus cardinalis offert ei calicem cum puro vino. Et subdiaconus offert ampulam aque, quam papa vino comisceat, ut representet, quod ista die emanaverunt sacramenta et tunc, videlicet sanguis et aqua de corpore Christi. In quibusdam vero ecclesiis secundum dominum Iacobum[a] purum vinum sine aqua offertur, ut in puro et forti vino crudelitas Iudeorum representetur.

21. Collocato autem calice per modum consuetum ad latus Christi corporis, videlicet a diacono cardinali predicto, offerat ipse diaconus cardinalis turibulum cum incenso et papa, ut moris est, incenset altare. Et recepto a papa turibulo per eundem diaconum cardinalem, nullum postea incenset, incensato tamen papa et postea altari. Sed deinde papa vadit ad cornu altaris et ibi lavat manus sive digitos

aliquantulum. Facta autem absolutione (!), vadit circa medium altaris et ibi inclinat[a] se, orans[b] et dicens: *In spiritu humilitatis.* Et erectus vertit se ad populum, dicens: *Orate fratres.* Deinde dicit plana voce, ut moris est, et sine *Per omnia* absolute: *Oremus. Preceptis salutaribus moniti* etc. *Pater noster.* Et in fine respondetur: *Sed libera nos a malo.* Et statim ipse dicit eadem voce: *Libera nos, quesumus, domine* etc. Et in fine respondetur: *Amen.* Et tunc diaconus offert pape patenam. Et tunc frangit hostiam consecratam[c] secundum consuetudinem, ponens de ea tertiam particulam in calice nichil dicens. Sanctificatur enim[d] vinum non consecratum per corpus domini inmissum. *Pax domini* non dicitur nec etiam *Agnus dei* cantatur nec pacis osculum datur nec communio dicitur.

22. Communicat autem solus papa sine ministris, non ad sedem sollempniter, sed ibidem in altari illa die – et hoc propter humilitatem reverentie diei et passionis Christi –. Et non cum calamo, sed cum calice sanguinem scilicet[a] vinum sumit, quod post sumptionem sanguinis in calice funditur. Deinde lavat digitos, ut moris est. Et deinde depositis ad altare spinulis, cum quibus firmatur palleum, cum planeta assendit sedem altam nudam. Et ibi deponit paramenta. Et cum ministris et aliis capellanis suis dicit vesperos preterite diei, non cantando sed legendo. Antiphonas autem dicit, videlicet: *Calicem salutaris* cum aliis sequentibus.

23. Quibus completis, dicitur: *Christus factus est pro nobis.* Et sine *Kyrieleison* sub silentio dicitur *Pater noster* flexis genibus et psalmus *Miserere mei, deus.* Postea papa dicit: *Respice, quesumus, domine* etc.

## **LXV.** De cardinali serviente pape in officio capellani.

1. Sciendum est enim, quod ista die servit pape in officio capellani unus presbiter cardinalis, videlicet ille, cui[a] papa mandaverit vel cui prior diaconorum cardinalium ex precepto pape hoc[b] facere commiserit.

---

18. [a] *fehlt R V.*
[b] presens *R.*
[c] repetens *R.*
[d] Qui *R V.*

19. [a] Io. *R V.*
[b] Cle. *R V.*
[c] Iac. *R V.*
[d] extrato *V.*

20. [a] Iac. *R V.*

21. [a] inclinet *R.*
[b] orat *R.*
[c] consecratem *V.*
[d] etiam *R V*; *korr. für die Edition nach Gattico.*

22. [a] scilicet ⟨et⟩ *V.*

**LXV.** Mss.: R, f. 72v–73r; V, f. 40r–40v.
*Titel. Auf dem Rand wiederholt V.*
1. [a] *korr. aus* qui *V*; qui *R.*
[b] hac *R V.*

19. Zu den *rubrice pontificalis et missalis de usu romano* vgl. PRC, Kap. XLIII 15 (Rez. $\gamma$), S. 467. Der Hinweis fehlt in den Paralleltexten.
Die Papstreihe stimmt mit der bei Gattico (S. 34a) überein. Der OR XV (Sp. 1319B) und ein Nachtrag zum OR XIV (Sp. 1216D) gehen bis Urban VI., der Nachtrag jedoch ohne Hinweis auf Stefaneschi. – Die Stefaneschi zugeschriebene Version enthält OR XIV, Kap. Kap. 93, Sp. 1217A.

20. Der Hinweis auf Stefaneschi bezieht sich auf OR XIV, Kap. 93, Sp. 1217B, das auf das Ordinarium bzw. Missale der päpstlichen Kapelle des 13. Jh.s mittelbar zurückgeht: PRC, App. II (II), S. 561.

**LXV.** Vgl. Gattico, Kap. 26, S. 35b und OR XV, Kap. 77, Sp. 1321A/B.

2. Peractis vero omnibus supradictis, papa cum pluviali rubeo et mitra plana predicta[a], comitantibus[b] tamen eum[c] omnibus cardinalibus indutis capis laneis, duobus tamen diaconibus cardinalibus antiquioribus sibi assistentibus, uno a dextris et alio a sinistris, vadit ad dictam fenestram, in qua consuevit indulgentiam dare. Et ibi more solito facit absolutionem et dat benedictionem et indulgentiam populo, videlicet de septem annis et septem quadragenis, quam indulgentiam pronuntiat de mandato pape unus cardinalis. Et postea cameram suam intrat, ubi pluviale et mitram deponit et vestes recipit consuetas. Et cardinales absque confabulatione[d] aliquali[e] ad propria revertuntur.

## **LXVI.** Ordo officii de sabbato sancto.

1. Notandum quod die sabbati sancta[a] in vigilia pasce[b], antequam dominus papa veniat ad capellam seu ecclesiam pro officio faciendo, bis vadit ad fenestram more solito pro indulgentia populo danda, videlicet de mane semel, secundo[c] cum vult ire ad capellam pro officio faciendo. Et qualibet vice portat pluviale rubeum et mitram planam albam de guarnello[d] sine aurifrigiis et perlis. Ipsa enim die extrahitur novus ignis de cristalo sive de lapide et benedicitur in capella, absente domino papa, per iuniorem presbiterum cardinalem sacris vestibus indutum cum cruce et aqua benedicta et incenso, legendo orationes sine nota. Deinde idem cardinalis benedicit incensum, quod est ponendum in cereo[e]. Oratio. *Veniat, quesumus, omnipotens deus.*

2. Hora vero debita, omnibus predictis primo completis, ut dictum est, papa indutus pluviali rubeo et cum mitra predicta venit ad capellam, associantibus eum[a] cardinalibus, qui sunt cum eo in camera sua, duobus tamen antiquioribus diaconibus cardinalibus sibi assistentibus, ut moris est, uno a dextris et alio a sinistris. Et deposita sibi mitra per diaconum cardinalem, qui est a dextris, orat coram altari aliquantulum, ubi est cathedra cum pulvinari et scabello parata. Et oratione facta, surgit et vadit ad sedem suam quodam panno nobili cohopertam. Et reposita sibi mitra, sedit. Deinde veniunt cardinales more solito ad faciendum sibi reverentiam.

3. Qua reverentia facta, iunior diaconus cardinalis, qui debet benedicere cereum, indutus[a] paramentis albis, videlicet superpelicio sive roqueto, amictu, alba, stola, tunicella et dalmatica, exit regias capelle. Et precedentibus eum[b] ministris cum cruce, quam portat subdiaconus, et incenso et comitantibus[c] eum capellanis et cantoribus et reliquis de clero, vadit quasi ad finem capelle. Et tunc recipit de manu clerici arundinem et dimidii cubiti triplicem candelam de novo igne illuminatam[d], quam imponit arundini. Et ibi genuflectendo, elevatis paululum manibus cum arundine, cantando dicit: *Lumen Christi,* respondentibus aliis: *Deo gratias.* Et deinde procedit ad mediam capellam et ibi iterum[e] genuflectit et, elevatis amplius manibus, altius cantando dicit: *Lumen Christi,* respondentibus aliis: *Deo gratias.* Et vadit quasi ad portam regiarum et ibi tertio genuflectit et plus solito manibus elevatis, vocem et magis elevando dicit: *Lumen Christi.* Et[f] respondentibus aliis: *Deo*

*gratias,* intrat regias. Et tunc ibidem prope vadit ad ornatum pulpitum et ibi absolute incipit benedictionem cerei cantando dicens, ut sequitur: *Exultet iam angelica turba celorum* etc.

4. Antequam autem incipiat, incensetur liber per ipsum diaconum. Postea prosequitur ipsam benedictionem. Quando autem pervenitur ad locum debitum, quando debent poni quinque grana incensi per ipsum vero diaconum, ponantur in dicto cereo per modum crucis. Et postea tempore debito accendatur cereus de igne novo predicto benedicto, prout in rubricis in dicta benedictione positis precipitur et mandatur.

5. Facta autem benedictione cerei, papa descendit de sede et vadit ad cathedram longe ab altari paratam. Et ibi calciantur sibi sandalia albi coloris, quia postea recipit ad missam paramenta albi coloris.

6. Deinde induitur omni ornatu suo quadragesimali, scilicet violacei[a] coloris, per diaconum, qui fecit benedictionem cerei, stantem in alba tantum cum stola[b]. Et similiter omnes cardinales recipiunt sua paramenta eiusdem coloris. Papa vero induto, diaconus predictus recipit planetam violatam. Subdiaconus vero recipit tunicellam albi coloris, qua utitur in toto officio et in missa, ut magis sit promptus et compositus ad illa, que illa die sibi[c] agenda incunbunt.

7. Quibus paramentis receptis et mitra pape reposita per ipsum diaconum cardinalem, papa recipit anulos, pontificalem, etiam minorem, de manu presbiteri cardinalis sibi in officio et in missa de libro servientis. Deinde cruce et libro evvangeliorum precedentibus sine luminaribus et incenso, processionaliter vadit ad sedem predictam, assistentibus sibi duobus diaconibus cardinalibus antiquioribus predictis et presbitero cardinali sibi in officio ut in missa serviente, ante eum supra scabellos, ut moris est, sedentibus. Aliis vero diaconibus cardinalibus ante altare in loco solito sedentibus, similiter et omnes alii cardinales sedent in locis suis, prout est consuetum.

---

2. [a] predita *V.*
[b] communicantibus *R V.*
[c] cum *R V.*
[d] constabulatione *R V*; *für die Edition korr. nach Gattico und OR XV.*
[e] aliquali ad] aliqualias *R*; ad *ergänzt V.*

**LXVI.** Mss.: R, f. 73r–78r; V, f. 40v–42v.
*Titel. Auf dem Rand wiederholt V.*
1. [a] sancti *R.*
[b] pache *V.*
[c] sedendo *R.*
[d] gravello *R V.*
[e] cero *R.*
2. [a] *fehlt R.*
3. [a] inductus *V.*
[b] enim *R.*
[c] comunicantibus *R V.*
[d] inluminatam *R.*
[e] iterim *R V.*
[f] *fehlt V.*
6. [a] violatis *R.*
[b] scola *R.*
[c] sunt *R.*

---

2. Zum Indulgenzfenster vgl. Kap. L 6, LIV 1 und 4 u. ö.

**LXVI.** Vgl. Gattico, Kap. 27 und 28, S. 36a–37b und OR XV, Kap. 78 und 79, Sp. 1321B–1323C.

4. Zu den *rubrice* vgl. PRC, Kap. XLIV 6, S. 431 und App. II (II) 6, S. 565 (mit Verweisen) und H. A. P. Schmidt, a.a.O. 2, S. 822–824.

8. Postea vero unus de acolitis[a] seu clericis capelle vadit ad pulpitum nudum, ubi debet esse liber paratus ad[b] legendas lectiones. Et absolute sine titulo incipit lectionem legere: *In principio creavit deus celum et terram.* Et ipsa lectione finita, secundum dominum Iacobum[c], si papa velit, subdiaconus grecus eandem grece relegit.

9. Qua finita, papa dicit: *Oremus.* Et diaconus cardinalis dicit: *Flectamus genua,* videlicet ille, qui est a dextris. Deinde alter diaconus, qui est a sinistris, dicit: *Levate.* Et subsequenter leguntur alie lectiones per capellanos pape commensales. Si vero papa non facit officium, leguntur per capellanos sive per cantores de capella. Et quilibet lector post lectionem vadit ad osculandum pedem pape.

## **LXVII.** De presbitero cardinali ista die serviente pape in officio capellani.

1. Sciendum est tamen, quod in toto officio hodierno servit pape in officio capellani ille, cui papa mandaverit, scilicet unus presbiter cardinalis, vel cui prior diaconorum cardinalium ex precepto pape hoc facere commiserit.

2. Completis[a] vero omnibus lectionibus, orationibus et tractibus, subdiaconus tunicella alba, ut predicitur, indutus vadit ad dictum pulpitum, ubi fuerunt lecte lectiones. Et ibi cantando dicit letaniam. Et respondetur sibi per acolitos et capellanos ac clericos capelle, verba qualibet vice in eadem voce [et[b]] eadem[c] nota repetendo[d]. In principio vero letanie papa, deposito[e] pallio et planeta, dessendit de sede predicta et vadit ad cathedram ut supra coram altari cum scabello paratam. Et ibi mitram tenens in capite stat genu flexo, quousque perveniatur ad locum, ubi dicitur: *Peccatores te rogamus* etc. Et tunc papa surgens vadit ad aliam cathedram longe ab altari paratam. Et depositis[f] per eum et omnes cardinales paramentis violaceis predictis, induitur ipse papa paramentis albis et solempnibus per diaconum cardinalem, qui est dicturus evvangelium. Qui diaconus debet esse paratus albis paramentis, quando papam induit, prout erat in cerei benedictione. Similiter et omnes cardinales paramenta recipiunt.

3. Hic[a] accendantur luminaria[a].

Quibus paramentis receptis per papam, reponitur sibi mitra nobilis et sollempnis, et recipit anulos, pontificalem et minorem, de manu presbiteri cardinalis, ut supra. Vadit processionaliter ad altare cum cruce, luminaribus et incenso. Et veniendo ad altare, occurrunt ei tres iuniores presbiteri cardinales parati. Et ipse, ut moris est, recipit eos ad osculum oris [et[b]] pectoris secundum suum ordinem. Et si papa non celebret ista die, dicta letania, ipse recipit pluviale album et mitram aurifrizatam cum perlis et sollempnem. Si autem celebret, postquam venerit ad altare, et facta confessione et altari incensato et reverentia facta per diaconos[c] cardinales et alia, que in talibus sunt fienda, ut superius dictum est et moris est, statim vadit ad sedem suam, ubi stando dicit absque alio introitu *Kyrieleison* etc. Et postea sedet.

4. Et finito per cantores *Kyrieleison,* papa surgit. Et deposita sibi mitra, incipit solempniter: *Gloria in excelsis deo*[a]. Quo incepto, pulsatur campana. Quo cantato, surgit. Et deposita sibi mitra per diaconum cardinalem, dicit: *Pax vobis.* Et respondentibus omnibus: *Et cum spiritu tuo,* et tunc dicit: *Oremus. Deus, qui hanc sacra-*

*tissimam diem* etc. Qua oratione finita, subdiaconus dicit epistolam. Et inmediate finita epistola, idem subdiaconus, inclinando se aliquantulum ad papam, dicit cantando ad modum lectionis plana voce: *Nuntio vobis gaudium magnum*[b], *Alleluia*. Et nichil ei respondetur. Et statim vadit ad osculandum pedem pape. Quo facto, statim papa surgit. Et ille subdiaconus vel unus de capellanis commensalibus dicit pape alta voce cantando *Alleluia*. Et papa, stando et mitra deposita, ipsum *Alleluia* cantando ter incipit, in secunda et tertia vice vocem altius elevando. Et in qualibet vice immediate post papam chorus repetit cantando ipsum *Alleluia*. Quo Alleluia, ut premittitur, cantato[c], duo cantores cantant solempniter versum: *Confitemini domino*. Deinde cantatur tractus: *Laudate dominum omnes gentes*. Quo finito, diaconus cardinalis, recepto primitus manipulo de manu capellani sibi de mitra servientis, vadit ad osculum pedis pape, deinde ad altare, ubi more solito recipit librum evvangeliorum. Et ibi stando aliquantulum inclinatus, petit a papa submissa voce benedictionem. Qua habita, vadit ad dicendum evvangelium. Et ista die non portantur luminaria, sed incensum tantum. Quo evvangelio finito et papa incensato, reportatur liber deosculandus pape, ut moris est. Et inmediate dominus papa dicit: *Dominus vobiscum*. Et[e] respondetur sibi: *Et cum spiritu tuo*. Et dicit statim: *Oremus*.

5. Notandum quod [nec[a]] *Credo* nec offertorium dicuntur in presenti missa, nec

---

8. [a] acolitis seu clericis] clericis seu acolitis *R V; so auch Gattico. In den späteren Hss. von Gattico fehlt* seu acolitis; *der OR XV hat* clericis capelle seu acolitis.
[b] a *V*.
[c] Iac. *R V*.
9. [a] *doppelt geschrieben V*.

**LXVII.** Mss.: R, f. 78r–85r; V, f. 42v–45v.
*Titel. Auf dem Rand wiederholt V; steht auf dem Rand R.*
2. [a] Complectis *V*.
[b] *fehlt R V*.
[c] eadem nota] eandem notam *V*.
[d] repetando *V*.
[e] depositus *R V*.
[f] deponit *R*.
3. [a] Hic – luminaria] *auf dem Rand wiederholt V*.
[b] *fehlt R V*.
[c] diacones *V*.
4. [a] *auf dem Rand:* Hic vadunt cardinales ad reverentiam post Gloria *V, in R steht der Zusatz hinter* deo.
[b] *fehlt R*.
[c] cantando *R V*.
[d] reportatur liber] reportato libro *R V*.
[e] *fehlt V*.

5. [a] *fehlt R V; fehlt auch im cod. Vat. lat. 4737 und im OR XV.*

---

8. Der Hinweis auf Stefaneschi (so auch bei Gattico, im OR XV steht das gleiche ohne Verweis auf den Kardinal) bezieht sich auf OR XIV, Kap. 94, Sp. 1219A = PRC, App. II (II) 9, S. 566. – Der Hinweis zeigt, daß in Avignon keine griechischen Lektionen gelesen wurden. Dagegen lebte der Brauch nach der Rückkehr nach Rom wieder auf, wie die Glossen in späteren Handschriften (vgl. Gattico, S. 37 Anm. 11) und das Fehlen des Verweises im OR XV (Sp. 1323A) beweisen.
9. Der Satz *Si vero – capella* fehlt in den Paralleltexten.

**LXVII.** Vgl. Gattico, Kap. 29, S. 37b–39b und OR XV, Kap. 80–82, Sp. 1323D –1328A. Die Paralleltexte sind häufig ausführlicher.
2. In den Paralleltexten steht statt *acolitos – capelle* nur: *omnes*.
3. Der erste Satz fehlt in den Paralleltexten. Er war in der Vorlage vielleicht ein Nachtrag.

fit sermo. Deinde more solito vadit ad altare. Et deposita sibi mitra per diaconum cardinalem, qui dicit evangelium, offert super corporali secundum modum consuetum hostiam et calicem cum vino et aqua. Et postea recipit turribulum cum incenso de manu dicti diaconi cardinalis et incensat oblationem et altare, ut moris est. Exinde ipse diaconus cardinalis recipit turribulum de manu pape, quam in[b] tradendo et recipiendo osculatur. Et tunc incensat papam ter, deinde altare et reliquos, prout est alias fieri consuetum.

6. In hac vero missa dicitur prephatio: *Te quidem domine omni tempore sed in hac potissimum nocte*[a] etc.

7. Quando autem papa dixerit loco debito: *Pax domini* etc., respondetur ei: *Et cum spiritu tuo.* Sed *Agnus dei non* cantatur, nec pacis osculum datur, nec communio dicitur. Sed inmediate papa dessendit de altari et vadit ad sedem suam. Et diaconus cardinalis tradit subdiacono hostiam consecratam, quam portat super patenam (!) ad papam. Et ipse diaconus recipit calicem cum sanguine et portat pape. Et papa ibi stando sollempniter communicat et sanguinem cum calamo suggit. Et diaconus cardinalis et subdiaconus ibidem corpus Christi de manu pape recipiunt, ut in aliis missis[a] est[b] fieri consuetum.

8. Et est notandum, quod papa ista die non dat diacono cardinali osculum, postquam dederit sibi corpus Christi, sicut in aliis missis fieri consuetum est, nec etiam idem diaconus cardinalis subdiacono, postquam suggerit[a] de sanguine cum calamo, quia in ista missa, ut dictum est, pacis osculum non datur. Sed statim dictus diaconus cardinalis portat calicem cum sanguine [ad[b] altare et ibi de ipso sanguine] cum dicto calamo suggit[c]. Et postea dat subdiacono residuum sanguinis, qui totum suggit[d], prout est alias fieri consuetum. Papa vero interim lavat manus, ut alias etiam fieri consuetum est.

9. Communione vero facta et omnibus predictis expletis, papa incipit *Alleluia.* Et reposita sibi mitra, sedet in sede sua. Et tunc cantores cantant ipsum *Alleluia, Alleluia, Alleluia.* Qua cantata, cantatur psalmus: *Laudate dominum omnes gentes* totus cum *Gloria patri* et *Sicut erat.* Et in [fine[a]] reiteratur ipsum *Alleluia.* Capitulum, ympnus, versiculus[b] non dicuntur. Sed inmediate subdiaconus stans coram papa incipit cantando antiphonam ad *Magnificat,* videlicet *Vespere autem sabbati.* Et ipsa incepta, papa, deposita sibi mitra, incipit cantando eandem antiphonam. Et extunc cantores continuant ipsam usque in finem. Postea cantatur psalmus *Magnificat,* et altare circa papam incensatur. Deinde ipse papa et reliqui incensantur per presbiterum cardinalem, qui servit in vesperis, prout est alias fieri consuetum. In fine vero psalmi reiteratur[c] antiphona predicta per cantores. Et omnia predicta papa debet dicere legendo in sede sua cum suis ministris.

10. Quibus finitis, papa surgens de sede vadit ad altare et ibi deponitur sibi mitra. Et facie ad populum dicit: *Dominus vobiscum.* Et respondetur ei: *Et cum spiritu tuo.* Postea dicit orationem: *Spiritum nobis, domine,* etc. Deinde, versa facie ad populum, dicit: *Dominus vobiscum.* Et responso: *Et cum spiritu tuo,* vertit se ad altare. Et diaconus cardinalis, qui dixit evvangelium, versa facie ad populum, dicit: *Ite missa est* cum duplici *Alleluia.* Deinde papa facit more solito benedictionem cum bona et alta voce. Qua facta, presbiter cardinalis, qui servivit sibi in missa, de

mandato et auctoritate pape pronuntiat indulgentiam, videlicet de septem annis et septem quadragenis.

11. Quibus omnibus sic peractis, papa indutus sacris vestimentis, sicut fuit in missa, et cum mitra in capite vadit processionaliter ad fenestram, ubi datur indulgentia per ipsum, associantibus eum cardinalibus paratis[a], sicut fuerunt in missa, et etiam subdiacono cum cruce precedente[b] et incenso ac capellanis candelabra septem cum cereis accensis portantibus. Et tunc ibidem more solito ipse papa facit benedictionem. Qua facta, statim nuntiatur indulgentia per unum cardinalem, ut supra dictum est. Deinde intrat cameram suam cum cardinalibus et ibi deponit vestimenta sua sacra. Quibus depositis, ipse papa recipit vestes consuetas. Et cardinales, paramentis suis depositis et capis laneis reassumptis, ad domos proprias revertuntur.

## **LXVIII.** Quando papa non celebrat, rubrica.

1. Si autem ista die papa non celebret, sciendum est quod prelatus, qui debet missam celebrare, indutus vestimentis pontificalibus viollacei coloris debet stare in loco, ubi illi, qui coram papa celebrant, consueverunt stare. Deinde facta cerei benedictione per diaconum, unus de clericis capelle vadit ad pulpitum longe ab altari[a]. Et ibi legit primam lectionem et sine titulo, videlicet: *In principio creavit deus celum et terram,* deinde alius clericus legit secundam lectionem. Postquam ille, qui celebrat, dixerit: *Oremus,* deinde relique lectiones per capellanos capelle ipsius domini pape leguntur secundum suum ordinem.

Et nota quod quilibet lector in fine sue lectionis debet venire, ut supra dictum est, ad osculandum pedem pape.

2. Quibus expletis et tractibus cantatis, cantores cantant letaniam. Et cum venitur[a] ad locum, ubi debet dici: *Peccatores te rogamus audi nos,* prelatus, deposita casula violacea, assumit casulam albam. Et cum venitur[b] ad *Kyrieleison,* ipse pre-

---

[b] in tradendo] intrando *R.*
6. [a] *steht über der Zeile V, fehlt R.*
7. [a] *fehlt R.*
[b] est – consuetum] consuetum est fieri *R.*
8. [a] surgerit *V.*
[b] ad – sanguine] *fehlt R V; ergänzt nach Gattico.*
[c] *korr. aus* surgit *V.*
[d] surgit *V.*
9. [a] *fehlt R V.*
[b] versus *R.*
[c] reiterantur *V, korr. aus* reiterantur *R.*
11. [a] parati *R V.*
[b] procedente *V.*

**LXVIII.** Mss.: R, f. 85r–87r; V, f. 45v–46v. *Titel. Auf dem Rand wiederholt, ohne* Rubrica *V.*

1. [a] altare *V.*
2. [a] venerit *R V.*
[b] venerit *R V.*

---

**LXVIII.** Vgl. OR XV, Kap. 83, Sp. 1328A–1330A. Die beiden Texte unterscheiden sich erheblich voneinander.

1. Zu den Lektionen vgl. OR XV, Kap. 83, Sp. 1328D–1329A.

2. *Nuntio vobis canticum novum, Alleluia:* OR XV (Sp. 1329C) hat statt *canticum novum*: *gaudium magnum,* wie auch oben Kap. LXVII 4 und die entsprechenden Paralleltexte. Die Version mit *canticum novum* entspricht der Tradition des 13. Jh.: PRC, App. II (III) 31, S. 576. Der Brauch fehlt bei H. A. P. Schmidt, a.a.O. 2.

latus facit[c] confessionem ante altare. Interim vero cantores incipiunt sollempniter *Kyrieleison.* Quo finito, prelatus dicit alta voce: *Gloria in excelsis deo* et tunc pulsatur campana. Quo cantato per[d] cantores, prelatus dicit orationem, que tunc competit. Deinde subdiaconus vadit ad legendum epistolam. Qua lecta, vadit primitus ad pontificem celebrantem. Et ibi modicum inclinatus, dicit cantando: *Nuntio vobis*[e] *canticum novum, Alleluia.* Et statim vadit ad osculandum pedem pape. Et post ipse pontifex celebrans dicit cantando ter *Alleluia,* vocem qualibet [vice[f]] altius elevando. Et respondentibus cantoribus ipsum *Alleluia* in eodem tono, statim duo ipsorum cantant versum et tractum; et cetera fiant, secundum que superius sunt scripta. Facta autem oratione, prelatus, stando ad altare, incipiat *Alleluia.* Et cantores prosequuntur et dicunt psalmum: *Laudate dominum omnes gentes.* Quo finito, idem prelatus incipiat antiphonam ad *Magnificat: Vespere autem.* Et tunc altare per eundem prelatum incensetur, ut supra de papa scribitur. Et deinde cardinales et alii prelati incensantur, sicut alias fieri consuetum est. Qua cantata, videlicet ante et post *Magnificat,* prelatus autem dicit ibidem ad cornu altaris orationem. Et in fine orationis diaconus dicit: *Ite missa est* cum duplici *Alleluia.* Et sic finitur missa.

3. Nota quod in presenti missa non dicitur *Letatus sum,* et hoc de consuetudine; non tamen reperitur contrarium in rubrica scriptum.

## **LXIX.** Rubrica, quando pro defunctis coram papa[a] sollempniter celebratur[b].

1. Notandum est quod, quando celebratur[a] sollempniter coram papa pro[b] defunctis, ista debent observari: primo quod in principio misse, ut est in aliis missis fieri[c] consuetum, altare incensatur per prelatum celebrantem. Deinde prelato incensato, incensatur ipse papa.

2. Item subdiaconus, postquam legerit epistolam, non vadit ad osculum pedis domini nostri[a] pape.

3. Item diaconus lecturus evvangelium non vadit ad osculum pedis ipsius[a] domini pape nec etiam[b] petit benedictionem. Dicto vero evvangelio, ipse papa incensatur, sed liber non portatur sibi deosculandus.

4. Post offertorium vero, altari incensato et per consequens ipso prelato celebrante, incensatur et ipse papa, tantummodo totus solus.

5. *Agnus dei* dicitur, sed pacis osculum non datur, nec benedictio post missam per papam datur, nec etiam indulgentia aliqua pronuntiatur. ⟨Et[a] loco *Trium puerorum* in fine misse dicitur: *De profundis* cum suis etc.⟩

## **LXX.** [De vesperis dicendis in quadragesima.]

1. Item notandum est de vesperis dicendis[a] in quadragesima ante prandium: Post missam, videlicet si aliquis prelatus celebraverit coram papa, ipse prelatus post *Ite missa est,* data benedictione[b] per papam et indulgentia pronuntiata, debet casulam deponere. Et pluviali resumpto[c], super faldistorium stando debet incipere: *Deus in adiutorium* etc., deinde primam antiphonam super psalmos, ympnum, antiphonam[d] ad[e] *Magnificat* et orationem, necnon[f] debet altare incensare.

**LXXI.** Rubrica ista observatur[a] feria sexta in parasceve, quando papa non celebret.

1. Primo quando papa ingreditur capellam et facit orationem suam coram altari super cathedram nudam, ut moris est, prelatus, qui faciet officium, debet esse paratus et indutus vestimentis pontificalibus nigri coloris, excepto quod illa die non portat sandalia[a]. Et omnibus sedentibus, unus de clericis capelle vadit circa medium capelle ad legendum prophetiam: *In tribulatione*. Qua lecta, cantatur tractus. Deinde subdiaconus, qui servit ipsi prelato, vadit ad legendum aliam prophetiam: *In diebus [illis*[b]*] dixit dominus ad Moysen*. Subsequenter cantatur tractus, qui cantari debet. Quo cantato, [diaconus[c]] dicturus passionem sine pedis osculo domini pape et absque luminaribus et incenso recipit librum de altari ante pectus et vadit ad locum consuetum. Et ibi absolute dicit: *Passio domini nostri Iesu Christi*. Quando autem pervenitur ad locum, qui dicitur in tono evangelii, ipse diaconus petit a papa benedictionem. Et tunc portantur sibi duo cerei accensi et incensum, incensat enim ipse diaconus librum, antequam dicat illam partem evangelii. Dictoque evangelio, portatur liber pape deosculandus et etiam incensatur, prout est alias fieri consuetum.

---

[c] faciat *R*.
[d] *ergänzt R;* per cantato per *V*.
[e] vobis, *danach getilgt*: gaudium *V*.
[f] *fehlt R V*.

**LXIX.** Mss.: R, f. 87r–88r (= R 1), f. 99v –100r (= R 2); V, f. 46v (= V 1), f. 52r (= V 2).

*Titel. Auf dem Rand:* Nota, quando celebratur pro defunctis *V 1*.
[a] *fehlt R 1*.
[b] *auf dem Rand:* Et nota, quod cardinales non vadunt ad reverentiam et papa portat capam de panno et mitram de guarnello *R 2 V 2*.

1. [a] celebratur ⟨pro defunctis⟩ *R 1*.
[b] pro defunctis] *fehlt R 1 V 1*.
[c] *fehlt R 2 V 2*.

2. [a] *fehlt R 2 V 2*.

3. [a] ipsius – pape] *fehlt R 2 V 2*.
[b] *fehlt R 1*.

5. [a] Et – etc.] *nachgetragen V 1, fehlt R 2 V 2*.

**LXX.** Mss.: R, f. 88r–88v (= R 1), f. 100v (= R 2); V, f. 46v–47r (= V 1), f. 52r (= V 2).

*Titel. fehlt R 1 R 2 V 1 V 2*.

1. [a] dicendis in quadragesima] in quadragesima dicendis *R 2 V 2*; *auf dem Rand:* Nota de vesperis dicendis in quadragesima *V 1*.
[b] benedictionem *R 1 V 1*.
[c] recepto *R 2 V 2*.
[d] antiphona *R 2*.
[e] et *R 2 V 2*.
[f] nec *R 2 V 2*.

**LXXI.** Mss.: R, f. 88v–92v; V, f. 47r–48v.

*Titel. Auf dem Rand:* Rubrica ista observatur feria sexta in parasceve, quando papa non celebrat *V*.
[a] observantur *R V*.

1. [a] sendalia *R V*.
[b] *fehlt R V*.
[c] *fehlt R V*.

---

3. Vgl. OR XV, Kap. 83 (Sp. 1329D, die letzten beiden Zeilen, wo der Hinweis auf die *rubrica* fehlt) und J. A. Jungmann, Missarum sollemnia 2, S. 361f. Vgl. auch oben, Kap. LV 1, S. 265 und unten, Kap. LXXII 4, S. 285.

**LXIX.** Zu diesem und den folgenden Kapiteln (bis Kap. LXXII) vgl. oben, S. 105f.

**LXXI.** Vgl. oben, Kap. LXIV, S. 270ff.

2. Subsequenter vero predicatur per aliquem magistrum in theologia[a], qui statim, facto sermone[b], sine medio pronuntiat indulgentiam de mandato et auctoritate domini nostri pape, videlicet de septem annis et septem quadragenis, quia in presenti missa non dicitur *Confiteor* nec *Precibus et meritis*.

3. Subsequenter vero prelatus ascendit ad cornu dextrum altaris et ibidem dicit orationes, que dici in missali debentur et mandantur. Quibus orationibus [finitis[a]], prelatus ipse ibidem, casula deposita super altari, modicum ultra progreditur ad dextrum cornu altaris. Et tunc ibidem cum cirotecis[b] recipit crucem de ligno crucis quodam panno subtili de serico cohopertam et dicit ter cantando: *Ecce lignum crucis*, qualibet vice vocem elevando. Et progreditur modicum ulterius usque ad medium altaris. Deinde reponit ipsam crucem super gradus altaris, ubi est pannus[c] laneus et cuxinus cohopertus una tobalea. Quo facto et cruce adorata per papam et alios, ipse etiam prelatus, depositis[d] calciamentis suis cotidianis, discalciatus ipsam crucem in ordine suo adorat. Et post hec revertitur ad locum suum et ibidem dicit legendo antiphonam: *Populе meus* et illa, que in missali dici mandantur, dum ipsa crux adoratur. Postmodum vero depositis[e] cirotecis et lotis ibidem manibus suis, reassumit casulam et anulos, pontificalem et minorem. Et exinde, duobus tortitiis accensis et incenso precedentibus, vadit ipse prelatus ad armariolum, in quo esterna[f] die corpus Christi fuerat reservatum, associantibus eum diacono et socio, qui servit sibi de libro. Et ibidem recipit corpus Christi, scilicet calicem, in quo est, cum patena et corporali copertum quodam panno serico. Et primitus incensato, portat ad altare. Cum autem fuerit ad altare, ipse prelatus, extracto corpore Christi de calice, ponit super corporali extenso super altare. Et tunc ibidem diaconus ponit vinum et aquam in calice.

4. Quo facto, offert ipsum calicem ipsi prelato. Deinde offert sibi incensum. Incensato itaque corpore Christi et calice et altari, incensatur ipse papa totus solus. Subsequenter prelatus vadit ad dextrum cornu altaris ad lavandum modicum digitos. Post modicum revertitur ad medium altaris. Et ibidem dicit: *In spiritu humilitatis*. Et postea vertens se ad populum, dicit orans et dicens: *Orate, fratres, pro me*. Deinde dicit absolute et sine *Per omnia: Oremus. Preceptis salutaribus moniti*[a]. Et tunc recipit corpus Christi cum digitis utriusque manus tenens super calicem et modicum manus elevans, cum dicit: *Pater noster*, quod possit videri ab omnibus[b] et etiam adorari. Postea in fine *Pater noster* respondetur sibi: *Sed libera nos a malo*. Et statim ipse dicit eadem voce: *Libera nos, quesumus, domine*. Et in fine respondetur: *Amen*. Tunc autem diaconus offert ipsi prelato patenam. Et tunc frangit hostiam consecratam secundum consuetudinem, ponens de ea tertiam particulam in calice[c] nichil dicens. Sanctificatur enim vinum per corpus Christi inmissum.

5. *Pax domini* non dicitur, nec etiam *Agnus dei* cantatur, nec pacis osculum datur. Sed idem prelatus, postquam communicaverit et lavaverit digitos, ut moris est, dessendit ad cathedram seu faldistorium nudum bassum et ibidem deponit vestimenta sua pontificalia. Interim vero dicit legendo vesperos preterite diei. Et tunc etiam cantores dicunt vesperos legendo. Taliter dicunt seu legant, quod possint per papam et alios audiri et intelligi. Cum autem debent dicere in fine vesperorum

psalmum: *Miserere mei deus*, dessendit de sede sua. Et vadit coram altare ad cathedram bassam nudam cum scabello paratam. Et ibidem stat genuflexus[a], quousque predictus psalmus et oratio *Respice, quesumus, domine* finiatur.

## LXXII. Qualiter agatur in matutinis in nocte natalis domini.

1. Primo, quando dominus noster papa est ingressus capellam, vadit coram altare ad orandum, ut moris est. Deinde assendit cathedram suam. Et ibidem incipit: *Domine labia mea aperies* etc. Et cantores prosequntur.

2. Acoliti vero legunt tres primas lectiones. Iunior presbiterorum cardinalium legit quartam.

Imperator legit quintam. Et si non sit imperator, nobilior, qui est pro tempore in curia romana, ipsam legere consuevit vel loco illius unus de clericis camere puta iunior.

Sextam subdiaconus pape.

Septimam iunior diaconus cardinalis.

Octavam antiquior diaconorum.

Et nonam papa, cui non datur benedictio[a]. Sed dum dixerit: *Iube domine*[b] *benedicere*, respondetur ei: *Amen*. Et dum ipse legit eandem lectionem, portantur ei duo candelabra cum candelis accensis.

3. Qua lecta, ibidem stando incipit: *Te deum laudamus*. Interim vero vadit ad aliam cathedram longe ab altari paratam. Et ibi alba recipit paramenta pro missa medie noctis celebranda. Cum candelis ibidem stando dicit unicam orationem. Qua completa, acoliti, qui tenent dicta candelabra, cantant: *Benedicamus domino*. Et respondetur eis: *Deo dicamus gratias*.

4. Postmodum vero papa indutus vestimentis pontificalibus accendit ad altare et prosequitur suam missam more solito, hoc excepto quod in presenti missa et in secunda non dicitur *Letatus sum*, sed solum in missa maiori.

5. Cantata autem missa, antequam papa deponat vestimenta, stans in sede sua incipit laudes. Et dicit sollempniter: *Deus, in adiutorium meum intende*. Et respondetur ei: *Domine, ad adiuvandum me festina* etc. Et incipit primam antiphonam in laudibus, videlicet: *Quem vidistis*.

6. Cardinales presbiteri non deponunt vestimenta, sed stant induti sicut in missa,

---

2. [a] theologiam *R*.
[b] sermonem *R*.
3. [a] *fehlt R V*.
[b] ciroteca *R*.
[c] panus *V*.
[d] deponit *R V*.
[e] deponit *R V*.
[f] externa *R V*.
4. [a] monitis *R V*.
[b] hominibus *R*.
[c] calicem *R*.
5. [a] genu flexo *R*.

**LXXII.** Mss.: R, f. 92v–94v; V, f. 48v–49r.
*Titel. Auf dem Rand wiederholt V.*
2. [a] benedictionem *R*.
[b] donne *V*.

---

5. *Coram* wird häufig mit dem Akkusativ gebraucht.

**LXXII.** Vgl. oben, Kap. XLIX, S. 256ff.

4. Vgl. auch OR XV, Kap. 9, Sp. 1278B und oben, Kap. LV 1 und LXVIII 3, S. 264 und 282.

quia laudes sollempniter dicuntur. Et relique antiphone per cardinales dicuntur, non per cantores.

## LXXIII. In celebrandis missis quibus coloribus sit utendum.

1. Et quia dictum est superius, qualiter et quomodo in missis, que celebrantur tam per dominum nostrum papam in[a] maioribus festivitatibus quam etiam per dominos cardinales aut alios prelatos in presentia ipsius domini nostri pape in capella sua, quibus coloribus aut sacris indumentis coram domino nostro aut in tota romana curia sit utendum, hic volui inserere ac ponere, ut brevius potui, per hunc modum.

2. Et[a] primo sciendum est, quod a sabbato sancto, in missa tantum, usque ad sabbatum vigilia pentecosten in feriali officio albo[b] colore est utendum[b].

Item in festo sancte trinitatis.

Item in festo corporis Christi.

Item in festo nativitatis domini, sancti Iohannis evvangeliste, circumcisionis et apparitionis domini.

Item in cena domini.

Item in omnibus festivitatibus beate Marie virginis.

Item in festo beati Iohannis baptiste.

Item in festo omnium sanctorum.

Item in cathedra sancti Petri.

Item in festis vinculorum[c] sancti Petri [et[d] sancti Iohannis] ante portam latinam.

Item in omnibus festivitatibus omnium confessorum.

Item in omnibus festivitatibus omnium virginum, que martires[e] non sunt.

3. Sequitur[a] de rubeo colore, quibus diebus sit utendum.

Et primo a vigilia penthecosten in vesperis usque ad octo dies inclusive[b].

Item in festo apostolorum Petri et Pauli tam in vesperis quam in missa et per octo dies sequentes, si fiat officium de octaba.

Item in festivitatibus sancte crucis.

Item in festivitatibus omnium apostolorum.

Item in festivitatibus omnium martirum.

Item in festivitatibus omnium[c] virginum, que sunt martires.

4. Sequitur[a] de colore viridi.

Et est sciendum, quod colore viridi est utendum in feriali officio ab octaba pentecosten usque ad adventum[b] et octaba epiphanie usque ad septuagesimam exclusive tantum et non alio tempore.

5. Sequitur[a] de violaceo colore.

Sciendum est, quod a prima dominica adventus domini usque ad vigiliam nativitatis domini inclusive[b], in feriali officio tantum, violaceo colore est[c] utendum.

In die purificationis beate Marie virginis, recipiendo candelas et in processione tantum.

Item a septuagesima usque ad vigiliam pasche[d] in feriali officio.

Et est sciendum, quod diaconus, qui debet benedicere cereum, debet tenere tunicellam albam.

Item in [curia[e] romana] violaceo colore etiam utimur in festo innocentium, nisi venerit in dominica, et tunc utimur rubeo colore.

Item violaceo colore etiam[f] utimur in quatuor temporibus et in vigiliis, que ieiunantur.

6. Sequitur[a] de nigro colore.

Et est sciendum, quod nigro colore est utendum in parasceve sive in die Veneris sancto.

Item in omnibus officiis mortuorum.

7. Et est sciendum, quod quandocumque infra romanam[a] curiam colore violaceo vel nigro est utendum, quod semper diaconus et subdiaconus debent uti planetis.

Istis quinque coloribus utuntur in curia Romana.

## **LXXIV.** De hiis, qui serviunt pape in divinis celebrandis infra annum.

1. Diebus infrascriptis prior episcoporum cardinalium debet servire in officio [capellani[a]] domino nostro pape sollempniter celebranti[b].

In festo nativitatis domini.
In festo circumcisionis.
In festo epiphanie.
In festo purificationis.
Dominica ramis palmarum.
In die Iovis sancta.
In festo pasce[c].
In festo annuntiationis beate Marie.
In festo ascensionis domini.
In festo penthecostes.

---

**LXXIII.** Mss.: R, f. 94v–97v; V, f. 49v–51r.
*Titel. Steht nur im Prolog R V.*
1. [a] in – festivitatibus] *fehlt R.*
2. [a] *auf dem Rand:* De colore albo *V.*
[b] albo – utendum] est utendum albo colore *R.*
[c] vincule *R V.*
[d] et – Iohannis] *fehlt R V.*
[e] martire *V*; martires – sunt] non sunt martires *R.*
3. [a] *auf dem Rand:* De colore rubeo *V.*
[b] exclusive *R.*
[c] *fehlt R.*
4. [a] *auf dem Rand:* De colore viridi *V.*
[b] aventum *V.*
5. [a] *auf dem Rand:* De colore violaceo *V.*
[b] *fehlt R,* in *V.*
[c] est utendum] utendum est *R.*
[d] pache *V.*
[e] curia romana] *fehlt R V.*
[f] etiam utimur] utimur etiam *R.*
6. [a] *auf dem Rand:* De colore nigro *V.*
7. [a] romanam curiam] romana curia *R V.*

**LXXIV.** Mss.: R, f. 97v–99v; V, f. 51r–51v.
*Titel. Steht nur im Prolog R V.*
1. [a] *fehlt R V; ergänzt nach dem Randeintrag, vgl. die nächste Variante.*
[b] *auf dem Rand:* Quibus diebus prior episcoporum cardinalium debet servire in officio capellani domino nostro pape sollempniter celebranti *V.*
[c] parasceven *R.*

---

**LXXIII.** Vgl. zu diesem und dem folgenden Kapitel oben, S. 103f.
1. Vgl. oben, Kap. XLVI–XLVIII, S. 247ff.

**LXXIV.** Vgl. OR XIV, Kap. 47, Sp. 1147C–1153A und Gattico, Kap. 1, S. 9a–10b.

In festo apostolorum Petri et Pauli.
In festo beati Iohannis babtiste[d].
In festo trinitatis.
In festo corporis Christi.
In festo assumptionis beate Marie.
In festo nativitatis eiusdem.
In festo omnium sanctorum.

2. Et generaliter, quotiens precederent vespere papales sollempnes, in quibus mandati per dominum papam intererunt domini cardinales sacris vestibus induti, ac etiam quotiens continget dominum papam sollempniter celebrare extra tempus quadragesimale, prima ordinata processione cum portatione mappe iuxta libri ordinationem.

3. Aliis vero diebus generaliter serviat dominus presbiter cardinalis, qui prior erit in ordine dispositus ad serviendum, salva in utroque casu ordinatione antiqua expressa in libro et continue observata de domino cardinali faciente sermonem, qui, cuiuscumque ordinis fuerit, servire debet illa die.

4. In rubricis serimonialibus de missis sollempnibus per dominum nostrum papam celebrandis reperitur, quod prior presbiterorum cardinalium debet servire in officio capellani eidem domino nostro sollempniter celebranti, scilicet duobus diebus sequentibus post natitivatem domini sancti Stephani et sancti Iohannis.

Item[a] in die sabbati sancta[a].

Item in prima missa noctis[b] nativitatis domini et secunda.

5. Aliis vero diebus sollempnibus debet servire in dicto officio eidem domino nostro prior episcoporum cardinalium, nisi idem dominus noster contrarium mandaret. Et ita continetur in dictis rubricis.

## LXXV. Rubrica, quando celebratur pro rege vel imperatore[a].

1. Anno LXXVII dominus noster papa Gregorius XI, pontificatus sui anno septimo, Anagnie existens pro tunc, tertia die mensis Septembris, fecit fieri exequias in capella sua pro anima domini Eduardi regis Anglie defuncti. Et dominus Glandatensis fecit officium et sermonem, qui non portavit cirothecas in toto officio nec anulum pontificalem nec sandalia, nec fuit dicta in missa nisi unica oratio. Et dum dicta oratio dicebatur, dictus dominus noster descendit ad altare ad orandum. Et etiam, quando dicebatur ultima oratio, idem dominus noster descendit ad orandum ante altare sicuti in quadragesima.

2. Fuit autem factus sermo statim post missam per eundem dominum cardinalem, qui solum, deposita casula, accepit pluviale nigrum et mitram planam. Et solum accepta benedictione a papa, et sine pedis osculo accessit ad medium altaris pro sermone faciendo. Nec fuit facta absolutio post missam nec data benedictio. Sed finito sermone, recesserunt omnes.

3. Venit autem ad capellam idem dominus noster indutus capa[a] de scarlato[b] aperta[c] a parte anteriori et cum mitra plana. Nec assistunt sibi in missa cardinales, quia[d] non est indutus vestimentis pontificalibus.

4. Item sciendum est[a] quod, quando papa celebrat pro defunctis seu prelatus coram eo, non debet dici: *Trium puerorum*, sed loco ipsius dicitur: *De profundis* etc[b].

**LXXVI.** [De itineratione pape.]

1. Sciendum quod papa, quando equitat, antequam exeat cameram, dicit ista[a], que secuntur:

2. *In viam pacis, salutis et prosperitatis dirigat dominus gressus nostros et angelus suus bonus*[a] *comitetur*[b] *nobiscum ad dirigendos pedes nostros in viam pacis. Cum salute et gaudio*[c] *eamus et revertamur ad propria.*

3. Postea dicitur totus psalmus *Benedictus dominus deus Israel* cum *Gloria patri* et *Sicut erat*; postea reincipitur[a] tota antiphona *In viam pacis.*

Deinde sequitur *Kyrieleyson, Christeleyson, Kyrieleyson. Pater*[b] *noster. Et ne nos. Sed libera nos.*

Vers. *Esto nobis domine turris fortitudinis.* Resp. *A facie inimici.*

Vers. *Nil proficiat inimicus in nobis.* Resp. *Et filius iniquitatis non apponat nocere nobis.*

Vers. *Utinam dirigantur vie mee.* Resp. *Ad custodiendas iustificationes in viam pacis.*

---

[d] baptiste *R.*
4. [a] Item – sancta] *fehlt R.*
[b] nocte *R.*

**LXXV.** Mss.: R, f. 100v–102r; U (= cod. Urbin. lat. 469), f. 78v; V, f. 52r.

Ed.: (jeweils nach U:) Gattico, S. 170a, Kap. 14; W. Ullmann, The Curial Exequies, S. 35–36; Na-Ta, Kap. 125, S. 203–204. Die Varianten von U sind nach der letzten Edition zitiert. Die Version von U steht außerdem im cod. Rossian. 719, f. 95r–95v.

*Titel.* [a] imperatore ⟨mortuo⟩ *U.*
3. [a] capam *R.*
[b] scarlacto *R*, scarleto *U.*
[c] apta *V.*
[d] quia – etc.] *von anderer Hand geschrieben V.*
4. [a] *fehlt V.*
[b] *fehlt U.*

**LXXVI.** Mss.: R, f. 102r–103v; U, f. 66v–67r; V, f. 67r.

Ed.: (nach U) Na-Ta, Kap. 109, S. 173f. Nach dieser Edition sind die Varianten von U zitiert; diese Version steht außerdem im cod. Rossian. 719, f. 80v.

*Titel. fehlt R U V.*
1. [a] ista ⟨verba⟩ *U.*
2. [a] bonus ⟨Raphahel⟩ *U.*
[b] comictetur *V.*
[c] gaudio ⟨ac prosperitate⟩ *U.*
3. [a] repetitur *U.*
[b] ⟨et⟩ Pater *U.*

---

2. *Liber:* vgl. OR XIV, Sp. 1147C und Gattico, S. 9a.
3. *Salva – ordinatione:* vgl. OR XIV, Sp. 1147D und Gattico, S. 9a/b.
4.–5. Vgl. Gattico, Kap. 52, S. 52a/b (nicht im OR XIV).

**LXXV.** Zu diesem und den beiden folgenden Kapiteln vgl. S. 106 und 420f.

König Eduard III. von England (1312–1377) starb am 21. 6. 1377. Die Exequien fanden am 3. 9. des Jahres in Anagni statt.

1. *Dominus Glandatensis:* Bertrandus Atgerius O. F. M. (1371–1392), seit 1368 Bisch. von Glandèves: K. Eubel, Hierarchia catholica 1, S. 21 u. 274.

**LXXVI.** Der Text entspricht ungefähr dem 1. Absatz von Gattico, Kap. 143, S. 154b.

Vers. *Homines et iumenta salvabis domine.* Resp. *Quemadmodum multiplicasti super nos misericordiam tuam.*

Vers. *Domine, exaudi orationem meam.* Resp. *Et clamor meus ad te veniat.*

Vers. *Dominus vobiscum.* Resp. *Et cum spiritu tuo.*

*Oremus.*

4. *Actiones*[a] *nostras, quesumus, domine, aspirando preveni et adiuvando prosequere, ut cuncta nostra oratio et operatio a te semper incipiat et per te cepta finiatur.*

*Omnipotens sempiterne deus, dirige actus nostras in beneplacito tuo, ut in nomine dilecti filii tui mereamur bonis operibus habundare.*

*Deus, qui filios Israel per maris medium sicco vestigio ire fecisti, quique tribus regibus*[b] *iter ad te stella duce*[c] *pandisti, tribue nobis, quesumus, iter prosperum tempusque transquillum*[d], *ut angelo sancto tuo comite*[e] *ad eum, quo pergamus*[f], *locum ac demum ad eterne felicitatis portum feliciter pervenire valeamus. Per dominum nostrum Iesum*[g] *Christum filium tuum* etc.

## **LXXVII.** Benedictio pape.

1. *Sancti apostoli Petrus et Paulus, de quorum potestate et auctoritate confidimus, ipsi pro nobis intercedant ad dominum. Amen*[a].

2. *Precibus et meritis beate Marie semper virginis, beati Michaelis archangeli, beati Iohannis babtiste, sanctorum apostolorum Petri et Pauli et omnium sanctorum misereatur nostri*[a] *omnipotens deus et, dimissis omnibus peccatis nostris*[b], *perducat nos*[c] *ad vitam eternam. Amen*[d].

3. *Indulgentiam, absolutionem*[a] *et remissionem omnium peccatorum nostrorum*[b], *spatium vere et fructuose penitentie et emendationem vite, cor semper penitens, gratiam et consolationem sancti spiritus et perseverantiam finalem in bonis operibus tribuat nobis*[c] *omnipotens, pius*[d] *et misericors dominus*[e].

4. *Et benedictio dei omnipotentis, pa+tris et fi+lii et spiritus+sancti descendat super nos*[a] *et maneat semper. Amen*[b].

---

4. [a] ⟨Adesto domine supplicationibus nostris⟩ Actiones *U.*
[b] magis *U.*
[c] luce *U.*
[d] tranquillum *U.*
[e] comitte *V.*
[f] pergimus *U.*
[g] Iesus *U.*

**LXXVII.** Mss.: R, f. 103v–104v; U, f. 78r; V, f. 1r–1v.

Ed.: (nach U) Gattico, S. 172b, Kap. 17; Na-Ta, Kap. 124, S. 203. Nach der letzten Edition sind die Varianten von U für die Edition zitiert.

*Titel. fehlt U.*
1. [a] ⟨Respondetur:⟩ Amen *U.*
2. [a] vestri *U.*
[b] vestris *U.*
[c] vos *U.*
[d] ⟨Respondetur:⟩ Amen *U.*
3. [a] ⟨et⟩ absolutionem *U.*
[b] vestrorum *U.*
[c] vobis *U.*
[d] *fehlt U.*
[e] Dominus. ⟨Respondetur: Amen⟩ *U.*
4. *Die Kreuze stehen jeweils nach den betreffenden Wörtern RV.*
[a] vos *U.*
[b] ⟨Respondetur:⟩ Amen *U.*

**LXXVIII.** [Oratio Bonifatii pape VIII pro indulgentia.]

1. Papa Bonifatius VIII[a] ad requisitionem domini Philippi regis Francorum dedit cuilibet dicenti hanc orationem inter *Agnus dei* et communionem sacerdotis pro qualibet vice annos indulgentie [...[b]], dum tamen sit verus penitens et[c] confessus. Et super hiis habentur bulle apostolice in sacra cappella regia palatii.

2. Oratio. *Oremus. Domine Iesu Christe, fili*[a] *dei vivi, qui hanc sacratissimam carnem tuam*[b] *de*[c] *utero gloriose virginis Marie*[c] *assumpsisti et eundem sanguinem in ara crucis pro salute nostra effudisti et*[d] *iterum in*[e] *eandem carnem*[e] *venturus es iudicare vivos et mortuos, libera*[f] *nos*[g] *per hoc sacratissimum corpus tuum, quomodo*[h] *in altari tractatur, ab omnibus inmunditiis mentis et corporis et*[i] *universis periculis*[k] *preteritis, presentibus et futuris. Qui*[l] *vivis et regnas deus* etc.[1].

---

**LXXVIII.** Mss.: H (= Berlin Kupferstichkab. 78 B 12), f. 279r–280v; R, f. 104v–105r; V, f. 1v.

*Titel. fehlt H R V.*

1. *fehlt H.*
[a] quartus *R V.*
[b] *Lücke von ca. 5 Buchst. R V.*
[c] *fehlt V.*

2. [a] filii *R V*; fili dei vivi] *fehlt H.*
[b] tuam ⟨et pretiosissimum sanguinem tuum⟩ *H.*
[c] de – Marie] de gloriose virginis Marie utero *H.*
[d] et ⟨in hac gloriosa carne a morte resurrexisti et ad celos ascendisti et⟩ *H.*
[e] in – carnem] *fehlt H.*
[f] ⟨in eadem carne⟩ libera *H.*
[g] me *H.*
[h] quod modo *H.*
[i] et ⟨ab⟩ *H.*
[k] periculis preteritis] malis *H.*
[l] Qui – etc.] Amen *H.*

---

**LXXVIII.** Der Version des Gebetes in dem Stundenbuch der Maria von Burgund ist eine Notiz vorausgeschickt, wonach Bonifaz VIII. mit diesem Gebet einen Ablaß von 2000 Jahren verbunden haben soll. – Ein gleicher Ablaß ist laut cod. Hamilton 458 (Berlin, Kupferstichkab. 78 B 21: H. Boese, a.a.O., S. 217–219), f. 206r von demselben Papst auch für das Sprechen anderer Gebete – gleichfalls vor dem *Agnus dei* – verbunden, dgl. in derselben Hs. f. 224r–226v für das tägliche Sprechen eines Gebetes, dessen Text angeblich in Jerusalem gefunden worden war.

## C.

# EIN ZEREMONIENBUCH AUS DER ZEIT BENEDIKTS XIII.

**LXXIX.** De diversitate colorum, quibus romana curia uti solet.

1. Circa quod sciendum est, quod sancta romana ecclesia quinque coloribus utitur in sacris vestibus, videlicet albo, rubeo, viridi, violaceo et nigro. Quidam autem hos duos ultimos pro uno reputant.

2. Colore albo utitur a vesperis a vigilia nativitatis domini usque ad octavam epiphanie inclusive, exceptis festis martirum, que interveniunt.

Item feria quinta in cena domini.

Item a sabbato sancto in officio misse usque ad octavam ascensionis domini inclusive, quandocumque officium de tempore agitur, preter dies rogationum et preter missam, que dicitur in die sancti Marci de officio letanie.

Item in omnibus festis sancte dei genitricis Marie. In receptione tamen candelarum in festo purificationis beate virginis utitur colore violaceo et postea in missa albo.

In festo omnium sanctorum.

In festis angelorum.

In festo sancte trinitatis.

In festo corporis Christi.

In festo nativitatis sancti Iohannis baptiste.

In principali festo sancti Iohannis evangeliste.

In conversione sancti Pauli.

In cathedra sancti Petri.

In festis omnium confessorum et sanctorum, qui martires non sunt.

In dedicationibus ecclesiarum et per octavas predictorum festorum, que octavas habent, quando de ipsis octavis agitur.

3. De rubeo colore.

Rubeo colore utitur a vigilia penthecostes in missa usque ad sabbatum post festum ipsum inclusive.

Item in festo sancte crucis.

Item in festo decollationis sancti Iohannis baptiste.

In festo omnium apostolorum et evvangelistarum, preter principale festum sancti Iohannis evvangeliste et preter festa conversionis sancti Pauli et cathedre sancti Petri.

Item in festo omnium sanctorum et sanctarum martirum, preter festum sanctorum innocentium, quando extra dominicam veniat. Et si in dominica veniat, utitur rubeo et in octava rubeo, quacunque die veniat. Si autem extra dominicam veniat, tunc utitur violaceo colore, sed in octava rubeo, quacunque die veniat. Et eodem colore rubeo utendum est per octavas predictorum festorum, que octavas habent, quando de ipsis octavis agitur.

4. De colore viridi.

Colore viridi utitur inter octavam ephiphanie et septuagesimam et inter festum penthecosten et adventum, quando dominicale officium agitur. In festo sancte trinitatis utitur colore albo.

5. De colore violaceo.

Colore violaceo utitur a prima dominica adventus usque ad missam in vigilia nativitatis domini exclusive et a septuagesima usque ad officium misse in vigilia pasce exclusive, quandocumque in predictis temporibus officium de tempore agitur, excepta feria quinta in cena domini et feria sexta in parasceve.

Et est intelligendum, quod sabbato sancto in toto officio, quod agitur ante missam, utendum est violaceo colore, hoc excepto quod diaconus, qui cantat benedictionem cerei, indutus est dalmatica, subdiaconus vel subdiaconi illa die ministrantes tunicellis utuntur albis. Sed benedictione cerei cantata, diaconus, amota dalmatica, assumit planetam violacei coloris et tenet eam, usque dum inchoatur officium misse. Subdiaconi vero non mutant vestes.

Utitur autem colore violaceo in quatuor temporibus semper et in vigiliis sanctorum, in quibus est ieiunium, quando missa est de vigilia, et in diebus rogationum et in missa, que dicitur in die sancti Marci de officio letanie.

Item in die festi sanctorum innocentium, quando extra dominicam occurrit.

Item in festo purificationis beate Marie in receptione candelarum in processione.

6. De colore nigro.

Colore nigro utitur feria sexta in parasceve et in missa defunctorum et in processionibus, quas romanus pontifex nudis pedibus facit.

Sciendum tamen est, quod diebus, quibus est usus nigri coloris, uti violaceo non est inconveniens.

## **LXXX.** [De vigilia nativitatis domini.]

1. In vigilia nativitatis domini papa consuevit audire missam cum nota cum cerimoniarum observatione dominicis diebus servari consuetarum; dicitur tamen una oratio tantum.

---

**LXXIX.** Ms.: V (= Vat. lat. 4727), f. 2v–3v. *Vgl. OR XIV, Kap. 49–53 und die entsprechenden Texte in den anderen Versionen des OR XIV, siehe S. 426.*

**LXXX.** Ms.: V, f. 4r. *Titel. fehlt V.*

---

**LXXIX.** Zu diesem und den folgenden Kapiteln (bis Kap. CXXV) vgl. oben, S. 127f. Der Text entspricht weitgehend den Kap. 49–53, 1 des OR XIV, Sp. 1154B –1155C und den entsprechenden Texten in den beiden anderen Versionen des OR XIV; vgl. oben, S. 29 und 71f.; dgl. siehe unten, Kap. CXLI, S. 350ff.

1. Zur Gleichsetzung von violetter und schwarzer Farbe vgl. J. Braun, Die liturgische Gewandung im Occident und Orient, S. 734.

## **LXXXI.** Rubrica de vesperis in vigilia nativitatis domini.

1. Item in vesperis papa facit officium, videlicet dicit: *Deus in adiutorium,* incipit primam antiphonam, ymnum, antiphonam de *Magnificat,* incensat altare et dicit orationem. Cardinales vero incipiunt alias quatuor antiphonas hoc ordine, videlicet diaconus cardinalis a dextris pape assistens incipit secundam, episcopus cardinalis etiam pape assistens tertiam, prior presbiterorum cardinalium quartam et diaconus cardinalis a sinistris pape assistens quintam.

2. Et induunt se omnes domini cardinales superpelliciis, amictibus, pluvialibus et mitris, similiter vero ceteri prelati. Subdiaconus autem, accoliti, capellani commensales et honorum et auditores induunt [se[a]] superpelliciis.

3. Item episcopus cardinalis pape assistens incensat papam, cardinales et ceteros prelatos paratos. Subdiaconus incensat alios non paratos.

4. Quando papa dicit orationem, dictus episcopus cardinalis ei assistens debet librum super caput tenere et duo accoliti duo candelabra cum cereis accensis, qui, finita oratione, dicunt: *Benedicamus domino.*

## **LXXXII.** Rubrica de matutinis nativitatis domini.

1. In matutinis papa indutus alba, cingulo, stola et capa rubea de veluto, associantibus eum dominis cardinalibus, accedit ad ecclesiam et, facta oratione genibus flexis ante altare, vadit ad faldistorium et stando incipit: *Domine labia mea aperies* et *Deus in adiutorium.* Non fit reverentia per cardinales, quia iam fecerunt in vesperis precedentibus.

2. Item papa dat benedictiones lectiones legentibus, videlicet primam, quartam et septimam, stando, alias vero sedendo, et omnes lecturi lectiones, dicendo: *Iube dompne benedicere* et *Tu autem,* debent genuflectere, habentes facies versus papam, et post lectam lectionem ad pedis pape osculum ire preter cardinales, qui dicendo: *Iube* et *Tu autem* non genuflectunt, sed tantum caput inclinant nec ad pedis pape osculum vadunt.

3. Lectiones vero hoc ordine leguntur: prima, secunda et tertia leguntur per accolitos et capellanos commensales superpelliciis indutos.

4. Quartam legit ultimus presbiterorum cardinalium cum sua capa lanea.

5. Quintam legit imperator et in eius absentia nobilior in curia existens, precinctus ense et indutus pluviali[a] albi[b] coloris, ipsius habens aperturam versus partem dexteram, ita ut libere possit ensem cum manu dextera evaginare; et etiam in capite capellum alias birretum de bivrio de erminiis folratum debet tenere. Et ipse sic paratus, si imperator sit vel rex, petit benedictionem a papa stando, non genuflectendo, et similiter dicendo: *Tu autem.* Si vero alius sit quam imperator vel rex, qui dicat lectionem ipsam, petendo benedictionem et dicendo: *Tu autem,* genuflectit. Item lectione lecta, quicumque illam dixerit, ad pedis pape osculum ire debet, ensem in manu dextra extractum tenendo, capello[c] tamen deposito.

6. Sextam vero lectionem legit subdiaconus curie romane superpellicio indutus.

7. Septimam legit diaconus cardinalis a sinistris pape, octavam alius diaconus cardinalis a dextris pape assistentes, induti suis capis laneis.

8. Nonam vero dicit papa stando, tenente ei librum priore presbiterorum cardinalium eidem assistente, et tenentibus coram eo duobus acolitis singula candelabra, lectione durante. Item dum papa dixerit: *Iube* etc., nullus benedicit ei, sed assistentes respondent: *Amen* loco benedictionis.

9. Finita vero lectione ipsa, papa incipit: *Te deum laudamus*. Et tunc per clericos capelle parantur super altare vestimenta pape pro missa. Et dicto *Te deum*, papa dicit orationem et postmodum benedictionem dat, sed non indulgentias.

## **LXXXIII.** In prima missa.

1. Hiis itaque peractis, papa residens in faldistorio cum ministris sibi assistentibus incipit hos psalmos: *Quam dilecta tabernacula* etc. Et tunc subdiaconus sacris indutus vestibus portat pape sandalia et diaconus cardinalis evvangelium in missa dicturus vadit ad recipiendum sua paramenta.

2. Finitis vero psalmis predictis, papa abluit manus et postea sacris induitur vestibus et similiter domini cardinales ceterique prelati, qui etiam in laudibus sic remanent parati.

3. Deinde papa procedit ad missam, sed non occurrunt ei presbiteri cardinales, dum ad altare accedit, nec dicitur: *Letatus*. Et communicat in altari, et non communicant diaconus nec subdiaconus, neque papa cum calamo sumit sanguinem, sed cum calice. Et post dictam sumptionem recipit vinum et aquam super digitos in calice, sed non sumit, eo quod iterum celebraturus est. Et in fine dat benedictionem, ⟨et[a] dantur indulgentie⟩.

4. Postmodum vero vadit ad faldistorium suum et ibi stando incipit laudes, videlicet: *Deus in adiutorium* etc., et primam antiphonam. Domini cardinales incipiunt alias quatuor ordine, quo dictum est in vesperis precedentibus. Papa vero incipit ymnum et antiphonam de *Benedictus*, incensat et dicit orationem cum paramentis, que tenuit in missa. Subdiaconus dicit capitulum indutus sicut in missa. Dicta vero oratione, ceroferarii pape assistentes dicunt: *Benedicamus*, et papa dat benedictionem, non tamen indulgentias.

---

**LXXXI.** Ms.: V, f. 4r–4v.

2.[a] *fehlt V.*

**LXXXII.** Ms.: V, f. 4v–5v.

Ed.: E. Cornides, Rose und Schwert, S. 137f.

5.[a] pluviale *V.*

[b] albi coloris] *ergänzt V.*

[c] capello tamen deposito] *auf dem Rand ergänzt V.*

**LXXXIII.** Ms.: V, f. 5v.

*Titel. Steht auf dem Rand V.*

3.[a] et – indulgentie] *auf dem Rand ergänzt V.*

4. *auf dem Rand:* In laudibus *V.*

---

**LXXXIII.**

1. *Quam dilecta tabernacula* (Ps. 83): es folgen gewöhnlich noch Ps. 84, 85, 115 und 129; vgl. auch den Text auf f. 57v–68v, unten, S. 432.

## LXXXIV. In secunda missa.

1. Demum papa procedit ad secundam missam, in qua fit per omnia ut in prima, excepto tamen quod non dicit psalmos: *Quam dilecta* etc., eo quod iam tenet sandalia, et in fine misse, datis prius indulgentiis, papa et ceteri domini vadunt ad quiescendum modicum.

## LXXXV. In maiori missa.

1. In maiori missa, postquam papa ad ecclesiam pervenerit, facit orationem ante altare et post vadit ad faldistorium et, ipso sedente, cardinales ceterique prelati omnes impendunt ei reverentiam.

2. Hoc facto, papa cum ministris suis dicit tertiam et postmodum psalmos: *Quam dilecta* etc. Et tunc subdiaconus defert ei sandalia et, finitis psalmis, abluit manus.

3. Deinde sacris induitur vestibus et post vadit ad altare. Et eundo occurrunt ei tres ultimi presbiteri cardinales, qui eum osculantur in ore et pectore.

4. Postea procedit usque ante altare et ibi facit confessionem et cetera alia, que in missis solennibus fieri solent.

5. In hac missa papa communicat in faldistorio cum cerimoniis consuetis, et de manu sua communicant diaconus et subdiaconus.

6. Item dum diaconus legendo evvangelium pervenerit ad hec verba: *Et verbum caro factum est,* debet genuflectere et etiam papa ceterique omnes.

7. Dicitur etiam in hac missa: *Letatus* etc. et dicitur prosa et per totas octabas, videlicet: *Letabundus exultet* etc.

8. Hodie non fit sermo.

9. In fine dantur indulgentie.

## LXXXVI. In vesperis diei nativitatis domini.

1. In vesperis vero huius diei papa consuevit audire vesperos, indutus alba, cingulo, stola et pluviali et[a] mitra.

2. Et facta oratione ante altare, vadit ad faldistorium et stando incipit: *Deus in adiutorium,* primam antiphonam et antiphonam de *Magnificat* et[a] ymnum et orationes et incensat altare, assistuntque ei cardinales. Et in fine dat benedictionem.

3. Subdiaconus vero superpellicio indutus dicit capitulum et incensat cardinales omnesque alios presentes.

4. Capellani commensales et honorum, accoliti et auditores induunt [se[a]] superpelliciis in vesperis.

5. Duo de capellanis capelle dicunt: *Benedicamus.*

## LXXXVII. In die beati Stephani.

1. In die beati Stephani papa consuevit celebrare in pontificali; et fit sermo immediate post evvangelium.

2. Quo finito, diaconus cardinalis a sinistris pape assistens dicit: *Confiteor,* et post ille, qui predicavit, dat indulgentias populo, et postmodum papa dat benedic-

tionem. Observatur enim modus iste predictus, quandocumque papa facit officium et est sermo.

3. Cerimonie alie observantur, que in missis aliis solennibus notantur.

4. Hac die utitur paramentis rubeis.

5. Item hac die papa non consuevit exire ad vesperas.

**LXXXVIII.** In die beati Iohannis evvangeliste.

1. In die beati Iohannis evvangeliste papa consuevit in pontificali missam celebrare. Et fit per omnia, prout dictum est in die beati Stephani, et fit sermo.

2. Utitur autem hac die vestimentis albis, et papa non consuevit audire vesperas.

**LXXXIX.** In die sanctorum innocentium.

1. In die sanctorum innocentium et per octabas nativitatis domini papa consuevit audire missam cum nota, indutus manto suo rubeo, secundum quod aliis diebus festivis consuevit.

2. Sciendum est tamen, quod hac die non dicitur: *Gloria in excelsis* nec etiam *Alleluia,* nisi tamen in dominica venerit.

**XC.** In vigilia circumcisionis domini ad vesperas.

1. In vigilia circumcisionis domini papa consuevit exire ad vesperas.

**XCI.** [In die circumcisionis domini.]

1. In die circumcisionis domini papa consuevit celebrare missam in pontificali, in qua una tantum oratio dicitur, videlicet: *Deus qui salutis eterne;* et fit sermo.

2. Utitur autem paramentis albis.

**XCII.** In vesperis diei circumcisionis domini.

1. Item in vesperis papa consuevit exire cum manto rubeo, sed nichil dicit, ymo capellani capelle totum faciunt officium. Ebdomadarius eorum incipit: *Deus in adiutorium* et cum pluviali dicit capitulum, insensat et dicit orationem.

2. Cardinales non assistunt pape.

---

**LXXXIV.** Ms.: V, f. 6r.
*Titel. Steht auf dem Rand V.*

**LXXXV.** Ms.: V, f. 6r–6v.
*Titel. Steht auf dem Rand V.*

**LXXXVI.** Ms.: V, f. 6v.
1. [a] et mitra] *auf dem Rand ergänzt V.*
2. [a] et ymnum] *auf dem Rand ergänzt V.*
4. [a] *fehlt V.*

**LXXXVII.** Ms.: V, f. 6v–7r.
*Titel. Steht auf dem Rand V.*

**LXXXVIII.** Ms.: V, f. 7r.
*Titel. Steht auf dem Rand V.*

**LXXXIX.** Ms.: V, f. 7r.

**XC.** Ms.: V, f. 7r.

**XCI.** Ms.: V, f. 7v.
*Titel. fehlt V.*

**XCII.** Ms.: V, f. 7v.

## XCIII. In vigilia epiphanie domini.

1. In vigilia epiphanie domini papa consuevit exire ad vesperas, indutus alba, cingulo, stola, pluviali et mitra aurifriziata, associantibus eum dominis cardinalibus, qui ei in vesperis assistere debent, et incipit: *Deus in adiutorium* et cetera, prout in vesperis diei nativitatis domini notata sunt.

## XCIV. [In die epiphanie domini.]

1. In die epiphanie dominus papa consuevit in pontificali missam solenniter celebrare, in qua fiunt cerimonie in aliis missis solennibus fieri solite, hoc addito quod, dum diaconus legens evvangelium pervenerit ad hec verba: *Et procidentes adoraverunt eum,* papa et ipse diaconus ceterique astantes genuflectunt. Et fit sermo.

2. Item papa debet audire vesperos cum nota.

## XCV. Hac die celebratur missa pro summis pontificibus.

1. Sciendum est, quod die prima post octabas epiphanie immediate sequente, nisi esset dies dominica, quia tunc transferretur ad diem lune immediate sequentem, papa consuevit audire missam cum[a] nota de *Requiem* pro summis pontificibus celebratam per quendam prelatum. Et dicitur una oratio tantum, videlicet: *Deus qui inter apostolicos sacerdotes,* dimisso tamen: *seu sacerdotali.*

2. Cetera fiunt, prout in crastinum omnium sanctorum, videlicet in missa, que celebratur pro defunctis, notata sunt.

3. Cardinales non faciunt reverentiam nec diebus, quibus fit officium mortuorum.

## XCVI. In vigilia purificationis beate virginis ad vesperas.

1. In vigilia purificationis beate Marie virginis papa consuevit audire vesperas, indutus alba, cingulo, stola, pluviali et mitra aurifriziata.

2. Et fit, ut dictum est in vesperis diei nativitatis domini, hoc addito quod, dum incipitur ymnus, videlicet: *Ave maris stella,* papa vadit ad cathedram ante altare paratam et ibi genuflectit etc. ⟨et[a] etiam ceteri omnes⟩.

## XCVII. In missa purificationis beate Marie virginis.

1. In die eiusdem bono mane ultimus presbiterorum cardinalium indutus superpellicio, amictu, pluviali violaceo et mitra alba, assistentibus ei capellanis suis indutis superpelliciis, benedicit candelas. Et facta benedictione, aqua benedicta ipsas aspergit et thure adolet.

2. Quo facto, papa accedit ad ecclesiam indutus alba, cingulo, stola, pluviali et mitra sine perlis, associantibus eum dominis cardinalibus.

3. Et facta oratione ante altare, ipse vadit ad locum, in quo ipse daturus est

candelas. Et tunc domini cardinales et ceteri prelati debent pape reverentiam exhibere in capis laneis.

4. Hoc facto, domini cardinales ceterique prelati sua recipiunt paramenta, videlicet episcopi cardinales superpellicium, amictum et pluviale coloris violacei, presbiteri superpellicium, amictum et planetam, diacones similiter, excepto quod ipsi planete partem anteriorem tenent ante pectus replicatam, prelati vero ut episcopi cardinales.

5. Ipsis vero sic paratis, duo accoliti induti superpelliciis extendunt quandam tobaleam albam super gremia pape, unus a dextris et alius a sinistris. Et tunc prior episcoporum cardinalium recipit cereum album pro papa per camerarium sibi porrectum, quem pape porrigere debet, manum eius osculando. Papa vero illum recipiens cuidam nobili in dextera eius existenti tenendum tradit.

6. Deinde camerarius alium pro cardinali pape porrigit, et papa tradit dicto cardinali, qui ipsum recipiens manum et genu pape dextrum osculari debet. Et hoc faciunt alii cardinales et prelati parati.

7. Camerarius vero, protonotarii, auditor[a] contradictarum, corrector, qui numquam consueverunt parari, et si qui sint prelati ibidem non parati, omnes hii in candelarum receptione manum et pedem pape osculari debent; etiamsi rex presens esset, similiter faciet.

8. Datis vero candelis, ordinatur processio et portatur pape thurribulum cum navicula ad benedicendum incensum. Et processione sic ordinata, ultimus diaconorum cardinalium cantando dicit: *Procedamus in pace.* Cantores vero respondent: *In Christi nomine, Amen.* Et tunc incipit moveri processio. Et magister capelle incipit cantare, que cantanda sunt.

9. Dum autem papa pervenerit ad rigias capelle, ipse proicit candelas populo. Quo facto, procedit ulterius, usque dum redierit ante altare, et ibi genuflectit in cathedra ibidem parata.

10. Post vadit ad faldistorium suum et stando dicit: *Oremus.* Diaconus cardinalis stans a dextris eius dicit: *Flectamus genua*, alius autem a sinistris stans dicit: *Levate.*

---

**XCIII.** Ms.: V, f. 7v.

**XCIV.** Ms.: V, f. 7v–8r.
*Titel. fehlt V.*

**XCV.** Ms.: V, f. 8r.
1. [a] *steht über der Zeile V.*

**XCVI.** Ms.: V, f. 8r–8v.
2. [a] et – omnes] *später hinzugefügt V.*

**XCVII.** Ms.: V, f. 8v–9v.
6. *Auf dem Rand:* Nota quod, dum papa incipit dare candelas, magister capelle incipit alta voce cantare: Lumen ad revelationem etc., et tunc accenduntur candele *V.*
7. [a] auditor contradictarum] *auf dem Rand ergänzt V.*

**XCIII.**
1. Vgl. Kap. LXXXVI, oben, S. 296.

**XCIV.**
1. *Et – eum* (Mt 2, 11): als Evangelium wurde Mt 2, 1–12 gelesen.

**XCV.**
1. Das Gedächtnis fiel auf den 14. Januar. *Deus qui inter apostolicos sacerdotes:* vgl. PR XII, S. 60 und PGD, lib. III cap. XII 14, S. 626.
2. Vgl. dazu Kap. CXXIII, unten, S. 314.

**XCVI.**
2. Vgl. Kap. LXXXVI, oben, S. 296.

Et tunc papa dicit orationem, videlicet: *Exaudi, quesumus, domine, plebem tuam,* que finit: *Per Christum dominum* etc., episcopo cardinali ministrante sibi librum et assistentibus duobus ceroferariis.

11. Oratione vero dicta, papa residet et abluit manus. Debet tamen tenere manus ad pelves episcopus cardinalis, qui librum pape ministravit.

12. Hoc facto, domini cardinales deponunt paramenta et recipiunt alia pro missa. Et papa dicit tertiam et postmodum: *Quam dilecta* etc.

13. Et receptis paramentis, ipse procedit ad missam, in qua non fit sermo. Sed post missam cardinalis, qui pape ministravit in missa, pronuntiat populo indulgentias, ut fieri solet.

14. Item dum legitur evvangelium, papa recipit cereum suum et tenet ipsum sustentando supra quoddam scabellum, quamdiu predictum evvangelium legitur. Et etiam cardinales ceterique prelati suas tunc tenent candelas etc.

## **XCVIII.** Rubrica diei cinerum.

1. Feria quarta in capite ieiunii fiunt cineres de palmis anni preteriti et benedicuntur a iuniore, videlicet ultimo, presbitero cardinali induto superpellicio, amictu, stola et pluviali coloris violacei et mitra plana, cum suis ministris superpelliciis indutis.

2. Item papa consuevit celebrare missam privatam et deinde ipse indutus alba, cingulo, stola, pluviali et mitra sine perlis accedit ad ecclesiam. Et dum pervenerit ante altare, ipse genuflectit. Postea vadit ad faldistorium et, ipso residente, domini cardinales et ceteri prelati pape in capis laneis exhibent reverentiam.

3. Quo facto, domini cardinales sua recipiunt indumenta, secundum quod dictum est immediate in die purificationis.

4. Ipsis vero sic paratis, duo accoliti cottis induti extendunt quandam tobaleam mundam super gremia pape. Et subdiaconus pape indutus amictu, alba, cingulo, stola et tunicella recipit quendam bassinum argenteum, in quo sunt cineres, et genuflectit ad partem pape dexteram.

5. Et tunc venit prior episcoporum cardinalium, qui cum duobus digitis, videlicet police et indice, dextre manus recipit cineres, cum quibus in fronte pape facit signum crucis, nichil tamen dicendo.

6. Deinde papa recipit cineres et similiter signat in fronte cardinalis, dicendo: *Memento homo, quia pulvis es et in pulverem reverteris.* Hoc facto, dictus cardinalis osculatur genu pape et similiter ceteri domini cardinales. Prelati vero recipiunt cineres in capis laneis et osculantur pedem pape; etiamsi rex presens esset, similiter pedem deoscularetur. Capellani commensales, auditores etc. cum capis laneis recipiunt cineres.

7. Item cineribus ab omnibus receptis, papa abluit manus; postmodum stando dicit hanc orationem: [*Concede*[a] *nobis, domine, quesumus*], assistentibus ei duobus ceroferariis, non tamen dicitur: *Flectamus genua,* et finit: *Per Christum dominum* etc.

8. Deinde papa vadit ad confessionem cum prelato celebraturo. Et facta confessione, redit ad faldistorium et benedicit incensum, quod portari debet prelato in altari existenti ad illud thurificandum etc.

9. Hoc facto, papa cum cardinalibus recitat officium, et similiter prelatus cum suis ministris.

10. Item in primis et ultimis orationibus papa genuflectit in cathedra cum cussinis per clericos capelle coram altari parata. Et similiter ibidem genuflectit, quando incipitur per chorum tertius versus tractus, videlicet: *Adiuva nos deus*, quod non faceret, si ipsemet celebraret, sed in faldistorio suo genuflecteret et non in cathedra coram altari.

11. Item cum papa vadit pro elevatione corporis Christi ad genuflectendum in cathedra parata ante altare, non recedit de ea, usque dum[a] celebrans inceperit: *Per omnia secula* etc. ante *Pax domini* etc. Tunc redit ad suum faldistorium.

12. Et dum etiam idem celebrans ad orationem super populum pervenerit, in qua non premittitur *Dominus vobiscum*, ymo absolute incipitur: *Oremus*. Hoc dicto, diaconus, facie versa ad[a] altare, dicit cantando alta voce: *Humiliate capita vestra deo*; et in fine dicit: *Benedicamus* ferialiter. Et papa dat benedictionem.

13. Hac die fit sermo.

## **XCIX.** [De usu organorum.]

1. Sciendum est, quod a dominica in septuagesima inclusive usque ad pascha, quando agitur de tempore, non debent pulsari organa in capella pape, die Iovis in cena domini excepto.

## **C.** Dominica prima in quadragesima.

1. Dominica prima in quadragesima papa consuevit de mane missam privatam in sua capella celebrare et postmodum missam per prelatum celebratam audire; et fit sermo.

⟨2. In hac dominica et aliis, excepta dominica quarta, qua cantatur *Letare Ierusalem*, papa indutus pluviali suo[a] rubeo sine perlis sive capa rubea portat mitram planam sine perlis. Idem (!) in dominicis diebus adventus, preterquam in tertia, qua cantatur *Gaudete*.⟩

⟨3. Quandoque tamen in predictis dominicis dominus Benedictus portabat pluviale rubeum, sine perlis enim, vel capam de veluto et mitram planam.⟩

---

**XCVIII.** Ms.: V, f. 10r–11r.
*Titel. Steht auf dem Rand V.*
6. *Auf dem Rand:* Nota. Dum papa incipit dare cineres, magister capelle incipit cantare: Inter templum et altare etc. *V.*
7. [a] Concede – quesumus] *fehlt, Lücke von ca. 15 Buchst.; ergänzt nach Kap. LI 6, oben S. 260.*
11. *Auf dem Rand:* Si papa celebret, ipse in sede eminenti, sicut solet, communicat *V.*
[a] dum] *steht über der Zeile V.*
12. [a] ad altare] *auf dem Rand ergänzt V.*
**XCIX.** Ms.: V, f. 11r.
*Titel. fehlt V.*
**C.** Ms.: V, f. 11r.
*Titel. fehlt V.*
2. *Von anderer Hand auf den unteren Rand geschrieben V.*
[a] *durchgestrichen V.*
3. *Gleichfalls auf dem unteren Rand nachgetragen; später ausradiert V.*

---

**XCVIII.**
3. Vgl. Kap. XCVII 4.
**C.**
3. *Benedictus:* Benedikt XIII. (1394–1423).

## CI. Dominica, qua cantatur *Letare*.

1. Dominica quarta in quadragesima, qua cantatur *Letare Ierusalem*, postquam dominus papa in capella sua missam privatam celebraverit, ipse accedit ad cameram suam et ibi recipit albam, cingulum, stolam, pluviale et mitram cum perlis.

2. Deinde procedit usque ad cameram paramenti, in qua, ipso tamen in quadam cathedra residente, rosa[a] per camerarium sibi flexis genibus presentatur, in[b] qua ponit de balsamo et musco. Et hoc facto, ipsam rosam recipit in manu sinistra, ut cum dextera[c] possit signare populum, et eam baiulat usque ad cathedram orationis ante altare. Et tunc dictam rosam[b] tradit diacono cardinali a dextris eius assistenti et genibus flexis orat. Facta autem oratione, surgit de cathedra et vadit ad faldistorium, ipsam rosam portans.

3. Tunc domini cardinales faciunt ei reverentiam. Et deinde vadit ad confessionem. Cetera fiunt, ut in aliis dominicis diebus quadragesime est fieri consuetum. Item diaconus cardinalis, dum recipit vel restituit pape rosam, semper osculatur ei manum.

4. Finita vero missa, papa revertitur ad palatium, portans rosam. Et dum pervenerit ad cameram paramenti, ipse residet in cathedra. Et tunc dat[a] rosam nobili, de quo sibi placuerit, et ipsum ad pedis, manus orisque oscula recipit.

5. Quo facto, ipse nobilis equitat per civitatem in manu rosam portans, associantibus eum duobus diaconis cardinalibus a dextris et sinistris ceterisque prelatis curie etc.

## CII. [In dominica in passione.]

1. Sciendum quod a dominica in passione inclusive usque ad pascha, quando agitur de tempore, non discantatur officium preter *Kirie*, *Credo*, *Sanctus* et *Agnus*, excepto die Iovis cene, in quo totum officium discantatur.

2. Item hac die cooperitur crux usque ad pascha. Sed si festivitas annuntiationis beate Marie virginis venerit interdum, crux discoperitur; et ponuntur a dextris eius et sinistris apostoli Petrus et Paulus.

## CIII. In vigilia annuntiationis beate Marie virginis.

1. In vigilia annuntiationis beate Marie virginis, quando incidit in dominica, dominus papa exit ad vesperos, indutus alba, cingulo, stola, pluviali et mitra cum perlis. Et fit, ut dictum est in vigilia purificationis eiusdem. Dum incipitur ymnus, videlicet *Ave maris stella*, papa genuflectit in cathedra coram altari parata etc.

## CIV. In die eiusdem.

1. In die eiusdem, si papa faciat officium, statim, data benedictione post missam, ipse vadit ad sedem suam et incipit: *Deus in adiutorium meum* et primam antiphonam de vesperis.

2. Quo facto, ipse deponit indumenta sua usque ad albam et resumit stolam, pluviale et mitram cum perlis. Et etiam domini cardinales sua deponunt paramenta. Et tunc ipse residet et dicit versus. Subdiaconus vero dicit capitulum, deinde ymnum et postmodum antiphonam de *Magnificat* pape intonat. Ymno vero, ut predicitur, incepto per papam, ipse immediate vadit ad genuflectendum ante altare etc.

3. Item ipse incensat altare ad *Magnificat*. Et dum ad sedem redierit, cardinalis loco capellani ei assistens incensat ipsum, et subdiaconus superpellicio indutus incensat ipsum cardinalem aliosque necnon prelatos etc.

4. Item papa dicit orationem, duobus ceroferariis assistentibus. In hac missa non dicitur nisi una oratio tantum et fit sermo; sed in vesperis fit commemoratio de feria et in fine papa dat benedictionem.

## **CV.** In die annuntiationis[a], quando cardinalis facit officium.

1. Quando cardinalis ista die facit officium, in fine misse, facta benedictione per papam, ipse accedit ad cathedram suam et incipit: *Deus in adiutorium* et non antiphonam et immediate deponit vestimenta et recipit pluviale et dicit versus cum ministris suis indutis superpelliciis.

2. Diaconus et subdiaconus etiam vestimenta deponunt et recipiunt superpellicia.

3. Capellanus, qui servivit cardinali de capa in missa, post ipsam missam non dimittit pluviale, ymo cum eodem servit cardinali in vesperis.

4. Item cardinalis dicit capitulum et incensat altare et dicit orationes, assistentibus ei duobus ceroferariis, sed non incipit ymnum neque antiphonam de *Magnificat*.

5. Ipse vero immediate post papam incensatur, licet sit presbiter et ibi sint episcopi cardinales etc.

6. Papa genuflectit ante altare, dum incipitur ymnus, et in fine vesperorum dat benedictionem.

---

**CI.** Ms.: V, f. 11v–12r.
Ed.: E. Cornides, a.a.O., S. 129.
2. [a] *korr. aus* rosam *V.*
[b] in – rosam] *auf Rasur V.*
[c] *korr. aus* sinistra *V.*
4. [a] *auf Rasur V.*

**CII.** Ms.: V, f. 12r.
*Titel. fehlt V.*

**CIII.** Ms.: V, f. 12r.

**CIV.** Ms.: V, f. 12r–12v.

**CV.** Ms.: V, f. 12v–13r.
*Titel.* [a] *korr. aus* purificationis *V.*

**CII.**
2. Das Fest Mariä Verkündigung (25. 3.) fiel unter Benedikt XIII. in den Jahren 1398, 1401, 1409, 1412, 1420 und 1423 in die Woche zwischen dem Passions- und Palmsonntag.

**CIII.** Vgl. auch Kap. CXXXV 1, S. 335.
1. Die Vigil des Festes fiel zur Zeit Benedikts XIII. in den Jahren 1398 und 1409 auf den Passionssonntag.
Zur Vigil von Mariä Lichtmeß vgl. Kap. XCVI, S. 298.

**CIV.** Vgl. auch Kap. CXXXV 1, S. 335.

## CVI. Rubrica de dominica in ramis palmarum.

1. Dominica in ramis palmarum et in benedictione palmarum et in processione fit eodem modo, sicut dictum est in die purificationis beate Marie virginis, addito tamen quod, dum papa redeundo de processione venerit ad portam, per quam ecclesiam est ingressurus, ⟨que[a] quidem porta clausa esse debet,⟩ ipse residet in quadam cathedra[b] ibidem parata. Et tunc duo de cantoribus ingrediuntur ecclesiam, ⟨ceteris[c] extra remanentibus,⟩ et cantant: *Gloria laus*, ianuis clausis. Et finitis versibus predictis, porta aperitur, et magister capelle incipit cantare: *Ingrediente domino* etc. Item in oratione, quam dicit papa in fine processionis, non dicitur: *Flectamus genua.*

2. Hiis peractis, papa dicit tertiam[a], postmodum: *Quam dilecta.*

3. Deinde ablutione manuum facta, sacris induitur vestibus, quibus in aliis festivitatibus uti solet, violacei tamen coloris, dempto quod non portat mitram solennem, nisi tantummodo mitram planam sine perlis.

4. Item diaconus et subdiaconus induti amictis, albis, cingulo et stola induunt papam. Et ipso induto, ambo recipiunt planetas ante pectus replicatas. Dum autem subdiaconus vult ire ad legendum epistolam, dimittit planetam et recipit manipulum; dicta vero epistola, ipse osculatur pedem pape et recuperat postea planetam. Item dum cantatur tractus, planeta diaconi ad modum stole plicatur et ponitur ei super humerum sinistrum.

5. Hoc facto, ipse diaconus vadit[a] ad pedis pape osculum et postmodum, precedente subdiacono, accedit ad pulpitum, ⟨sine[b] thuriferario et ceroferariis,⟩ in quo dicit passionem. Deinde ipse perveniens ad evvangelium, inclinato capite petit benedictionem a papa, et accedunt ad eum duo ceroferarii et thuriferarius.

6. Cetera fiunt ut in aliis missis solennibus etc. Non fit sermo.

## CVII. Feria tertia maioris ebdomade.

1. Feria tertia maioris ebdomade dominus papa consuevit de mane missam privatam celebrare et postmodum aliam cum nota per unum de capellanis suis cantatam audire.

2. Item in prima et ultima orationibus coram altari in cathedra etc. genuflectit.

## CVIII. Feria quarta ante pascha.

1. Feria quarta immediate sequente papa de mane missam privatam similiter consuevit celebrare et postmodum aliam cum nota, ut supra dictum est, audire.

2. Item ad orationem, que dicitur ante prophetiam, papa non genuflectit in cathedra ante altare etc., sed bene in aliis orationibus, que ante epistolam et etiam post communionem dicuntur, genuflectit. Item ille, qui legit prophetiam, in fine vadit ad pedis pape osculum.

3. In fine vero misse papa indutus alba, cingulo, stola, pluviali et mitra sine perlis, associantibus eum dominis cardinalibus, vadit ad dandum indulgentias populo.

**CIX.** Ad matutinas.

1. Item dum papa vult exire ad matutinas, primo dat indulgentias, ut dictum est. Deinde dimissis paramentis, recipit capam laneam absque mitra et vadit ad capellam, in qua debet audire matutinas, nec assistunt ei cardinales.

2. Item dum cantatur antiphona post *Benedictus* etc., papa vadit ad cathedram coram altari paratam, in qua genuflectit. Et finita dicta antiphona, papa incipit quasi legendo psalmum: *Miserere mei deus*, iuvantibus eum assistentibus. Cantores vero respondent. Finito autem psalmo, in tono psalmi dicit orationem, videlicet *Respice, quesumus, domine* etc. Deinde cum pluviali vadit ad dandum indulgentias populo.

**CX.** Feria quinta in cena domini.

1. Feria quinta in cena domini de mane papa dat indulgentias populo.

2. Deinde dimittit pluviale sine perlis et recipit pluviale et mitram cum perlis. Interim vero domini cardinales sua recipiunt paramenta, videlicet episcopi superpellicium, amictum, pluviale et mitram, presbiteri similiter, sed loco pluvialis recipiunt planetam, et diaconi tunicellam et dalmaticam, subdiaconus autem tunicellam; et hec indumenta sunt albi coloris.

3. Postmodum domini cardinales sic parati pape exibent reverentiam solitam. Quo facto, papa benedicit incensum. Deinde subdiacono cum cruce, thuriferario et duobus ceroferariis precedentibus, vadit ad locum, in quo legendi sunt processus. Et ipso in quadam cathedra dominisque cardinalibus in scabellis sedentibus, subdiaconus, facie versa ad populum, incipit legere in latino; et ultimus diaconus cardinalis, mitra deposita, eosdem reiterat in vulgari. Et in fine papa et cardinales proiciunt cereos in terram; et post dat indulgentias populo.

4. Hiis itaque peractis, papa et cardinales cum suis paramentis accedunt ad ecclesiam. Et dictis nona et *Quam dilecta*, papa, receptis indumentis pontificalibus, procedit in missa, in qua observantur cerimonie, que observari solent in aliis missis solennibus, exceptis que secuntur:

---

**CVI.** Ms.: V, f. 13r–13v.

1. [a] que – debet] *auf dem Rand ergänzt V.*
[b] cathedra] *auf dem Rand:* Non in illa, in qua consuevit in capella ad orandum genuflectere, sed in una illarum, in qua sedere consuevit in propria camera *V.*
[c] ceteris extra remanentibus] *auf dem Rand ergänzt V.*

2. [a] tertiam] *auf dem Rand:* Nota. Subdiaconus non debet dimittere tunicellam, quam tenuit in processione, quousque papa sandalia calciaverit. *V.*

5. [a] vadit ad] *auf dem Rand ergänzt V.*
[b] sine – ceroferariis] *steht über der Zeile V.*

**CVII.** Ms.: V, f. 13v–14r.

**CVIII.** Ms.: V, f. 14r.

**CIX.** Ms.: V, f. 14r–14v.

**CX.** Ms.: V, f. 14v–16r.

---

**CVI.**

1. Hinweis auf Kap. XCVII, oben, S. 298ff.

**CVIII.**

1. Verweis auf Kap. CVII.

**CIX.**

1. Hinweis auf Kap. CVIII 3.

5. Primo non dicitur: *Letatus*, nec pax datur.

6. Item papa consecrat duas hostias et communicat in altari absque calamo, neque communicant diaconus et subdiaconus.

7. Item immediate post sumptionem corporis et sanguinis domini papa reponit aliam hostiam consecratam in quodam calice, quem coperit corporalibus et patena desuper. Et hoc facto, recipit vinum et aquam super digitos, ut fieri solet, et postea abluit manus et benedicit incensum.

8. Deinde involvit ipsum calicem, in quo repositum est corpus Christi, quodam panno serico rubei coloris et, precedentibus subdiacono cum cruce, thuriferario et ceroferariis, ipsum processionaliter portat ad coffinum. Postmodum ipsum incensat et claudit coffinum. Deinde revertitur ad altare et dicit postcommunionem et orationem. Et in fine dat benedictionem, et episcopus cardinalis sibi assistens pronuntiat indulgentias.

9. Hoc facto, papa vadit ad faldistorium suum et, depositis vestimentis, recipit pluviale et mitram cum perlis. Similiter et cardinales deponunt paramenta. Et tunc papa in faldistorio residens recitat versus, et etiam cantores quasi legendo eas recitant.

10. Finito vero *Magnificat*, papa vadit ad cathedram ante altare et ibi genuflectit et dicit: *Miserere*[a] cum assistentibus, choro respondente. Postea dicit orationem et vadit ad dandum indulgentias populo.

11. Deinde ad cameram suam revertitur et ibi deponit pluviale et recipit mantellum. Accedensque ad cameram paramenti, in qua sunt pauperes tredecim et[a] unum altare[a] paratum cum duobus candelabris et cereis accensis, facit mandatum, videlicet abluit ambos pedes cuilibet, deinde ipsos abstergit et osculatur, super ipsis tamen signo crucis prius cum police dextre manus signato. Cantores vero interim cantant, que cantanda sunt. Et hiis finitis, papa resumit mantellum et dicit orationem legendo, videlicet *Respice*, prius tamen lotis manibus etc.

12. Item ante matutinas papa dat indulgentias et etiam post. Et dimisso pluviali capaque lanea recepta, audit matutinas, sed non portat mitram nec cardinales ei assistunt.

13. Item altare non paratur, nisi sola tobalea desuper, et faldistorium pape discopertum debet esse et similiter banchalia cardinalium et prelatorum.

14. Item cardinales portant capas suas folratas de grisiis nec eas dimittunt usque ad diem sabbati sanctam in principio misse, videlicet quando papa recipit pluviale album.

## **CXI.** Die Veneris sancta.

1. Die Veneris sancta papa, antequam ad ecclesiam accedat, bis dat indulgentias. Et dum in ecclesia fuerit, facit orationem ante altare in cathedra nuda.

2. Deinde vadit ad faldistorium discopertum et dicit nonam cum assistentibus et post lavat manus, non tamen dicit: *Quam dilecta*, quia non portat sandalia.

3. Interim vero diaconus cardinalis passionem dicturus et etiam subdiaconus induunt se amictibus, albis, cingulis et stolis, qui accedentes ad papam ipsum induunt

sacris vestibus, quibus aliis diebus solennibus indui solet, exceptis dumtaxat subcinctorio et fanone, loco cuius recipit amictum.

4. Interim vero domini cardinales sua recipiunt paramenta, videlicet episcopi cardinales superpellicium, amictum et pluviale et mitram, presbiteri planetas et etiam diaconi, sed[a] ante pectus replicatas; prelati non induuntur.

5. Item postquam papa paramenta, manipulo dempto, receperit, diaconus et subdiaconus, qui ipsum induerunt, recipiunt planetas.

6. Quo facto, papa accedit ad altare, precedentibus uno accolito cum cruce, duobus ceroferariis cum cereis non accensis ymo extinctis et subdiacono cum libro evvangeliorum. Et osculato altari, sedet ad cornu dextrum altaris in quadam cathedra[a], respiciens versus cornu dicti altaris sinistrum. Cardinalis vero eidem loco capellani assistens sedet prope eum in gradu altaris et post ipsum diaconi cardinales, in quorum medio sedet diaconus dicturus passionem.

7. Ipsis itaque residentibus, unus capellanorum commensalium vel accolitorum incipit prophetiam, videlicet: *Hec dicit dominus* etc., absolute nec vadit ad pedis pape osculum.

8. Deinde ipsa prophetia et tractu videlicet: *Domine audivi* etc. finitis, papa surgit. Et mitra ei deposita, dicit in altari orationem, videlicet *Deus a quo*; et diaconus a dextris dicit: *Flectamus genua*, et alter a sinistris assistens dicit: *Levate*. Finita autem ipsa oratione, subdiaconus, dimissa planeta, legit aliam prophetiam, videlicet *Dixit dominus ad Moysem*. Qua finita, resumit planetam nec ad pedis pape osculum vadit. Et cantores cantant tractum, videlicet *Eripe me domine*. Et interim, dum cantatur, paratur faldistorium in loco consueto pro legendo evvangelium, et etiam plicatur planeta diaconi in modum stole, quam sic portat usque post communionem pape. Et tunc ipse diaconus ⟨sine[a] benedictione et pedis osculo⟩, facta oratione ante altare, recipit librum et accedit ad pulpitum nudum, ubi dicturus est passionem.

9. Dum autem ipse pervenerit ad evvangelium, accedunt ad eum duo ceroferarii cum cereis accensis, qui immediate, lecto evvangelio, extingui debent, et thuriferarius. Et habita benedictione a papa, ipse incensat evvangelium modo solito. Finito autem ipso evvangelio, papa incensatur et deosculatur evvangelium.

10. Interim vero paratur cathedra pape in medio altaris. Et ipso ibi sedente, facie versa ad populum, accedit, qui predicaturus est, et absque pedis osculo petit benedictionem. Et finito sermone, ipse pronuntiat indulgentias inmediate, quia non fit confessio.

11. Deinde papa surgens procedit ad orationes. Et diaconi cardinales dicunt: *Flectamus genua. Levate* hoc ordine, videlicet primus ipsorum assistentium pape

---

10.[a] Misere *V*.
11.[a] et – altare] *auf Rasur V*.

**CXI.** Ms.: V, f. 16r–19r.
4.[a] *steht über der Zeile V*.
6.[a] cathedra] *auf dem Rand:* videlicet in una illarum, in qua sedere consuevit in camera sua *V*.

8.[a] sine – osculo] *auf dem Rand ergänzt V*.

**CXI.**
11. Zum Gebet für die Juden vgl. Kap. LXIV 14, oben, S. 273.

incipit: *Flectamus genua,* secundus vero: *Levate* respondet, et alia vice incipit: *Flectamus*, et tertius respondet: *Levate*, qui tertia vice incipit: *Flectamus genua*, et primus respondet: *Levate*, et sic fit usque ad finem. Sciendum est tamen, quod in oratione, que pro Iudeis dicitur, non debet dici: *Flectamus.*

12. Finitis vero ipsis orationibus, papa, dimissis pallio et planeta, procedit ad cornu altaris et recipit crucem quodam velo serico copertam, presentatam sibi per quendam prelatum in officio eidem servientem. Cuius partem sinistram discoperiens incipit cantando: *Ecce lignum crucis*, assistentes vero una cum eo prosecuntur usque: *Venite adoremus* exclusive, et chorus illud usque ad finem prosequitur. Iterum papa modicum incedit et, discoperta ipsius crucis parte dextera, secundo altius tamen incipit: *Ecce lignum,* et prosequitur ut prius. Postmodum procedit usque ad cornu dextrum altaris et, tota cruce discoperta, tertio altius incipit: *Ecce lignum crucis.* Quo facto, papa reponit crucem super quendam cussinum sericeum positum super gradu in medio altaris et coopertum tobalea linea alba. Et deinde vadit ad faldistorium ad deponendum calciamenta communia, ⟨et[a] similiter cardinales⟩.

13. Sciendum tamen quod per accolitos debet extendi quedam tobalea alba super gremia pape, dum ei discalciantur et recalciantur calciamenta, ne eius pedes vel tibie inspiciantur.

14. Interim vero per folrerios paratur quidam pannus rosaceus in loco, per quem transiturus est papa, dum vadit crucem adorare. Et hiis factis, papa, assistentibus eidem duobus diaconis cardinalibus, vadit ad crucem adorandum[a]. Sed antequam ad eam pervenerit, ter genuflectere debet. Et offert V florenos et postmodum revertitur ad faldistorium, in quo, receptis calciamentis, recitat ea, que in choro cantantur.

15. Et interim cardinales incedunt crucem adorare bini et bini, et dum cardinalis diaconus crucem adoraverit, ipse debet ire ad lavandum manus et deinde corporalia super altare preparare.

16. Hiis completis, papa lavat manus et postea induitur planeta et pallio et, incenso benedicto, vadit processionaliter ad coffinum, in quo repositum est corpus Christi. Et dum ibi fuerit, oratione facta, incensat ipsum et portat ad altare in cornu dextro. Quo facto, iterum manus abluit. Et unus accolitorum vadit cum ampullis ad buffetum pape pro vino et aqua, ut moris est.

17. Dum autem papa manus laverit, cardinalis diaconus discoperit calicem ponens patenam ad ipsius calicis pedem, et papa recipit corpus Christi, quod ponit in dicta patena. Deinde cardinalis diaconus ipsam patenam cum manipulo recipiens presentat eam pape, manum eius osculando. Papa vero, ut moris est, eam offert. Et subdiaconus tunc ponit vinum in calice, et papa benedicit aquam in dicto calice. Quo facto, dictus diaconus, ut est consuetum, calicem recipiens ipsum super corporalia reponit. Et papa, inclinato capite, dicit: *In spiritu humilitatis* etc. Deinde absque *Per omnia secula seculorum* incipere debet absolute: *Oremus. Preceptis salutaribus* etc. Et dum ad hec verba videlicet: *sicut in celo et in terra* pervenerit, ipse debet elevare corpus Christi taliter, quod a populo videri possit. Item in eodem tono dicere debet: *Libera nos, quesumus, domine*; et ipso finito, cantores respondent: *Amen.*

18. Tunc vero diaconus recipit patenam de manu subdiaconi, quam pape tradit, manum eius osculando.

19. Facta[a] autem communione a papa in altari, diaconus, qui dixit evvangelium, exuit planetam et induit eam ut ceteri diaconi cardinales, et papa vadit ad faldistorium suum ad deponendum vestimenta.

20. Hoc facto, dicuntur vespere. Pervento autem ad versum *Christus factus est*, papa accedit ad cathedram coram altari, in qua flexis genibus dicit: *Miserere* et orationem. Postmodum vadit ad dandum indulgentias populo.

21. Sciendum quod, si hac die cardinalis faciat officium, diaconus, qui ei servit, semper dicit: *Flectamus genua* et *Levate*.

22. Item post prandium papa consuevit dare indulgentias populo et similiter ante tenebras et post.

23. Sciendum quod in matutinis fit eodem modo, quo dictum est nocte precedente.

**CXII.** Die sabbati sancta.

1. Die sabbati sancta papa dat indulgentias populo. Deinde accedit ad ecclesiam. Et facta oratione ante altare, vadit ad faldistorium; et tunc fit ei reverentia per cardinales.

2. Hoc facto, diaconus cardinalis evvangelium dicturus induitur amictu, alba, cingulo, stola, tunicella et dalmatica et etiam subdiaconus similiter, dempta dalmatica, ⟨loco[a] cuius recipit tunicellam,⟩ qui – precedentibus thuriferario, incensum per papam benedictum ac crucem ⟨deferentibus[b] necnon⟩ alio ministro arundinem cum tribus candelis in summitate ipsius positis deferente – accedunt ad locum, in quo debet dici primo: *Lumen Christi*[c]. Dum vero ibidem pervenerint, incenduntur dicte candele de lumine novo, et cardinalis recipit arundinem et modicum versus chorum procedit. Tunc ipse genibus flexis incipit cantando: *Lumen Christi*, et hoc trina vice altius semper incipiendo, choro vel eidem assistentibus correspondentibus: *Deo gratias*. Deinde procedit usque pulpitum tobalea copertum et incipit benedictionem cerei, videlicet: *Exultet iam angelica* etc., alio tenente arundinem.

3. Facta autem huiusmodi benedictione, papa dicit nonam; et diaconus[a] interim deponit[b] dalmaticam[c] et remanet in albis pro vestiendo papam. Nona itaque dicta, dicit: *Quam dilecta*. Postmodum, lotis manibus, induitur sacris vestibus, quibus ceteris diebus solennibus indui solet, violacei tamen coloris. Cardinales etiam hora

---

12.[a] et – cardinales] *auf dem Rand ergänzt V.*

14.[a] adorandum] *auf dem Rand:* Nota. Dum papa incipit ire ad crucem, cantores incipiunt cantare, que cantanda sunt. *V.*

19.[a] Facta] *auf dem Rand:* Diaconus neque subdiaconus communicant. *V.*

**CXII.** Ms.: V, f. 19r–20v.

2.[a] loco – tunicellam] *steht über der Zeile V.*

[b] deferentibus necnon] *auf dem Rand ergänzt V.*

[c] Christi] *auf dem Rand:* Notandum tamen, quod dyaconus recedens ab altari, dum fuerit in directo pape, debet ab eo benedictionem petere, dicendo: Iube dompne benedicere, capite inclinato. *V.*

3.[a] diaconus] *danach Rasur von ca. 12 Buchst. V.*

[b] deponit] *danach Rasur von ca. 13 Buchst. V.*

[c] dalmaticam] *auf dem Rand:* Subdiaconus vero pert totum officium debet uti tunicella alba, *(ausradiert:)* quod verum est. *V.*

---

23. Hinweis auf Kap. CX 12, S. 306.

debita sua recipiunt paramenta, videlicet episcopi pluvialia, presbiteri planetas et etiam diaconi.

4. Hiis peractis, papa cum assistentibus ascendit altare, dicendo: *Deus in nomine tuo* etc. Et illo deosculato, ad faldistorium revertitur. Et tunc incipiuntur prophetie absque titulis per capellanos commensales, qui, lectionibus lectis, pedem pape osculantur. Dicunt etiam diaconi: *Flectamus* etc.

5. Item finitis lectionibus, papa, dimissis pallio et planeta, accedit ad cathedram ante altare, in qua genuflectit. Tunc subdiaconus genibus flexis in dextro cornu altaris incipit letaniam et duplicat apostolos Petrum et Paulum. Dum autem pervenitur ad *Peccatores te rogamus* etc., paratur faldistorium de albo et etiam altare et luminaria accenduntur[a].

6. Et tunc papa vadit ad faldistorium, qui, depositis violacei coloris indumentis, albis induitur et similiter domini cardinales. Ceteri prelati etiam induuntur. Postmodum papa processionaliter vadit ad confessionem, occurrentibus ei presbiteris, ut moris est. Cerimonie alie fiunt ut in aliis festivitatibus, additis et demptis, que secuntur.

7. Primo incepto *Gloria in excelsis deo,* pulsatur quedam campana per spatium de *Pater noster;* et tunc debent pulsari omnes alie campane de ecclesia.

8. Item finita epistola, subdiaconus versa facie ad papam cum nota dicit: *Annuntio vobis gaudium magnum, Alleluia;* et immediate, pede pape osculato, intonat ei *Alleluia* trina vice, et papa illud cantat.

9. Item legendo evvangelium non portatur lumen, ⟨portatur[a] tamen incensum⟩. *Credo,* offertorium, *Letatus* et *Agnus dei* non dicunter neque pax datur.

10. Item dum diaconus communicaverit, papa non recipit eum ad osculum, ut fieri solet, nec etiam diaconus subdiaconum. Et communione facta[a], dicuntur vespere. Papa incipit antiphonam de *Magnificat*, scilicet *Vespere autem sabbati,* incensat altare et dicit orationem in altari. Et in fine diaconus dicit: *Ite missa est* cum duobus *Alleluya.* Et ipso dicto, papa dat benedictionem, et episcopus cardinalis ei serviens pronuntiat indulgentias. Deinde papa, depositis paramentis, vadit ad dandum indulgentias populo.

11. Item hac nocte papa indutus alba, cingulo, stola, pluviali albo et mitra perlata, datis populo indulgentiis, accedit ad capellam, in qua pro matutinis paratum est, et ipse, mitra deposita, incipit: *Domine labia mea aperies* et *Deus in adiutorium* et orationem. Et ad *Benedictus* incensat altare et in fine, data benedictione, vadit ad dandum indulgentias populo.

## **CXIII.** Rubrica de die pasche.

1. In die sancto pasce de mane papa indutus alba, cingulo, stola, pluviali albo et mitra perlata accedit ad ecclesiam. Et facta ei reverentia generali, dicit tertiam et cetera alia, prout consuetum est fieri.

2. Item post offertorium presentantur ei[a] hostie multe in plato argenteo, quas ipse collocat super corporalia.

3. Item dum incipit papa prefationem, duo cardinales diaconi ⟨ultimo[a] creati⟩ accedunt, unus ad postremum cornu altaris dextrum et alius ad sinistrum; et ibi

remanent, habentes facies versus populum, usque post *Agnus dei* et tunc vadunt retro papam.

4. Item post secundum *Memento,* quando papa dicit ante *Pater noster*: *Per omnia seculo seculorum,* non respondetur: *Amen.*

5. Item dum diaconus et subdiaconus communicaverint a papa, ipse subdiaconus vadit ad cornu altaris sinistrum et genibus flexis recipit hostias consecratas sibi per episcopum cardinalem pape assistentem in quodam plato argenteo presentatas, quas immediate ad manum pape dexteram deffert. Tunc papa, antequam vinum in tacea aurea super digitos recipiat, communicat[a] omnibus volentibus communicare. Deinde recipit vinum in tacea aurea super digitos etc. Sciendum est tamen, quod omnes, qui communicaverint, immediate accedere debent ad diaconum cardinalem in cornu dextro altaris, qui eis dare debet vinum cum quodam calice et postea quenlibet ad oris osculum recipere.

6. Item finita missa, papa et cardinales cum suis paramentis vadunt ad dandum indulgentias populo.

7. Item in vesperis papa consuevit esse indutus alba, cingulo, stola, pluviali albo ct mitra perlata et incipit: *Deus in adiutorium,* incensat et dicit orationem.

8. Item duobus diebus sequentibus papa consuevit audire missam cum nota cantatam per unum de capellanis sue capelle.

## **CXIV.** In vigilia ascensionis domini.

1. In vigilia ascensionis domini papa indutus alba, cingulo, stola, pluviali rubeo et mitra perlatis consuevit exire ad vesperas et incipit: *Deus in adiutorium,* incensat et dicit orationem.

2. Item in die papa consuevit celebrare missam in pontificalibus etc.; et fit sermo.

---

5.[a] accenduntur] *auf dem Rand:* Nota quod, si papa non faciat officium, dicta letania, ipse debet recipere capam seu pluviale album et mitram aurifriziatam et hoc modo audire missam. Si vero officium non fiat cum nota, debet recipere mantellum panni albi de lana. Et istis paramentis albis utitur usque ad sabbatum in albis inclusive. *V.*

9.[a] portatur tamen incensum] *auf dem Rand ergänzt V.*

10.[a] facta] *auf dem Rand:* in sede eminenti. Chorus incipit vesperas et procedit usque ad antiphonam de Magnificat, papa in dicta sede remanente; quam quidem antiphonam subdiaconus intonat pape. Deinde papa descendit de ipsa sede ad altare et illud incensat. *V.*

**CXIII.** Ms.: V, f. 20v–21v.

2.[a] *steht über der Zeile V.*

3.[a] ultimo creati] *auf dem Rand ergänzt V.*

5.[a] communicat] *auf dem Rand:* Dominus papa, antequam ministret corpus domini communicare volentibus, porrigit eis manum, cum qua tenet corpus domini, deosculandam. Et si fuerint cardinales, ipsos immediate post communionem ad osculum pacis recipit, alios non. *V.*

**CXIV.** Ms.: V, f. 21v.

---

**CXII.**

5. Eine Parallelstelle zur doppelten Anrufung der hll. Petrus und Paulus kenne ich nicht.

3. Sciendum quod in vigilia ascensionis folrature pellicee debent dimitti et folrature sericee recipi etc.

4. In vesperis.

Item in vesperis huius diei papa exit cum manto rubeo et non incipit aliquid.

## **CXV.** In vigilia penthecostes.

1. In vigilia penthecostes papa consuevit audire missam cum nota; et leguntur lectiones sine titulis, et legentes eas osculantur pedem pape.

2. Finitis vero ipsis lectionibus, papa accedit ad cathedram coram altari. Et presbiter, dimissa planeta coloris lividi, prosternit se ante altare, et tunc incipitur letania per duos cantores.

3. Quo facto, altare et faldistorium pape parantur de rubeo, et presbiter recipit casulam rubeam. Deinde fit confessio, et chorus incipit cantare solenniter: *Kirieleyson* etc.

4. Item papa facit vesperos solennes. Et dum inceperit ymnum, videlicet *Veni creator,* ipse genuflectit in cathedra ante altare. Et post vesperos fit potus in aula.

5. Ad matutinas.

Item papa consuevit audire matutinas. Et dum pervenitur ad versum de *Te deum,* videlicet: *Te ergo quesumus, famulis tuis subveni* etc., papa in suo faldistorio genuflectit.

## **CXVI.** In die penthecostes.

1. In die penthecostes de mane papa, indutus alba, cingulo, stola, pluviali rubeo et mitra perlatis, accedit ad ecclesiam. Et facta oratione ante altare, vadit ad faldistorium. Et tunc fit ei reverentia generalis. Interim subdiaconus, accoliti, capellani commensales et honorum auditoresque induunt superpellicia.

2. Facta autem huiusmodi reverentia, papa incipit tertiam, cantando: *Deus in adiutorium,* ymnum[a] et antiphonam, prius tamen per subdiaconum incepto. Magister vero ⟨capelle[b]⟩ incipit psalmum, videlicet *Legem pone* etc. Item subdiaconus dicit capitulum, et duo accoliti dicunt responsorium, videlicet *Spiritus domini* etc., tenentes duo candelabra cum cereis accensis. Et post orationem, quam papa dicit, ipsi dicunt: *Benedicamus domino.* Hoc facto, papa dicit: *Quam dilecta* etc.

3. Item dum incipitur: *Alleluia. Veni sancte spiritus,* papa genuflectit in cathedra ante altare parata.

4. Item ipse incipit cantando primum versum prose, videlicet *Sancti spiritus assit nobis gratia.* Cetera fiunt, ut in aliis solennitatibus est solitum fieri.

5. Sciendum quod, si papa non celebrare debeat, non dicitur tertia. Fit sermo.

6. Item papa consuevit audire vesperos, indutus alba, cingulo, stola, pluviali et mitra perlatis, et incipit: *Deus in adiutorium,* incensat et dicit orationem.

7. Item diebus[a] sequentibus papa consuevit missam per unum de capellanis suis cantatam audire. Et dum incipitur: *Alleluia. Veni sancte spiritus,* ipse genuflectit in cathedra ante altare etc.

**CXVII.** In vigilia sancte trinitatis.

1. In vigilia trinitatis papa consuevit audire vesperas cum nota et in die missam celebrare. Et fit sermo.

**CXVIII.** In vigilia corporis Christi.

1. In vigilia corporis Christi papa consuevit celebrare vesperos solennes.
2. Item post cenam audit matutinas.
3. Item in die debet celebrare missam in pontificali (!); et fit sermo.
4. Item in vesperis consuevit cum manto rubeo exire et tunc nichil facit.

**CXIX.** In vigilia nativitatis beati Iohannis baptiste.

1. In vigilia nativitatis beati Iohannis baptiste papa consuevit audire vesperos et in die eiusdem missam celebrare; et fit sermo.

**CXX.** In vigilia apostolorum Petri et Pauli.

1. In vigilia apostolorum Petri et Pauli papa consuevit vesperos solenniter celebrare et etiam matutinas audire, item in die eiusdem missam solenniter celebrare et vesperas audire.

**CXXI.** In vigilia assumptionis beate virginis.

1. In vigilia assumptionis beate virginis papa consuevit vesperas solennes celebrare. Et cum inceperit ymnum, ⟨videlicet[a] *Ave maris stella,*⟩ ipse genuflectit in cathedra ante altare parata; et similiter facit in vesperis ultimis.
2. Item in die eiusdem papa celebrat missam solennem, in qua fit sermo.
3. Item exit ad vesperas.

---

3. *Der Absatz ist in der Hs. unterstrichen, wie sonst nur die Formeln V.*

**CXV.** Ms.: V, f. 21v–22r.

**CXVI.** Ms.: V, f. 22r–22v.

2. [a] ymnum] *auf dem Rand:* Dum incipitur ymnus Veni creator, papa accedit ad cathedram ante altare et ibi genuflectit. *V.*
[b] *auf dem Rand ergänzt V.*
7. [a] duobus *V.*

**CXVII.** Ms.: V, f. 22v–23r.

**CXVIII.** Ms.: V, f. 23r.

**CXIX.** Ms.: V, f. 23r.

**CXX.** Ms.: V, f. 23r.

**CXXI.** Ms.: V, f. 23r–23v.

1. [a] videlicet – stella] *steht über der Zeile V.*

---

**CXIV.**

3. Vgl. dazu die *Nota* zu Kap. CXXII 1, unten, S. 314.

**CXV.** Vgl. auch Kap. CXXXV 2, S. 335.

**CXVI.** Vgl. Kap. CXXXV 3–4, S. 335.

**CXVII.** Vgl. Kap. CXXXV 5, S. 335.

**CXVIII.** Vgl. Kap. CXXXV 6, S. 335f.

## CXXII. In vigilia omnium sanctorum.

1. In vigilia omnium sanctorum papa consuevit vesperas solennes celebrare et matutinas etiam audire, item in die eiusdem missam solennem celebrare et in ultimis vesperis interesse.

2. In ultimis vesperis papa consuevit incipere: *Deus in adiutorium*, incensare et orationem dicere indutus tamen alba, cingulo, stola, pluviali et mitra perlatis. Postquam vero ipse papa orationem finierit, ⟨dicitur[a]: *Benedicamus domino*. Et responso: *Deo gratias*, papa dat benedictionem. Deinde⟩ descendit de faldistorio et, dimisso pluviali, recipit capam de scarleto et mitram planam. Interim vero parantur altare et faldistorium pape de nigro. Quo facto, papa ascendit faldistorium; et tunc chorus incipit cantare: *Placebo*.

3. Item papa debet dicere orationem et versus precedentes et subsequentes eandem, excepto versu ultimo, videlicet *Requiescant in pace*, qui dicitur alta voce per cantores capelle.

## CXXIII. [In crastino omnium sanctorum.]

1. Die immediate post festum omnium sanctorum sequente, qua fit officium pro mortuis, papa consuevit de mane in capella sua missam privatam celebrare et postmodum aliam cum nota per prelatum celebratam audire. In qua quidem missa observantur cerimonie, que secuntur.

2. Primo prelatus celebrans non portat sandalia nec[a] cirothecas, anulum tamen pontificalem portat.

3. Item papa portat albam, cingulum, stolam, capam de scarleto et mitram planam in hac missa; nec fit ei reverentia. Assistunt ei tamen cardinales duo diaconi et prior presbiterorum.

4. Item in prima et ultima orationibus papa genuflectit in cathedra ante altare.

5. Item diaconus et subdiaconus non osculantur pedem pape.

6. Item diaconus evvangelium lecturus non recipit vel petit benedictionem; nec portantur candelabra nec etiam incensum in legendo evvangelium.

7. Item post evvangelium papa non deosculatur ipsum.

8. Item in tota missa non utitur incenso preterquam post offertorium; ⟨et[a] incensantur tantummodo altare et prelatus et etiam papa⟩.

9. Item non dicitur nisi una oratio tantum, videlicet: *Fidelium deus* etc.

10. Item papa non benedicit aquam in calice ponendam, ut consuevit.

11. Item non portatur patena, nec dicitur: *Letatus*. Et dum papa genuflectit in cathedra ante altare in elevatione corporis Christi, non recedit usque ad *Per omnia* ante *Pax domini* etc.

12. Item papa in fine misse non dat benedictionem.

13. Item diaconus dicit: *Requiescant in pace*, versa facie ad altare.

## CXXIV. Secuntur cerimonie observande in exequiis unius prelati defuncti.

1. Primo prelatus celebrans non utitur sandaliis neque cirotecis, sed portat anulum pontificalem et mitram planam.

2. Item immediate, facta confessione, distribuuntur cerei cum peccuniis per quosdam capellanos superpelliciis indutos dominis cardinalibus ceterisque astantibus, ⟨qui[a] immediate debent accendi⟩. Cerei vero cardinalium tenentur per suos scutiferos.

3. Item dum cantatur offertorium, duo capellani superpelliciis et stolis induti accedunt cum duobus aliis ministris singulos platos argenteos portantibus ad dominos cardinales ceterosque astantes, porrigentes eis stolam deosculandam. Et ipsi domini offerunt peccunias, non tamen cereos, usque post *Agnus dei*. Et tunc portantur duo plati cum aqua ad recipiendum et extinguendum dictos cereos.

4. Item in missa non utitur incenso, preterquam post offertorium; et tunc solum incensantur altare et prelatus celebrans.

5. Item missa finita, immediate fit sermo; et post sermonem fiunt exequie etc.

## **CXXV.** [In commemoratione electionis sive pontificatus domini pape.]

1. Sciendum quod die vicesima octava mensis Septembris papa consuevit missam cum nota de sancto spiritu cantatam per unum de capellanis sue capelle audire, eo quod illa die fuit electus in papam. Et cantatur prosa: *Veni sancte spiritus*.

2. Item die undecima mensis Octobris celebratur ipsius pontificatus. Et illa die consuevit in secreto celebrare, deinde aliam [missam[a]] de sancto spiritu per prelatum audire, in qua dicitur prosa: *Veni sancte spiritus*. Et in fine misse dantur indulgentie consuete.

---

**CXXII.** Ms.: V, f. 23v.
1. *Auf dem Rand:* Hac die in vesperis recipiuntur folrature pellicee. *V.*
2. *Auf dem Rand:* In hiis vesperis non fit commemoratio de aliquo sancto. *V.*
[a] dicitur – Deinde] *auf dem Rand ergänzt V.*
3. *Auf dem Rand:* Si capellanus capelle faciat officium, dicendo hos versus et orationem, debet tenere pluviale nigri coloris. *V.*

**CXXIII.** Ms.: V, f. 24r–24v.
*Titel. fehlt V, ergänzt nach Kap. XCV 2, S. 298.*
2. [a] *steht über der Zeile V.*
3. *Auf dem Rand:* Diaconus et subdiaconus utuntur planetis replicatis ante pectus. Sed dum diaconus legit evangelium, ipsam planetam portat super humerum dextrum in modum stole plicatam. Et hoc modo portat eam, usque dum prelatus communicaverit, et tunc resumit eam ut prius. *Es folgt von anderer Hand:* Domini cardinales portant capas laneas folratas de grisiis. *V.*
8. [a] et – papa] *von anderer Hand hinzugefügt V.*
9. *Der Absatz ist von anderer Hand nachgetragen V.*

**CXXIV.** Ms.: V, f. 24v–25r.
2. [a] qui – accendi] *auf dem Rand ergänzt V.*

**CXXV.** Ms.: V, f. 25v.
*Titel. fehlt V.*
1. *Auf dem Rand:* Hac die consuevit quandoque celebrare papa. *V.*
2. [a] *fehlt V.*

---

**CXXII.**
1. Vgl. die Hinweise zum Empfang der Sommerkleidung: Kap. CXIV 3, oben, S. 312.

**CXXV.** Die für den Wahl- und Krönungstag angegebenen Daten treffen nur auf Benedikt XIII. zu, der am 28. 9. 1394 gewählt und am 11. 10. des gleichen Jahres gekrönt wurde (K. Eubel, a.a.O. 1, S. 29).

3. Item papa dicit in missa sua unam collectam pro se ipso, videlicet *Deus qui licet sis magnus* etc., et etiam in anniversario pontificum.

## CXXVI. [Quando dominus papa celebrat.]

1. Igitur pontifex ad ecclesiam veniens, in qua celebraturus est, vadit ad gradus altaris; et genibus flexis super cathedram et cussinos, quos ibidem clerici capelle paraverunt, et mitra ei deposita ab uno de diaconis cardinalibus sibi assistentibus, facit orationem.

2. Qua facta, antequam surgat, reponat ei alius diaconus cardinalis pape assistens mitram. Et ipsa mitra ei imposita, surgit et vadit ad vestiarium, ubi debet indui.

3. Et dum ibidem accesserit, resideat. Et tunc omnes cardinales vadunt ad reverentiam ei impendendam, osculando aurifrigium pluvialis eis per manum pape protensum. Et primo veniunt episcopi cardinales, deinde presbiteri et post diaconi cardinales ac etiam ceteri prelati ibidem existentes.

4. Et sic facta reverentia, papa incipit tertiam vel aliam horam, que congruit secundum dispositionem temporis, et tunc assistunt ei duo ultimi diaconi cardinales. Et interim alii diaconi cardinales induunt se et veniunt ad papam; et alii duo ultimi diaconi cardinales recedunt et vadunt ad induendum se.

5. Et finita dicta hora, papa incipit psalmum *Quam dilecta* cum reliquis et orationibus sequentibus. Quibus finitis, papa abluit manus, episcopo cardinali, qui ei in missa assistere debet, manus ad pelves tenente. Et ipso sic abluto, diaconus cardinalis evangelium dicturus debet ascendere supra unum scabellum positum coram papa et debet exuere papam et induere eum. Et quando amovet sibi stolam, debet sibi dare eam ad osculandum, et quando etiam dat sibi cingulum, pectorale, fanonem, stolam et pallium.

6. Item finita dicta hora a papa, dum incipit: *Quam dilecta,* unus cubiculariorum amovet sibi calciamenta communia et subdiaconus portat sandalia et calciat eum primo pedem dextrum, deinde sinistrum. Et ipso calciato, immediate surgit, et assistentes deponunt sibi pluviale. Quo deposito, residet in faldistorio; et tunc portatur aqua ad abluendum manus, et papa abluit.

7. Hoc facto, clerici capelle ponunt unum scabellum ante pedes pape pro ascendendo eum, qui papam induere debet. Tunc unus prelatus recipiens vestimenta de altari, que per clericos capelle, dum papa tertiam recitat, ibidem preparari debent, tradit capellanis commensalibus et accolitis vel auditoribus per hunc ordinem: et primo albam, quam de manibus portantis eam diaconus evangelium dicturus a dextris et subdiaconus a sinistris pape assistentes recipiunt et induunt papam, ⟨deinde[a] cingulum cum subcinctorio, quod in parte sinistra pape debet aptari,⟩ consequenter crucem pectoralem, quam diaconus cardinalis tradit pape deosculandam, deinde fanonem, quem dictus diaconus accipiens offerat pape deosculandum in medio et postea ei supra capud ponat et aliqualiter replicet; et partem, quam tenet in dextra manu, collocet super humerum dextrum et aliam super sinistrum et ex post binas oras extremitatis fanonis trahens plane et suaviter ipsas dependentes aliqualiter faciat circa pectus pape iuxta unius palmi mensuram. Deinde accipiat stolam, quam pape deosculandam tradat et postea in collo eius ponat. Postea induant eum tuni-

cella et dalmatica, aptantes eas circa collum et replicantes earum manicas, ita quod non tangant manus pape, sed distent ab eis quasi per spatium dimidii palmi.

8. Quo facto, papa resideat in faldistorio suo. Et amoveatur scabellum, super quod ascendit diaconus cardinalis papam induens, et tunc dictus diaconus et subdiaconus recipiunt cirothecas et eas imponunt in manus pape; quibus impositis, ipsius manus deosculantur. Hoc facto, reponitur scabellum et papa surgit et recipit casulam. Et tunc per clericos capelle dominis cardinalibus intimatur, ut se induant.

9. Deinde diaconus recipit pallium et dat pape [ad[a]] deosculandum crucem ipsius pallii, quod debet portari coopertum quodam velo aureo, et postea una cum subdiacono imponunt ipsum in humeris pape, diacono partem illam elevante, que debet posterius dependere. Et attendatur, quod illa pars palii, que duplex est, ponatur supra humerum sinistrum. Post dictum pallium sequatur ille, qui defert spinulas tres infigendas pallio, quarum unam infigat diaconus cardinalis papam induens in cruce anteriori, aliam subdiaconus in cruce super humerum sinistrum et tertiam diaconus cardinalis stans a dextris in cruce posteriori. Ipse autem spinule sic sunt infigende, quod quelibet tertio transeat per crucem, proviso quod numquam spinula perforet pallium et nullo modo acumen eius tangat planetam, proviso etiam quod cuiuslibet spinule caput, in quo est gemma, sit a dextra parte ipsam infigentis.

10. Subsequenter diaconus a dextris et subdiaconus a sinistris planetam super brachia pontificis apte complicent. Et cardinalis episcopus indutus, qui pape debet assistere in missa, accedat ad papam et imponat sibi anulum pontificalem et alium parvum anulum ad tenendum ipsum firmiter. Quibus impositis, osculetur ei manum, et postea mitra ei in capite ponatur.

11. Hiis peractis, accedat ad papam unus accolitorum cum turribulo et navicula, quam episcopus cardinalis pape assistens recipere debet et apertam coram papa tenere, et tunc papa sedendo benedicit incensum et de ipso sic benedicto ponit in turribulum cum cocleari, ipsius manum osculante in recipiendo ipsum cloquear et in reponendo episcopo cardinali prefato.

12. Et hoc facto, accedunt ad papam unus accolitorum cum cruce et duo ceroferarii. Et tunc papa assurgens vadit processionaliter ad confessionem ante gradus altaris, duobus capellanis commensalibus eius fimbrias anteriores elevantibus. Et primo precedit thuriferarius, deinde ceroferarii et in medio eorum crucem baiulans et postea papa, quem sustentant duo diaconi cardinales sibi a dextris et sinistris assistentes, ipsum precedente subdiacono cum libro evangeliorum et manipulo pape in dicto libro incluso. Et sic papa procedente, occurrunt ei tres ultimi presbiteri cardinales et ei reverentiam impendunt, ipsum in ore et pectore osculando; et hoc facto, redeunt ad loca propria.

---

3. *Der Absatz ist von anderer Hand nachgetragen. – Die untere Hälfte der Seite ist unbeschrieben. V.*

**CXXVI.** Ms.: V, f. 26r–33v.
Ed.: D. Giorgi, De liturgia romani pontificis 3, S. 570–581.
*Titel. fehlt V.*

7. [a] deinde – aptari] *auf dem Rand ergänzt V.*
9. [a] *fehlt V.*

**CXXVI.** Vgl. dazu oben, S. 128, und Kap. XXXVII a ff., oben, S. 218ff.
5. Zum *scabellum* vgl. Kap. CXXXV 9, S. 336.

13. Deinde papa procedit ante gradus altaris. Et cum ibidem fuerit, diaconus cardinalis a dextris eius assistens deponit ei mitram, quam tradit illi, qui servit de ea superpellicio induto et cum tobalea in collo, cum qua mitram semper tenere debet.

14. Et tunc papa incipit confessionem, ministris hoc ordine assistentibus, videlicet duobus diaconibus cardinalibus a dextris et sinistris eius; et post diaconum cardinalem a dextris assistentem debet esse episcopus cardinalis pape in missa serviens et post diaconum cardinalem a sinistris assistentem[a] debet situari diaconus cardinalis dicturus evangelium. Et ibidem ceteri cardinales diaconi debent assistere et, qui baiulat crucem, debet a dextris assistere post cardinalem una cum altero ceroferariorum. Et subdiaconus cum thuriferario et altero ceroferariorum a sinistris tenens manipulum pape, quem, finito *Confiteor* per papam, ipse subdiaconus ponit in brachium pape sinistrum. Et facta absolutione per papam, episcopus cardinalis recipit naviculam a thuriferario et eam pape presentat, et papa incensum benedicit modo supradicto et deinde ascendit ad altare ad medium.

15. Deinde procedit ad partem sinistram ipsius altaris[a] ad deosculandum librum evangeliorum, quem ibidem subdiaconus tenet apertum. Et post redit ad medium altaris, habens faciem versus dextrum cornu altaris. Et tunc omnes diaconi cardinales per ordinem veniunt ad impendendum ei reverentiam, ipsum in ore et pectore osculando. Et dum fit huiusmodi reverentia, subdiaconus debet sustentare papam per humeros.

16. Hoc facto, episcopus cardinalis pape serviens recipit turribulum, ipsum pape tradens; et papa incensat altare, incipiendo in medio usque ad dextrum, et deinde procedit usque ad sinistrum cornu[a] et post redit ad medium ipsius altaris. Tunc diaconus cardinalis evangelium dicturus recipit turribulum de manibus pape, ipsius manum osculando, et incensat papam ter et post circuit altare, partes inferiores incensando.

17. Tunc papa mitram habens in capite vadit ad faldistorium suum. Et ibi stando dicit introitum misse et *Kirieleyson* cum cardinalibus assistentibus ei. Diaconus et subdiaconus dicunt introitum et residuum misse in cornu dextro altaris.

18. Hiis dictis, papa residet in faldistorio suo. Et mitra ei imposita, cardinales diaconi a dextris et sinistris pape assistentes vadunt ad sedendum in scabellis suis per clericos capelle paratis; et episcopus cardinalis pape serviens sedet in quadam cathedra prope scabellum diaconi cardinalis a dextris pape assistentis parata, habens tamen faciem versus altare.

19. Finitis autem in choro introitu et *Kirieleyson,* cardinales pape assistentes accedunt ad papam. Et mitra ei deposita, incipit cantando: *Gloria in excelsis deo,* ⟨episcopo[a] cardinali sibi librum ministrante⟩, quem prosequitur submissa voce una cum sibi assistentibus cardinalibus, qui postea redeunt ad scabella sua, mitra pape ei prius reposita.

20. Et ipso finito per chorum, ipsi cardinales accedere debent ad papam. Et mitra prius ei deposita, dicit orationem, premisso *Pax vobis.* Et interim subdiaconus portans librum epistolarum ante pectus suum vadit ad legendum epistolam, ⟨ipsum[a] associante altero clericorum capelle⟩.

21. Et finitis orationibus, papa residet in cathedra sua. Et mitra ei imposita,

cardinales vadunt ad scabella sua. Subdiaconus vero, finita epistola, debet accedere ad osculum pedis pape, precedente dicto clerico capelle pedem pape discoperiente et ipsum post osculum cooperiente. Quo facto, ipse subdiaconus revertitur ad altare.

22. Et tunc diaconus et ipse dicunt responsorium et *Alleluia*, qui, dum cantatur per chorum, si non fuerit prosa, debet ipse diaconus recipere manipulum et ire ad pedis pape osculum, ipsum discoperiente et cooperiente altero clericorum capelle, qui ipsum diaconum eundo et redeundo precedens debet dirigere.

23. Et hoc facto, accedat ad altare et ibi in medio genuflectere debet et aliquantulum orare. Et interim thuriferarius cum turribulo et navicula accedat ad papam pro benedictione incensi. Et tunc capellani commensales vel accoliti cum superpelliciis recipiant septem candelabra cum cereis accensis desuper altare. Et his peractis, dictus diaconus cardinalis surgat et recipiat librum evangeliorum de medio altaris per unum accolitum ibidem positum, quem ponat ante pectus suum. Et capite inclinato ad papam, petit benedictionem ab eo, dicendo: *Iube, dompne, benedicere.* Et habita benedictione huiusmodi, precedentibus thuriferario et ceroferariis predictis, accedat ad pulpitum per clericos capelle cum una tobaleola munda in loco decenti preparatum. Et ibi dicat evangelium, ipsum precedente subdiacono, qui debet esse, quamdiu cantatur evangelium, retro ipsum pulpitum eumque ambabus manibus tenere. Ceroferarii autem debent situari in circuitu ipsius pulpiti habentes facies versus diaconum dicentem evangelium et thuriferarius ad partem dexteram ipsius. Et tunc diaconus incipiat evangelium, qui dicendo: *Sequentia sancti evangelii* etc. debet cum police super evvangelium, deinde super faciem suam crucis signum facere. Et hoc dicto interim, quod per chorum respondetur: *Gloria tibi domine,* ipse de manibus thuriferarii turribulum recipiens, debet evangelium ter incensare; deinde dimisso turribulo, prosequatur evangelium. Quo finito, thuriferarius portet turribulum episcopo cardinali, qui ter papam incensare debet. Et interim diaconus et ceroferarii vadant ad altare, subdiaconus vero recipiat librum evvangeliorum, quem apertum deferat ad papam ad deosculandum evangelium post incensationem predictam per cardinalem pape factam.

24. Et tunc, si sit predicandum, accedat immediate post osculum evangelii ad papam, qui predicaturus est, et osculetur ei pedem ipsum coperiente et discoperiente altero clericorum cerimoniarum. Et postea petat benedictionem, dicendo: *Iube, dompne, benedicere,* genibus flexis et capite inclinato; qua habita, petat ab eo, quas dabit indulgentias post sermonem. Et hoc facto, immediate vadat ad locum, in quo predicaturus est, et faciat sermonem suum. Quo completo, antequam pronuntiet indulgentias, diaconus cardinalis a sinistris pape assistens dicit: *Confiteor* alta voce; et ipso dicto, ille qui predicavit debet immediate pronuntiare indulgentias populo et deinde papa dat absolutionem, dicendo: *Misereatur vestri* etc. et *Indulgentiam* etc.

---

14.[a] assistens *V.*

15.[a] altari] *danach getilgt:* in qua *V.*

16.[a] cornua *V.*

19.[a] episcopo – ministrante] *auf dem Rand ergänzt V.*

20.[a] ipsum – capelle] *auf dem Rand ergänzt V.*

---

24. Der Titel *clericus cerimoniarum* bürgerte sich erst ab 1405 ein; vgl. oben, S. 128.

25. Deinde incipit: *Credo in unum deum,* quem prosequitur summissa voce cum sibi assistentibus. Et diaconus, qui dixerit evangelium, dicto ipso *Credo* in cornu dextro altaris cum subdiacono, debet ire ad abluendum manus, qui, dum revertitur ad altare, debet super illud quasdam toboleas extendere et super eas corporalia aptare et preparare. Interim unus accolitorum recipiens ampullas parvas, quas coperire debet cum manicis superpellicii sui, precedente subdiacono, accedit ad buffetum vini et aque et ibi recipit vinum et aquam in ipsis ampullis, prius diligenter mundatis. Deinde revertuntur ad altare, et subdiaconus collocat dictas ampullas in cornu dextro altaris. Etiam, dum ista fiunt, episcopus non cardinalis pape in missa serviens debet portare ad altare calicem cum patena et hostiaria desuper ac quodam parvo cocleari, cum quo debet poni aqua in calicem. Que omnia defert coperta quodam velo serico magno, cuius partem unam dictus episcopus tenere debet super humerum dextrum, qui, dum venerit ad dextrum cornu altaris, diaconus cardinalis illam recipit et statim debet eligere tres hostias, unam pro papa et alias pro proba, quas collocat super patenam, videlicet illam, que pro papa, in medio patene et alias duas a dextris et sinistris ipsius. Et interim subdiaconus ponit vinum in calicem, et postea diaconus ipsum cooperit patena. Et hec omnia debent fieri, antequam papa accedat ad altare post offertorium.

26. Finito autem *Credo* per chorum, papa, mitra ei deposita et stando, dicit: *Dominus vobiscum* et *Oremus.* Postea sedendo et mitra ei imposita, abluat manus. Deinde accedat ad altare. Et dum ibi fuerit, episcopus non cardinalis recipiat duas hostias, que sunt pro proba in extremitatibus patene, et cum ipsis tangat illam, que est in medio patene pro papa. Deinde patenam et calicem cum eisdem hostiis circundet, ipsos (!) tangendo. Quo facto, ipsas distribuat assistentibus. Deinde diaconus, recipiens cum manipulo suo patenam cum hostia desuper ambabus manibus, ipsam presentet pape. Et cum papa ipsam recipit, ipse diaconus manum eius osculetur. Et tunc papa offert patenam cum hostia, dicens: *Suscipe* etc. Interim episcopus non cardinalis recipiat cloquear cum aqua, quod ponat super calicem. Et dum pape obtulerit, ipse episcopus in papam aspiciens dicat: *Benedicite.* Et tunc papa benedicit ipsam aquam, et statim idem episcopus ipsam fundit in calicem, dicens: *Deus, qui humane* etc. Tunc diaconus, recipiens cum manipulo calicem ambabus manibus, ipsum ponat super corporalia, facto prius cum eo calice signo crucis. Deinde papa incensum benedicat et incenset calicem in circuitu et postea altare. Hoc facto, episcopus cardinalis recipiat turribulum et incenset papam et altare per inferius, deinde cardinales assistentes et alios in locis suis existentes et postea omnes alios prelatos necnon subdiaconum et illum, qui servit de mitra. Interim subdiaconus recipiat quoddam velum aureum et induat eum. Et cum parte ipsius anteriori coperiat patenam per diaconum sibi traditam, quam semper tenere debet retro papam et diaconum usque post *Pater noster* vel *Letatus,* si dici debeat.

27. Item dum papa dicit prefationem, parari debent sex vel octo vel plura intortitia et accensa ministrari capellanis honorum vel commensalibus sive auditoribus singulis singula; nec debent ea dimittere usque post communionem pape ac etiam diaconi et subdiaconi.

28. In elevatione corporis et sanguinis domini thuriferarius debet incensare. Et

post elevationem ille, qui servivit de ampullis ante offertorium, debet eas recipere de altari. Et episcopus non cardinalis recipiat calamum involutam quodam panno de serico. Et ipsi ambo, precedente altero clericorum capelle, accedant ad buffetum. Et ibi dictus episcopus diligenter abluat dictam calamum, cum qua papa sanguinem domini suggere debet, et ampullas defferens recipiat in eis vinum et aquam de ipsis buticulario et magistro aque prius pro proba sumentibus. Et hoc facto, episcopus reportet calamum involutam ad locum suum et alias[a] ampullas ad altare; et ibi cooperiantur quodam panno aureo ut prius.

29. Item dum papa dixerit: *Agnus dei*, episcopus cardinalis recipit pacem ab eo, osculando ipsum in ore et pectore, qui debet dare ceteris primo assistentibus cardinalibus non tamen diacono, qui dixit evangelium, eo quod habet a papa post communionem recipere, deinde ceteris cardinalibus et aliis prelatis. Item diaconus debet recipere de manibus subdiaconi patenam, videlicet post *Pater noster* eamque pape tradere, ipsius manum osculando. Et semper debet coperire et discoperire calicem, quotiens necesse fuerit.

30. Item postquam papa pacem dederit et posuerit corpus domini super patenam, ipse accedit ad faldistorium suum et ibi stat, capite discoperto. Et tunc diaconus[a] cardinalis, qui dixit evangelium, accedit ad altare et recipit patenam cum corpore domini, prius tamen ante altare genibus flexis manibus iunctis et capite inclinato, et ipsam ambabus manibus tenendo in altum, elevat et vertit se bina vice ad populum: primo a latere dextro usque ad medium, deinde a sinistro usque ad medium similiter. Quo facto, incipit procedere versus subdiaconum, et ipse subdiaconus aliquantulum occurrit ei et recipit patenam cum illo panno aureo, cum quo portavit ipsam patenam, ipsis ambobus genuflectentibus[b] cum inclinatione capitis. Tunc subdiaconus surgit et portet patenam ad latus pape sinistrum, altero clericorum capelle eius fimbrias anteriores elevante. Interim diaconus revertitur ad medium altaris et recipiens calicem vertit se ad populum eo modo, quo fecit cum patena. Et hoc facto, ipse accedat ad papam, elevante fimbrias suas predicto clerico, et collocet se prope subdiaconum ad latus tamen dextrum. Et tunc papa, premissis certis orationibus, ipse dividit corpus domini per medium et sumit unam partem, aliam dividit in duas partes pro diacono et subdiacono.

31. Interim vero, dum hec fiunt, episcopus non cardinalis debet recipere calamum involutam in suis pannis in sinistra et calicem unum in dextra manibus copertum quodam velo sericeo. Et ille, qui servit de ampullis, recipiat eas atque cooperiat; ac in parvo digito manus eius sinistre portet quandam taceam de auro. Et precedente clerico capelle cum una tacea de argento, accedant ante papam. Et tunc episcopus

28. [a] alius *V.*

29. *Auf dem Rand:* Opinio est aliquorum, quod omnes diaconi cardinales debent a papa pacem recipere preter illum, qui dixit evangelium, qui in communione tunc recipit. *V.*

30. [a] diaconus] *auf dem Rand:* Interim extenduntur due tobalee per duos capellanos commensales ante gremia pape, una de linteo et alia de auro, que non auferetur usque post communionem, et alia post manuum ablutionem. *V.*

[b] genuflectantibus *V.*

26, 28 und 33. Zur Probe von Hostien, Wein und Wasser vgl. OR XV, Kap. 81, Sp. 1325D.

cardinalis pape serviens debet calamum recipere et ipsam discopertam cum vino mundare et postea bene tergere. Et dum papa sumpserit corpus domini, ipse cardinalis debet ei calamum tradere, manum eius osculando. Tunc papa ipsam calamum ponit in calicem et sugit de sanguine cum ea, residuum dimittit pro diacono et subdiacono. Cum autem sumpserit de sanguine huiusmodi, diaconus recipiat calamum cum manu sinistra et ipsam semper teneat in calicem. Et tunc papa recipiens partem hostie, communicat diacono et immediate recipit eum ad osculum pacis; et statim ipse diaconus vadat ad cornu dextrum altaris et ibi partem sanguinis cum calamo sugit. Deinde papa communicat subdiacono, sed non recipit eum ad osculum, qui statim accedat ad altare et recipiat partem sanguinis cum calamo, quem (!) diaconus ei reservavit. Et hoc facto, ipse diaconus debet eum ad osculum pacis recipere.

32. Interim vero, dum papa communicat diacono et subdiacono, primus episcoporum cardinalium post illum, qui assistit pape in officio, debet accedere ad papam et recipere ab illo, qui tenet ampullas, ampullam vini in manu dextera et in sinistra illam taceam de auro, quam tenet in parvo digito ille, qui iam dictas tenet ampullas, et ipsam abluere cum vino. Deinde, cum papa communicaverit diacono et subdiacono, ipse cardinalis fundat vinum cum dicta ampulla super digitos pape, subtus quos teneat taceam auream. Et post dictam ablutionem accedat cum dicta tacea et vino, quod est infra, ad altare et tradat dictam taceam subdiacono, qui totum sumere debet. Et cardinalis revertitur ad sedem propriam.

33. Interim vero papa abluit manus. Quo facto, episcopus non cardinalis genuflectit coram papa et discoperit calicem. Et papa ipsum recipit. Et ipse episcopus ministrat sibi ampullam vini et aque, et papa fundit in illum calicem vinum et aquam de ipsis, prius facta proba, et papa sumit ipsam. Deinde restituit calicem dicto episcopo, qui portet eum ad locum suum.

34. Et tunc papa accedere debet ad altare et ibi postcommunionem dicere et cetera alia. Et post missam papa dat benedictionem more solito. Et si in missa sermo non fuerit, indulgentie tunc per episcopum cardinalem de mandato pape pronuntiantur ad populum.

## **CXXVII.** Modus creandi novos cardinales.

1. Die sabbati, facta reverentia per cardinales antiquos in consistorio pape, aperiuntur omnes ianue. Et camerarius et protonotarii, capellani, auditores et clerici camere sedent infra consistorium in terra et alii extra consistorium infra cameram. Cardinales tamen novi sunt extra cameram in aliqua alia camera prope consistorium.

2. Item papa, absentibus novis cardinalibus, in presentia omnium aliorum facit unum sermonem brevem et in fine descendit ad commendandum personas novorum cardinalium singillatim[a] de scientia, prudentia, fidelitate etc.

Et in fine dicit: *Si sit aliquis prelatus creatus, talem absolvimus a vinculo, quo tenebatur tali ecclesie, et eum assumpsimus et assumimus in presbiterum cardinalem sancte romane ecclesie.*

Et si non sit prelatus, non dicit: *absolvimus*, sed: *assumpsimus in presbiterum* vel *diaconum cardinalem* etc.

3. Hoc facto, cardinales novi secundum ordinem datum eis in nominatione pape veniunt ad cameram consistorii et stant pedes retro scannum, ubi sedent antiqui cardinales. Et papa dicit eis aliqua ad instructionem eorum, quales debent esse in consiliis et aliis agendis. Quibus dictis, vocat novos cardinales, quod intrent consistorium. Et duo antiquiores diaconi cardinales recipiunt primum novum cardinalem, alii duo diaconi alium etc. et ducunt eos ad osculum pedis pape.

4. Quibus receptis ad osculum, surgunt omnes antiqui cardinales et alii et capellani pape incipiunt cantare: *Te deum laudamus* alta voce. Et antiqui cardinales bini et bini vadunt ad altare, quod debet esse paratum in aula, ubi est papa, sine cruce. Et post secuntur novi cardinales, ducentibus eos cardinalibus diaconis, ut factum fuit in introitu consistorii; et cardinales novi debent esse prostrati genibus flexis ante altare, quamdiu cantatur *Te deum.*

5. Quo completo, prior episcoporum cardinalium debet dicere submissa voce: *Pater noster* et cantando: *Et ne nos.*

Vers. *Salvos fac servos tuos.* Resp. *Deus meus* etc.

Vers. *Mitte eis auxilium de sancto.* Resp. *Et de Syon* etc.

*Domine exaudi.*

*Dominus vobiscum.*

*Oremus. Omnipotens sempiterne deus, miserere famulis tuis et dirige eos secundum clementiam tuam in viam salutis eterne* etc.; et

*Actiones nostras, quesumus domine, aspirando preveni* etc.

6. Hoc facto, capellani commensales pape bini et bini ducunt quemlibet novum cardinalem ad osculum altaris et postea ad osculum oris cuiuslibet cardinalis antiqui, incipiendo a primo episcopo cardinali et sic de aliis secundum ordinem.

7. Deinde domini cardinales antiqui bini et bini revertuntur ad consistorium et novi similiter post eos, ducentibus ipsos diaconis cardinalibus ut supra ad osculum pedis et oris pape et expost usque ad sedem, in qua debent sedere in consistorio secundum ordinem nominationis facte per papam de ipsis.

8. Ipsis itaque residentibus, omnes preter cardinales recedunt de camera, in qua tenetur consistorium. Et tunc papa imponit silentium cardinalibus novis, donec de consilio antiquorum cardinalium aperiat eis. Et hoc facto, papa surgit et vadit ad cameram suam, et omnes cardinales antiqui consueverunt remanere illa die in prandio cum papa. Et cum ipse exit ad mensam, duo de antiquioribus diaconis cardinalibus associant eum precedendo usque ad mensam et post prandium similiter. Et sedent cardinales antiqui et novi iuxta modum consistorii.

9. Item post prandium servant eundem modum in sedendo tam antiqui quam novi cardinales. Et cum fuerit facta collatio, papa sedendo in cathedra sua dat capellum rubeum cuilibet novo cardinali, ponendo sibi in capite. Et cardinalis stat genu flexo coram papa. Et unus domicellus pape assistit cuilibet novo cardinali, qui

---

**CXXVII.** Ms.: V, f. 38r–39v.

2. [a] sigillatim *V.*

**CXXVII.** Vgl. oben, S. 128 und OR XIV, Kap. 116 (Sp. 1260D–1263B), von dem dieser Text eine gekürzte Fassung ist.

2. Zur Absolutionsformel vgl. Kap. XXIV, oben S. 194f.

5. Den vollen Wortlaut der Gebete enthält OR XIV, Kap. 116, Sp. 1262A/B.

recipit capellum, statim dum novus cardinalis deponit ipsum. Et quilibet cardinalis, deposito capello, osculatur pedem pape, et ipse recipit eum ad osculum oris. Et post quilibet cardinalis novus revertitur ad sedem suam.

10. Hoc facto, papa surgit et omnes cardinales. Et si ecclesia cathedralis sit[a] ibi prope, novi cardinales consueverunt ire ad orandum. Deinde redeunt ad domos suas.

## CXXVIII. Sequntur illa, que sunt necessaria et fienda pro quolibet domino electo in episcopum consecrando.

1. Primo ordinandum est de domino prelato, qui ipsum electum debeat consecrare, et de aliis, qui debeant ipsi domino prelato assistere. Et debent isti per aliquos dies, antequam fiat huiusmodi sacra, advisari, ut habent omnia pro eis necessaria, etiam de ecclesia, in qua fieri debeat.

2. Item debet ordinari, qua die dominica, quia in alia die fieri non consuevit neque debet, et quod non sit illa dominica pro aliqua causa alia impedita, ut officiarii domini pape et alii, qui ad hoc sunt necessarii, valeant interesse.

3. Item die sabbati precedente subdiaconus pape debet bona hora dicto domino electo in dicta ecclesia, in qua, ut predicitur, dicta sacra debet fieri, locum seu capellam aliquam ad hoc aptam assignare[a], presertim si sint plures consecrandi.

4. Item assignata sic capella seu loco, dictus electus debet eam facere parari paramentis honestis pro parietibus etiam tapetis et bancalibus.

5. Item debet aptari ibi unum altare et eum parare paramentis honestis necessariis, et desuper una crux cum duobus candelabris et duobus cereis et etiam parvis candelis.

6. Item quod omnia et cetera infrascripta sint parata dicta die sabbati de sero, taliter quod nichil deficiat, quia tale misterium consuevit incipi illa die bono mane propter prolixitatem ipsius misterii.

7. Item sunt necessarii duo platelli lavatorii cum duobus pitalphis argenteis pro tenendo vinum et aquam et duo panes parvi, positi in incisoriis, pro removendo crisma de manibus et de capite, dum et quando erit tempus et hora, prout infra dicetur.

8. Item debet habere dictus dominus electus paramenta, que secuntur, pro persona sua, que sint albi coloris, licet dominus consecrator et sibi assistentes habeant de alio colore, prout tempori congruit, videlicet roquetum album et mundum, amictum, albam, cinctorium, stolam, manipulum, tunicellam, dalmaticam, capam seu pluviale, planetam seu casulam, sandalia et sotulares, cirothecas, anulum pontificalem et unum parvum pro consecrando, unum missale et unum pontificale, crossiam seu baculum pastoralem, mitram pretiosam, de qua non utetur usque post missam, unam almuciam de grisiis et variis pro capite, officio misse et misterii durante; et debet habere cathedram nudam sine quocunque paramento et sine scabello.

9. Item debet habere unum velum ad modum longerie, bene operatum de auro et serico, pro ponendo ante dominum consecrantem supra genua, quando voluerit ipsum electum ungere de sacro crismate, unum alium subtilem panniculum pro

circunligando caput et unum alium similem pro tenendo in manibus ad tergendum faciem et alium satis longum pro ponendo circa collum, quando pectinabitur, et pro removendo micas panis post fricationem capitis cum mica panis et debet habere unum pulcrum pectinem de ebore.

10. Item sunt necessarie sex parve longerie honeste, quarum due erunt pro cooperiendo duos panes infrascriptos et alie pro tergendo manus post earum lotiones.

11. Item debet habere pro offertorio duos maximos panes bene coctos et bene paratos et duas magnas amphoras seu fialas vitreas, unam plenam de bono vino albo et aliam de rubeo, que quidem amphore seu phiale debent poni in stogiis bene ligate, ne rumpantur in pressura gentium, et supra qualibet unum pomum.

12. Item sunt necessarii quinque vel sex servitores honesti industriosi, presbiteri vel clerici superpelliciis induti, qui habeant assistere et servire ipsi domino electo: unus de libro, alius de crossia, alius de almucia, alius de cathedra, alii de aliis, prout per subdiaconum vel clericos cerimoniarum eisdem ostendetur.

13. Item sint alii totidem servitores seculares honesti tam scutiferi quam alii pro portando et reportando predicta, dum et quotiens erit necesse, sine briga et sine distentione, sed cum humilitate et pace, prout actus requirit.

14. Item sit advisatus dictus electus per ante de disponendo se ad recipiendum corpus Christi pretiosum illa die dominica post communionem domini consecrantis, etiam de sanguine pretioso, bene humiliter et devote.

15. Item advisetur idem dominus electus, quod illa die dominica surgat bono mane, ut possit dixisse horas suas, antequam vadat ad ecclesiam, in qua debet fieri huiusmodi sacra, et quod sit in ea, antequam dominus consecrator ibidem veniat, ad finem quod ipse electus possit exhibere reverentiam eidem domino consecranti. Qui dominus consecrans, facta oratione, debet sedere in cathedra parata ante altare in cornu dextro, habens faciem versus ianuam ecclesie. Et tunc consecrandus debet ei facere reverentiam genuflectendo[a], etiam in capa lanea.

16. Item facta huiusmodi reverentia, dictus dominus consecrator, existens in dicta cathedra, induit se paramentis pontificalibus. Et similiter induunt se assistentes paramentis, quibus convenit, videlicet superpellicio, amictu lato et pluviali. Et dictus electus vadit ad capellam sibi, ut predicitur, assignatam.

17. Item dum dictus electus est vel erit in capella illa, sedeat in cathedra et ibi lavet manus. Quo facto, erigat se ibimet et supra roquetum recipiat paramenta, que sequuntur, videlicet amictum, albam, cinctorium, stolam, manipulum et pluviale; et ponatur sibi in capite almucia supradicta, et in manibus recipiat supradictum panniculum. Et sic in dicta cathedra sedeat, donec et quousque dominus consecrator

---

10. [a] *korr. aus* si *V*.

**CXXVIII.** Ms.: V, f. 39v–49r.

*Titel. Steht auf dem Rand V.*

3. [a] assignari *V*.

15. [a] genuflectando *V*.

---

**CXXVIII.** Vgl. S. 128f. und 430. – Der Text schildert vor allem die in den Pontifikalien kaum enthaltenen Details und differiert daher erheblich von PRC, Kap. XI, S. 351–368 und PGD, lib. I cap. XIV, S. 374–393.

11. *Stogia* oder *stogium*: nicht bei Du Cange.

12. *Clerici cerimoniarum:* vgl. Kap. CXXVI 24, oben, S. 319.

et alii sibi assistentes sint parati et in eorum cathedris situati. Sed caveat dictus electus, ut sit paratus ante predictos, ne faciat eos musare vel nimium expectare.

18. Item hiis sic peractis, dum mandabitur pro ipso electo, quod vadat ad dominum consecratorem, erigat se dictus electus; et precedentibus acolitis et duobus servientibus armorum domini nostri pape cum eorum massiis, qui ipsum electum conducent, portabuntur cathedra et liber pontificalis dumtaxat.

19. Item dum erit dictus electus ante dominum consecratorem, prius deposita almucia de capite per illum, qui servit de ea, et facta postea reverentia cum genuflectione et capitis inclinatione, tunc dictus electus sedeat in sua cathedra et recipiat pontificale, quod sibi teneat ille, qui servit de libro, qui volvat ad locum, ubi est examinatio, scilicet: *Antiqua sanctorum patrum* etc., quam dominus consecrator faciet seu dicet, et quod dominus electus bene attendat ad verba. Et dum pervenerit ad locum, ubi electus habebit respondere, erigat se modicum de cathedra et alta voce respondeat cum inclinatione capitis, sicut in pontificali continetur et prout per dictos accolitos sibi ostendetur.

20. Item completa huiusmodi examinatione, dominus consecrator dicit legendo et sine nota: *Hec tibi fides augeatur a domino* etc. Et responso: *Amen*, ducitur electus ad dominum consecrantem, qui eum recipit ad osculum manus et oris, et deinde assistentes secundum eorum ordinem solum ad osculum oris. Quo facto, dominus consecrator vertit se ad altare; et mitra deposita, incipit confessionem, quam debet etiam facere ibidem dictus electus. Et ipsa facta, consecrans vadit ad altare et proceditur ad officium misse, et electus reducitur per predictos ad suam capellam.

21. Item ipso electo sic reducto, dum est in dicta capella, faciat se discalciari per servitores et calcietur sandaliis, prius deposito pluviali. Et interim, dum discalciabitur, dicet cum suis ministris: *Quam dilecta* etc., si missa sit cum nota. Sed si sit privata, tunc non dicet, sed dicet, quando recipiet in principio vestimenta pontificalia, scilicet post primam reverentiam, propter brevitatem temporis, quia illo tunc, quando discalciatur, oportet, quod dicat officium misse, quia, si tunc diceret: *Quam dilecta,* nimis faceret consecrantem musare seu spectare, quod non faceret, si cum nota missa esset, ymo tunc posset totum dicere, videlicet: *Quam dilecta* et officium misse etc.

22. Item dum est in capella sua, presentatur sibi missale et dicit officium diei, in quo habet dicere tres collectas, videlicet unam de die, aliam pro papa et aliam pro se ipso, videlicet *Adesto domine*, que est in pontificali. Deinde procedat et dicat totum usque ad ultimum *Alleluya*, quod debet dimitti, vel usque ad ultimum versum tractus, si sit tale tempus. Et hiis finitis, dictus electus deponat capam seu pluviale et sedeat manusque iterum lavet et tergat. Postmodum se erigat et induat tunicellam et dalmaticam necnon casulam et almuciam in capite recipiat. Et sic cum panniculo in manu sedeat in cathedra, donec cantores pervenerint ad ultimum *Alleluya*, quod dimittitur, et quod consecrans omnia fecerit et sit paratus sedeatque iterato ante altare, sicut prius, cum suis assistentibus.

23. Item hiis peractis, conducitur dictus electus per supradictos accolitos et servientes armorum ad dominum consecrantem. Et deportantur per ministros missale,

pontificale, cathedra, baculus pastoralis, anulus pro consecrando, velum aureum, panniculus pro ligando caput et alius pro ligando in collo ad sustinendum manus. Et dum erit ante dominum consecrantem situatus in cathedra, facta prius reverentia, habeat ante se librum pontificalem, qui volvatur ad locum, ubi scriptum est: *Episcopum oportet* etc., quod dicit dominus consecrans cum mitra sedendo et legendo. Quo finito, dominus consecrans se erigit et, deposita mitra, dicit per modum orationis: *Oremus, dilectissime frater* etc. Et eo dicto, consecrans et ceteri domini assistentes prosternunt se supra faldistoria sua et electus prosternit se ad terram; et tunc incipiuntur letanie per subdiaconum in cornu dextro altaris, assistentibus similiter correspondentibus. Et dum pervenitur ad locum, ubi dici debet: *Ut hunc electum,* dominus consecrans erigere se debet, qui respiciens ad electum dicit signando: *Ut hunc electum* etc. ter. Quo dicto, dominus consecrans revertitur ut prius, quousque tota letania sit perfecta. Et ipsa finita, ducitur electus ad dominum consecrantem. Et ille sedendo cum aliis assistentibus recipit missale clausum de manu consecrandi et ponit eum (!) supra spatulas dicti electi; et postmodum quilibet assistentium per ordinem ponit ei supra caput ambas manus, unus post alium, signando et dicendo: *Accipe spiritum sanctum* etc. Quo facto, dominus consecrans sine mitra erectus dicit alta voce per modum orationis: *Propitiare domine* etc., ipso electo stante erecto et tenente semper librum supra spatulas apertum et littera versa deorsum; et postea dicit dominus consecrator alta voce per modum prefationis: *Per omnia secula seculorum* etc. Qua finita, dominus consecrator sedet cum mitra. Et tunc adducitur sibi dominus electus et situatur ibi per accolitos. Et tunc consecrator, depositis cirotecis et resumpto anulo pontificali, cum auxilio dictorum accolitorum ligat caput dicti electi, stantis coram eo genibus flexis, cum supradicto panniculo subtili, ita quod circundet totam coronam. Et tunc posito velo aureo per ipsum electum supra genua domini consecrantis, dictus consecrans cum police dextro ponit super caput ipsius electi crisma in modum crucis. Deinde totam coronam liniat crismate, dicendo submissa voce et signando: *Ungatur et consecretur caput tuum* etc.; et post dicit: *Pax tibi*, et respondetur: *Et cum spiritu tuo.*

24. Hiis factis, consecrator, abstersis manibus cum bombace vel cum mica panis, ipse erigit se; et amota mitra, dicit in modum prefationis: *Hoc domine copiose*, stante electo modicum a longe semperque librum supra scapulas tenente necnon capite suo, sicut predicitur, cum dicto panniculo circunligato.

25. Quo completo et responso in fine: *Amen* tunc iterato, sedet dictus dominus consecrator et mitram reassumit. Electus vero situatur ante eum genibus flexis, ut prius, et extendit manus suas et eas bene iungit totaliter apertas et sic ponit eas supra genu dicti domini consecrantis, qui cum pollice dextro ungit eas in modum crucis, incipiendo a pollice dextro usque ad indicem sinistrum et a police sinistro usque ad indicem dextrum, et postea linit totas manus ab infra, dicens submissa

19. Vgl. PRC, Kap. XI 13, S. 355f. und PGD, lib. I cap. XIV 19, S. 379.

20. Die Formel *Hec tibi fides* etc. fehlt im PRC und PGD, sie steht jedoch im Pontificale Romanum Clemens' VIII.

22. Zu den drei Orationen etc. vgl. PRC, Kap. XI 17f., S. 357 und PGD, lib. I cap. XIV 23, S. 380f.

23. Vgl. PRC, Kap. XI 15 und 19–25, S. 356 und 358–360 und PGD, lib. I cap. XIV 25–33, S. 381–383.

voce et cruce signando: *Deus et pater.* Quo dicto, dominus consecrator iungit dictas manus et eas claudit, videlicet unam supra aliam, cavendo tamen, ne aliquid de crismate cadat.

26. Deinde dominus consecrans, abstersis manibus de dicto crismate cum bombace vel cum mica panis et postea lotis et abstersis, dat dicto electo baculum pastoralem, qui tangendo paululum cum duobus digitis apertis, videlicet indice et medio, sed non manibus disiunctis eum recipit, dicente domino consecrante: *Accipe baculum pastoralis officii* etc. Postmodum ipse dominus consecrans tradit domino electo quendam anulum parvum, quem sibi mittit in digitum anularem dextre manus, dicens: *Accipe anulum fidei* etc. Consequenter vero idem dominus consecrans accipit librum evvangeliorum de scapulis electi et tradit eum clausum ipsi electo tangenti illum sine disiunctione manuum cum dictis duobus digitis, dicens: *Accipe librum evvangeliorum* etc. Deinde ipsum recipit ad osculum manus et oris, et assistentes recipiunt eum ad osculum oris. Deinde reducitur electus sic consecratus ad capellam suam et ibi cum summa diligentia amovet crisma de manibus cum mica panis et post lavat dictas manus et tergit fortiter fricando cum longeria, caput vero non disligat usque post missam. Interim proceditur in missa et cantatur ultimum *Alleluya* vel ultimus versus tractus; postea dicitur evvangelium et *Credo in deum* et offertorium.

27. Hoc facto, dominus consecrans residet in cathedra sua, prius tamen oblatione in altari per eum facta, in qua pro domino electo debet hostiam ponere. Et tunc adducitur ei dominus consecratus, et post ipsum portantur duo magni panes tobaleolis coperti et due amphore ac etiam duo intortitia, qui situatus ad latus dextrum domini consecrantis mitram in capite tenentis flexis genibus offert primo unum panem, tangendo eum cum manu dextra et deosculans manum domini consecrantis. Deinde similiter facit de una amphora et de uno intortitio accenso.

28. Facta vero oblatione huiusmodi, dominus consecrator abluit manus et procedit in missa. Dictus vero dominus consecratus collocatur ad cornu altaris dextrum, et ante se tenetur missale per unum de servitoribus suis et per alium tenetur baculus pastoralis ad latus eius. Et est sciendum, quod ipse dominus consecratus debet dicere ea, que dicit dominus consecrans, submissa voce tamen, usque ad communionem. Item dominus consecrans non obmittat dicere secretam pro ipso domino consecrato, scilicet: *Suscipe domine* etc., etiam qum de ipso consecrato faciat mentionem infra *Hanc igitur oblationem.*

29. Item dum dominus consecrator communicat, dominus consecratus collocatur ante altare et extenditur coram eo quedam tobalea honesta per accolitos. Et facta communione per dominum consecrantem, vertit se ad dominum consecratum cum sacra hostia in patena et, dicto ter: *Domine non sum dignus* etc. per ipsum consecratum, dictus dominus consecrans tradit sibi corpus domini, consecratus vero illud recipit, osculato prius domini consecrantis anulo pontificali, et immediate ipsum ad osculum oris recipit. Post[a] dat sibi de pretioso sanguine, quem sibi in suomet calice reservaverat. Deinde diaconus dat domino consecrato in alio calice vinum et aquam pro abluendo os. Hoc facto, dominus consecratus revertitur ad altare, ut prius, sed tamen ad partem sinistram usque ad finem misse.

30. Finita vero missa et data per dominum consecrantem benedictione, ipse appodiat se cum uno cubito supra cornu dextrum altaris in capite mitram tenens, et dominus consecratus ponit se ad aliud cornu flexis genibus. Et ipse respiciens ad dominum consecrantem dicit cantando: *Multos annos.* Deinde surgit et procedit usque ad medium altaris, ubi flexis genibus iterum cantat altius: *Multos annos.* Postmodum surgit et usque prope dominum consecrantem procedit et tertio altius cantat cum nota: *Multos annos.* Quo facto, dominus consecrator ipsum recipit ad osculum manus et oris, deinde assistentes ipsum od oris osculum recipiunt.

31. Item hiis factis, conducitur dictus consecratus ad suam capellam per dictos accolitos et servientes armorum. Et dum est ibi, sedet in cathedra. Et amoto panniculo de capite eius et posito ante eum uno platello cum incisoriis panis necnon ligato circa collum et pectus uno panno subtili, fricatur ei fortiter caput cum dictis cisoriis panis taliter, quod crisma tollatur, et postea cum dicto pectine pectinatur per unum de accolitis, tantum quod mice panis tollantur de pilis capitis, et postea corona bene fricetur cum dicto panno subtili. Et ille mice cum aliis de manibus ipsius et domini consecrantis ponantur in sacrario et comburantur.

32. Deinde dictus consecratus lavet iterum manus et eas bene tergat. Postea surgat de cathedra et deponat planetam, loco cuius recipiat pluviale et cirothecas cum anulo pontificali. Et imponatur sibi mitra pretiosa in capite et baculus pastoralis in manu sinistra. Et sic ducatur per ecclesiam, circunquaque cum manu dextra signando, quousque pervenerit ad dictam suam capellam. Et dum ibi erit, deponat vestimenta sua pontificalia et recipiat capam laneam. Qua induta, sedeat in cathedra et tunc faciat se discalciari sandalia et dicat: *Trium puerorum* etc. Deinde completis omnibus, surgat de cathedra in nomine domini et vadat ad prandium gaudiose et sit advisatus de dicendo benedictionem mense et post prandium gratias, sicut est de more et usu curie romane.

33. Sed est verum, quod alias, quando fiebat talis sacra, et presertim de pluribus prelatis, quando post missam erant sic parati, ut predicitur, pro eundo per ecclesiam signando, dum erant in porta ecclesie, reperiebant ibi unum pulchrum equm quilibet copertum ex toto de bocassino albo, et eum ascendebant sic, ut predicitur, parati cum mitris in capitibus et aliis, excepto de crossia, quam portat unus de capellanis indutus superpellicio et almucia et ibat ante dominum consecratum; et sic quilibet consecratus habebat. Et ibant signando hinc inde per carrerias, donec fuisset quilibet reversus ad domum, in qua prandere debebant, vel redibant ad capellam suam, in qua pro prius fuerant, et ibi sic, ut predicitur, se exuebant et cetera postea faciebant, sicut supra habetur.

34. Et ita factum fuit, quando dominus noster papa Benedictus XIII fecit sacram in civitate Ianue anno domini MCCCC quinto post festum penthecostes, in qua fuerunt consecrati tredecim domini, tam archiepiscopi quam episcopi, et quinquaginta octo abbates benedicti, qui sicut et alii domini per villam, ut predicitur, equi-

---

29.[a] Post] *auf dem Rand:* Nota, quod abbatibus non datur de sanguine. *V.*

30. *Multos annos:* fehlt im PGD, steht jedoch im PRC, Kap. XI 39, S. 367.

34. Pfingsten fiel 1405 auf den 7. Juni. – Zur Massenweihe vgl. S. 128f. und 430.

tarunt et post cum prefato domino nostro solenniter et opulenter pransi fuerunt cum solennibus Ianuensibus et ceteris nobilibus affluenter.

## CXXIX. [Rubrica facta anno domini MCCCCXIV tempore domini pape XIII.]

1. Anno domini MCCCCXIV, pontificatus domini nostri pape Benedicti XIII anno vicesimo, die assumptionis beate Marie virginis in loco de Morella prefatus dominus noster papa ad supplicationem serenissimi principis domini Ferdinandi regis Aragonensis ⟨ibidem[a] tunc existentis⟩, cerimonias curie Romane maxime in processionibus videre cupientis, de domo fratrum minorum, in qua ipse moram trahebat, ad ecclesiam maiorem beate Marie dicti loci processionaliter accessit, in qua missam in pontificalibus solenniter celebravit.

2. Ordo processionis, quam ordinavit dominus sancti Georgii ad velum aureum, prior diaconorum cardinalium, cum ferula in manu, fuit iste:

Primo fratres minores in sinistra et ceteri ecclesiastici seculares dicti loci in dextera partibus precedebant.

Deinde abbates, generales ordinum, episcopi, archiepiscopi – et hii predicti cum capis suis laneis – incedebant;

postmodum subdiaconus pape – amictu, alba, cingulo, stola et tunicella indutus – crucem deferens cum duobus ceroferariis et thuriferario superpellicio indutis;

postea accoliti, auditores palatii, capellani commensales cum superpelliciis;

deinde capellani capelle pape cantantes: *Veni creator* et *Ave maris stella* etc.;

postmodum nonnulli induti superpelliciis, certa reliquiaria regis predicti in manibus deferentes;

deinde domini cardinales

et postea papa – indutus alba, cingulo, stola et pluviali et mitra perlatis, cuius fimbrias portat prefatus rex indutus habitu regio, coronam pulcherrimam in capite gestans.

Duo cardinales diaconi assistebant pape, super quem nonnulli viri nobiles pallium deferebant.

Item post papam sequebantur camerarius pape, protonotarii, corrector litterarum apostolicarum, cubicularii pape non prelati et clerici camere.

3. Et dum papa fuit in ecclesia, facta oratione ante altare, ipse accessit ad faldistorium suum. Et ibi stando et mitra deposita, cantavit orationes sequentes, videlicet: *Deus qui corda fidelium* et *Famulorum tuorum, quesumus, domine, delictis ignosce* etc.

4. Papa invitavit regem et ceteros nobiles de sua curia ad prandium.

## CXXX. [Rubrica facta anno domini MCCCCXII tempore domini Benedicti pape XIII.]

1. Anno domini MCCCCXII pontificatus domini nostri Benedicti pape XIII ⟨anno[a] decimo octavo⟩ die octava mensis Novembris dominus Ferdinandus rex

Aragonensis supradictus intravit civitatem Dertusensem, in qua dominus noster papa prefatus tunc cum sua curia residebat.

2. Die vero immediate sequente dictus dominus rex audivit missam secretam, idest sine nota, cum eodem domino nostro papa, qui, osculato libro evangeliorum post evangelium, invitavit dominum regem ad similiter deosculandum evangelium; sed ipse rex, sicut nec debuit facere, recusavit. Prelatus autem in missa pape ministrans dedit pacem regi immediate post papam cum eadem patena, cum qua dederat et pape.

3. Die dominica proximo sequente dominus rex audivit missam cantatam cum domino nostro papa et cardinalibus numero quinque, quorum unus erat episcopus, duo presbiteri et duo diaconi. Et etiam in dicta missa interfuerunt duo ex filiis ipsius ⟨regis[a]⟩, videlicet primogenitus et unus alius, ⟨comes[b] Empuriarum⟩. Fuit autem observatus in sedendo ordo, qui sequitur:

Primo in quodam scanno sedebat episcopus cardinalis, secundo rex, tertio prior presbiterorum, quarto primogenitus regis, quinto et ultimo alius presbiter cardinalis.

In alio scanno sedebat primo prior diaconorum cardinalium, secundo alius filius regis comes Empuriarum, tertio et ultimo alius diaconus cardinalis.

4. Sequitur de modo dandi pacem:

Prior presbiterorum cardinalium recepit a capellano celebrante missam pacis osculum. Deinde dedit pape. Postmodum alter clericorum cerimoniarum accessit ad ipsum cardinalem et ab eo recepit osculum pacis et dedit episcopo cardinali in

---

**CXXIX.** Ms.: V, f. 50r–50v.
Ed.: Gattico, S. 165; H. Finke, Acta concilii Constanciensis 1, S. 327f.
*Titel. fehlt V, gebildet analog zu dem von Kap. VII.*
1. [a] ibidem tunc existentis] *auf dem Rand ergänzt V.*

**CXXX.** Ms.: V, f. 51r–52r.
Ed.: Gattico, S. 165f.
*Titel. fehlt V.*
1. [a] anno – octavo] *auf dem Rand ergänzt V.*
3. [a] *auf dem Rand ergänzt V.*
[b] comes Empuriarum] *auf dem Rand ergänzt V.*

---

**CXXIX.** Zu diesem und den drei folgenden Kapiteln vgl. S. 129 und 431.
Zu den Begegnungen Benedikts XIII. mit Ferdinand von Aragon (1412–1416) in Morella etc. vgl. die Angaben bei H. Finke (a.a.O. 1, S. 209–214, 323–327, 339–341), bei Martin de Alpartil (ed. F. Ehrle, S. 203f.) und in der Crónica del Rey Juan II (Crónicas de los Reyes de Castilla 2, S. 360f.).
2. *Dominus s. Georgii ad velum aureum:* Carolus de Urries (1408–1420): K. Eubel, a.a.O., S. 30. – Zum Priorat der Kardinaldiakone vgl. C. G. Fürst, Cardinalis, S. 108–111.
Zum Prozessionsordo vgl. Kap. CXXXVI, unten, S. 336.

**CXXX.** Zum Aufenthalt Benedikts XIII. in Tortosa vgl. S. Puig y Puig, Pedro de Luna, S. 246f. und Gattico, S. 162b–164a, Kap. 6.
3. Die fünf Kardinäle sind aus den Angaben bei K. Eubel und S. Puig y Puig nicht exakt zu ermitteln.
*Primogenitus:* Alfons V. (1416–1458), König von Aragon und Sizilien.
*Comes Empuriarum:* Johann II. (1458–1479), Nachfolger seines Bruders als König von Aragon.
4. Zeremonialkleriker waren seit 1411 Matheus Petri und Iacobus Raymundi; vgl. oben, S. 131.

illo scanno primo sedenti, deinde primogenito, postea priori diaconorum cardinalium in alio scanno primo sedenti. Episcopus cardinalis supradictus, habita pace a clerico cerimoniarum, immediate volvit se ad regem, qui sedebat immediate post eum, et dedit ei pacis osculum. Similiter primogenitus dedit pacis osculum presbitero cardinali sedenti post ipsum. Idem fecit prior diaconorum, dedit pacem alteri filio regis et ipse regis filius dedit diacono cardinali sedenti post eum.

5. Dominus noster papa invitavit regem, cardinales, prelatos, nobiles et alios quamplures de curia duobus diebus.

Prima die convivii rex habuit mensam solus separatam a mensa dominorum cardinalium, et fuit retro ipsum quidam pannus aureus pro dossali positus.

Secunda die convivii ipse rex non habuit mensam solus, ymo sedit in mensa dominorum cardinalium post primum, videlicet episcopum cardinalem. Habuit tamen ipse solus dossale.

In hoc secundo convivio interfuerunt duo filii regis, qui applicuerant tunc cum matre, videlicet primogenitus et unus alius, comes Empuriarum, qui sederunt inter cardinales eo ordine, quo dictum est supra in missa.

## **CXXXI.** [Rubrica facta anno domini MCCCCXV tempore domini Benedicti pape XIII.]

1. Anno domini MCCCCXV in sede Valentinensi provincie Terraconensis dominus noster audivit missam cum nota, rege Aragonensi prenominato cum uxore et liberis suis ibidem presentibus.

2. Et finita missa, quatuor ex prelatis antiquioribus ibi presentibus vexilla domini Iohannis secundogeniti regis predicti, ⟨ad[a] regnum Neapolitanum deportanda per ipsum[a],⟩ plicata in quibusdam platis[b] deauratis, in manibus receperunt et ad papam accesserunt, qui ipsa benedixit, aqua benedicta aspersit et thure adolevit. Hoc facto, nonnulli nobiles ibidem existentes ipsa vexilla lanceis affixerunt et postea erexerunt.

3. Tunc capellani capelle pape inceperunt cantare ymnum: *Vexilla regis prodeunt* et ipsum compleverunt.

4. Interim papa dedit singula vexilla regi in cuiuslibet receptione genuflectenti pedemque, manum et os eius osculanti. Deinde ipse rex dedit predicto domino Iohanni eius secundogenito, qui in cuiuslibet receptione osculatus est manum et os patris.

## **CXXXII.** [Rubrica facta anno domini MCCCCXIII tempore domini Benedicti pape XIII.]

1. Anno domini MCCCCXIII, pontificatus domini nostri pape anno decimo nono, prefato domino nostro papa Benedicto in civitate Dertusensi residente, accesserunt ad eum duo milites ex parte regis Castelle, deinde quidam episcopus etiam ambaxiator ex parte insule Sardinie, postea quidam abbas ex parte comitis Fuxi etiam ambaxiator, qui in divino officio existentes cum papa infrascriptum ordinem in sedendo servaverunt:

Primo sedebant predicti duo milites, secundo episcopus, tertio et ultimo abbas. Et omnes sedebant in uno scanno nudo, idest sine aliquo paramento.

2. Item predicti ambaxiatores fuerunt in die ramis palmarum in officio divino, papa presente, et sederunt ordine, quo supra. Sciendum tamen quod nec episcopus neque abbas prefati receperunt paramenta in receptione palmarum[a] nec in processione sicut ceteri prelati, sed solum cum suis capis laneis per totum officium steterunt.

**CXXXIII.** De usu mitre domini pape, quali et quibus diebus uti debet.

1. Mitra aurifriziata non utitur curia romana ab adventu domini usque ad festum nativitatis domini, excepto quod dominus papa utitur in dominica de *Gaudete*, nec a septuagesima usque ad feriam quintam maioris ebdomade, excepto quod dominus papa utitur in dominica quarta quadragesime, qua cantatur *Letare Ierusalem*, nec in omnibus vigiliis, de quibus servatur ieiunium, nec in omnibus quatuor temporibus nec in rogationibus nec in letaniis nec in officiis defunctorum nec in festis trium lectionum, que in temporibus predictis veniunt, nec in festo innocentium, quo etiam violaceis utimur, nisi venerit in dominica.

2. In feria quinta maioris ebdomade utitur ea dominus papa in toto officio misse diei, in sexta feria non utitur, in sabbato in missa tantum, sed in aliis officiis non. Utitur autem postea a pascha usque ad adventum et a nativitate domini usque ad septuagesimam et in omnibus festis duplicibus et novem lectionum totius anni. In festo sancti Marci utitur in missa tantum.

**CXXXIV.** De aliquibus, que fiunt sabbato primo post pascha, qui[a] dicitur in albis.

1. Sabbato in albis consuevit celebrare prior episcoporum cardinalium vel alius cardinalis coram papa, licet antiquitus papa celebraret. Et dicto *Agnus dei* in missa,

---

**CXXXI.** Ms.: V, f. 52r–52v.
Ed.: Gattico, S. 165; H. Finke, a.a.O., S. 328f., Anm. 1.
*Titel. fehlt V.*
2. [a] ad – ipsum] *auf dem Rand ergänzt V.*
[b] platis] *danach Rasur von ca. 8 Buchst. V.*

**CXXXII.** Ms.: V, f. 52v–53r.
Ed.: Gattico, S. 166.
*Titel. fehlt V.*
2. [a] candelarum *V.*

**CXXXIII.** Ms.: V, f. 53v.

**CXXXIV.** Ms.: V, f. 53v–54v.
*Titel. Der Wortlaut ist nur mit dünner Feder auf dem unteren Rand vorgeschrieben V.*
[a] que *V.*

**CXXXI.** Zum Aufenthalt Benedikts XIII. in Valencia im Juli 1414 vgl. S. Puig y Puig, a.a.O., S. 252 Anm. 3.
2. *Iohannes secundogenitus:* vgl. Kap. CXXX 3.

**CXXXII.** Zum Aufenthalt des Papstes in Tortosa vgl. S. Puig y Puig, a.a.O., S. 246f. und die Angaben zu Kap. CXXX, S. 331. – Die Gesandten konnte ich nicht genauer ermitteln.
2. Der Palmsonntag fiel 1413 auf den 16. April.

**CXXXIII.** Zu diesem und dem folgenden Kapitel vgl. oben, S. 129f. – Einen ähnlichen Text enthält eine Version des Kap. 64 des OR XIV (Sp. 1180A/B).

**CXXXIV.**
1. Vgl. Gattico, Kap. 32, S. 43a. – *Agnus dei* wird im Text nicht dekliniert.

parantur cardinales secundum morem in suo ordine, et datur Agnus dei per dominum papam tam cardinalibus quam prelatis aliis, et postea finitur missa.

2. Sciendum tamen est quod, quando papa non celebrat illa die, ipse venit paratus cum pluviali plano albo cum aurifrigiis tantum et mitra alba cum perlis, et illa die servit pape prior presbiterorum cardinalium cum capa lanea. Et parant se illa die paramentis albis cardinales et omnes prelati quilibet secundum condecentiam suam, videlicet episcopi cardinales superpellicio, amictu lato et pluviali, presbiteri planeta et diaconi tunicella et dalmatica. Sed stant omnes cardinales et prelati cum capis suis laneis, usquequo cantatur *Agnus dei*. Et tunc induunt se supradictis vestimentis, secundum quod superius dictum est; et sic cum mitris et aliis paramentis premissis veniunt ad recipiendum a papa Agnus dei. Et extracta mitra coram papa, genuflectunt; et ipse cuilibet ponit in mitra, quam tenet in manibus, Agnus dei duos. Quibus sic receptis, osculantur genu pape dextrum ac revertuntur et dimittunt paramenta, reassumendo capas laneas. Similiter et alii prelati parati veniunt ad recipiendum de manu pape Agnus dei, non tamen in mitris nec in capite eas tunc deferunt, sed bene genu pape osculantur. Ceteri vero prelati non parati et alii quicumque pedem dextrum pape osculantur et non genu, etiamsi esset rex, qui immediate post cardinales venit ad receptionem candelarum, cinerum, palmarum et Agnorum et ceterorum ad tales seu consimiles actus pertinentium. Et dantur duo Agnus dei cuilibet prelato, aliis vero unum tantum, tam clericis quam laicis.

3. Notandum tamen quod, antequam prior presbiterorum cardinalium recipiat paramenta, recipere debet pacem a prelato celebrante et dare pape et hoc facto vadit ad recipiendum paramenta.

4. Et est sciendum, quod dominus Clemens VI anno MCCCL dedit cuilibet cardinali tres Agnus dei, licet tempore domini Iohannis XXII et domini Benedicti XII non esset consuetum dare nisi duos cardinalibus et prelatis.

5. Datis vero omnibus existentibus in capella infra rigias tantum, abluit manus in cathedra. Postea cantatur postcommunio et finitur missa. Deinde benedictione per papam data, prelatus, qui celebravit, pronuntiat indulgentias septem annorum et septem quadragenarum. Nec consuevit esse sermo illa die coram papa in missa.

6. Notandum est etiam quod, si papa celebraret, quid tamen modernis temporibus fieri non consuevit, darentur loco et tempore ac modo supradictis.

7. Preterea sciendum est, quod papa consuevit deferre albam planetam sine aurifrigiis et sine aliquo paramento omni tempore sive in missa sive in vesperis vel alias quandocumque.

8. Finita autem missa, papa redit ad palatium suum. Veniens ad domum, in qua comedere debet, ascendit sedem suam, manibus ablutis. Data benedictione, mensa ante ipsum posita, accolitus, cuius est ebdomada serviendi, accipit tobaleam; manibus vero suppositis, accipit bacile plenum de illis Agnus veniens ad ostium domus, dicens alta voce:

*Domine, domine, isti sunt agni novelli, qui annuntiaverunt Alleluia, modo venerunt ad fontes, repleti sunt claritate Alleluia.*

Et inclinat se. Paululum vero progrediens, plus alte dicit: *Domine, domine, isti sunt agni novelli* etc. Post hec bacile ponit in mensa, et dominus papa expendit illos per familiam suam, sed primo dat sacerdotibus capellanis, deinde subdiaconis, accolitis et omnibus aliis.

**CXXXV.** [De variis officiis.]

1. Sciendum quod, si festum annuntiationis beate Marie virginis venerit feria quinta post ramos palmarum vel exinde in aliqua die ipsius septimane aut infra octavam pasche, nichil fit tunc de eo, sed transfertur usque ad feriam secundam post octavam pasche, qua die celebratur.

2. In vesperis vigilie penthecostes dominus papa, deposita ei mitra, incipit cantando ymnum: *Veni creator spiritus*, ipso per subdiaconum prius incepto. Et statim papa descendit ad cathedram coram altari paratam et ibi genuflectit usque post primum versum; quo finito, redit ad sedem suam. Cetera fiunt, prout in aliis vesperis solennibus est fieri consuetum.

3. In die penthecostes, si papa celebret, ipse incipit tertiam, dicendo: *Deus in adiutorium* cantando, antequam recipiat paramenta pontificalia, et postea ymnum et antiphonam per subdiaconum coram eo preinceptos et etiam dicit orationem.

4. Postea in missa, incepto per chorum *Alleluia*, antequam incipiatur versus: *Veni sancte spiritus*, papa descendit de sede sua ad cathedram ante altare paratam et ibi genuflectit, mitra ei deposita, usque completo *Corda fidelium*. Deinde revertitur ad sedem suam. Etiam incipit prosam sancti spiritus per subdiaconum preinceptam. Deinde sedet, quousque prosa sit dicta. Cetera fiunt ut in aliis missis solennibus. Ista die servit prior episcoporum in officio capellani.

5. In festo trinitatis utitur paramentis albis. Et si dominus papa celebret illa die, servit sibi in officio capellani prior episcoporum cardinalium. Nec in missa dicti festi fit commemoratio de dominica, quamvis in matutinis et vesperis de ipsa dominica fiat commemoratio.

6. In festo corporis Christi, si papa celebret, servit sibi in officio capellani prior episcoporum cardinalium. De festivitatibus, que infra ipsas octavas veniunt, nichil fit, exceptis festivitatibus nativitatis beati Iohannis baptiste, Petri[a] et Pauli. Et si festum beati Iohannis in die festi corporis Christi venerit, nichil fit de eo, sed in crastinum celebretur; et octava beati Iohannis cedet octavam corporis Christi, sed in crastinum celebrabitur cum commemoratione apostoli. Item si festum beatorum

---

7.–8. *Von anderer Hand geschrieben V.*

**CXXXV.** Ms.: V, f. 1v–2r.

*Titel. fehlt V.*

6. [a] Iohannis *V.*

---

2.–7. Vgl. Gattico, Kap. 33, S. 43a–44a.

4. Im Jahr 1350 fiel der Samstag auf den 3. April. Da die *Agnus dei* nur alle sieben Jahre verschenkt wurden, vergab sie Johannes XXII. am 9.4.1317, 21.4.1324 und 6.4.1331, Benedikt XII. am 22.4.1335 und 6.4.1342 und Clemens VI. am 19.4.1343 und 3.4.1350. – Clemens' VI. Freigebigkeit im Jahr 1350 hängt vielleicht mit dem in diesem Jahr gefeierten Heiligen Jahr zusammen.

**CXXXV.** Vgl. oben, S. 128.

1. Vgl. Kap. CIII und CIV, oben, S. 302f.

2. Vgl. Kap. CXV, S. 312.

3.–4. Vgl. Kap. CXVI, S. 312.

5. Vgl. Kap. CXVII, S. 313.

6. Vgl. Kap. CXVIII, S. 313.

Petri et Pauli venerit in octavam corporis Christi, nichil fiat de octava, sed celebretur post festum apostolorum.

7. Feria quarta quatuor temporum, dominus papa ad primam orationem, que dicitur ante prophetiam, non venit ad genuflectendum in cathedra ante altare, sed ad orationes, que immediate precedunt epistolam, venit. Similiter in sabbato quatuor temporum.

8. Si prelatus secularis vel religiosus coram papa sermonem faciat, debet recipere amictum, superpellicium, pluviale et mitram et hoc modo predicare. Si non fuerit prelatus, sed aliquis in theologia magister secularis, debet cum capa lanea predicare; si vero fuerit religiosus, capam non portat, sed solum in suo habitu predicat.

9. Scabellum faldistorii pape sterni et pannis parari non debet, nisi ipse in pontificalibus celebret vel generale consistorium teneat.

10. Episcopus cardinalis pape in pontificalibus assistens sedet in cathedra. Si vero alias loco presbiteri cardinalis pape non in pontificalibus assistat, tunc sedet in scabello, sicut et ceteri cardinales diaconi pape assistentes.

11. Notandum quod diaconus et subdiaconus diebus, quibus est usus violacei seu nigri coloris, non dalmaticam et tunicellam, sed planetas sacerdotales habere debent.

12. Sciendum quod papa consuevit deferre albam planam sine aurifrigiis et sine paramento aliquo omni tempore, sive in missa sive in vesperis vel alias quandocunque, preterquam in missa privata, in qua tunc poterit uti alba cum paramento.

## **CXXXVI.** Ordo iste tenetur in processionibus ecclesie romane.

1. Fratres minores, Carmelite, Augustinenses, predicatores, ecclesie collegiate, ecclesia cathedralis.

2. Deinde subdiaconus pape cum cruce, accoliti portantes candelabra, capellani honoris, secretarii, refferendarii non prelati, penitentiarii, auditor curie, auditores causarum, capellani commensales, abbates, generales ordinum, episcopi, archiepiscopi, magister palatii, corrector litterarum, auditor contradictarum, diaconi cardinales, presbiteri cardinales, episcopi cardinales, patriarche, deinde papa.

3. Camerarius tenens gremium pape, protonotarii cum capis de lana, clerici camere, cubicularii non prelati.

## **CXXXVII.** Sequitur, quis ordo sit tenendus in mensa.

1. Primo papa solus.

2. In alia mensa in parte dextra unus episcopus cardinalis et unus patriarcha, si sit.

3. In alia mensa presbiteri cardinales et diaconi cardinales.

4. Postea camerarius.

5. Tres vel quatuor prelati, archiepiscopi et antiquiores cubicularii prelati.

6. Ille, qui tenet mitram pape, si sit administrator vel alia persona generosa, nam alias precedit subdiaconus pape; subdiaconus; accolitus, qui facit officium loco[a] subdiaconi.

7. Protonotarii; auditor contradictarum; corrector litterarum.

8. Magister palatii; archiepiscopi; episcopi; generales ordinum; abbates.

9. Magister, qui predicavit; capellani commensales; unus auditor et unus clericus camere et unus accolitus, videlicet antiquiores, et sic succesive.

10. Penitentiarii; refferendarii non prelati; secretarii; capellani honoris.

11. Nota etiam, quod aliquando dominus camerarius comedit in camera sua et tunc clerici camere cum eo et etiam cubicularii comedunt in cameris suis.

12. Generales etiam ordinum non debent esse in conviviis, ut non perturbent ordinem, sed ad alium diem sunt invitandi.

13. Auditores causarum, clerici camere, auditor curie: isti comedunt in conviviis cum mantellis.

14. Nota etiam, quod auditores causarum et auditor curie ex officio non sunt commensales, nisi expresse fiant.

15. Accoliti etiam non sunt commensales ex officio, nisi expresse fiant, nec habent de distributionibus nisi de sacris.

---

**CXXXVI.** Ms.: V, f. 75v–76r.
Ed.: D. Giorgi, a.a.O. 3, S. 582.
*Titel. Der Wortlaut ist auch mit dünner Feder auf dem linken Rand vorgeschrieben V.*

**CXXXVII.** Ms.: V, f. 76r–77r.
Ed.: D. Giorgi, a.a.O. 3, S. 582f.
*Titel. Der Wortlaut ist auch mit dünner Feder auf dem linken Rand vorgeschrieben V.*
6. [a] *steht über der Zeile V.*

---

9. Vgl. Kap. CXXVI 5ff., S. 316.

**CXXXVI.** Zu diesem und dem folgenden Kapitel vgl. S. 130 und 432. Vgl. auch Gattico, S. 166a, Kap. 7 und oben, Kap. CXXIX, S. 330.

**CXXXVII.** Vgl. Gattico, S. 166a/b, Kap. 7.
2. Der Absatz schildert die Reihenfolge der an diesem Tisch Sitzenden, nicht deren Anzahl. Es ist – analog zu Absatz 9 – *et sic successive* zu ergänzen.
12. Dem widerspricht Absatz 8.
15. Zu den *distributiones* vgl. oben, Kap. XII b 23, S. 173.

D.

# TEXTE AUS DEM PONTIFIKALE DES GIOVANNI BAROZZI

## CXXXVIII. De consecratione romani pontificis.

1. Electus in romanum pontificem, qui non est episcopus, debet hoc modo in basilica sancti Petri secundum ordinem romane ecclesie consecrari.

2. In primis consecrandus mane die dominica venit ad basilicam beati Petri, in qua processionaliter ab archipresbitero et canonicis ipsius ecclesie recipiatur.

3. Et facta eidem a cardinalibus reverentia et a prelatis, sicut fieri solet romano pontifici, ipse summus pontifex stans in medio eorum dicat: *Sit nomen domini benedictum* et det benedictionem iuxta morem, prout supra, folio XXXIIII.

4. Deinde vadat ad capellam sancti Gregorii, ubi dicta tertia calciabitur caligis et sandaliis, dicendo: *Quam dilecta tabernacula* et alios psalmos, qui dici solent calciando, cum orationibus, require infra folio CL.

5. Deinde lotis manibus, induatur omnibus ornamentis dicendo ea, que dicere[a] solet pontifex missam celebraturus, require infra post orationes, que dicuntur post *Quam dilecta,* quibus ornamentis romanus pontifex in missarum sollenniis[b] uti solet, pallio et anulo pontificali dumtaxat exceptis; erunt autem paramenta coloris tempori congruentis.

6. Deinde ordinata sollenni processione, sicut in precipuis festis fieri solet, videlicet cardinalium, prelatorum et ceterorum ordinum, qui omnes habeant paramenta coloris tempori congruentis, consecrandus ipse extenso super eum baldachino procedat signando, ut moris est, ad maius altare.

7. Et stans post ipsum altare faciat confessionem, obmittendo examinationem, scilicet: *Antiqua sanctorum patrum.*

8. Facta autem confessione, ipse consecrandus sedeat in faldistorio suo parato inter altare et gradus sedis pontificalis. Et scola cantet introitum et *Kyrieleison.*

9. Et interim episcopus Hostiensis, qui romanum pontificem consecrare debet, in aliquo loco prope altare calciatur caligis et sandaliis et ipse dicit ps. *Quam dilecta tabernacula* etc. Accipiat etiam omnia pontificalia paramenta absque baculo pastorali, acsi missam sollenniter celebrare deberet, accipiat etiam mitram simplicem vel pretiosam secundum temporis qualitatem.

10. Et cantatis introitu[a] et *Kyrieleison,* consecrator et ceteri cardinales necnon archiepiscopi et episcopi et, qui de presbiteris presentes sunt, accedant ad exequendum consecrationis officium. Et non dicitur *Episcopum oportet iudicare* nec *Oremus dilectissimi nobis*, que dicuntur in consecrationibus aliorum episcoporum.

11. Sed consecrandus, versa facie ad altare, assistentibus ei duobus diaconis cardinalibus, incumbere debet super faldistorium sibi paratum inter gradus sedis pontificalis et maius altare. Consecrator etiam et reliqui episcopi cardinales et alii episcopi

a dextris et a sinistris super sua faldistoria vel, si ea non habent, super tapeta procumbant.

12. Et prior basilice vel prior subdiaconorum vel alius capelanus incipiat letaniam cum cantu, require supra folio XI, et respondeant omnes. Cum autem dixerit: *Ut ad veram penitentiam,* tam consecrator quam reliqui episcopi assistentes, elevata manu versus consecrandum, faciant bis super eum signum crucis, dicentes:

*Ut hunc electum in universali ecclesia in episcopum consecrandum bene+dicere et consecrare digneris.* Resp. *Te rogamus, audi nos,* ita tamen quod, excepto consecratore, omnes episcopi hoc dicant voce submissa. Postea prosequitur letaniam.

13. Qua finita, erigant se omnes. Et consecrator stet in infimo gradu sub sede papali, que est post altare, verso vultu ad ipsum altare. Consecrandus vero stet sub gradu predicto, versa facie ad ipsum consecratorem, assistentibus ipsi[a] consecrando diaconis cardinalibus, subdiaconis et acolitis.

14. Stabunt autem iuxta episcopum Hostiensem a dextris et a sinistris episcopi Albanensis et Portuensis induti pluvialibus et habentes oraria sive stolas[a]; et omnes alii episcopi in circuitu stabunt ad instar corone, tenentes singuli libros pontificales, in quibus scriptum est consecrationis officium, quod singuli dicere debent submissa voce.

15. Tunc episcopus Albanensis dat primam orationem cum nota, dicens: *Oremus.*

Oratio. *Adesto supplicationibus nostris, omnipotens deus, ut, quod humilitatis nostre gerendum est ministerio, tue virtutis impleatur effectu. Per dominum nostrum.* Resp. *Amen.*

16. Deinde episcopus Portuensis dat secundam orationem cum nota, dicens: *Oremus.*

---

**CXXXVIII.** Ms.: V (= Vat. lat. 1145), f. 36v–43v.

Ed.: Gattico, S. 202b–207b, Kap. 56.

5. [a] dici *V.*
[b] sollennis *V.*

10. [a] introitum *V.*

13. [a] ipsis *V.*

14. [a] stola *V.*

**CXXXVIII.** Vgl. S. 133 und 434. – Der Text folgt im Absatz 1 dem PGD, lib. I cap. XVII 1, S. 395 und anschließend dem Kap. XIII B des PRC, S. 370–380; für die Formeln vgl. auch Kap. X des PR XII, S. 138–152 (dort bes. Hs. C = Barb. lat. 631). Der Wortlaut des Textes ist gegenüber den Vorlagen vielfach verändert und entspricht den Gewohnheiten des 15. Jh. Daß der Text in dieser Fassung aus der Zeit Nikolaus' V. stammt, zeigt der Absatz 40.

Die zum Kapitel gehörende Miniatur mit der Darstellung der Papstprozession von St. Peter zum Lateran (f. 36v) ist reproduziert und analysiert von M. Dykmans, D'Avignon à Rome, S. 288–293 mit den Tafeln I und II.

3. Der Hinweis bezieht sich auf f. 33v–34r, wo der neugeweihte Bischof den ersten Pontifikalsegen spendet; vgl. PGD, lib. I cap. XIV 64, S. 391.

4. Es wird auf die beim Anlegen der Gewänder zu sprechenden Gebete verwiesen (= f. 148vff., vgl. PGD, S. 230), die den bis zur Gegenwart üblichen entsprechen; vgl. J. A. Jungmann, Missarum sollemnia 1, S. 360–377.

5. Der Hinweis bezieht sich auf den gleichen Text wie der des vorigen Absatzes.

12. Der Hinweis bezieht sich auf die bei der Subdiakonsweihe gesungene Litanei (f. 11r–13r, vgl. PGD, S. 230); vgl. PGD, lib. I cap. XI 4–7, S. 349–354.

Oratio. *Propitiare, domine, supplicationibus nostris, inclinato super hunc famulum tuum N. cornu sacerdotalis benedictionis tue in eo infunde virtutem. Per dominum nostrum.* Resp. *Amen.*

17. Post hec episcopus Hostiensis ponit librum evangeliorum apertum super cervicem consecrandi, sicut fit in consecratione aliorum episcoporum, tenentibus ipsum duobus diaconis cardinalibus usque ad consecrationem finitam.

18. Libro sic imposito, consecrator ponat manum dexteram super caput consecrandi, nihil dicens; et similiter faciant omnes episcopi tam cardinales quam alii assistentes.

19. Post hec episcopus Hostiensis, elevata voce, dicit in tono prephationis ferialis, iunctis manibus ante pectus:

*Per omnia secula seculorum.* Resp. *Amen.*

*Dominus vobiscum.* Resp. *Et cum spiritu tuo.*

*Sursum corda.* Resp. *Habemus ad dominum.*

*Gratias agamus domino deo nostro.* Resp. *Dignum et iustum est.*

*Vere dignum et iustum est, equum et salutare, nos tibi semper et ubique gratias agere, domine, sancte pater, omnipotens eterne deus. Honor omnium dignitatum, que glorie tue sacris famulantur ordinibus, deus, qui Moysen famulum tuum secreti familiaris affatu, inter cetera celestis documenta culture de habitu quoque indumentis sacerdotalis instituens*[a], *electum Aaron [mistico*[b]*] amictu vestiri inter sacra iusisti, ut intelligentie sensum de exemplis priorum caperet secutura posteritas nec eruditio doctrine tue ulli deesset etati, cum et apud veteres reservantiam ipsa significationum species obtineret et apud nos certiora essent experimenta rerum quam enigmata figurarum. Illius namque sacerdotii anterioris habitus nostre mentis ornatus est et pontificalem gloriam non iam nobis honor comendat vestium sed splendor animarum, quia illa, que tunc carnalibus blandiebantur obtutibus, ea potius, que in ipsis erant intelligenda, poscebant. Et idcircho huic famulo tuo, quem apostolice sedis presulem et primatem omnium, qui in orbe terrarum sunt, sacerdotum ac universalis ecclesie doctorem dedisti et ad summi sacerdotii ministerium elegisti, hanc, quesumus, domine, gratiam largiaris, ut quicquid illa velamina in fulgore auri, in nitore gemmarum et in multimodi operis varietate signabant, hec in eius moribus atque actibus clarescant. Comple in sacerdote tuo ministerii tui summam et ornamentis totius glorificationis instructum celestis unguenti rore sanctifica.*

Hic mittat chrisma in caput ipsius consecrandi in modum crucis, circumligato prius capite lineo panno retorto, ne chrisma defluat in capillos, perungens cum police manus dextere totam tonsuram. Et tam ipse quam omnes alii episcopi dicunt quasi legendo:

*Unguatur et consecretur caput tuum celesti benedictione in ordine pontificali in nomine pa+tris et fi+lii et spiritus + sancti.* Resp. *Amen.*

*Pax tibi.* Resp. *Et cum spiritu tuo.*

Facta unctione, consecrator iterum resumit in pristino tono prephationem, dicens:

*Hoc, domine, copiose in caput eius influat, hoc in oris subiecta decurrat, hoc in totius corporis extrema descendat, ut spiritus tui virtus et interiora eius repleat et exteriora circumtegat. Abundet in eo constantia fidei, puritas dilectionis, sinceritas pacis. Sint speciosi munere tuo pedes eius ad evangelizandum pacem et ad evangelizandum bona tua*[c]. *Da ei, domine, ministerium reconciliationis in verbo et in factis, in virtute signorum et prodigiorum. Sit sermo eius et predicatio non in persuasibilibus humane sapientie verbis, sed in ostensione spiritus et virtutis. Da ei, domine, claves regni celorum, ut utatur, non ut glorietur, potestate, quam tribuis in edificationem, non in destructionem. Quodcunque ligaverit super terram, sit ligatum et in celis, et quodcunque solverit super terram, erit solutum et in celis. Quorum detinuerit*[d] *peccata, detenta sint, et quorum dimiserit, tu dimittas. Qui benedixerit ei, sit ille benedictus, et qui maledixerit ei, sit ille maledictus. Sit fidelis servus et prudens, quem constituit dominus super familiam suam, ut det*[e] *illi cibum in tempore oportuno et exibeat omnem hominem perfectum. Sit solicitudine impiger, sit spiritu fervens. Oderit superbiam, humilitatem ac veritatem diligat, nec eam unquam deserat, aut laudibus aut tumore aut timore superatus. Non ponat lucem tenebras nec tenebras lucem. Nec dicat malum bonum nec dicat bonum malum. Sit sapientibus et inscipientibus debitor, ut fructum de profectu omnium consequatur. Tribuas ei, domine, cathedram pontificalem*[f] *ad regendam ecclesiam tuam et plebem tue sortis, intra mundi limites universam. Sis ei auctoritas, sis ei potestas, sis ei firmitas. Multiplices super eum bene+dictionem et gratiam tuam, ut ad exorandam semper misericordiam tuam tuo munere idoneus, tua gratia possit esse devotus.*

Quod sequitur, dicit plane quasi legendo: *Per dominum nostrum Iesum Christum* etc. Et omnes respondeant: *Amen.*

20. Prephatione finita, consecrator inungit ambas manus consecrati et polices cum chrismate, sicut in unctione manuum sacerdotis, que fit cum oleo cathecuminorum, require supra folio XVIII in fine. Et in ungendo polices et indices dicit:

*Deus et pater domini nostri Iesu Christi, qui te ad summi pontificatus sublimari voluit dignitatem, ipse, qui per Samuelem David in regem et prophetam inunxit, te nostro ministerio chrismate et mistice delibutionis liquore perfundat et spiritualis benedictionis uberitate fecundet, ut quicquid benedixeris, benedicatur, et quicquid santificaveris, sanctificetur, et consecrate manus istius vel policis impositio cunctis proficiat ad salutem. Per eundem dominum.* Resp. *Amen.*

21. In ungendo autem manus dicit:

*Unguantur manus iste de oleo sanctificato et chrismate sanctificationis, sicut unxit Samuel David regem et prophetam, ita unguantur et consignentur et consecrentur in nomine pa+tris et fi+lii et spiritus + sancti.* Resp. *Amen.*

22. Quo facto, consecrator, lotis manibus suis, mittit anulum in digitum anularem manus dextere consecrati, dicens:

*Accipe anulum fidei scilicet signaculum, quatenus sponsam dei sanctam videlicet universalem ecclesiam, intemerata fide ornatus illibate custodias.*

---

19. [a] intuens *V.*
[b] *fehlt V; ergänzt nach PR XII, S. 147.*
[c] *steht über der Zeile V.*
[d] detenuerit *V.*
[e] des *V.*
[f] episcopalem *V*; *korr. nach PRC, S. 373.*

20. Der Hinweis bezieht sich auf die Handsalbung bei der Priesterweihe (f. 18v); vgl. PGD, lib. I cap. XIII 4, S. 369.

23. Deinde dat ei secundum prescriptum modum librum evangeliorum, dicens: *Accipe evangelium et vade, predica populo universo. Potens est enim dominus augere tibi gratiam suam. Qui vivit et regnat.* Resp. *Amen.*

24. His peractis, consecratus abluat manus suas et per priorem subdiaconorum tergatur sibi caput diligenter cum mica panis et pectinetur[a].

25. Si autem electus in papam prius erat episcopus consecratus, non consecratur, sed benedicitur hoc modo inter ultimum *Kyrieleison* et *Gloria in excelsis deo* vel *Dominus vobiscum:*

Peractis prius omnibus aliis, que consecrationem precedunt, ut supra in consecratione eius, hoc addito quod[a] papa cum aliis ornamentis accipiet anulum pontificalem, et hoc excepto quod episcopus Hostiensis non induet pontificalia indumenta nec fiet letania, stabunt autem tam papa quam episcopus, qui benedicit eum, et alii cardinales et episcopi more et ordine superius tradito in consecratione facienda, dum hec benedictio legitur; et dat Albanensis primam orationem in tono orationis, dicens:

Oratio. *Deus, qui adesse non dedignaris ubicunque devota mente invocaris, adesto, quesumus, invocationibus nostris et huic famulo tuo N., quem ad culmen apostolicum comune iudicium tue plebis elegit, ubertatem benedic+tionis infunde, ut sentiat se tuo munere ad hunc apicem pervenisse. Per dominum nostrum.* Resp. *Amen.*

Secundam orationem dat Portuensis episcopus, dicens in eodem tono:

Oratio. *Supplicationibus nostris, omnipotens deus, effectum consuete pietatis impende et gratia spiritus sancti hunc famulum tuum N. perfunde, ut, qui in capite ecclesiarum nostre servitutis ministerio constituitur, tue virtutis soliditate roboretur. Per dominum nostrum.* Resp. *Amen.*

Tertiam vero orationem dat episcopus Hostiensis, vel in eius absentia archipresbiter Hostiensis, dicens:

Oratio. *Deus, qui apostolum tuum Petrum inter ceteros coapostolos primatum tenere voluisti eique universe christianitatis molem superimposuisti, respice propitius, quesumus, hunc famulum tuum N., quem de humili cathedra violenter sublatum in thronum eiusdem apostolorum principis sublimamus, ut, sicut perfectibus tante dignitatis augetur, ita virtutum meritis cumuletur, quatenus ecclesiastice universitatis onus, te adiuvante, digne ferat et a te, qui es beatitudo tuorum, meritam vicem recipiat. Qui vivis et regnas.* Resp. *Amen.*

26. Suprascripta consecratione vel benedictione finita, prior diaconorum cardinalium ponit ei pallium, dicens:

*Accipe pallium, plenitudinem scilicet pontificalis officii, ad honorem omnipotentis dei et gloriosissime virginis Marie genitricis eius et beatorum apostolorum Petri et Pauli et sancte romane et universalis ecclesie.*

27. Deinde summus pontifex consecratus vel benedictus ascendit ad sedem et recipit ad osculum pedis, manus et horis omnes episcopos, presbiteros, diaconos cardinales et alios prelatos. Quo facto, dicit: *Gloria in excelsis deo* vel *Dominus vobiscum,* prout tempus requirit.

28. Episcopus autem Hostiensis, qui papam consecravit, consecratione finita, deponit pontificalia ornamenta; et assumpto superpelliceo, pluviali et mitra simplici, servit eidem, ut moris est, in missa.

29. Papa vero post *Gloria in excelsis deo* et *Dominus vobiscum* dicit orationem dominice, que competit, alte, postea secrete pro se ipso *Oremus. Suppliciter te deus, pater omnipotens, qui es creator omnium rerum* vel *Omnipotens, sempiterne deus, qui me peccatorem* etc., require in missali.

30. Quibus dictis, residet in sede sua. Et prior diaconorum cardinalium portans ferulam in manibus cum diaconis, subdiaconis, auditoribus, clericis camere et acolitis, omnibus sericis cappis indutis, descendit ante altare et facit duas acies, unam ex una parte et aliam ex altera, equaliter dividendo ponens primo diaconos iuxta altare, secundo subdiaconos, tertio auditores, quarto clericos camere et quinto acolitos.

31. Quo facto, ipse prior diaconorum versus ad eos, stans ad pectorale dextrum ante crucifixum argenteum, incipit laudem sic alta voce in cantu quasi legendo:
*Exaudi Christe.*
Et omnes respondeant eadem voce:
*Domino nostro N. a deo decreto summo pontifici et universali pape vita.*
Secundo idem prior diaconorum:
*Exaudi Christe.*
Et omnes respondeant similiter, et sic tertio.
Item idem prior diaconorum:
*Salvator mundi.*
Omnes respondeant:
*Tu illum adiuva.*
Et sic faciant ter.
Item idem prior dicit bis:
*Sancta Maria.*

---

24. [a] pecinatur *V.*
25. [a] quia *V.*

---

25. Die Benediktion steht im PR XII, Kap. XXXIV, S. 250, PRC, Kap. XIV, S. 380–382 und PGD, lib. I cap. XVII 8–10, S. 396.
Zum Vertretungsrecht des *archipresbiter* vgl. B. Schimmelpfennig, Ein Fragment zur Wahl, S. 325.

26. Der Passus *et universalis* fehlt in den Pontifikalien, desgleichen auch im Caeremoniale Romanum des Agostino Patrizi (Venedig 1516, f. 15r). Er entstammt wohl dem Sprachgebrauch der konziliaren Epoche.

29. *Suppliciter te deus:* fehlt in A. Pflieger, Liturgicae Orationis Concordantia verbalia 1, Rom 1964.
*Omnipotens sempiterne deus, qui me peccatorem:* vgl. J. A. Jungmann, a.a.O. 1, S. 124f., 378 und 408.

30. Dieser Absatz enthält eine der für die Handschrift typischen Aktualisierungen älterer Bestimmungen, denn im PRC, Kap. XIII B 24, S. 375 steht: *cum diaconibus, subdiaconibus atque scriniariis et iudicibus.* In dieser Fassung wurde der Text bis ins 15. Jh. tradiert in Pontifikal- und Zeremonialhandschriften. Auch A. Patrizi hält noch zum Teil am alten Schema fest, wenn er schreibt (f. 15v): *cum subdiaconis, auditoribus, scriniariis (id est) secretariis et advocatis.* Vgl. auch oben, S. 70f.

31. Zum *crucifixus argenteus* vgl. E. Eichmann, Die Kaiserkrönung im Abendland 2, S. 29f.
In der Litanei fehlt der hl. Michael; vgl. PRC, Kap. XIII B 25, S. 375 Var. 12. Der hl. Markus ist vielleicht wegen der Beziehungen Barozzis zu Venedig genannt.

Et omnes respondent:
*Tu illum adiuva.*
Item idem prior dicit tantum semel:
*Sancte Gabriel, Sancte Raphael,*
*Sancte Iohannes baptista,*
*Sancte Petre, Sancte Paule, Sancte Andrea, Sancte Marce,*
*Sancte Stephane,*
*Sancte Leo, Sancte Gregori,*
*Sancte Benedicte, Sancte Basili, Sancte Saba,*
*Sancta Agnes, Sancta Cecilia, Sancta Lucia.*
Et omnes qualibet vice respondent:
*Tu illum adiuva.*
Quibus finitis, idem prior dicit:
*Kyrieleison.*
Et omnes respondent:
*Kyrieleison.*

Et similiter faciunt secundo; et postea idem prior cum omnibus simul una et alta voce dicunt:
*Kyrieleison.*

32. Laudibus sic finitis, legitur epistola latina et postea greca, et similiter evangelium latinum et grecum.

33. Et sic missa ordine suo procedit usque ad fractionem hostie, que fit hoc modo: Primo frangit eam per medium ponens partem, que est ⟨in[a] manu dextera, in patena, illam vero, que est⟩ in sinistra, frangit in duas partes, ita tamen quod una sit maior altera, et ponit in patena minorem, maiorem autem frangit in duas alias partes, una aliquantulum maior altera, et ponit maiorem in patena; particulam vero, que remansit in manu, dicto *Per omnia secula seculorum,* mittit in calicem, dicens: *Fiat comixtio,* deinde: *Agnus dei.*

34. Et data pace, vadit ad sedem. Et diaconus, qui dixit evangelium latinum, facta reverentia sacratissimo corpori Christi, accipit eum cum patena et tenens ipsam elevatam cum duabus manibus volvit se circumcirca, incipiens a parte sue manus dextere, deinde a manu sua sinistra volvit se usque ad medium, postea dat ipsam subdiacono genuflectenti in superiori gradu altaris.

35. Qua per subdiaconum accepta, ipse diaconus genuflectitur. Et subdiaconus surgens vadit ad papam, asociatus a duobus clericis cerimoniarum, qui tenent[a] sibi vestes a pedibus aliquantulum elevatas, ne cadat. Et dum vadit ad sedem, papa cum omnibus genuflectitur. Et ipse accedit in superiori gradu sedis et stat in parte dextera pape, tenens semper ipsam patenam cum corpore Christi in manibus suis. Et dum subdiaconus vadit ad papam, diaconus, facta reverentia sanguini Christi sacratissimo, volvit se similiter circumcirca et similiter usque ad medium. Postea venit ad sedem portans ipsum sanguinem et[b] ducitur a duobus clericis cerimoniarum similiter; et genuflectitur papa similiter cum omnibus. Et vadit ad superiorem gradum sedis et stat coram papa. In parte sinistra stat prior assistentium cum missali. Et ipse dicit: *Domine Iesu Christe, fili dei vivi* et omnia, que secuntur, usque ad

comunionem. Et dum dicit: *Corpus domini nostri,* accipit maiorem partem hostie et eam sumit. Postea episcopus Hostiensis ponit stilum aureum in calice. Et dum dicit: *Sanguis domini nostri,* sumit cum ipso stilo partem sanguinis. Quo facto, dat aliam partem hostie diacono, qui prius osculatur manus eius. Et ea sumpta, osculatur os. Et cum residuo sanguinis vadit ad altare et ibi cum ipso stilo summit partem sanguinis, tertiam dat similiter subdiacono[c], qui similiter osculatur os, qui cum patena revertitur ad altare et summit cum ipso stilo partem sanguinis; residuum cum particula hostie, que infusa est in calice, summit cum ipso calice et postea ponit vinum ⟨in[d] calice⟩. Et dum diaconus et subdiaconus summunt sanguinem[e], episcopus Hostiensis dat alium calicem pape cum vino, qui eum summit.

36. Postea prior presbiterorum cardinalium vadit ad sedem cum ampula vini et cum una tacia et cum ipso in ipsa perfundit manus pape. Quam perfusionem idem prior presbiterorum portat ad altare et ponit illud vinum in calice, et subdiaconus summit totum. Et postea datur aqua ad manus pape per nobiliorem laicum, qui sit in capella.

37. Deinde papa revertitur ad altare et legit comunionem. Et missa sic ordine suo procedit usque ad finem. Post missam dicit papa: *Sit nomen domini benedictum,* et dat benedictionem, quam require supra, folio XXXIIII.

38. Benedictione finita, tam papa quam omnes alii quilibet in gradu suo, induentur vestimentis pretiosis albi coloris: episcopi pluvialibus, presbiteri casulis, diaconi dalmaticis, subdiaconi tunicellis, acoliti et alii capelani superpelliceis, patriarce, archiepiscopi, episcopi, abbates pluvialibus; et similiter auditores, clerici camere, prefecti, advocati, secretarii induti erunt pluvialibus, ita tamen quod pars anterior pluvialis ponatur super humero dextro, scolenses et reliqui clerici capelle superpelliceis. Papa vero cum planeta omnia pretiosa ornamenta habebit et pallium, mitram pretiosam, chirotechas et anulum pontificalem.

39. Et sic ornatus veniet cum omnibus ad gradus ecclesie et ibi sedet in sede sibi parata in aliquo eminenti loco, ita quod ab omnibus videatur.

40. Et prior diaconorum cardinalium extrahit sibi mitram et ponit coronam,

---

33.[a] in – est] *auf dem Rand nachgetragen V.*

35.[a] tenet *V.*
[b] e *V.*
[c] *korr. aus* diacono *V.*
[d] in calice] *auf dem Rand ergänzt V.*
[e] sanguine *V.*

---

33.–36. Die Details der Messe fehlen in den entsprechenden Texten der Pontifikalien und Zeremonienbücher. Vgl. zum Inhalt oben, Kap. XXXVII a–XL, S. 218ff.

36. Der letzte Passus *qui sit in capella* zeigt, daß die Vorlage dieser Absätze die Liturgie der päpstlichen Kapelle in Avignon beschrieb. Der Kompilator vergaß, den Passus adäquat zur Situation zu ändern. Ähnliche Wendungen vgl. z. B. in Kap. XLVII 17, 21 und 30, oben, S. 250ff.

37. Der Hinweis bezieht sich wie der in Abs. 3 auf den ersten Pontifikalsegen eines neugeweihten Bischofs (f. 33v–34r); vgl. PGD, lib. I cap. XIV 64, S. 391.

38. Auch dieser Absatz ist wie Abs. 30 aktualisiert; vgl. dazu PRC, Kap. XIII B 29, S. 376. A. Patrizi (f. 15v) geht auf die Offizialen nicht ein.

40. Bei der Tiara muß es sich um diejenige handeln, die der Kämmerer Pierre de Cros 1378 als Anhänger Clemens' VII. von Rom über Anagni nach Avignon entführt hat (L. Duchesne, Liber pontificalis 2, S. 504f.); vgl. auch E. Müntz, La tiare pontificale, S. 246f.

que vocatur regnum, in capite, quam dicitur Constantinus imperator donasse beato Silvestro, quam sanctissimus dominus Eugenius papa IV de Avinione portari fecit Romam. Et fuit cum ea coronatus dominus Nicolaus papa V. Primo cum una simili coronabantur summi pontifices, non cum ipsa. Et dum coronatur, totus populus clamat: *Kyrieleison*. Postea omnes cardinales faciunt ei reverentiam.

41. Quo facto, omnes cardinales et prelati cum eodem ornatu equitent equos cohopertos bocasino albo. Subdiaconi vero et reliqui omnes suprascripti similiter equitent equos non tamen cohopertos.

42. Papa vero equitat equum magnum falleratum et cohopertum tantum ex parte posteriori de panno laneo rubeo pretioso. Et postquam equitaverit, fit ibi iactus pecunie per senescalcum vel alium ter et postea papa procedit.

43. Sic autem omnibus equos ascendentibus, prior diaconorum cum ferula ordinat processionem hoc modo:

Primo procedunt omnes familiares indistincte et alii seculares, non tamen nobiles nec aliqui principales familiares et consanguinei pape vel cardinalium;

secundo barbitonsor et sutor pape, unusquisque cum una valisia, in quibus debent esse cape domini pape;

tertio duodecim banderarii cum duodecim vexillis rubeis et duo[a] alii cum duobus Cherubin in lanceis;

quarto duo magni nobiles vel oratores dominorum vel magnarum communitatum et portant duo vexilla, unum rubeum cum clavibus et mitra et aliud cum armis pape;

quinto unus magnus prior ordinis sancti Iohannis Ierosolimitani portat vexillum rubeum cum cruce alba, habens in rubeo superiori a dextera et inferiori a sinistra arma ecclesie et in rubeo sinistro superiori et dextro inferiori arma pape;

et cum ipsis veniunt aliqui eorum familiares pro eos iuvando, qui vadunt lateraliter, ut non impediant ordinem precedentium, et si non esset aliquis ipsius ordinis tunc in romana curia, portet eum alius maior nobilis;

sexto equi duodecim fallerati albi cum cohopertis de panno laneo rubeo pretioso et cum sellis et frenis de serico cremosino et smaltis pretiosissimis, et ducuntur per frenum per parafrenarios pape, et debent ipsi parafrenarii habere vestes rubeas;

septimo cantores cantando et cubicularii, exceptis duobus secretis, qui vadunt cum papa;

octavo acoliti;

nono quatuor nobiles, qui portant quattuor pileos de sericho rubeo supra baculos etiam rubeos factos ad similitudinem tube, inter quos sit unus familiaris pape, qui portat illum, qui utitur in itinere;

decimo subdiaconi, quorum unus portet crucem, et cirumcirca magistri[b] ostiarii cum baculis suis sericis;

undecimo duo prefecti navales induti pluvialibus;

duodecimo advocati;

tertiodecimo clerici camere;

quartodecimo auditores;

quintodecimo subdiaconi, qui legerunt epistolam, latinus[c] ad dexteram, grecus[d] ad sinistram, portantes libros epistolarum, super quibus ipsas legerunt;
sextodecimo diaconus latinus et grecus, similiter portantes libros suos;
septimodecimo abbates forenses;
decimo octavo episcopi;
decimo nono archiepiscopi;
vigessimo abbates urbis;
vigessimo primo patriarce;
vigessimo secundo equus albus optime ornatus de sericho, qui portet corpus Christi, et duo parafrenarii induti panno laneo rubeo, ducentes eum per frenum, et unus clericus cum campanella et hinc inde multi cives cum tortitiis et post eum sacrista cum baculo in manibus, et debet de honestate, non de necessitate esse prelatus;
vigessimo tertio episcopi cardinales;
vigessimo quarto presbiteri cardinales;
vigessimo quinto diaconi cardinales;
vigessimo sexto summus pontifex et duo magni nobiles, etiamsi essent reges, qui ducunt equum per frenum, qui mutantur propter longitudinem vie, et circumcirca cursores cum baculis argenteis et scutiferri tenentes pluviale circumcirca, et post eum serviens armorum, qui portat umbraculum, et prior auditorum cum eo, qui servit de mitra, cum tobalea ad collum et duo cubicularii secreti;
vigessimo septimo camerarius, si non fuerit cardinalis, et si fuerit cardinalis, eius locumtenens cum baculo, qui precedit omnes prelatos;
vigessimo octavo prothonotarii et reliqui clerici secundum ordinem ipsorum.
Et servientes armorum cum baculis suis vadunt hinc inde, ne fiat presura.

44. Processione autem taliter ordinata, vadit Lateranum per viam pape. Sed cum pervenit ad turrim Stephani, que est in Parione, que alias dicitur turris de campo, unus de familia pape facit alium iactum pecunie stando in aliquo loco eminenti. Et ibi dominus papa stat et veniunt illuc Iudei cum lege, facientes ei laudem, et offerunt eam sibi, ut adoret. Et dum pervenit ad palatium Cinchii muscha in Ponga, unus de familia pape de dicto palatio facit alium iactum; et tertium iactum facit ad Sanctum Marcum, quartum ad Sanctum Adrianum de palatio sancte Martine.

45. Cum autem pervenerint ad plateam Lateranensem, ducitur summus pontifex ad porticum, que vadit ad ecclesiam sancti Iohannis Lateranensis.

---

43. [a] duo alii] duobus aliis *V.*
[b] magistri ostiarii] mastruserii *V*; *korr. nach A. Patrizi, Caeremoniale Romanum, f. 16v.*
[c] latinum *V.*
[d] grecum *V.*

---

43. Zur Liste der Prozessionsteilnehmer, die gleichfalls sehr von der des PRC (Kap. XIII B 34, S. 376f.) differiert, vgl. A. Patrizi, a.a.O., f. 16r–16v. Die Miniatur auf f. 36v, vgl. die Angaben zum Beginn des Kapitels, stellt diese Prozession dar.

44. Zu den topographischen Angaben vgl. F. Cancellieri, Storia dei solenni possessi dei sommi pontefici, passim; Cod. topogr. III, S. 219ff.; F. Castagnoli, C. Cecchelli u. a., Topografia e urbanistica, S. 353; B. Schimmelpfennig in AHPont 6, S. 66ff.

46. Et ibi ante porticum stant prior Lateranensis et canonici cum eorum comitativa induti sollenniter, et cum cruce processionaliter papam, cum descendit, recipiunt et faciunt eum ibi sedere in quadam sede marmorea, que vocatur stercoraria. De qua omnes cardinales honorifice elevant eum, dicentes:

*Suscitamus de pulvere egenum et de stercore erigimus pauperem, ⟨ut[a]⟩ sedeat cum principibus et solium glorie teneat.*

47. Ipse autem summus pontifex, stando iuxta ipsam sedem, accipit ter pecunias de gremio camerarii et prohicit inter populum dicens:

*Argentum et aurum non est mihi, quod autem habeo, hoc tibi do.*

48. Et deinde, priore et canonicis post euntibus, cantando ducitur per ipsam porticum ad basilicam Lateranensem, ubi orat et dat benedictionem, dicens: *Sit nomen domini benedictum*, require supra folio XXXIIII.

49. Benedictione data, deponit regnum et accipit mitram; et sedet in magna sede post altare, ubi recipit priorem et canonicos Lateranenses ad pedem et osculum.

50. Quo facto, ducitur ad palatium. Et dum venerit ad portam palatii, unde intratur palatium per ecclesiam, ponitur ibi faldistorium. Et ibi papa sedente, prior presbiterorum cardinalium cum ipsis presbiteris, diaconis cardinalibus et reliquis omnibus ordinatis in filo, faciunt laudem, sicut diaconus cardinalis fecerat in missa ante epistolam.

51. Postea ducitur a cardinalibus per palatium usque ad portam ecclesie sancti Silvestri, ubi sunt due sedes porphirice. Et primo sedet in una, que est ad dexteram, ubi prior ecclesie sancti Laurentii dat ei ferulam, que est signum correctionis et regiminis, et claves ipsius basilice et sacri Lateranensis palatii, in quibus designatur potestas claudendi et aperiendi, ligandi atque solvendi. Et cum ipsa ferula et aliis clavibus accedit ad aliam sedem similem, que est ad sinistram. Et tunc restituit eidem priori ferulam et claves et incipit sedere in illa secunda. Et postquam aliquantulum sederit, idem prior cingit summo pontifici zonam de serico rubeo, in qua debet pendere bursa purpurea, in qua sunt duodecim lapides pretiosi cum sigillis et muscus.

52. Et dum sedet in ipsa sede, recipit officiales palatii ad pedem et obsculum. Recipit etiam postea de manu camerarii denarios X provesinorum[a] et prohicit super circumstantes. Et hoc facit ter, dicens singulis vicibus:

*Dispersit, dedit pauperibus, iustitia eius manet in seculum seculi.*

53. Et in istis duabus sedibus debet ipse taliter sedere, quod videatur potius iacere quam sedere. Et nulla istarum duarum sedium nec etiam stercoraria erit cohoperta vel parata, sed nuda.

54. Deinde surgens ducitur ad basilicam sancti Laurentii, que dicitur Sancta sanctorum, in quam intrat et genuflexus facit ante altare orationem suam.

55. Et postea ducitur ad capellam sancti Silvestri, in quam intrat. Ibique depositis pallio, casula et chirotecis et accepto manto, sedet in loco sibi preparato et dat cuilibet cardinali et prelato presbiterium solitum hoc modo:

56. Ipse summus pontifex sedet in sede. Et quilibet cardinalis et prelatus, extracta sibimet mitra, ferens eam in manu vadit coram eo et flexis genibus tenet ipsam apertam. Et ipse summus pontifex ponit in ea pecuniam, quam dat ei in uno sipho

argenteo camerarius et quam dicit liber camere, qui vocatur polliticus. Et ille, qui recipit peccuniam in mitra, osculatur genu eius.

57. Idem camerarius habet ante se magnam mensam cohopertam tobalia, ubi sunt huiusmodi monete; et assistunt ibi camerario clericus camere et duo mercatores, scilicet depositarius et unus alius. Ipsi vero camerarius et clericus camere induti sunt superpelliceis.

58. Dato itaque presbiterio, ipse dominus papa a duobus diaconis cardinalibus ducitur ad mensam sollenniter paratam. Et ibi sedet, episcopo Hostiensi dante sibi aquam ad lavandum manus et duobus diaconis tenentibus tobaleam. Et eo loto factaque benedictione mense, omnes sedent.

59. Papa autem sedet solus in una mensa eminenti, diversis magnis vasis aureis et argenteis super eam positis. In mensa vero, que est a dextera mense pape, sedent episcopi et post eos presbiteri cardinales et in mensa, que est a sinistra, diaconi cardinales. Et ab utraque parte successive erunt mense omnium prelatorum et aliorum dominorum et magnorum nobilium.

60. Et stabit papa, ut dictum est, indutus et calciatus et mitram habebit in capite, cardinales vero habebunt superpellicea cum camisiis et mantellis et mitris albis simplicibus. Et ita comedent, et omnes prelati similiter. Coram papa serviant layci maiores et nobiliores, etiamsi essent reges, coram cardinalibus et aliis omnibus familiares eorum digniores.

61. Comestione finita, papa lavabit manus, ut prius, et quilibet cardinalis similiter sedendo, serviente fundente sibi aquam. Cardinales autem, qui assistunt, teneant tobaleum, unus ex una parte et alius ex alia. Et sic sibi invicem mutuo serviant.

62. Quibus omnibus lotis, surgunt omnes et agunt gratias deo. Deinde papa a duobus cardinalibus reducitur ad cameram, ubi sacris vestibus exutus et discalciatus quiescit. Cardinales autem et prelati redeunt ad hospitia sua eques cum mitris, sicut in comestione steterunt.

---

46.[a] *später ergänzt V.*

52.[a] perusinorum *V.*

---

46. *Suscitamus – teneat:* Abwandlung von 1 Rg 2, 8. Daß die Kardinäle den Text sprechen, erwähnt nur noch Patrizi (f. 17v), der jedoch das Zitat in seinem originalen Wortlaut anführt.

48. Vgl. auch den Hinweis in Abs. 3.

51. Zu den Porphyrsitzen vgl. J. Deér, The Dynastic Porphyry Tombs, S. 136–146.

56. Vgl. die Angaben zum Weihnachtsfest etc. im Liber politicus des Kanonikers Benedikt (LC 2, S. 146f.) und im Liber censuum des Cencius camerarius (LC 1, S. 290–292).

57. Der Passus *scilicet depositarius et unus alius* fehlt in den anderen Texten und ist wieder eine Aktualisierung des Wortlautes.

## CXXXIX. Incipit tertius [liber[a]] de quibusdam ecclesiasticis officiis et cerimoniis, quibus ecclesia utitur in eisdem. Et primo de ministris necessariis pontifici celebranti sollenniter et de ornamentis ac eorum officiis.

1. Pontifici missarum sollennia celebranti necessarii sunt hii ministri, videlicet capelanus indutus superpelliceo et pluviali, diaconus indutus amictu, alba, stola super humerum, dalmatica et manipulo, exceptis temporibus, quibus utitur planeta, prout dicetur inferius, subdicaonus indutus amictu, alba et tunicella vel planeta, prout infra dicetur, et manipulo, acoliti ad minus sex induti superpelliceis: unus cum tobalia ad collum, qui mitram servet, alius baculum pastorale, tertius sit thuribularius, quartus habeat curam capelle, ne aliquid deficiat et omnia suo loco et tempore fiant, et iste in romana curia vocatur magister cerimoniarum sive clericus capelle, et reliqui duo ceroferarii; et ultra alii, si pontifici placuerit, cum superpelliciis servitores.

## CXL. De indumentis et aliis necessariis pontifici celebranti sollenniter.

1. Indumenta vero sibi per ordinem necessaria sunt hec, videlicet calige et sandalia, amictus, alba, cingulum cum subcintorio, quod habet similitudinem manipuli et dependet a cingulo in latere sinistro, crux pectoralis, stola, thunicella, dalmatica, chirotece, anulus pontificalis, planeta, manipulus, quem recipiunt aliqui, cum dicunt: *Indulgentiam absolutionem*, facta confessione, pallium cum tribus spinulis aureis, si fuerit metropolitanus, mitra et baculus pastoralis.

2. Sunt etiam necessaria ad eius ministerium secundum consuetudinem aliquarum ecclesiarum pecten et tobalea collo eius ponenda, cum pectitur, bacilia vel bacile cum brunzino argentea[a] ad lavandas manus et alia tobalea ad eas, cum lote fuerint, tergendum, tapetum et faldistorium cum scabello, pannus de syrico ad ipsum faldistorium tergendum, cussinus faldistorio superponendus et tertia tobalea pulchra, que super eius gremium extenditur, quando sedet, mensa preparata cum duobus candelabris argenteis et duabus candelis accensis, super qua ponantur vinum, aqua, hostie, calix cum patena et bacilia et alia necessaria pro persona pontificis. Et eam custodiant ad minus duo domicelli.

## CXLI. De coloribus ornamentorum, quibus romana ecclesia utitur in divinis officiis.

1. Ornamenta pontificis et ministrorum debent esse coloris tempori congruentis, circa quod sciendum est, quod romana ecclesia utitur quinque coloribus in sacris vestibus, scilicet albo, rubeo, viridi, violaceo et nigro. Quidam tamen hos duos ultimos pro uno reputant.

2. De colore albo.

Colore albo utitur in vesperis in vigilia nativitatis domini usque ad octavam epyphanie inclusive, exceptis festis martyrum, que interveniunt.

Item feria quinta in cena domini.

Item in sabbato sancto diaconus, qui cantat benedictionem cerei, ante missam, et subdiaconus, qui ei ministrat, induti dalmatica et tunicella albi coloris faciunt officium. Cantata autem benedictione cerei, diaconus, amota dalmatica, assumit planetam violaceam et tenet eam usque ad officium misse, subdiaconus autem remanet sic indutus tunicella alba. Et pontifex vel sacerdos eodem die in missa et non ante habeat paramenta alba, et sic quolibet die usque ad octavam ascensionis, quandocumque officium agitur de tempore, preter dies rogationum et preter missam, que dicitur in die sancti Marci de officio letanie.

Item in festo corporis Christi.

Item in omnibus festivitatibus beate virginis Marie.

In festo omnium sanctorum, in festis angelorum, in nativitate beati Iohannis baptiste et Iohannis evangeliste, in conversione sancti Pauli, in cathedra sancti Petri, in festis omnium confessorum et omnium sanctarum, que martires non fuerunt, in dedicationibus ecclesiarum.

Item per octavas predictorum festorum, que octavam habent, quando de ipsis octavis agitur.

3. De colore rubeo.

Rubeo colore utitur a vigilia penthecostes in missa usque ad sabbatum post ipsum festum inclusive, in festis sancte crucis, in festo decollationis sancti Iohannis baptiste, in festis omnium apostolorum et evangelistarum, excepto principali festo sancti Iohannis et festo sancti Luce et exceptis festis in conversione sancti Pauli et cathedre sancti Petri.

Item in festis omnium sanctorum et sanctarum martyrum preter festum sanctorum innocentium, quando extra dominicam venit; sed si in dominica veniat, utitur rubeo. Et in eorum octavis utitur rubeo.

Et eodem colore rubeo utendum est per octavas predictorum festorum, que octavas habent, quando agitur de ipsis octavis.

4. De colore viridi.

Colore viridi utitur inter octavam epyphanie et septuagessimam et inter octavam penthecostes et adventum, quando agitur officium dominicale.

5. De colore violaceo.

Colore violaceo utitur a prima dominica adventus usque ad missam in vigilia nativitatis domini inclusive et a septuagessima usque ad officium misse in vigilia pasce inclusive, quando in predictis temporibus officium de tempore agitur, exceptis feria quinta in cena domini et feria sexta in parasceve.

---

**CXXXIX.** Ms.: V, f. 137v–138r.
*Titel.* [a] *fehlt V.*

**CXL.** Ms.: V, f. 138r.
2. [a] argenteis *V.*

**CXLI.** Ms.: V, f. 138r–139r.

---

**CXXXIX.** Zu diesem und den folgenden Kapiteln (bis Kap. CLIII) vgl. S. 133 und 434ff. – Der Text entspricht weitgehend dem PGD, lib. III cap. XVII 1, S. 631.

1. Die Verweise beim Diakon und Subdiakon beziehen sich auf Kap. CXLII, unten, S. 352.

**CXL.** Vgl. PGD, lib. III cap. XVII 2–3, S. 631f.

**CXLI.** Vgl. Kap. 49–53, 1 im OR XIV (Sp. 1154B–1155C) und die entsprechenden Parallelstellen, außerdem oben, Kap. LXXIX, S. 292f.

Et in sabbato sancto in toto officio, quod agitur ante missam, est utendum colore violaceo, hoc excepto quod diaconus, qui cantat benedictionem cerei, indutus dalmatica et subdiaconus, qui ei ministrat, tunicella albi coloris faciunt officium. Sed benedictione cerei cantata, diaconus, amota dalmatica, assumit planetam violacei coloris et tenet eam, usque dum inchoatur officium misse. Subdiaconus vero non mutat vestes.

Item in quatuor temporibus mensis Septembris utitur colore violaceo et in vigiliis sanctorum, in quibus est ieiunium, quando missa dicitur de vigilia, et in diebus rogationum et in missa, que dicitur in die sancti Marci de officio letanie, et in sabbato penthecostes in toto officio, quod agitur ante missam.

Item in die festi sanctorum innocentium, quando extra dominicam venerit.

Item in die purificationis beate Marie, ad processionem tantum.

6. De colore nigro.

Colore nigro utitur feria sexta in parasceve et in missis defunctorum et in processionibus, quas romanus pontifex nudis pedibus facit.

Et sciendum est quod diebus, quibus est usus nigri coloris, non est indecens uti violaceo.

## **CXLII.** De usu planetarum.

1. Quando usus est coloris violacei vel nigri, diaconus et subdiaconus non utuntur dalmatica et tunicella, sed planetis. Et usus earum est talis: Diaconus indutus amictu, alba et[a] stola, subdiaconus amictu, alba, debent servire pontifici, dum se induit. Quo induto, assumant manipulos et planetas et non replicent eas a dextris et a sinistris, sicut faciunt sacerdotes, sed ab anteriori parte elevent eas super brachia, ut ministrare possint, prout fuerit oportunum.

2. Subdiaconus autem, quando legere debet epistolam, deponat planetam et in alba cum manipulo legat epistolam. Qua lecta, rediens ad altare resumat eam et teneat usque ad finem misse.

3. Diaconus autem, dum cantatur *Alleluia* vel tractus, deponat eam, et acoliti eam complicent decenter et imponant super sinistrum humerum eius et sub dextro brachio ligent eam, ut melius poterunt, ita quod ab humero sinistro descendat ad latus dextrum, sicut diaconi stola descendit. Et hoc modo teneat planetam, dum legit evangelium, et deinde usque ad communionem inclusive. Facta communione, adiuvante eum uno de acolitis, amoveat planetam desuper humeris et eam induat, sicut fecerat in principio misse.

4. Qua finita, tam ipse quam subdiaconus venientes ad locum, in quo exui debent, planetas deponant et serviant pontifici exuenti sacras vestes. Cetera omnia faciant diaconus et subdiaconus, sicut quando utuntur dalmatica et tunicella.

## **CXLIII.** De baculo et sandaliis.

1. Baculo pastorali et sandaliis utitur pontifex, quandocumque sollenniter in pontificalibus celebrat et quandocumque mitra utitur; et quando ea non utitur, nec baculo nec sandaliis uti debet.

2. In missa autem pro defunctis et, quando in cimiterio exit absolvere, de more quarumdam ecclesiarum mitra simplici et baculo utitur; et benedictione sandaliis uti non debet, quia tunc cessat omnis sollennitas.

## **CXLIV.** De usu mitre aurifrigiate et simplicis[a].

1. Mitra aurifrigiata utitur pontifex in toto tempore paschali in omnibus dominicis a pascha usque ad primam dominicam de adventu exclusive, a nativitate domini usque ad dominicam septuagessime exclusive, in omnibus festis duplicibus et novem lectionum totius anni, in festo sancti Martini in missa tantum, in sabbato sancto in missa tantum, in feria quinta maioris ebdomade in missa tantum et generaliter, quandocumque *Gloria in excelsis* et *Te deum laudamus* dicuntur.

2. In aliis vero temporibus regulariter non aurifrigiata, sed simplici et albi coloris mitra utendum est, videlicet a prima dominica adventus inclusive usque ad nativitatem domini. – Romanus tamen pontifex utitur aurifrigiata in dominica, in qua cantatur *Gaudete*.

Item a septuagessima usque ad sabbatum sanctum, excepta feria quinta maioris ebdomade, ut dictum est, excepto quod romanus pontifex aurifrigiata utitur in dominica, in qua cantatur *Letare Ierusalem*, quamvis tunc utatur ornamentis violaceis.

Item in festis trium lectionum, in omnibus vigiliis, in quibus ieiunium celebratur, in quatuor temporibus, in rogationibus, in officio defunctorum, in festo innocentium, quando extra dominicam venerit.

3. Et nota quod, quotienscumque pontifex causam populi apud deum agit, ut quando illum salutat et quando ad altare oraturus accedit et quando altari asistit et quando vota et orationes ad deum effundit, baculum et mitram deponit. Quando vero causam dei populo alegat et quando ad populum se convertit, ut illi predicet vel benedicat, premissa cominationis signa resumit. Generaliter autem, quandocumque pontifex episcopalia exercet, mitra uti debet.

## **CXLV.** De officio capelani ministrantis pontifici, cum celebrat sollenniter.

1. Cum pontifex fuerit calciatus caligis et sandaliis a subdiacono et cubiculario et capam deposuerit et super faldistorium vel sedem sederit, indutus camisia, id est

---

**CXLII.** Ms.: V, f. 139r–139v.
1. [a] *steht über der Zeile V.*

**CXLIII.** Ms.: V, f. 139v.

**CXLIV.** Ms.: V, f. 139v–140r.
*Titel.* [a] simplici *V.*

**CXLV.** Ms.: V, f. 140r–141v.

---

**CXLII.** Vgl. OR XIV, Kap. 54, Sp. 1170C–1171A.

**CXLIII.** Vgl. PGD, lib. III cap. XXVIII, S. 659. – Auf dem äußeren Rand sind ein Paar Sandalen und ein Bischofsstab abgebildet.

**CXLIV.** Vgl. PGD, lib. III cap. XXIX, S. 660f. und Kap. CXXXIII, oben, S. 333. – Auf dem äußeren Rand ist eine *mitra aurifrigiata* abgebildet.

**CXLV.** Zur Vorlage vgl. S. 435. – Auf dem inneren Rand von f. 140r ist ein Kaplan in *superpelliceum* und *pluviale* und mit einem Birett abgebildet.

rocheto vel superpelliceo, aliquis nobilis laycus bacilia de manibus alicuius ex domicellis pontificis accipiens genuflexus effundens aquam super manibus pontificis, sacerdos leviter tangat bacile plenum aqua, donec pontifex lavat manus, diacono et subdiacono tenentibus tobaleam circa manus pontificis.

2. Item induto pontifice tunicella et dalmatica et sedente, cum chirotece ei fuerint in manibus ponende, capelanus abstrahat ei anulum comunem et eum tradit cubiculario custodiendum.

3. Item postquam fuerit indutus planeta et imposita fuerit sibi mitra a diacono, capelanus indutus superpelliceo et pluviali imponat in manum pontificis stantis anulum pontificalem in digito anulari manus dextere osculando eam, quod semper facere debet, cum ei anulum mittit vel amovet, et in eodem post mittat anulum consuetum ut plurimum, tamen ei ponitur anulus ante planetam per ipsum capelanum.

4. Postea accipiens naviculam cum incenso detectam et cocleari de manu thuribularii, porigat incensum pontifici ponendum in thuribulo et osculando manum, quod semper facit, cum aliquid accipit vel porigit.

5. Item pontificem ad altare procedentem debet ipse a parte dextera substentare et diaconus a sinistra. Papam adextrant duo diaconi cardinales. Subdiaconus autem cum evangelio precedat.

6. Item cum pontifex ante altare, facta confessione, dicit vers. *Deus tu conversus*, debet capelanus naviculam cum incenso de manu thuribularii accipere et coclear cum incenso ponere in manu pontificis ad ponendum in thuribulo, qui est in manu thuribularii a sinistris.

7. Item cum pontifex incensat altare et cum dicit: *Gloria in excelsis*, debet substentare pontificem a dextera et diaconus a sinistra. Predicta pape faciunt duo diaconi cardinales.

8. Item cum pontifex dicit primas orationes ante epistolam, debet a parte orientis tenere librum orationum super caput ante faciem pontificis. Et si plures orationes sunt dicende, diaconus, qui tunc stat a dextera pontificis, invenire debet orationes.

9. In consecrationibus autem ecclesiarum et ordinationibus clericorum debent diaconus et subdiaconus servire de libro, dum consecrat vel dum ordinat, vel duo diaconi.

10. Item ante evangelium capiat naviculam cum incenso de manu thuribularii et presentent pontifici sedenti, ut ponat incensum in thuribulo, et ipse et thuribularius stent flexis genibus, dum ponit incensum in thuribulo.

11. Item quando vadit diaconus ad legendum evangelium, tunc elevet capelanus mitram de capite pontificis, nisi ibi sit alius diaconus, et eam det tenendam acolito ad hoc deputato.

12. Item post evangelium accipiat incensum de manu thuribularii et incenset pontificem, antequam osculetur evangelium.

13. Item dum cantatur offertorium, pontifici sedenti cum mitra genuflexus extrahit anulum pontificalem de manu eius et acolitus extrahit chirotecas et eas reponit. Et tunc capelanus ipse vel diaconus a dextris et subdiaconus a sinistris tenentes tobaleam super pontificis genua, unus alius laicus magis nobilis accipiat de manu unius domicelli pontificis bacilia[a] ad lavandum manus. Et dum genuflexus

aquam super manus pontificis fundit, ipse capelanus bacile plenum aqua leviter tangat. Et postquam pontifex manus terserit, ipse in eodem ⟨digito[b]⟩ pontificis reponat anulum pontificalem. Et tunc pontifex ab ipso et a diacono substentatus, nisi duo diaconi serviant, accedit ad altare. Et tunc sacerdos stans in sinistro cornu altaris servit de libro pontifici, tenendo tobaleam plicatam sub libro, cum qua pontifex sibi terserat manus, et ei inveniat omnia, que debet legere vel cantare, super missale.

14. Et dicto *Sanctus*, presentet sibi missale, ut osculetur imagines, que sunt in eo depicte ante canonem misse. Et dicto *Agnus dei*, venit ad dexteram partem altaris; et deosculato cornu altaris, inclinans se profunde, recipiat pacem a[a] pontifice, respondens: *Et cum spiritu tuo*, et osculatur pectus eius et aptat ei vestes, prout viderit oportunum. Et postea dat primo pacem diacono, nisi aliqua sollennis persona esset in choro, et tunc dabit primo pacem sollenniori; et si in alio choro sit alia persona sollennis, similiter dabit ei; si autem nullus talis fuerit in choro, ipse dabit pacem soli diacono. Et unus acolitorum pacem dabit in choro, vel a diacono aut a subdiacono receptam.

15. Item postquam pontifex comunicaverit, cum purificat manus, debet ipse stans a dextris offerre pontifici purificatorium ad manus tergendas, et postea debet librum transferre ad dextrum cornu altaris et invenire ultimas orationes pontifici. Et ultima oratione finita, antequam dicat pontifex: *Per omnia secula seculorum*, debet capelanus osculari altare et humerum dextrum pontificis et ab altare recedere.

16. Item ab altare pontifice recedente, debet eum a manu dextera sustentare et diaconus a sinistra, si non est alius diaconus, et subdiaconus debet precedere. Et cum pontifex fuerit in loco, ubi se debet exuere, capelanus accipit anulum de manu pontificis et dat cubiculario reponendum. Postea spoliat se vestibus sacris. Et postquam pontifex fuerit vestibus sacris exutus et capam comunem induerit, capelanus ei anulum comunem in digito ponat.

17. Et omnia predicta similiter faciat episcopus cardinalis vel presbiter, quando servit domino pape, excepto quod in procedendo[a] ad altare non substentat papam ab aliqua parte, sed ipsum precedit cum aliis cardinalibus in ordine suo nec mitram ei unquam extrahit; hoc est enim officium diaconorum cardinalium, qui ei serviunt, nisi ipsis diaconis cardinalibus deficientibus. Et cum dominus papa comunicare voluerit, ipse cardinalis episcopus vel presbiter ei canellam preparabit ad comunicandum sanguinem. Et dum purificat, tenebit toballeam et purificatorium ei offerat.

## **CXLVI.** De officio diaconi ministrantis pontifici celebranti sollenniter.

1. Cum pontifex dicit tertiam, diaconus induat se amictu, alba, stola et dalmatica sine manipulo et, cum planeta utitur, etiam sine ea.

---

13.[a] bacilia – lavandum] *auf Rasur V.*
[b] *auf dem Rand ergänzt V.*
14.[a] ⟨et⟩ a *V.*
17.[a] precendo *V.*
**CXLVI.** Ms.: V, f. 141v–143v.

15. Im Ablativ steht statt *altari* häufig *altare*.

**CXLVI.** Zur Vorlage des Textes vgl. S. 436. Zum Inhalt vgl. oben Kap. XXXVII a –XXXIX, S. 218ff. – Auf dem äußeren Rand von f. 141v ist ein Diakon mit auf der rechten Seite herabhängender Stola abgebildet.

2. Postquam autem pontifex dixerit tertiam et ps. *Quam dilecta* cum reliquis et orationes et calciatus fuerit sandaliis per subdiaconum et cubicularium et per diaconum et subdiaconum pectinatus fuerit, si de more est, quod pectinetur, tunc diaconus ad pontificis dexteram et subdiaconus ad sinistram genuflexi tenent tobaleam coram eo, dum lavat manus.

3. Quibus tersis, diaconus ad dexteram, subdiaconus ad sinistram induunt pontificem omni ornamento suo. Sed antequam pontifex planetam vestiat, indutus dalmatica sedens in sede sua, diaconus ponit ei chirotecam manus dextre et subdiaconus sinistre. Deinde induunt pontificem stantem planeta. Et ea super brachiis aptata, ut moris est, diaconus ponit mitram super caput pontificis et recipit manipulum suum et planetam, si tempus requirit, et procedentem ad altare substentat a parte sinistra et capelanus a dextera.

4. Et cum pontifex fuerit ante altare, diaconus stans a dextris extrahit ei mitram et dat eam tenendam acolito ad hoc deputato. Et est regulare, quod diaconus debet semper ponere et extrahere mitram de capite pontificis, preterquam ad evangelium.

5. Dum autem pontifex confessionem facit, diaconus stat a sinistra eius. Postquam vero pontifex, facta confessione, ascendit ad altare et deosculatus est eum et evangelium, diaconus accipit pacem, preterquam in missa mortuorum.

6. Postea accipiens thuribulum de manu acoliti, dat pontifici cum osculo manus et substentat brachium pontificis incensantis altare. Postea accepto thuribulo de manu pontificis, incensat ipsum pontificem. Deinde dat thuribulum acolito.

7. Postea redit ad pontificem, ut legat introitum et *Kyrieleyson*. Quibus dictis, pontifex sedet et diaconus ponit ei mitram. Et quotienscumque surgit vel sedere vult, diaconus a parte dextera et subdiaconus a sinistra substentant eum per brachia.

8. Item cum dicit pontifex: *Gloria in excelsis deo* et orationem ante epistolam, diaconus stans ad dexteram pontificis – et subdiaconus a sinistris – tenet planetam circa brachia pontificis. Et semper amovet et reponit mitram, preterquam ad evangelium.

9. Item dum cantatur *Alleluia* vel tractus, diaconus genuflexus coram pontifice osculatur manum eius, nihil dicens, et accedit ad altare. Et ibi coram medio altaris dicit genibus flexis: *Munda cor meum, domine*. Deinde surgit et accipit evangelium de sinistra cornu altaris et convertens se ad pontificem, inclinato capite vel genibus flexis, petit benedictionem.

10. Qua accepta, cum libro clauso ante pectus vadit ad legendum evangelium, precedentibus eum duobus acolitis cum cereis et tertio[a] cum thuribulo, sequente eum subdiacono. Et cum dixerit titulum evangelii, dum dicitur: *Gloria tibi domine*, incensat ter evangelium, nihil dicens.

11. Et lecto evangelio, redeundo diaconus ultimus redit. Et subdiaconus cum libro evangeliorum precedit eum et evangelium portat pontifici ⟨ad[a] osculandum⟩.

12. Et si pontifex predicare intendit, diaconus deducit eum et reducit et aptat ei vestes. Et dicta predicatione, diaconus facit confessionem.

13. Et dum dicitur *Credo* vel offertorium, diaconus et subdiaconus lavant manus suas. Et eis tersis, diaconus vadit ad altare, et subdiaconus portat ei calicem cum patena et pluribus hostiis et offerat diacono, qui extendit corporale super altare.

14. Et cum ad altare pontifex venerit, diaconus stans in parte dextera amovet ei mitram. Et deinde accipiens cum una de lingulis manipuli sui patenam cum hostia de calice, qui est in manu subdiaconi, reliquis[a] hostiis datis ad comedendum acolitis, eam offert pontifici et manum eius osculatur.

15. Postea ponit vinum in calice. Et subdiaconus, accepta prius aque benedictione, ponit eam in calice, dicens: *Deus, qui humane substantie.* Postea diaconus accipit calicem de manu subdiaconi nudis manibus et offert pontifici. Et postea det subdiacono patenam tenendam[a], et subdiaconus vadit ad locum suum.

16. Ipse vero diaconus, accepto cocleari cum incenso de manu thuribularii, porigat pontifici, ut ponat incensum in thuribulo, et offerat pontifici thuribulum, postea osculando manum eius. Et dum pontifex incensat oblata et altare, diaconus planetam decenter teneat circa brachium pontificis. Et recepto thuribulo de manu eius, dum osculatus fuerit manum, incensat ipsum pontificem. Et reddit ipsum thuribulario et aptat planetam super pontificis brachia. Deinde recipit thuribulum et incensat capelanum servientem pontifici de libro, deinde omnes ministros secundum eorum gradum. Et si fuerit in choro aliquis episcopus vel notabilis persona, incensato pontifice descendit ad chorum, precedente eum[a] thuribulario, et illos tantum thurificat; deinde redit ad altare et thurificat capelanum et reliquos ministros altaris. Deinde dat thuribulario thuribulum, qui incensat omnes existentes in choro.

17. Et diaconus rediens ad altare stat post pontificem. Et cum pontifex elevat corpus et sanguinem[a] domini nostri, debet diaconus elevare planetam retro cum duabus manibus decenter, ne impediat.

18. Cum autem dicet pontifex: *Per quem hec omnia*, ascendit diaconus ad altare et discohoperit calicem et tenet pedem calicis cum dextera manu, donec pontifex compleat cruces, quas fecit super calicem cum corpore domini. Et postquam pontifex reposuerit corpus domini super corporale, diaconus cohoperit calicem cum palla. Et deosculato altari et humero dextro pontificis, redit ad locum suum, donec compleatur *Pater noster.*

19. Quo completo, ascendens iuxta pontificem accipit nudam patenam de manu cum manipulo, sicut prius fecerat, et tradit pontifici, osculando manum eius. Postea discohoperit calicem et tenet pedem eius cum manu dextera, donec dixerit pontifex: *Pax domini.*

20. Et facta comixtione corporis et sanguinis domini, diaconus cohoperit calicem et recipit pacem a capelano et dat subdiacono. Et postquam pontifex sumpserit corpus domini, discohoperit calicem.

21. Et sumpto sanguine, replicat diaconus corporalia et reponit et reaptat vestes pontificis, prout opus fuerit. Et postea redit ad locum suum.

22. Et dicto a pontifice ultimo *Dominus vobiscum,* dicat: *Ite missa est* vel *Benedicamus domino*, et reducit pontificem ad sedem. Et amoto manipulo et planeta, si ea utitur, exuat pontificem et postea se ipsum.

---

10. [a] tertius *V.*
11. [a] ad osculandum] *auf dem Rand ergänzt V.*
14. [a] reliquiis *V.*
15. [a] tenenda *V.*
16. [a] cum *V.*
17. [a] sanguis *V.*

23. Et notandum est quod, cum dicit diaconus: *Ite missa est*, semper vertit se ad populum; sed *Benedicamus domino* vel *Requiescat in pace* semper dicit versus altare.

24. Item quando diaconus et subdiaconus utuntur planetis, omnia faciat diaconus, prout dictum est supra in titulo *De usu planetarum* folio CXXX, et hoc[a] excepto quod in missis defunctorum [et[b]] in triduo ante pascha non datur pax.

25. Et nota quod domino pape quando plures diaconi cardinales serviunt, diaconus, qui evangelium debet legere, precedit dominum papam, quia duo alii substentant eum. Et si non esset nisi ipse cum alio, ipse substentaret dominum papam ex parte dextera.

26. Et est regulare quod, quandocumque dominus papa accedit ad altare, diaconus, qui legit evangelium, debet extrahere sibi mitram.

27. Et postquam fecerit confessionem et ascenderit ad altare et osculatus fuerit evangelium, diaconi cardinales per ordinem antiquitatis inclinantes se profunde recipiunt pacem ab eo et osculantur ipsum in pectore super crucem palii.

28. Post evangelium, si sint plures diaconi, diaconus, qui legit evangelium, ibit ad altare; sin autem, stabit iuxta summum pontificem.

29. Item quando dominus papa comunicat ad sedem, ipse diaconus accipiat patenam cum corpore domini et volvet se reverenter, tenens eam cum ambabus manibus elevatam, et incipit se volvere a parte sinistra usque ad dextram et a dextra redit ad sinistram et dat eam subdiacono stanti[a] genibus flexis. Et cum eam subdiacono dederit, ipse flectitur genu. Et subdiaconus surgit et eam portat summo pontifici, omnibus genibus flexis stantibus. Postea accipiens calicem cum sanguine volvet se, incipiens a sinistra usque ad dextram et a dextra usque ad medium altaris. Et eum portat ad summum pontificem et stabit coram eo facie ad faciem.

30. Et postquam summus pontifex comunicaverit, ipse diaconus comunicabit de manu eius et recipiet osculum. Et cum calice, cum sanguine et canella redibit ad altare et cum ea sumet de sanguine et postea dabit subdiacono.

31. Et si alii cardinales vel ordinati vel consecrati comunicant, similiter ministrabit eis de sanguine.

32. Et sumpto sacramento, replicabit corporalia et removebit de altari linteamina.

33. Et missa finita, cum reliquis diaconis et subdiacono exuant summum pontificem et reducent eum ad cameram.

## **CXLVII.** De officio subdiaconi servientis pontifici celebranti sollenniter.

1. Cum pontifex dicit tertiam, subdiaconus debet se sine manipulo preparare et in diebus, in quibus utitur planeta, sine ea.

2. Et postquam pontifex compleverit tertiam, debet ipse subdiaconus accipere de altari caligas et sandalia et ad pontificem portare sollenniter et genibus flexis calciare eum una cum cubiculario suo. Et summo pontifici debet osculari pedem, postquam eum calciaverit, alii non. Et calciato pontifice, erigit se et stans genuflexus a parte sinistra tenebit tobaleam, dum pontifex lavat manus. Et stans in eadem parte rectus, induat pontificem cum diacono stante in parte dextera. Et postquam

pontifex indutus fuerit dalmaticam, eo sedente, diaconus ponit chirotecam in manu dextera et subdiaconus in sinistra. Quo facto, imponunt ei simul planetam et aptant super brachiis, diaconus a dextris et subdiaconus a sinistris. Et hoc facto, ipsi accipiant manipulos et etiam planetas, si tunc eis utuntur.

3. Quo facto, accipiat librum evangeliorum et in loco, ubi est evangelium, quod tunc debet dici, ponat manipulum pontificis, si eum non acceperit pontifex, et librum claudat. Et dum pontifex ad altare procedit, subdiaconus eum precedit cum libro evangeliorum ante pectus clauso et stat in sinistra parte pontificis genuflexus.

4. Et cum pontifex dicit: *Indulgentiam absolutionem*, ei ponit manipulum et manum osculatur, quod regulariter debet facere semper, cum ei porigit vel ab eo accipit aliquid[a].

5. Deinde ascendit ad sinistrum cornu altaris. Et cum pontifex, facta confessione, ascendit ad altare et dixerit orationes: *Aufer a nobis* et *Oramus te, domine sancte pater* et fuerit osculatus altare, subdiaconus ei porrigat evangelium ad osculandum. Et postquam fuerit pontifex evangelium osculatus, subdiaconus ponat illum clausum super sinistro cornu altaris.

6. Et incensato altari, subdiaconus substentat pontificem a sinistris usque ad sedem, papam autem duo diaconi cardinales.

7. Et cum pontifex dicit orationes, subdiaconus substentat brachium sinistrum.

8. Et circa finem ultime orationis vel ante, accepto libro epistolarum, vadit legere epistolam, precedente eum clerico capelle. Et ipsemet teneat librum secundum consuetudinem romane curie, secundum autem consuetudinem aliarum ecclesiarum teneat acolitus. Quam postquam legerit, cum libro clauso redit ad pontificem et genuflexus osculatur manum eius, domino autem pape osculatur pedem.

9. Et reposito libro, vadit cum acolito ad parandum calicem in loco decenti et cohoperiat linteo ad hoc deputato.

10. Item cum diaconus vadit ad legendum evangelium, subdiaconus nihil portans eum sequatur. Et si cantatur in ambone evangelium, subdiaconus debet stare ad sinistram sub libro evangeliorum; si autem legatur alibi sine pulpito, debet stare ante eum et substentare librum; et si sit pulpitum, tanget eum ambabus manibus. Finito autem evangelio et deosculato a diacono, accipit illum subdiaconus et precedens diaconum portabit pontifici ad osculandum.

11. Et dum cantatur offertorium, subdiaconus genuflexus a parte sinistra teneat tobaleam, dum pontifex lavat manus.

12. Postea surgens vadit cum acolito ad mensam preparatam. Et accepto calice cum patena et pluribus hostiis, portet ipsum ad altare; et acolitus ipsum precedat cum ampulis vini et aque.

---

24. [a] hic *V*.
[b] *fehlt V*.
29. [a] stante *V*.

**CXLVII.** Ms.: V, f. 143v–145v.
4. [a] aliquid Deinde] *auf Rasur V*.

24. Der Hinweis bezieht sich auf das auf f. 139r–139v geschriebene Kap. CXLII, oben, S. 352.

**CXLVII.** Zur Vorlage des Textes vgl. S. 436. Zum Inhalt siehe auch oben, Kap. XL, S. 236ff. – Auf dem äußeren Rand von f. 143v ist ein Subdiakon abgebildet.

13. Et stabit subdiaconus prope diaconum. Et diaconus accipit patenam cum hostiis, et datis omnibus acolitis ad comedendum, una excepta[a], quam super patenam ponet et dabit pontifici. Et postea subdiaconus dabit calicem diacono et accipit ampulam de manu acoliti plenam aqua per pontificem benedicta. Ipse subdiaconus modicum ipsius aque ponat in calicem, deinde ampulam reddit acolito.

14. Et facta oblatione calicis a diacono et ipso calice cohoperto, subdiaconus habens tobaleam, cum qua portavit calicem, accipit patenam de manu diaconi. Et ipse vel clericus capelle cohoperit eam et vadit ad locum suum post diaconum.

15. Nec unquam ad altare ascendit, nisi cum pontifex dicit: *Et ne nos inducas in temptationem.* Tenet autem patenam cohopertam, usque dum dicit pontifex: *Panem nostrum quotidianum.* Postea discohoperit eam ipse subdiaconus. Finito autem *Pater noster*, dat patenam diacono discohopertam sine linteo dandam pontifici et stat in loco suo, usque dum dicitur: *Agnus dei.*

16. Postea accedit ad diaconum et recipit ab eo pacem et redit ad locum suum et ibi stat, donec comunicaverit pontifex.

17. Et postquam comunicaverit pontifex, accedit perfundere vinum ad purificationem. Et facta purificatione, reportat calicem ad locum, ubi eum acceperat, et acolitus ampulas.

18. Postea rediens ad altare stat in loco suo post diaconum[a], usque dum dicit diaconus: *Ite missa est.*

19. Et data benedictione, precedens pontificem redeuntem ad locum, ubi se debet exuere, ipse subdiaconus accipit manipulum de brachio pontificis et dat acolitis. Et postea stans a parte sinistra et diaconus a dextra exuunt pontificem. Quo exuto, subdiaconus cum cubiculario genuflexus extrahit caligas et sandalia pontifici et dat acolito reponendas.

20. Et nota, quod calciamenta quotidiana extrahere et recalciare debent cubicularii pontificis.

21. Item nota quod, quandocumque subdiaconus utitur planeta, postquam eam induit, parato pontifice, nunquam exuit eam, nisi quando dici epistolam. Et lecta epistola sine planeta et osculata manu pontificis, reinduit eam sicut ante et tenet eam sic usque in finem misse. Qua finita, antequam exuat pontificem, debet eam deponere, ut sit magis expeditus.

22. Subdiaconus autem, qui dicit domino pape epistolam, omnia facit, ut dictum est, hoc excepto quod, postquam calciaverit dominum papam sandaliis, osculatur pedes eius. Et postquam legerit epistolam, veniens cum libro osculatur pedem eius dextrum.

23. Item quando papa comunicat in sede, data pace et eunte domino papa ad sedem, remanet ad altare cum diacono. Et cum diaconus accipit patenam cum corpore domini et girat se, subdiaconus stat a parte dextra genibus flexis. Et cum diaconus dederit ipsam patenam cum corpore domini subdiacono, ipse subdiaconus surgit et diaconus genuflectitur; et vadit subdiaconus ad dominum papam, tenens eam ambabus manibus sollenniter elevatam. Et cum fuerit ad dominum papam, nulla reverentia facta, stat prope eum in parte dextra, tenens eam sollenniter. Et postquam diaconus cardinalis venerit cum sanguine ad dominum papam, dictis

orationibus consuetis, ipse papa comunicat. Et postquam sumpserit sanguinem cum canella et dederit partem hostie diacono, reliquam partem ponit in ore subdiaconi osculantis prius manum domini pape. Et sumpta ipsa particula hostie, recipit osculum pacis a domino papa. Postea reddit ad diaconum ad altare.

24. Et postquam diaconus de sanguine comunicaverit cum canella, ipse ministrat subdiacono etiam cum canella et dat subdiacono pacem. Postea subdiaconus totum sanguinem recipit sine canella cum particula corporis domini, quam dominus papa posuerat in calicem. Postea subdiaconus ponit vinum in calicem et dat diacono et sibi, primo lavans canellam, et suggendo ab utroque capite et totum sumit. Reverenter postea portat calicem et canellam ad locum suum.

25. Et dicta missa, extrahit caligas et sandalia et osculatur utrumque pedem. Reliqua omnia facit, ut dictum est.

## **CXLVIII.** De officio capelani, qui in precipuis festivitatibus debet servire de mitra, et acoliti eam tenentis.

1. Sciendum est, quod in precipuis festivitatibus ad predictos ministros superadditur unus, qui de mitra serviat, indutus pluviali sicut capelanus.

2. Et tunc ipse a parte sinistra deducere debet pontificem cum capelano, quocunque pontifex vadit. Et ipse debet eidem confessionem facienti asistere in parte sinistra.

3. Debet etiam pontifici semper imponere et amovere mitram, hoc salvo quod, quando primo imponitur mitra, diaconus ipsam imponere debet. Et ipse diaconus debet eam amovere, quando pontifex accesserit ad altare, tam in principio misse quam post evangelium, et quando pontifex cum mitra redit ad secretarium.

4. Quando autem is[a], qui de mitra servit, predicto modo deducit pontificem, tunc diaconus precedit inmediate pontificem.

5. Et quando is, qui de mitra servit, stat iuxta pontificem facientem confessionem, ut dictum est, vel residentem in sede sua, tunc diaconus debet stare in dextera parte post capelanum.

6. Ipse quoque de mitra serviens, qui sic indutus est pluviali, debet pontifici de sede surgenti porigere manus et ipsum iuvare ad surgendum.

7. Et dum pontifex est ad altare, ipse stabit post eum in dextra parte diaconi.

8. Et si episcopus requirit, flabellum tenere debet ad expellendum muscas.

9. Et ipse etiam teneat ac pontifici porigat pannum tersorium post comunionem.

10. Et nota quod, quando ipse de mitra serviens utitur pluviali, nihilominus debet esse indutus alius superpelliceo, qui mitram amotam servet et imponendam porigat ei, qui eam amovet et imponit.

11. Et hoc et nihil aliud faciat is, qui mitram serviat.

---

13.[a] accepta *V*.
18.[a] *die Schrift ist zum Teil verwischt V*.

**CXLVIII.** Ms.: V, f. 145v–146r.
4.[a] his *V*.

**CXLVIII.** Zur Vorlage des Textes vgl. S. 436. – Auf dem äußeren Rand von f. 145v sind der Kaplan und der Träger der Mitra abgebildet.

## CXLIX. De officio servientis de baculo pastorali.

1. Parato pontifice, dum vult incipere confessionem ante altare, is, qui tenet baculum pastorale, paratus superpelliceo tantum vel in festis precipuis etiam pluviali dat baculum pastorale ipsi pontifici et manum osculatur, qui eum tenet in manu sinistra, dum facit confessionem, usque dum dicit: *Indulgentiam absolutionem.* Et tunc recipit ipsum et similiter manum osculatur, quod regulariter facit, quotienscunque porigit vel ipsum baculum vel aliquid aliud ab ipso pontifice vel recipit.

2. Facta autem confessione et osculato altari ac incensato, cum vadit ad faldistorium vel ad sedem suam pontifex, ipse precedit, tenens baculum in manu dextera, quod regulariter semper facere debet, cum pontifex cum mitra vadit ad altare vel revertitur ad sedem vel processionaliter paratus vadit per viam.

3. Cum autem a cantoribus dictum est *Kyrieleison*, ipse, genibus flexis coram pontifice, submissa voce in cantu dicit, tenendo ipsum baculum pastorale in manu dextera: *Gloria in excelsis deo.*

4. Quo dicto, surgit. Et pontifex, deposita mitra, surgit et altius dicit: *Gloria in excelsis deo.* Et dum dicit in verbis pontifex totum, ipse stat in circulo cum aliis servientibus in ordine suo. Et una cum pontifice et aliis dicit ipsum hymnum usque ad finem. Quo dicto, cum aliis sedet ad pedes pontificis.

5. Dum autem per diaconum dicitur evangelium, ipse dat eum pontifici, qui tenet eum in manu sinistra.

6. Et dicto evangelio, recipit ipsum baculum et genibus flexis intonat pontifici: *Credo in unum deum.* Et similiter, dum dicit pontifex totum in verbis, ipse cum aliis servientibus stat in circulo et iuvat pontificem. Postea sedet in ordine suo ad pedes pontificis.

7. Et dum pontifex est ad altare, ipse stat in sinistra parte diaconi.

8. Dicto autem *Ite missa est* vel *Benedicamus domino*, ipse porigat eum pontifici, qui teneat eum cum sinistra manu, dum dat benedictionem. Et si pontifex dabit benedictionem sollennem, ante *Pax domini* similiter tradat ei, qui similiter eum teneat, dum benedicit.

9. In vesperis dabit eum pontifici, dum dicit: *Deus in adiutorium meum intende*, dum a choro dicitur *Magnificat* et dum in fine dat benedictionem.

10. Et nota, quod sumus pontifex non utitur baculo pastorali nec in curia romana aliquis alius prelatus utitur, ipso summo pontifice tam presente quam absente.

## CL. De officio thuribularii servientis pontifici sollenniter celebranti.

1. Parato pontifice, exibeat sacerdoti thuribularius naviculam cum incenso et cocleari; et ipse teneat turibulum, ita quod decenter possit pontifex ponere incensum in thuribulo. Et precedat post ceroferarios.

2. Et cum pontifex fuerit ante altare, thuribularius stet in parte sinistra. Et quando absolutionem fecerit, iterum det naviculam sacerdoti cum incenso et cocleari et ante pontificem thuribulum similiter teneat.

3. Et postquam pontifex ascenderit ad altare et dederit pacem diacono, thuribularius dabit thuribulum diacono, qui dabit eum pontifici, ut incenset altare. Et

postquam diaconus incensaverit pontificem, thuribularius recipiat ab eo thuribulum et thurificabit eum.

4. Et dum cantatur *Alleluia* vel penultimus versus vel tractus, iterum dabit sacerdoti naviculam cum incenso et ipse genuflexus in parte sinistra tenebit thuribulum coram pontifice. Et cum fumigante thuribulo ibit post ceroferarios ante diaconum ad locum, ubi diaconus debet legere evangelium, et similiter redibit. Et post rediens, sicut precesserat, dabit thuribulum sacerdoti, ut incenset pontificem, et postea ab eo recipiet thuribulum et thurificabit eum.

5. Item post oblationem calicis et, postquam diaconus dederit patenam subdiacono, ipse dabit naviculam diacono et ipse genuflexus tenebit thuribulum coram pontifice. Et cum pontifex incensum posuerit in thuribulo, recipit naviculam et dat thuribulum diacono, qui dabit eum pontifici. Et postquam incensaverit diaconus pontificem, thuribularius de manu diaconi recipiat thuribulum, donec diaconus aptet paramenta pontificis. Quo facto, restituat diacono thuribulum. Et postquam incensaverit, quos debet, et redierit ad altare semper a thuribulario asociatus, thuribularius thuribulum accipiet a diacono thurificans eum et postea ibit thurificare chorum.

6. Et nota quod, postquam pontifex intraverit ad altare, quandocumque thuribularius recipit naviculam cum incenso de manu sacerdotis vel diaconi, debet illam super altare in aliquo decenti loco reponere. Et quando in officio suo non est occupatus, debet iuvare acolitos in his, que habent facere.

7. Notandum est etiam quod, quando capelanus celebrat coram pontifice, thuribularius in principio misse, dum dicitur vers. *Deus tu conversus*, et ante evangelium et oblationem hostie dabit naviculam cum incenso sacerdoti ministranti pontifici. Et ipse tenebit thuribulum, et pontifex incensum ponet.

8. Regulare tamen est, quod non debet genuflectere coram pontifice stante, debet tamen coram sedente in officio hoc. Et finito evangelio et post oblationem incensato altari, debet thuribularius dare incensum sacerdoti et sacerdos thurificare pontificem et episcopos et thuribularius sacerdotem thurificare in loco antequam alios et post chorum.

9. Unde in missa, que dicitur coram pontifice, si potest fieri, duo debent esse superpelliceis induti: unus, qui dicat epistolam, qui etiam ferrat evangelium pontifici ad osculandum et ministrare [debet[a]] sacerdoti celebranti omnia, que pertinent ad sacrificium, usque ad finem misse; alius sit thuribularius et serviat de incenso, prout dictum est.

---

**CXLIX.** Ms.: V, f. 146r–146v.

**CL.** Ms.: V, f. 146v–147v.

9. [a] *fehlt V.*

**CXLIX.** Ein vergleichbarer Text fehlt in den von Andrieu edierten Pontifikalien. Er bezieht sich nicht auf päpstliches Zeremoniell, sondern ist für den Pontifikalgottesdienst in Bergamo verfaßt. – Auf dem inneren Rand von f. 146r ist der Stabhalter abgebildet.

**CL.** Zur Vorlage des Textes vgl. S. 436. – Auf dem äußeren Rand von f. 146v ist der *thuribularius* abgebildet.

## CLI. De officio clerici capelle sive magistri cerimoniarum.

1. Clericus capelle sive magister cerimoniarum, cum pontifex celebrare intendit, debet omnibus interesse debentibus nuntiare et capelanum, diaconum, subdiaconum et reliquos omnes, qui in eorum officiis agere debeant, docere.

2. Circa quod attendere debet, ut omnes ministri ea, que facere debent secundum suum ministerium, faciant prompte, ordinate et reverenter, non tarde aut prepostere aut impetuose, et si ex eis aliqui minus experti fuerint in officio suo, aliis mandare, qui magis experti sunt, ut eos doceant, quomodo agere debeant, vel etiam vices eorum supplere, si fuerit necesse, verbi gratia:

Si diaconus nesciat mitram ponere in capite aut aptare vestes pontificis, doceat capelanum supplere vicem eius; similiter si subdiaconus non est doctus, qualiter et quando calicem debeat preparare, procuret, quod capelanus vel diaconus suppleat vicem illius; et si idem subdiaconus non sit doctus calciare pontificem, faciat, quod unus de acolitis una cum cubiculario vice eius hoc faciat, et sic de aliis. Ea vero, que ab acolitis facienda sunt, facere faciat a quocunque docto clerico induto superpelliceo.

3. Provideat etiam, quod omnia deferantur ad ecclesiam, ubi celebraturus est, que necessaria sunt ad ministerium, tam pro persona pontificis quam ministrorum et sacri altaris, prout habe infra folio sequenti in titulo *De necessariis tam pontifici quam ministris et agendis ab eis, cum pontifex missam celebraturus est.* Et omnes, prout ipse mandabit, exequantur.

4. Ipse debet subdiacono parare sandalia, quibus debet pontifex calciari. Debet etiam secundum ordinem preparare pontificalia paramenta et alia necessaria ad vestiendum pontificem.

5. Debet etiam, dum subdiaconus vadit ad legendum epistolam, eum precedere in eundo et redeundo, et dum eam legit, stare iuxta eum, et similiter, dum diaconus vadit ad legendum evangelium, et quando vadit subdiaconus ad preparandum calicem, quando datur incensum et pax tam pontifici quam reliquis omnibus existentibus in capella.

6. Et debet providere, quod in dandis incenso et pace nemini fiat iniuria, et conclusive providere, quod omnia suo ordine, loco et tempore fiant.

7. Et postquam pontifex et ministri exuti fuerint, ipse vel sacrista debet coligere paramenta et omnia alia ornamenta tam ministrorum quam altaris.

8. Et quia multa et diversa habet agere eodem tempore, non erit superfluum ymo necessarium, quod sint duo.

## CLII. De officio acolitorum servientium in missa pontificis.

1. In missa pontificis celebrantis sollenniter ultra suprascriptos ministros debent esse duo acoliti ad minus induti superpelliceis.

2. Et debent esse parati ante quam diaconus et subdiaconus. Et paratis diacono et subdiacono, unus eorum portet tobaleam ad expandendum super genu pontificis, cum debet lavare manus, et loto pontifice, tobaleam reponere.

3. Et postea debent per ordinem portare omnia paramenta pontificis, unus post

alium, et offerre ea diacono et subdiacono. Et parato pontifice, debent ferre candelabra ante pontificem usque ad altare.

4. Et dum pontifex facit confessionem, stent unus a dextris, alius a sinistris altaris. Et facta confessione, cum vadit pontifex ad altare, ponent candelabra super ipso altari, quilibet in cornu suo.

5. Item dum diaconus vadit legere evangelium, duo acoliti cum candelabris eum precedant. Et dum legit, ipsi duo stabunt unus a dextris, alius a sinistris subdiaconi tenentis librum evangeliorum, versa facie ad diaconum. Et similiter, lecto evangelio, redibunt.

6. Item dum cantatur offertorium, unus eorum ponat tobaleam super genu pontificis; et ipse cum alio debet extrahere chirotecas de manibus eius.

7. Item quando subdiaconus portat calicem ad altare offerendum, unus acolitorum eum precedat, portans ampulas cum vino et aqua. Et ampulam vini dabit diacono, qui ponit vinum in calicem. Et postea eam recipit et similiter dabit ampulam aque subdiacono. Et posita aqua per ipsum in calicem, recipit eam acolitus.

8. Cum dicitur *Sanctus*, accendent tortitia et genuflexi tenebunt ea, usque dum comunicaverit pontifex.

9. Et quia habent agere multa in eorum officio, optimum erit habere ultra hos duos etiam alios duos aut plures.

10. Et cum missa fuerit completa, ipsi reportabunt ordinate omnia paramenta pontificis, cum exuitur, ad altare vel ad alium locum ad hoc paratum.

## **CLIII.** De agendis et dicendis in missa, que celebratur coram papa.

1. Quando cardinalis vel episcopus celebrat coram papa, hec specialiter observantur:

2. In primis pontifex sacris vestibus indutus, postquam cum suis ministris venerit ad altare, stans ad sinistram domini pape, incipiat: *Introibo ad altare dei* et prosequitur more solito ps. *Iudica me deus* totus cum *Gloria patri.*

3. Quo dicto, dominus papa dicit: *Adiutorium nostrum in nomine domini*; et facit confessionem et dat absolutionem. Qua data, vadit ad sedem suam; et pontifex dicit: *Deus tu conversus* etc. et ascendit ad altare.

4. Dominus papa interim ponit thus in thuribulo et similiter, quotienscumque

---

**CLI.** Ms.: V, f. 147v–148r.

**CLII.** Ms.: V, f. 148r–148v.

**CLIII.** Ms.: V, f. 179r–180r.

---

**CLI.** Zu diesem einzigartigen Text vgl. unten Anhang III, S. 377f., und A. Patrizi, Caeremoniale Romanum, lib. III sect. 2 cap. 4, f. 124v. – Auf dem inneren Rand von f. 147v ist ein Kapellkleriker abgebildet.

3. Der Hinweis bezieht sich auf die Meßbeschreibung auf f. 148v–169v, vgl. PGD, S. 230.

**CLII.** Zur Vorlage des Textes vgl. S. 436f. – Auf dem inneren Rand von f. 148r sind zwei Akoluthen mit Leuchtern abgebildet.

**CLIII.** Vgl. OR XIV, Kap. 60, Sp. 1173C –1174D. Vgl. auch S. 437.

1. Die Initiale Q enthält eine Miniatur mit einer Meßdarstellung.

ponendum est, videlicet post confessionem, ante evangelium et post offertorium, thuriferario deferente ad ipsum dominum papam thuribulum cum navicula, quam tradere debet episcopo vel presbitero cardinali asistenti ipsi domino pape. Et ipse cardinalis porigere debet eam domino pape, osculando manum eius. Et thure per ipsum dominum papam posito in thuribulo, eandem naviculam reddat thuriferario.

5. Item post confessionem thurificato altari per pontificem et deinde ipso pontifice per diaconum, thuriferarius recipiens thuribulum de manu illius debet illud portare predicto cardinali, et ipse cardinalis incensare dominum papam, deinde reddere thuribulum thuriferario. Nec debet aliquis alius incensari.

6. Item subdiaconus, lecta epistola, non debet facere reverentiam pontifici celebranti, sed ire ad osculum pedis domini pape.

7. Item diaconus lecturus evangelium debet ire ad pedes eiusdem et osculari; deinde accepto libro de altari, ab ipso petere debet benedictionem.

8. Item lecto evangelio, thuriferarius deferrens thuribulum debet illud tradere domino cardinali, qui debet incensare dominum papam. Deinde subdiaconus veniens cum libro evangeliorum debet ipsum presentare ipsi domino pape apertum osculandum.

9. Item si cardinalis vel episcopus, qui celebrat, vel alius debet sermonem facere, ipse tunc vadit ad papam et osculatur ei pedem et petit benedictionem et recipit.

10. Item finito sermone, diaconus cardinalis, qui asistit pape, facit confessionem et dominus papa absolutionem.

11. Item quando papa ponit incensum in thuribulo post offertorium, pontifex celebrans obmittere debet illam orationem: *Per intercessionem beati Michaelis* etc.

12. Item postquam pontifex thurificaverit oblata post offertorium, diaconus, accepto thuribulo, primo thurificare debet pontificem celebrantem; deinde ipsum thuribulum tradat thuriferario, qui portat ipsi cardinali asistenti domino pape, et ipse thurificet dominum papam.

13. Et nota quod semper, cum dominus papa sedet, debet cardinalis thurificans eum stare genibus flexis; cum autem stat, debet et ipse stare.

14. Et thurificatur solus dominus papa, si missa fit pro defunctis.

15. In aliis vero missis, thurificato domino papa, thurificentur et alii hoc modo: Postquam cardinalis thurificaverit dominum papam, tradat thuribulum thuriferario; et thurificare debet primo eundem cardinalem, deinde diaconum cardinalem asistentem domino pape a dextris, postea diaconum asistentem a sinistris, postea cardinales episcopos, deinde presbiteros, tertio diaconos. Et si presens fuerit imperator, thurificatur ipse post dominum papam inmediate et reges post primum episcopum cardinalem et post cardinales patriarce, deinde oratores magni aut magni nobiles secundum gradus et dignitates eorum, postea prelati asistentes domino pape, postea prothonotarii, archiepiscopi, episcopi, abbates, subdiaconi apostolici, auditores rothe, clerici camere apostolice, acoliti domini pape, cubicularii et ceteri omnes in gradu suo, prout clerico capelle videbitur opportunum.

16. Item postquam predictus cardinalis asistens dixerit cum domino papa et ceteris cardinalibus: *Agnus dei*, vadat ad altare. Et quando pontifex celebrans vertit se ad dandam pacem, recipiat ipsam ab eo et portet domino pape. Deinde vadit ad

locum suum in ordine cum aliis cardinalibus. Et duo cardinales diaconi asistentes domino pape ab ipso domino papa recipiunt pacem. Postea capelanus serviens de libro pontifici celebranti recipit pacem ab illo cardinali, qui dedit pacem domino pape, et dat primo priori episcoporum cardinalium, deinde illi, qui sequitur illum, qui primo recepit pacem a domino papa, et illi dant aliis, postea primo patriarcharum, deinde primo magnorum dominorum, deinde primo omnium oratorum. Et sic dat primo et omni gradui[a] et existenti in omni loco separato. Et illi primi dant aliis. Et sic pax diffunditur per totam capellam.

17. Item post missam ipse dominus papa dat sollenniter benedictionem, dicens: *Sit nomen domini benedictum*, require supra in titulo *De consecratione episcopi*, folio XXXIII a tergo. Qua data, pontifex, qui celebravit, inclinatus dicit orationem: *Placeat tibi, sancta trinitas* etc., require supra in titulo *De necessariis et agendis in missa pontificis*, folio CLXVIII. Qua dicta, vadit ad dominum papam et cum reverentia osculatur ei manus. Et postea rediens ad sedem suam exuit se.

## **CLIV.** De ordine ad sepeliendum prelatos seu clericos romane ecclesie et etiam quoscunque clericos seculares.

1. In nocte precedenti diem, in qua debet sepeliri prelatus sive clericus romane ecclesie vel alius clericus secularis, circa auroram ex mandato rectorum annuntiatur per annuntiatores per omnes ecclesias Urbis et etiam per domos civium, qui invitantur ad faciendum societatem et ad honorandum corpus defuncti, qui mane talis sepeliendus est in tali ecclesia.

2. Mane autem facto hora competenti pulsantur campane. Et prelati, clerici et layci invitati congregantur et secundum dispositionem clerici cerimoniarum ordinantur in ecclesia, ubi defunctus prelatus vel clericus sepeliendus est.

3. Et quisque sacerdos cum suis clericis cantet vigiliam novem lectionum.

4. Interim cardinalis vel episcopus seu quilibet magnus de archipresbiteris iussu clerici cerimoniarum preparet se ad missam, nisi dies dominica fuerit.

5. Finita vero missa, clerici omnes congregantur circa feretrum in modum rote.

---

16. [a] gradu *V*.

**CLIV.** Ms.: V, f. 240r–242v.

Die Gesangstexte sind mit Musiknoten versehen.

---

17. Zum ersten Hinweis vgl. oben Kap. CXXXVIII 3, S. 338. Der zweite Hinweis bezieht sich auf das in der Meßbeschreibung (f. 148v–169v, vgl. PGD, S. 230) f. 168r zum Abschied vom Altar geschriebene Gebet; vgl. J. A. Jungmann, a.a.O. 2, S. 542f.

**CLIV.** Der Text ist eine veränderte Fassung von Kap. LII des PRC, S. 505–513, in der besonders die Pflichten des Zeremonialklerikers betont werden; vgl. auch S. 364.

1. Die *rectores* sind in den folgenden Absätzen durch den *clericus cerimoniarum* ersetzt. Zu den *rectores* vgl. G. Ferri, La Romana Fraternitas, S. 453–466.

5. Dieser und die folgenden Hinweise (bis Abs. 26), deren Folioangaben von mir ergänzt sind, beziehen sich auf Gebete in dem Kapitel *De ordine comendationis anime* (f. 232r–240r), das weitgehend dem Kap. LI des PRC (S. 495–505) entspricht.

Et de mandato eiusdem clerici cerimoniarum cantent clerici illius ecclesie, quibus iniunctum fuerit, resp. *Subvenite*, vers. *Suscipiat*, require supra, folio [CCXXXIIII[a]].

6. Finito responsorio, clericus scriptus (!) cerimoniarum dicat: *Orate*, et omnes sub silentio dicant: *Pater noster.*

7. Postea predictus clericus precipit uni ex maioribus, ut absolvat. Ille vero, cui iniunctum est, dicat:

*Et ne nos.* Resp. *Sed libera.*
Vers. *In memoria eterna.* Resp. *Ab auditione.*
Vers. *A porta inferi.* Resp. *Erue.*
Vers. *Requiescat.* Resp. *Amen.*
Vers. *Domine exaudi.* Resp. *Et clamor.*
Vers. *Dominus vobiscum.*
*Oremus.* Oratio. *Absolve*, require supra, folio [CCXXXIIII[a]].

8. Finita oratione, predictus clericus precipit clericis alterius ecclesie, ut cantent ant. *Requiem eternam dona eis, domine, et lux perpetua luceat eis.* Ps. *Te decet hymnus, deus, in Syon.*

9. Postea precipit clericis alterius ecclesie, ut cantent ant. *Sitivit anima mea ad deum fontem vivum, quando veniam et apparebo ante faciem domini.* Ps. *Quemadmodum.* Antiphona finita, cantetur: *Kyrieleison, Christeleison, Kyrieleison. Pater noster.*

10. Istis cantantibus, quattuor cardinales vel episcopi aut maiores prelati ecclesiarum Urbis, induti vestibus sacris cum pluvialibus nigris et mitra, cum quattuor thuribulis ascendunt ad altare et incensant illud, similiter incensant et cruces. Deinde revertuntur ad corpus et incensant illud.

11. Postea maior istorum quattuor alta voce absolvat, dicens:

*Et ne nos.* Resp. *Sed libera.*
Vers. *In memoria eterna erit iustus.* Resp. *Ab auditione mala non timebit.*
Vers. *A porta inferi.* Resp. *Erue domine.*
Vers. *Requiescat.* Resp. *Amen.*
Vers. *Domine exaudi.*
Vers. *Dominus vobiscum.*
*Oremus.* Oratio. *Non intres in iudicium*, require supra, folio [CCXXXVI[a]].

12. Finita oratione, incipiat eandem ille, qui est contradictorie[a] positus, dicens: *Dominus vobiscum. Oremus. Non intres in iudicium.* Postea ille, qui est illi oppositus subalterne, eodem modo repetat predictam orationem, postea quartus.

13. Finita oratione, ad mandatum predicti clerici cerimoniarum incipiat cantare colegium alicuius ecclesie resp. *Domine secundum actum meum noli me iudicare, nihil dignum in conspectu tuo egi, ideo deprecor maiestatem tuam, ut tu, deus, deleas iniquitatem meam.*

Vers. *Amplius lava me ab iniustitia mea et a delicto meo munda me.*
Vel resp. *Adesto dolori meo.*
Vers. *Versa est in luctum* etc.

14. Et dum responsorium cantatur, illi quatuor ascendunt ad altare et faciunt, ut dictum est, ita tamen quod ille, qui prius debet dicere sequentem orationem, prius

debet incensare; et debet prius dicere eam ille, qui fuit ultimus in predicta prima superiori oratione.

15. Cum autem reversi fuerint ad feretrum, ille, qui fuit ultimus in predicta oratione, ut predictum est, incipiat: *Dominus vobiscum. Oremus.* Oratio. *Deus, cui omnia vivunt et cui non pereunt*, require supra, folio [CCXXXVI[a]]. Et fit de predicta oratione, sicut dictum est de prima proxima superiori.

16. Finita oratione, de mandato predicti clerici cerimoniarum colegium alterius ecclesie incipiat resp. *Ne recorderis peccata mea, domine, dum veneris iudicare seculum per ignem.*

Vers. *Dirige, domine deus, in conspectu tuo viam meam. Dum.*

17. Et dum cantatur, illi quatuor ascendunt ad altare cum incenso et faciunt omnibus sicut prius. Et ille, qui fuit secundus in prima oratione, incipiat: *Dominus vobiscum. Oremus.* Oratio. *Fac, quesumus, domine hanc cum servo tuo*, require supra, folio [CCXXXVI[a]]. Et quater ista oratio dicatur, sicut prima et secunda.

18. Postea de mandato predicti clerici cerimoniarum pater spiritualis veniat in medium et reddat testimonium pro defuncto de vita sua, qualiter scilicet bene vixerit, si confessus fuerit, si comunicavit, si unctus etc.

19. Quo testimonio audito, dictus clericus cerimoniarum querit a cuncto clero, dicens: *Placet vobis, ut absolvatur frater iste vester defunctus* vel *pater*, si fuerit prelatus. Resp. *Placet.*

20. Tunc dictus clericus rogat de voluntate omnium eum, qui maior est inter eos vel qui fuit primus in oratione, ut eum absolvat. Ipse vero, cui[a] iniunctum fuit, dicit: *Orate omnes.* Postea dicit: *Pater noster.* Vers. *Et ne nos.* Resp. *Sed libera.*

Vers. *In memoria* etc. ut supra.

Oratio. *Absolve* etc., require supra, folio [CCXXXVI[b]].

21. Finita oratione, portetur corpus ad tumulum. Et dum portatur, cantatur ant. *In paradisum.* Alia ant. *Chorus angelorum*, require supra, folio [CCXXXVII[a]]. Et cum pervenerint ad tumulum cum feretro, stent iuxta eum. Et maior ipsorum quatuor vel ille, cui clericus cerimoniarum iniunxerit, benedicat tumulum, dicens: *Oremus.* Oratio. *Deus, qui fundasti terram*, require supra, folio [CCXXXVII[b]].

22. His omnibus actis et dictis, in personam defuncti dicatur ant. *Aperite mihi portas*, et tunc aperiatur sepulchrum. Ps. *Confitemini domino, quia bonus* etc.

Et iterum in personam defuncti ant. *Ingrediar in locum* etc.

Et sepulto cantatur ps. *Quemadmodum.*

Iterum in personam eius cantatur ant. *Hec requies*[a] *mea.* Ps. *Memento, domine,*

---

5.[a] *fehlt, Lücke von ca. 8 Buchst. V; Verweis auf f. 234r–234v.*

7.[a] *fehlt, Lücke von ca. 6 Buchst. V; Verweis auf f. 234v und 236r.*

11.[a] *fehlt, Lücke von ca. 8 Buchst. V; Verweis auf f. 236r.*

12.[a] contraditorie *V.*

15.[a] *fehlt, Lücke von ca. 6 Buchst. V; Verweis auf f. 236v.*

17.[a] *fehlt, Lücke von ca. 7 Buchst. V; Verweis auf f. 236v–237r.*

20.[a] qui *V.*
[b] *fehlt, Lücke von ca. 6 Buchst. V; Verweis auf f. 236r.*

21.[a] *fehlt, Lücke von ca. 6 Buchst. V; Verweis auf f. 237r.*
[b] *fehlt, Lücke von ca. 6 Buchst. V; Verweis auf f. 237v.*

22.[a] reques *V.*

*David.* Ant. *De terra.* Ps. *Domine probasti.* Ant. *Non intres.* Ps. *Domine exaudi.* Ant. *Omnis spiritus.* Ps. *Laudate dominum de celis.*

Ad *Benedictus* ant. *Ego sum.* Ps. *Benedictus*, quas omnes antiphonas cum suis psalmis require supra, folio [CCXXXVII[b]].

23. Deinde ex precepto ipsius clerici cerimoniarum dicantur scripte orationes per ipsos quattuor, prout ipse ordinaverit, scilicet:

Oratio. *Oremus, fratres karissimi, pro spiritu fratris nostri.* Alia oratio. *Deus, cui omnia vivunt.* Alia oratio. *Temeritatis quidem est.* Alia oratio. *Opus est misericordie.* Alia oratio. *Debitum humani corporis.* Alia oratio. *Omnipotens sempiterne deus*, quas omnes orationes require supra, folio [CCXXXVIII[a]].

24. Postea, antequam populus recedat, tradito corpore sepulture, aspergatur aqua benedicta, deinde absolvatur hoc modo: Dicat enim maior ipsorum quattuor ex precepto clerici cerimoniarum: *Pater noster.* Vers. *Et ne nos.* Resp. *Sed libera.*

Vers. *Non intres in iudicium cum servo tuo, domine.* Resp. *Quia non iustificabitur apud te omnis vivens.*

Vers. *A porta inferi.* Resp. *Erue, domine, animam eius.*

Vers. *Domine exaudi.*

Vers. *Dominus vobiscum.*

*Oremus. Satisfaciat tibi, quesumus, domine,* require supra, folio [CCXXXIX[a]], deinde *Oremus.* Oratio. *Tibi, domine, comendamus*, require supra, folio [CCXXXIV[b]].

25. Postea aspergatur aqua benedicta per cimiterium et dicatur ps. *Miserere.*

Deinde *Pater noster.* Vers. *Et ne nos.* Resp. *Sed libera.*

Vers. *Requiem eternam.* Resp. *Et lux.*

Vers. *A porta inferi.* Resp. *Erue.*

Vers. *Domine exaudi.*

Vers. *Dominus vobiscum.*

*Oremus.* Oratio. *Deus, cuius miseratione anime fidelium requiescunt, famulis et famulabus tuis omnibus hic et ubique in Christo quiescentibus da propitius veniam delictorum, ut a cunctis reatibus absoluti tecum sine fine letentur. Per dominum.* Resp. *Amen.*

26. Postea dicat: *Oremus.* Oratio. *Absolve, quesumus, domine*, require supra, folio [CCXXXVI[a]].

Deinde dicat: *Anima eius et anime omnium fidelium defunctorum per dei misericordiam requiescant in pace.* Resp. *Amen.*

27. Quibus omnibus dictis et factis, redeant ad ecclesiam, dicendo septem psalmos penitentiales cum suprascripta oratione: *Absolve, quesumus, domine*, quam require supra, folio ut supra.

Deinde dicat: *Requiem eternam.* Vers. *Requiescant in pace.* Resp. *Amen*[a].

---

[b] *fehlt, Lücke von ca. 7 Buchst. V; Verweis auf f. 237v–238v.*

23.[a] *fehlt, Lücke von ca. 7 Buchst. V; Verweis auf f. 238v–239v.*

24.[a] *fehlt, Lücke von ca. 6 Buchst. V; Verweis auf f. 234v.*

[b] *fehlt, Lücke von ca. 6 Buchst. V; Verweis auf f. 234.*

26.[a] *fehlt, Lücke von ca. 8 Buchst. V; Verweis auf f. 236r.*

27.[a] Amen] *danach als Zeichen für das Ende der Hs.:* Deo gratias Amen V.

# ANHANG

## **I.** [De consuetudinibus et observantiis ecclesie romane in precipuis sollempnitatibus.]

1. In adventu domini mane statio ad Sanctam Mariam Maiorem, ubi dominus papa cum omnibus ordinibus venit. Ibique honorifice, sicut mos est, cantat missam.

2. Dominica secunda statio ad Ierusalem in palatio Susurriano, ubi dominus papa cum tota curia debet cantare missam et accipere coronam et celebrare, sicut mos est.

3. Dominica de *Gaudete* statio ad Sanctum Petrum, ubi dominus papa cum omnibus ordinibus ad vesperam ibi veniens ibi manet. Media nocte, audito signo, surgens dominus papa incensat altaria sancti Leonis, sancti Gregorii, sancti Sebastiani, sancti Tiburtii, Simonis et Iude, sancte Marie et Veronicam, scilicet sudarium Christi, postea altare sancti Petri et corpus Christi super altare. Et sedens in subsellio cum candelabris, paraphonista incipit vigilias: *Ex Egipto*. Ps. *Beatus vir*. Missa ibi a pontifice celebratur; et debet dicere: *Gloria in excelsis* pro reverentia corone et stationis.

4. In quatuor temporibus feria quarta statio ad Sanctam Mariam Maiorem, de quatuor temporibus sexta feria statio ad Sanctos Apostolos cum processione, sabbato sancto ad Sanctum Petrum, ubi debet ordinatio a pontifice celebrari. Cum vero cantatur officium celeberrime a scola et ymnus *Trium puerorum. Benedicite omnia opera*, descendit pontifex ab altari et vadit ad Sanctum Andream. Ibi facit consecrationem. Facta consecratione, revertitur ad altare, quia ad altare sancti Petri nulla consecratio debet fieri nisi de romano pontifice. Sic in omnibus quatuor temporibus fieri debet.

5. In die natalis domini statio ad Sanctam Mariam, ubi dominus papa debet cantare missam cum scolis clericorum et familia palatii, canonici tres primas lectio-

---

**I.** Ms.: B (= Basel, cod. D. IV. 4), f. 29ra–31rb.
*Titel. fehlt B; ergänzt nach dem Titel des OR XII.*

---

**I.** Der Text entspricht im Inhalt und Wortlaut meist dem des Liber politicus (LC 2, S. 141b–159b), ist jedoch meist wesentlich kürzer; ich gebe daher nur die Abweichungen vom Text des Liber politicus an. Vgl. auch S. 13 und 393.

3. Die Begründung für das Beten des *Gloria* fehlt im Liber politicus (LC 2, S. 144a, Nr. 9).

4. Zur *sexta feria* und zu der *consecratio* vgl. den Liber politicus (LC 2, S. 144b, Nr. 11); außerdem siehe P. F. Kehr, Italia pontificia 1, S. 136, Nr. 6 und Petrus Mallius (Cod. topogr. III, S. 404, Z. 21–25).

nes, alias cardinales et episcopi. Episcopus Albanensis debet facere cenam optimam curie. Finita nona lectione, *Te deum laudamus*, postea oratio et missa cantatur. Quando debet dicere: *Ite missa est*, sacerdos dicit: *Ecce Maria*. Ad presepem debet cantare missam, *Gloria in excelsis*, unam orationem tantum, *Credo in unum deum*.

6. Ad Sanctam Anastasiam cantat mane summus pontifex missam. Qua finita, descendit cum processione ad Sanctum Petrum, ubi est statio. Ibi honorifice cantat missam cum omnibus ordinibus palatii. Et debet ibi accipere coronam et per mediam urbem redire ad palatium et perficere festum corone. Sed propter parvitatem diei et difficultatem vie facit stationem ad Sanctam Mariam Maiorem. Cardinales descendunt in chorum in locis suis, episcopi ad dexteram iuxta pontificem in locis suis. Post introitum, *Kirieleison* et *Gloria in excelsis* dicit unam orationem tantum.

Interea archidiaconus cum diaconis dicit: *Exaudi Christe*.

Respondent notarii: *Domino nostro Gregorio a deo decreto summo pontifici et universali pape vita*.

Ter: *Sancta Maria*.

Respondent: *Tu illum adiuva*.

Similiter de unoquoque choro tres sanctos.

Finita missa, pontifex coronatur ab archidiacono, ascendit equum et procedit cum processione usque ad palatium. Antequam descendat, descendunt cardinales.

Dicit cardinalis sancti Laurentii: *Summo et egregio ac beatissimo pape Innocentio vita*.

Respondent omnes cardinales: *Deus conservet eum*, tribus vicibus.

*Salvator mundi* etc., usque ad finem sanctorum.

*Multos annos. Tempora bona habeas. Tempora bona habeamus omnes*.

Tunc descendit de equo ad cameram.

7. In epiphania domini statio ad Sanctum Petrum, ubi dominus papa cum tota curia cantat vesperas; et in omnibus facit sicut in dominica de *Gaudete*. Media nocte surgit et incensat altaria, sicut dictum est.

8. In purificatione sancte Marie statio ad Sanctam Mariam Maiorem, et XVIII ymagines portantur.

9. In cathedra sancti Petri statio ad Sanctum Petrum, dominus papa debet sedere in cathedra ad missam.

10. Quarta feria in capite quadragesime statio ad Sanctam Savinam. Ante communionem dicit subdiaconus: *Crastina die veniente statio erit in ecclesia sancti Georgii*, respondit scola: *Deo gratias*.

11. Dominica *Letare Ierusalem* statio ad Ierusalem in palatio Susurriano, ubi dominus papa honorifice cantat missam, habens in manu sua rosam de auro cum musco, et predicat de rosa. Deinde accipit coronam et coronatus cum processione redit ad palatium, sicut mos est.

12. Dominica in palmis mane statio ad Lateranum, ubi palme sunt collecte ad Sanctum Silvestrum.

13. In cena domini, preparatis ampullis plenis oleo, miscent balsamum cum oleo. Introitus, *Gloria patri*. Ea die papa predicat, post facit remissionem populo, benedicit et descendit ad sedem. Cardinales levant mensam de altari et denudant altare

et ponunt in securo loco. Et solus pontifex intrat ad altare ad sacrificium, de quo servat pro alio die parasceve. Sanctificat[a] crisma et oleum, sicut in ordine episcopali est scriptum. Finita missa, intrat basilicam Sancta sanctorum. Ibi exuit se usque ad dalmaticam et, posita pelle ad collum, ponitur ibi conca. Duo hostiarii portant priorem ante pontificem. Ille lavat pedes eius cum aqua calida et tergit linteo; sic XII subdiaconis facit.

14. In parasceve episcopus ebdomadarius facit officium in basilica Salvatoris. Dominus papa descendit de palatio; ibi post altare cum aliis ordinibus se induit et discalciatus pergit cum processione. Cum redeunt ad ecclesiam, pontifex lotis pedibus accedit ad altare, prius orat et facit, sicut scriptum est in libro.

15. In sabbato sancto mane surgit archidiaconus et miscet oleum et crisma annotinum[a] in cera munda; acolitus conficit eam et colat et facit ex ea in similitudinem azimorum, quos dominus pontifex ad missam expendit in sabbato de albis.

16. Ad sextam sabbati sancti efficitur novus ignis et cereus benedicitur et leguntur XII lectiones latine et XII grece et cantantur III cantica *Cantemus. Vinea. Attende.* Finito hoc officio, papa descendit ad fontem, subdiaconi cantant letaniam, primicerius cum scola cantat: *Sicut cervus.* Postea veniunt cardinales, quibus dicit pontifex: *Ite, baptizate omnes gentes in nomine patris* etc. Cardinales ita induti revertuntur ad titulos suos, pontifex intrat ad baptisterium. Quo finito, redit. Deinde revertitur ad altare, cum letania incipit, *Gloria in excelsis deo*; *Credo in unum* non cantatur nec offertorium nec *Agnus dei* nec communio; nec osculum.

17. In die sancte resurrectionis statio ad Sanctam Mariam Maiorem. Mane surgit dominus pontifex et vadit et intrat episcopium in basilica aurea sancti Laurentii, que dicitur Sancta sanctorum. Posita ibi capella et subsellio, prius orat, postea induitur et omnes ordines palatii cum eo usque ad dalmaticam.

18. Surgit et ingreditur ad Salvatorem et aperit ymaginem et osculatur pedes Salvatoris, dicens alta voce tribus vicibus: *Surrexit dominus de sepulcro, qui pro nobis pependit in ligno, Alleluia.* Alii respondent idem. Et redit ad subsellium et prius dat pacem archidiacono, deinde secundo diacono et priori et omnibus ordinibus palatii. Finita pace, pontifex induit se planeta alba et sic similiter usque ad octavam pasce. Induit pallium et mitram.

---

13.[a] Sanctifica *B.*
15.[a] annotium *B.*

---

6. Die Nennung des Papstes Gregor bezieht sich wohl auf Gregor IX., die des Papstes Innozenz auf Innozenz II.; vgl. B. Schimmelpfennig in AHPont 6, S. 46 und 49 und unten, Abs. 19, S. 374. Zum Passus *Ter – sanctos* vgl. den Liber politicus (LC 2, S. 146a, Z. 1–6, Nr. 19).

7. Zur Inzensierung der Altäre vgl. oben Abs. 3.

13. Zur Weihe von Chrisma und Öl vgl. PRG 2, Kap. XCIX 268ff., S. 71ff. und PR XII, Kap. XXX A 44ff., S. 222ff. Zum Ausdruck *ordo episcopalis* vgl. PR XII, S. 15, 16, 71 Anm. 1 und 95 und den Liber politicus (LC 2, S. 151a, Z. 15, Nr. 40).

14. Zum *liber* vgl. den Liber politicus (LC 2, S. 151b, Z. 12, Nr. 42), PRG 2, Kap. XCIX 305ff., S. 87ff. und PR XII (wie zu Abs. 13).

17. Der Ausdruck *aurea* bei der Laurentiuskapelle, der vielleicht auf ihre Ausstattung hinweist, ist mir aus anderen Quellen nicht bekannt. Zur Kapelle vgl. H. Grisar, Die römische Kapelle Sancta sanctorum und ihr Schatz, passim.

19. Cum omnibus ordinibus descendit de palatio. Preparatis equis cum albis mapulis, equitant cum processione ad Sanctam Mariam Maiorem. Notarius dicit: *Iube domine benedicere.* Postea dicit: *In ecclesia sancte Marie in hac nocte baptizati sunt tot masculi et tot femine.* Pontifex respondet: *Deo gratias.* Canonici recipiunt cum processione, ipse dat pacem omnibus. Postea incendit stupam super capita columpnarum, que ibi stant. Primicerius incipit: *Resurrexi.* Post *Gloria in excelsis* et post orationem archidiaconus cum sociis et notariis facit laudes, dicens: *Exaudi Christe.* Notarii respondent: *Domino nostro pape Gregorio a deo decreto summo pontifici et universali pape vita.* [Archidiaconus[a] cum sociis iterum dicit: *Exaudi Christe*[a]]; notarii similiter. Sic dicitur tribus vicibus. Postea legitur epistola latina et greca et ewangelium latinum et grecum. Cum pontifex in secreta dicit: *Per omnia secula seculorum*, nullus ei respondet; sed incipit: *Pater noster.*

20. Finita missa, coronatur et redit ad palatium cum processione. Veniens ad palatium, acceptis laudibus a cardinalibus sicut in aliis coronis, descendit de equo, suscipitur a primicerio et secundicerio, ducitur in cameram. Preparata sunt ibi XI scamna et unum subsellium in figura XII apostolorum. Benedicit agnum, tollens parum dat priori, dicens: *Quod facis, fac citius, sicut ille ad dampnationem, sic tu ad remissionem*; et mittit in os eius. Deinde undecim discumbentibus ad dimidium convivium legit diaconus lectionem; cantores ex precepto pontificis cantant sequentiam convenientem. Finito convivio, pontifex pulsat, postea surgens intrat ad vesperas. Finitis tribus vesperis, sedet in porticu, datur ei bibere et aliis ordinibus; cantores cantant ibi sequentiam *Mane prima sabbati.*

21. Secunda feria statio ad Sanctum Petrum. Nam mane facto omnes palatini ordines congregantur ad palatium. Et equitat dominus pontifex ad Sanctum Petrum et ibi cum omni populo Romano cantat missam. Qua finita, coronatur ante basilicam sancti Petri in loco, ubi ascendit equum. Et coronatus cum processione revertitur ad palatium Lateranense. Ibique honorifice susceptus, factis laudibus, ascendit palatium et celebrat convivium in basilica Leoniaca, sicut in die pascali. Peracto convivio, descendit ad vesperas.

22. Sabbato de albis, statio ad Lateranum, ubi dominus apostolicus cantat missam. Ibique mutatur graduale in *Alleluia* et cantantur duo *Alleluia* cum suis versibus, quid significat[a] gloriam beatitudinis celestis patrie.

23. Dominica prima infra[a] octabas leguntur VIIII lectiones secundum romanam ecclesiam, mane statio ad Sanctum Pancratium[b].

24. In letania maiore dominus papa descendit de palatio cum omnibus ad ecclesiam sancti Iohannis. Ibi induitur et omnes ordines palatii cum eo: episcopi in pluvialibus, presbiteri et diaconi et subdiaconi cardinales in planetis. Et sic induti procedunt, sicut mos est, cruce domini pape et stationali cruce precedente. Veniens ad ecclesiam sancte Marie Nove, pausat parum in lecto; et expleta septena letania, procedit. Veniens ad Sanctum Marcum, similiter pausat; et[a] expleta ibi quaterna letania, procedit. Veniens in cortinam ad quatuor columpnas, pausat. Expleta trina letania, procedit. Et incipitur simplex[b] letania et finitur in capite graduum. Qua finita, incipit papa: *Te deum laudamus.* Cantata missa in maiori altari, redit ad palatium.

25. Eodem die omnes cruces Romane civitatis cum clero et populo honorifice cum processione procedunt ad Sanctum Marcum. Interim convenientibus omnibus patriarcharum canonicis cum suis crucibus in basilica Salvatoris, que vocatur Constantiniana, ibi dominus pontifex post altare induit se cum episcopis cardinalibus et aliis. Et inde vadit ad Sanctum Petrum; statio tunc ad Sanctum Petrum. Ibi dominus papa cantat missam.

26. In ascensione domini statio ad Sanctum Petrum, ubi dominus papa cum episcopis, cardinalibus, diaconis et ceteris scolis debet cantare vesperam et sicut in nocturnis stationibus media nocte surgere incensando altaria. Finita missa, coronatur et sic gloriosus revertitur ad palatium. Infra ebdomadam cantant, sicut mos[a] est.

27. Dominica de rosa statio ad Sanctam Mariam Rotundam, ubi pontifex debet cantare missam honorifice.

28. Sabbato pentecostes ad officium baptismi leguntur VI lectiones latine et VI grece, pro introitu letania.

29. Dominica pentecostes statio ad Sanctum Petrum, ubi dominus pontifex ad vesperam vigilie cum omnibus ordinibus venit in nocte ad matutinum sicut in nocturnis stationibus, ad corpus sancti Petri vigilias facit. Missam cantat[a] papa cum laudibus. Post missam coronatus redit ad palatium, sicut mos est.

30. Sabbato quatuor temporum ad lectiones non flectuntur genua propter pasca, sed in loco gradualis cantatur *Alleluia. Kirieleison* non dicitur propter letaniam, ubi dicunt infra *Kirieleison.* Sed finito ymno *Trium puerorum*, papa incipit: *Gloria in excelsis.* Dicitur pasca annotinum, quod est in anniversario preteriti pasce.

31. Dominica in octava[a] pentecostes ponitur liber regum usque in Kalendas

---

19.[a] Archidiaconus – Christe] *fehlt B; ergänzt nach dem Wortlaut des Liber politicus (LC 2, S. 153a).*

22.[a] signat *B.*

23.[a] *korr. aus* post *B.*
[b] Parratium *B.*

24.[a] et expleta] *doppelt geschrieben B.*
[b] simpla *B.*

26.[a] mos est] nos *B.*

29.[a] cantant *B.*

31.[a] octua *B.*

---

19. Zum Papst Gregor vgl. oben Abs. 6, S. 372f.

20. Die Nennung der beiden *iudices* entspricht der im Papstweihordo (AHPont 6, S. 55f., 61 und 67) und der Angabe im Liber politicus (LC 2, S. 153b, Z. 13f., Nr. 48).

23. Vgl. die bessere Formulierung im Liber politicus (LC 2, S. 155b, Z. 6ff., Nr. 54).

24. Zu den Litaneien vgl. die Angaben im Liber politicus (LC 2, S. 156a/b, Nr. 58) und PRG 2, Kap. XCIX 419, S. 119. – Da der Text die Subdiakone zu den Kardinälen rechnet, stammt er vielleicht aus dem späten 11. Jh., als die Zusammensetzung des Kardinalkollegs noch nicht abgeschlossen war. Es kann natürlich auch zutreffen, daß der Passus nur inkorrekt ist und nicht den damaligen Zuständen entspricht. Vgl. H. W. Klewitz, Die Entstehung des Kardinalkollegiums, S. 96f.
Die statt der Kirche S. Maria in Virgariis (LC 2, S. 156b, Z. 10) genannte *cortina in quatuor columpnas* bezeichnet den Platz am westlichen Ende des Bogenganges, der nach St. Peter führte; vgl. LC 2, S. 164 Anm. 53, Chr. Huelsen, Le chiese di Roma nel medioevo, S. 374f., Nr. 95 und Cod. topogr. III, S. 221 Anm. 1. Die vier Säulen sind in keiner anderen Quelle genannt.

26. Zum Inzensieren der Altäre vgl. oben Abs. 3, S. 371.

Augusti. Deinde nocturna psalmorum et capitula cum genu flexo, sicut ratio requirit. Ad primam omni tempore oratio diei non mutatur, nisi infra dies pasce et magnis festivitatibus sanctorum, quibus non dicitur nisi oratio festivitatis, et infra octavam.

32. In festo sancti Iohannis baptiste statio in basilica sancti Salvatoris. Missam cantat dominus papa, *Credo* non dicitur.

33. In festo sancti Petri statio ad Sanctum Petrum. Ibi dominus papa cantat vesperas cum omnibus curialibus; antiphona *Iuravit*. Vigilias facit ad corpus sancti Petri, matutinas ad altare maius. Mane ad missam domini pape debent esse laudes et coronari debet in festivitate eius, cuius vicarius est.

34. In festo sancti Pauli vadit dominus papa illuc. Cum omnibus scolis facit vesperas et incipit ipse papa. Expletis vesperis, pergit ad cenam, quam habet ab ecclesia. Peracta cena, intrat ad vigilias. In quarta lectione pontifex intrat ad archam altaris sancti Pauli, ubi est foramen in fundo arche super corpus apostoli, mittit intus manum et apprehendit turibulum cum incenso. Illi carbones valent febricitantibus, si modo bibant. Mane pontifex celeberrime cantat missam.

35. In Kalendis Augusti ponitur liber Salomonis usque in Kalendas Septembris.

36. In festo sancti Laurentii dominus pontifex in basilica eius cum omnibus scolis facit vesperas et officium per totam noctem. Mane facit missam Romano populo.

37. In assumptione sancte Marie dominus papa cum omni curia facit vesperam et vigilias et VIIII lectiones ad Sanctam Mariam Maiorem. Postea revertitur Lateranum. In vigilia mane papa cum cardinalibus discalciatis facit VII genua et aperit ymaginem et osculatur. pedes domini et deponit iusum, cantando *Te deum laudamus*, quod Leo IIII constituit, et portant ymaginem per civitatem. Dominus pontifex cantat missam, benedicit populum fatigatum, reducit ymaginem ad Sanctum Laurentium. Sic omnes recedunt.

38. Dominica prima mensis Septembris ponitur liber Iob et Tobie et Iudith et Hester usque ad Octobrem.

39. Statio de nativitate sancte Marie. In nativitate sancte Marie celebratur missa celeberrime a papa, sicut in purificatione et assumptione sancte Marie.

40. In exaltatione sancte crucis statio Laterani, sed collecta fit ad Sanctam Mariam Maiorem. Cardinales portant in processione de ligno sancte crucis et sandalia Christi et circumcisionem eius, et dominus papa discalciatus recipit ad basilicam Salvatoris. Ibi papa cantat missam. Qua cantata [et[a]] benedictione facta, recedunt.

41. Dominica prima mensis Octobris liber Machabeorum usque in Novembrem.

42. Dominica prima Novembris ponitur Daniel in dominicis diebus, infra ebdomadas Ezechiel et XII prophete.

43. In festo sancti Andree dominus papa cum omnibus scolis facit vesperas et vigilias ad Sanctum Andream, matutinum ad fratrem eius, scilicet ad altare sancti Petri. Mane cantatur missa super altare sancti Andree.

## II. Alia rubrica, quando electus in papam coronatur.

1. Notandum est quod, quando electus in papam exiens capellam sancti Gregorii vadit processionaliter versus altare, signando continue hinc et inde et dum pro-

cessit modicum ultra, veniet sibi obviam unus de clericis [capelle[a]], qui portabit modicum de stupa supra harundinem aut virgam, quam ibi comburet[b] ter. Et precedens eum cum stupa[c] sic ardente dicet ter alta voce: *Pater sancte, sic vadit gloria mundi.*

2. Nonnulli arbitrantur melius esse, quod talis actus fieret ante fores ecclesie in presentia multitudinis populi, ubi est locus maioris glorie et omnes conspiciant mundanam gloriam parvo momento temporis duraturam.

3. Quo facto, cum electus[a] in papam pervenerit ultra versus altare, veniunt sibi obviam tres presbiteri cardinales iuniores, quos ipse electus[b] recipit ad osculum ad os, postea ad pectus. Ultimus aptabit electo planetam cum magna reverentia. Postmodum revertuntur ad ordinem suum cum aliis, qui sic parati erunt in processione.

4. Electus ipse sic procedet versus altare processionaliter. Quando erit iuxta altare, non fiet illa (!) ulla examinatio etc., ut supra in folio XII.

## III. Tertius canon. De officio sacristarum vel aliorum cappelle curam habentium, quando episcopus cardinalis aut alius pontifex missarum sollempnia est celebraturus.

1. Sacriste seu clerici, quibus cappelle cura committitur, preparare debent in aliquo apto[a] loco parum distante a faldistorio, ubi pontifex sedere solet, quando paratur sollempniter in ecclesia sua celebraturus, paramenta et res omnes alias sacrificio, pontifici et ministris necessarias; qui, si extra ecclesiam suam in alia ecclesia celebraturus sit, studeant omnia predicta ad ecclesiam illam deferre per tempus, ita quod nichil in ministerio deficiat.

2. Sacrificio necessaria sunt ista: doxale cum aurifrisio et tres tobalie altaris; crux super altari ponenda; palle et corporalia; calix et patena; mappula ad extergendum

---

40. [a] *fehlt B.*

**II.** Mss.: B (= Barb. lat. 750), f. 95v; T (= Turin, cod. F. V. 14), f. 95r–95v.

1. [a] *fehlt B T; ergänzt nach H. Finke, Eine Papstchronik des XV. Jahrh.s, S. 361.*
[b] comburret *B.*
[c] stuppa *B.*

3. [a] ellectus *T.*
[b] ellectus *T.*

**III.** Ms.: P (= Paris, ms. lat. 970), f. 220ra–222va.

1. [a] acto *P.*

---

33. Der Ort für die Feier von Vigil und Matutin ist im Liber politicus (LC 2, S. 157b–158a, Nr. 67) nicht genannt.

34. Zur *arca* in St. Paul vgl. LC 2, S. 158a, Z. 25–33 und S. 164 Anm. 55 und W. Buchowiecki, Handbuch der Kirchen Roms 1, S. 216f.

37. Statt Leo IV. nennt der Liber politicus (LC 2, S. 159a, Z. 6, Nr. 72 mit Anm. 59) Sergius I.

**II.** Zum Text vgl. S. 120 und 411. Zu den Einzelheiten des Textes vgl. auch J. Kösters, Studien, Beil. 3, S. 92–98 und H. Finke, Eine Papstchronik des XV. Jh.s, S. 361.

2. Die Verbrennung des Wergbüschels auf dem Platz vor der Kirche ist mir aus keiner anderen Quelle des Mittelalters bekannt; vgl. jedoch die Abbildung bei Ulrich von Richental, Das Konzil zu Konstanz, ed. O. Feger, Bd. 2, f. 102v.

**III.** Zum Text vgl. S. 437f. und Kap. CLI, oben, S. 364.

calicem; altare portatile, si oportunum duxerit; ampulle pro vino et aqua; vasculum cum hostiis; turribulum et navicula cum thure et cocleari; missale, liber evangeliorum et epistolarum; tappetia, bancalia et cortine ad habundantiam; mensa parata cum tobaliis mundis parum distans ab altari, sub qua magnus cacabus ponatur ad recipiendum loturam manuum et aliarum rerum, super ea candelabrum cum lumine, vasa argentea plena vino et aqua pro sacrificio; tasse pro credentiis fiendis; tobalee plures munde pro manibus et aliis oportunis; duo bacilia ad proiciendum aquas super manibus.

3. Necessaria pontifici hec sunt: calige et sandalia, pecten et tobalea collo circumvolvenda, ammictus, alba, cingulum, crux pectoralis, stola, tunicella, dalmatica, cirotece, planeta, pallium cum tribus spinulis, manipulum, mitra, anulus pontificalis, faldistorium cum scabello et panno ad tegendum utrumque, tobalia pulcra sternenda super gremio, scabellum.

4. Necessaria capellanis ad mitram et baculum servientibus: superpellicium, ammictus, pluviale et tobalea pro tenente mitram.

5. Necessaria diacono: ammictus, alba, cingulum, stola, dalmatica, manipulum.

6. Necessaria subdiacono: ammictus, alba, cingulum, tunicella et manipulum.

7. Acolitis necessaria: cotte albissime.

8. Sed turiferarius induit tunicellam ex more in ecclesia Tarentina.

9. Cum ergo sacriste seu clerici cappelle curam habentes omnia predicta invenerint et paraverint vel pervenerint ad ecclesiam cum eadem capella, de convenienti loco, in quo pontifex sacris vestibus indui debeat, provideant, ita quod, si in ipsa ecclesia secretarium sit sive sacristia conveniens, in qua pontifex celebraturus indui soleat, ibidem faciant deponi cappellam.

10. Et sternantur tapete seu tapetia, et preparent faldistorium cum cossino et panno, qui ipsum cooperiat, et scabellos.

11. Exponant etiam in apto loco, prout melius poterunt, sacras vestes, quibus pontifex et ministri induendi sunt, et alia, que ad ministerium sunt oportuna, ut promptu haberi possint.

12. Si vero in eadem ecclesia non sit secretarium seu sacristia conveniens, deponatur cappella; et fiant, que predicta sunt, in aliquo apto loco prope altare.

13. Et si forte in ecclesia illa consuetum esset, quod pontifex longe ab altari induatur et cum ordinata processione ad altare procedat, consuetudo servanda est.

14. Preterea sternant ante altare sacrum tapete seu tapetia, ut provideant, quod ipsum altare, priusquam pontifex ad altare accedat, sit decenter ornatum sive pannis, quos ipsi deferant, sive sint eiusdem ecclesie.

15. Ponant insuper super ipsum altare crucem, que sit contra faciem pontificis, quando stabit in medio altaris.

16. Ornatio altaris differri potest usque post evangelium vel post predicationem, quando nimius est concursus populi ad ipsum altare.

17. Debent autem sacriste seu ipsi clerici induti cottis sacra ornamenta tractare.

# KONKORDANZEN

## 1. Konkordanz zu den Zeremoniellsammlungen

In der folgenden Konkordanz wird der Inhalt der vier in diesem Band edierten Sammlungen mit dem anderer Zeremoniellsammlungen des 12. bis 15. Jahrhunderts verglichen. Aus außerzeremoniellen Sammlungen sind nur die Texte berücksichtigt, die zumindest vom Inhalt her Teilen von Zeremonienbüchern entsprechen (z. B. Pontifikalien). Gewöhnlich sind die Kapitelzahlen der Sammlungen angegeben; Seitenzahlen sind als solche gekennzeichnet. Bei Gattico kommen beide Zählarten vor: die Kapitelzahlen beziehen sich auf die von Gattico edierte Version (S. 9–156) des OR XIV, die Seitenzahlen auf die anschließend (S. 157ff.) gedruckten Texte. Bei der Sammlung C und anderen Sammlungen geben die Foliozahlen die nicht edierten Texte an. Im Wortlaut identische Texte stehen – durch Gleichheitszeichen verbunden – in einer Reihe. Im Wortlaut ähnliche Texte stehen gleichfalls in einer Reihe, sind aber durch ein Semikolon getrennt. Entsprechen sich Texte nur mehr oder weniger im Inhalt, nicht aber im Wortlaut, sind die Zahlen in verschiedenen Reihen aufgeführt. Zuerst sind jeweils die Belege aus den Sammlungen A bis D, sodann – in chronologischer Reihenfolge – die aus den anderen Sammlungen aufgeführt, wobei die Pontifikalien vor den Zeremonienbüchern angeordnet sind.

Die Konkordanz ist nach folgenden Gesichtspunkten angeordnet:

I. Päpstliches Zeremoniell
  1. Mehr auf die Öffentlichkeit bezogenes Zeremoniell
    a) des Papstes (Papsttod, Wahl und Weihe eines neuen Papstes u. a.)
    b) von Kardinälen, Prälaten und Kurialen (Kreationen, Weihen u. a.)
    c) von Herrschern und anderen Laien (Krönungen und Weihen, Empfänge u. a.)
    d) Kanonisationen und Konzilien
  2. Papstgottesdienste
    a) Papstvespern
    b) Papstmessen
    c) Dienste der Kardinäle etc., Präzedenzen
    d) Farben, Gewänder und Geräte
    e) besondere Gebete und Einzelheiten
  3. Kirchenjahr
    a) Temporale
    b) Sanctorale
    c) Exequien
II. Nichtpäpstliches Zeremoniell
  1. Pontifikalmessen
  2. Dienste des Diakons u. a.

3. Farben, Gewänder und Geräte
4. besondere Gebete und Einzelheiten
5. Königskrönungen

## Siglen:

1. In diesem Band edierte Texte

| | |
|---|---|
| A | = Sammlung A (Die Sammlung des Codex Avignon 1706) |
| B | = Sammlung B (Die Sammlung des Bindo Fesulani) |
| C | = Sammlung C (Ein Zeremonienbuch aus der Zeit Benedikts XIII.) |
| D | = Sammlung D (Texte aus dem Pontifikale des Giovanni Barozzi) |
| Anh I, II, III | = Anhang I, II, III |

2. Sonstige Quellen

| | |
|---|---|
| Al | = Albinus, Gesta pauperis scolaris |
| Ba | = B. Schimmelpfennig, Ein bisher unbekannter Text |
| Be | = Benedikt von St. Peter, Liber politicus (OR XI) |
| Bri | = J. Brinktrine, Consuetudines liturgicae |
| Ce | = Cencius, Liber censuum (OR XII) |
| Co | = E. Cornides, Rose und Schwert |
| Dy | = M. Dykmans, Le cérémonial de Nicolas V |
| Eh | = F. Ehrle, Zur Geschichte des päpstlichen Hofceremoniells |
| El | = R. Elze, Ordines coronationis imperialis |
| Fi | = H. Finke, Acta concilii Constanciensis 1 |
| Ga | = G. B. Gattico, Acta selecta caeremonialia 1 |
| Gi | = D. Giorgi, De liturgia Romani Pontificis 3 |
| Gr | = Ordo Gregors X. (OR XIII), nach Edition in Migne PL 78 (Sp. 1105ff.) |
| HaA | = J. Haller, Zwei Aufzeichnungen, Liste A |
| HaS | = ders., Die Verteilung der Servitia minuta |
| Kay | = R. Kay, The Conciliar Ordo |
| Kö | = J. Kösters, Studien zu Mabillons Römischen Ordines |
| Kon | = B. Schimmelpfennig, Zum Konzilszeremoniell |
| La | = L.-H. Labande, Le cérémonial apostolique de Jacques Cajétan |
| Lo | = B. Schimmelpfennig, Ein Fragment zur Wahl |
| Ma | = E. Martène, De antiquis ecclesiae ritibus 1 |
| Mo | = G. Mollat, Miscellanea Avenionensia I |
| Mü | = E. Müller, Das Konzil von Vienne |
| Na-Ta | = J. Nabuco – F. Tamburini, Le cérémonial apostolique |
| OR XIV | = Mabillons Version des OR XIV (Migne PL 78, Sp. 1121ff.) |
| OR XV | = Mabillons Ordo Romanus XV (Migne PL 78, Sp. 1273ff.) |
| Pa | = A. Patrizi, Caeremoniale Romanum |
| PGD | = M. Andrieu, Le pontifical romain 3 |
| PR XII | = M. Andrieu, Le pontificial romain 1 |
| PRC | = M. Andrieu, Le pontifical romain 2 |
| Ull | = W. Ullmann, The Curial Exequies |
| WaG | = F. Wasner, Guido de Busco |
| $WaL_1$ | = ders., Fifteenth Century Texts |
| $WaL_2$ | = ders., „Legatus a latere": Addenda varia |
| WaT | = ders., Tor der Geschichte |

## Prolog

B 44
Be 1, S. 141a/b
Al, S. 87a–89b
Gr 1 = Ga 80 = PRC App. I 1–2

## I. Päpstliches Zeremoniell

### 1. Mehr auf die Öffentlichkeit bezogenes Zeremoniell

*a) des Papstes selbst*

Papsttod und Papstexequien
A 18 = Eh, S. 585f.
A 19, 1
Ga, S. 231a–232b
OR XV 143–144
Pa 1, 15, 2–5
Sedisvakanz
OR XIV 113
Ga, S. 169a/b = Na-Ta 122
Ga, S. 232b–233b
OR XV 146–148
Papstwahl
A 19, 2–5
A 20–21 = OR XIV 8–9 =Na-Ta 7–8 = Ga 177–118
A 22
Ba 1; Lo 1; Al XI 3; Ce LVIII 77–80
Gr 2–4 = Ga 80
OR XIV 1–4 =Na-Ta 9 und 1–3 = Ga 113–116
OR XIV 10 = Na-Ta 10 = Ga 119
OR XIV 11 = Na-Ta 11
Na-Ta 121 = Ga, S. 169a
Na-Ta 120
Ga, S. 233b–234a und 235a–244a
OR XV 142 (Anh. zu Bonifaz IX.) und 149
Pa 1, 1, 1–5
Gedächtnis der Wahl
C 125, 1
Ga 53
Pa 2, 2, 32
Konsekration und Krönung eines Papstes
A 23, 1–4
A 23, 5–6 = Ce LVIII 83 und 85
D 138 = Ga, S. 202b–207b; PGD 1, 17, 1 und PRC 13 B
Anh. II
Ba 2–4; Lo 1–2; Al XI 3; Ce LVIII 80–85
PR XII 33
PRC 13 A und B = OR XIV 45 = Na-Ta 46 = Ga 86
PGD 1, 17 und App. I
Gr 5–11 = Ga 80
OR XIV 12–23 = Na-Ta 12–24
OR XIV 24–44 = Na-Ta 25–45 = Ga 88–110
OR XIV 46 = Na-Ta 47 = Ga 87
Ga, S. 244a–247b
Kö, S. 92–98
Pa 1, 2, 1–3 und 1, 3, 1 und 1, 4, 1
Gedächtnis der Konsekration und Krönung
C 125, 2–3
Ga 53
Pa 2, 2, 33
Festkrönungen eines Papstes
Ba, f. 26va = Al X 1
Ba, f. 26va/b = Be 6, S. 171a = Al X 4
Verteilung der Presbyterien
(vgl. auch Konsekration und Krönung des Papstes, Weihnachten, Gründonnerstag, Ostersonntag und Markustag)
A 33
Ce LVII 39–61
Ga 57
Papstprozession
(vgl. auch Konsekration und Krönung eines Papstes)
C 136 = Ga, S. 166a
Papstmahl
(vgl. auch Konsekration und Krönung eines Papstes, die Hauptfeste u. a.)
C 137 = Ga, S. 166a/b
Papst auf Reisen
B 76; Na-Ta 109
Ga 143
Pa 1, 12, 1–4 und 6
Einzug eines Papstes in eine Stadt
Ga, S. 161a–162b, 167a/b und 260b–261b
Pa 1, 12, 5

Zeremonien zur Zeit Benedikts XIII.
(vgl. auch Papstmahl, Papstprozession etc.)
C 129 = Ga, S. 165 = Fi, S. 327f.
C 130 = Ga, S. 165f.
C 131 = Ga, S. 165 = Fi, S. 328f.
C 132 = Ga, S. 166
Konsistorium
A 24
Ga, S. 250a–251b
Pa 1, 9, 1–3
Konsistoriumfreie Tage
OR XIV 101 = Na-Ta 80 = Ga 84
Pa 3, 5, 13
Publikationen von Verträgen u. ä.
Pa 1, 11, 1–3

*b) Kardinäle, Prälaten und Kuriale*

Kardinalskreation
A 26; PRC 11; OR XIV 117 = Ga 69–70 bzw. 129–131 = Na-Ta 99
A 27; PRC 10
C 127
Ba, f. 26rb–26va = Be 5, S. 170a = Al X 3
OR XIV 103 = Na-Ta 82
OR XIV 116–117 = Na-Ta 98–99 = Ga 60–70
Ga 45 und 51
Ga, S. 168a/b = Na-Ta 100
Ga, S. 260a
Pa 1, 8, 1–23
Status und Pflichten der Kardinäle
Ga, S. 247b–248b, 249b–251b und 251b bis 255b
Ernennung von Legaten und Nuntien
OR XIV 118 = Ga 71–79
Pa 1, 8, 18
Legatenzeremoniell
$WaL_1$, S. 324–358
$WaL_2$, S. 410
Promotion von Prälaten
A 24
C, f. 55r–57r
OR XIV 102 = Na-Ta 81
Ga, S. 173b–174a
Na-Ta 129
Pa 1, 10, 1–5
Pallienverleihung
C, f. 56vf.
Ga, S. 160b–161a
Na-Ta 129
Weihen
(vgl. auch Kardinalskreation und Konsekration des Papstes)
OR XIV 56
Bischofsweihe
A 26
C 128
PR XII 10
PRC 11
PGD 1, 14
OR XIV 57
Weihesporteln
A 25 = La, S. 53f.; HaA, S. 24
HaS, S. 288
Ga, S. 262a
WaG, S. 96
Dy, S. 792f.
Ernennung von Doktoren etc.
Ga, S. 171b–172b
Pflichten von Kurialen
A 29–32 = Mo, S. 2–5
HaA, S. 8–31
Ga, S. 263a–278b

*c) Herrscher und andere Laien*

Kaiserkrönung
El 1–27 A (und die jeweiligen früheren Drucke, so auch in den Versionen des OR XIV)
Dy, S. 798–812 = WaT, S. 145–153
Hochzeit eines Herrschers
Dy, S. 809–812 = WaT, S. 151f.
Königskrönung
A 14a = La, S. 68
A 14b = La, S. 68–71; PGD 1, 26, 1–23
A 15 = La, S. 71–74
A 16a–e = PGD App. II; OR XIV 107 bis 110 = Na-Ta 113–116 – Ga 124–126
Ga, S. 164a–165b
Dy, S. 809–812 = WaT, S. 151f.
Benediktionen eines Herzogs, Ritters, Stadtpräfekten etc.
PR XII App. IX
PGD 1, 27 und 28
Pa 1, 7, 1–8

Prozeß gegen Königsmörder
Ga 44
Empfang von Kurienbesuchern
A 28
Ga, S. 256a–260b
Empfang von Kardinälen
OR XV 152
$WaL_1$, S. 306
Pa 1, 8, 22–23
Empfang von Herrschern
A 28
Ga, S. 162b–164a und 262b
OR XV 167
Dy S. 798–805 = WaT, S. 145–149
Pa 1, 13, 1–7

*d) Kanonisationen und Konzilien*

Kanonisation
A 11 = La, S. 55–59
A 12a/b = La, S. 61–67
A 13
OR XIV 111 = Na-Ta 117
OR XIV 115 = Ga 59
OR XV 153
Pa 1, 6, 1–3
Konzil
A 6 = Mü, S. 671f.
A 7a/b = Mü, S. 672–675
A 8 = Eh, S. 574–576 = Mü, S. 675
A 9 = Eh, S. 576–578 = Mü, S. 676f.
A 10 = Eh, S. 578–581 = Mü, S. 677–679
PR XII 36
PRC 45
PGD 3, 6
OR XIV 104 = Na-Ta 83 = Ga 121
Kon, S. 279–292
Kay, S. 302–304
Pa 1, 14, 1–9

## 2. Papstgottesdienste

*a) Papstvespern*

B 45
Ga 140
Pa 3, 5, 11

*b) Papstmesse*

A 35 = OR XIV 112 = Ga, S. 200b–201a
A 36 = OR XIV 113 = Ga, S. 201a/b
B 46–48 = Gi, S. 556–569
C 135, 8–12
C 126 = Gi, S. 570–581
D 152; OR XIV 60 = Na-Ta 61
OR XIV 47 = Na-Ta 48 = Ga 1
Ga 15; 34; 54; 139
OR XV 22 und 42–44
Pa 3, 5, 1–8 und 12–13

*c) Dienste der Kardinäle etc.; Präzedenzen*

Ehrbezeugungen
Pa 3, 1, 1–14
Präzedenzen und Aufstellung
Dy, S. 790–792
Pa 3, 2, 1–2 und 3, 3, 9
Predigt
Dy, S. 794f.
Pa 3, 4, 1–2
Assistenz während der Vesper oder Messe
Pa 3, 2, 7–12 und 15–16
Dienst des Kardinalbischofs
B 74
Pa 3, 2, 6
Dienst des Kardinalpriesters
OR XIV 62–64 = Na-Ta 63–65
Pa 3, 2, 7
Dienst von Kardinaldiakonen
A 23 und 37a–39
Ga 111; 133–143; 141 = Ma, Sp. 679E bis 690A
Pa 3, 2, 14–15
Dienst des Subdiakons
A 40–41
Pa 3, 2, 20
Dienst des Kaplans
Dy, S. 186
Dienst des als Kaplan fungierenden Kardinals
Ga 48–50 und 52

Dienst der servientes armorum
Pa 3, 2, 3
Dienst der Zeremonialkleriker
Pa 3, 2, 4
Dienst des *sacrista*
Pa 3, 2, 18
Dienst der Protonotare
Pa 3, 2, 19
Dienst der Auditoren
Pa 3, 2, 21
Dienst des *magister sacri palatii*
Pa 3, 2, 22
Dienst der *clerici camere*
Pa 3, 2, 23
Dienst der *acoliti*
Pa 3, 2, 24
Dienst der *cubicularii secreti*
Pa 3, 2, 25
Dienst der *secretarii* und *advocati*
Pa 3, 2, 26
Stellung der Patriarchen in der Papstmesse und im Konzil
A 42 = Na-Ta 108 = Ga 142 = Ma, Sp. 690A/C

### *d) Farben, Gewänder und Geräte*

Liturgische Farben
B 73
C 79; D 141; OR XIV 49–53 = Na-Ta 50–54
Liturgische Gewänder
OR XV 140
Pa 3, 3, 1–9
Gewänder des Papstes
(vgl. auch Papstvespern und Papstmesse)
Pa 3, 3, 4
Gewänder der Kardinäle
Pa 3, 3, 5 und 7
Gewänder der Prälaten
Pa 3, 3, 6–7
Gewänder des Predigers
Pa 3, 3, 8
Gewänder der Kurialen
Pa 3, 3, 3
Gebrauch der Tiara
Pa 3, 5, 9
Gebrauch der Mitren
C 133
OR XIV 64 und 67
OR XV 136 und 138
Pa 3, 5, 9
Gebrauch der *capa*
OR XV 137–139

### *e) Besondere Gebete und Einzelheiten*

Ausfall von *Gloria* und *Credo*
OR XIV 65
PGD 3, 22 und 24
Papstsegen
B 77; Ga, S. 172b; Na-Ta 124

## 3. Kirchenjahr

Allgemein
Anh I; Be 2–76, S. 141b–159b; Al XI 26, 1–62; Ce LVII 1–76
Bri, S. 9–43
Gr 12–27 = Ga 81
OR XV 101–142
Verzeichnis der Kardinalskirchen
Ba, f. 20rb–20vb; Al X 29
Ga, S. 172b–173b; 247b und 248b–249b
Liste der Stationskirchen
Ba, f. 27ra–27vb
Stationsgottesdienste in St. Peter
Ba, f. 26vb = Be 2–3, S. 165a = Al X 2

### *a) Temporale*

Quatember
C 135, 7
Anh I 4; Be 10, S. 144a/b
Advent
A 33, 1 und 10 = Ce LVII 1 und 3
Anh I 1–4; Be 2–13, S. 141b–144b; Al XI 26, 1
Bri, S. 9f.
Ga 42
OR XV 1–4 und 142

Pa 2, 1, 1–7
Weihnachten (25. 12.)
A 33, 2–9 = Ce LVII 2 und 4–5
B 49 = Co, S. 137
B 72
C 80–81 und 83–86
C 82 = Co, S. 137f.
Anh I 5f.; Be 14–23, S. 144b–147a; Al XI 26, 2 und 5
Bri, S. 10–12
OR XIV 66–71 = Na-Ta 66–67 und 84–87 (z. T. Co, S. 136f.)
Ga 43 und 47 = Co, S. 136f.
OR XV 5–12 und 165
Pa 1, 7, 6 und 2, 1, 6–20
Co, S. 141f.
Stephanstag (26. 12.)
C 87
Be 24, S. 147a/b; Al XI 26, 6 und 8; Ce LVII 6–8
OR XIV 72–73 = Na-Ta 68 und 88
OR XV 13–14
Pa 2, 1, 21
Fest des hl. Johannes Ev. (27. 12.)
C 88
Be 25, S. 147b
OR XV 15
Pa 2, 1, 22
Fest der Unschuldigen Kinder (28. 12.)
C 89
Be 26, S. 147b
OR XIV 75, 2 = Na-Ta 89, 1
OR XV 16
Jahresanfang
Be 7, 4, S. 172a/b
Beschneidung des Herrn (1. 1.)
C 90–92
OR XV 17 und 101
Pa 2, 1, 23
Epiphanie (6. 1.)
C 93–94
Anh I 7; Be 27, S. 147b–148a; Ce LVII 9
OR XV 18
Pa 2, 1, 24
Wochen nach Epiphanie
Be 28, S. 148a
OR XIV 77, 3 = Na-Ta 89, 2
OR XV 101
Septuagesima
Be 30, S. 148b–149a
Sexagesima
Be 31, S. 149a
Karneval
Be 7, 5, S. 172b
Fastenzeit
A 36 = OR XIV 113 = Ga, S. 201a/b
B 70
C 99
Be 35, S. 150a und 7, 6, S. 172b–174b
Bri S. 13f.
Ga 10–11
OR XV 41–45 und 142
Aschermittwoch
B 51
C 98
Anh I 10; Be 34, S. 149b; Al XI 26, 15–16; Ce LVII 15–16
PR XII 28
PGD 3, 1
Bri, S. 12f. und 14
OR XIV 79 = Na-Ta 90
Ga 6–9
OR XV 24–39 und 154
Pa 2, 1, 27–29
Erster Fastensonntag
C 100
OR XV 40
Pa 2, 1, 30
Zweiter Fastensonntag
OR XV 46
Pa 2, 1, 31
Dritter Fastensonntag
OR XV 47
Dy, S. 806–808 = WaT, S. 149f.
Pa 2, 1, 32
Vierter Fastensonntag
B 52 = Co, S. 128f.
C 101 = Co, S. 129
Anh I 11; Be 36, S. 150; Ce LVII 17
OR XIV 81 = Na-Ta 91 = Ga 12 = Co, S. 127f.
OR XV 48–51 und 155
Dy, S. 812 und 816–818 = WaT, S. 153 und 158f.
Pa 1, 7, 51 und 2, 1, 33
Co, S. 132–136

Passionssonntag
C 102
Be 37, S. 150a
OR XV 52
Pa 2, 1, 34
Palmsonntag
A 1
B 53; Ga 13
C 106
Anh I 12; Be 38, S. 150a/b
PR XII 29
Bri, S. 14–16
OR XIV 82 = Na-Ta 92
Ga 13–14
OR XV 53–60 und 157
Dy, S. 813f. = WaT, S. 154
Pa 2, 1, 35–37
Karwoche
Be 39, S. 150b
OR XV 151
Karmontag
OR XV 61
Kardienstag
C 107
OR XV 61
Karmittwoch
C 108
OR XV 62
Pa 2, 1, 38–39
Gründonnerstag
A 2; OR XIV 92 = Na-Ta 74
A 3, 1–9; Na-Ta 71–72
A 3, 10–12; OR XIV 91 = Na-Ta 73
B 54–63; Ga 16–24; OR XIV 83–90 = Na-Ta 92–93 und 76–77; OR XV 63–74
C 109–110
Anh I 13; Be 40–41, S. 150b–151a; Al XI 26, 23–27; Ce LVII 23–27
PR XII 30 A–C
PRC 42
PGD 3, 2
Bri, S. 16–22; PRC App. II (I)
Ga, S. 208a–210b
OR XV 158–159
Pa 2, 1, 40–46 und 3, 5, 10
Karfreitag
B 64–65; Bri, S. 22–26; PRC App. II (II); OR XIV 93 = Na-Ta 94; Ga 25–26; OR XV 75–77
B 71
C 111
Anh I 14; Be 42, S. 151a/b; Al XI 26, 28–29; Ce LVII 28–29
PR XII 31
PRC 43
PGD 3, 3
Ga 135 und S. 210b–212a
OR XV 160
Pa 2, 1, 47–52
Karsamstag
A 4
A 34; OR XIV 94 = Na-Ta 75
B 66–67; Ga 27–29; OR XV 78–83
B 68
C 112
Anh I 15f.; Be 43, S. 151b–152a; Al XI 26, 30–31; Ce LVII 30–31
PR XII 32
PRC 44
PGD 3, 4
Bri, S. 27–35; PRC App. II (III)
Ga 137 und S. 212a–213b
OR XV 160
Pa 2, 1, 53–56
Ostersonntag
C 113
Anh I 17–20; Be 44–49, S. 152a–154a; Al XI 26, 32–36; Ce LVII 32–36
Bri, S. 35–38
OR XIV 95 = Na-Ta 95
Ga 30–31 und 137
OR XV 84–86 und 161
Pa 2, 2, 1–3
Ostermontag
Anh I 21; Be 50–51, S. 154a/b; Al XI 26, 37–38; Ce LVII 37–38
OR XV 87
Pa 2, 2, 4
Osterwoche
Be 52–53, S. 154b–155b
Bri, S. 38
OR XV 87
Pa 2, 2, 5
Ostersamstag
C 134; Ga 32–33
Anh I 22; Be 53, S. 155a; Al XI 26, 62; Ce LVII 62
Be 7, S. 171a–172a

*b) Sanctorale*
(vgl. auch Kirchenjahr, bes. OR XV)

Mariä Himmelfahrt (15. 8.)
C 121
Anh I 37; Be 71, S. 158b–159a; Ce LVII 14
Ga 40
OR XV 120
Pa 2, 2, 20
Mariä Geburt (8. 9.)
Anh I 39
Ga 41
OR XV 126 und 150
Pa 2, 2, 21
Kreuzerhöhung (14. 9.)
Anh I 40; Be 74, S. 159a/b; Ce LVII 74–75
OR XV 128
Allerheiligen (1. 11.)
B 48a = Gi, S. 569
C 122
Ga, S. 160a/b
OR XV 130–131
Pa 2, 2, 22–23
Allerseelen (2. 11.)
(vgl. auch Exequien)
C 123
OR XV 132–134
Pa 2, 2, 24–28
Weihe der Lateranbasilika (9. 11.)
Pa 2, 2, 29
Weihe von St. Peter und St. Paul (18. 11.)
Ce LVII 76
Pa 2, 2, 30
Andreasfest (30. 11.)
Anh I 43; Be 76, S. 159b

*c) Exequien*

Allgemein
(vgl. auch Allerseelen)
B 69
D 154; PRC 52
OR XIV 59 = Na-Ta 60
OR XIV 114 = Ga 58
OR XV 133–134
Papstexequien
Ga 128 und S. 234a–235a
OR XV 145–146
Pa 1, 15, 2–5
Gedenkmessen für verstorbene Päpste u. a.
C 95
OR XIV 100 = Ga 120
Pa 2, 2, 31 und 34
Kardinalsexequien
Ga 46 und 55–56 und 128
OR XV 166
Pa 1, 15, 1
Prälatenexequien
C 124
Exequien für Kuriale
Dy, S. 795–798
Exequien für Herrscher
A 17 = Ull, S. 33–35
B 75; Ga, S. 170a/b = Ull, S. 35f. = Na-Ta 125
Pa 2, 2, 35

## II. Nichtpäpstliches Zeremoniell

### 1. Pontifikalmessen u. ä.

D 139
OR XIV 48
Messe in Gegenwart eines Kardinals
OR XIV 61
Meßordo
A 43
C, f. 57v–68v und 74rf.
Totenoffizium
C, f. 69r–70v

### 2. Dienste des Diakons u. a.

Pflichten des Diakons
D 146
Pflichten des Subdiakons
D 147
Pflichten des Kaplans
D 145
D 148; OR XIV 55 = Na-Ta 57
Pflichten des *thuribularius*
D 150
Pflichten der Zeremonialkleriker
D 151
Anh III
Pflichten der *acoliti*
D 152

### 3. Farben, Gewänder und Geräte

Liturgische Farben
D 141; OR XIV 49–53 = Na-Ta 50–54; C 79
Liturgische Gewänder und Geräte
D 139–140; PGD 3, 17, 1–3
D 142; OR XIV 54
Gebrauch der Mitren
D 144; PGD 3, 29
Gebrauch von Stab und Sandalen
D 143; PGD 3, 28
D 149

### 4. Besondere Gebete und Einzelheiten

Gebete für die Reise
C, f. 71rf.
PGD 3, 10
Tischgebete
C, f. 72r–73v und 77rf.
PGD 3, 5
Ablaßgebet
B 78
Ma, Sp. 424C/D
Sündenvergebung
Ga, S. 159–160a
Bußpsalmen
Ga 138 (Schluß) = Na-Ta 103

### 5. Königskrönungen

Ga, S. 218b–225b und 226a–229b

## 2. Konkordanz der Editionen der drei Hauptversionen des Ordo Romanus XIV

Die folgenden drei Listen vergleichen die drei Ausgaben der wichtigsten Fassungen des OR XIV untereinander. Die erste Liste nimmt die Edition Mabillons (= OR XIV ...), die zweite die von Nabuco und Tamburini (= Na-Ta ...), die dritte die von Gattico (= Ga ...) zum Ausgangspunkt. Aus der zuletzt genannten Ausgabe sind auch die auf S. 157 ff. edierten Kapitel (aus cod. Vat. lat. 4735) berücksichtigt. Hinter den Siglen der Editionen stehen deren Kapitelzahlen; lediglich für die schon erwähnten Nachträge Gatticos (S. 157 ff.) sind auch die Seitenzahlen angegeben.

### I. Vergleich von Mabillons Edition mit den beiden anderen Ausgaben

1: Na-Ta 9; Ga 113
2–3: Na-Ta 1–2; Ga 114–115
4: Na-Ta 3–6; Ga 116
5–7 fehlen
8–10: Na-Ta 7–8 und 10; Ga 117–119
11–21: Na-Ta 11–21
22: Na-Ta 22–23
23: Na-Ta 24
24–26: Na-Ta 25–27; Ga 88–90
27: Na-Ta 28; Ga 91–92
28–44: Na-Ta 29–45; Ga 93–110
45–46: Na-Ta 46–47; Ga 86–87
47: Na-Ta 48; Ga 1
48: Na-Ta 49
49, 1: Na-Ta 50, 1
49, 2–53, 1: Na-Ta 50, 2–54; Ga 112
53, 2: Na-Ta 55
54–57: Na-Ta 56–59
58 fehlt
59–60: Na-Ta 60–61
61: Na-Ta 62; Ga 85
62 (doppelt gezählt) –63: Na-Ta 63–65
64: – –
65: Na-Ta 69
66–67: Na-Ta 84–85
68: Na-Ta 66
69–70: Na-Ta 86–87
71–72: Na-Ta 67–68

73: Na-Ta 88
74 und 75, 1 gehören zum OR XV, dgl. 76 und 77, 1–2 und 80
75, 2 und 77, 3: Na-Ta 89
78: Na-Ta 70
79: Na-Ta 90
81: Na-Ta 91; Ga 12
82: Na-Ta 92
83: Na-Ta 93, 1–5; Ga 16
84: Na-Ta 93, 6 und 76, 1–2
85–89: Na-Ta 76, 3–7; vgl. Ga 17–19 und 21–23
90: Na-Ta 77; Ga 24
91–92: Na-Ta 73–74
93: Na-Ta 94; Ga 25
94: Na-Ta 75
95–97: Na-Ta 95–97
98–99: Na-Ta 78–79; Ga 82–83
100: Ga 120
101: Na-Ta 80; Ga 84
102–103: Na-Ta 81–82
104: Na-Ta 83; Ga 121
105–110: Na-Ta 111–116; Ga 122–126
111: Na-Ta 117
112–113: – –
114–115: Ga 58–59
116: Na-Ta 98; Ga 60–65, 2
117: Na-Ta 99; Ga 68–70 und 65, 3–68
118: Ga 71–79

## II. Vergleich der Edition von Nabuco und Tamburini mit denen von Mabillon und Gattico

1–2: OR XIV 2–3; Ga 114–115
3–6: OR XIV 4; Ga 116
7–8: OR XIV 8–9; Ga 117–118
9: OR XIV 1; Ga 113
10: OR XIV 10; Ga 119
11–21: OR XIV 11–21
22–23: OR XIV 22
24: OR XIV 23
25–27: OR XIV 24–26; Ga 88–90
28: OR XIV 27; Ga 91–92
29–45: OR XIV 28–44; Ga 93–110
46–47: OR XIV 45–46; Ga 86–87
48: OR XIV 47; Ga 1
49: OR XIV 48
50, 1: OR XIV 49, 1
50, 2–54: OR XIV 49, 2–53, 1: Ga 112
55: OR XIV 53, 2
56–59: OR XIV 54–57
60–61: OR XIV 59–60
62: OR XIV 61; Ga 85
63–65: OR XIV 62, 62 bis und 63
66: OR XIV 68
67–68: OR XIV 71–72
69: OR XIV 65
70: OR XIV 78
71–72: – –
73–74: OR XIV 91–92
75: OR XIV 94
76, 1–2: OR XIV 84, 2
76, 3–7: OR XIV 85–89; Ga 18 und 21–23
77: OR XIV 90; Ga 24
78–79: OR XIV 98–99; Ga 82–83
80: OR XIV 101; Ga 84
81–82: OR XIV 102–103
83: OR XIV 104; Ga 121
84–85: OR XIV 66–67
86–87: OR XIV 69–70
88: OR XIV 73
89, 1: OR XIV 75, 2
89, 2: OR XIV 77, 3
90: OR XIV 79
91: OR XIV 81; Ga 12
92: OR XIV 82
93, 1–5: OR XIV 83; Ga 16
93, 6: OR XIV 84, 1
94: OR XIV 93; Ga 25
95–97: OR XIV 95–97
98: OR XIV 116; Ga 60–65, 2
99: OR XIV 117; Ga 68–70 und 65, 3–68
100: – –
101–103: Ga 133–138
104–110: Ga 139–143
111–116: OR XIV 105–110; Ga 122–126
117: OR XIV 111
118: Ga 127
119–122: – –
123: OR XIV 8
124–129: – –

## III. Vergleich von Gatticos Edition mit den beiden anderen Ausgaben

1: OR XIV 47; Na-Ta 48
2–11: ––
12: OR XIV 81; Na-Ta 91
13–14: ––
15: ––
16: OR XIV 83; Na-Ta 93, 1–5
17–19: vgl. OR XIV 86 und 84; Na-Ta 76, 4 und 1–2
20–23: OR XIV 87–89; Na-Ta 76, 5–7
24: OR XIV 90; Na-Ta 77
25: vgl. OR XIV 93; Na-Ta 94
26–57: ––
58–59: OR XIV 114–115
60–65, 2: OR XIV 116; Na-Ta 98
65, 3–70: OR XIV 117; Na-Ta 99
71–79: OR XIV 118
80–81 (= OR XIII): ––
82–83: OR XIV 98–99; Na-Ta 78–79
84: OR XIV 101; Na-Ta 80
85: OR XIV 61; Na-Ta 62
86–87: OR XIV 45–46; Na-Ta 46–47
88–90: OR XIV 24–26; Na-Ta 25–27
91–92: OR XIV 27; Na-Ta 28
93–110: OR XIV 28–44; Na-Ta 29–45
111: ––
112: OR XIV 49, 2–53, 1; Na-Ta 50, 2–54
113: OR XIV 1; Na-Ta 9
114–115: OR XIV 2–3; Na-Ta 1–2
116: OR XIV 4; Na-Ta 3–6
117–119: OR XIV 8–10; Na-Ta 7–8 und 10
120: OR XIV 100
121: OR XIV 104
122–126: OR XIV 105–110; Na-Ta 111–116
127: Na-Ta 118
128: ––
129–131: OR XIV 117, 1–5; Na-Ta 99, 1–3 (wie Ga 69)
132: ––
133–143: Na-Ta 101–110
––––
S. 157a–160a, Kap. 1–2: ––
S. 160a/b, Kap. 3: –– (gehört zwischen Kap. 51 und 52)
S. 160b–167b, Kap. 4–8: ––

# HANDSCHRIFTENBESCHREIBUNG

In der folgenden Beschreibung beschränke ich mich auf die Zeremonialhandschriften und gebe nur die für die Überlieferungsgeschichte wichtigen Details an. Soweit die Handschriften in gedruckten Katalogen etc. beschrieben sind, verweise ich auf diese Beschreibungen. Die Reihenfolge der Handschriften entspricht der in der Untersuchung. Ausführlicher als die übrigen Handschriften sind die im zweiten Teil edierten beschrieben.

## I. Sammlungen des 12. Jahrhunderts

1. Liber politicus
   Cambrai, Bibl. mun., cod. 554 (2. H. 12. Jh.).
   Vgl P. Fabre, Le Polyptyque du chanoine Benoit, passim; LC 1, S. 33a/b.

   Rom, Bibl. Vallic., cod. F 73 (15. Jh.).
   Vgl. LC 1, S. 32b–33a.

   Rom, Vatik. Bibl., cod. Vat. lat. 5348 (15. Jh.).
   Vgl. LC 1, S. 33a; P. Salmon, Les manuscrits liturgiques latins 3, S. 125, Nr. 424.

2. Baseler Sammlung
   Basel, Universitätsbibl., cod. D. IV. 4 (2. H 13. Jh.).
   Vgl. B. Schimmelpfennig, Ein bisher unbekannter Text, S. 44–51.

3. Londoner Fragment
   London, Brit. Mus., cod. Royal 8. D. V* (um 1200).
   Vgl. B. Schimmelpfennig, Ein Fragment, S. 323ff.

4. Albinus
   Rom, Vatik. Bibl., cod. Ottob. lat. 3057 (Ende 12. Jh.).
   Vgl. LC 1, S. 32a/b; P. Salmon, a.a.O. 3, S. 117, Nr. 395.

5. Cencius
   Rom, Vatik. Bibl., cod. Vat. lat. 8486 (Ende 12. Jh.).
   Vgl. R. Elze, Der Liber censuum des Cencius, S. 252–265; LC 1, S. 26a–28b; P. Salmon, a.a.O. 3, S. 130, Nr. 130.

   Florenz, Bibl. Ricc., cod. 228 (1. H. 13. Jh.).
   Vgl. LC 1, S. 28a–32a (auch für die jüngeren Hss.).

## II. Kompilationen des 13. Jahrhunderts

1. Die liturgischen Bücher der Kapelle
   Paris, Bibl. Nat., ms. lat. 4162 A (2. H. 14. Jh.).
   Vgl. M. Andrieu, L'ordinaire, S. 230ff.; S. J. P. van Dijk – J. H. Walker, The Origins, S. 95ff.

   Madrid, Bibl. Nac., ms. 730 (Anf. 13. Jh.).
   Vgl. J. Janini – J. Serrano, Manuscritos liturgicos, S. 43–47, Nr. 35; J. Janini, El sacramentario papal, S. 323–348.

   Rom, Arch. di Stato, Arch. ant. Ssmo. Salvatore ms. 1001 (2. H. 13. Jh.).
   Vgl. S. J. P. van Dijk, The Authentic Missal, S. 277–284.

   Rom, Vatik. Bibl., Arch. S. Maria Magg. BB. II. 15 (2. H. 13. Jh.).
   Vgl. S. J. P. van Dijk, a.a.O., S. 269–277.

   Rom, Vatik. Bibl., cod. Ottob. lat. 356 (2. H 13. Jh.).
   Vgl. H. Ehrensberger, Libri liturgici bibl. apost. Vaticanae, S. 417f.; S. J. P. van Dijk, Three Manuscripts, S. 237–240; P. Salmon, a.a.O. 3, S. 26, Nr. 54.

   Avignon, Bibl. mun., cod. 100 (Ende 13. Jh.).
   Vgl. M. Andrieu, Le missel, S. 348–374; S. J. P. van Dijk, a.a.O., S. 233f.

2. Ein Zeremonienbuch aus der zweiten Hälfte des 13. Jahrhunderts
   Toulouse, Bibl. mun., cod. 67 (Anf. 14. Jh.).
   Vgl. PRC, S. 210–218.

   Rom, Vatik. Bibl., cod. Regin. lat. 280 (1. H. 14. Jh.).
   Vgl. H. Ehrensberger, a.a.O., S. 557f.; A. Wilmart, Codices Reginenses latini 2, S. 86–89; P. Salmon, a.a.O. 3, S. 118, Nr. 398.
   Abschrift: Paris, Bibl. Nat., ms. lat. 12581 (17. Jh.).

   Paris, Bibl. Ste.-Geneviève, cod. 1248 (1. H. 14. Jh.).
   Vgl. Ch. Kohler, Catalogue des Manuscrits 1, S. 575.

   Paris, Bibl. Nat., ms. lat. 981 (1. H. 14. Jh.).
   Vgl. Ph. Lauer, Catalogue général 1, S. 349.

   Baltimore, Walters Art Gallery, cod. W 156 (Anf. 14. Jh.).
   Vgl. S. de Ricci – W. J. Wilson, Census of Medieval and Renaissance Manuscripts 1, S. 779, Nr. 143; S. J. P. van Dijk, Sources of the Modern Roman Liturgy 1, S. 160.

   Madrid, Bibl. Nac., cod. 749 (1. H. 14. Jh.).
   Vgl. J. Janini – J. Serrano, Manuscritos liturgicos, S. 51–55, Nr. 38.

   Rom, Vatik. Bibl., cod. Vat. lat. 6300 (Ende 13. Jh.)
   Vgl. den Nachtrag, unten S. 449f.

3. Der Ordo Romanus XIII Gregors X.
Paris, Bibl. de l'Arsenal, cod. 526 (Ende 13. Jh.).
Vgl. A. Stroick, Zum Zeremoniale Gregors X., S. 305–311; PRC, S. 49–51. Siehe auch die Handschriften E 1 und E 2 und G 1 bis K 4 des Ordo Romanus XIV.

## III. Zeremoniellsammlungen aus der Mitte des 14. Jahrhunderts

1. Die Sammlung des Codex Avignon 1706 (Sammlung A)

Der Codex 1706 der Bibliothèque municipale in Avignon gehörte schon dem alten Fonds des Musée Calvet an und trug ehemals die Signatur 132, unter der ihn noch F. Ehrle (Zur Geschichte des päpstlichen Hofceremoniells, passim) anführte. Er besteht aus 50 Papierblättern im Format 285x200 mm und wurde ungefähr in der Mitte oder beginnenden zweiten Hälfte des 14. Jahrhunderts in kursiver Schrift von verschiedenen Schreibern beschrieben. Es sind folgende Schreiberhände zu unterscheiden:
A = f. 1r–20v (bis Kap. XVII); $A_1$ = f. 1r (Kap. 1, Abs. 6f.), $A_2$ = f. 3r (Kap. IV, Abs. 9f.);
B = f. 21r–38v (bis Kap. XIII);
C = f. 39rf. (Kap. XX–XXI);
D = f. 40r–41r (Kap. XXIX–XXXII);
E = f. 41r–42v (Kap. XXII und die Wiederholung von Kap. XXIII);
F = f. 42v–45v (Kap. XXXV und XXXVI und die Wiederholung von Kap. XL);
G = f. 45v–49v (die Wiederholungen der Kap. XIIa, XLII, XXVIII und XXXIX);
H = die oft auf dem oberen oder auch äußeren Rand der Handschrift stehenden Titel und Hinweise.
Die Hände A, B, G und H ähneln einander, ihre Schriftzüge sind fein und relativ klein; dagegen verwandten die Schreiber C, D, E und F dickere Federn und schrieben flüchtiger. Die über oder neben den Kapitelanfang geschriebenen Überschriften stammen meist von Hand H und sonst von anderen Schreibern, die nicht mit dem Schreiber des jeweiligen Textes identisch sind. – Der Schriftspiegel mißt gewöhnlich 215x150 mm, jede Seite des Hauptteils (bis f. 38v) enthält ca. 36–38 Zeilen. Wohl noch im 14. Jahrhundert wurden die Blätter mit römischen Ziffern (f. 1–49) numeriert.

Die Handschrift besteht aus einer einzigen Lage, die jedoch nicht mehr vollständig ist. Es fehlt am Anfang ein Blatt, so daß f. 50 ein Einzelblatt ist. Da f. 50 von gröberer Struktur ist als die anderen Blätter und ursprünglich unbeschrieben war, nehme ich an, daß es zusammen mit dem fehlenden Vorderblatt den Schutzumschlag der Handschrift bildete. F. 1 ist ebenfalls ein Einzelblatt, weil das zu ihm gehörende Blatt hinter f. 49 fehlt. Deshalb bricht auf f. 49v der Text unvermittelt ab. Außerdem fehlt wohl noch zwischen f. 39 und 40 ein Blatt – so schon Labande (Le cérémonial romain, S. 51), dagegen Andrieu (PGD, S. 35f.) –, denn f. 40r beginnt mit dem Schluß eines Kapitels, das auf f. 39v noch nicht steht. Weil aber an der entsprechenden Stelle zwischen f. 11 und 12 kein Blatt fehlt, sondern der Text von f. 11v auf f. 12r ohne Unterbrechung fortgeführt ist, müßte das Blatt zwischen f. 39 und 40 ein Einzelblatt gewesen sein, woraus sich auch sein früher Verlust erklärt, da es bei der Numerierung der Blätter schon fehlte. Ein Indiz für das Fehlen des Blattes ist es auch, daß auf f. 40r nur das neu beginnende Kapitel über den *scriptor buticularie* vom Schreiber H berücksichtigt ist.

Die meisten Doppelblätter weisen ein Wasserzeichen auf, das den Kopf eines Einhorns wiedergibt und ungefähr dem von Nr. 15772 bei Ch. M. Briquet (Les filigranes: Udine und Clermont-Ferrand, jeweils 1352) entspricht. Wohl im vorigen Jahrhundert wurde die Handschrift, die bis dahin vielleicht keinen Einband besessen hatte, was den Verlust des Vorderblattes und des Blattes nach f. 49 erklärte, in Halbleder gebunden. Weil die Vorgeschichte der Handschrift ungeklärt ist, bleibt es ungewiß, ob sich der Codex immer in Avignon, vielleicht in einem der Konvente, befunden hat. In den Katalogen der päpstlichen Bibliothek in Avignon konnte ich die Handschrift nicht entdecken.

In der folgenden Inhaltsübersicht, bei der ich mich zum Teil auf die Inhaltsangaben Ehrles und Andrieus (F. Ehrle, Zur Geschichte, S. 567–571; PGD, S. 35–45; vgl. auch L.-H. Labande, Catalogue général des Manuscrits XXVIII 2, S. 98–100) stützen konnte, stehen vor den einzelnen Kapiteln die ihnen in der Edition gegebenen Ordnungszahlen, weil die Reihenfolge in der Handschrift, wie ich weiter unten (S. 405f.) begründen werde, nicht immer mit der in der Edition übereinstimmt. Die Verweise auf Mabillons Edition des OR XIV beziehen sich auf den Abdruck bei Migne. Die in rechteckige Klammern gesetzten Titel stammen von mir.

## Hand 1:

I. f. 1r: *De dominica in ramis palmarum. – Hac die, scilicet dominica in ramis palmarum, si papa celebrat ... Sic etiam facit in parasceve, postquam dixit Tradidit spiritum.* (Von Hand $A_1$:) *Cetera fiunt, sicut dictum est supra in rubrica posita ante passionem in dominica in ramis palmarum. Similia remanent penes card*[*inalem*] *in missali suo.*

Unter dem Text steht: *III Rubrica*; darunter Schreibproben, Bibliotheksstempel des Musée Calvet und die Signatur Ms. 1706. – Da f. 1 lange Zeit das erste Blatt der Handschrift war, ist die Recto-Seite stark abgegriffen und nicht mehr völlig zu lesen.

II. f. 1v–2r: [*De officio ferie*] *V in cena domini. –* [*Feria qui*]*nta in cena domini ordo, qui sequitur, observatur. Nam dicta per dominum* [*papam*] *in camera tertia ... legant processus in not*[*is*] *ad modum, quo leguntur lectiones in ecclesia.*

Das Kapitel ist eine kürzere und zum Teil veränderte Fassung von Kap. 92 des OR XIV: Migne PL 78, Sp. 1211C–1212B. – In der Handschrift ist die obere Ecke von f. 1 abgerissen, so daß der Wortlaut der Überschrift und der ersten sechs Zeilen des Kapitels nicht vollständig erhalten ist.

III. f. 2r–2v: *De officio V ferie in cena domini. – Notandum quod feria V in cena domini dominus papa debet duas hostias consecrare ... Hec breviter de comestione sufficiant, quia longum esset totum scribere.*

Die Absätze 1 bis 5 und 6 bis 9 (letzterer mit verändertem Schluß) stehen in den Handschriften der Version Na-Ta des OR XIV (Kap. 71–72, S. 97–99): Mailand Ambros. A 207 inf., f. 52rf. und 52v; Valencia Bibl. Univ. cod. 592, f. 44r und 44rf.; Rom Vat. lat. 4733,

f. 42v und 42vf.; Rom Urbin lat. 469, f. 36v und 36vf.; Rom Rossian. 719, f. 56rf. und 57r. – Auch die Absätze 10 und 11 und der Beginn von Abs. 12 (bis *largitur*) entsprechen mehr der Version Na-Ta (Kap. 73, S. 99f.) als der Mabillons (Kap. 91, Sp. 1210D–1211A).

IV. f. 3r: *In sabbato sancto. – In sabbato sancto, cum papa in capella audit missam, in celebrando hunc modum observat. Venit cum manto rubeo ... ante diem dominicam in pascate.* (Von Hand $A_2$:) *Si papa celebret ... baptisat baptisandum, ut dicitur in ordinario.*

Oben links von der Überschrift ist von Hand H geschrieben: *De sabbato sancto*, darunter: *require infra in XXV folio* (= Kap. XXXIV).

VIII. f. 3r–3v: *Ordo officii die lune proximo post octavas pasche in festo annuntiationis, scilicet in secunda sessione concilii generalis. – Dicta missa dicitur tertia et sexta, si placet ... conducentibus eum duobus diaconibus cardinalibus ad cameram revertatur.*

Der Text ist ediert von E. Müller, Das Konzil von Vienne, S. 675f., Nr. 3. – Das Konzil tagte am Montag, dem 3. 4. 1312. Weil das Marienfest auf den Karsamstag fiel, war es auf den Montag nach der Oktav von Ostern verlegt worden.

V. f. 3v–4r: *Ordo vero sessionum in concilio generali talis est. – Dominus papa in thalamo solempni facto post chorum ecclesie sedet in faldistorio suo ... intraverunt usque ad animam meam. Gloria.* (Nach einer Lücke:) *Require IIII feria cinerum.*

Der Text ist ediert von E. Müller, a.a.O., S. 671f., Nr. 1. Vgl. auch die Wiederholung des Textes auf f. 6r–6v.

IX. f. 4v–5r: *Ordo concilii generalis Viennensis tempore* (Lücke von ca. 10 Buchstaben) *Clementis pape V in tribus sessionibus. – Locus vero regis Francie fuit aliquantulum magis elevatus. In secunda sessione concilii Viennensis, que fuit tertia die Aprilis ... Et sic secunda sessio fuit finita, modo indixit tertiam sessionem.*

Der Text ist ediert von F. Ehrle, Zur Geschichte des päpstlichen Hofceremoniells, S. 576 bis 578 = E. Müller, a.a.O., S. 676f., Nr. 3. – Das Konzil tagte am Montag, dem 3. 4. 1312; vgl. oben, Kap. VIII.

VI a. f. 5r–5v: (Von Hand H: *De ordine officii in die sabbato sancto.*) *Ordo igitur officii diei sabbati in prima sessione concilii talis erit. – Dicta tertia et sexta, quia dies ieiunii est ... conducentibus eum duobus diaconibus cardinalibus ad cameram revertatur.* (Nach einer leeren Zeile:) *Notandum, quod in tribus sessionibus fuerunt omnes in albis ... pauci tamen fuerunt in aliis coloribus.*

Der Text ist ediert von E. Müller, a.a.O., S. 672–674, Nr. 2. – Das Konzil tagte am Samstag, dem 16. 10. 1311. – Der folgende Text gleicht weitgehend diesem und besitzt daher die gleiche Ordnungszahl.

VI b. f. 5v–6r: (Von Hand H: *De ordine officii in die sabbato sancto dicta missa.*) *Ordo officii diei sabbati, scilicet in prima sessione concilii generalis facti Viennis tempore Clementis pape V. – Dicta missa dicitur tertia et sexta ... conducentibus eum duobus diaconibus cardinalibus ad cameram revertatur.*

Der Text ist ediert von E. Müller, a.a.O., S. 674f., Nr. 2. – Das Konzil tagte am Samstag, dem 16. 10. 1311.

V. f. 6r–6v: Wiederholung von Kapitel V (oben, f. 3v–4r), wobei am Schluß hinter *Gloria* sofort angefügt ist: *Require IIII feria in die cinerum.* – Der Text ist mit der ersten Fassung kollationiert.

VII. f. 6v–7r: *Rubrica facta de sessionibus tribus concilii Viennensis. – Et continentur, que acta sunt in tribus sessionibus concilii Viennensis. Sed loca prelatorum ... versus facie ad oppositum.*

Der Text beschreibt die erste Konzilssitzung vom 16. 10. 1311 und ist ediert von F. Ehrle, a.a.O., S. 574–576 = E. Müller, a.a.O., S. 675, Nr. 2.

X. f. 7v–8r: (Von späterer Hand: *III sessio de concilio Viennensi, de passagio et templariis et hospitalariis.*) – *In tertia sessione concilii Viennensis, que fuit in ecclesia sancti* (Lücke von ca. 5 Buchstaben) ... *et specialiter pro persona pape.*

Der Text ist ediert von F. Ehrle, a.a.O., S. 578–581 = E. Müller, a.a.O., S. 677–679, Nr. 4. – Das Konzil tagte am Samstag, dem 6. 5. 1312.

XVIII. f. 8r–8v: (Von späterer Hand: *De obitu domini Benedicti pape XI.*) – *Hodie, scilicet die Martis post octavam apostolorum ... de bonis cardinalium.*

Der Text ist ediert von F. Ehrle, a.a.O., S. 585f. – Benedikt XI. starb am 7. 7. 1304. – Zwischen dieser und der vorigen Rubrik ist vom Schreiber ein „*d*" zwischen zwei Punkten eingetragen, das vielleicht als Trennungszeichen oder als Schreiberzeichen in der Vorlage (Ende der Konzilskapitel) zu interpretieren ist.

XXVI. f. 8v–10r: *Memoriale.* (Von Hand H: *De scrutinio et examinatione per papam in consecrandis episcopis cardinalibus.*) – *Servata fuit sequens rubrica in domino de Rahbraio et in domino Gaucelmo Avinione anno domini MCCCXXVIII. Die dominica dominus papa facta sibi reverentia per cardinales ... et cetera ex more cantentur. Sequitur de hiis, que fiunt post offertorium.*

Der in 20 Punkte gegliederte Text folgt zum Teil dem Kap. XI des PRC, und zwar in der Version der „recension longue" (S. 351–368). Laut erstem Satz und einer Bemerkung zum Titel, die in der Vorlage wohl nachträglich eingetragen war, wurde der Ordo am 19. 12. 1328 bei der Weihe der beiden Kardinalbischöfe Pierre d'Arrablay von Porto und Gaucelme de Jean von Albano und der drei Erzbischöfe bzw. Bischöfe Bertrand de la Chapelle von Vienne, Elie de Talleyrand von Auxerre und Pierre de Piret von Mirepoix angewandt. Vgl. zu diesen die Angaben in E. Baluze – G. Mollat, Vitae paparum Avenionensium 2, passim, B. Guillemain, La cour pontificale d'Avignon, passim und den Hinweis im Kap. 117 des OR XIV (Sp. 1267B–1270C), das diesen Text durch Details aus dem Konsistorium ergänzt. – Auf dem Rand der Handschrift ist bei den einzelnen Handlungen vom Schreiber vermerkt, ob der Papst die Mitra trägt oder nicht.

XXIV. f. 10r–10v: *De promotionibus prelatorum. – Nos sequentes nostra consilia electionem de tali in tali ecclesia ... et prefecimus et preficimus in episcopum et pastorem.*

Das Kapitel enthält die bei der Verleihung von Konsistorialpfründen vom Papst zu sprechenden Formeln. Ähnliche Formeln sind mir, abgesehen vom Wortlaut der Provisionsbullen nur noch von Kardinalspromotionen her bekannt: OR XIV, Kap. 116 (Sp. 1259D, 1260B/C und besonders 1261B).

XXV. f. 10v–11v: (Von Hand H: *Que percipiunt camerarius, notarii et servientes pape a prelatis consecratis in curia.*) – *Infrascripta, que secuntur, reperiuntur in libro super ordinatione familie. Est autem sciendum, quod quilibet prelatus ... quid debent recipere acoliti de predictis sacris.*

Der Text ist ediert von L.-H. Labande, a.a.O., S. 53f. Vgl. auch die Angaben in G. B. Gattico, Acta selecta caeremonialia 1, S. 262 Kap. 46; J. Haller, Zwei Aufzeichnungen über die Beamten der Curie, Liste A, S. 24, und ders., Die Verteilung der Servitia minuta, S. 288; F. Wasner, Guido de Busco, S. 96. – In der Überschrift der Hand H sind statt der *clerici camere* irrtümlich die *notarii* genannt; derartige Fehler begegnen bei diesem Schreiber häufig, vgl. oben die Überschriften zu Kap. VI a und b, S. 396, in denen er den Tag der Konzilssitzung mit dem Karsamstag gleichsetzte. – Über dem Text steht ein kursiv geschriebenes „*b*", vielleicht ein Schreiberzeichen aus der Vorlage (Ende der Konsekrationstexte).

XI a. f. 11v–12v: (Von späterer Hand: *De canonisatione sancti Thome.*) – *Vide, quia bona forma procedendi est ante canonizationem alicuius sancti. Anno quarto domini Iohannis pape XXII Avinione. Notandum quod in facto canonizationis recolende memorie domini Thome de Cantalupo sic fuit processum ... de ipso sancto Thoma celebravit.*

Der Text ist ediert von L.-H. Labande, a.a.O., S. 55–58, und schildert die Heiligsprechung des Thomas von Cantelupe (19. 3.–17. 4. 1320); vgl. M. R. Toynbee, S. Louis of Toulouse and the Process of Canonisation in the 14th Century, S. 150f. und 202f. In der Handschrift gehen dieser und der folgende Text nahtlos ineinander über; daher habe ich ihnen die gleiche Kapitelzahl gegeben.

XI b. f. 12v: (Titel fehlt.) *Proposuit papa breviter. Legit ... secunda die precedenti canonizationem.*

Der Text ist ediert von L.-H. Labande, a.a.O., S. 58f., und schildert die Kanonisation Ludwigs von Toulouse (5./6. 4. 1317); vgl. M. R. Toynbee, a.a.O., passim. Der Text stammt vielleicht von einem Kurialen (vgl. Abs. 2, Ende: *dominus noster*).

XII a. f. 12v–13v: (Von späterer Hand: *Sancti Petri de Morrono.*) – *In negotio bone memorie fratris Petri de Murrone videtur sic procedendum: Ut vocentur aliqui archiepiscopi ... et faciemus, quod dominus ministrabit.*

Der Text ist ediert von L.-H. Labande, a.a.O., S. 61–63; vgl. auch die Wiederholung auf f. 45v–46r. Weil dieser Text die Vorbereitungen schildert, während der folgende die stattgefundene Heiligsprechung beschreibt, habe ich im Gegensatz zu Labande die Texte in zwei Kapitel, aber mit der gleichen Ordnungszahl, gegliedert. Daß beide ursprünglich nicht zusammenhingen, ist daraus zu ersehen, daß nur der Text über die Vorbereitungen von anderer Hand und wohl aus einer anderen Vorlage auf f. 45v–46r wiederholt ist. Zur Kanonisation vgl. M. R. Toynbee, a.a.O., S. 202–205.

XII b. f. 13v–15v: (Von Hand H: *De eadem canonisatione sancti Petri.*) – *Anno domini MCCCXIII die secunda Maii intrantis ... quod omnia luminaria ecclesie remanerent. Ego Iacobus sancti Georgii ad velum aureum diaconus cardinalis domino pape a dextris in predicta canonizatione et missa ministravi.* (Von anderer Hand:) *Require plus de miraculis fratris Petri de Murrone in vicesimo tertio folio istius papiri computando ab isto folio* (= f. 38v: Kap. XIII).

Der Text ist ediert von L.-H. Labande, a.a.O., S. 63–67.

XIVa. f. 15v: (Von späterer Hand: *De coronatione regis Francie.*) – *Ista rubrica, que sequitur ... quam ego vidi.*

Der Text ist ediert von L.-H. Labande, a.a.O., S. 68. Da diese Bemerkungen ursprünglich nicht zum folgenden Ordo gehörten und dieser seine Überschrift behalten hat, ediere ich sie getrennt von ihm, jedoch mit der gleichen Ordnungszahl.

XIVb. f. 15v–17r: *De benedicatione* (!) *et coronatione regum et reginarum rubrica.* – *Cum rex benedicendus et coronandus est, omnes episcopi regni conveniant ... disperdere superbos et humiles relevare.*

Der Text ist ediert von L.-H. Labande, a.a.O., S. 68–71. Der Ordo stimmt fast wörtlich mit dem des PGD (lib. I, cap. XXVI 1–23: S. 436–442) überein. Das plötzliche Ende des Textes ist wohl darauf zurückzuführen, daß in der Vorlage die entsprechenden Seiten mit der Fortsetzung fehlten oder unleserlich waren. Letzteres wird dadurch gestützt, daß in dem vorletzten Gebet *Accipe coronam regni* der Schluß *nostro Iesu Christo ... glorieris. Qui vivit. Resp.* fehlt und statt dessen mehr als zwei Zeilen freigelassen sind. – An mehreren Stellen (Abs. 7, 8, 11, 14) ist ein „*R*“ als Initiale des Königsnamens angegeben (= Robert der Weise?, vgl. Kap. XVIa).

XV. f. 17r–18r: (Von Hand H und einer späteren Hand jeweils: *De coronatione regis Sicilie.*) – *Quando dominus Karolus secundus rex Sicilie fuit coronatus ... talis ordo extitit observatus. Summo mane dominus pontifex ad ecclesiam veniens ... ad suum hospitium reversus est. Sciendum, quod in supradictis orationibus ... in exemplum trahantur. Quando rex Robertus fuit coronatus Avinione ... quod fecit poni in libro.*

Der Text ist ediert von L.-H. Labande, a.a.O., S. 71–74. Karl II. wurde am Pfingstsonntag, dem 28. 5. 1289, in Rieti von Nikolaus IV. zum König von Sizilien gekrönt.

XVIa. f. 18r–19v: (Von Hand H: *De inunctione et coronatione regis Sicilie.*) – *In inunctione et coronatione regis Sicilie potest decenter modus, qui sequitur, observari. Nam illa videntur esse servanda, que in imperatore servantur, exceptis quibusdam, que soli imperatori competere dinoscuntur. Prima pars de hiis, que fiunt ante introitum misse. In primis itaque dominus noster summus pontifex ingressus ecclesiam ... debet esse faleratus.*

Der Text ist ediert von M. Andrieu im PGD (App. II 1–33, S. 670–676). – Der Ordo ist in fünf Abschnitte unterteilt, auf die in den die Königin betreffenden Teilen (XVIb–e) Bezug genommen wird. Der Ordo steht mit einigen Veränderungen auch in den Versionen des OR XIV (OR XIV, Kap. 107, Sp. 1245C–1248C = Na-Ta, Kap. 113, S. 186–189 = Gattico, Kap. 124, S. 134b–137a), doch wird dort die Entstehung des Ordo anders geschildert (OR XIV, Sp. 1245B/C = Na-Ta, S. 186). – Robert der Weise wurde am 3. 8. 1309 in Avignon von Clemens V. zum König von Sizilien gekrönt.

Unter Clemens VII wurde der Ordo für die Krönung Ludwigs I. von Anjou zum König von Sizilien (30. 3. 1382) umgearbeitet. In dieser Version fand der Text Aufnahme in das Pontifikale des François de Conzié (Chartres Bibl. mun., cod. 508, f. 70r–75v). Andrieu kollationierte beide Texte für seine Ausgabe, wobei er die Varianten der späteren Fassung im Apparat abdruckte. Diese Fassung ist außerdem noch in dem aus der Zeit Benedikts XIII. stammenden Pontifikale des Kardinals Nikolaus von Albano (Florenz Bibl. Med.-Laur., plut. 23 cod. 2, f. 54r–60v) und in der „Salade“ des Antoine de la Sale (ed. F. Desonay, Paris 1935, cap. XXVIII, S. 246–254) überliefert.

XVI b. f. 19v: (Von Hand H: *De inunctione regine Sicilie.*) *De inunctione regine Sicilie, que fit in [prima] parte officii, scilicet ante introitum misse inchoatum. – Rege itaque inuncto et ad suum thalamo reverso ... tam ecclesiasticis quam mundanis.*

Der Text ist ediert von M. Andrieu (PGD, App. II 34–36, S. 676f.) und entspricht dem OR XIV, Kap. 108, Sp. 1248C–1249A = Na-Ta, Kap. 114, S. 189f. = Gattico, S. 137 Anm. 1.

XVI c. f. 20r: (Von Hand H: *De coronatione regine.*) *De coronatione regine, que fit in tertia parte officii, scilicet post graduale et versum et ante Alleluia. – Rege itaque coronato et ad thalamum suum reverso ... regina reducatur ad thalamum suum.*

Der Text ist ediert von M. Andrieu (PGD, App. II 37f., S. 677) und entspricht dem OR XIV, Kap. 109, Sp. 1249A/B = Na-Ta, Kap. 115, S. 190 = Gattico, Kap. 125, S. 137a.

XVI d. f. 20r: *De communione eucharistie, quam regina recipit de manu pape, que fit in quarta parte officii. – Coronatis itaque rege et regina ... ad suum thalamum revertatur.*

Der Text ist ediert von M. Andrieu (PGD, App. II 39, S. 677) und entspricht dem OR XIV, Kap. 110, Sp. 1249B = Na-Ta, Kap. 116, S. 190 = Gattico, Kap. 126, S. 137a/b.

XVI e. f. 20r: *De hiis, que fiunt post missam a regina, que sunt de quinta parte officii seu sollempnitatis. – Et post finem misse ... ut superius est expressum.*

Der Text ist ediert von M. Andrieu (PGD, App. II 40, S. 677) und entspricht dem OR XIV, Kap. 110, Sp. 1249C = Na-Ta, Kap. 116, S. 190 = Gattico, Kap. 126, S. 137b; doch besitzt der Text in den Versionen des OR XIV keine eigene Überschrift, sondern folgt unmittelbar dem vorhergehenden Text.

XVII. f. 20r–20v: (Von Hand H: *De exequiis regis Anglie.*) *Quid fuit observatum in exequiis regis Anglie. – Notandum quod in missa fuerunt magna tortitia ... et presbiteri a sinistris, sicut est consuetum.*

Der Text ist ediert von W. Ullmann, The Curial Exequies, S. 33–35, App. (A). – Die letzten sieben Zeilen der Seite sind unbeschrieben.

## Hand B:

XXVII. f. 21r–23r: *Ordinatio presbiteri. – Die sabbati in IIII*[or] *temporibus dominus* (Hs.: *domina*) *papa, facta sibi reverentia ... ut in rubrica, que est in principio sequentis pagine.* (Der Hinweis bezieht sich auf folgenden Text:) *Hodie, scilicet in festo sancti Thome de Aquino ... heri die Veneris determinavit. Ad consistorium heri ... sed notificavit eum ordinandum.*

Der Text basiert auf dem Kap. X, Abs. 12ff. des PRC in der „recension longue“ (S. 341–351) und entstand anläßlich der Weihe des Bernard de Garves, der im Text genannt ist (Abs. 4, 32, 33), zum Kardinalpriester am 7. 3. 1327. Zu Bernard vgl. G. Mollat im DictHG 8, Sp. 664f. und B. Guillemain, a.a.O., passim.

XLIII. f. 23r–24r: (Von Hand H und einer späteren Hand jeweils: *De missis in diebus ferialibus.*) *De officio missarum dicendum est. – In diebus ferialibus parentur ad missam ... in quibus capitulum celebratur.*

Der Text ist ein Teil der *Ordinationes* des Haymo von Faversham und bezieht sich nicht auf päpstliche Gewohnheiten; vgl. S. J. P. van Dijk – J. H. Walker, The Origins of the Modern Roman Liturgy, S. 319 Anm. 2 und S. J. P. van Dijk, Sources of the Modern Roman Liturgy 1, S. 107 Anm. 4 und 2, S. 352–358.

XXXIII. f. 24v–25v: *Romanus ordo de consuetudinibus et observantiis, presbiterio videlicet scolarum et aliis romane ecclesie in precipuis sollempnitatibus. – Dominica de adventu ... quorum uni dominus papa vel* (Lücke von ca. 11 Zeilen). *Et in eadem die adventus ... in quibusdam aliis festivitatibus.*

Der erste Teil (Abs. 1–9) stimmt fast wörtlich mit dem Ordo des Cencius camerarius (LC 1, Kap. LVII 1, 2 und 4), der zweite Teil (Abs. 10) mit dem später entstandenen Absatz 3 desselben Ordo überein.

XXXIV. f. 25v–26r: (Von Hand H: *De sabbato sancto, require supra in III folio.* = f. 3r, Kap. IV) *Ordo officii de sabbato sancto. – Hora sexta a ministris ecclesie ... subdiaconi vero non mutant vestes. Hac die dicitur per papam ... dicitur per diaconum cardinalem sine Alleluia.*

Der größere Teil des Textes (Abs. 1–6) stimmt weitgehend überein mit OR XIV, Kap. 94, Sp. 1218A–1219B = Na-Ta, Kap. 75, S. 102f. – Auf dem äußeren Rand von f. 26r steht: *Omnium inimicorum suorum dominabitur gentium. Inveni Davit servum meum oleo sancto meo* (Ps. 10, 5 und 88, 21).

XIX. f. 26r–26v: (Von späterer Hand auf dem äußeren Rand: *De electione summi pontificis*; von Hand H: *De electione pape.*) – *Dominus Clemens V decessit die sabbati in aurora ... pro maiori securitate fecerunt.*

Die Notizen beziehen sich vor allem auf den Beginn des langen Konklave in Carpentras nach dem Tode Clemens' V. (20. 4. 1314) und decken sich demzufolge nicht mit den Passagen in den Versionen des OR XIV (OR XIV, Kap. 2–4, Sp. 1122B–1125A = Na-Ta, Kap. 1–3, S. 9f. = Gattico, Kap. 114–116, S. 121a–123a). Zum Vorgang vgl. J. Asal, Die Wahl Johanns XXII., S. 3ff. – Nach dem Text sind ca. 5 Zeilen unbeschrieben.

XXXVII a. f. 26v–27r: (Von späterer Hand: *De officio diaconi*; von Hand H: *De officio pape in processione, require infra in sequenti folio.* = Kap. XXXVII c) – *Bene est, prosequere. Descendenti pape de equo occurrit processio ... si diaconus nondum venit. Diaconus cantaturus evangelium dicto per papam Sit nomen ... qui est a dextris.*

Da dieser und die beiden folgenden Texte vor allem den Dienst des dem Papst assistierenden und das Evangelium singenden Kardinaldiakons behandeln und ihre Hauptteile jeweils ähnlich beginnen, habe ich sie zwar getrennt durch die Buchstaben a–c, aber unter der gleichen Ordnungszahl ediert. Vgl. auch die in der Edition folgenden Kapitel und den von Gattico (Kap. 133ff., S. 142aff.) und E. Martène (De antiquis ecclesiae ritibus 1, Sp. 679Eff.) edierten Text.

XXXVII b. f. 27v: (Von Hand H: *De officio diaconi et subdiaconi servientium pape in adventu et quadragesima, et vide infra in XLIII et sequenti foliis.* = Kap. XXXVI) (Nach ca. 4 leeren Zeilen:) *In adventu et quadragesima, cum agitur de tempore. – Diaconus cantaturus evangelium parat se ... cum papa paramenta accipiebat.*

XXXVII c. f. 27v–28r: (Ohne Titel.) *Diaconus cardinalis, qui cantare debet evangelium ... et dicit basse Iube.*

Nach dem Text sind ca. 12 Zeilen unbeschrieben.

XXXVIII a. f. 28r–29r: (Von Hand H: *De ministerio pape et servientium cum processione, quando celebrat, usque ad XXXIIII folium.*) – *Papa vadens ad ecclesiam cum processione ... dicit eos et orationes. Diaconus cantaturus evangelium dicto per papam Sit nomen ... in vitam eternam.*

Auch die beiden unter dieser Ordnungszahl edierten Texte entsprechen sich und sind zugleich in vielem den drei vorigen Texten verwandt.

XXXVIII b. f. 29r–32r: (Ohne Titel.) *Diaconus sanctum evangelium cantaturus ante secundum Alleluia ... cum ceteris in processione.*

XLII. f. 32r: *De patriarchis* (dasselbe von Hand H). – *Notandum quod, dum papa celebrat sollempniter presentibus cardinalibus ... quando pape fit reverentia.*

Ein großenteils gleicher Text ist nach Handschriften der verschiedenen Versionen des OR XIV ediert von E. Martène, a.a.O. 1, Sp. 690A–C = Gattico, Kap. 142, S. 153b–154a = Na-Ta, Kap. 108, S. 172f. – Der Text behandelt nicht nur die Sitzordnung unter den Patriarchen während der Papstmessen, sondern auch bei Konzilssitzungen. Er ist auf f. 46v–47r wiederholt.

XL. f. 32v–34r: (Von Hand H: *Qualiter paratur papa ad missam.*) *De officio subdiaconi.* – *Dominus Uguicio de Vercellis episcopus Novariensis, qui diu servivit in officio subdiaconi pape, scilicet tempore domini Nikolai IV, Celestini et Bonifatii, ad petitionem meam dedit michi has duas cartas de papiro, videlicet:* – *Quando dominus papa celebraturus est missam sollempniter et ceperit dicere tertiam cum capellanis ... de capite pontificis.*

Uguicio Borromeo wurde am 19. 2. 1304 Bischof von Novara und starb im Jahre 1329 (K. Eubel, Hierarchia catholica 1, S. 372). Vor 1304 war er Kanoniker in Lüttich, *subdiaconus* und *capellanus apostolicus* und *auditor litterarum contradictarum* (K. Eubel, a.a.O. 1, S. 372; F. Ehrle, a.a.O., S. 570 Anm. 4). Der Ausdruck *Dominus* läßt vermuten, daß der Petent niedriger gestellt war als Uguicio. – Der Text ist auf f. 43r-44v wiederholt. – Zu den Instruktionen gehört auch noch der folgende Text.

XLI. f. 34r–34v: (Von späterer Hand: *Cum papa audit missam*; von Hand H: *Quando papa audit missam per capellanum suum.*) – *Quando vero dominus papa facit per capellanum suum missam in sua presentia celebrari ... et aliis capellanis dicentibus legendo sextam.* (Nach 2 leeren Zeilen:) *Quid autem pertineat ad officium subdiaconi in die cene domini vel consecrationis domini pape, plene notatur in pontificali sub rubrica illorum dierum* (Verweis auf Kap. XLII und XIII B des PRC, S. 455–464 und 370–380).

XXXIX. f. 34v–37r: *De officio diaconi cardinalis servientis pape* (dasselbe von Hand H). – *Diaconus ministrans paratus servit pape ... et illud vinum sumit subdiaconus.* (Nach 2 leeren Zeilen:) *Residuum huius ministerii ... tali materia fieri.* (Nach 1½ leeren Zeilen:) *Hanc et hic intus ponas, prosequere pro misse officio.* (Nach 1 leeren Zeile:) *Custodiatur optime, quia valde est expediens pro opere futuro, deo dante.* (Nach 1 leeren Zeile:) *Modus serviendi per diaconum ... et quibus ordinabitur vacante sede.*

Drei interessante Marginalien (f. 36r und 36v zu Abs. 21, 22, 29) zeigen, daß der Text sich auf Gewohnheiten unter Bonifaz VIII. bezieht, die nach dessen Tode zum Teil nicht mehr galten (f. 36v zu Abs. 29). Zwei der Notizen sind von Andrieu (PGD, S. 43), die dritte (f. 36v) und eine der beiden anderen von Ehrle (a.a.O., S. 570) ediert. – Ein Teil des Textes (unvollständig) ist wiederholt auf f. 48r–49v. – Nach dem Text sind ca. 8 Zeilen unbeschrieben.

XXIII. f. 37r–37v: (Von Hand H und einer späteren Hand jeweils: *De consecratione pape.*) – *Sed osculato principio lecti evangelii stans papa ... dum cantatur offertorium offerte.*

Das Kapitel ist wiederholt auf f. 42v. Der bei beiden Versionen gleiche Anfang zeigt, daß auch schon in den Vorlagen der Beginn des Textes fehlte. – Nach dem Kapitel sind ca. 4 Zeilen unbeschrieben.

XXVIII. f. 37v–38r: *Quando cardinales debeant exire obviam venientibus ad curiam* (dasselbe von Hand H auf dem oberen Rand). – *Sciendum est, quod sancte romane ecclesie cardinales ... et etiam imperatrices.* (Nach 2 leeren Zeilen:) *Memorandum, pro quibus obviatur ... sedere debent etc.*

Der Text ist mit einigen Varianten auf f. 47r–47v wiederholt.

XIII. f. 38v: (Von Hand H: *Examinationes testium super canonisatione fratris Petri*; auf dem äußeren Rand am Beginn jedes der beiden Abschnitte vom Schreiber des Textes: *Post mortem.*) – *De cecis. De Leonardo filio Gualteri de Pectorano curato a scrufula etc. Testis CXCVII non videtur probare ... de fama etc. De claudis et contractis. De domina Philippa de Palena etc. Testis CXLV videtur ... et etiam CCXVIII.*

Vgl. die Wunderberichte in AA. SS. Maii tom. IV, 1685, S. 432b, Nr. 39, unter denen auch kurz die beiden in diesem Kapitel berichteten Wunder geschildert sind.

## Hand C:

XX. f. 39r–39v: (Von Hand H: *De electione summi pontificis.*) *Singularia quedam in electione romani pontificis observantur, ut infra scribitur.* – *Non solent citari absentes ... maius acquiritur.*

Der Text entspricht dem Kapitel 8 des OR XIV, Sp. 1125A/D = Na-Ta, Kap. 7, S. 12f. = Gattico, Kap. 117, S. 123a/b.

XXI. f. 39v: (Von Hand H: *De compromisso.*) – *Ad viam compromissi non proceditur ... possint revocari.*

Der Text entspricht dem Kapitel 9 des OR XIV, Sp. 1125D–1126B = Na-Ta, Kap. 8, S. 13 = Gattico, Kap. 118, S. 124a.

## Hand D:

XXIX. f. 40r: (ohne Titel.) [...] *Item consueverunt habere ... vinum pro domino.*

Der Text ist ediert von G. Mollat, Miscellanea Avenionensia I, S. 2f. Mollat bezog den von Hand H auf dem oberen Rand geschriebenen Titel (siehe Kap. XXX) irrtümlich auf dieses Fragment und löste daher die Kürzung für *scriptoris* in diesem Titel als *scriptorum* auf, obwohl im folgenden Kapitel nur ein *scriptor* genannt ist. – Es ist anzunehmen, daß vor f. 40 noch ein Blatt vorhanden war; vgl. oben, S. 394f.

XXX. f. 40r–40v: (Von Hand H: *Officium scriptoris in buticularia.*) *Officium scriptoris buticularie tale est. – In primis dictus scriptor consuevit habere ... nisi mediam partem.*

Der Text ist ediert von G. Mollat, a.a.O., S. 3f. Zum Inhalt vgl. auch J. Haller, Zwei Aufzeichnungen, S. 19.

XXXI. f. 40v: (Von Hand H: *Officium portatoris aque.*) *Officium portatoris aque est istud. – In primis ipse consuevit portare ... de tela linea.*

Der Text ist ediert von G. Mollat, a.a.O., S. 4f. Bei Mollat ist die Reihenfolge dieses und des folgenden Textes vertauscht. Zum Inhalt vgl. auch J. Haller, a.a.O., S. 19.

XXXII. f. 40v–41r: (Von Hand H: *Officium merescalli et merescalle.*) *Officium merescalli merescalle domini pape tale est. – Merescallus merescalle domini pape ... singula et necessaria.*

Der Text ist ediert von G. Mollat, a.a.O., S. 4. Zum Inhalt vgl. auch J. Haller, a.a.O., S. 22–24.

## Hand E:

XXII. f. 41r–42r: (Von Hand H und einer anderen Hand jeweils: *Temperamentum decretalis Ubi maius.*) *Ista videtur inclinatio domini nostri summi pontificis ad temperamentum constitutionis Ubi maius domini Gregorii decimi cirqua electionem romani pontificis. – In primis cirqua articulum loci videtur eidem domino ... constitutio Gregoriana in qualibet sui parte.*

Diese bisher unbeachtet gebliebenen Änderungen von *Ubi maius periculum* (VI. 1, 6, 3) stimmen im Inhalt weder mit der Dekretale Clemens' V. *Ne romani* (Clem. 1, 3, 2) noch mit der Clemens' VI. *Licet in constitutione* (Magnum Bullarium Romanum III 2, ed. C. Coquelines, S. 313, Nr. 15) gänzlich überein. – Nach dem Kapitel sind ca. 4 Zeilen unbeschrieben.

XXIII. f. 42v: (Von Hand H: *Istud de consecratione pape est supra in folio XXXVII.*) – *Sed osculato principio lecti evangelii ... offertorium offerte sue.*

Der Text ist eine Wiederholung von Kap. XXIII (f. 37v–38r) und ist mit diesem kollationiert. Auf dem äußeren Rand steht: *Anno domini M⁰LII indictione quinta.* Da 1052 kein Papst konsekriert wurde, dürfte das Datum zu *MCCCLII* zu verbessern sein, die Indiktion wäre die gleiche wie 1052. Stimmt die Korrektur, so bezieht sich der Hinweis auf die Krönung Innozenz' VI. am 30. 12. 1352 und paßt zur Datierung der Handschrift (vgl. oben, S. 394f.).
Unter dem Text stehen nach ca. 4 leeren Zeilen zwei Bruchstücke aus dem Ordo des Cencius camerarius (LC 1, Kap. LVIII 83 und 85, S. 313a, Z. 3–17 und S. 313a, letzte Zeile – 313b, Z. 2): [...] *quod ibi non est sedes stercorata. Et proxima die sequenti ... sicut superius est denotatum.* (Nach ca. 2 leeren Zeilen:) *Sciendum vero, quod presbiterium s*[c]*olarum non ita datur, sicut fuisset consecratus in urbe. De presbiterio enim eorum tunc* [...]. Danach sind etwa 4 Zeilen unbeschrieben.

## Hand F:

XXXV. f. 42v–43r: *Quando papa audit missam in diebus festivis* (dasselbe von Hand H auf dem oberen Rand von f. 43r). – *Veniens vadit ad altare ... sed post ewangelium tantum papa.*

Der Text gleicht weitgehend dem Kap. 112 des OR XIV, Sp. 1250C–1251C = Gattico, S. 200b–201a, Kap. 54. Von den Handschriften des OR XIV enthalten nur zwei diesen Text, nämlich die Codices Paris BN, ms. lat. 937, f. 106r–106v und Rom Vat. lat. 5747, f. 108v–109v. Vgl. auch unten, Kap. XXXVI.

XL. f. 43r–44v: (Von Hand H: *Quando papa sollenniter celebrat.*) – *Quando dominus papa celebraturus est missam ... et hoc ibidem paratis. Post que* (...).
Der Text ist eine Wiederholung des größeren Teils (bis zum Anfang von Abs. 23) von Kap. XL (f. 32v–34r) und ist mit diesem kollationiert.

XXXVI. f. 44v–45v: (Von Hand H: *In quadragesima et ferialibus diebus.*) – *In quadragesima in ferialibus papa ad primas orationes misse ... Et similiter fiat de subdiacono et similibus etc.*

Die Absätze 1 bis 10 gleichen weitgehend dem Kap. 113 des OR XIV, Sp. 1251C–1253A (bis *requirit*) = Gattico, S. 201a/b, Kap. 55. Der Text ist wie der von Kap. XXXV nur in den Handschriften des OR XIV Paris 937, f. 106v–107v und Vat. lat. 5747, f. 109v–110v überliefert. Alle drei Handschriften enthalten den Text nur in verstümmelter Fassung. Vgl. auch oben, Kap. XXXV.

## Hand G:

XIIa. f. 45v–46r: (Von Hand H: *Fratris P. de Morrono.*) – Der hier aufgeschriebene Text ist eine Wiederholung von Kap. XIIa (f. 12v–13v) und mit diesem kollationiert.
XLII. f. 46v–47r: *De patriarchis.* – Der Text ist eine Wiederholung von Kap. XLII (f. 32r) und mit diesem kollationiert.
XXVIII. f. 47r–47v: *Quando cardinales debent exire obviam venientibus ad curiam* (dasselbe von Hand H.) – Der Text ist eine Wiederholung von Kap. XXVIII (bis Abs. 6 einschließlich) und mit diesem kollationiert. – Die untere Hälfte von f. 47v ist unbeschrieben.
XXXIX. f. 48r–49v: *De officio diaconi cardinalis servientis pape.* – Der durch das Fehlen des Blattes nach f. 49 (vgl. oben, S. 394) unvollständige Text ist eine zum Teil umgestellte und veränderte Version von Kap. XXXIX (f. 34v–37r) und mit diesem kollationiert.
f. 50r–50v: Das ursprüngliche hintere Außenblatt der Handschrift enthält verschiedene Schriftproben, darunter je einmal auf der Recto- und der Verso-Seite: *Liber Ceremoniarum*, in Zierschrift von zwei verschiedenen Händen des 14./15. Jahrhunderts, wohl als Schriftproben für die Obertitel anderer Zeremonialhandschriften.

Weil die Reihenfolge der Texte in der Handschrift zum Teil recht willkürlich ist, habe ich die Texte für die Edition in sieben Gruppen angeordnet, von denen die erste in zwei Teile gegliedert ist:
1. Texte zum Konzil von Vienne
   a) Texte zum Ablauf der Feste (Kap. I–IV),
   b) Texte zur Geschäftsordnung der Sessionen (Kap. V–X);
2. Texte zu Heiligsprechungen (Kap. XI–XIII);
3. Texte zu Königskrönungen und -exequien (Kap. XIV–XVII);

4. Texte zum Tod, zur Wahl und zur Krönung eines Papstes (Kap. XVIII–XXIII);
5. Texte zu Prälaten und Kardinälen (Kap. XXIV–XXVIII);
6. Texte zu kurialen Ämtern (Kap. XXIX–XXXII);
7. Texte zur päpstlichen und sonstigen Meßliturgie (Kap. XXXIII–XLIII).

Doch ist bei dieser Einteilung zu berücksichtigen, daß es zwischen den Gruppen Überschneidungen gibt und verschiedene Texte mehreren Gruppen zugeordnet werden könnten.

2. Die Versionen des Ordo Romanus XIV

**A 1** Mailand, Bibl. Ambros., cod. A 207 inf. (um 1400).
II u. 87 Pergamentbll., 310×223 (215×140) mm, ca. 30 Zeilen pro Seite, 9 Quinterne (vom letzten fehlt die letzte Seite); 2 Schreiberhände: Bastarda (f. I–85), Gotico-Antiqua (f. 86–87). Um 1600 vorgebunden die Bll. A–C (Perg. u. Pap.).

f. Ar und Cr als Titel: *De electione summi Pontificis et ceremoniis subsequentibus.*
f. Ir–IIv: *Incipit tabula in subsequentem ordinacionem* (ohne Na-Ta, Kap. 9).
f. IIv: Na-Ta, Kap. 9.
f. 1r–85r: Text des Zeremonienbuches: Na-Ta, Kap. 1–8, 10–110; vgl. oben, S. 63.
f. 86r–87r: Dekret Eugens IV. v. 26. 10. 1431 zur Kardinalskreation *In eminenti sedis apostolice specula*, z. T. anderer Wortlaut als im Bullarium Romanum 5, ed. Taurinen., Turin 1860, S. 2f. – In der Bestimmung wird auf entsprechende Texte in einem *liber romani ordinis alias cerimoniarum nuncupatus* und auf andere liturgische Bücher verwiesen.

**A 2** Valencia, Bibl. Univ., cod. 592 (um 1400).
Vgl. M. Gutiérrez del Caño, Catálogo de los manuscritos 1, S. 209, Nr. 625.

f. Ir–IIv: Inhaltsverzeichnis, wie A 1.
f. IIv: Na-Ta, Kap. 9.
f. 1r–63v: Text des Zeremonienbuches: Na-Ta, Kap. 1–8, 10–94; vgl. oben S. 63.
f. 63v: (in Rot) *Explicit liber cerimoniarum ecclesie Romane. Deo gratias. Amen.* Die untere Hälfte von f. 63 ist herausgerissen, so daß ein Teil von Kap. 94 und eventuelle Vermerke auf f. 63v fehlen.

**A 3** Rom, Vatik. Bibl., cod. Vat. lat. 4733 (um 1400).
Vgl. P. Salmon, a.a.O. 3, S. 122, Nr. 413.
III u. 68 Pergamentbll., 320×207 (215×150) mm, zweispaltig, ca. 38 Zeilen pro Seite, mittelgroße Textualis, zeitgenöss. Foliierung in röm. Ziffern; 6 Quinterne und 1 Quatern. Zum Teil ist Raum für Musiknoten freigelassen.

f. Ir–IIv: Inhaltsverzeichnis, wie A 1.
f. IIIv: Na-Ta, Kap. 9.
f. 2v–60v: Text des Zeremonienbuches: Na-Ta, Kap. 1–8, 10–79 und OR XIV, Kap. 100; vgl. oben, S. 63.
f. 61r–67v: Französischer Königskrönungsordo: Gattico, S. 218–225; vgl. P. E. Schramm, Ordines-Studien II, S. 34.
f. 67v–68v: Lateinische Fassung des Testaments Ludwigs IX.; vgl. dazu W. Berges, Die Fürstenspiegel des hohen und späten MA, S. 83f. und 319f.

**B 1** Rom, Vatik. Bibl., cod. Urbin. lat. 469 (2. H. 15 Jh.).
Vgl. Na-Ta, passim; P. Salmon, a.a.O. 3, S. 119, Nr. 401.

**B2** Rom, Vatik. Bibl., cod. Rossian. 719 (Mitte 15. Jh.).
Vgl. H. Tietze, Die illuminierten Hss. der Rossiana, S. 117, Nr. 243; P. Salmon, a.a.O. 3, S. 119, Nr. 400.
Beim Binden wurden die Lagen z. T. falsch eingeordnet; die ursprünglich vorgesehene Anordnung ist wohl: 5 Quaterne (f. 1–40, f. 40v Reklamant zu f. 49r), 2 Quaterne (f. 49–64), 1 Quatern (f. 41–48), 4 Quaterne (f. 65–96).
f. 1r–2v: Inhaltsverzeichnis.
f. 2v: Na-Ta, Kap. 9.
f. 2v–95r: Text des Zeremonienbuches: Na-Ta, Kap. 1–8, 10–125; vgl. oben, S. 64.
f. 95r: *Finis esto, deus celum bonum accipe gratis Amen.*

**C1** Paris, Bibl. Nat., ms. lat. 936 (2. H. 14. Jh.).
Vgl. Ph. Lauer, a.a.O. 1, S. 332.
Die Hs. besteht aus 4 Quinternen (f. 1–40), 8 Sexternen (f. 41–136), 1 Sextern u. 1 Bl. (f. 137–149) und 5 Sexternen (f. 150–207 u. 2 fehl. Bll.). Alle Lagen außer der letzten wurden um 1400 in italienischem Stil illuminiert, wobei am Schluß jeder Lage die jeweils zu malenden Initialen und auf f. 197v die Gesamtzahl (260) notiert sind. Die letzte Lage gehörte zu der Zeit also noch nicht zur Hs. Zu dieser vgl. auch H. Omont, Anciens Inventaires et Catalogues 1, S. 64, Nr. 434 und S. 163, Nr. 118.
f. 1r–18r: Gattico, Kap. 133–143, nach dieser Hs. ediert von E. Martène, De antiquis ecclesiae ritibus 1, Kap. 4 Art. 12, nach Ordo 37, Sp. 679E–694A; vgl. auch oben, S. 64.
f. 18v–25v: OR XIV, Kap. 45–46.
f. 26r–33r: OR XIV, Kap. 24–44.
Auf f. 18r ist die untere Hälfte, auf f. 25v sind 3 Viertel der Seite leer; dgl. sind f. 33v–40v unbeschrieben.
f. 44r–190v: Text des Zeremonienbuches: OR XIV, Kap. 1–111; Gattico, Kap. 127; OR XIV, Kap. 116–117; vgl. oben, S. 64.
f. 191r–194v: *Officium in festo sancti Georgii martiris. – In festo beati Georgii martiris Rome in vesperis primis ibat cardinalis ad ecclesiam beati Georgii ... suavitatis accipere. Per Christum dominum nostrum. Amen.*
f. 194v (untere Hälfte) und f. 195r–197v: leer.
f. 198r–207v: *Breves notae*; vgl. St. Kuttner, L'Édition romaine des Conciles Généraux, S. 35, und A. Franchi, Il concilio II di Lione, S. 44.

**D1** Rom, Vatik. Bibl., cod. Vat. lat. 4734 (Anf. 15. Jh.).
Vgl. P. Salmon, a.a.O. 3, S. 122, Nr. 414.
84 u. 1 Papierbll., 292×205 (215×155) mm, zweispaltig, ca. 38 Zeilen pro Seite, Bastarda; zum Wasserzeichen vgl. Ch. Briquet, Les filigranes, Nr. 11082 u. a.
f. 1r–2v: *Istum librum fecit scribi cum diligencia Reverendissimus in Christo pater et dominus dominus Petrus Rogerii, Gregorius papa XI$^{us}$. In quo quidem libro ea, que secuntur, per ordinem continentur.* – Die Folioangaben des Index stimmen nicht mit denen der Hs. überein; die Überschriften reichen bis OR XIV, Kap. 117 (f. 69v).
f. 3r–69v: Text des Zeremonienbuches: OR XIV, Kap. 1–111; Gattico, Kap. 127; OR XIV, Kap. 116–117. Vgl. auch oben, S. 64.
f. 63v (nach Gattico, Kap. 127) sind 3 Viertel der Seite, f. 69v ist die untere Hälfte der Seite leer.
f. 70r–79v: Gattico, Kap. 133–143 und die 7 Bußpsalmen.
f. 80r–84v: *Breves notae*; vgl. St. Kuttner, a.a.O., S. 23 und A. Franchi, a.a.O., S. 42–44.

**D 2** Rom, Bibl. Aless., cod. 65 (1. V. 15. Jh.).
Vgl. E. Narducci, Catalogus codicum manuscriptorum praeter orientales, S. 11.
Der Codex besteht aus 3 ehemals selbständigen Hss. (f. 1–81, 82–103, 104–151), von denen ich nur die erste berücksichtige:
I u. 81 Papierbll., 275×205 mm, einspaltig, ca. 35 Zeilen pro Seite, wohl zwischen 1411 und 1422 (Kardinalat des Alamannus Adimari, s. u.) geschrieben; 7 Sexterne (f. 1–81 u. 3 fehl. Bll.), zeitgenöss. Foliierung durch rote römische Ziffern.

f. 1r–2v: (in Rot) *Istum librum fecit scribi cum diligencia Reverendissimus in Christo pater et dominus dominus A. tituli sancti Eusebii sancte Romane ecclesie presbiter Cardinalis, Pisanus vulgariter nuncupatus* (= Alamanus Adimari, 1411–1422: K. Eubel, Hierarchia catholica 1, S. 32). *In quo quidem libro ea, que in rubricellis sequuntur, per ordinem continentur.*
f. 3r (Beginn der alten Foliierung)–77v: Text des Zeremonienbuches: OR XIV, Kap. 1–111; Gattico, Kap. 127; OR XIV, Kap. 116–117. Vgl. auch oben, S. 64.
f. 77v: (in Rot) *Et sic est finis.*
f. 77v–80v: Konzilsbericht von Perpignan (1408).
f. 80v: älterer, nicht mehr lesbarer Besitzvermerk.
f. 81: leer.

**D 3** Rom, Vatik. Bibl., cod. Vat. lat. 4732 (Anf. 15. Jh.).
Vgl. P. Salmon, a.a.O. 3, S. 122, Nr. 412.
IV u. 70 Papierbll., 310×210 (210×115) mm, einspaltig, ca. 51 Zeilen pro Seite, Bastarda, 5 Sexterne und 1 Quintern (f. 1–70); zum Wasserzeichen vgl. Ch. Briquet, a.a.O., Nr. 7715ff.

f. 1r–2v: *Istum librum fecit scribi cum diligencia Reverendissimus in Christo pater et dominus dominus Petrus Cardinalis* ⟨später: *Sancti Marci* = Pietro Barbo?, vgl. K. Eubel, a.a.O. 2, S. 8⟩. *In quo quidem libro continentur ea, que sequuntur, per ordinem.*
f. 2v–68r: Text des Zeremonienbuches: OR XIV, Kap. 1–111; Gattico, Kap. 127; OR XIV, Kap. 116–117. Vgl. auch oben, S. 64.
f. 62r–62v (nach Gattico, Kap. 127): leer.
f. 68r–70r (andere Hand:) Konzilsbericht von Perpignan (1408).
Vielleicht war der Auftraggeber der Hs. bis 1408/09 Anhänger Benedikts XIII. und ließ die Hs. nach derjenigen Gregors XI. (ohne den Zusatz im Beginn des Index) kopieren, fügte 1408 den Konzilsbericht an und trat bald darauf zur Pisaner Obödienz über, so daß seine Hs. der des Adimari als Vorlage diente.

**D 4** Rom, Vatik. Bibl., cod. Vat. lat. 12348 (2. H. 15. Jh.).
Vgl. P. Salmon, a.a.O. 3, S. 140, Nr. 492.
Die Hs. gehörte früher zum Vatik. Archiv und trug die Signatur Misc. Arm. XII 98 (die Codices Misc.-Arm. XII 1–104 stammten aus dem Besitz der Zeremonienmeister; vgl. Na-Ta, S. 30*f., Anm. 63).
236 Papierbll., 293×211 (210×115) mm, einspaltig, ca. 30–32 Zeilen pro Seite, versch. Hände in Bastarda (bis ca. 1500).

f. 1–2: leer.
f. 3–4: Vermerke des Zeremonienmeisters Paulus Alaleo (2. H. 16. Jh.).
f. 4r–105r: Text des Zeremonienbuches: OR XIV, Kap. 1–111; Gattico, Kap. 127; OR XIV, Kap. 116–117. Vgl. auch oben, S. 64.
f. 97v (nach Gattico, Kap. 127): *Finis etc.*

f. 105r–108v: Konzilsbericht von Perpignan (1408).
f. 109r–128v: Auszüge aus der Sammlung C, jedoch verändert; vgl. S. 433.
f. 128v–131r: Auszüge aus Gatticos Version des OR XIV.
f. 131r–202r: Exzerpte aus einer Hs. des Antonius Rebioli (vgl. oben, S. 135f. mit Anm. 842); Texte zum Legatenzeremoniell (vgl. F. Wasner in Traditio 14 und 16); Auszüge aus anderen liturgischen Büchern, z. B. f. 181v: *ex vetusto libro oblongo ecclesie Lateranensis*; Texte aus den Pontifikaten Pius' II. (z. B. f. 158r: Fürbitten gegen die Türken 1459) bis Innozenz' VIII. (z. B. f. 179r: Kanonisation des hl. Leopold 1485). – Glossen etc. von versch. Händen, laut F. Wasner (Traditio 14) z. T. von Johannes Burckard.
f. 202v: leer.
f. 203r–230r: Privilegien der *cantores* und anderen Mitglieder der päpstlichen Kapelle von Eugen IV. (1. 2. 1434) bis zu Alexander VI. (31. 7. 1498).

**E1** Paris, Bibl. Nat., ms. lat. 937 (Ende 14. Jh.).
Vgl. Ph. Lauer, a.a.O. 1, S. 332; PRC, S. 58.

I u. 120 Pergamentbll., 280×220 (195×140) mm, einspaltig, ca. 25 Zeilen pro Seite, versch. Schreiberhände in Bastarda: 1 (Ende 14. Jh.), 2–4 (Anf. 15. Jh.), 5 (1. H. 15. Jh.), 6–8 (15. Jh.), 9–11 (Anf. 15. Jh.), 12 (15. Jh.). Verschiedene Foliierung: f. 1–12 (röm. Ziffern, braun, 15. Jh.); f. 16–107 (röm. Ziffern, gelbbraun, um 1400, wohl von einem Franzosen: $\overset{\mathrm{xx}}{\mathrm{iiij}}$ statt 80, $\overset{\mathrm{xx}}{\mathrm{iiij}}$x statt 90 etc., und auf den gleichen Seiten größere röm. Ziffern, blau und rot, Anf. 15. Jh., normale Zählung: lxxx, lxxxx etc., die gleiche Art bei den entsprechenden Rubrizellen im Index); f. 108–119 (röm. Ziffern, schwarz, Anf. 15. Jh., dgl. bei den entsprechenden Rubrizellen im Index). Lagen: 1 Sextern (f. 1–12), 1 Binio (1 fehl. Bl. u. f. 13–15), 7 Sexterne (f. 16–99), 1 Quatern (f. 100–107), 1 Sextern (f. 108–118 u. 1 fehl. Bl.); f. I, 119 und 120 sind Einzelbll. Die Reklamanten am Ende der Sexterne stammen vom gleichen Schreiber wie die vermutlich französische Foliierung.

f. Iv (Hand 7): *Forma aperiendi os novo cardinali*; vgl. Gattico, S. 260a, Kap. 43–44.
f. 1r–12r (Hand 5): OR XIII; vgl. oben, S. 64.
f. 12v (Hand 9): Rubrizellen.
f. 13r–15r (Hand 1): *Incipit tabula rubricarum istius ordinarii secundum folia huius voluminis assignata:* für OR XIV, Kap. 1–111.
f. 15r (Hand 9): Rubrizellen.
f. 15v: leer.
f. 16r–106r (Hand 1): Text des Zeremonienbuches: OR XIV, Kap. 1–111.
f. 106r–107v (Hand 2): OR XIV, Kap. 112 und 113 Teil 1.
f. 107v (Hand 3): OR XIV, Kap. 113 Teil 2 (Sedisvakanz).
f. 108r–119r (Hand 4): OR XIV, Kap. 114–118.
f. 119r (Hand 6): *Ad honorem dei ...*, wie E 2, f. 125v–126r.
f. 119r–120r (Hand 8): *Quando summi pontifices ingrediuntur de novo aliquam insignem civitatem ...*; vgl. M. Dykmans, D'Avignon à Rome, S. 235f.
Glossen und Zusätze in der gesamten Hs. stammen von den Händen 9–12.

**E2** Rom, Vatik. Bibl., cod. Vat. lat. 5747 (1. H. 15. Jh.).
Vgl. M. Dykmans, Mabillon et les interpolations, S. 334–338; P. Salmon, a.a.O. 3, S. 127, Nr. 433.

**F1** Escorial, cod. Q. II. 8 (Anf. 15. Jh.).
Vgl. G. Antolín, Catálogo de los codices latinos 2, S. 379.

f. 2r–4r: *Incipit tabula Rubricarum istius ordinarii secundum folia huius voluminis assignata* (ohne Folioangaben): für OR XIV, Kap. 1–117 (ohne Kap. 112–115).

f. 4r: (in Rot) *Expliciunt capitula etc.*

f. 4r–127v: Text des Zeremonienbuches: OR XIV, Kap. 1–111; Gattico, Kap. 127; OR XIV, Kap. 116–117; Gattico, Kap. 133–143 (nicht mehr im Index). Vgl. auch oben, S. 64.

**F2** Paris, Bibl. Nat., ms. lat. 12578 (1. H. 15. Jh.).
(15 u.) II u. 128 Papierbll., 290×205 (195×122) mm, einspaltig, ca. 40 Zeilen pro Seite; 8 Lagen zu acht Doppelblättern (f. I–78 u. 97–128), die 6. Lage hat 9 Doppelbll.; 5 Schreiberhände in Bastarda: 1–3 (ca. 1430/40), 4 (2. H. 15. Jh., nur Foliierung), 5 (Ende 15. Jh.). Wegen eines Zählfehlers von Hand 4 muß ab f. 83 die Foliierung des 19. Jh. benutzt werden. – Im 17./18. Jh. gehörte die Hs. nacheinander den Klöstern St. Maur und St. Germain des Prés.

f. Ir–IIv (Hand 1): *Incipit tabula rubricarum istius ordinarii secundum folia huius voluminis assignata*: für OR XIV, Kap. 1–117 (ohne Kap. 112–115).

f. 1r–94v (Hand 1 bis f. 67v, 2 bis f. 79r, 3 bis f. 94v): Text des Zeremonienbuches: OR XIV, Kap. 1–111; Gattico, Kap. 127; OR XIV, Kap. 116–117; Gattico, Kap. 133–143 (nicht mehr im Index). Vgl. auch oben, S. 64.

f. 77r (2 Drittel der Seite)–78v: leer (vor *Te deum* ... in OR XIV, Kap. 116), genau wie in F 3, f. 66r–67v.

f. 84r (nach OR XIV, Kap. 117): Rest der Seite leer.

f. 94v (4 Fünftel der Seite)–122v: leer.

f. 123r–127v (Hand 5): Kardinalshaushalt (ohne Überschriften) = Gattico, S. 274a–278b.

f. 127v–128v (Hand 5): Nachrichten über die Grafen (!) von Savoyen.

**F3** Rom, Vatik. Bibl., cod. Borg. lat. 390 (1. H. 15. Jh.).
Vgl. P. Salmon, a.a.O. 3, S. 112, Nr. 374.
IV u. 91 Papierbll., 290×205 (195×120) mm, einspaltig. ca. 41/42 Zeilen pro Seite, Bastarda; 6 Sexterne (f. 1–72), 1 Septern (1 fehl. Bl. u. f. 73–85), 1 Ternio (f. 86 bis 91). – Bevor die Hs. der Kongregation De propaganda fide gehörte, war sie im Besitz des Kardinals Giuseppe Renato Imperiali (1690–1737: K. Eubel, a.a.O. 5, S. 17). Dessen Bibliothekar war zeitweise Domenico Giorgi, der in seinem Werk De liturgia romani pontificis 1, Rom 1731, S. 325–327 ein Zeremonienbuch (ohne Signatur) aus dieser Bibliothek zitiert und mit Mabillons Edition des OR XIV vergleicht.

f. Ir–IIv: Index, wie F 2.

f. 1r–81r: Text des Zeremonienbuches, wie F 2. Vgl. auch oben, S. 64.

f. 66r (außer den drei ersten Zeilen)–67v: leer, wie in F 2, f. 77r–78v.

f. 81r (untere Hälfte)–85v: leer.

f. 83r: Ende der alten Foliierung.

f. 86r–89v: Kardinalshaushalt (von der gleichen Hand) = Gattico, S. 274a–278b.

**F4** Rom, Vatik. Bibl., cod. Vat. lat. 4731 (2. H. 15. Jh.).
Vgl. P. Salmon, a.a.O. 3, S. 121, Nr. 411.
IV u. 88 Pergamentbll., 290×190 (205×120) mm, einspaltig, ca. 41 Zeilen pro Seite, humanistische Minuskel; 1 Binio (f. I–IV), 8 Quinterne (f. 1–80), 1 Quatern (f. 81 bis 88). Die Hs. gehörte wohl Sixtus IV. (s. u.).

f. Ir–IIIv: Index, wie F 2, es fehlt jedoch das Wort *assignata*.
f. 1r–84r: Text des Zeremonienbuches, wie F 2. Vgl. auch oben, S. 64.
f. 56r: 3 Zusätze (OR XIV, Kap. 101) zu den Festen der drei Franziskanerheiligen Bernardin, Antonius und Klara, die jeweils mit *F* signiert sind, was auf den Franziskanergeneral Francesco della Rovere (= Sixtus IV.) deutet.
f. 85r–88v: Kardinalshaushalt (von der gleichen Hand) = Gattico, S. 274a–278b.

**F5** Rom, Vatik. Bibl., cod. Barb. lat. 750 (2. H. 15. Jh.).
Vgl. P. Salmon, a.a.O. 3, S. 103f., Nr. 339.
III u. 97 Pergamentbll., 282×205 (195×130) mm, einspaltig, ca. 37 Zeilen pro Seite, kleine Textura; 3 Einzelbll. (f. I–III), 13 Quaterne (f. 1–96), 1 Bl. (f. 97). Die Hs. ist einheitlich geplant und durch Ornamentierung gegliedert: f. 1r Miniatur mit Bischofsweihe, f. 7r Initiale, f. 9r Miniatur mit Konklavedarstellung, f. 91r Initiale.
f. Ir–IIIv: *Tabula contentorum in hoc libello, et primo ...*
f. 1r–6v: *Ordo ad consecrandum electum in episcopum. – Die dominica circa mediam tertiam ... supra pectus suum.* (nicht bei Andrieu).
f. 7r–8v: Konklaveordnungen; vgl. oben, S. 64 und 110f.
f. 9r–90v: Text des Zeremonienbuches, wie F 2. Vgl. auch oben, S. 64.
f. 91r–95v: Kardinalshaushalt = Gattico, S. 274a–278b.
f. 95v–97r: Fortsetzung von f. 7rff., vgl. auch S. 88 und 111. Darin:
f. 95v: *Alia rubrica, quando electus in papam coronatur.* = Anhang II, S. 376f., vgl. auch oben, S. 120.
In den Konklavetexten nennt sich Francesco Giacomo (Piendebene) da Montepulciano, der von 1413–1433 Bischof von Arezzo war (K. Eubel, a.a.O. 1, S. 104), noch als päpstlichen *secretarius*. Die Vorlage der Hs. dürfte also vor 1413 entstanden sein, wurde vielleicht zu 1413 durch den Bischofsweihordo und um 1417 durch den Text zum Konklave von Konstanz ergänzt.

**F6** Turin, Bibl. Naz., cod. F. V. 14 (Ende 15. Jh.).
Vgl. G. Mazzatinti, Inventari dei Manoscritti 28, Nr 666.
I u. 112 Papierbll., 280×170 mm, einspaltig, 3 Schreiberhände in humanistischer Minuskel (alle vor 1500); 29 numerierte Binionen.
Hand 1:
f. 1r–6v: Bischofsweihordo, wie F 5.
f. 6v–8v: Konklavetexte, wie F 5.
f. 8v–90v: Text des Zeremonienbuches, wie F 2. Vgl. oben, S. 64.
f. 75r: Glosse zu OR XIV, Kap. 111 v. J. 1484.
f. 90v–94v: Kardinalshaushalt = Gattico, S. 274a–278b.
f. 95r–96v: Fortsetzung der Konklavetexte, vgl. auch S. 88 und 111. Darin:
f. 95r–95v: Anhang II, S. 376f., vgl. auch oben, S. 120.
f. 97r–99v: Weihe eines Herzogs: *Creandus per summum pontificem in ducem ... et ante crucem.*
f. 100r–101r: Kanonisationstext.
f. 101v: *Liber iste est reverendi domini Fabricii Marliani episcopi Placentini* (1475–1508; vgl. K. Eubel, a.a.O. 2, S. 239).
Hand 2:
f. 102r–104r: Weihe der *Agnus dei*: *Pontifex aliquo die post pascha ... Agnus dei in missa dantur.*

f. 104v–105v: *Ordo servandus in traditione habitus prothonotariatus per commissarium apostolicum institutus a sanctissimo domino nostro Paulo papa II. – Celebrata missa parentur indumenta ... percepta discedat.*
f. 105v–107v: Gattico, Kap. 59.
f. 108r–109r: Gattico, S. 166, Kap. 7.
f. 109r–110r: Gattico, S. 167, Kap. 8.
f. 110v–111r: leer.
Hand 3: Anhänge zu einem Provinciale:
f. 111v: *Imperator romanus iste debet dominari ... per sanctissimum pontificem.*
f. 111v: *Sequitur videre de imperatore Constantinopolitano et iste ... et alii reges.*
f. 112r: *Sequitur de regibus christianorum ... rex Sardinie.*

**G1** Rom, Vatik. Bibl., cod. Vat. lat. 4737 (2. H. 14. Jh.).
Vgl. P. Salmon, a.a.O. 3, S. 123, Nr. 417.
V u. 116 Papierbll., 295×215 (190×125) mm, einspaltig, ca. 31–33 Zeilen pro Seite, Bastarda; 1 Binio (f. I–IV), 1 Einzelbl. (f. V), 6 Lagen zu acht Doppelblättern (f. 1–96), die letzte Lage (f. 97–114) zählt 9 Doppelbll., f. 115 u. 116 sind Einzelbll.
f. Ir–IVr: Index, mit Folioangaben und Nachträgen des 15. Jh.
f. Vr: Besitzvermerke des 15. Jh.
f. Vv: Notizen des 18. Jh., wohl von Gattico.
f. 1r–114v: Text des Zeremonienbuches: Gattico, Kap. 1–118 und 120–143. Vgl. auch oben, S. 65.
andere Hand (15. Jh.):
f. 115r–115v: Gattico, Kap. 119.
f. 116r–116v: Papstwahldekret Clemens' VI.

**H1** Venedig, Bibl. Naz. Marc., cod. Lat. III 14 (2166) (1. H. 15. Jh.).
Vgl. J. Valentinelli, Bibliotheca Manuscripta ad S. Marci Venetiarum 1, S. 318f.; R. Elze, Der Thesaurus pontificum des Nicolaus de Matafaris, S. 148f.
161 Papierbll. (davon fehlen, ohne Textverlust, f. 129 u. 158), 290×210 mm, einspaltig, verschiedene Schreiberhände des 15. Jh., Hand 1 wohl zur Zeit Martins V. Die Hs. entstand wohl im Auftrag von Martins V. Nepoten Prospero Colonna (K. Eubel, a.a.O. 1, S. 34) und gehörte später dem Kardinal Bessarion (H. Omont, Inventaires des manuscrits grecs et latins, S. 42, Nr. 24: *Item cerimoniale, in papyro*).
f. 1r: Kardinalswappen eines Colonna; dazu paßt auch die gekrönte Säule als Initiale „I" (f. 30r, 51v, 56v, 63v, 67r, 71r, 73v, 76v, 77r, 78r).
f. 1v: leer; dgl. f. 3r, 6v–12v, 13v, 87v, 133v–156v, 160r–161v.
f. 2r–2v (Hand 2): Exkommunikationsformeln gegen Ketzer, Bullenfälscher u. a.
f. 3v: Besitzvermerke Bessarions.
f. 4r–6r (Hand 1): *Incipit tabula capitulorum cerimonialium domini pape*; die Folioangaben wurden später hinzugesetzt.
f. 13r (Hand 1): *In Cesaraugusta XXV Martii in festo ... Yhesum Christum. Deo gratias.* (zu Benedikt XIII., nicht bei Gattico oder Puig y Puig).
f. 14r–80r (Hand 1): Text des Zeremonienbuches: Gattico, Kap. 1–118 u. 120–143. Vgl. auch oben, S. 65.
f. 80r–86r (Hand 1): Gattico, S. 157a–166b, Kap. 1–2 u. 4–7 (mit Nennung Martins V. in Kap. 1).
f. 86v–87r (Hand 2): Gattico, S. 167, Kap. 8.

f. 88r–127v (Hand 1): *Thesaurus pontificum* des Nicolaus de Matafaris.
f. 128r–133r (Hand 6): Kardinalshaushalt = Gattico, S. 274a–278b.
f. 157r–159r (Hand 7): Verzeichnis römischer Kirchen.
f. 159v (Hand 7): Schreiben des Giovanni Tomacelli von 1402.
f. 159v (Hand 7): Verzeichnis römischer Friedhöfe (schlecht zu lesen).

**H 2** Rom, Vatik. Bibl., cod. Vat. lat. 4735 (1. H. 15. Jh.).
Vgl. R. Elze, a.a.O., S. 147; P. Salmon, a.a.O. 3, S. 122f., Nr. 145.
I u. 107 Papierbll., 290×210 (180×140) mm, einspaltig, ca. 41–42 Zeilen pro Seite, Gotico-Antiqua, 1 Hand aus der Zeit Eugens IV. (s. u.).

f. 1r–4v: *Incipit tabula capitulorum cerimonialium domini pape.*
f. 5r–59r: Text des Zeremonienbuches, wie H 1. Vgl. auch oben, S. 65.
f. 59r–65r: Gattico, S. 157a–167b, Kap. 1–2 u. 4–8 (mit Nennung Eugens IV. in Kap. 1).
f. 62v: *Iuramenta*, vgl. Gattico, S. 165 Anm. 5 und unten K 5, f. 205v.
f. 65v–66v: leer, dgl. f. 102v–107v.
f. 67r–102r: *Thesaurus pontificum*, vgl. H 1.

**J 1** Rom, Bibl. Corsin., cod. 41. E. 22 (Mitte 15. Jh.).
201 Bll. (abwechselnd Pergament u. Papier), 210×145 (125×85) mm, einspaltig, ca. 24 Zeilen pro Seite, Gotico-Antiqua; 6 Quinterne (f. 1–60), 1 Quatern (f. 61–68), 1 Quintern (f. 69–78), 1 Quatern (f. 79–86 u. f. 87), 5 Quinterne (f. 88–137), 1 Quatern (f. 138–145), 5 Quinterne (f. 146–195), 1 Ternio (f. 196–201, nur Papier). Eine ähnliche Lagenanordnung aus Pergament und Papier enthält cod. Vat. lat. 9370 (*Thesaurus pontificum*), gleichfalls von Bruno von Deventer (s. u.) für Petrus de Monte geschrieben; vgl. R. Elze, a.a.O., S. 147f. Vielleicht gehörten beide Hss. zusammen – analog zum Inhalt von H 1 und H 2, die jeweils beide Texte enthalten –.

f. 1r–181v: Text des Zeremonienbuches, wie H 1. Vgl. auch oben, S. 65.
f. 181v–200v: Gattico, S. 157a–167b, Kap. 1–2 u. 4–8 (mit Nennung Martins V. in Kap. 1).
f. 200v: (in Rot) *Explicit liber cerimoniarum Romane curie ad honorem omnipotentis dei et ad utilitatem reverendissimi in Christo patris et domini Pe. de Monte utr. iur. doctoris, dei et apostolice sedis gracia episcopi Brixiensis, ducis, marchionis et comitis, cuius humilis servitor et continuus commensalis sum ego Bruno Io. de Davantria Traiectensis diocesis, decretorum doctor. Pax legenti, vita eterna scribenti. Aperiat dominus lectori sensum, scriptori vero regnum eternum. Amen.*
*Scriptum atque completum in monasterio beate Marie Montis Morini ordinis sancti Benedicti apud Perusium.*
Glossen von 6 versch. Händen, darunter von Petrus de Monte; vgl. oben S. 100.

**J 2** London, Brit. Mus., ms. Add. 40157 (Mitte 15. Jh.).
Vgl. Catalogue of Additions to the Manuscripts in the British Museum 1921–1925, S. 60 (1921 erworben, Herkunft nicht genannt). Gemäß dem Katalog (und darauf fußend bei M. Dykmans, Mabillon et les interpolations, S. 340 Abschnitt III) soll die Hs. die von Gattico genannte des Kardinals Piersanctes gewesen sein, doch fehlen in der Hs. selbst alle diesbezüglichen Angaben. Der einzige Besitzvermerk steht auf f. 162r und stammt aus dem Jahr 1561. Jedoch dürfte die Piersanctes-Handschrift Gatticos Angaben zufolge der gleichen Überlieferungsgruppe angehört haben.
163 Pergamentbll., 205×140 (140×90) mm, einspaltig, ca. 28 Zeilen pro Seite, huma-

nistische Minuskel; 13 Quinterne (f. 1–130), 1 Quatern (f. 131–138), 2 Quinterne (f. 139–158), 1 Ternio (f. 159–163 u. 1 fehl. Bl.).

f. 1r–148r: Text des Zeremonienbuches, wie J 1; vgl. oben, S. 65.

f. 1r: (vor Kap. 1) *Incipit liber Ceremonialis*,

(unten) Kardinalswappen, Wappenschild übermalt.

f. 148r–163r: Gattico, S. 157a–167b, Kap. 1–2 u. 4–8.

f. 163r: *Explicit* wie in J 1 (im 16./17. Jh. nachgetragen).

Glossen von 7 Schreibern (Mitte 15. Jh. bis 16. Jh.), zum Teil nur fragmentarisch erhalten, weil die Hs. beim Binden zu sehr beschnitten wurde.

**J 3** Rom, Bibl. Vallic., cod. T 54 (17. Jh.).

IV u. 403 u. 5 Papierbll., 280x200 mm, zweispaltig (rechts Text, links Varianten oder Verweise auf Mabillons Edition und auf cod. Urbin. lat. 470, vielleicht von Giuseppe Bianchini, der die Hss. Urbin. lat. 469 und 470 gekannt hat, wie aus seinen Bemerkungen in cod. Vallic. S 68, f. 155 hervorgeht). Die Hs. ist unvollständig und reicht nur bis Gattico, S. 157aff., Kap. 1, und bricht im Gebet *Omnipotens sempiterne deus qui legalium* ... ab.

f. I: leer, dgl. f. IIv–IIIv und IVv.

f. IIr: *Ceremoniale papale, quod scriptum videtur a domino Guidone de Fusco tempore schismatis Petri de Luna, qui appellabatur Benedictus XIII, fuit in usu etiam pontificum romanorum Avenione commorantium.*

Im erhaltenen Text fehlt jeglicher Hinweis auf Guido de Fusco; vielleicht war dieser im *Explicit* genannt. Der Hinweis auf das Schisma ist wohl aus den Texten ab Gattico, S. 157a und aus verschiedenen Glossen zu erklären. Die Vorlage selbst dürfte jünger gewesen sein: mehrere Glossen beziehen sich auf die Zeit Nikolaus' V. (f. 99v, 104v, 115r), die bei Gattico (S. 46b, 47b, 52b) jeweils der Hs. des Kardinals Piersanctes entnommen sind.

f. 1r–401r: Text des Zeremonienbuches, wie J 1; vgl. oben, S. 65.

f. 401r–403v: Gattico, S. 157aff., Kap. 1.

**K 1** Rom, Vatik. Bibl., cod. Borg. lat. 409 (2. H. 15. Jh.).

Vgl. P. Salmon, a.a.O. 3, S. 112, Nr. 375.

III u. 78 Papierbll., 290x215 (195x135) mm, einspaltig, ca. 46 Zeilen pro Seite, Gotico-Antiqua; verschiedene Schreiberhände des 15. Jh.; 6 Sexterne (f. I–70, f. 68 und 69 fehlen, aber ohne Textverlust), 1 Quatern (f. 71–78).

Hand 1:

f. Ir–IIIr: *Rubrice libri Ceremoniarum Romane Curie.*

f. IIIr–IIIv: Rubrizellen des *Thesaurus pontificum* (vgl. H 1), dessen Text jedoch in der Hs. fehlt.

f. 1r–66r: Text des Zeremonienbuches, wie J 1; vgl. oben, S. 65.

f. 66r–75v: Gattico, S. 157a–167b, Kap. 1–2 u. 4–8.

f. 75v: *Et sic est finis libri ceremoniarum Romane curie. B. pλag.*, (von anderer Hand) *Explicit* wie in J 1.

f. 76r–76v (Hand 2): Gattico, S. 173 und 172, Kap. 19 und 18.

f. 77r–77v (Hand 3): Unionsdekret Eugens IV. vom 6. 7. 1439.

f. 77v–78r (Hand 4): Gattico, Kap. 119, vgl. G 1.

f. 78r–78v (Hand 5): *Modus consecrandi Agnus dei secundum modernos*, vgl. K 3 bis K 5 und Gattico, S. 159, Z. 19ff.

f. 78v (Hand 6): Papstwahldekret Clemens' VI.

Glossen verschiedener Schreiber, darunter von Antonius Rebioli auf f. 1v, 2v, 6v, 7r, 8v, 10v, 16v, 18r, 71r (signiert) und die Nachträge auf f. 76rf. (Hand 2); vgl. auch oben, S. 100 und 135f.

Abschriften der Hs.:
München, Staatsbibl., clm 133 (von Onofrio Panvinio);
Rom, Vatik. Bibl., cod. Barb. lat. 1190.

**K 2** Rom, Vatik. Bibl., cod. Vat. lat. 1151 (2. H. 15. Jh.).
Vgl. M.-H. Laurent, Codices Vaticani latini 1135–1266, S. 22f.; P. Salmon, a.a.O. 3, S. 120, Nr. 120. – Signatur der päpstlichen Bibliothek des 16. Jh.: 327.

f. IIr–IVr: *Rubrice libri ceremoniarum Romane curie.*
f. 1r–80v: Text des Zeremonienbuches, wie J 1; vgl. oben, S. 65.
f. 80v–89r: Gattico, S. 157a–167b, Kap. 1–2 u. 4–8.
f. 89r: *Et sic est finis libri ceremoniarum Romane Curie. T. Rouer.*

Abschrift:
Rom, Vatik. Bibl., cod. Barb. lat. 2436.

**K 3** Turin, Bibl. Naz., cod. E. III. 9 (2. H. 15. Jh.).
Vgl. G. Mazzatinti, a.a.O. 28, Nr. 916.
120 Pergamentbll., 330×220 mm, einspaltig; 3 Schreiberhände: 1 und 2 (gotische Minuskel), 3 (humanistische Minuskel).

Hand 2:
f. 1r–1v: *Nota quod ea, que scripta sunt in presenti carta, sunt de materia canonizationis sanctorum et addi debent folio 32. – In primis sanctissimus dominus noster exit de camera ... pedem et manum pontificis.* = Gattico, S. 58f. nach Anm. 19 (Kap. 59).
Hand 1:
f. 2r–4v: *Rubrice libri cerimoniarum Romane curie*; Folioangaben von Hand 2 (bis f. 109).
f. 5: leer.
f. 6r–102v: Text des Zeremonienbuches, wie J 1; vgl. oben, S. 65.
f. 6r: (unten) Kardinalswappen eines Rovere.
f. 102v–114r: Gattico, S. 157a–167b, Kap. 1–2 u. 4–8.
f. 114r–115r: Gattico, S. 172b–173b, Kap. 18.
f. 115r–116r: *Incipit ordo consecrandi Agnus dei secundum modernos*, vgl. K 1, K 4 und K 5.
Hand 3:
f. 116r–120r: Kardinalshaushalt = Gattico, S. 274a–278b.
f. 120v: leer.
Glossen von Hand 1 und einer vierten, die z. B. zwei Vermerke zu Paul II. (f. 6v und 8v: zu Gattico, S. 12a, Z. 34 und S. 15a, Z. 16, v. J. 1465) eintrug.
Wie die Glossen andeuten, wurde die Hs. wohl vor 1465 geschrieben; Ende des 15. Jh. war sie im Besitz eines Kardinals der Rovere – vielleicht Domenicos della Rovere (K. Eubel, a.a.O. 2, S. 19), der Erzbischof von Tarantaise und Bischof von Turin und ab 1748 Kardinal war – und gelangte wahrscheinlich in dessen Besitz nach Turin.

**K 4** Rom, Vatik. Bibl., cod. Urbin. lat. 470 (1487).
Vgl. H. Ehrensberger, a.a.O., S. 558; C. Stornajolo, Codices Urbinates latini 1, S. 476; P. Salmon, a.a.O. 3, S. 119, Nr. 402.

f. 1r–4v: *Rubrice libri Cerimoniarum Romane Curie.*
f. 5r–111r: Text des Zeremonienbuches, wie J 1; vgl. oben, S. 65.

f. 111r–122v: Gattico, S. 157a–167b, Kap. 1–2 u. 4–8.
f. 122v–124r: Gattico, S. 173 und 172, Kap. 19 und 18, wie K 1.
f. 124r–125r: *Incipit ordo consecrandi Agnus dei secundum modernos*, wie K 1, K 3 und K 5.
f. 125r: (in Rot) *Explicit liber Cerimoniarum anno incarnacionis dominice MCCCCLXXXVII die XXVI de mense Ianuario apud sanctum Petrum Rome, sub pontificatu sanctissimi in Christo patris et domini nostri domini Innocentii divina providentia papa* (!) *VIII anno secundo* (!).
*Scriptum per me Sigismundum de Sigismundis Fer*[*etranum*] *pro reverendo in Christo patre domino Celso de Mellinis cive Romano ac episcopo Feretran*[*o*]. Zu Celsus de Mellinis (Bisch. 1484–1498) vgl. K. Eubel, a.a.O. 2, S. 170.

In der Untersuchung nicht berücksichtigt:

**K 5** Rom, Vatik. Bibl., cod. Vat. lat. 5627 (um 1600).
Vgl. P. Salmon, a.a.O. 3, S. 125, Nr. 426.
296 Papierbll., 310×210 (240×145) mm, einspaltig, ca. 25 Zeilen pro Seite; ehemals in der Engelsburg aufbewahrt.

f. 1r–187r: Text des Zeremonienbuches, wie J 1.
f. 187r–205r: Gattico, S. 157a–167b, Kap. 1–2 u. 4–8.
f. 205v: *Iuramenta*; vgl. H 2, f. 62v und Gattico, S. 165 Anm. 5.
f. 206r–208r: Gattico, S. 172b–173b, Kap. 18.
f. 208r–212r: Texte wie K 1, f. 77r–78v.
f. 213: leer, dgl. f. 246v–248r und 288v.
f. 214–218 fehlen.
f. 219r–227r: Andrieu Ordo I (Les Ordines Romani 2, S. 1ff.).
f. 227r–243r: *Ecloge* des Amalar (ed. J. M. Hanssens 3, S. 229ff.).
f. 243v–246r: Andrieu Ordo VII (a.a.O., S. 251ff.).
f. 249r–258v: *Breves notae*, vgl. St. Kuttner, a.a.O., S. 24.
f. 259r–296v: *Gesta Benedicti XIII* (1406–1409) = Muratori, Rer. Ital. SS. III 2, Sp. 777ff.; vgl. oben, S. 123f.

## IV. Zeremonienbücher aus der Zeit des Großen Schismas

### 1. Die Sammlung des Bindo Fesulani (Sammlung B)

Das im folgenden mit dem Namen des Bindo Fesulani bezeichnete Zeremonienbuch ist, soweit mir bekannt, in zwei Handschriften erhalten, den Codices Rom, Vat. lat. 4726 und Florenz, Bibl. Ricc. 471. Bevor ich diese Handschriften näher beschreibe, führe ich die einzelnen Kapitel in der Reihenfolge der Edition an, da in beiden Handschriften die Texte, abgesehen von den Nachträgen, in der gleichen Reihenfolge aufgeschrieben sind. Die Anordnung der Inhaltsübersicht entspricht der in der Sammlung A. Für die beiden Handschriften sind wie in der Edition die Siglen V (= Vat. lat. 4726) und R (= Ricc. 471) benutzt. In den Bemerkungen wird auf andere Sammlungen verwiesen, wenn sie mit dem betreffenden Text verwandt sind; im übrigen sind die Bemerkungen zu den einzelnen Kapiteln in der Edition einzusehen, außerdem auch die Konkordanz (S. 379ff.).

XLIV. R, f. 1r–6r; V, f. 2r–3v: (ohne Titel.) *Qualiter dominus noster papa in vesperis papalibus … iuvenes instruat atque servitores.*

Das Kapitel enthält innerhalb der die Absichten des Autors erläuternden Einleitung einen Index, von dem in R die Folioangaben fehlen. – Zu Beginn des Absatzes 3 (R, f. 5v; V, f. 3r) enthält R den Autorennamen *Bindo Fesulani de Florentia acolitus, capellanus commensalis domini nostri pape.* In V ist die Passage *Bindo … Florentia* ausradiert. Weil aber das Wort *acolitus* in V von einer anderen Hand als der Rest geschrieben und zwischen den unteren Teil der Initiale *E* und *capellanus* eingezwängt ist, halte ich es für möglich, daß zwar der Passus *Bindo … acolitus* in der Handschrift stand, vorher aber der Name eines Kurialen eingetragen war, der nicht *acolitus*, sondern lediglich *capellanus commensalis* des Papstes war. – Vgl. auch oben, S. 102f., und M. Andrieu, Immixtio et consecratio, Paris 1924, S. 91 Anm. 2.

XLV. R, f. 6r 7v; V, f. 3v–4v: *Primo de vesperis papalibus, in quibus domini cardinales debent esse induti, volui tractare, qualiter sit agendum, ut infra sequitur. – Et primo dominus noster vadit ad orandum … semper in vesperis papalibus.*

XLVI. R, f. 7v–8v; V, f. 4v–5v: *Sequitur de missis celebrandis per dominum nostrum papam, quando est missa papalis. – Et primo, quia in festo penthecosten sunt aliqua fienda … dicere psalmum Quam dilecta etc.*

Der Text ist nach V ediert von D. Giorgi, De liturgia romani pontificis 3, S. 556f.

XLVII. R, f. 8v–22r; V, f. 6r–13v: (ohne Titel; doch steht als solcher im Index: *Missa celebranda per dominum papam.*) – *In aliis vero missis per ipsum dominum nostrum papam celebrandis … semper ipsum precedente.*

Der Text ist nach V ediert von D. Giorgi, a.a.O., S. 557–565.

XLVIII. R, f. 22r–28v; V, f. 13v–17v: (auch für dieses Kapitel steht ein Titel nur im Index: *De missis, que celebrantur coram papa per cardinales vel per alios prelatos.*) – *Et quia superius est tractatum … ad capellam vel recedendo.*

Der Text ist ediert nach V von D. Giorgi, a.a.O., S. 565–569. – Der folgende Text ist ein Nachtrag – wohl von Bindo Fesulani (in V von derselben Hand wie ein Nachtrag zum Jahr 1393) – zu diesem Kapitel. Deshalb gebe ich ihm die gleiche Ordnungszahl.

XLVIII a. R, f. 28v–29r; V, f. 17v: *Nota pro festo omnium sanctorum. – Notandum quod dominus Clemens VI ordinavit … et mitram planam de guarnello.*

Der Text ist nach V ediert von D. Giorgi, a.a.O., S. 569. In R ist der Text von der gleichen Hand geschrieben wie die anderen Texte.

XLIX. R, f. 29r–33r; V, f. 18r–20r: (Der Titel steht nur im Index: *Qualiter sit agendum in vesperis et matutinis nativitatis domini.*) – *In festo nativitatis domini vespere dicuntur … servatur in die ista.*

Die Absätze 3 und 4 sind nach V ediert von E. Cornides, Rose und Schwert im päpstlichen Zeremoniell, S. 137. – Die Absätze 1–6 sind auch in zwei Handschriften des OR XIV (Barb. lat. 750, f. 95v–96r = B und Turin BN, cod. F. V. 14, f. 95r–95v = T, vgl. oben, S. 104f.) überliefert und für die Edition mit den beiden anderen Handschriften kollationiert. – Zum Inhalt des Textes vgl. auch den des Kapitels LXXII.

L. R, f. 33r–36v; V, f. 20r–22r: *Qualiter in die purificationis beate Marie, in qua dantur candele, sit agendum, sequitur modus et forma. – Notandum quod anno domini MCCCLXXXXIII festum purificationis beate Marie ... ad diem immediate sequentem. Et primo dominus cardinalis iunior presbiter ... ante receptionem candelarum eam fecerunt.*

Der Absatz 1a ist in V von anderer Hand nachgetragen (wie Kap. XLVIII a), wohl von Bindo Fesulani. In R steht der Absatz, vom Schreiber des übrigen Textes geschrieben, am Beginn des ganzen Kapitels; diese Anordnung übernahm ich für die Edition.

LI. R, f. 36v–39r; V, f. 22r–23r: *Sequitur, qualiter sit agendum in die cinerum. – Primo est sciendum, quod in die ista ... secundum quod placebit domino nostro.*

LII. R, f. 39r–41v; V, f. 23v–24v: *Sequitur, qualiter sit agendum in dominica, qua cantatur Letare Ierusalem. – Primo dum dominus noster papa vadit ad capellam ... secundum statum persone sue.*

Der Text ist nach V ediert von E. Cornides, a.a.O., S. 28f.

LIII. R, f. 41v–44r; V, f. 24v–26r: *Sequitur, qualiter sit agendum in die ramis palmarum. – Et primo sciendum est, quod iunior presbiter cardinalis ... quod in die ista non fit sermo.*

Vgl. Gattico, Kap. 13, S. 21a–22a.

LIV. R, f. 44r–48r; V, f. 26r–28v: *Sequitur, qualiter sit agendum in die Iovis sancta. – Et primo statim, dum dominus noster exit cameram suam ... et dicit Per quem hec omnia.*

Für Abs. 5–10 vgl. Gattico, Kap. 16, S. 24a, Z. 8 – S. 25a, Z. 20.

LV. R, f. 48r–51r; V, f. 28v–30r: *De communione pape. – Nota quod in presenti missa ... in rubrica scriptum. Confecto itaque sacrificio pontifex solus communicat ... et septem quadragenis et successive.*

War Abs. 1 in der Vorlage ein Nachtrag? Zu Abs. 2–7 vgl. Gattico, Kap. 16, S. 25a, Z. 20 – S. 26a, Z. 2.

LVI. R, f. 51r–53v; V, f. 30r–31r: *De communione aliorum rubrica. – Papa vero in sede sua communicat illos ... debent esse in superpelliciis.*

Zu Abs. 1 und 2 vgl. Gattico, Kap. 16, S. 26a, Z. 2–26; zu Abs. 3–5 ebda., Kap. 17, S. 26b–27a und OR XV, Kap. 68 (Migne PL 78, Sp. 1311A/B).

LVII. R, f. 53v–55r; V, f. 31r–32r: *De mandato fiendo. – Ista non observantur nisi in primo anno coronationis domini nostri pape, ut predicitur. Dato vero per papam presbiterio, ut dictum est ... duos cereos accensos ante papam.*

War Abs. 1 in der Vorlage ein Nachtrag? Zu Abs. 2ff. vgl. Gattico, Kap. 18, S. 27a/b und OR XV, Kap. 69, Sp. 1311C–1312B.

LVIII. R, f. 55r–55v; V, f. 32r–32v: *De comestione huius* (!) *in die cene, quando cardinales comedunt cum papa. – Die predicta dominus papa sic paratus ... ut infra in alia lotione dicetur.*

Vgl. Gattico, Kap. 19, S. 28a–29a und OR XV, Kap. 70, Sp. 1312B/C. Der Ansatz 2 steht auch im Kap. 86 des OR XIV, Sp. 1208C.

LIX. R, f. 55v–56v; V, f. 32v: *De paramentis, qua* (!) *portantur in mensa per cardinales et per papam, rubrica. – Est autem attendendum, quod papa scribitur* (statt: *stabit*), *dum comedit ... ut dictum est de cardinalibus.*

Vgl. Gattico, Kap. 20, S. 29a, OR XV, Kap. 70, Sp. 1312C/D und den 2. Teil des Kap. 87 im OR XIV, Sp. 1209A/B.

LX. R, f. 56v–57r; V, f. 32v–33r: *De ordine sedendi in mensa. – Sedet autem papa in una mensa eminenti ... et etiam nobilium.*

Vgl. Gattico, Kap. 21, S. 29a/b, OR XV, Kap. 71, Sp. 1313A–C und den 1. Teil von Kap. 87 im OR XIV, Sp. 1208C–1209A.

LXI. R, f. 57r–58r; V, f. 33r–33v: *De servitoribus mense pape. – Coram papa servient maiores laici et nobiliores ... Et sic stant, prout est ordinatum.*

Vgl. Gattico, Kap. 22, S. 29b, OR XV, Kap. 71, Sp. 1313C–1314A und OR XIV, Kap. 88, Sp. 1209B/C.

LXII. R, f. 58r–59v; V, f. 33v–34v: *De secunda manuum lotione in cena domini. – Comestione sumpta papa lavat manus ... comedere cum domino camerario splendide.*

Vgl. Gattico, Kap. 23, S. 30a, OR XV, Kap. 72, Sp. 1314A/B und OR XIV, Kap. 89, Sp. 1209C–1210A.

LXIII. R, f. 59v–61r; V, f. 34v–35r: *De benedictione mense et gratiarum actione in cena domini. – In cena domini ad benedicendum mensam ... Clementis VI et domini Innocentii necnon domini Urbani V. Nec fuit auditum, quod aliquo tempore fuerit factum contrarium. Idem fuit observatum tempore domini Gregorii XI.*

Vgl. Gattico, Kap. 24, S. 30a/b und OR XV, Kap. 73 und 74, Sp. 1314C–1315A.

LXIV. R, f. 61r–72v; V, f. 35r–40r: *De officio ferie sexte in parasceve rubrica. – Feria sexta, videlicet die Veneris sancta, omnia dicantur per ordinem ... postea papa dicit Respice quesumus domine etc.*

Zum Text vgl. auch unten, Kap. LXXI und Gattico, Kap. 25, S. 30b–35a, OR XV, Kap. 75, Sp. 1315A–1320D und OR XIV, Kap. 93, Sp. 1213C–1218A; außerdem siehe auch M. Andrieu, Immixtio et consecratio, S. 91.

LXV. R, f. 72v–73r; V, f. 40r–40v: *De cardinali serviente pape in officio capellani. – Sciendum est enim, quod ista die servit pape in officio capellani ... atque constabulatione* (statt: *confabulatione*) *aliquali ad propria revertuntur.*

Vgl. Gattico, Kap. 26, S. 35b und OR XV, Kap. 77, Sp. 1321A/B.

LXVI. R, f. 73r–78r; V, f. 40v–42v: *Ordo officii de sabbato sancto. – Notandum quod die sabbati sancta ... vadit ad osculandum pedem pape.*

Vgl. Gattico, Kap. 27 und 28, S. 36a–37b und OR XV, Kap. 78 und 79, Sp. 1321B–1323C.

LXVII. R, f. 78r–85r; V, f. 42v–45v: *De presbitero cardinali ista die serviente pape in officio capellani. – Sciendum est tamen, quod in toto officio hodierno ... ad domos proprias revertuntur.*

Vgl. Gattico, Kap. 29, S. 37b–39b und OR XV, Kap. 80–82, Sp. 1323D–1328A.

LXVIII. R, f. 85r–87r; V, f. 45v–46v: *Quando papa non celebrat, rubrica. – Si autem ista die papa non celebret ... et sic finitur missa. Nota quod in presenti missa ... contrarium in rubrica scriptum.*

Vgl. OR XV, Kap. 83, Sp. 1328A–1330A.

LXIX. R, f. 87r–88r (= R 1) und f. 99v–100r (= R 2); V, f. 46v (= V 1) und 52r (= V 2): *Rubrica, quando pro defunctis coram papa sollempniter celebratur. – Notandum est quod, quando celebratur sollempniter coram papa ... nec etiam indulgentia aliqua pronuntiatur.*

Der Text ist als Nachtrag (in V von anderer Hand) wiederholt (für die Edition kollationiert als R 2 und V 2).

LXX. R, f. 88r–88v (= R 1) und 100v (= R 2); V, f. 46v–47r (= V 1) und 52r (= V 2): (ohne Titel.) *Item notandum est de vesperis dicendis in quadragesima ... debet altare incensare.*

Auch dieser Text ist als Nachtrag (in V von anderer Hand) wiederholt (für die Edition kollationiert als R 2 und V 2).

LXXI. R, f. 88v–92v; V, f. 47r–48v: *Rubrica ista observantur* (!) *feria sexta in parasceve, quando papa non celebrat. – Primo quando papa ingreditur capellam ... et oratio Respice quesumus domine finiatur.*

Vgl. oben, Kap. LXIV.

LXXII. R, f. 92v–94v; V, f. 48v–49r: *Qualiter agatur in matutinis in nocte natalis domini. – Primo quando dominus noster papa est ingressus capellam ... non per cantores.*

Vgl. oben, Kap. XLIX.

LXXIII. R, f. 94v–97v; V, f. 49v–51r: (Titel nur im Index: *In celebrandis missis quibus coloribus sit utendum.*) – *Et quia dictum est superius ... uti planetis. Istis quinque coloribus utuntur in curia romana.*

LXXIV. R, f. 97v–99v; V, f. 51r–51v: (Titel nur im Index: *De hiis, qui serviunt pape in divinis celebrandis infra annum.*) – *Diebus infrascriptis prior episcoporum cardinalium ... contrarium mandaret. Et ita continetur in dictis rubricis.*

Die folgenden Texte sind in V von anderen Schreibern nachgetragen:
R, f. 99v–100r; V, f. 52r: Wiederholung von Kap. LXIX; mit diesem kollationiert.
R, f. 100v; V, f. 52r: Wiederholung von Kap. LXX; mit diesem kollationiert.

LXXV. R, f. 100v–102r; V, f. 52r; dazu U (= Urbin. lat. 469, f. 78v, s. u.): *Rubrica, quando celebratur pro rege vel imperatore. – Anno LXXVII dominus noster Gregorius XI ... De profundis etc.*

Der Text schildert die Exequien für Eduard III. in Anagni am 3. 9. 1377 und ist nach cod. Urbin. lat. 469 (= U), der deshalb mit den beiden anderen Handschriften kollationiert wurde, ediert von Gattico, S. 170a, Kap. 14 = W. Ullmann, The Curial Exequies, S. 35f. = Na-Ta, Kap. 125, S. 203f. Die Varianten von U sind nach der letzten Edition im Apparat notiert. Der Version von U entspricht der Text im cod. Rossian. 719, f. 95r–95v. In U folgen auf diesen Text noch ähnliche aus den Pontifikaten Clemens' VII und Benedikts XIII.

LXXVI. R, f. 102r–103v; V, f. 1r; dazu U, f. 66v–67r: (ohne Titel.) *Sciendum quod papa, quando equitat ... pervenire valeamus. Per dominum nostrum Iesum Christum filium tuum etc.*

Auch dieser Text ist nach U ediert in Na-Ta, Kap. 109, S. 173f. Vgl. außerdem cod. Rossian. 719, f. 80v. Eine Überschrift steht zwar in der Edition von U, die ich übernahm, nicht jedoch in den Handschriften. Die Varianten von U sind nach der Edition notiert. – Der Text entspricht in etwa dem 1. Absatz von Gattico, Kap. 143, S. 154b.

LXXVII. R, f. 103v–104v; V, f. 1r–1v; dazu U, f. 78r: *Benedictio pape. – Sancti apostoli Petrus et Paulus ... descendat super nos et maneat semper. Amen.*

Auch dieser Text ist nach U ediert in Na-Ta, Kap. 124, S. 203. Die Varianten von U sind nach der Edition notiert.

LXXVIII. R, f. 104v–105r; V, f. 1v: (ohne Titel.) *Papa Bonifatius quartus* (!) *ad requisitionem domini Philippi regis Francorum ... presentibus et futuris. Qui vivis et regnas deus etc.*

Gemäß dem 1. Absatz hat Bonifaz VIII. Philipp dem Schönen von Frankreich ein Ablaßprivileg ausgestellt, von dem Bullen im Archiv der königlichen Kapelle aufbewahrt seien. Doch steht ein derartiges Privileg in den Registern des Papstes (ed. G. Digard, M. Faucon, A. Thomas, P. Fawtier 1884–1939) nicht verzeichnet. Auch bei N. Paulus, Geschichte des Ablasses im Mittelalter 2, S. 16f. und J. A. Jungmann, Missarum sollemnia 2, S. 428ff. ist das entsprechende Gebet nicht aufgeführt. Ein im Wortlaut fast gleiches Gebet enthält cod. Hamilton 315 (Berlin, Kupferstichkabinett, cod. 78 B 12), f. 279r–280v (Stundenbuch der Maria von Burgund), der als Codex H mit den beiden anderen Handschriften kollationiert wurde. Zur Handschrift vgl. H. Boese, Die lateinischen Handschriften der Sammlung Hamilton zu Berlin, S. 158f.

Der Fehler bei der Ordnungszahl des Papstes, der wohl schon auf den Schreiber der Vorlage von V zurückgeht, da in V *quartus* ausgeschrieben ist, kann aus dem Verschreiben von *VIII* zu *IIII* erklärt werden.

Wenden wir uns nun den beiden Handschriften zu. Die ältere von beiden ist V, der Codex Vat. lat. 4726 der Biblioteca Apostolica Vaticana (vgl. auch P. Salmon, a.a.O. 3, S. 121, Nr. 409). Er besteht aus 52 Pergamentblättern, von denen das letzte beim Binden (19. Jahrhundert) auf den Vorsatz des hinteren Einbanddeckels aufgeklebt wurde, so daß die Rückseite nicht mehr zu sehen ist. Es ist zum Teil beschädigt und war wohl lange Zeit das hintere Außenblatt der Handschrift. Die Blätter haben das Format von ca. 240×160 mm, der Schriftspiegel des Hauptteils (f. 2–51) mißt ungefähr 135×85 mm. Die f. 1 und 52 waren als Außenblätter der Handschrift ursprünglich unbeschrieben. Die f. 2–51 wurden in der zweiten Hälfte des 14. Jahrhunderts von einem einzigen Schreiber, der im Laufe der Arbeit nachlässiger wurde, in einer großflächigen und oft verzierten Kursive beschrieben und um die gleiche Zeit mit römischen Ziffern foliiert, wobei auch die Verso-Seiten die entsprechenden Foliozahlen erhielten. Nicht viel später wurden zuerst das Rückblatt, alsdann das Vorderblatt von verschiedenen Schreibern mit Nachträgen versehen, von denen sich ein Text (f. 52r über die Exequien für Eduard III.) auf das Jahr 1377 bezieht. Auch im Hauptteil stehen verschiedene Nachträge mehrerer Schreiber. Von diesen Texten bezieht sich einer (f. 20v) auf das Jahr 1393. Die Rückseite von f. 52 scheint unbeschrieben geblieben zu sein, da in R, einer

Abschrift von V (siehe unten), auf die Nachträge von f. 52r sofort die von f. 1r folgen. Die Handschrift besteht aus sechs Lagen: 1 Quintern (f. 1–10), 1 Quatern (f. 11–18), 3 Quinternen (f. 19–48) und 1 Binio (f. 49–52). Die Enden der Lagen sind mit Reklamanten versehen. Die Seiten sind gewöhnlich liniiert und mit etwa 20 bis 26 Zeilen beschrieben. Nach der großzügigen Beschriftung, dem Beschreibstoff (Pergament), den Initialen und den zum Teil übertrieben geschwungenen Großbuchstaben zu urteilen, war die Handschrift als Reinschrift, möglicherweise für den Kompilator, gedacht. Daher kommt es wohl auch, daß der Text fehlerhaft ist und die Folioangaben des Index nicht immer mit denen des Textes übereinstimmen. Auch decken sich nicht immer die Überschriften des Textes mit denen des Index. Zu den Titeln ist außerdem noch zu bemerken, daß sie gewöhnlich auf dem äußeren Rand vorgeschrieben und anschließend von einem anderen Schreiber über das jeweilige Kapitel geschrieben sind. Dabei geschah es mehrmals, daß der Rubrikator die vorgeschriebenen Wörter fehlerhaft kopierte oder wegließ.

Gänzlich unbekannt (abgesehen von R. Elze, Die Ordines für die Weihe und Krönung, S. 37) blieb bisher der Codex 471 der Biblioteca Riccardiana in Florenz. Die in einen modernen Einband gebundene Handschrift (vgl. zu ihr J. Lami, Catalogus codicum manuscriptorum qui in Bibliotheca Riccardiana Florentiae adservantur, Florenz 1756, S. 184; Inventario e stima della Libreria Riccardi, Florenz 1810, S. 14) enthält II unbeschriebene Vorsatzblätter, die nicht foliiert sind, und 108 beschriebene und seit kurzer Zeit foliierte Pergamentblätter im Format von ca. 110×85 mm. Der Schriftspiegel mißt gewöhnlich etwa 75×55 mm. Die Handschrift wurde nach 1393, wohl an der Kurie Benedikts XIII., von einem Schreiber in Bastarda geschrieben; die vorgezeichneten Linien (ca. 18 Zeilen pro Seite) und die Löcher zum Feststecken der Blätter sind zum Teil noch zu sehen. Auf f. 1r–2v ist der Prolog mit roter Tinte geschrieben, f. 3 und 4 sind leer, f. 5r–105r enthalten den Text, f. 106–108 sind unbeschrieben. Im Text sind die Rubriken gewöhnlich mit roter Tinte geschrieben. Für die Initialen ist am Anfang der Handschrift Raum gelassen, doch sind die Initialen gewöhnlich nur vorgezeichnet. Im hinteren Teil der Handschrift schrieb sie der Kopist selbst. Der Index enthält keine Folioangaben. Nachträge oder Glossen existieren in dieser Handschrift nicht. Abgesehen von den beiden Vorsatzblättern besteht die Handschrift aus 14 Lagen (1 Binio und 13 Quaterne), die jeweils – außer der letzten – mit einem Reklamanten enden. Die Handschrift war, ihrem kleinen Format nach zu urteilen, ein Handbuch, das leicht zu transportieren war. Als Vorlage diente dem Kopisten, der den Text nicht immer verstand und daher nicht nur Fehler machte, sondern auch Lücken ließ (z. B. Kap. LIV 9 *thure*, Kap. LVI 4 *turonen.*, Kap. LXI 3 *Karolus*), der Codex V. Auf diese Abhängigkeit deutet nicht nur die Eingliederung der Nachträge und Glossen aus V in den Text von R, sondern viel mehr noch die Lücke in Kap. LIV 10 *ad ... ampulam olei*, da in V *ad* und *olei* untereinander jeweils am Zeilenende stehen, die Gleichschlußlücke in Kap. XLIV 1 (*celebrantur ... celebrantur*), die zum Teil peinlich genaue Nachzeichnung der Initialen der Vorlage (z. B. das Q in Kap. LXVII 3 und 11 jeweils bei *Quibus*: R, f. 79r und 84v) und die Kopierung der zum Teil falschen Überschriften von V (vgl. oben zu V). Wann die Handschrift nach Florenz gelangte, ist nicht zu erkennen.

## 2. Der Ordo Romanus XV

Rom, Bibl. Casanat., cod. 607 (2. H. 15. Jh.).
69 Pergamentbll., 243×165 mm, einspaltig, ca. 37 Zeilen pro Seite, humanistische Minuskel, die zeitgenössische Foliierung beginnt mit f. 6 (= f. 1) und endet mit f. 69 (= f. 64); f. 1 ist vorgebunden, 1 Binio (f. 2–5), 8 Quaterne (f. 6–69).

f. 1r (2 Hände des 17. Jh.): (Hand 1) *Ceremoniale Romanum pontificium* (Hand 2) *Auctore F. Petro Amelio Episcopo Senagaliensi, qui vixit tempore Urbani V, idest circa annum MCCCLXII, uti videre est pag. 29 a tergo et pag. 34 a tergo.*
f. 2r–4r: *Rubrice libri Cerimoniarum* (für alle Texte der Hs.).
f. 4v–5v: leer.
f. 6r–59v: Text des OR XV, mit den *Addiciones*.
Auf dem Rand stehen zahlreiche Hinweise auf die jeweiligen Kapitel in roter Schrift, die von Mabillon als Überschriften ediert sind, außerdem viele Hinweise auf im Text genannte Aufgaben von *confessor* und *sacrista*; dagegen gibt es nur wenige Glossen, so z. B. f. 49v zu OR XV, Kap. 143 (= Sp. 1350 Anm. a), vgl. oben, S. 114.
f. 59v–65v: *Breves notae*, vgl. St. Kuttner, a.a.O., S. 23.
f. 65v–67v: OR XIV, Kap. 104.
f. 67v: (in Rot) *Explicit*; (darunter) *Quando aliquis episcopus facit sermonem et non sit adhuc consecratus, debet stare cum cappa et non cum pluviali.*
f. 68 und 69: leer.

Abschriften:
Paris, Bibl. Nat., ms. lat. 12580, f. 158r–227v.
Rom, Vatik. Bibl., cod. Vat. lat. 5747, Zusätze (2. H. 15. Jh.).
Vgl. M. Dykmans, Mabillon et les interpolations, S. 336.

## 3. Ordines zur Papstkrönung aus der Zeit des Schismas

Eichstätt, Staatsbibl., cod. 697 (alt: 293) (Anf. 15. Jh.).
267 Papierbll., 300×260 mm, etwa 15 verschiedene Schreiberhände in Bastarda; 1 Doppelbl. (f. 1–2), 1 Quintern (f. 3–12), 1 Sextern (1 fehl. Bl. u. f. 13–23), 8 Sexterne (f. 24–119), 4 Sexterne (f. 120–151, dazu 16 jetzt fehlende Bll., s. u.), 2 Sexterne (f. 152–175), 1 Quatern (f. 176–183), 7 Sexterne (f. 184–266 u. 1 fehl. Bl.). Die Hs. besteht aus zwei ehemals selbständigen Hss. (f. 1–119 und f. 120–266); von diesen enthält die zweite noch die alte Foliierung (f. 120 = f. 2, letztes Blatt f. 227 = f. 124), aus der hervorgeht, daß nach der alten Foliierung f. 1, 6, 7, 12, 13, 18, 19, 24, 25, 30, 31, 36, 37, 42, 43, 48 – also die Außen- und Innenblätter der ersten vier Sexterne – fehlen. In der Mitte des 15. Jh. wurden beide Hss. zusammengebunden – der Einband ist noch erhalten – und waren im Besitz des Eichstätter Klerikers Ulrich Pfeffel; vgl. zu diesem M. Herrmann, Albrecht von Eyb, S. 219.

f. 2v–12v: alphabetisches Stichwortverzeichnis zur folgenden Kirchengeschichte und für die Chronik.
f. 13r–115v (Hand 1): Kirchengeschichte des Rufin bzw. Eusebius.
f. 116r–118v: Verschiedene Texte.
f. 119: leer, dgl. f. 182v–183v, 194–207, 212v, 214v–216v, 222, 228–235, 239v–243v, 253–255.

f. 120r–151v (Hand 2): Papst- und Kaiserchronik bis Clemens IV. von Martin von Troppau.
f. 151v: *Anno 1402 die 7 Septembris ego Mathias Spengler finivi etc.*, vgl. oben, S. 118f.
f. 152r–164r (Hand 2): Fortsetzung der Chronik.
f. 164r: *Hanc Martinianam hystoriam precedit alia eciam Cronica Martiniana, que continetur in precedentibus quatuor sexternis* (= f. 120–151 mit den fehlenden Bll., vgl. oben die Angaben zur Foliierung), *scripta per me Rome ex quodam exemplari antiquo; et arbitror fuisse primum Martinum ordinis predicatorum domini pape cappellanum, qui ipsam primam patet in ipsius exordio, et post hunc forsan alium fuisse Martinum eciam domini pape capellanum non tamen ordinis predicatorum, cum hoc in exordio suo non dicat, qui prime Martiniane hystorie addidit, prout in presenti hystoria continetur. Unde in hoc sexterno et sequentibus sum intencionis designandi differencias ipsarum unam ad aliam remittendo, inserendo hic, que plus vel minus presens a prima hystoria contineat, et repperio in secunda de imperatoribus multum esse additum.*
f. 164v–182r (Hand 2): Liste der Päpste und Kaiser (seit Augustus) bis Honorius IV.
f. 184r–193v (Hand 2a): Fortsetzung von Nikolaus IV. bis Johannes XXII., kurzer Nachtrag zu Benedikt XII.
f. 208r–212r (Hand 3): Fortsetzung der Chronik von Clemens VI. bis Johannes XXIII., ediert von H. Finke, Eine Papstchronik des XV. Jahrh.s, S. 347ff., der die alte Foliierung angibt, jedoch mit Fehlern.
f. 213r–214r (Hand 4): Andreas de Escobar, Traktat über die Schismen der Kirche.
f. 217r–221v (Hand 5): Traktat *De processibus* (Hs. *processionibus*) *generalibus.*
f. 223r–227r (Hand 6): ausführlicherer Traktat des Andreas *De schismatibus.*
f. 227v: Nachträge zum Traktat.
f. 236r–238r (Hand 7): *Ordo cerimoniarum servandarum in coronacione summi pontificis*, ediert von J. Kösters, Studien zu Mabillons Römischen Ordines, Beilage 3, S. 92–98; vgl. oben, S. 119.
f. 238r–239r (Hand 8): Tod Innozenz' VII. und Wahl Gregors XII. mit Nachtrag = H. Finke, a.a.O., S. 359–361, Nachtrag: S. 362, Abs. 1.
f. 239r (Hand 9): Tod Alexanders V. und Wahl Johannes' XXIII. = H. Finke, a.a.O., S. 362.
Hand 7–9 ähneln sich.
f. 244r–252v (Hand 10): Goldene Bulle (Anfang fehlt).
f. 256r–265v (Hand 11): verschiedene Texte.
f. 266r (Hand 12), auf dem Einbanddeckel aufgeklebt: Liste der Quaternionen.

Zu den Handschriften Barb. lat. 750 und Turin, F. V. 14 vgl. oben, S. 411f.

## 4. Die Sammlung des François de Conzié

Rom, Vatik. Bibl., cod. Barb. lat. 2651 (Anf. 15. Jh.).
Vgl. L. Celier, Sur quelques opuscules du camerlingue François de Conzié, S. 91ff.; P. Salmon, a.a.O. 3, S. 107, Nr. 354.
I. u. 84 Papierbll., 300x215 (250x135) mm, einspaltig, verschiedene Schreiberhände des späten 14. und frühen 15. Jh.; 1 Doppelblatt (f. I–1), 3 Sexterne (f. 2–37), 1 Quatern (f. 38–44 u. 1 fehl. Bl.), 1 Quintern (f. 45–54), 1 Sextern (f. 55–63 u. 3 nur noch in geringen Resten erhaltene Bll.), 1 Lage von 8 Doppelblättern (f. 64–78 u. 1 zwischen f. 65 und 66 fehl. Bl.), 1 Ternio (f. 79–84). Der Einband ist von ca. 1420 (Pergament) mit Besitzvermerk auf dem vorderen Einbanddeckel: *Iste liber est*

*domini mei camerarii*. Die einzelnen Teile der Hs. (Lage 1, Lage 2–4, Lage 5–7, Lage 8, Lage 9) sind jeweils von anderen Schreibern geschrieben. Alte Signatur: 2393.

f. 1r: Gattico, S. 262a, Kap. 46; vgl. auch oben, S. 121f.

f. 2r–36r (Lage 2–4): Gattico, S. 231a–260a, Kap. 1–42.

f. 37: leer, dgl. f. 78.

f. 38r–63v (Lage 5–7): Diarium zu 1406–1408 = Muratori, a.a.O. III 2, Sp. 777ff.

f. 63v und mehrere kleinere Stellen: eigenhändige Eintragungen des François de Conzié; vgl. M. Dykmans, D'Avignon à Rome, S. 234f., Anm. 3.

Auf den nur fragmentarisch erhaltenen Bll. zwischen f. 63 und 64 standen die in cod. Vat. lat. 4736, f. 65r–67v (s. u.) enthaltenen Texte, von denen einer (*Die Lune immediate sequenti* ...) gleichfalls von François de Conzié geschrieben ist.

f. 64r–77v (Lage 8):

f. 64r–65v: Gattico, S. 260b–261b, Kap. 45 = M. Dykmans, a.a.O., S. 237–243; vgl. Hs. E 1.

f. 66r–77v: Papsthaushalt, jedoch erst ab Gattico, S. 264b, Z. 19 (*Item alii* ...), wahrscheinlich fehlt vor f. 66 ein Blatt (s. o.).

f. 77v: (von François de Conzié) *Scriptis Pisis* ...

f. 79r–84r (Lage 9): Konzilszeremoniell von Perpignan = Muratori, a.a.O., Sp. 824ff., mit Nachträgen des François zu Pisa (1409) und Konstanz (1415).

f. 84v und Rückseite des Einbandes: (15. Jh.) *Iste liber est michi Gabriel Gay.*

Rom, Vatik. Bibl., cod. Vat. lat. 4736 (ca. 1425/30).

Vgl. L. Celier, a.a.O., S. 91ff.; P. Salmon, a.a.O. 3, S. 123, Nr. 416.

94 Papierbll., 303×205 (200×120) mm, einspaltig, ca. 34–35 Zeilen pro Seite, Bastarda.

f. 1r: Gattico, S. 262a, Kap. 46; vgl. auch oben, S. 121f.

f. 1v: Gattico, S. 262b, Kap. 47.

f. 2r–37r: Gattico, S. 231a–260a, Kap. 1–42.

f. 37r–67v: Diarium = Muratori, a.a.O., Sp. 777ff.

f. 60r (Muratori, Sp. 800): Notiz zu 1422, die in cod. Barb. lat. 2651 fehlt.

f. 68r–70r: Gattico, S. 260b–261b, Kap. 45 = M. Dykmans, a.a.O., S. 237ff.

f. 70r–86v: Papsthaushalt = Gattico, S. 263a–273b.

f. 87r–93r: Konzilszeremoniell von Perpignan, wie in Barb. lat. 2651.

f. 93v: leer.

f. 94r–94v (andere Hand): Gattico, S. 260a, Kap. 43–44.

f. 94r (mitten im Text): *Iacobus etc.* (= Schreiber von f. 1–93?).

Modena, Bibl. Estense, ms. $\alpha$. M. 5,4 (16./17. Jh.).

467 Papierbll., 280×195 mm; alte Foliierung beginnt mit f. 61 (= f. 1).

Verschiedene Abschriften von Chroniken u. a. historischen Texten, so z. B.:

f. 152r–257r: Diarium 1406–1408, von Muratori (a.a.O., Sp. 777ff.) für seine Edition benutzt.

Rom, Vatik. Bibl., cod. Vat. lat. 5627 (um 1600).

Siehe oben, S. 416.

Rom, Vatik. Bibl., cod. Ottob. lat. 1853 (Ende 16. Jh.).

2 Bände, zus. 508 Papierbll., 270×220 mm.

Verschiedene Texte des 15. und 16. Jh., darin (Band 1):

f. 2r–17r: Papsthaushalt = Gattico, S. 263a–273b.

f. 96r–101r: Kardinalshaushalt = Gattico, S. 274a–278b.

## 5. Ein Zeremonienbuch aus der Zeit Benedikts XIII. (Sammlung C)

Der Codex Vat. lat. 4727 der Biblioteca Apostolica Vaticana enthält in einem neueren Einband 77 Pergamentblätter im Format von ca. 183×130 mm. Sein Hauptteil (f. 2v–53r) wurde unter Benedikt XIII. von verschiedenen Schreibern in Bastarda bei nicht immer gleichem Schriftspiegel (im Durchschnitt ca. 140×90 mm) beschrieben. Die Foliierung ist neueren Datums. Die Anzahl der Zeilen beträgt gewöhnlich 25 pro Seite, die Liniierung ist meist noch zu erkennen. Die Handschrift besteht, abgesehen vom vorderen Umschlagblatt (f. 1, das entsprechende hintere Blatt fehlt), aus sechs Lagen: 4 Sexternen (f. 2–49), 1 Lage von acht Doppelblättern (f. 50–65) und einem Sextern (f. 66–77). Die 1., 2., 4. und 6. Lage sind von einer Hand durch Kustoden auf den Recto-Seiten der ersten Hälfte jeder Lage unten rechts markiert. Die dritte Lage ist nicht durch Kustoden gezählt, war demnach ursprünglich wohl nicht geplant und an einen Schreiber vergeben. Doch deuten ihr Inhalt und die dazugehörigen Glossen an, daß sie schon frühzeitig, wohl noch unter Benedikt XIII., der Handschrift eingegliedert worden ist. Mit den Lagen wechseln auch Inhalt und Schreiber, nur die beiden ersten Lagen gehören zueinander. Unter Benedikt XIII. waren die Lagen nicht immer voll beschrieben: Lage 2 ursprünglich nur bis f. 25r, Lage 3 nur bis f. 33v, Lage 4 nur bis f. 49r, Lage 5 nur bis f. 53r, Lage 6 nur auf f. 75v–77r. Daher werde ich in der folgenden Inhaltsangabe die Lagen und ihren ursprünglichen Inhalt deutlich werden lassen. Die Anordnung der Angaben entspricht der bei den Sammlungen A und B. Einige Texte ediere ich nicht, da sie keine Aufschlüsse über das päpstliche Zeremoniell geben. Verweise auf andere Texte sind nur bei zu vermutender Abhängigkeit gegeben; im übrigen ist die Konkordanz (S. 379ff.) einzusehen. Zur Handschrift vgl. auch P. Salmon, a.a.O. 3, S. 121, Nr. 410.

CXXXV. f. 1v–2r: (ohne Titel). 1. (Abs. 1–6) *Sciendum quod, si festum annuntiationis beate Marie virginis ... post festum apostolorum.* 2. (Abs. 7) *Feria IIII IIII^or^ temporum dominus papa ... in sabbato IIII^or^ temporum.* 3. (Abs. 8) *Si prelatus secularis vel religiosus ... in suo habitu predicat.* 4. (Abs. 9) *Scabellum faldistorii pape ... consistorium teneat.* 5. (Abs. 10) *Episcopus cardinalis pape in pontificalibus assistens ... diaconi pape assistentes.* 6. (Abb. 11) *Notandum, quod diaconus et subdiaconus ... habere debent.* 7. (Abs. 12) *Sciendum, quod papa consuevit deferre ... cum paramento.*

Das Kapitel enthält Nachträge von sieben Schreibern aus der 1. Hälfte des 15. Jahrhunderts.

### Lage 1 und 2: Feier des Kirchenjahres

LXXIX. f. 2v–3v: *De diversitate colorum, quibus romana curia uti solet. – Circa quod sciendum est, quod sancta romana ecclesia quinque coloribus utitur ... non est inconveniens.*

Der Text gleicht weitgehend dem der Versionen des OR XIV (OR XIV, Kap. 49–53, Abs. 1, Sp. 1154B–1155C = Na-Ta, Kap. 50–54, S. 52–54 = Gattico, Kap. 112, S. 119a–120b).

LXXX. f. 4r: (ohne Titel.) *In vigilia nativitatis domini papa ... una oratio tantum.*

LXXXI. f. 4r–4v: *Rubrica de vesperis in vigilia nativitatis domini. – Item in vesperis papa facit officium ... dicunt Benedicamus domino.*

LXXXII. f. 4v–5v: *Rubrica de matutinis nativitatis domini. – In matutinis papa indutus alba ... sed non indulgentias.*

Die Absätze 4 und 5 sind ediert von E. Cornides, Rose und Schwert, S. 137f.

LXXXIII. f. 5v: *In prima missa. – Hiis itaque peractis papa residens ... non tamen indulgentias.*

Die Überschrift steht auf dem Rand.

LXXXIV. f. 6r: *In secunda missa. – Demum papa procedit ... ad quiescendum modicum.*

Die Überschrift steht auf dem Rand.

LXXXV. f. 6r–6v: *In maiori missa. – In maiori missa, postquam papa ad ecclesiam pervenerit ... In fine dantur indulgentie.*

Die Überschrift steht auf dem Rand.

LXXXVI. f. 6v: *In vesperis diei nativitatis domini. – In vesperis vero huius diei ... dicunt Benedicamus.*

LXXXVII. f. 6v–7r: *In die beati Stephani. – In die beati Stephani papa ... exire* ad vesperas.

Die Überschrift steht auf dem Rand.

LXXXVIII. f. 7r: *In die beati Iohannis evvangeliste. – In die beati Iohannis evvangeliste papa ... in dominica venerit.*

Die Überschrift steht auf dem Rand.

LXXXIX. f. 7r: *In die sanctorum innocentium. – In die sanctorum innocentium ... in dominica venerit.*

XC.f. 7r: *In vigilia circumcisionis domini ad vesperas. – In vigilia circumcisionis domini papa consuevit exire ad vesperas.*

XCI. f. 7v: (ohne Titel.) *In die circumcisionis domini papa ... paramentis albis.*

XCII. f. 7v: *In vesperis diei circumcisionis domini. – Item in vesperis papa ... assistunt pape.*

XCIII. f. 7v: *In vigilia epiphanie domini. – In vigilia epiphanie domini ... notata sunt.*

XCIV. f. 7v–8r: (ohne Titel.) *In die epiphanie domini ... vesperos cum nota.*

XCV. f. 8r: *Hac die celebratur missa pro summis pontificibus. – Sciendum est, quod die prima ... officium mortuorum.*

XCVI. f. 8r–8v: *In vigilia purificationis beate virginis ad vesperas. – In vigilia purificationis ... et ibi genuflectit etc.*

XCVII. f. 8v–9v: *In missa purificationis beate Marie virginis. – In die eiusdem bono mane ... tenent candelas etc.*

Auf f. 9r steht zu Abs. 6 eine Marginalie über den *magister capelle* von anderer Hand.

XCVIII. f. 10r–11r: *Rubrica diei cinerum. – Feria quarta in capite ieiunii ... fit sermo.*

Die Überschrift steht auf dem Rand. Auf f. 10v steht zu Abs. 6 eine Marginalie über den *magister capelle* von anderer Hand.

XCIX. f. 11r: (ohne Titel.) *Sciendum est, quod a dominica in septuagesima ... in cena domini excepto.*

C. f. 11r: (ohne Titel.) *Dominica prima in quadragesima ... et fit sermo.*

Von anderer Hand folgen Nachträge zur Fastenzeit.

CI. f. 11v–12r: *Dominica, qua cantatur Letare. – Dominica quarta in quadragesima ... ceterisque prelatis curie etc.*

Der Text ist ediert von E. Cornides, a.a.O., S. 129. – Die Überschrift steht auf dem Rand.

CII. f. 12r: (ohne Titel.) *Sciendum, quod a dominica in passione ... apostoli Petrus et Paulus.*

CIII. f. 12r: *In vigilia annuntiationis beate Marie virginis. – In vigilia annuntiations beate Marie virginis, quando incidit in dominica ... coram altari parata etc.*

Die Vigil des Festes (24. 3.) fiel unter Benedikt XIII. in den Jahren 1398 und 1409 auf den Passionssonntag, entsprach also in diesen Jahren dem Text.

CIV. f. 12r–12v: *In die eiusdem. – In die eiusdem, si papa faciat officium ... papa dat benedictionem.*

CV. f. 12v–13r: *In die annuntiationis* (korr. aus *purificationis*), *quando cardinalis facit officium. – Quando cardinalis ista die facit officium ... dat benedictionem.*

CVI. f. 13r–13v: *Rubrica de dominica in ramis palmarum. – Dominica in ramis palmarum ... Non fit sermo.*

Zu Abs. 1 sind später vier Verbesserungen bzw. Bemerkungen eingetragen worden.

CVII. f. 13v–14r: *Feria tertia maioris ebdomade. – Feria tertia maioris ebdomade ... in cathedra etc. genuflectit.*

CVIII. f. 14r: *Feria quarta ante pascha. – Feria quarta immediate sequente ... ad dandum indulgentias populo.*

CIX. f. 14r–14v: *Ad matutinas. – Item dum papa vult exire ad matutinas ... ad dandum indulgentias populo.*

CX. f. 14v–16r: *Feria quinta in cena domini. – Feria quinta in cena domini de mane papa dat ... recipit pluviale album.*

CXI. f. 16r–19r: *Die Veneris sancta. – Die Veneris sancta papa ... quo dictum est nocte precedente.*

Auf den Rändern stehen mehrere Zusätze von späteren Händen.

CXII. f. 19r–20v: *Die sabbati sancta. – Die sabbati sancta papa ... ad dandum indulgentias populo.*

Auf den Rändern stehen Zusätze von späteren Schreibern.

CXIII. f. 20v–21v: *Rubrica de die pasche. – In die sancto pasce ... capellanis sue capelle.*

Auf den Rändern stehen Zusätze von späteren Schreibern.

CXIV. f. 21v: *In vigilia ascensionis domini. – In vigilia ascensionis domini ... et non recipit aliquid.*

Der Abs. 3 gibt an, daß an diesem Tage die Sommerkleidung ausgegeben wurde; vgl. die Note zu Kap. CXXII 1.

CXV. f. 21v–22r: *In vigilia penthecostes. – In vigilia penthecostes papa ... papa in suo faldistorio genuflectit.*

CXVI. f. 22r–22v: *In die penthecostes. – In die penthecostes de mane papa ... in cathedra ante altare etc.*

Zu Abs. 2 stehen zwei Zusätze.

CXVII. f. 22v–23r: *In vigilia sancte trinitatis. – In vigilia trinitatis papa ... Et fit sermo.*

CXVIII. f. 23r: *In vigilia corporis Christi. – In vigilia corporis Christa papa ... tunc nichil facit.*

CXIX. f. 23r: *In vigilia nativitatis beati Iohannis baptiste. – In vigilia beati Iohannis baptiste ... Et fit sermo.*

CXX. f. 23r: *In vigilia apostolorum Petri et Pauli. – In vigilia apostolorum Petri et Pauli ... et vesperos audire.*

CXXI. f. 23r–23v: *In vigilia assumptionis beate virginis. – In vigilia assumptionis beate virginis papa ... exit ad vesperos.*

CXXII. f. 23v: *In vigilia omnium sanctorum. – In vigilia omnium sanctorum papa ... per cantores capelle.*

Es existieren Zusätze von verschiedenen Schreibern, z. B. eine Notiz zu Abs. 1 zum Empfang der Pelzkleidung an diesem Tage; vgl. oben, Kap. CXIV 3.

CXXIII. f. 24r–24v: (ohne Titel.) *Die immediate post festum omnium sanctorum ... versa facie ad altare.*

Zum Text existieren zwei spätere Zusätze.

CXXIV. f. 24v–25r: *Secuntur cerimonie observande in exequiis unius prelati defuncti. – Primo prelatus celebrans ... fiunt exequie.*

Die unteren zwei Drittel von f. 25r sind unbeschrieben.

CXXV. f. 25v: (ohne Titel.) *Sciendum, quod die vicesima octava mensis Septembris ... in anniversario pontificum.*

Abs. 1 ist mit einem Zusatz versehen, Abs. 3 stammt von einem anderen Schreiber. Die für den Wahl- und Krönungstag eines Papstes angegebenen Daten (28. 9. und 11. 10.) treffen nur auf Benedikt XIII. zu: er wurde am 28. 9. 1394 gewählt und am 11. 10. des gleichen Jahres gekrönt. – Die untere Hälfte der Seite ist unbeschrieben.

## Lage 3: Liturgie der Papstmesse

CXXVI. f. 26r–33v: (ohne Titel.) *Igitur pontifex ad ecclesiam veniens, in qua celebraturus est ... pronuntiantur ad populum.*

Der Text ist ediert von D. Giorgi, De liturgia romani pontificis 3, S. 570–581. Auf den Rändern stehen Zusätze bzw. Bemerkungen verschiedener Schreiber. – Die f. 34–37 sind unbeschrieben.

## Lage 4: Kardinalskreation und Bischofsweihe

CXXVII. f. 38r–39v: *Modus creandi novos cardinales. – Die sabbati, facta reverentia per cardinales antiquos in consistorio pape ... redeunt ad domos suas.*

Der Text ist wohl eine gekürzte Fassung des betreffenden Kapitels in den Versionen des OR XIV (OR XIV, Kap. 116, Sp. 1260D–1263B = Na-Ta, Kap. 98, S. 142–145 = Gattico, Kap. 60, S. 60b–62b). – Nach dem Text sind 6 Zeilen unbeschrieben.

Von anderer Hand:

CXXVIII. f. 39v–49r: *Sequntur illa, que sunt necessaria et fienda pro quolibet domino electo in episcopum consecrando. – Primo ordinandum est de domino prelato, qui ipsum electum debeat consecrare ... sicut est de more et usu curie romane. Sed est verum, quod alias, quando fiebat talis sacra, et presertim de pluribus prelatis ... et cetera postea faciebant, sicut supra habetur. Et ita factum fuit, quando dominus noster papa Benedictus XIII fecit sacram in civitate Ianue anno domini MCCCCV post festum penthecostes, in qua fuerunt consecrati ... et ceteris nobilibus affluenter.*

Der Konsekrationsordo entspricht nicht denen im PRC und PGD. – Der letzte Absatz berichtet von einer Massenweihe (13 Erzbischöfe und Bischöfe, 58 Äbte) nach dem Pfingstfest des Jahres 1405 in Genua. Von einer ähnlichen Massenweihe berichtet Martin de Alpartil zum 5. Juli 1405 (2 Erzbischöfe, 9 Bischöfe, 38 Äbte: F. Ehrle, Martin de Alpartils Chronica actitatorum temporibus domini Benedicti XIII, S. 152; vgl. auch N. Valois, La France et le Grand Schisme d'Occident 3, S. 411). Ob beide Weihen identisch sind, ist ungewiß, da weder die Zeitangaben noch die Zahl der Geweihten übereinstimmen. Aus den Angaben bei K. Eubel (Hierarchia catholica 1, passim) konnte ich die Zahl der geweihten Bischöfe nicht erkennen, da es bei Eubel gewöhnlich nicht zu ersehen ist, ob die in den Jahren 1404 und 1405 ernannten Bischöfe vor oder nach ihrer Ernennung geweiht wurden. Lediglich bei Vitalis de Castelmorone von St. Pons (ernannt am 18. 9. 1405: K. Eubel, a.a.O., S. 406) ist vermerkt, daß er schon vorher, also vielleicht bei einer der beiden Massenweihen, konsekriert worden war. Von einer anderen Massenweihe berichtet Martin de Alpartil summarisch zum Juli 1408 (ed. Ehrle, S. 168).
Die untere Hälfte von f. 49r und f. 49v sind unbeschrieben.

## Lage 5: Nachrichten zu den Jahren 1412 bis 1415

CXXIX. f. 50r–50v: (ohne Titel.) *Anno domini MCCCCXIV pontificatus domini nostri pape Benedicti XIII anno vicesimo ... de sua curia ad prandium.*

Der Text ist ediert von Gattico, S. 165 = H. Finke, Acta concilii Constanciensis 1, S. 327f. – Zu diesem und den anderen Treffen Benedikts XIII. mit Ferdinand von Aragon in Morella etc. vgl. die anderen Angaben bei Finke (a.a.O., S. 209–214, 323–327, 339–341), Martin de Alpartil (ed. Ehrle, S. 203f.) und die Crónica de Juan II (Crónicas de los reyes de Castilla 2, ed. C. Rosell, S. 360f.).

CXXX. f. 51r–52r: (ohne Titel.) *Anno domini MCCCCXII ... quod dictum est supra in missa.*

Der Text ist ediert von Gattico, S. 165f.

CXXXI. f. 52r–52v: (ohne Titel.) *Anno domini MCCCCXV ... et os patris.*

Der Text ist ediert von Gattico, S. 165, der Anfang (bis Abs. 2: *benedixit*) auch von H. Finke, a.a.O., S. 328f. Anm. 1.

CXXXII. f. 52v–53r: (ohne Titel.) *Anno domini MCCCCXIII ... cum suis capis laneis per totum officium steterunt.*

Der Text ist ediert von Gattico, S. 166 (bis: *capis laneis*). – Der größte Teil von f. 53r ist unbeschrieben.

Von anderer Hand:

CXXXIII. f. 53v: *De usu mitre domini pape, quali et quibus diebus uti debet. – Mitra aurifrigiata non utitur curia romana ... utitur in missa tantum.*

Ein ungefähr gleicher Text steht in einer Fassung des Kap. 64 des OR XIV (Sp. 1180A/B), die in den Handschriften der Gruppen C und D überliefert ist: Paris BN, ms. lat. 936, f. 104v–105r, Vat. lat. 4734, f. 31r, Rom Aless. 65, f. 35v, Vat. lat. 4732, f. 30v und Vat. lat. 12348, f. 45v–46r.

CXXXIV. f. 53v–54v: *De aliquibus, que fiunt sabbato primo post pascha, qui dicitur in albis. – Sabbato in albis consuevit celebrare prior episcoporum cardinalium ... accolitis et omnibus aliis.*

Die Überschrift ist nur mit dünner Feder auf dem unteren Rand vorgeschrieben. Abs. 1 und Abs. 2–7 entsprechen den Kapiteln 32 und 33 in Gattico, S. 43a–44a.

Die folgenden Texte sind, abgesehen von den Kapiteln CXXXVI und CXXXVII, nicht von mir ediert, da sie nichts zur Kenntis des päpstlichen Zeremoniells beitragen. Sie wurden von verschiedenen Schreibern in der Mitte und zweiten Hälfte des 15. Jahrhunderts aufgeschrieben. Der Übergang zur 6. Lage erfolgt nahtlos. In dieser 6. Lage standen ursprünglich nur die beiden Kapitel CXXXVI und CXXXVII (f. 75v–77r).

f. 55r–57r: (Von einer Hand aus der Mitte des 15. Jahrhunderts) Verschiedene Formeln, in denen jeweils Nikolaus V. als Papst genannt ist:

1. Eid eines Bischofs oder Abtes (f. 55r–56r): *Ego N. talis episcopus vel abbas talis ... ab hac hora inantea ... Sic me deus adiuvet et sancta hec* (!) *dei evangelia. Secundum Lucam. In illo tempore Iesu ad turbas ... At ille dixit Quinimo etc.* (Lc 11, 27f., Text bei verschiedenen Marienoffizien). – Die untere Hälfte von f. 56r ist unbeschrieben.

2. Verleihung des Pallium an einen Erzbischof (f. 56v): *Ad honorem dei omnipotentis ... privilegiis ab apostolica sede concessis. In nomine patris et filii et spiritus sancti. Amen.*
3. Überreichung des Pallium an einen Prokurator eines Erzbischofs (f. 56v): *Ad honorem dei omnipotentis ... privilegiis sibi ab apostolica sede concessis.*
4. Versprechen eines Prokurators bei der Pallienverleihung (f. 57r): *Ego N. procurator N. procuratorio nomine ... remittam et condam. Sic me deus adiuvet et hec sancta dei evangelia.*
5. Versprechen eines Abtes (f. 57r): *In correctionibus iudicialibus gravium criminum ... et rectam conscientiam me habebo. Sic me deus adiuvet et hec sancta dei evangelia.*
Zu den Formeln vgl. z. B. die Texte in Na-Ta, Kap. 129, S. 209f.

f. 57v–68v: (Von einer Hand der 2. Hälfte des 15. Jahrhunderts) *Quando pontifex preparat se ad missam, quis ordo et per quos se[r]vari debeat, qui versiculi, que antiphone, qui psalmi et orationes et hore dicantur, rubrica. – Quando preparat se ad missam pontifex dicit tertiam ... et per te finiatur. Per Christum dominum nostrum. Oratio beati Ambrosii episcopi. Summe sacerdos et vere pontifex ... neque sitiam in eternum. Qui cum deo patre et spiritu sancto.*

Der Text enthält die bis heute gebräuchlichen Gebete vor und nach der Messe. Vgl. auch unten f. 74r–74v und entsprechende Texte in den Codices mit Meßliturgie Vat. lat. 3747, f. 1v–43r, Vat. lat. 4728, f. 1r–12r, Vat. lat. 4729, f. 1r–15v und Vat. lat. 4730, f. 1r–25v. – Die Textfassung des Gebetes *Summe sacerdos* entspricht keiner der Versionen in der Edition von A. Wilmart, L'Oratio Sancti Ambrosii du Missel Romain, S. 101–125. – Zum Meßordo vgl. auch S. J. P. van Dijk, Sources of the Modern Roman Liturgy 1, S. 52 und 2, S. 417 (letzteres zu *Summe sacerdos*).

f. 69r–70v: Absolutionsgebete: *Finita missa defunctorum sacerdos sine casula cum ministris ... Requiescat in pace. Resp. Amen.*

f. 71r–71v: Reisegebete: *In viam pacis, salutis et prosperitatis ... pervenire mereamur. Per dominum nostrum Iesum Christum filium tuum.*
Vgl. PGD, lib. III, cap. X, S. 619–621 und Kap. LXXVI, oben S. 289f. und 421.

f. 72r–73v und 77r–77v: *Incipit ordo ad benedicendum mensam secundum consuetudinem romane curie. – Congregatis clericis ad prandium ... Laudate dominum omnes gentes ut supra. De die pasce require in fine libri* (= f. 77r). *In die pasche et deinceps ... fundatur etc. Amen.*

Die Tischgebete für Ostern und Pfingsten sind vom anderen Text getrennt, weil die Texte auf f. 74r–77r schon geschrieben waren, und schließen direkt an das Kap. CXXXVII an. Die Gebete entsprechen den bis heute üblichen. Vgl. auch PGD, lib. III, cap. V, S. 593–596 und S. J. P. van Dijk, Sources 2, S. 199–203.

f. 74r–74v: Gebete vor der Messe: *Quando presbiter preparat se ad celebrandum missam secundum consuetudinem romane curie, dicat hos psalmos: ps. Quam dilecta ... inveniat mansionem. Qui tecum vivit et regnat etc.*
Vgl. S. J. P. van Dijk, Sources 1, S. 52 und oben, f. 57v–68v. – f. 75r ist unbeschrieben.

CXXXVI. f. 75v–76r: *Ordo iste tenetur in processionibus ecclesie romane. – Fratres minores, Carmelite ... cubicularii non prelati.*

Dieser und der folgende Text, die wohl beide noch unter Benedikt XIII. geschrieben wurden, sind ediert von D. Giorgi, a.a.O. 3, S. 582f. Sie entsprechen weitgehend dem Kap. 7 in Gattico, S. 166a/b. – Die Titel beider Kapitel sind mit dünner Feder auf dem Rand vor- und vom Schreiber abgeschrieben.

CXXXVII. *Sequitur, quis ordo sit tenendus in mensa. – Primo papa solus ... nisi de sacris.*

Der größte Teil der Sammlung – es fehlen die Kapitel LXXIX, LXXX, XCIX, CV, CVII, CXXXII und CXXXV bis CXXXVII und die nicht edierten Texte – ist auch in einer aus der zweiten Hälfte des 15. Jahrhunderts stammenden Handschrift von Mabillons Fassung des OR XIV, dem Codex Vat. lat. 12348 (= D 4), enthalten; vgl. oben, S. 408f. Da jedoch die Texte in weitem Maße gekürzt und verändert sind, also nicht mehr dem Textbestand des frühen 15. Jahrhunderts entsprechen und folglich als eigenständige Texte eher bei einer Untersuchung von Patrizis Vorlagen zum Caeremoniale Romanum zu berücksichtigen sind, habe ich die Varianten in der Edition nicht notiert.

## V. Zeremonielltexte aus dem 15. Jahrhundert

### 1. Bearbeitungen von Pontifikalien

Rom, Vatik. Bibl., cod. Vat. lat. 1145 (Sammlung D) (Mitte 15. Jh.).

Das für den Bischof von Bergamo, Giovanni Barozzi, geschriebene Pontifikale enthält überwiegend Texte, die aus dem PGD übernommen sind. Doch sind diese des öfteren verändert, wobei vor allem Gewohnheiten der römischen Kurie, die der Auftraggeber als *acolitus* und *subdiaconus pape* unter Eugen IV. und Nikolaus V. kennengelernt hatte, in die Texte eingearbeitet worden (zur Handschrift vgl. H. Ehrensberger, a.a.O., S. 547–550; PGD, S. 218–234; M.-H. Laurent, a.a.O., S. 8–10; M. Dykmans, D'Avignon à Rome, S. 288–290; P. Salmon, a.a.O. 3, S. 35, Nr. 81). Häufige, mit Folioangaben versehene Querverweise in Barozzis Pontifikale – so auch in den hier edierten Texten – machen wahrscheinlich, daß die Handschrift das Original der Kompilation ist. Ihre Entstehung ist in die Jahre 1451 bis 1455 zu datieren, da in mehreren Texten Nikolaus V. als regierender Papst (z. B. f. 27r und Kap. CXXXVIII 40) und einmal (f. 79r–79v) das Jahr 1451 genannt ist. Ein Nachtrag bezieht sich auf das Jahr 1462 (f. IIr–IIIv). Da sich Barozzi, der am 31. 10. 1449 das Bistum Bergamo übertragen bekam (K. Eubel, a.a.O. 2, S. 214), seit 1450 in seiner Bischofsstadt aufhielt (M. Dykmans, a.a.O., S. 288–290), muß die Handschrift dort entstanden sein. Die Miniaturen stammen wohl von einem norditalienischen Künstler. Barozzi muß demzufolge Unterlagen über das kuriale Zeremoniell und ein Exemplar einer kurialen Sonderform des PGD nach Bergamo mitgenommen haben. Von dem mit ihm verwandten Paul II. am 7. 1. 1465 zum Patriarchen von Venedig ernannt, starb Barozzi ein Jahr später am 16. April (K. Eubel, a.a.O. 2, S. 15 Anm. 6 und S. 264; PGD, S. 218 Anm. 1). Ob die Handschrift aus seinem Nachlaß oder erst später in die päpstliche Bibliothek gelangte, ist ungewiß. Doch gehörte sie schon vor der Neuordnung durch die Ranaldi zu ihr und trug die Signatur 1302 (M. Dykmans, a.a.O., S. 290).

Ediert wurden aus der Handschrift bisher nur der Ordo zur Weihe und Krönung des Papstes (Gattico, S. 202b–207b) und der Kaiserkrönungsordo (R. Elze, Ordines coronationis imperialis, Ordo XXIV, S. 145–151). Weil die erstgenannte Edition fehlerhaft und unvollständig ist, ediere ich den Text neu. Außerdem habe ich Texte, die zwar für die Pontifikalgottesdienste in Bergamo gedacht waren, dennoch aber für die Feier der Papstmesse aufschlußreich sind, und einen Text über die Exequien für an der Kurie verstorbene Kleriker ediert. In der folgenden Beschreibung der Handschrift und des Inhaltes beschränke ich mich auf die wichtigsten Angaben und auf die edierten Texte, da eine sehr ausführliche Beschreibung von M. Andrieu existiert, obwohl er selbst keinen Text ediert hat (PGD, S. 218–234).

Die in einen Einband des vorigen Jahrhunderts gebundene Handschrift umfaßt X und 242 Pergamentblätter im Format von ca. 282×195 mm und wurde um die Mitte des 15. Jahrhunderts von einem Schreiber in mittelgroßer Textualis beschrieben. Der Schriftspiegel beträgt ca. 160–120 mm, jede Seite enthält ungefähr 32 Zeilen. Die Rubriken sind mit roter, die Formeln mit schwarzer Tinte geschrieben. Zu fast jedem Text ist in der jeweiligen Initiale oder auf dem Rand eine zum Inhalt passende Miniatur gemalt. Die Gesangstexte sind meist mit Musiknoten versehen. – Die Anordnung der folgenden Inhaltsübersicht entspricht der bei den Sammlungen A bis C.

CXXXVIII. f. 36v–43v: *De consecratione romani pontificis. – Electus in romanum pontificem, qui non est episcopus, debet hoc modo in basilica sancti Petri secundum ordinem romane ecclesie ordinari. In primis consecrandus mane die dominica ... redeunt ad hospitia sua eques cum mitris, sicut in comestione steterunt.*

Der Text ist mit Lücken ediert von Gattico, S. 202b–207b, Kap. 56. Der Wortlaut folgt im ersten Absatz dem Text des PGD (lib. I, cap. XVII 1, S. 395), danach jedoch dem des PRC (Kap. XIII B, S. 370–380). Doch ist der Textbestand vielfach verändert und entspricht daher zum Teil den Gewohnheiten des 15. Jahrhunderts. Daß der Text in dieser Form aus der Zeit Nikolaus' V. stammt, zeigt der Absatz 40, in dem berichtet wird, daß Eugen IV. die Tiara, mit der Nikolaus V. gekrönt wurde, aus Avignon nach Rom zurückbringen ließ. Es muß sich um die Tiara gehandelt haben, die der Kämmerer Pierre de Cros im Jahre 1378 als Anhänger Clemens' VII. von Rom über Anagni nach Avignon entführt hatte (L. Duchesne, Liber pontificalis 2, S. 504f.; vgl. auch E. Müntz, La tiare pontificale du VIII$^{e}$ au XVI$^{e}$ siècle, S. 246f.).

Die zum Kapitel gehörende Miniatur mit der Darstellung der Papstprozession von St. Peter zum Lateran (f. 36v) ist analysiert und reproduziert von M. Dykmans, D'Avignon à Rome, S. 288–293 mit Tafel I und II.

Die im folgenden beschriebenen Kapitel CXXXIX bis CLIII basieren auf einer Sonderfassung des PGD, die nach Andrieu in Rom zu Beginn des 15. Jahrhunderts entstanden war und selbst wieder auf eine ältere Pontifikale-Version zurückgeht und bei einigen Kapiteln zum Teil Texten des OR XIV entspricht; vgl. auch oben, S. 133. – In der Übersicht gebe ich bei den Kapiteln CXLV bis CXLVII, CL, CLII und CLIII die entsprechenden Texte aus den Handschriften der Sonderfassung und deren Vorlage unter folgenden Siglen an:

A Vorlage der Sonderfassung:

A 1 Toulouse, Bibl. mun., cod. 67 (vgl. PRC, S. 215–217);

A 2 Madrid, Bibl. Nac., cod. 749 (vgl. J. Janini – J. Serrano, Manuscritos liturgicos de la Bibl. Nac., S. 51–55, Nr. 38);

B Sonderfassung (vgl. PGD, S. 298–300, Typ m):

B 1 Metz, Bibl. mun., cod. 47, im 2. Weltkrieg verlorengegangen, die Abschrift cod. 222 aus dem 15. Jahrhundert enthält die Texte nicht (vgl. PGD, S. 148–151);

B 2 Rom, Vatik. Bibl., cod. Vat. lat. 4744 (vgl. PGD, S. 246f.);

B 3 Paris, Bibl. Nat., ms. lat. 734 (vgl. PGD, S. 177f.);

B 4 Cambridge, Fitzw. Mus., cod. 28 (vgl. M. R. James, Descriptive Catalogue of the Manuscripts in the Fitzwilliam Museum, S. 71–76);

B 5 Toledo, Bibl. Cap., cod. 56–23.

Den folgenden Kapiteln entspricht zum Teil ein Text im Cod. 11 der Bibliothèque de l'Université in Lyon (vgl. PGD, S. 124–137), f. 239rb–243ra: *Qualiter ministri debeant cardinalibus vel episcopis in missa servire. – Quando episcopus vel presbiter cardinalis debet missam solenniter celebrare, ministri taliter sibi debent cum reverentia et devotione servire. In primis, postquam tertiam dixerit ... et si capellanus non adesset, dyaconus suppleat officium capellani.*

CXXXIX. f. 137v–138r: *Incipit tertius [liber] de quibusdam ecclesiasticis officiis et cerimoniis, quibus ecclesia utitur in eisdem. Et primo de ministris necessariis pontifici celebranti sollenniter et de ornamentis ac eorum officiis. – Pontifici missarum sollennia celebranti ... cum superpelliciis servitores.*

Vgl. PGD, lib. III, cap. XVII 1, S. 631.

CXL. f. 138r: *De indumentis et aliis necessariis pontifici celebranti sollenniter. – Indumenta vero sibi per ordinem necessaria ... ad minus duo domicelli.*

Vgl. PGD, lib. III, cap. XVII 2–3, S. 631f.

CXLI. f. 138r–139r: *De coloribus ornamentorum, quibus romana ecclesia utitur in divinis officiis. – Ornamenta pontificis et ministrorum debent esse ... non est indecens uti violaceo.*

Der Text entspricht weitgehend dem entsprechenden Text in den Versionen des OR XIV (OR XIV, Kap. 49–53, 1, Sp. 1154B–1155C = Na-Ta, Kap. 50–54, S. 52–54 = Gattico, Kap. 112, S. 119a–120b); vgl. auch oben Kap. LXXIX, S. 292f.

CXLII. f. 139r–139v: *De usu planetarum. – Quando usus est coloris violacei vel nigri ... sicut quando utuntur dalmatica et tunicella.*

Der Text gleicht zum Teil dem Kap. 54 des OR XIV, Sp. 1170C–1171A = Na-Ta, Kap. 56, S. 70.

CXLIII. f. 139v: *De baculo et sandaliis. – Baculo pastorali et sandaliis utitur pontifex ... quia tunc cessat omnis sollennitas.*

Vgl. PGD, lib. III, cap. XXVIII, S. 659f. – Der Text bezieht sich nicht auf den Papst, denn dieser benutzt keinen Bischofsstab.

CXLIV. f. 139v–140r: *De usu mitre aurifrigiate et simplici* (!). – *Mitra aurifrigiata utitur pontifex ... mitra uti debet.*

Vgl. PGD, lib. III, cap. XXIX, S. 660f.

CXLV. f. 140r–141v: *De officio capelani ministrantis pontifici, cum celebrat sollenniter. – Cum pontifex fuerit calciatus caligis et sandaliis ... et purificatorium ei offerat.*

Das Kapitel basiert auf dem Text *Officium sacerdotis ministrantis pontifici celebranti sollempniter* (B: *solemniter celebranti*). – *Cum pontifex perlegerit psalmos et calciatus fuerit sandaliis ... et offerit ei purificatorium* (B: *et purificatorium offerat ei*): A 1, f. 50v–51v, A 2, f. 21r–22v; B 1, f. 143v–144v, B 2, f. 78v–79r, B 3, f. 126v–128r, B 4, f. 370v–374r, B 5, f. 156r–158r.

CXLVI. f. 141v–143v: *De officio diaconi ministrantis pontifici celebranti sollenniter. – Cum pontifex dicit tertiam, diaconus induat se ... et reducent eum ad cameram.*

Das Kapitel fußt auf dem Text *Officium diaconi servientis pontifici, cum celebratur* (B: *celebrat*) *sollempniter. – Primo paret se, dum pontifex dicit tertiam ... ipse reducat* (B: *reducet*) *ipsum ad cameram* (B: *cameram etc.*): A 1, f. 51v–53v, A 2, f. 22v–25r; B 1, f. 145r–147r, B 2, f. 79v–80v, B 3, f. 128v–130v, B 4, f. 375v–381r, B 5, f. 158r–159v.

CXLVII. f. 143v–145v: *De officio subdiaconi servientis pontifici celebranti sollenniter. – Cum pontifex dicit tertiam, subdiaconus debet se sine manipulo preparare ... et osculatur utrumque pedem. Reliqua facit, ut dictum est.*

Das Kapitel basiert auf dem Text *Officium* (B: *De officio*) *subdiaconi servientis pontifici celebranti sollempniter* (B: *sollempniter celebranti*). – *Cum* (A 1: *Dum*) *pontifex dicit tertiam, debet* (A 1: *debet subdiaconus*) *se parare sine manipulo ... et removet linteamina* (A: *linteamina pro missa*) *supposita de altari:* A 1, f. 53v–55r, A 2, f. 25r–26v; B 1, f. 147r–148v, B 2, f. 80v–81v, B 3, f. 130v–132r, B 4, f. 381r–385v, B 5, f. 159v–161v.

CXLVIII. f. 145v–146r: *De officio capelani, qui in precipuis festivitatibus debet servire de mitra, et acoliti eam tenentis. – Sciendum est, quod in precipuis festivitatibus ... nihil aliud faciat is, qui mitram serviat.*

Das Kapitel folgt zum Teil der Version des Kap. 55 des OR XIV (Sp. 1171A–1172A = Na-Ta, Kap. 57, S. 71) in den genannten Handschriften: A 1, f. 14v–15r, A 2, f. 12r–12v; B 1, f. 144v–145r, B 2, f. 79r–79v, B 3, f. 128r–128v, B 4, f. 374r–375v; in B 5 fehlt der Text.

CXLIX. f. 146r–146v: *De officio servientis de baculo pastorali. – Parato pontifice, dum vult incipere confessionem ante altare ... ipso summo pontifice tam presente quam absente.*

Der Text fehlt in den anderen Handschriften. Er bezieht sich nicht auf päpstliches Zeremoniell, sondern wurde für den Pontifikalgottesdienst in Bergamo verfaßt.

CL. f. 146v–147v: *De officio thuribularii servientis pontifici sollenniter celebranti. – Parato pontifice exibeat sacerdoti thuribularius naviculam ... et serviat incenso, prout dictum est.*

Das Kapitel basiert auf dem Text *Officium* (B: *De officio*) *thuribularii. – Parato pontifice debet thuribularius exhibere capsam cum incenso ... qui serviat* (A 1: *serviet*) *de incenso secundum dictum modum:* A 1, f. 55v–56v, A 2, f. 27v–28r; B 1, f. 149r–150r, B 2, f. 82r–82v, B 3, f. 132v–133v, B 4, f. 387r–389r, B 5, f. 162v–163v.

CLI. f. 147v–148r: *De officio clerici capelle sive magistri cerimoniarum. – Clericus capelle sive magister cerimoniarum, cum pontifex celebrare intendit ... non erit superfluum ymo necessarium, quod sint duo.*

Ein mit diesem Kapitel verwandter Text ist mir aus der 1. Hälfte des 15. Jahrhunderts nicht bekannt. Ein vergleichbarer Text findet sich erst im Caeremoniale des Agostino Patrizi (ed. 1516, lib. III sect. 2 cap. 4, f. 124v). Vgl. auch den Text im Anhang III.

CLII. f. 148r–148v: *De officio acolitorum servientium in missa pontificis. – In missa pontificis celebrantis sollenniter ultra suprascriptos ministros debent esse duo acoliti ... vel ad alium locum ad hoc paratum.*

Vgl. auch den Text *Officium* (B: *De officio*) *acolitorum. – In missa pontificis celebrantis sollempniter ad minus debent ... debent redire, quo processerunt:* A 1, f. 55r–55v, A 2, f. 26v–27v; B 1, f. 148v–149r, B 2, f. 81v–82r, B 3, f. 132r–132v, B 4, f. 385v–387r, B 5, f. 161v–162v.

Die auf f. 148v–179r geschriebenen Texte enthalten keine Hinweise auf kuriale Gewohnheiten.

CLIII. f. 179r–180r: *De agendis et dicendis in missa, que celebratur coram papa. – Quando cardinalis vel episcopus celebrat coram papa, hec specialiter observantur. In primis pontifex sacris vestibus indutus ... et postea rediens ad sedem suam exuit se.*

Der Text gleicht zum Teil dem Kap. 60 des OR XIV (Sp. 1173C–1174D = Na-Ta, Kap. 61, S. 74f.), das auch in den genannten Handschriften steht: A 1, f. 16r–16v, A 2, f. 13v–14v; B 1, f. 142v–143v, B 2, f. 78r–78v, B 3, f. 126r–126v, B 4, f. 368r–370v, B 5, f. 155r–156r.

CLIV. f. 240r–242v: *De ordine ad sepeliendum prelatos seu clericos romane ecclesie et etiam quoscunque clericos seculares. – In nocte precedenti diem, in qua debet sepeliri prelatus ... Requiescant in pace. Resp. Amen.* (Danach als Abschluß der Handschrift:) *Deo gratias. Amen.*

Der Text ist eine veränderte Fassung des Kap. 52 des PRC (S. 505–513) und betont die Aufgaben der Zeremonialkleriker.

P a r i s, B i b l. N a t., ms. lat. 970 (1. H. 15. Jh.).

Vgl. Ph. Lauer, a.a.O 1, S. 345f.; V. Leroquais, Les Pontificaux manuscrits 2, S. 99–202.

Die Handschrift bestand ursprünglich aus 331 Pergamentblättern, von denen jedoch einige – so leider auch das Titelblatt – verlorengegangen sind. Daher ist die alte Foliierung, der noch Leroquais folgte, durch eine neue ersetzt. Die Blätter, deren Format 318×225 mm beträgt, sind in der ersten Hälfte des 15. Jahrhunderts, wahrscheinlich in Italien, zweispaltig beschrieben worden. Hinweise wie *ex more Tarentino* (f. 221va, alt: f. 230va, vgl. Anhang III) und die Nennung des hl. Cataldus in Litaneien (f. 131ra, alt: f. 138ra, u. ö.) verweisen auf Tarent als den Herkunftsort des Pontifikale oder seines Kompilators. Im Bischofsweihordo ist ein Papst Johannes genannt (f. 28v, alt: f. 35v); darum datierte Leroquais die Handschrift in die Zeit Johannes' XXIII., was durch die Merkmale der Schrift unterstützt wird.

Das Pontifikale ist wie das des Durandus in drei Bücher unterteilt, doch folgen einige Texte mehr dem PRC, ähnlich wie im Pontifikale des Giovanni Barozzi. Wie bei diesem sind auch in der Pariser Handschrift zu Beginn des dritten Buches (f. 215ff., alt: f. 224ff.) verschiedene Texte zum Pontifikalgottesdienst aufgezeichnet, von denen der dritte für die Einwirkungen der Liturgie der päpstlichen Kapelle auf den Pontifikalritus bedeutsam ist und daher von mir im Anhang als Ergänzung zum Kapitel CLI ediert ist.

Anh. III. f. 220ra–222va (alt: f. 229ra–231va): *Tertius canon. De officio sacristarum vel aliorum cappelle curam habentium, quando episcopus cardinalis aut alius pontifex missarum sollempnia est celebraturus. – Sacriste seu clerici, quibus cappelle cura conmittitur, preparare debent ... induti cottis, sacra ornamenta tractare.*

Während im Kapitel CLI der Akzent auf der Tätigkeit der Kapellkleriker während des Pontifikalgottesdienstes liegt, sind in diesem Text vor allem die Vorbereitungen der Messe und die entsprechenden Funktionen der Kapellkleriker behandelt.

Eichstätt, Staatsbibl., cod. 366 (Mitte 15. Jh.).
Ursprünglich verschiedene selbständige libelli (zus. 141 Papierbll.), unter ihnen: f. 81–93, 220×150 (135×100) mm, einspaltig, ca. 24 Zeilen pro Seite, Bastarda; 1 Quintern (f. 81–90), 1 Binio (f. 91–93 u. 1 fehl. Bl.); neuer Einband.

f. 81r–81v: PGD, lib. III, cap. 17 (S. 631f.); vgl. oben, S. 134.
f. 81v–82v: ebda., Kap. 27 (S. 656–659) mit den Varianten der Hs. M (= Metz 47).
f. 82v–83r: ebda., Kap. 28 (S. 659f.).
f. 83r–83v: ebda., Kap. 29 (S. 660f.).
f. 83v–87v: *In celebracione episcopi. – Crux pectoralis ab episcopo celebraturo osculata debet recipi ... post Ite missa est dat benediccionem.*
f. 87v–90r: (ohne Überschrift) *Papa celebraturus intrans ecclesiam primo transit ... proximum et sic de singulis.*
f. 88r (oben): Bezug auf die Bischofsmesse.
f. 90r–90v: (schließt an den vorigen Text an) *Anno domini MCCCCL iubilei feria secunda ante festum sancti Martini ... papa de dedicatione.*
f. 90v: (anschließend) *Ego Iohannes Vaterlex, quia anno iubilei, quo supra reverendissimi in Christo patris et domini domini Petri tituli sancti Vitalis sancrosancte Romane ecclesie presbiteri cardinalis, Augustensis vulgariter nuncupati, capplanus* (!) *et presens in Romana curia fui predictaque, dum ut premittitur sepe fieri vidi et audivi, ideo pro memoria ea hic annotavi.*
f. 91r–92r: PGD, lib. III 13 (S. 627–629).
f. 92r–92v: ebda., Kap. 14 (S. 629).
f. 92v–93r: ebda., Kap. 15 (S. 630).
f. 93v: leer, dgl. ein folgendes, unfoliiertes Blatt.

2. Guido de Busco, Petrus Burgensis, Antonius Rebioli

Rom, Vatik. Bibl., cod. Vat. lat. 12348 (2. H. 15. Jh.).
Vgl. oben, S. 408f.

Rom, Vatik. Bibl., cod. Vat. lat. 12285 (2. H. 16. Jh.).
Vgl. P. Salmon, a.a.O. 3, S 136, Nr. 473.
198 Papierbll., 260×195 (190×130) mm, einspaltig, verschiedene Schreiberhände des 16. Jh., Haupthand c. 1575 = Cornelio Firmani, Bischof von Osimo und ehemaliger päpstlicher Zeremonienmeister (K. Eubel, a.a.O. 3, S. 125). Alte Signatur des Vatik. Archivs: Misc. Arm. XII 33.

f. 1–2: leer.
f. 3r (16. Jh.): *Collecta a reverendissimo domino Cornelio Firmano episcopo Auximano et olim magistro Cerimoniarum sanctissimi domini nostri*; darunter: *Pauli Alaleonis magistri Cerimoniarum.*
f. 4 (Beginn der alten Foliierung)–198: verschiedene Texte des 15./16. Jh. zum Zeremoniell u. a., z. B.:
f. 72r–103v: Texte *ex libro bone memorie domini* (durchgestrichen: *Antonii Rebio*) *Guidonis de Busco magistri cerimoniarum tempore felicis recordacionis Eugenii quarti.*
Diese Auszüge enthalten Kapitel des OR XIV, Texte zum Legatenzeremoniell und:

f. 93r–98v: Kardinalshaushalt, dem Antonius Rebioli zugeschrieben = Gattico, S. 274a–278b.
f. 99r–103v: *Responsiones* des Guido de Busco.
Vgl. dazu S. 134f. Möglicherweise wurde der *liber* lediglich deshalb dem Guido – bzw. dem Antonius Rebioli, wie die beiden getilgten Wörter zeigen – zugeschrieben, weil die Namen im Text genannt sind.

Abschrift:
Rom, Vatik. Bibl., cod. Vat. lat. 10624.
Zu anderen Hss. betr. Petrus Burgensis und Antonius Rebioli – B 1, B 2 und K 1 – vgl. oben, S. 406f. und 414f.

3. Das Caeremoniale Romanum des Agostino Patrizi und Johannes Burckard

Vgl. dazu die beiden Listen in M. Dykmans, Mabillon et les interpolations, S. 341f., Abschnitt VIII und IX; außerdem die Angaben von G. Constant, Deux manuscrits de Burchard, passim; J. Lesellier, Les méfaits du cérémoniaire Jean Burckard, passim; M. Dykmans, Le cérémonial de Nicolas V, S. 785ff.; F. Wasner, Tor der Geschichte, S. 128f. und 134ff. und ders., Ein unbekannter liturgischer „Libellus“, S. 294ff.

# VERZEICHNIS DER ABKÜRZUNGEN

| | |
|---|---|
| AA.SS. | = Acta Sanctorum |
| AHPont | = Archivum Historiae Pontificiae |
| ALKG | = Archiv für Litteratur- und Kirchengeschichte des Mittelalters |
| AUF | = Archiv für Urkundenforschung |
| BiblChart | = Bibliothèque de l'École des Chartes |
| BiblEphLitg | = Bibliotheca „Ephemerides Liturgicae" |
| BIHBelgR | = Bulletin de l'Institut Historique Belge de Rome |
| DictHG | = Dictionnaire d'Histoire et de Géographie ecclésiastique |
| EL | = Ephemerides Liturgicae |
| HaA | = Hallers Liste A in: J. Haller, Zwei Aufzeichnungen |
| HJb | = Historisches Jahrbuch der Görresgesellschaft |
| JEclH | = The Journal of Ecclesiastical History |
| KO | = R. Elze, Ordines coronationis imperialis |
| LC | = P. Fabre – L. Duchesne, Le Liber censuum |
| MélArchH | = Mélanges d'Archéologie et d'Histoire |
| MG | = Monumenta Germaniae Historica |
| Migne PL | = J. P. Migne, Patrologiae Cursus Completus. Series Latina |
| Na-Ta | = J. Nabuco – F. Tamburini, Le cérémonial apostolique |
| OR XI, XII, XIII, XIV und XV | = J. Mabillon, Museum Italicum 2, Ordines Romani XI, XII, XIII, XIV und XV, zitiert nach Migne PL 78, Sp. 1025ff. |
| PGD | = M. Andrieu, Le pontifical de Guillaume Durand |
| PR XII | = M. Andrieu, Le pontifical romain du XIIe siècle |
| PRC | = M. Andrieu, Le pontifical de la curie romaine au XIIIe siècle |
| PRG | = C. Vogel – R. Elze, Le pontifical romano-germanique |
| QFIAB | = Quellen und Forschungen aus Italienischen Archiven und Bibliotheken |
| RHEcl | = Revue d'Histoire Ecclésiastique |
| RQ | = Römische Quartalschrift für Altertumskunde |
| RSChIt | = Rivista di Storia della Chiesa in Italia |
| SE | = Sacris Erudiri |
| ZRG GA | = Zeitschrift der Savigny-Stiftung für Rechtsgeschichte. Germanistische Abt. |
| ZRG KA | = Zeitschrift der Savigny-Stiftung für Rechtsgeschichte. Kanonistische Abt. |

# VERZEICHNIS DER BENUTZTEN UND ZITIERTEN LITERATUR

Acta concilii Constanciensis 1, ed. H. Finke, Münster 1896.
Acta Sanctorum. Maii tom. 4, 1685.
Agostino Patrizi, siehe: A. Patrizi, Caeremoniale Romanum
C. Alonso, Pierre Assalhit O.S.A., Obispo de Alet y Sacrista pontificio († 1441) (Augustiniana 20), Löwen 1970, S. 107–144.
Alpartil, Martin, siehe: F. Ehrle, Martin de Alpartils Chronica.
Alpharanus, T., siehe: M. Cerrati, Tiberii Alpharani.
M. Andrieu, Immixtio et consecratio (Univ. de Strasbourg, Bibl. de l'Inst. de droit canonique 2), Paris 1924.
– L'authenticité du „Missel de la chapelle papale" (Scriptorium 9), 1955, S. 3–34.
– Le missel de la chapelle papale à la fin du XIIIe siècle (Studi e testi 38: Misc. F. Ehrle 2), Rom 1924, S. 348–376.
– L'ordinaire de la chapelle papale et le cardinal Jacques Gaétani Stefaneschi (EL 49), 1935, S. 230–260.
– Les Ordines Romani du Haut Moyen Age 1–5 (Spicilegium Sacrum Lovaniense 11, 23, 24, 28, 29), Löwen 1931–1961.
– Le pontifical romain au moyen-âge (Studi e testi 86–88), Città del Vaticano
  1. Le pontifical romain du XIIe siècle, 1938,
  2. Le pontifical de la curie romaine au XIIIe siècle, 1940,
  3. Le pontifical de Guillaume Durand, 1940.
Antoine de la Sale, La Salade, ed. F. Desonay, Paris 1935.
G. Antolín, Catálogo de los códices latinos de la Real Biblioteca del Escorial 2, Madrid 1913.
J. Asal, Die Wahl Johanns XXII. (Abhh. z. Mittl. u. Neueren Gesch. 20), Berlin/Leipzig 1910.
F. Baethgen, Quellen und Untersuchungen zur Geschichte der päpstlichen Hof- und Finanzverwaltung unter Bonifaz VIII. (QFIAB 20), 1929, S. 114–237.
E. Baluze–G. Mollat, Vitae paparum Avenionensium 2, Paris 1928.
L. C. Barré, Bibliothèques médiévales inédites d'après les archives du Vatican (MélArchH 53), 1936, S. 353–372.
W. Berges, Die Fürstenspiegel des hohen und späten Mittelalters (Schriften der MG 2), Stuttgart 1938 (Nachdr. 1952).
Bernhard von Porto, siehe: L. Fischer, Bernhardi cardinalis.
Bibliotheca Sanctorum 4, 8, 12, Rom 1963/67/69.
H. Boese, Die lateinischen Handschriften der Sammlung Hamilton zu Berlin, Wiesbaden 1966.
A. de la Borderie, Monuments originaux de l'histoire de St. Yves, St. Brieuc 1887.
O. Bragança, A oração „Deus ineffabilis potentie" (Theologica 1), Braga 1966, S. 411–425.

J. Braun, Die liturgische Gewandung im Occident und Orient, Freiburg/Br. 1907 (Nachdr. Darmstadt 1964).

J. Brinktrine, Consuetudines liturgicae in functionibus anni ecclesiastici papalibus observandae (Opuscula et textus hist. eccl. ... illustr., ser. liturg. 6), Münster 1935.

Ch. M. Briquet, Les filigranes, Leipzig ²1923.

W. Buchowiecki, Handbuch der Kirchen Roms 1, Wien 1967.

Bullarium Magnum, siehe: Magnum Bullarium Romanum.

Johannes Burckard, Liber notarum, ed. E. Celani (Rer. Ital. Scriptores, Racc. XXXII 1–2), Città di Castello 1910–1942.

G. Buroni, La diocesi di Cagli (Marche), Urbino 1943.

F. Cancellieri, Storia dei solenni possessi dei sommi pontefici detti anticamente processi o processioni dopo loro coronazione dalla basilica Vaticana alla Lateranense, Rom 1802.

F. Castagnoli, C. Cecchelli u. a., Storia di Roma 22: Topografia e urbanistica di Roma, Bologna 1958.

Catalogue of Additions to the Manuscripts in the British Museum 1921–1925, London 1950.

E. Celani, siehe: J. Burckard, Liber notarum.

L. Celier, Sur quelques opuscules du camerlingue François de Conzié (MélArchH 26), 1906, S. 91–108.

Y. M.-J. Congar, Notes sur le destin de l'idée de collégialité épiscopale en Occident au Moyen Age (VII^e^–XVI^e^ siècles), in: La Collégialité episcopale (Unam sanctam 52), Paris 1965, S. 99–130.

G. Colombe, La chapelle pontificale „du nord" annexée à la métropole (Au palais des Papes d'Avignon 17), Paris 1918.

C. Constant, Deux manuscrits de Burchard (MélArchH 22), 1902, S. 209–250.

F. Contelori, De Praefecto Urbis liber, Rom 1631.

E. Cornides, Rose und Schwert im päpstlichen Zeremoniell (Wiener Diss. aus d. Geb. d. Gesch. 9), Wien 1967.

Corpus iuris canonici 2, ed. E. Friedberg, Leipzig 1881.

Crónica de Juan II in: Crónicas de los reyes de Castilla 2, ed. C. Rosell, Madrid 1877.

Decretales domini Gregorii IX cum glossis, Paris 1601.

J. Deér, The Dynastic Porphyry Tombs of the Norman Period in Sicily, Cambridge/Mass. 1959.

L. Delisle, Inventaire des manuscrits latins (BiblChart 5 sér., t. 3–4), 1868.

Deusdedit, siehe: V. W. von Glanvell, Die Kanonessammlung

Dizionario biografico degli Italiani 2 und 8, Rom 1960 und 1966.

C. Douais, Liber consistoriorum (XIII^e^ siècle) (Bull. hist. et philol. 1894), 1894, S. 498–512.

L. Duchesne, Le Liber pontificalis 2, Paris 1955.

– siehe: P. Fabre – L. Duchesne, Le Liber censuum

G. Durandus, Rationale divinorum officiorum, Lyon 1565.

– Pontifikale, siehe: M. Andrieu, Le pontifical 3

M. Dykmans, D'Avignon à Rome. Martin V et le cortège apostolique (BIHBelgR 43), 1968, S. 203–308.

– Le cérémonial de Nicolas V (RHEcl 63), 1963, S. 365–378 und 785–825.

– Mabillon et les interpolations de son Ordo Romanus XIV (Gregorianum 47), 1966, S. 316–342.

H. Ehrensberger, Libri liturgici Bibliothecae Vaticanae manu scripti, Freiburg/Br. 1897.

F. Ehrle, Zur Geschichte des päpstlichen Hofceremoniells im 14. Jahrhundert (ALKG 5), 1889, S. 565–602.

– Zur Geschichte der Katalogisierung der Vatikana (HJb 11), 1890, S. 718–727.
– Historia bibliothecae romanorum pontificum tum Bonifatianae tum Avenionensis I, Rom 1890.
– Martin de Alpartils Chronica actitatorum temporibus domini Benedicti XIII (Quellen und Forsch. a. d. Geb. d. Gesch. 12), Paderborn 1906.
– Der Nachlaß Clemens' V. und der in Betreff desselben von Johann XXII. (1318–1321) geführte Proceß (ALKG 5), 1889, S. 1–158.
E. Eichmann, Die Kaiserkrönung im Abendland 1–2, Würzburg 1942.
L. Eisenhofer, Handbuch der katholischen Liturgik 1–2, Freiburg/Br. ²1941.
R. Elze, Ordines coronationis imperialis (MG. Fontes iur. Germ. ant. 9), Hannover 1960.
– Die Ordines für die Weihe und Krönung des Kaisers und der Kaiserin im Mittelalter. Studien zur Überlieferung, Datierung und Interpretation (Ungedr. Habil.schr.), Bonn 1958.
– Die Herrscherlaudes im Mittelalter (ZRG KA 40), 1954, S. 201–223.
– Johannes Burckard, in: Neue Deutsche Biographie 3, Berlin 1957, S. 34a/b.
– Eine Kaiserkrönung um 1200 (Adel und Kirche, Festschr. G. Tellenbach), Freiburg/Br. 1968, S. 365–373.
– Der Liber Censuum des Cencius (cod. Vat. lat. 8486) von 1192–1228 (Bull. dell' „Arch. Paleogr. Ital." N. S. 2/3), 1956/57 I, S. 251–270.
– Das „Sacrum Palatium Lateranense" im 10. und 11. Jahrhundert (Studi Greg. 4), 1952, S. 27–54.
– Der Thesaurus Pontificum des Erzbischofs Nicolaus von Zara (Rev. des sc. rel., Sonderband: Mélanges M. Andrieu), Straßburg 1956, S. 143–160.
– siehe C. Vogel – R. Elze, Le pontifical
A. Esch, Bonifaz IX. und der Kirchenstaat (Bibl. d. Dt. Hist. Inst. in Rom 29), Tübingen 1969.
K. Eubel, Hierarchia catholica 1–5, Münster ²1913ff.
P. Fabre, Étude sur le Liber censuum de l'église romaine (Bibl. des Éc. Fr. 62), Paris 1892.
– Le Polyptyque du chanoine Benoit (Étude sur un Manuscrit de la Bibliothèque de Cambrai) (Travaux et Mém. des Fac. de Lille I 3), Lille 1889.
– und L. Duchesne, Le Liber censuum de l'église romaine 1–3 (Bibl. des Éc. Fr. 2, 6), Paris 1889–1952.
J. Favier, Les finances pontificales à l'époque du Grand Schisme d'occident 1378–1409 (Bibl. des Éc. Fr. 211), Paris 1966.
V. Fenicchia, Albinus, in: Diz. biogr. degli Italiani 2, 1960, S. 11f.
G. Ferri, La Romana Fraternitas (Arch. d. R. Soc. Rom. di Stor. Patr. 26), 1903, S. 453–466.
K. A. Fink, siehe: Handbuch der Kirchengeschichte
H. Finke, Eine Papstchronik des XV. Jahrh. (RQ 4), 1890, S. 340–362.
– siehe: Acta concilii Constanciensis
A. Franchi, Il concilio II di Lione (1274) (Studi e testi francescani 33), Rom 1965.
E. Friedberg, Quinque compilationes antiquae, Leipzig 1882.
– siehe: Corpus iuris canonici
L. Fischer, Bernhardi cardinalis et Lateranensis ecclesiae prioris Ordo officiorum ecclesiae Lateranensis (Hist. Forsch. u. Quellen 2/3), München/Freising 1916.
S. Gagnière, Le palais des papes d'Avignon, Caisse nat. de mon. hist. 1965.
P. Galindo Romeo, La Biblioteca de Benedicto XIII (Pedro de Luna), Zaragoza 1930.
G. B. Gattico, Acta selecta caeremonialia Sanctae Romanae Ecclesiae 1, Rom 1753.
L. Gatto, Il Pontificato di Gregorio X (1271–1276) (Studi stor. 28–30), Rom 1959.
D. Giorgi, De liturgia romani pontificis 3 Bde., Rom 1731–1744.

J. Girard, Évocation du vieil Avignon, Paris 1958.

E. Göller, Die päpstliche Pönitentiarie von ihrem Ursprung bis zu ihrer Umgestaltung unter Pius V. I 1 (Bibl. d. Kgl. Preuß. Inst. in Rom 3), Rom 1907.

H. Grisar, Die römische Kapelle Sancta sanctorum und ihr Schatz, Freiburg/Br. 1908.

P. Guidi, Inventari di libri nelle serie dell'Archivio Vaticano (1287–1459) (Studi e testi 135), Città del Vaticano 1948.

B. Guillemain, La cour pontificale d'Avignon (Bibl. des Éc. Fr. 201), Paris 1962.

M. Gutiérrez del Caño, Catálogo de los manuscritos existentes en la Biblioteca Universitaria de Valencia 1, Valencia 1913.

J. Haller, Zwei Aufzeichnungen über die Beamten der Curie (QFIAB 1), 1898, S. 1–38.

– Piero da Monte (Bibl. d. Dt. Hist. Inst. in Rom 19), Rom 1941.

– Die Verteilung der Servitia minuta (QFIAB 1), 1898, S. 281–295.

Handbuch der Kirchengeschichte, hrsg. v. H. Jedin, III 2, Freiburg/Br. 1968 (S. 365ff.: K. A. Fink, Die Päpste in Avignon).

J. M. Hanssens, Amalarii episcopi opera liturgica omnia 3 (Studi e testi 140), Città del Vaticano 1950.

P. Herde, Audientia litterarum contradictarum 1 (Bibl. d. Dt. Hist. Inst. in Rom 31), Tübingen 1970.

M. Herrmann, Albrecht von Eyb, Berlin 1933.

P. Hinschius, Decretales Pseudo-Isidorianae et capitula Angilramni, Leipzig 1863.

H. Hoberg, Die Inventare des päpstlichen Schatzes in Avignon 1314–1376 (Studi e testi 111), Città del Vaticano 1944.

J. Hösl, Kardinal Jacobus Gaietani Stefaneschi (Hist. Studien 61), Berlin 1908.

W. von Hofmann, Forschungen zur Geschichte der kurialen Behörden 1–2 (Bibl. d. kgl. Preuß. Inst. in Rom 12/13), Rom 1914.

Honorius Augustodunensis, Gemma animae: Migne PL 172, Sp. 541–738.

Chr. Huelsen, Le chiese di Roma nel medioevo, Florenz 1927.

Innozenz III, De sacro altaris mysterio libri sex: Migne PL 217, Sp. 773–916.

M. R. James, Descriptive Catalogue of the Manuscripts in the Fitzwilliam Museum, Cambridge 1895.

J. Janini, El sacramentario papal a principios del siglo XIII (Anales del Sem. de Valencia I 2), 1961, S. 323–348.

– und J. Serrano, Manuscritos liturgicos de la Biblioteca Nacional, Madrid 1969.

K. Jordan, Die Entstehung der römischen Kurie (ZRG KA 28), 1939, S. 97–152 (Sonderausgabe „Libelli" 91, Darmstadt 1962).

J. A. Jungmann, Missarum sollemnia 1–2, Wien $^{5}$1962.

T. Kaeppeli, Inventari di libri di San Domenico di Perugia (1430–1480) (Sussidi eruditi 15), Rom 1962.

B. Katterbach, Referendarii utriusque Signaturae a Martino V ad Clementem IX (Studi e testi 55: Sussidi 2), Città del Vaticano 1931.

R. Kay, The Conciliar Ordo of Eugenius IV (Orient. Christ. Per. 31), 1965, S. 295–304.

P. F. Kehr, Italia pontificia 1, Berlin 1906 (Nachdr. 1961).

J. P. Kirsch, Die Rückkehr der Päpste Urban V. und Gregor XI. nach Rom, Paderborn 1898.

B. Kleinheyer, Die Priesterweihe im römischen Ritus (Trierer theol. Studien 12), Trier 1962.

H. W. Klewitz, Die Entstehung des Kardinalkollegiums, in: Reformpapsttum und Kardinalkolleg, Darmstadt 1957, S. 9–134.

J. Kösters, Studien zu Mabillons Römischen Ordines (Diss. Freiburg/Br.), Münster 1905.

Ch. Kohler, Catalogue des manuscrits de la Bibliothèque Ste.-Geneviève 1, Paris 1893.
U. Kühne, siehe: Repertorium Germanicum 3
St. Kuttner, L'Édition Romaine des Conciles Généraux (Misc. Hist. Pont. 5), Rom 1940.
L.-H. Labande, Catalogue général des Manuscrits: Departements XXVIII 2: Avignon, Paris 1895.
– Le cérémonial romain de Jacques Cajétan (BiblChart 54), 1893, S. 45–74.
– Les manuscrits de la Bibliothèque d'Avignon provenants de la librairie des papes du XIVe siècle (Bull. hist. et philol. 1894), 1895, S. 145–160.
G. B. Ladner, Die Papstbildnisse des Altertums u. d. Mittelalters 2 (Mon. di Ant. Crist. II 4), Città del Vaticano 1970.
J. Lami, Catalogus codicum manuscriptorum qui in Bibliotheca Riccardiana Florentiae adservantur, Florenz 1756.
Ph. Lauer, Catalogue général des manuscrits latins (Bibl. Nat.) 1, Paris 1939.
– Le palais du Latran, Paris 1911.
M.-H. Laurent, Codices Vaticani Latini 1135–1266, Città del Vaticano 1958.
J. Lecler, Vienne (Hist. des conc. œcumen. 8), Paris 1964.
L. Leônij, Cronaca dei Vescovi di Todi, Todi 1889.
V. Leroquais, Les Pontificaux manuscrits des bibliothèques publiques de France 1–3, Paris 1937.
J. Lesellier, Les méfaits du cérémoniaire Jean Burckard (MélArchH 44), 1927, S. 11–31.
Liber censuum, siehe: P. Fabre – L. Duchesne, Le Liber censuum
Liber pontificalis, siehe: L. Duchesne, Le Liber pontificalis
Liber Sextus decretalium ... cum suis glossis, Lyon 1584.
J. Lulvès, Die Machtbestrebungen des Kardinalats bis zur Aufstellung der ersten päpstlichen Wahlkapitulation (QFIAB 13), 1910, S. 73–102.
– Päpstliche Wahlkapitulationen. Ein Beitrag zur Entwicklungsgeschichte des Kardinalats (QFIAB 12), 1909, S. 212–235.
J. Mabillon – M. Germain, Museum Italicum 2, Paris 1689, siehe J. P. Migne
Magnum Bullarium Romanum III 2, ed. C. Coquelines, Rom 1741.
A. Maier, Die „Bibliotheca Minor" Benedikts XIII. (Petrus' de Luna) (AHPont 3), 1965, S. 139–191.
– Der Katalog der päpstlichen Bibliothek in Avignon v. J. 1411 (AHPont 1), 1963, S. 97–177.
– Ein Leihregister aus der Bibliothek Benedikts XIII. (RSChIt 20), 1966, S. 309–327.
U. Mariani, Gli Agostiniani e Ludovico il Bavaro a Roma (Arch. d. R. Soc. di Stor. Patr. 51), 1928, S. 307–325.
E. Martène, De antiquis ecclesiae ritibus liber 1, Antwerpen [2]1736.
Martin de Alpartil, siehe: F. Ehrle, Martin de Alpartils Chronica.
G. Mazzatinti, Inventari dei Manoscritti delle Biblioteche d'Italia 28, 1922/24.
G. Mercati, Appunti per la storia del Breviario Romano nei secoli XIV–XV, tratti dalle „Rubricae Novae" (Studi e testi 77: Opere minori 2), Città del Vaticano 1937, S. 362–394.
J. P. Migne, Patrologiae Cursus Completus. Series Latina 78, Paris 1862.
L. C. Mohlberg, Radulph de Rivo, der letzte Vertreter der altrömischen Liturgie 2, Münster 1915.
G. Mollat, Bernard de Garves, in DictHG 8, Paris 1935, Sp. 664f.
– Pierre Ameilh, in DictHG 2, Paris 1914, Sp. 1253f.
– Miscellanea Avenionensia I (MélArchH 44), 1927, S. 1–5.
– Les papes d'Avignon, Paris [10]1965.
– siehe: E. Baluze – G. Mollat, Vitae paparum

E. Müller, Das Konzil von Vienne 1311–1312 (Vorreformationsgesch. Forsch. 12), Münster 1934.

E. Müntz, La tiare pontificale du VIII^e^ au XVI^e^ siècle (Mém. de l'Acad. des inscr. et belles lettres 36, 1), Paris 1897, S. 235–324.

L. Muratori, Rerum Italicarum Scriptores III 2, Mailand 1734.

J. Nabuco, La liturgie papale et les origines du Cérémonial des Évêques (BiblEphLitg 22: Misc. L. C. Mohlberg 1), 1948, S. 283–300.

– und F. Tamburini, Le cérémonial apostolique avant Innocent VIII (BiblEphLitg, sect. hist. 30), Rom 1966.

E. Narducci, Catalogus codicum manuscriptorum praeter orientales qui in bibliotheca Alexandrina Romae adservantur, Rom 1877.

H. Omont, Anciens Inventaires et Catalogues de la Bibliothèque Nationale 1, Paris 1908.

– Inventaire des manuscrits grecs et latins donnés à Saint-Marc de Venise par le card. Bessarion en 1468, Paris 1894.

B. Palacios Martín, La bula de Inocencio III y la coronación de los reyes de Aragón (Hispania 29), Madrid 1970, S. 485–504.

A. Patrizi, Caeremoniale Romanum, Venedig 1516 (Nachdr. Ridgewood N. J. 1965).

N. Paulus, Geschichte des Ablasses im Mittelalter vom Ursprung bis zur Mitte des 14. Jahrhunderts 1–3, Paderborn 1923.

A. Pelzer, Addenda et emendanda ad F. Ehrle Historiae Bibl. Rom. Pont. ... tomum I, Città del Vaticano 1947.

A. Peruzzi, La chiesa Anconitana 1, Ancona 1845.

P. Petitmengin, Recherches sur l'organisation de la Bibliothèque Vaticane à l'époque des Ranaldi (1547–1645) (MélArchH 75), 1963, S. 561–628.

Petrus Mallius, Descriptio basilicae Vaticanae: R. Valentini – G. Zucchetti, Codice topografico 3, S. 382–442.

G. P. Pozzi, Il „De modo celebrandi Concilium" nel manoscritto Vat. Lat. 5748, Città del Vaticano 1965.

O. Přerovský, L'elezione di Urbano VI e l'insorgere dello scisma d'occidente (Misc. d. soc. rom. di stor. patr. 20), Rom 1960.

S. Puig y Puig, Pedro de Luna. Último papa de Aviñón (1387–1430), Barcelona 1920.

D. Redig de Campos, I palazzi Vaticani (Roma Cristiana 18), Bologna 1967.

Regestum Clementis papae V ex Vaticanis archetypis 9 Bde., Rom 1885–1892.

Le Registre de Benoit XI (1303/04), ed. Ch. Grandjean, Paris 1905.

Les Registres de Boniface VIII (1294–1303), ed. G. Digard, M. Faucon u. a., 4 Bde., Paris 1884–1939.

Repertorium Germanicum

2. Urban VI., Bonifaz IX., Innozenz VII. und Gregor XII. (1378–1415), bearb. v. G. Tellenbach, Berlin 1933.
3. Alexander V., Johannes XXIII., Konstanzer Konzil (1409–1417), bearb. v. U. Kühne, Berlin 1935.

S. de Ricci – W. J. Wilson, Census of Medieval and Renaissance Manuscripts in the United States and Canada 1, New York 1935.

P. Ronzy, Le voyage de Gregoire XI ramenant la papauté d'Avignon à Rome (1376–1377), Florenz 1952.

B. Rusch, Die Behörden und Hofbeamten der päpstlichen Kurie des 13. Jahrhunderts (Schr. d. Albertus Univ., Geisteswiss. R. 3), Königsberg 1936.

A. Sala, Documenti circa la vita e le gesta di San Carlo Borromeo 2, Mailand 1857.

Salimbene de Adam, Cronica, ed. O. Holder-Egger: MG. SS. XXXII, 1905–1913.
P. Salmon, Les manuscrits liturgiques latins de la Bibliothèque Vaticane 3 (Studi e testi 260), Città del Vaticano 1970.
C. Sánchez-Albornoz, Un ceremonial inédito de coronación de los reyes de Castilla, in dess. Estudios sobre las instituciones medievales españoles, México 1965, S. 739–763.
K. H. Schäfer, Die Ausgaben der apostolischen Kammer (Vat. Quellen z. Gesch. d. päpstl. Hof- u. Finanzverw. 2, 3 und 6), Paderborn 1911, 1914 und 1937
1. unter Johann XXII. (= Schäfer, Ausgaben 1)
2. unter Benedikt XII., Klemens VI. und Innozenz VI. (= Schäfer, Ausgaben 2)
3. unter den Päpsten Urban V. und Gregor XI. (= Schäfer, Ausgaben 3)
B. Schimmelpfennig, Ein Fragment zur Wahl, Konsekration und Krönung des Papstes im 12. Jahrhundert (AHPont 8), 1970, S. 323–331.
– Ein bisher unbekannter Text zur Wahl, Konsekration und Krönung des Papstes im 12. Jahrhundert (AHPont 6), 1968, S. 43–70.
– Zum Konzilszeremoniell in Konstanz und Basel (QFIAB 49), 1969, S. 273–292.
– Die Organisation der päpstlichen Kapelle in Avignon (QFIAB 50), 1970, S. 80–111.
F. J. Schmale, Studien zum Schisma des Jahres 1130, Köln 1961.
H. A. P. Schmidt, Hebdomada sancta 2, Rom 1957.
P.-E. Schramm, Die Krönung im Aragonesischen Königreich (Kaiser, Könige und Päpste IV 1), Stuttgart 1970, S. 352–371.
– Ordines-Studien II: Die Krönung bei den Westfranken und den Franzosen (AUF 15), 1938, S. 3–55.
– Studien zu frühmittelalterlichen Aufzeichnungen über Staat und Verfassung (ZRG GA 49), 1929, S. 167–232.
M. Seidlmayer, Die Anfänge des großen abendländischen Schismas (Span. Forsch. d. Görresges. II 5), Münster 1940.
F. X. Seppelt, Geschichte der Päpste 3, München 1956.
– Monumenta Coelestiniana (Quellen u. Forsch. a. d. Geb. d. Gesch. 19), Paderborn 1921.
J. Serrano, siehe: J. Janini – J. Serrano, Manuscritos liturgicos
A. Stroick, Zum Zeremoniale Gregors X. (HJb 55), 1935, S. 305–311.
F. Tamburini, siehe: J. Nabuco – F. Tamburini, Le cérémonial
M. Tangl, Die päpstlichen Kanzleiordnungen von 1200–1500, Innsbruck 1894 (Nachdr. Aalen 1959).
G. Tellenbach, siehe: Repertorium Germanicum 2
A. Theiner, Codex diplomaticus dominii temporalis Sanctae Sedis 3, Rom 1862.
H. Tietze, Die illuminierten Handschriften der Rossiana in Wien-Lainz (Beschr. Verz. d. illum. Hss. in Österr. 5), Leipzig 1911.
M.-J. Tits-Dieuaide, Lettres de Benoît XIII (Analecta Vat.-Belg. 19), Brüssel 1960.
M. R. Toynbee, S. Louis of Toulouse and the Process of Canonisation in the Fourteenth Century, Manchester 1929.
W. Ullmann, The Curial Exequies for Edward I and Edward III (JEclH 6), 1955, S. 26–36.
– The Legal Validity of the Papal Electoral Pacts (Eph. Iur. Can. 12), 1956, S. 3–35.
Ulrich von Richental, Chronik des Constanzer Conzils, ed. M. R. Buck (Bibl. d. Litt. Ver. Stuttgart 158), Tübingen 1882.
– Das Konzil zu Konstanz, ed. O. Feger u. a., 2 Bde., Konstanz 1964.
J. Valentinelli, Bibliotheca Manuscripta ad S. Marci Venetiarum 1, Venedig 1868.
R. Valentini – G. Zucchetti, Codice topografico della città di Roma 3 (Fonti per la stor. d'Italia 90), Rom 1946.

N. Valois, La France et le Grand Schisme d'Occident 4 Bde., Paris 1901.
S. J. P. Van Dijk, The Authentic Missal of the Papal Chapel (Scriptorium 14), 1960, S. 257–314.
– The Legend of „The Missal of the Papal Chapel" (SE 6), 1956, S. 76–142.
– Three Manuscripts of a Liturgical Reform by John Cajetan Orsini (Nicholas III) (Scriptorium 6), 1952, S. 213–242.
– Sources of the Modern Roman Liturgy 2 Bde. (Studia et docum. Francisc. I/II), Leiden 1963.
– und J. H. Walker, The Origins of the Modern Roman Liturgy, London 1960.
J.-M. Vidal, Les comptes de l'évêché de Pamiers sous l'évêque Raymond Dachon (1371–1380) (Annales de St.-Louis-des-Français 4), 1899/1900, S. 71–121, 261–300, 377–411.
J. Vincke, Schriftstücke zum Pisaner Konzil, Bonn 1942.
C. Vogel, Introduction au sources de l'histoire du culte chrétien au moyen âge (Bibl. degli Studi Med. 1), Spoleto 1966.
– und R. Elze, Le pontifical romano-germanique du dixième siècle 1–2 (Studi e testi 226/227), Città del Vaticano 1963.
J. H. Walker, siehe: S. J. P. van Dijk – J. H. Walker, The Origins
F. Wasner, Guido de Busco. Ein Beitrag zur Frühgeschichte des päpstlichen Zeremonialamtes (AHPont 4), 1966, S. 79–104.
– Fiftheenth Century Texts on the Ceremonial of the Papal „Legatus a latere" (Traditio 14), 1958, S. 295–358.
– „Legatus a latere": Addenda varia (Traditio 16), 1960, S. 405–416.
– Ein unbekannter liturgischer „Libellus" des päpstlichen Zeremonienmeisters Johannes Burckard (EL 80), 1966, S. 294–308.
– Tor der Geschichte. Beiträge zum päpstlichen Zeremonienwesen im 15. Jahrhundert (AHPont 6), 1968, S. 113–162.
A. Wilmart, Auteurs spirituels et textes dévots du moyen âge latin, Paris 1932.
– Codices Reginenses latini 2, Città del Vaticano 1945.
V. Wolf von Glanvell, Die Kanonessammlung des Kardinals Deusdedit 1, Paderborn 1905 (Nachdr. Aalen 1967).
B. Zenker, Die Mitglieder des Kardinalkollegiums von 1130 bis 1159 (Phil. Diss.), Würzburg 1964.

# NACHTRAG ZU S. 23–30

Erst während der Drucklegung der Arbeit kam ich dazu, den Codex Vat. lat. 6300 zu studieren. Die Handschrift besteht aus mehreren ehemals selbständigen Teilen, die erst im 17. Jahrhundert zusammengebunden worden sind. Den ältesten und für unser Thema wichtigen Teil bilden f. 87–108, den ich im folgenden kurz beschreibe. Zur Handschrift vgl. auch P. Salmon, Les manuscrits 3, S. 129, Nr. 441.

22 Pergamentbll., 175×128 (107×79) mm, zweispaltig mit ca. 28 Zeilen pro Spalte Ende des 13. Jh. in kleiner Textualis beschrieben. Die Hs. besteht aus 1 Sextern, von dem das 1. Blatt (= Vorblatt der Hs.) fehlt, so daß f. 98 ein Einzelblatt ist, und 1 Quintern; auf f. 98v steht ein Reklamant zu f. 99ra. Die Titel und die Initialen der Abschnitte sind mit roter, der Text mit schwarzbrauner Tinte geschrieben. Viele Passagen sind unterstrichen: rot die Formeln, schwarz die Anweisungen; auf den Rändern stehen Hinweise auf den jeweiligen Inhalt, jedoch keine Glossen.

f. 87ra–88rb: *Incipit liber, quando episcopus cardinalis missarum sollempnia celebraturus est. Rubrica. – Quando episcopus cardinalis missarum solempnia celebraturus est in ecclesia aliqua, clerici eius ... sint colloris tempori* (es fehlt *congruentis*). = Kapitel II 1.
f. 88rb: *Circa quod sciendum est, quod ... pro una reputant.* = Kapitel II 2 a.
f. 88rb–88va: *Collore albo utitur ad vesperas ... de ipsis octavis agitur.* = Kapitel II 2 b.
f. 88va–88vb: *Rubeo collore utitur a vigilia ... de ipsis octavis agitur.* = Kapitel II 3.
f. 88vb: *Collore viridi utitur inter octavam ... quando dominicale festum agitur.* = Kapitel II 4.
f. 88vb–89rb: *Collore violaceo utitur ... quando extra dominicam occurrit.* = Kapitel II 5.
f. 89rb: *Collore nigro utitur ... est inconveniens.* = Kapitel II 6 a.
f. 89rb–104vb: *Cum ergo predicti clerici ... faciant reportari.* = Kapitel II 6 b.
f. 104vb–105ra: (Ohne Titel.) *Circa premissa sciendum est, quod quando diaconus ... dalmatica et tunicella.* = Kapitel III.
f. 105ra–106ra: (Ohne Titel.) *Sciendum est etiam, quod in precipuis festis ... clerici induti cottis.* = Kapitel IV.
f. 106ra–106va: (Ohne Titel.) *Preter premissa notandum est quod, si pontifex ... communicantibus porrigere.* = Kapitel V.
f. 106va–106vb: (Ohne Titel.) *Preterea si pontifex aliquem vel aliquos ... panno quo tergitur calix.* = Kapitel VI, ohne dessen letzten Absatz: *Quando pontifex abbatem ... sumere de sanguine.*
f. 106vb–107ra: (Ohne Titel.) *Ceterum quando pontifex solempniter ... sicut in aliis missis.* = Kapitel VII.
f. 107ra–108rb: (Ohne Titel.) *Preterea si episcopus cardinalis celebret in presentia domini pape ... et dat benedictionem.* = Kapitel VIII.

f. 108rb: (Von derselben Hand, nach vier leeren Zeilen.) *Hunc librum dominus dictavit cardinalis Latinus.* – Dieser Kardinal Latinus kann nur Latinus Malabranca O. P., Nepot Nikolaus' III., gewesen sein, der am 12. 3. 1278 zum Kardinalbischof von Ostia kreiert worden war und am 19. 7. oder 10. 8. 1294 gestorben ist (vgl. K. Eubel, Hierarchia catholica 1, S. 9).
f. 108v: leer.

Wie aus der Inhaltsübersicht hervorgeht, enthält die Handschrift lediglich die für einen Kardinalbischof wichtigen Texte der Sammlung. Verdeutlicht wird die Ausrichtung auf einen Kardinalbischof noch durch den Wegfall des letzten Absatzes von Kapitel VI und durch das Fehlen von Zwischentiteln, wodurch der Titel von Kapitel II für die gesamte Handschrift gilt. Den Auftrag zur Anfertigung der Handschrift dürfte Latinus Malabranca nach seiner Promotion zum Kardinalbischof gegeben haben (*dictavit*). Die große Bedeutung der Handschrift für die Geschichte des von mir rekonstruierten Zeremonienbuches besteht nicht nur darin, daß sie die einzige ist, die noch im 13. Jahrhundert entstanden ist und zudem ausschließlich Zeremonielltexte enthält, sondern daß sie die um 1280/90 erreichte Redaktionsstufe widerspiegelt. Als Vorlage für eine der anderen noch erhaltenen Handschriften kann sie jedoch nicht gedient haben, da sie im Textbestand zu sehr von diesen differiert, wie z. B. aus dem Schluß von Kapitel II 1 hervorgeht.

# REGISTER*

## 1. Die zitierten Handschriften

* = nur nach Mikrofilm benutzt
† = vor allem auf Grund der Angaben anderer Autoren benutzt
In runden Klammern ( ) stehen die von mir den Handschriften gegebenen Siglen.



* Nicht auf volle Satzbreite ausgeschlossene Zeilen sind durch die römischen Ziffern bedingt, auf deren Trennung verzichtet wurde.

## 2. Stellen aus der Heiligen Schrift

Die Abkürzungen entsprechen denen in der Vulgata-Edition von A. Gramatica. Kursiv gesetzte arabische Zahlen verweisen auf Seiten, gerade gesetzte römische und arabische Zahlen beziehen sich auf edierte Texte.

## 3. Initien

Kursiv gesetzte arabische Zahlen verweisen auf Seiten, gerade gesetzte römische und arabische Zahlen beziehen sich auf edierte Texte. Die Initien von Formeln etc. sind kursiv, die von Kapiteln gerade gesetzt. Die in runden Klammern beigefügten Hinweise auf Stellen der Heiligen Schrift sind der Vulgata-Edition von A. Gramatica entsprechend abgekürzt.

Nicht in das folgende Verzeichnis aufgenommen sind Vokabeln wie *Oremus* (vor Orationen etc.), *Alleluia* (vor Hymnen etc.), *Kyrieleison* (vor *Pater noster*) und die Formeln von Antworten. In einem Absatz (des Editionsteils) oder auf einer Seite mehrmals vorkommende Formeln sind nur einmal vermerkt. Sofern sie nur in einem der Apparate (in der Edition) oder in einer Anmerkung enthalten sind, ist die Abkürzung *App.* oder *Anm.* beigefügt. Bei Formelanfängen, die allzu kurz in den Texten genannt sind, habe ich die dem Beginn folgenden Wörter in eckigen Klammern hinzugefügt. Den Initien von Kapiteln folgt gewöhnlich auch das *Explicit.*

## 4. Datierte Texte

In dem Verzeichnis sind lediglich die in diesem Band edierten Kapitel oder Absätze vermerkt, die auf Grund von in ihnen genannten Jahreszahlen, Personen oder Ereignissen datierbar sind. Zur Datierung der Sammlungen hingegen vgl. den Exkurs auf S. 141.

## 5. Personen, Orte und Sachen

Die Abkürzungen *Anm.* und *App.* verweisen auf die Anmerkungen im deutschen und auf die Apparate im Editionsteil. Kursiv gesetzte arabische Zahlen beziehen sich auf Seiten, gerade gesetzte römische und arabische Zahlen auf Kapitel und Absätze der Edition. Personen sind jeweils unter den Vornamen eingeordnet. Die Reihenfolge ist gewöhnlich alphabetisch, nur in der Sachgruppe *Kirchenjahr* entspricht sie dem Ablauf des Jahres. Außer unter diesem Stichwort sind auch unter *Kurie, palatium pape, Paramente und Insignien* alle entsprechenden Begriffe aufgeführt. Kirchen, topographische Angaben etc. sind unter den betreffenden Ortsnamen aufgeführt. Unter den Stichwörtern *papa* und *Papst* finden sich lediglich Verweise auf die wichtigsten Begriffe, die im Text mit den beiden Wörtern im Zusammenhang stehen. Nicht berücksichtigt sind vor Gesängen und Gebeten stehende Wörter wie *oratio, antiph.* etc.

O

## Q